KHAJISTAN PRESS

www.khajistan.com

SMUT OF THE MIDDLE WORLD

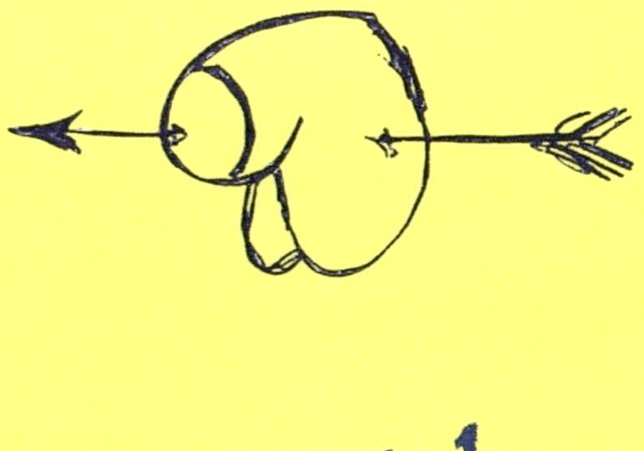

VOL. 1

PAKISTAN

Collected and Curated by Saad Khan
Designed by Joey Chriqui
Illustrations by Farhad Qashqai

Foreward

Pakistan, from the 1950s into the early 2000s, had four military dictatorships that criminalized dissent and desire. Censorship set the rules, and raids and seizures, book burnings, and public floggings enforced them. Street presses learned to navigate the law: workshops moved overnight, addresses changed, titles vanished and returned, editors slipped from mastheads, vendors kept stock flowing through sidewalk stalls. When raids intensified, the same material reappeared as film or showbiz digests, just legal enough to pass inspection and familiar enough to satisfy. Form shifted to evade detection while meaning stayed legible to its public.

Within this cat-and-mouse economy, staged photo shoots, call-girl portfolios, tabloid headlines, sex-pill ads, and set stills from Pashto and Punjabi B-movies fused into a visual code that promised pleasure while signaling caution to readers and to the censors. At peak crackdowns, presses were shuttered, print runs confiscated, stalls cleared, and distribution routes cut; soon new titles and new addresses surfaced, and the cycle resumed.

This book presents scans from Khajistan's archive of nearly five hundred such suppressed items, including erotic chapbooks, photo transparencies, and film and showbiz magazines. Rescued, digitized, and now housed at the University of Pennsylvania's Kislak Center for Special Collections, they showcase a working-class print culture that was hypervisible on the street yet invisible to the local and global institutions that claim to record public history.

Inside these pages is a blueprint for survival. Rather than confront censorship, the magazines learned its rules and used them as material. Glamour posed as instruction in virtue. "Energy" tonics and body oils smuggled erotica in code. Gossip columns warned and enticed in the same line. Essays decrying vulgarity displayed it under the cover of critique, disciplined by self-censorship.

Control did not end at the press. Readers and censors marked the page, making the forbidden more visible by covering it. Black crosshatching lifts a neckline. Pencil mesh veils bare skin. Xs score faces and bodies. Each mark is both correction and collaboration, heightening the erotic charge of the image.

This book preserves those traces. Crosshatching, censorial mesh, headlines, captions, stamps, and doodles remain. It also includes graffiti collected from public toilets across Pakistan forming a second archive of desire and denial.

As cybercafes filled and newsstands emptied, street-press culture moved online. Early forums like SantaBanta.com and Janubaba.com kept readers connected through the 2000s. Users celebrated full-bodied Punjabi and Pashto heroines not the slim, respectable ideal of Urdu cinema and the global heroin-chic aesthetic of the 1990s. Images traveled with workers and students to Gulf construction sites, Paris flower stalls, Italian dairy sheds, and Queens cabs. Posters, cassettes, pirated DVDs, scanned pages, and streaming links kept this bootleg erotics circuit alive.

This is not nostalgia. It is a record of labor and taste under constraint, made fast, cheap, and local. Costumes were reused until they frayed. Sets sagged. Actors worked without safety nets. The work continued because desire did, and because livelihoods depended on it.

Unlike archives that form and confirm official memory, this one does not. It documents a public that made its own image when none was offered. These pages show how censorship and desire shape each other, and how expression survives through adjustment, not permission. Artists and printers treated rules as raw material. Readers finished the page with pencil lines and crosses. Read for what is here and what is withheld. The marks really are part of the message.

***

Print reproductions from this collection were part of Khajistan's Spasial Program at SculptureCenter, June 18–July 28, 2025.

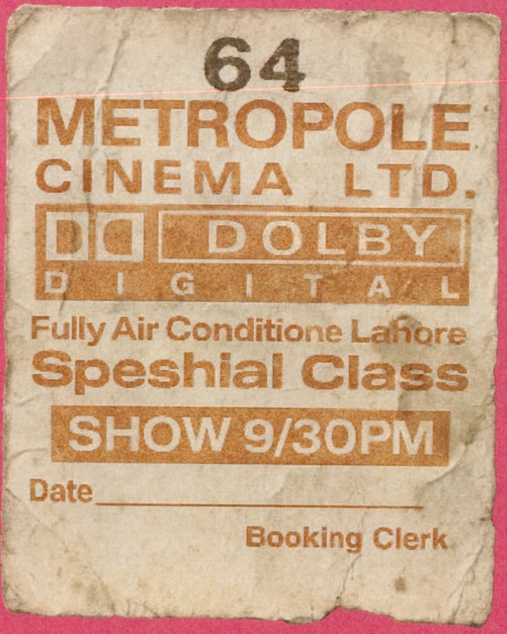
64
METROPOLE
CINEMA LTD.
DOLBY
DIGITAL
Fully Air Conditione Lahore
Speshial Class
SHOW 9/30PM
Date
Booking Clerk

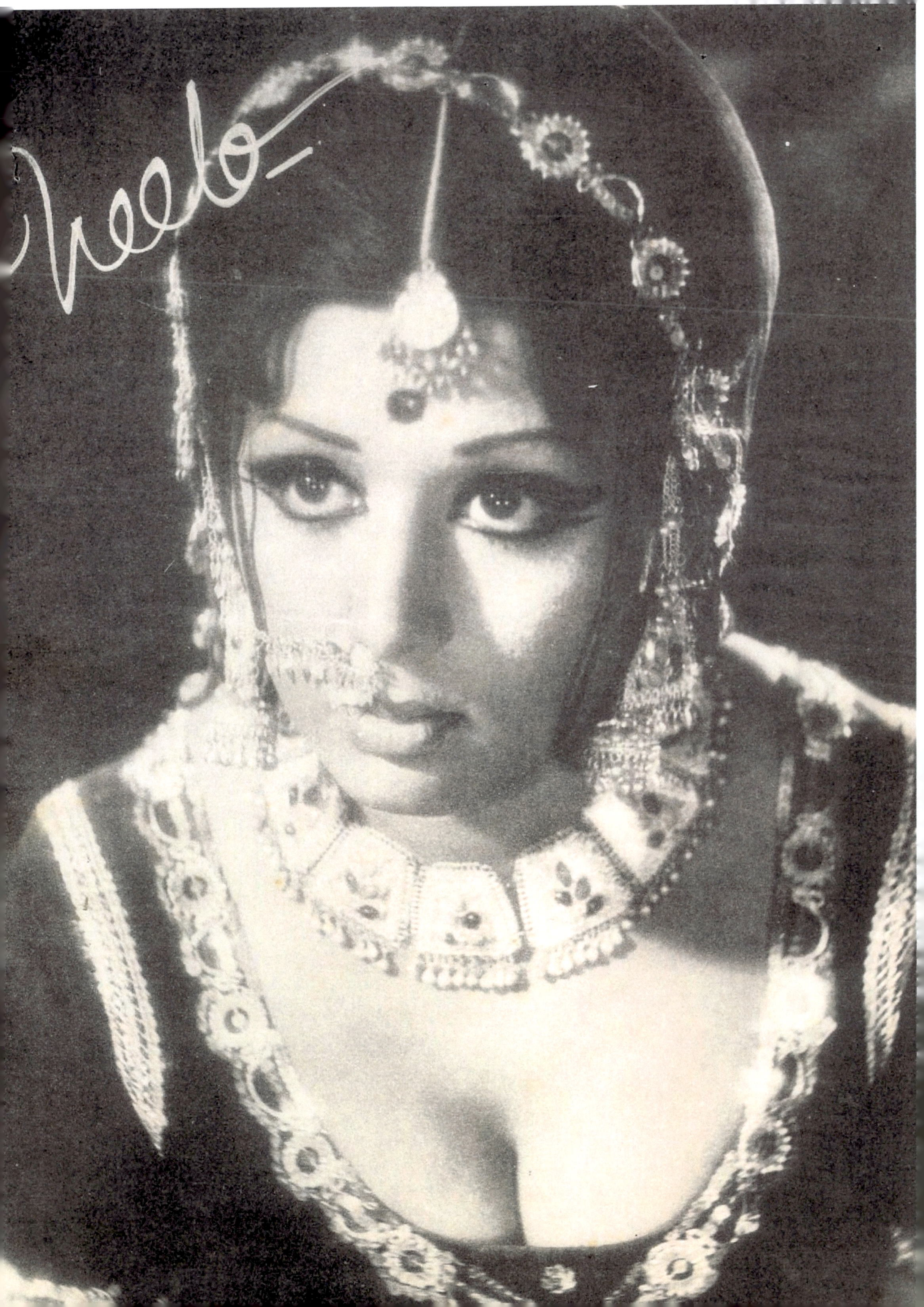
Neelo

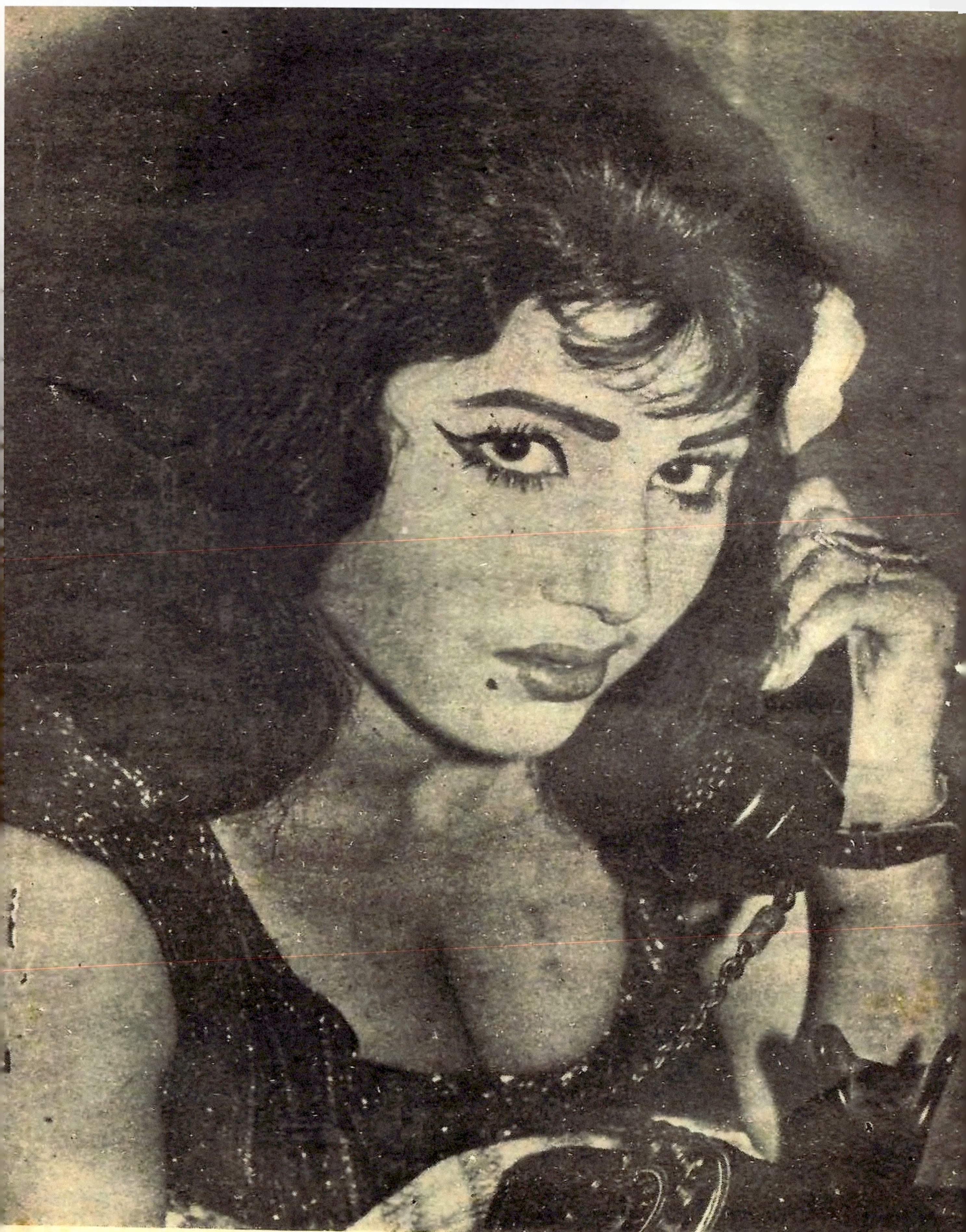

شاہدہ

بس اک زلف ہے جو ہے شبرنگ ورنہ
نظر بھی گلابی، قبا بھی گلابی

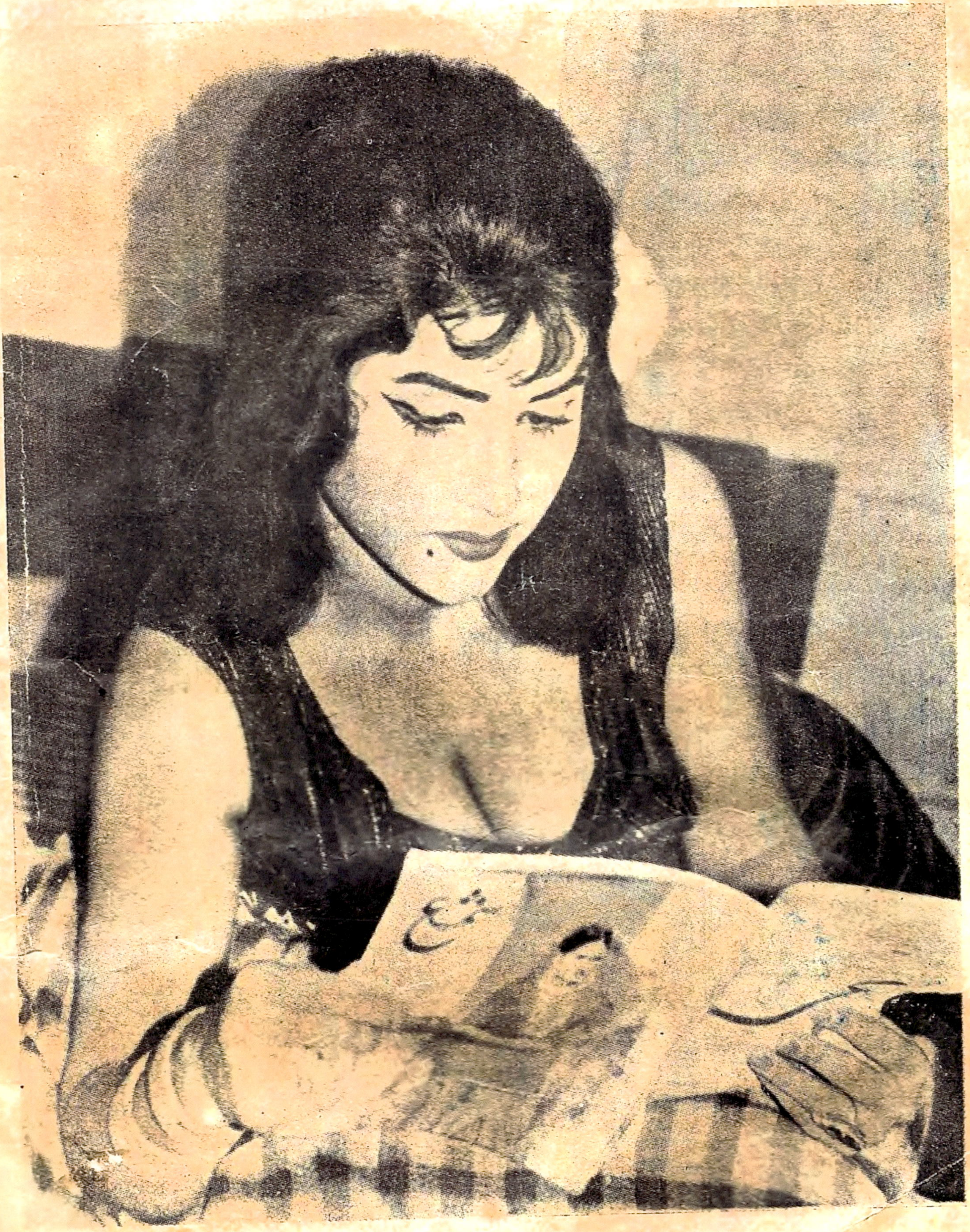

شاہدہ

وہ عارضِ رنگیں کیا کہنا کھلتا ہوا جیسے کوئی کنول
اس حسن کا عالم کیا کہئے اک شعر حسیں اک تازہ غزل

ماہنامہ روبی لاہور

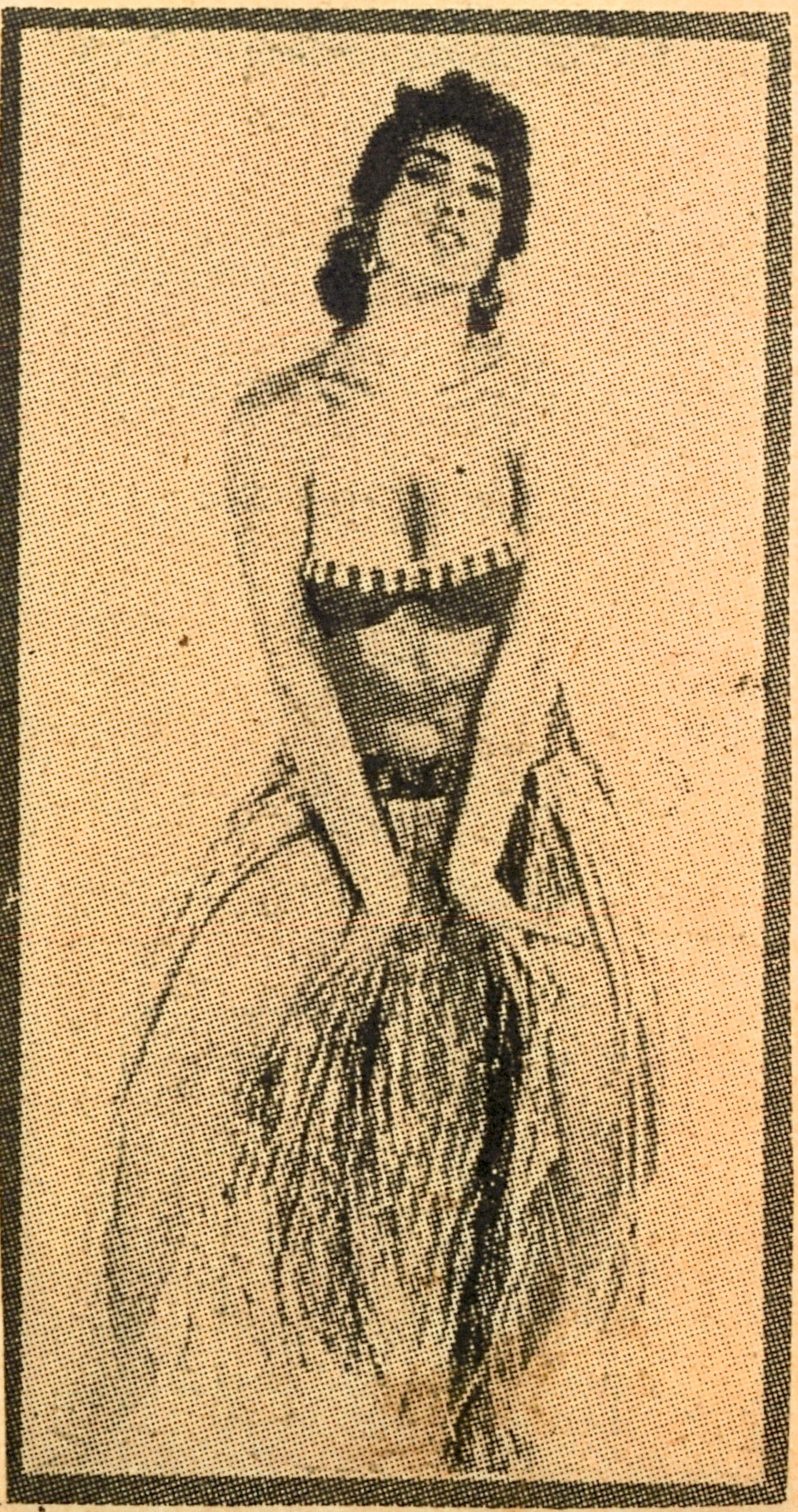

انٹرنیشنل نائٹ کلب نمبر ۲

مئی ۱۹۷۳ء

شمارہ نمبر ۵

جلد نمبر ۲

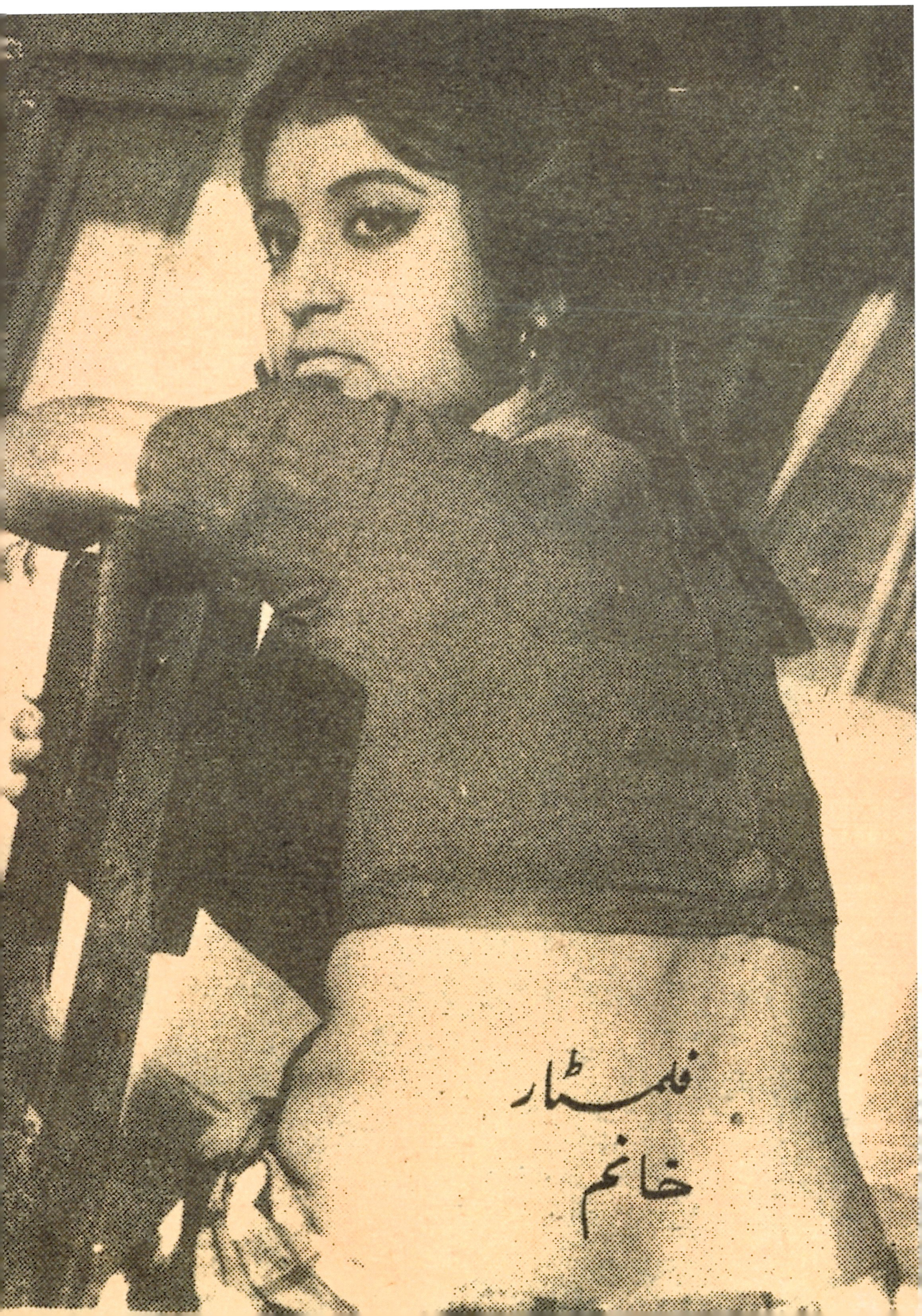
فلمسٹار
خانم

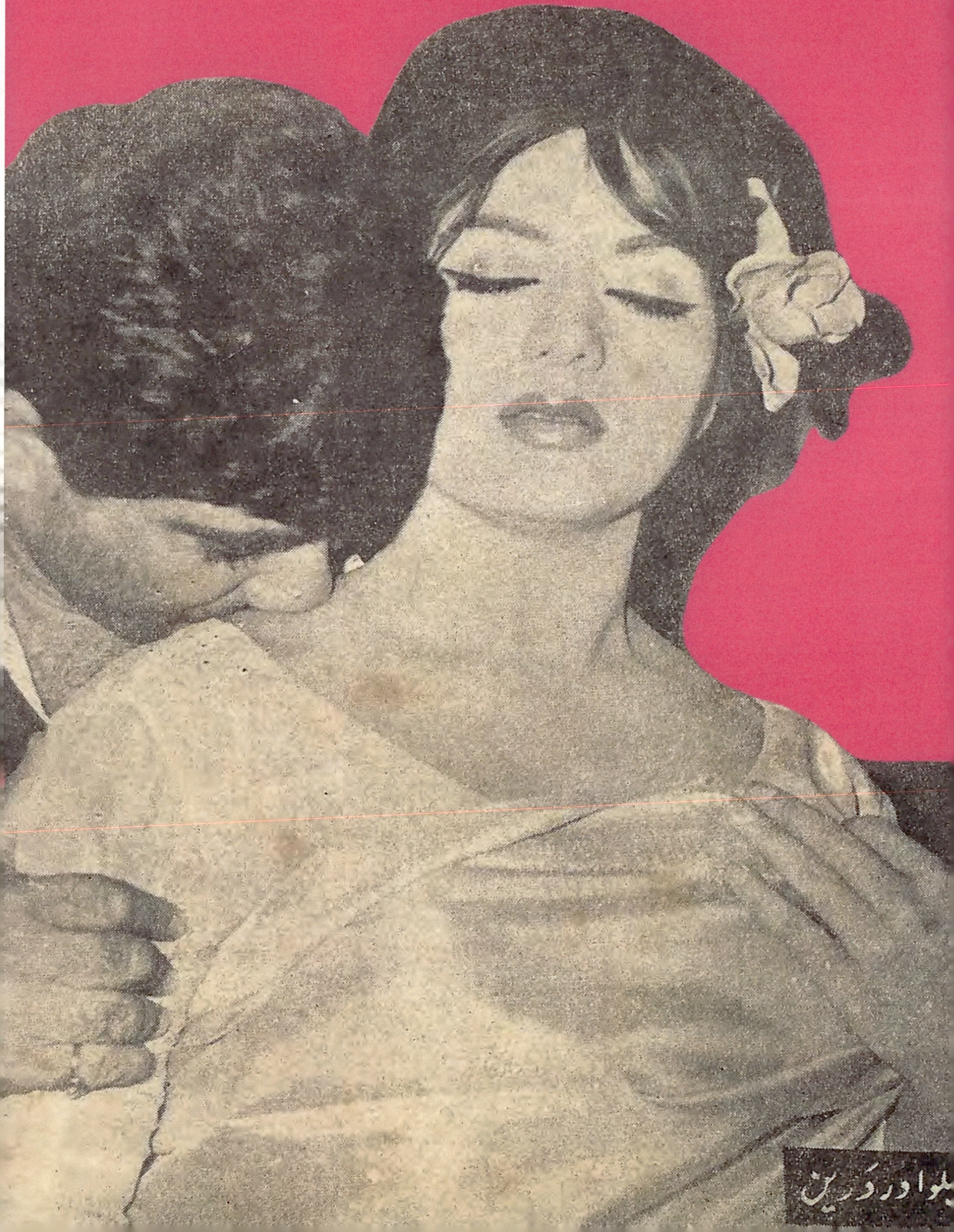

رات
والے
آخری شو
کے
کرشمے

کون کون حد اور زد میں آیا؟

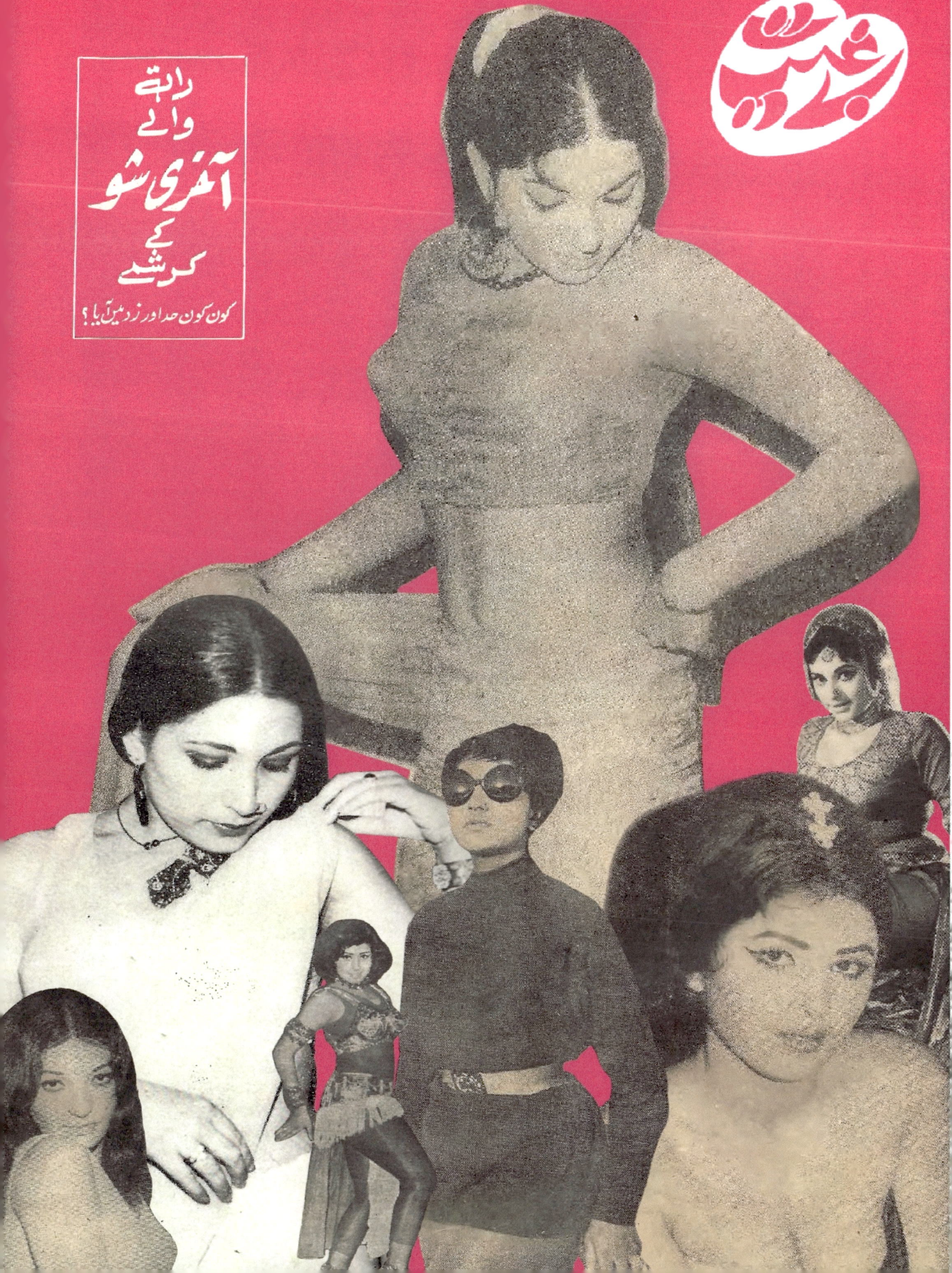

ایک رقاصہ ایک اداکارہ

سلطانہ پشاوری

انٹرویو : سجاد ہمدانی

لاکھوں دلوں کی دھ

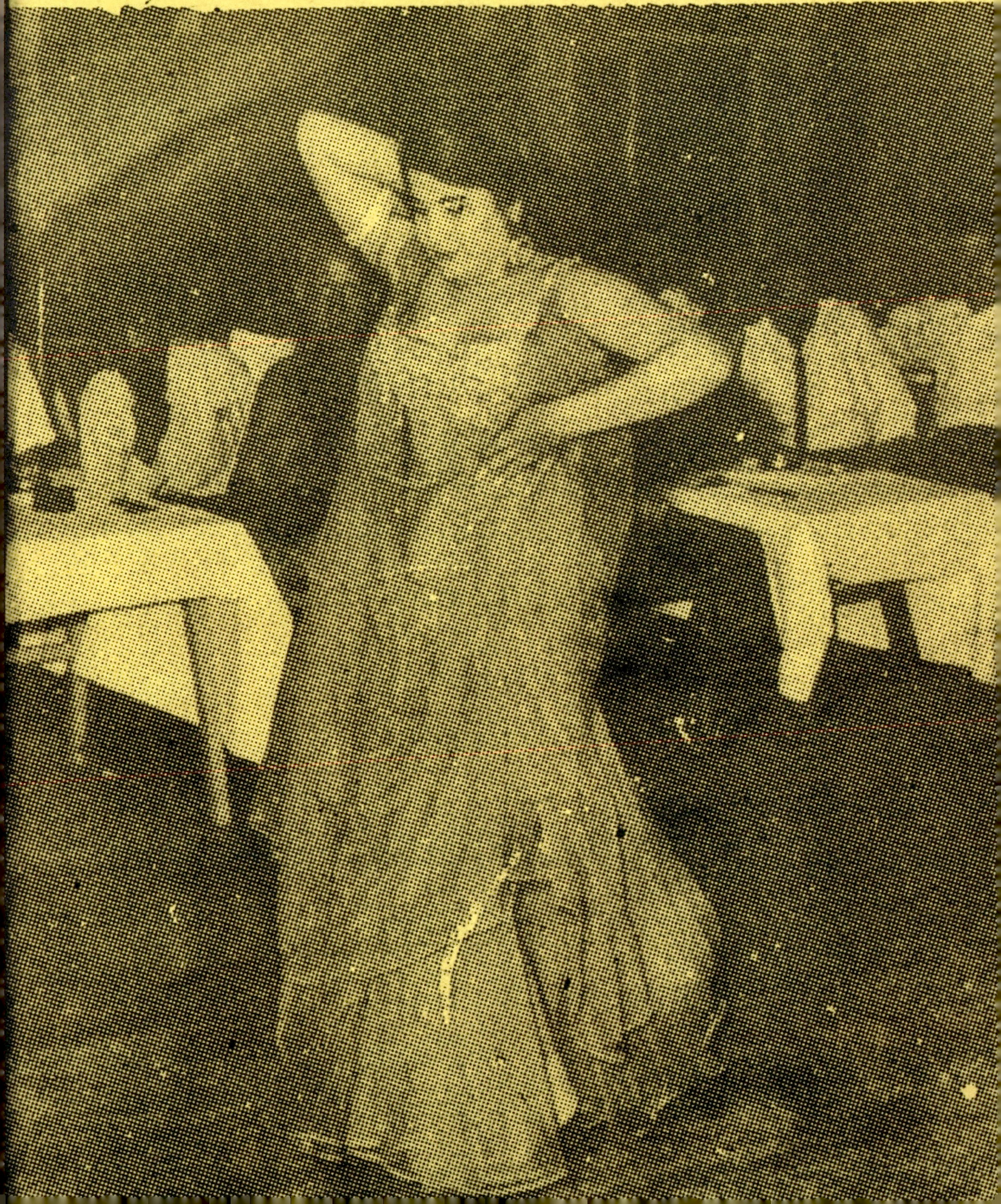

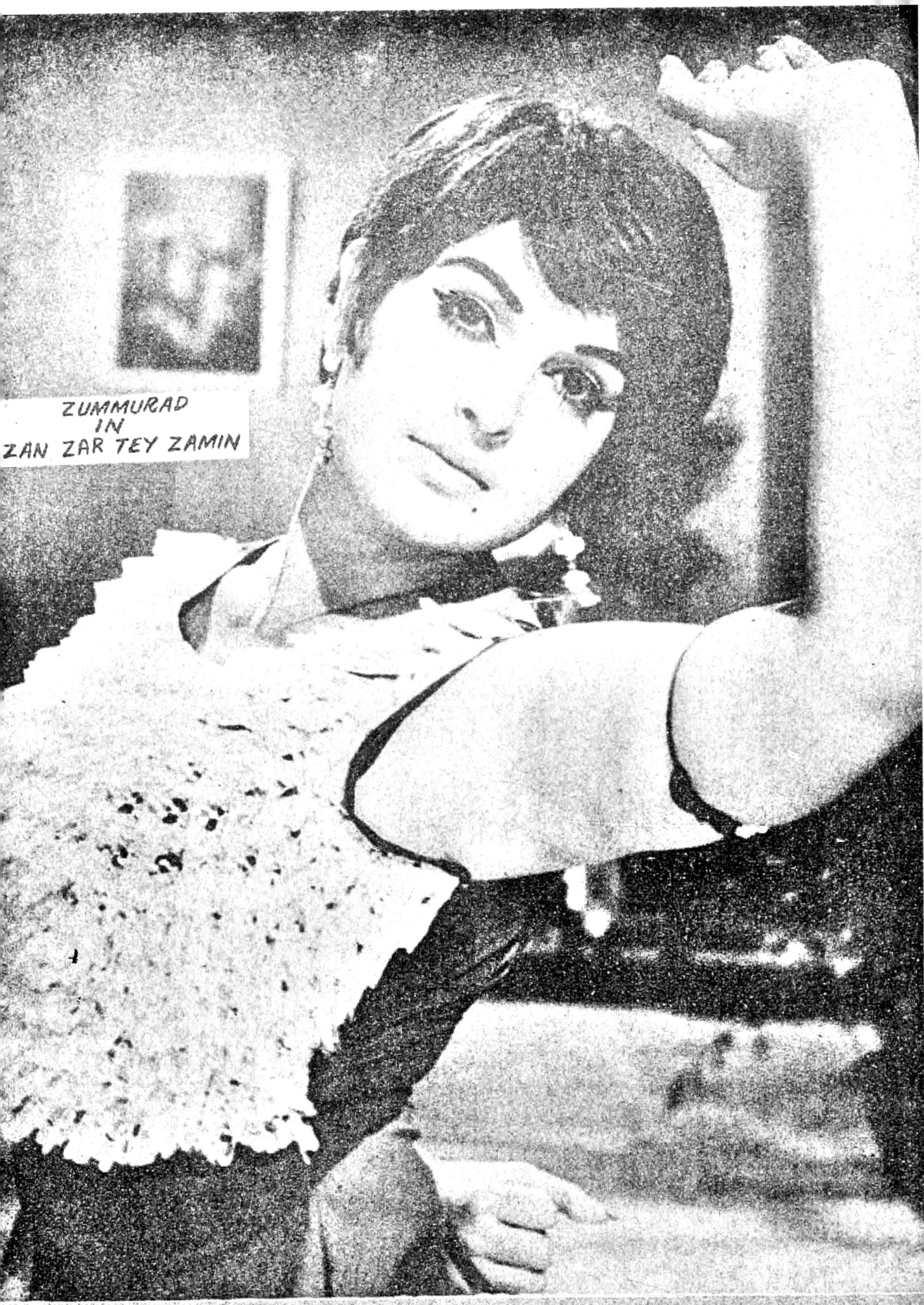

ZUMMURAD
IN
ZAN ZAR TEY ZAMIN

R. No. L. 8

MONTHLY **RUBBY** LAHORE

Vol. 1 | NOVEMBER 1972 | No

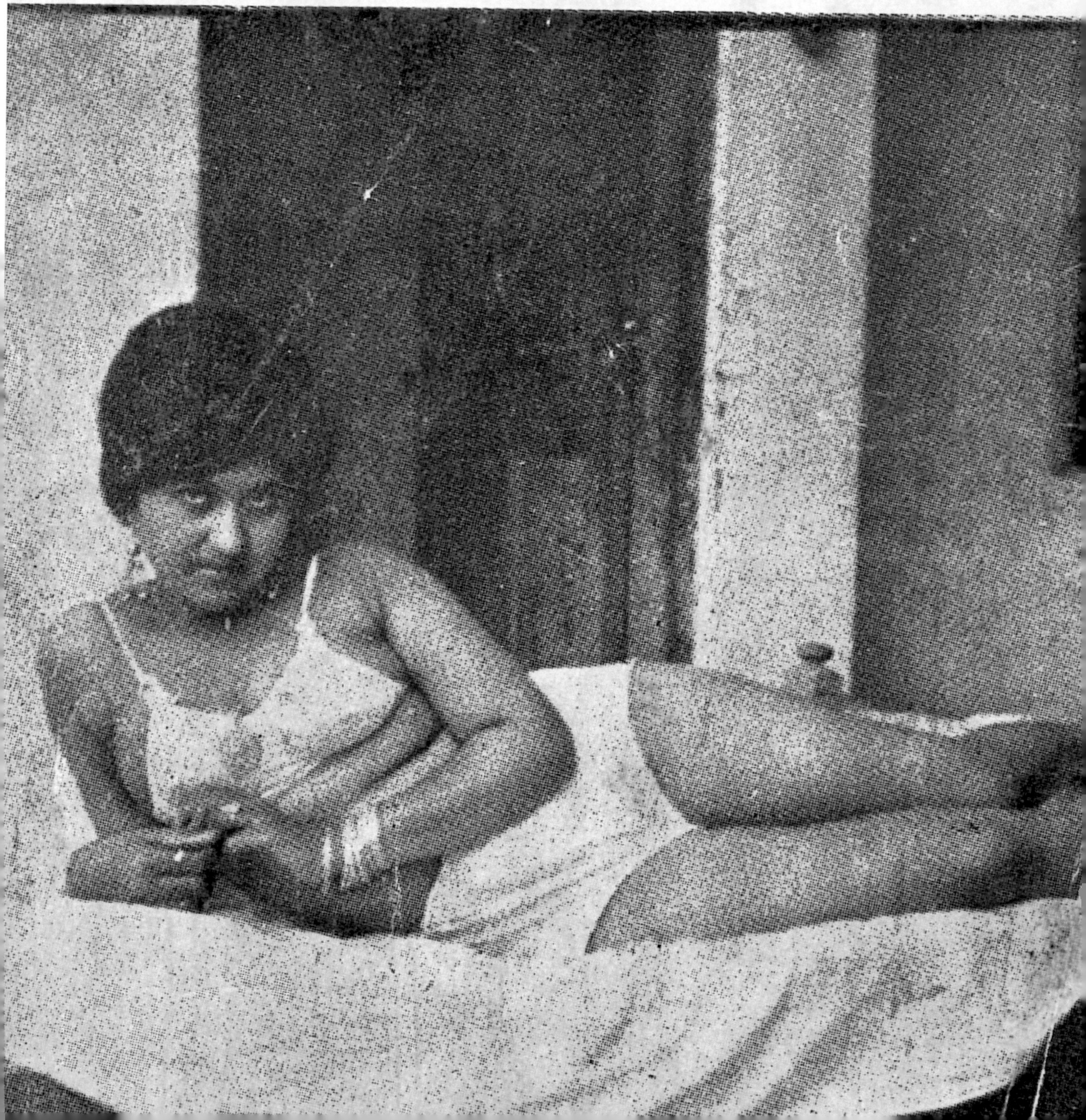

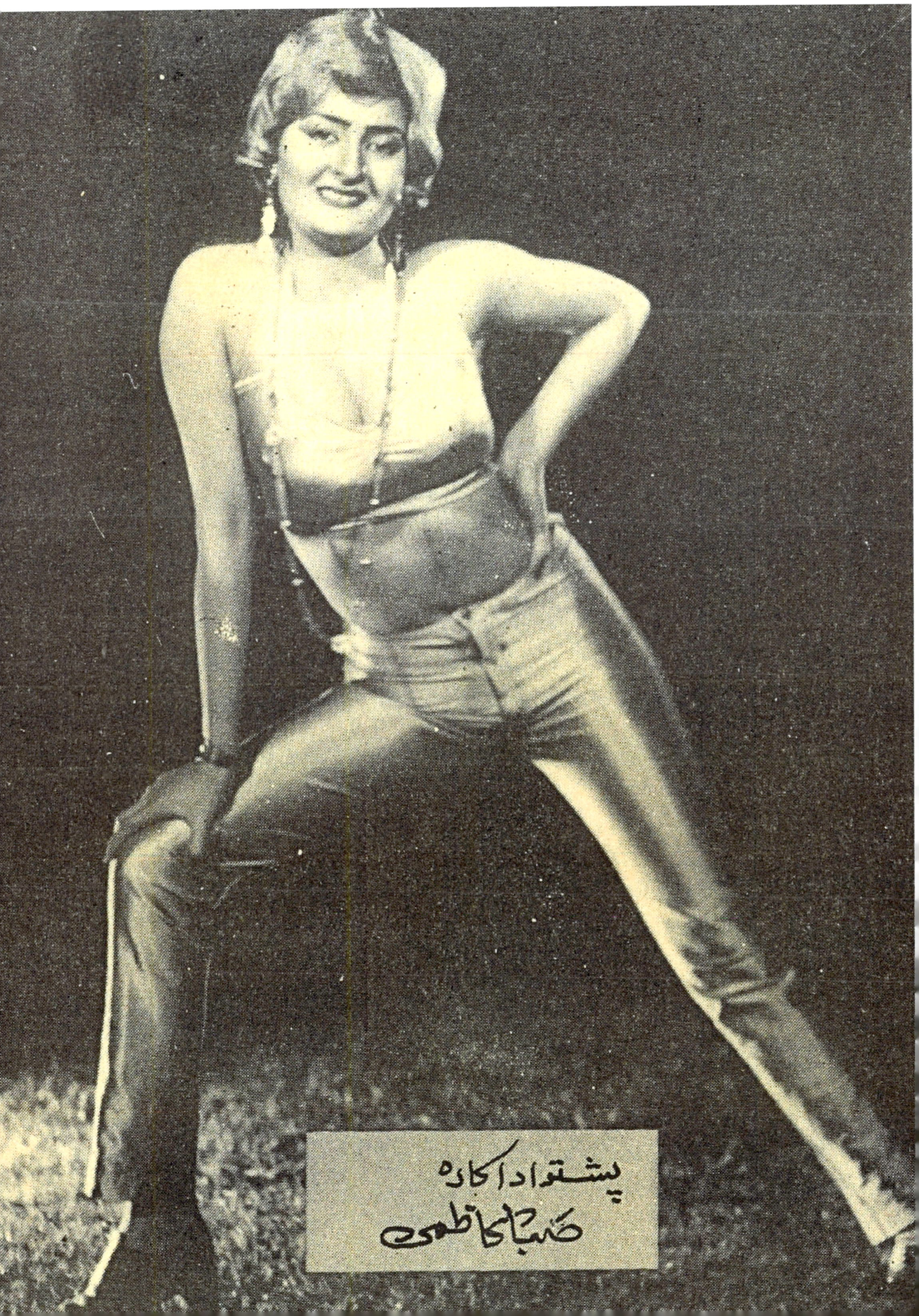

پشتو اداکاره
صبا کاظمی

کالج گرلز

کنواری لڑکیاں، کنوارے لڑکے

لڑکیاں

ھاسٹلز میں

عیاشی کرتی ھیں

وسیم انور

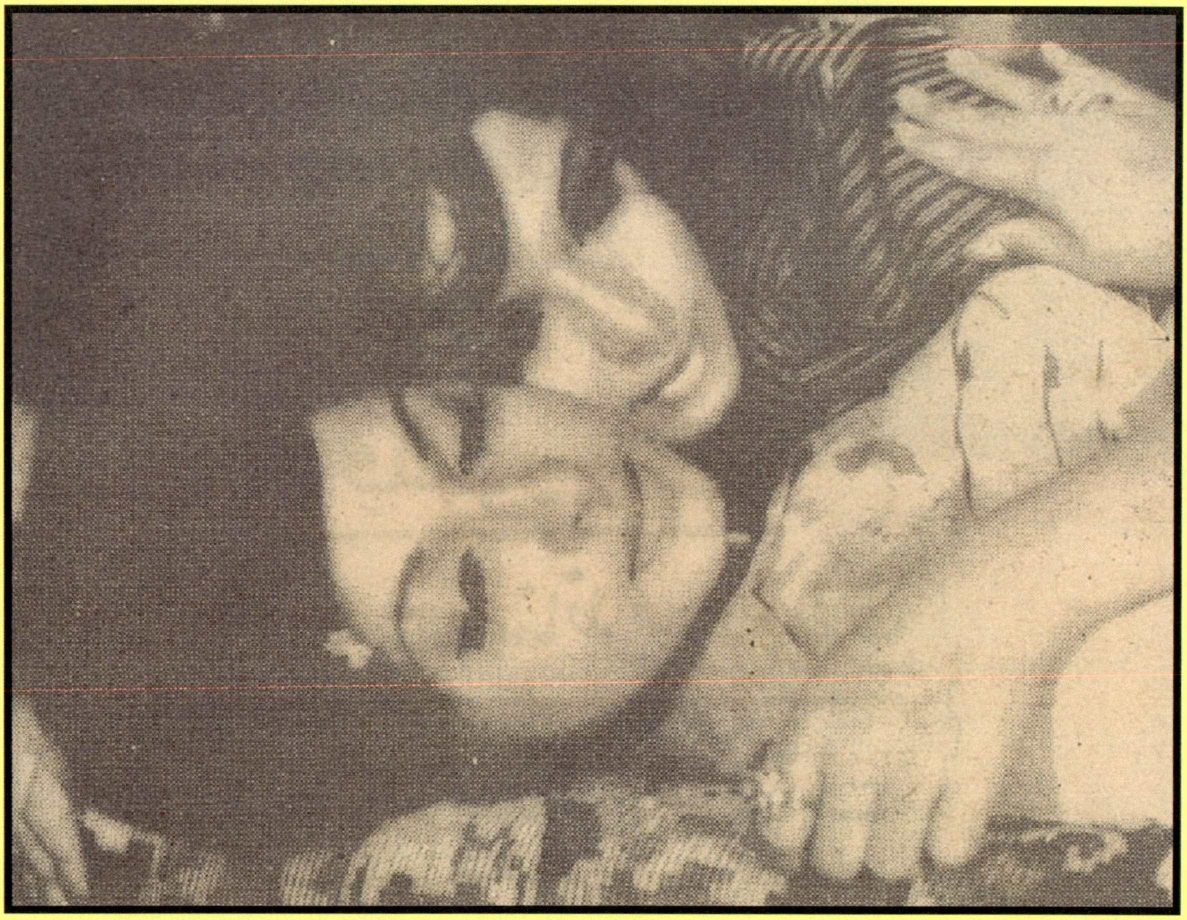

جسے پسند کیا جائے وہ

دوسرے کی آغوش میں کیسے جا سکتی ھے؟

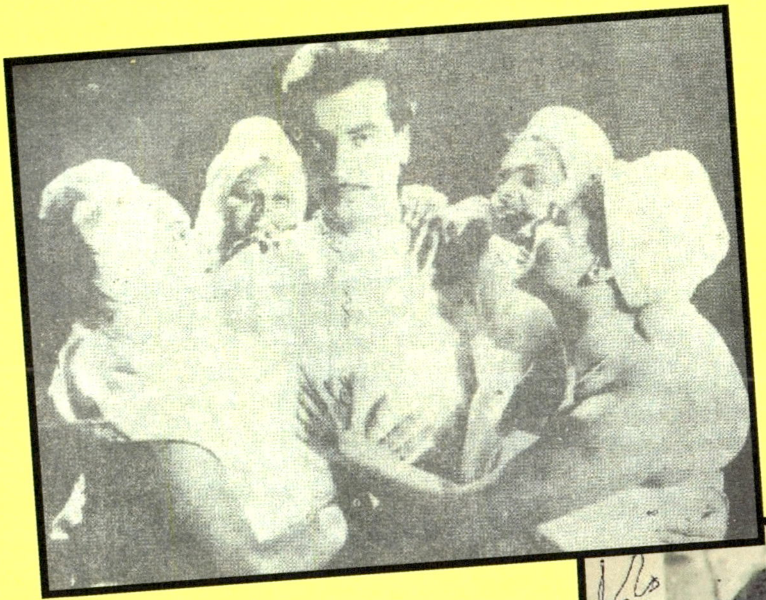

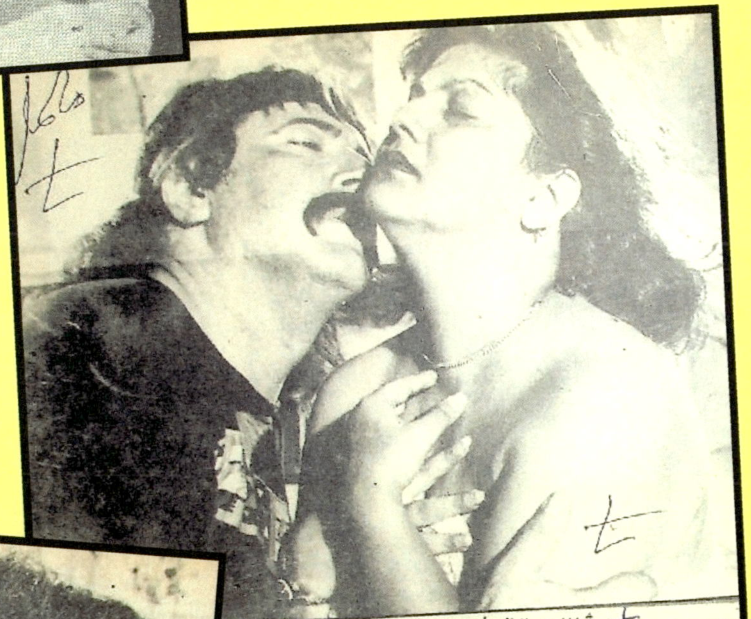

شہناز اور طارق شاہ سنسر شدہ پشتو فلم کا ایک رومانی انداز

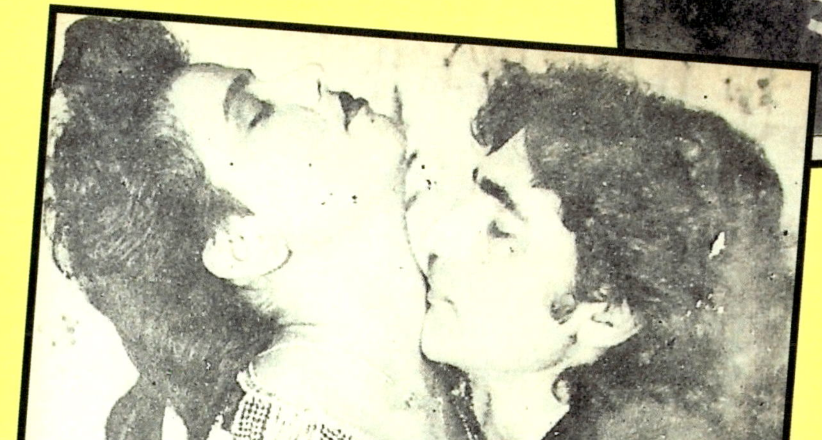

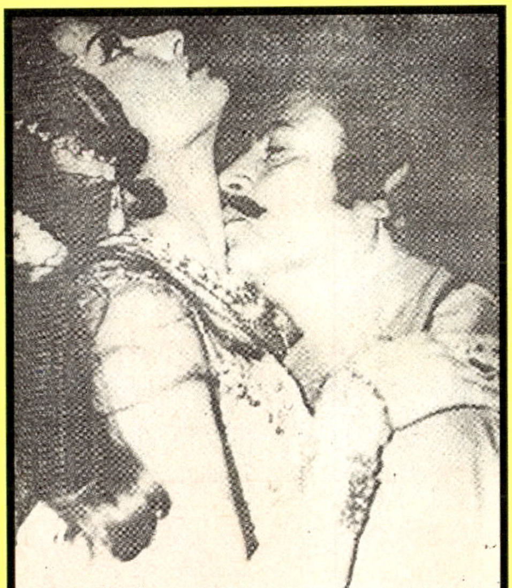

اسلم پرویز مرحوم احمد چکوری کی ایک یادگار تصویر

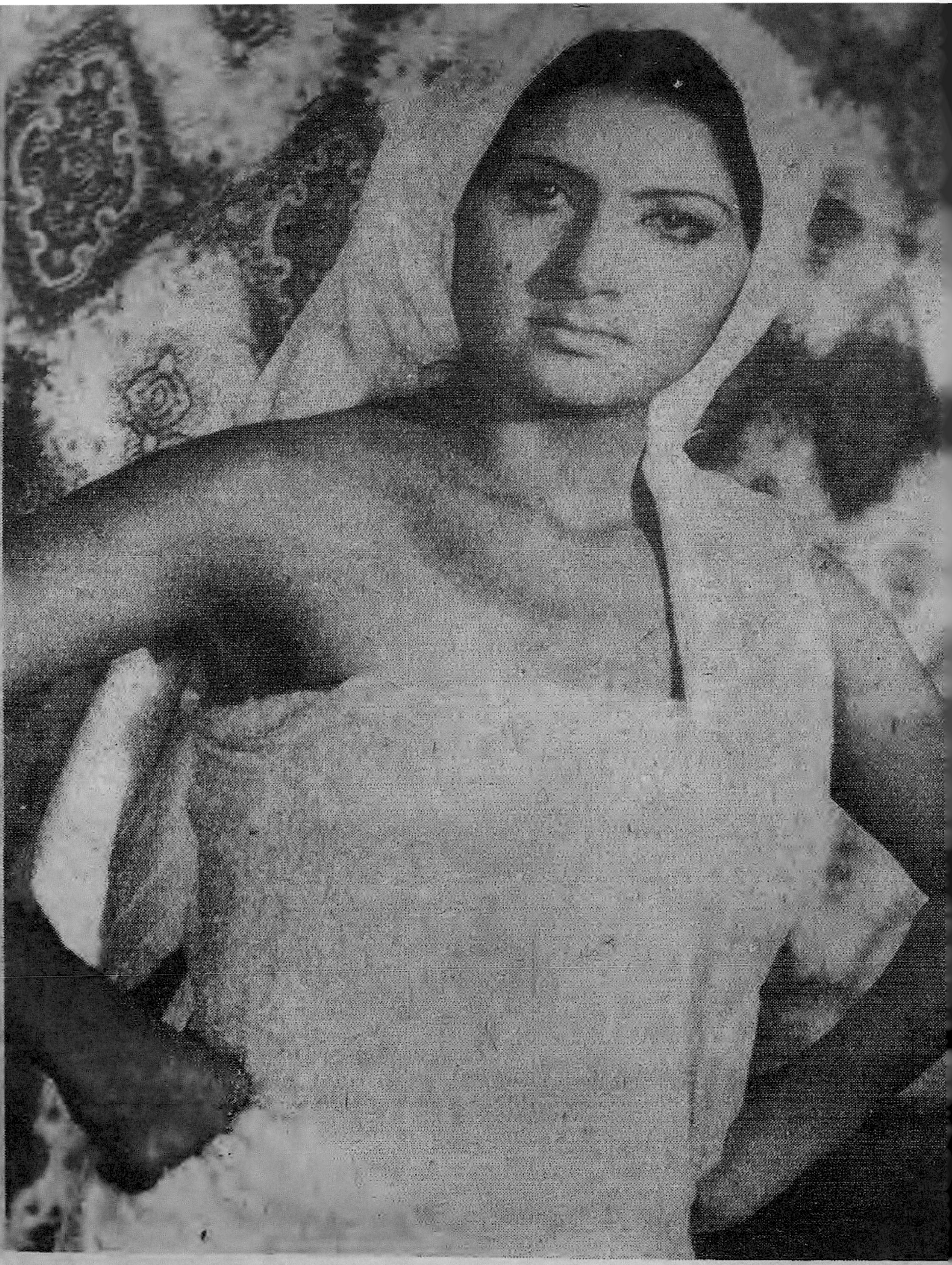

آسیہ تُو اپنی آنکھ کی نیّت کو دیکھ لے خود ہی مجھے نہ بعد میں ساقی کوئی گلہ دینا

(فلم "رنگیلا محبوب")

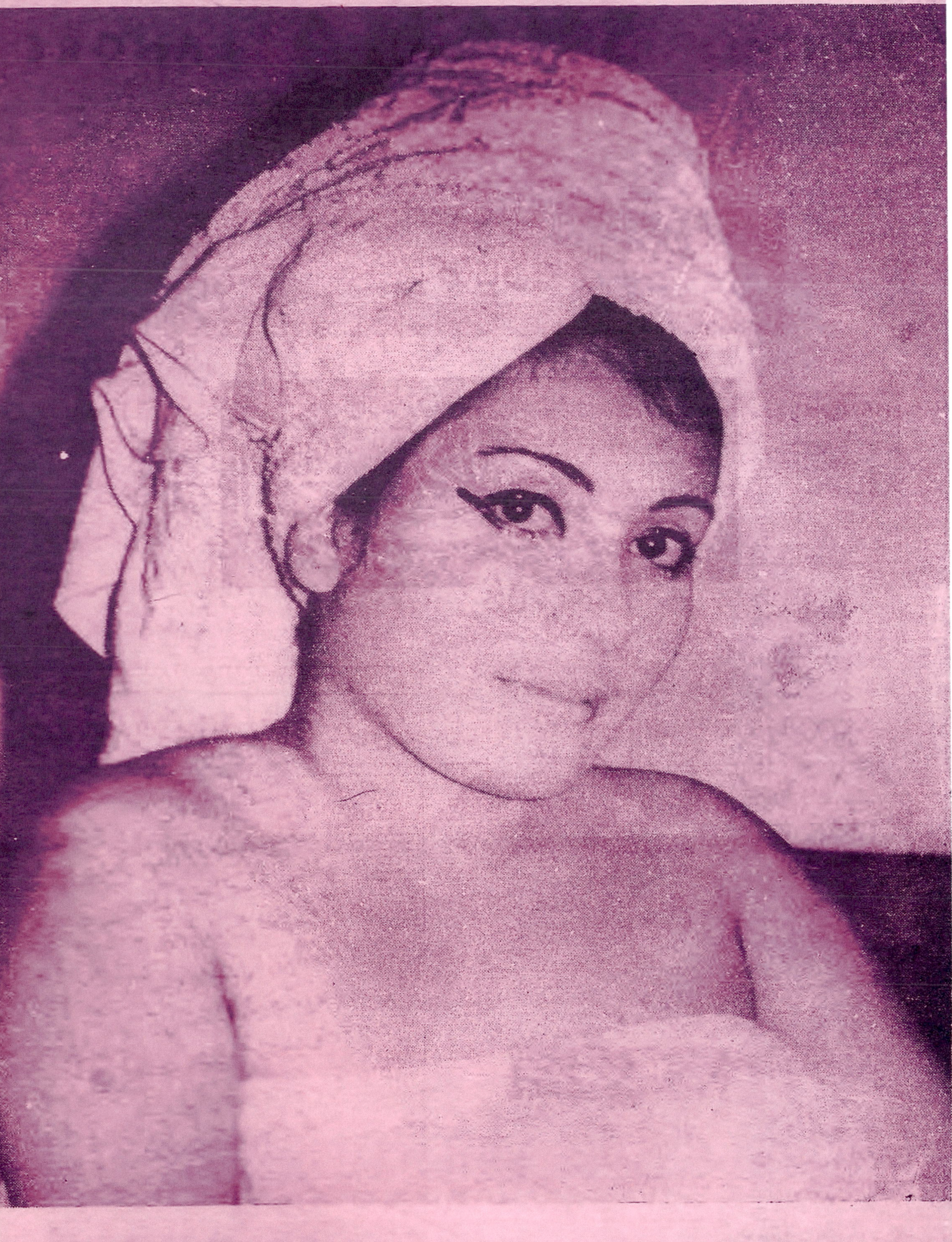

زرقا — گذاری ہے انہی بے تابیوں میں زندگی ہم نے
کبھی موجوں سے اُلجھے ہیں، کبھی ساحل سے گذرے ہیں

روشنیوں کے شہر کراچی کی ایک البیلی اور نوخیز حسینہ، سیکس کی دیوی

کراچی ٹی وی سنٹر اور

اسٹیج کی اُبھرتی ہوئی

جنسی اداکارہ دھنک

تحریر (آوارہ)

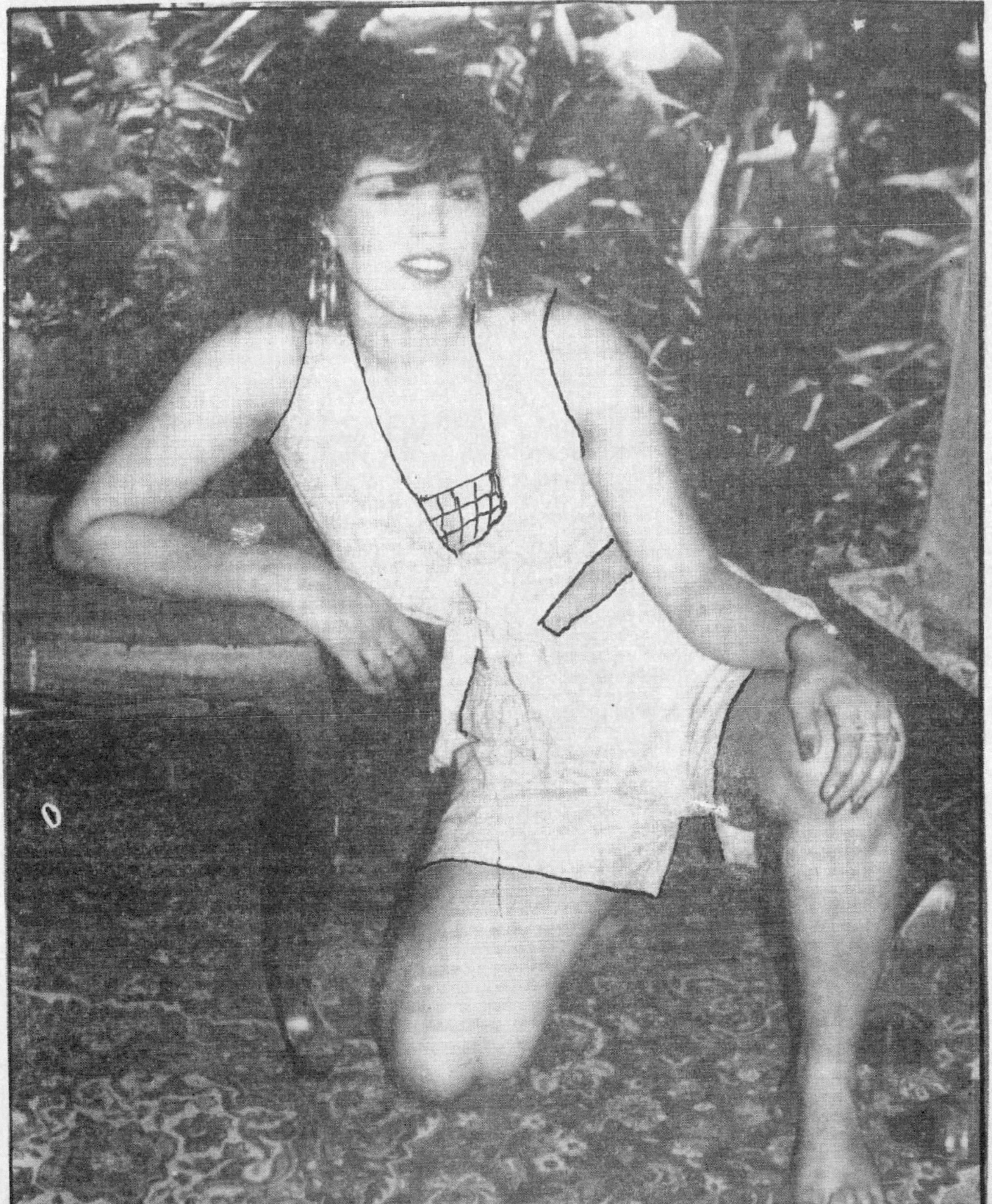

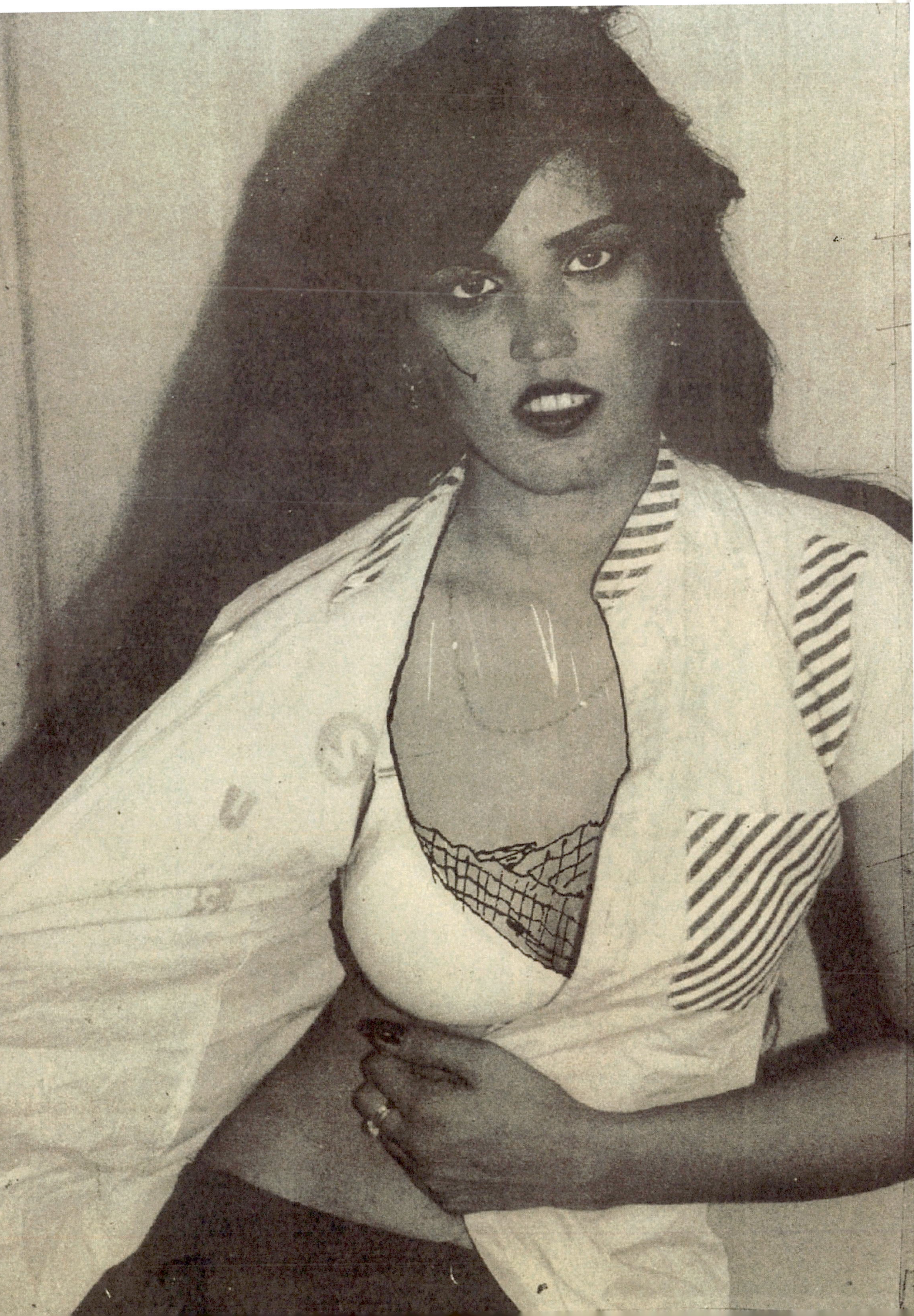

اشتراک

صرف بالغوں کیلئے

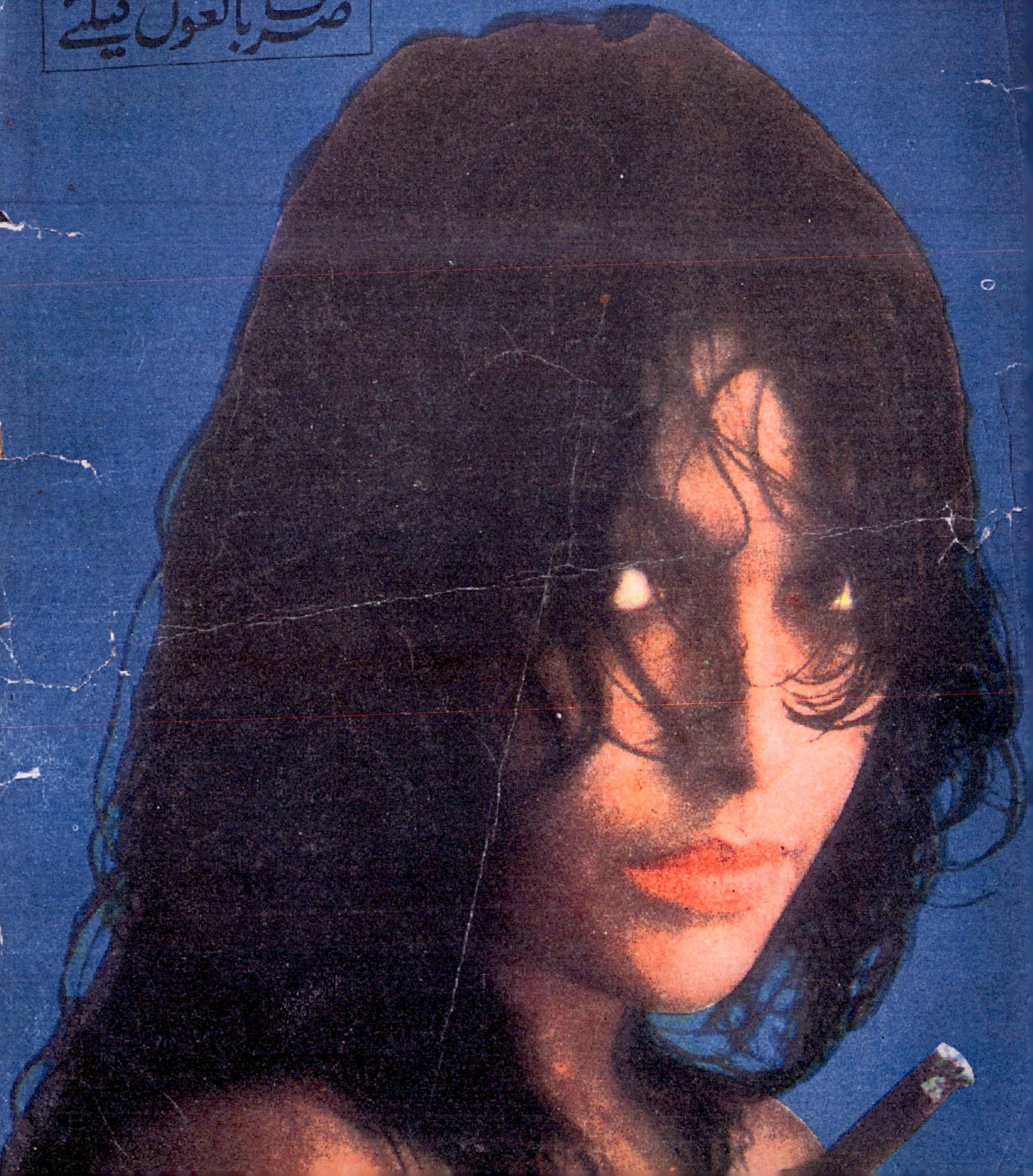

فلمیں ریپ سین سڑکوں پر؟

لڑکیاں ہاسٹلوں میں کیا کرتی ہیں؟

گناہ کیلئے اور بھی چیزیں ہیں

میں ڈوبتی جا رہی ہوں

اس ننگی سے نہ گھبرائیں

انہیں تو بس جسموں کی ضرورت ہے

کنواری مائیں معصوم بچے

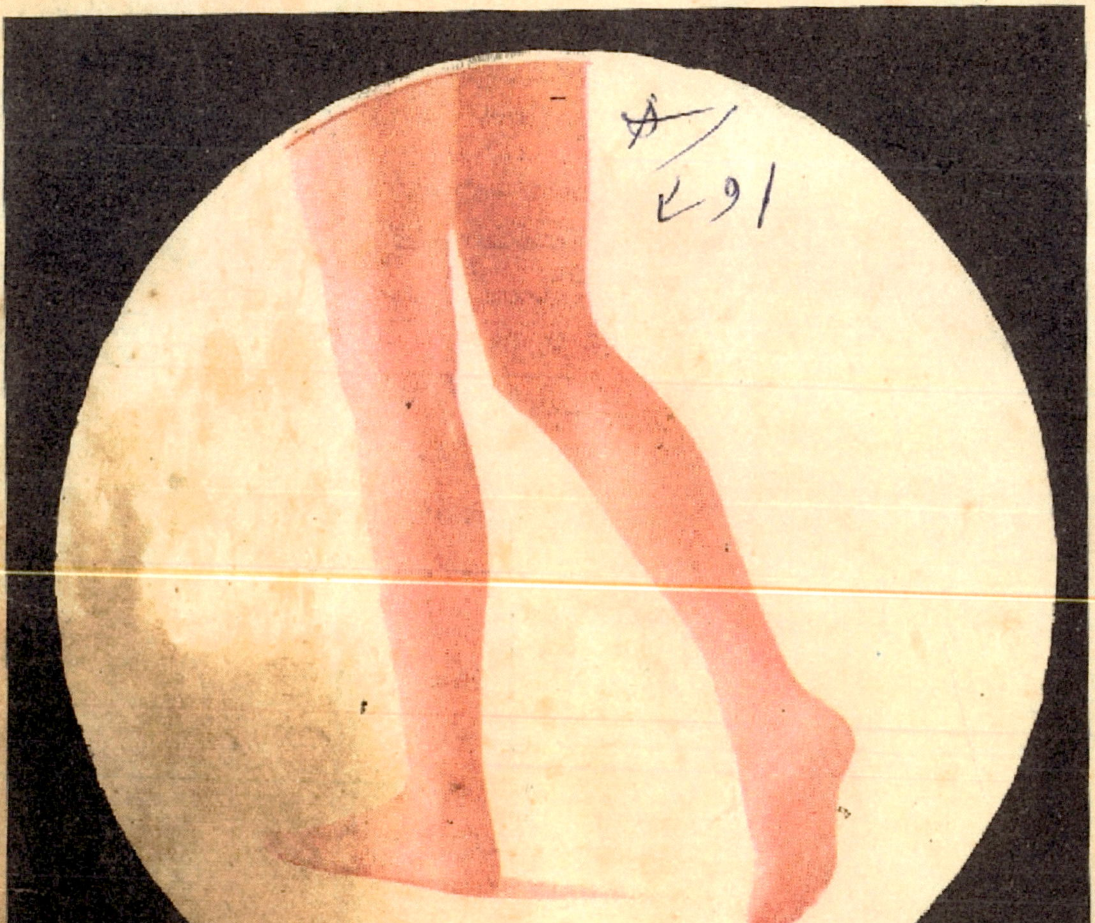

مفت TV حاصل کیجیے

3 روپے

اشتراک

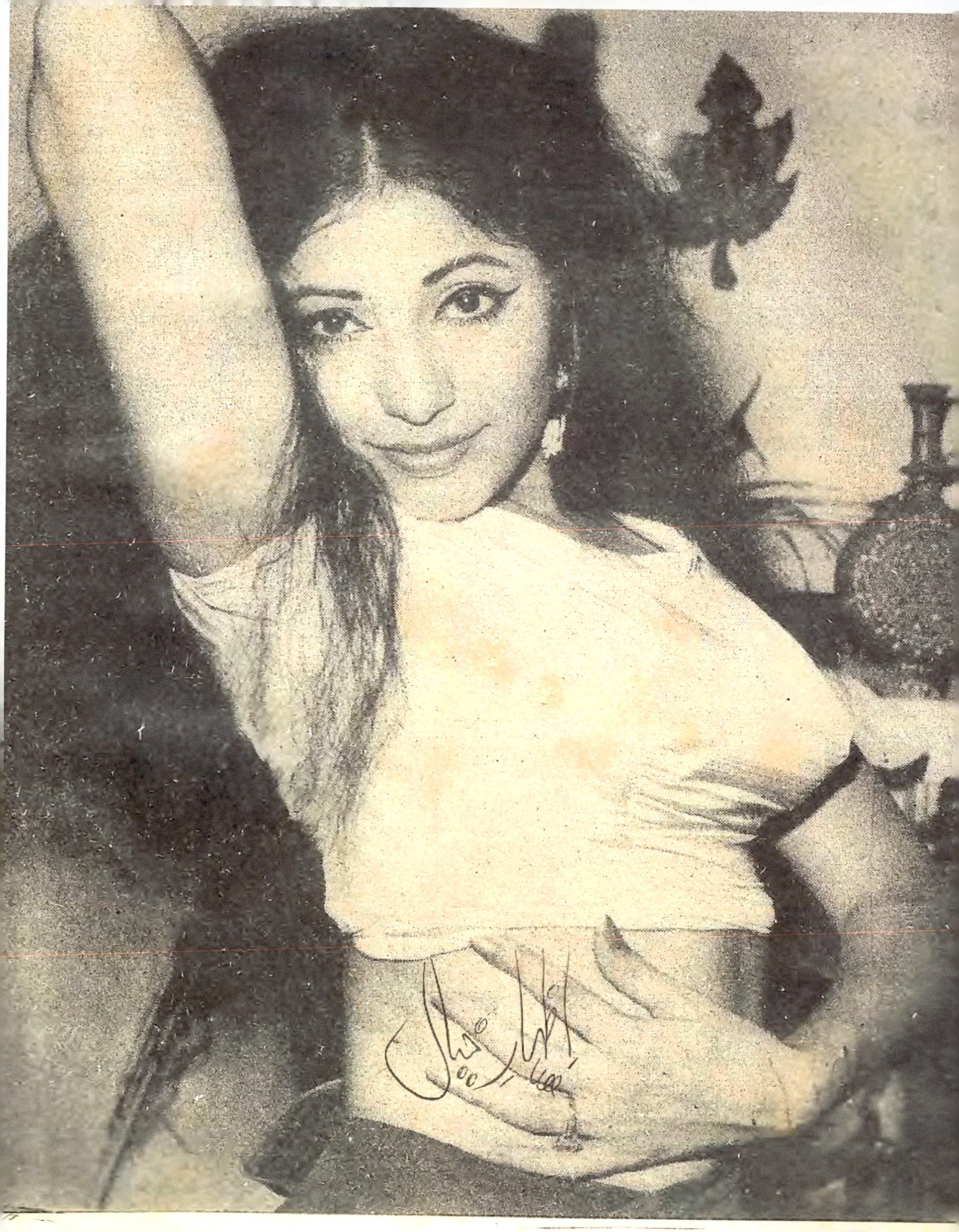

یاسمین خان

ان کی آنکھوں کے سُرخ ڈوروں میں
کِس نے دیکھی شراب کی صورت

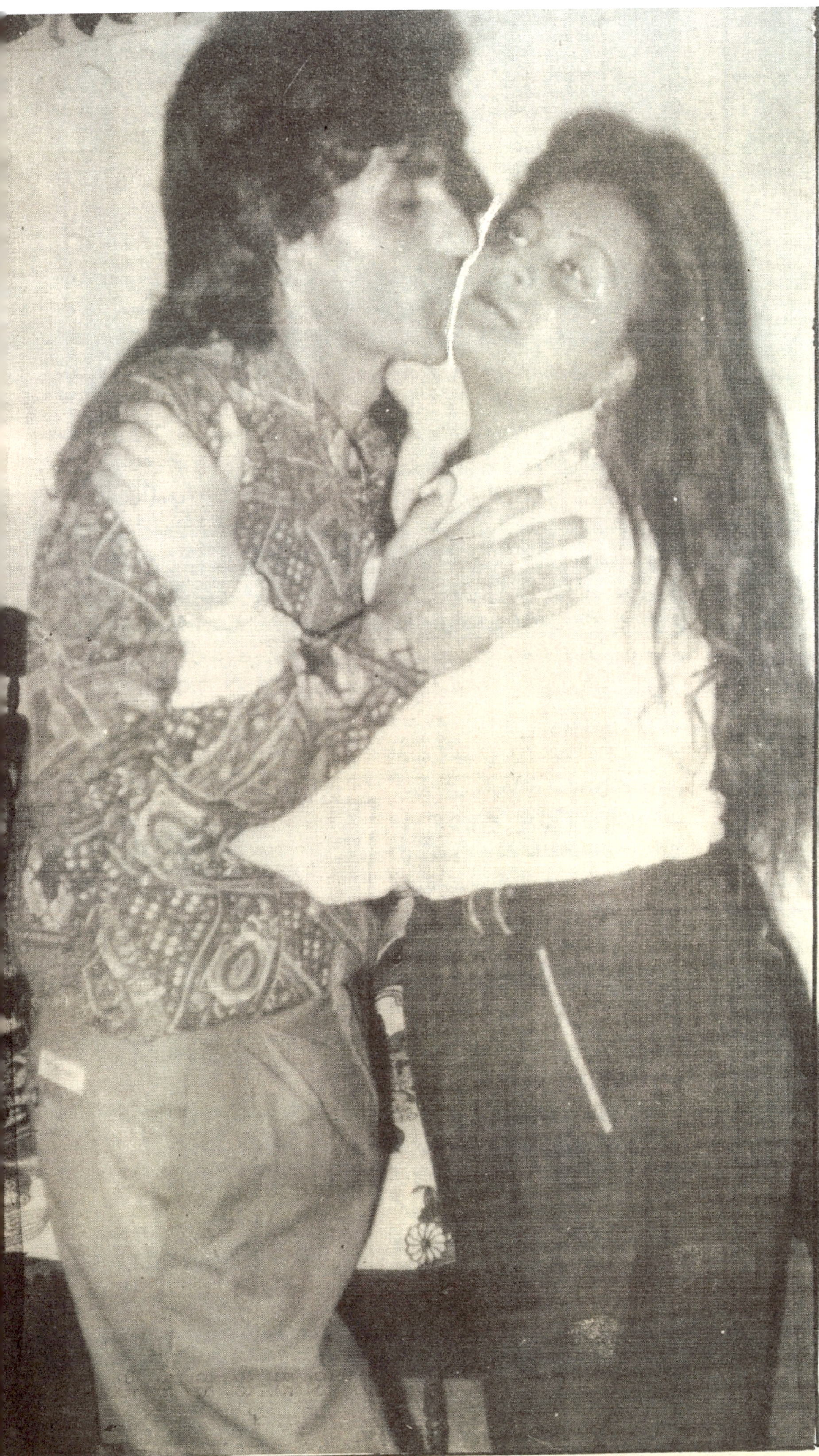

کراچی
فلم انڈسٹری کے
اُبھرتے ہوئے
نئے ہیرو

عادل پردیسی

اپنی نئی دریافت

شعلہ

کے ساتھ
اپنی نئی فلم
"میرے صنم" میں
جس کے ہدایت کار
فلم ساز
مصنف

عادل پردیسی

خود ہی ہیں

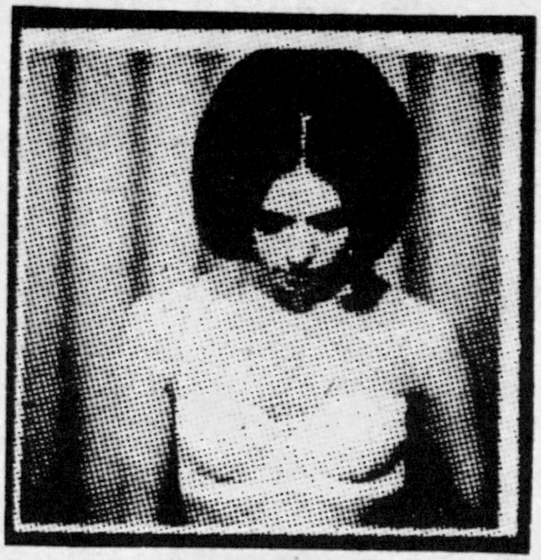

جس کی گلابی رنگت، بلوریں آنکھیں سنہری بال، متناسب جسم اور جہاں چہرے پر بکھری بکھری شریر مسکراہٹ، حسنِ خداداد کی غماز ہے، وہاں ایک المیہ کہانی کی بھی آئینہ دار ہے وہ ایک رقاصہ ہی نہیں بلکہ ایک آرٹسٹ بھی ہے جسے فن کی اعلیٰ قدروں سے پیار ہے۔ وہ چاہتی ہے کہ زندگی کی ساری تلخ گھڑیوں کو رقص میں سمو دے اور اس مقام تک پہنچ جائے جہاں غم اور خوشی دونوں کا وجود باقی نہیں رہتا۔

جب مجھے سلطانہ پشاوری کے نام سے آگاہی ہوئی تو شوق چرایا کہ اس اداکارہ کو میں بھی ایک نظر دیکھ لوں جس کے ساتھ حال ہی میں دو حادثے پیش ہوئے ہیں اور جو ان دو عظیم حادثوں کے درپیش ہونے کے باوجود بھی بالکل اسی طرح زندہ ہے مسکراتی اس دنیا میں بیٹھی ہے۔ جسے معاشرے کے کچھ حضرات گندگی اور غلاظت کا ڈھیر کہتے ہیں اور کچھ قانون دان مظلومیت اور بے چارگی کی اس دھرتی کو گناہ آلود سمجھتے ہیں“ دو حادثے جو اس کے ساتھ درپیش ہوئے ہیں وہ کیا تھے تو یہ ایک الگ کہانی ہے پھر آپ کی اطلاع کے لئے اتنا عرض کئے دوں کہ سلطانہ پشاوری ان تمام تر حادثوں کی گود میں پل کر جوان ہوتی ہے جس سے انسان فرار پاتا ہے مگر فرار نہ پانے کے باوجود بھی وہ ان انقلابات پر ایک کتاب بھی ترتیب دے رہی ہے جس کا نام ”سلطانہ“ ہے۔

جب میں سلطانہ سے ملنے اس کے دولت خانے پر گیا تو اس وقت وہ اپنے کمرے میں بیٹھی کسی ناول کے مطالعہ میں مستغرق تھی اپنے کمرے میں مجھے وارد ہوتے دیکھ کر وہ صوفے سے اٹھ کر کھڑی ہو گئی آنکھوں میں ملکوتی مسکراہٹ پیدا کرتے ہوئے کسی بہار کی مانند میرے

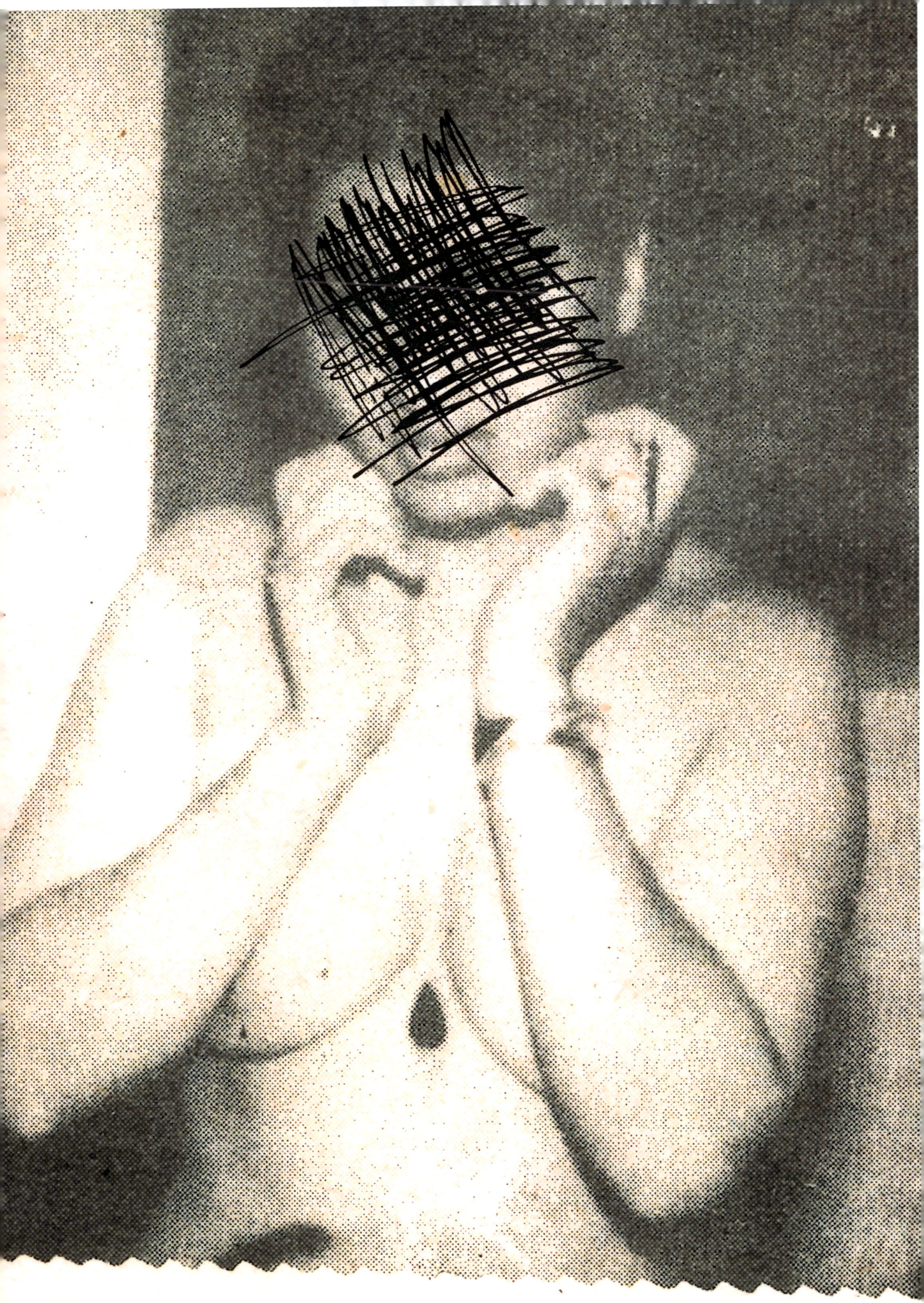

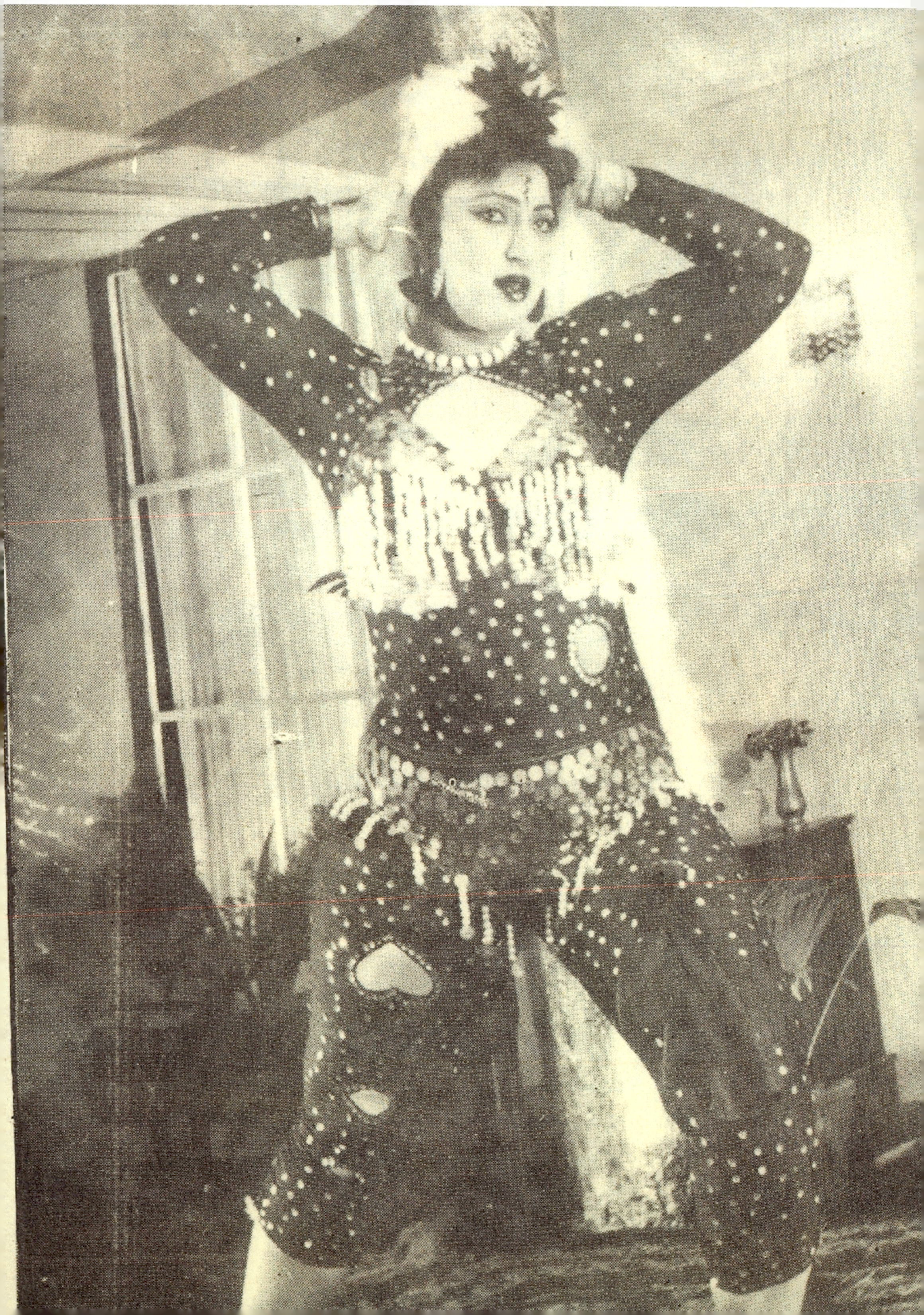

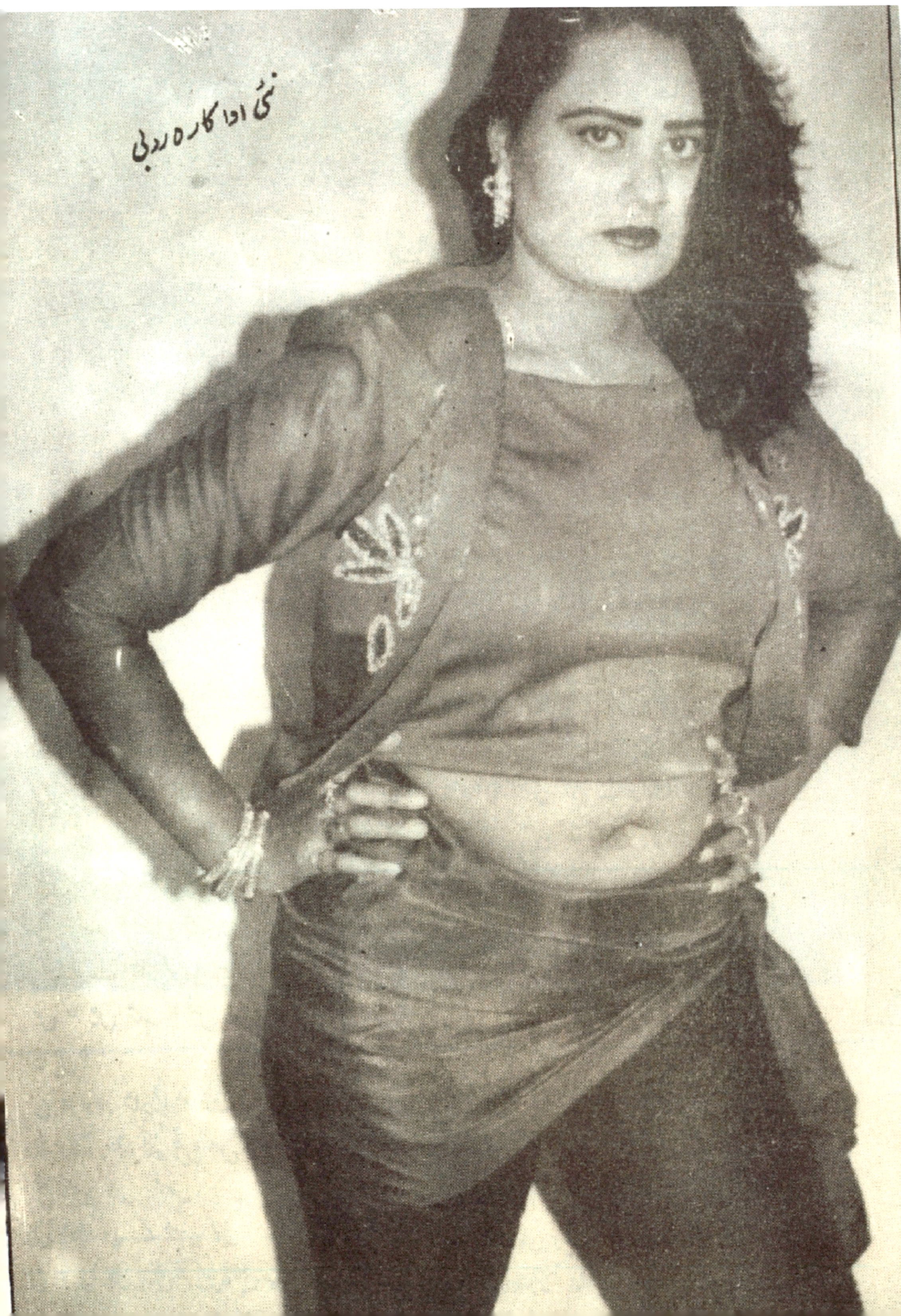
نئی اداکارہ روبی

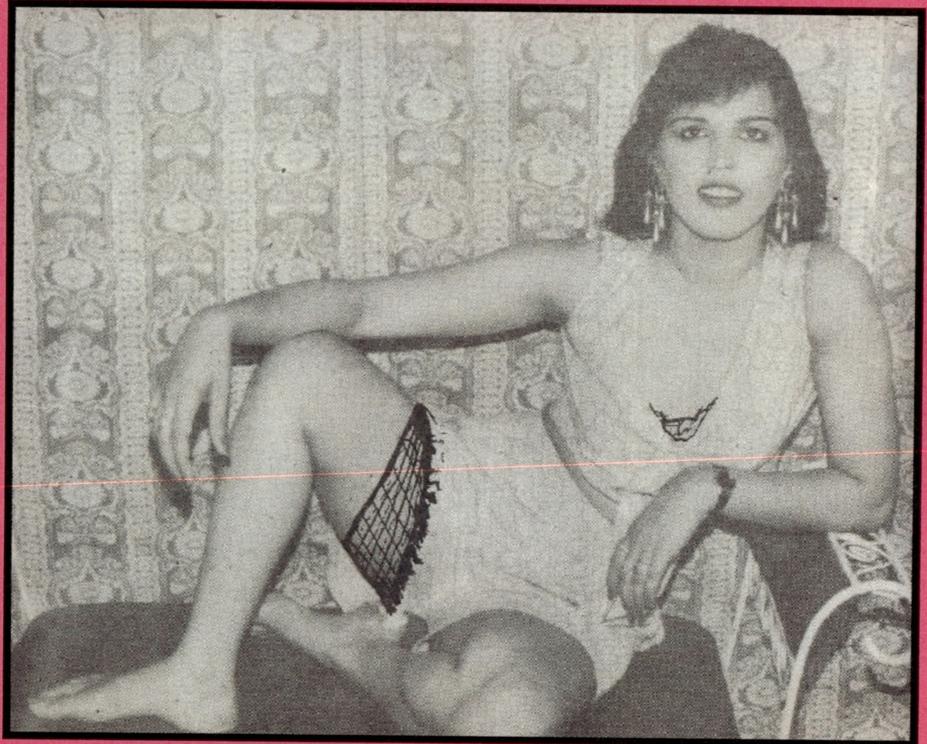

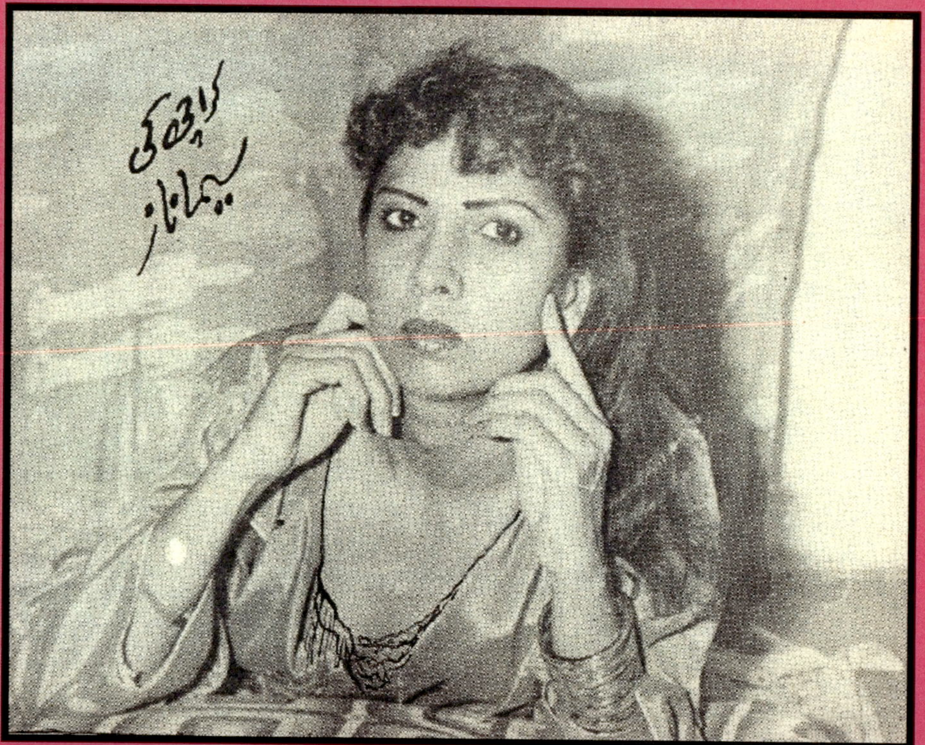
کراچی کی
سیما ناز

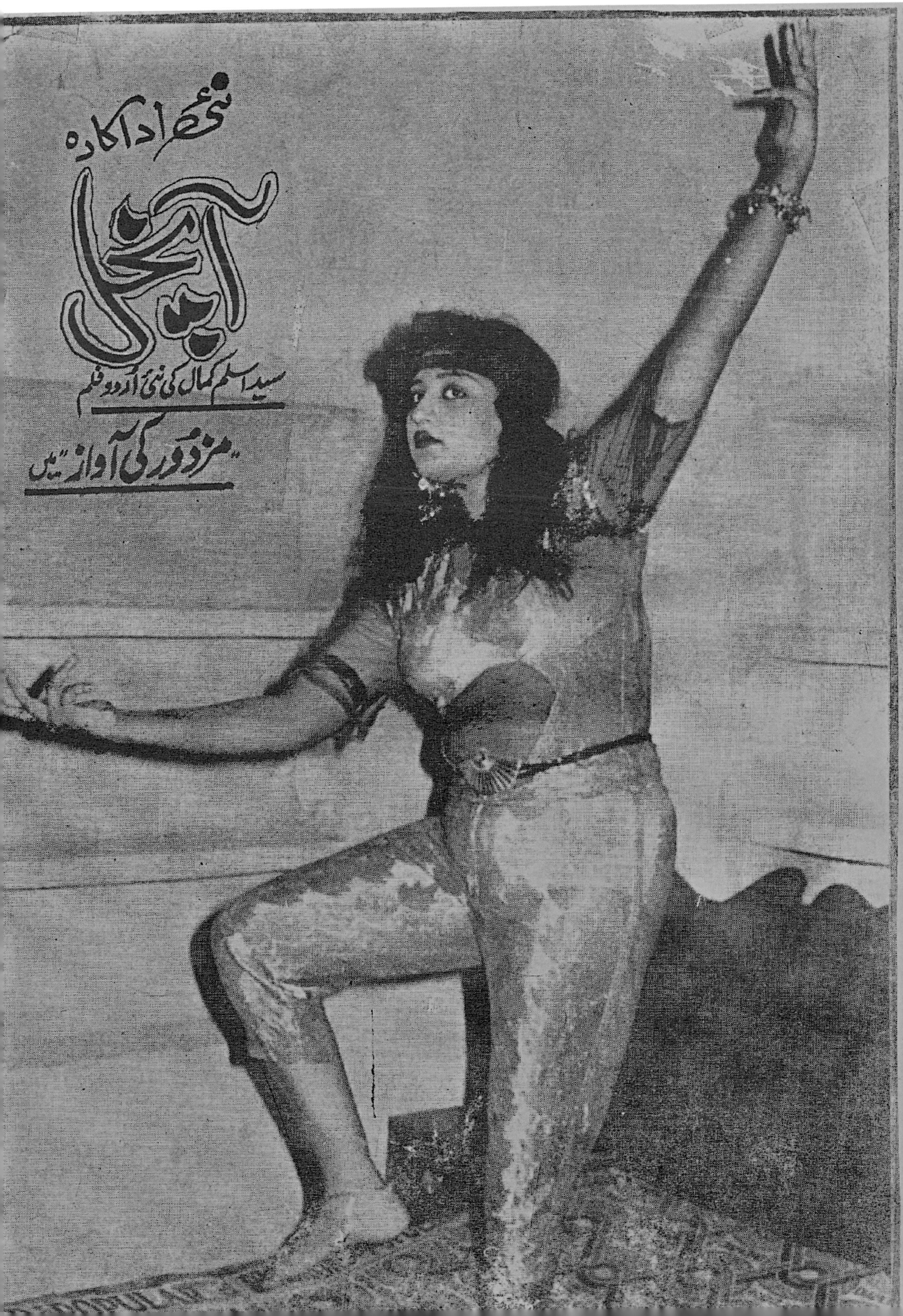
ننھی اداکارہ
سید اسلم کمال کی نئی اردو فلم
"مزدور کی آواز" میں

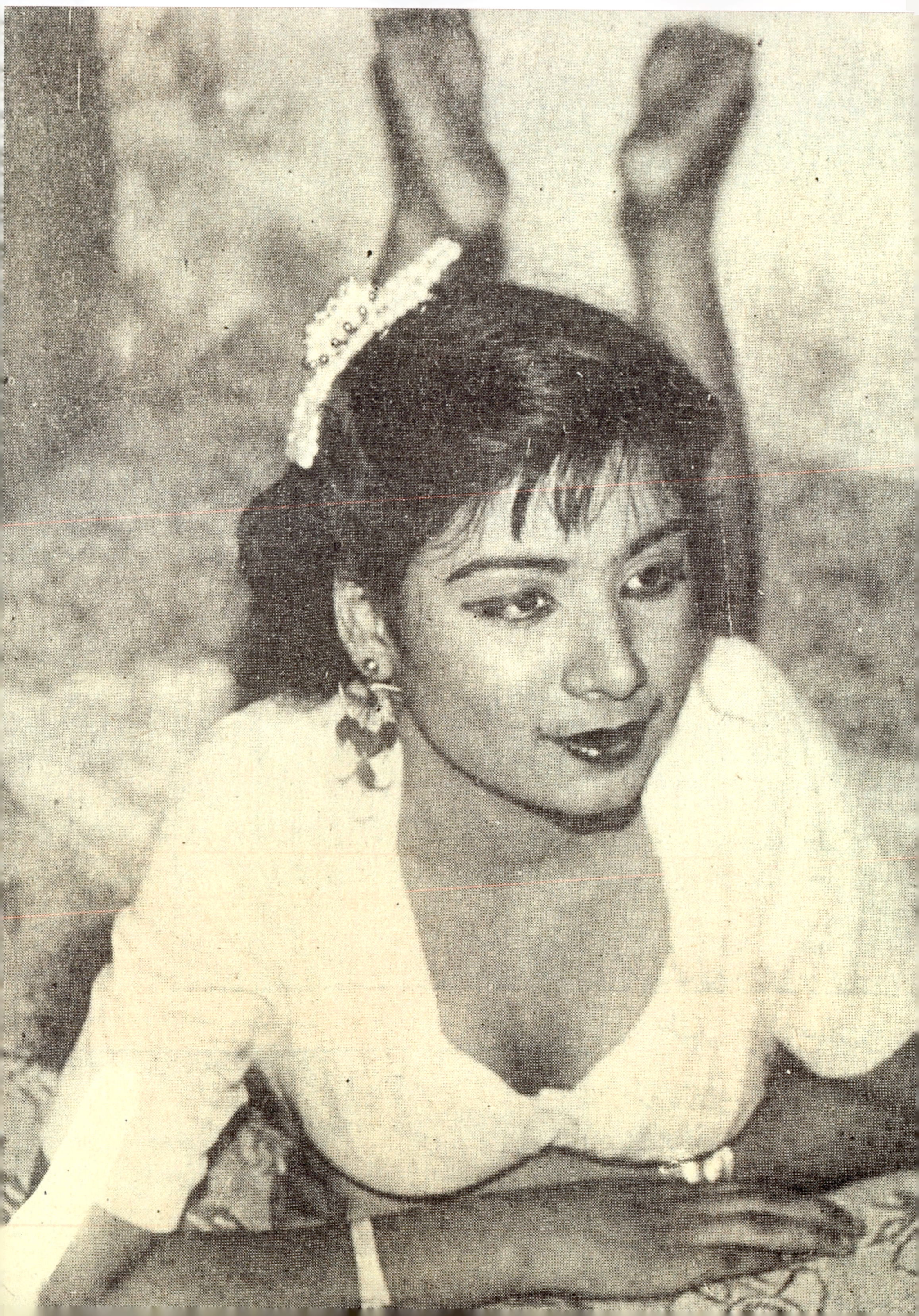

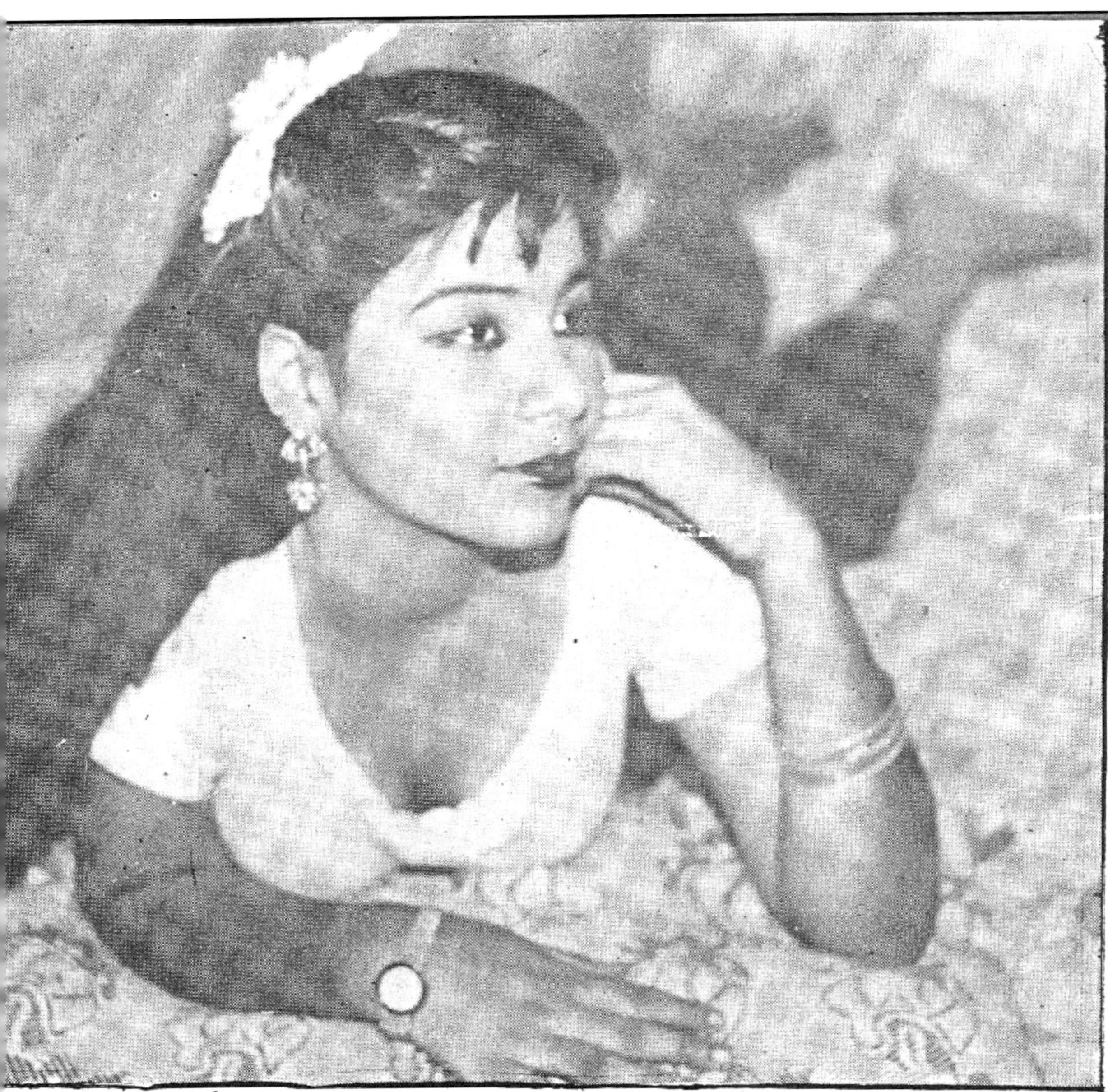

ہدایت کاروں سے بھرپور تعاون کر کے سین کی ڈیمانڈ پوری کروں گی

ہر قسم کے سیکسی سین فلم کی کہانی کی ڈیمانڈ کے مطابق فلمبند کراؤں گی

عظمیٰ نور ایک خوبصورت چہرے اور تروتازہ حسینہ کا نام ہے۔ ابھی وہ عمر کے اس حصے میں ہے جسے صحیح معنوں میں جوانی کی دہلیز پر پہلا قدم کہا جاتا ہے۔ عظمیٰ نور بہت پہلے سے فلم انڈسٹری سے وابستہ ہیں اور بطور چائلڈ سٹار کام کرتی رہی ہے۔ انھوں نے فلم دل اور شمع میں اداکارہ ریما کے بچپن کا رول ادا کیا تھا اس کے علاوہ فلم کوبرا میں غلام محی الدین کی بھانجی بنی تھیں۔

انھوں نے ایک ملاقات میں بتایا کہ اب میں جوان ہو چکی ہوں۔ اور لوگوں کو بھی بتانا چاہتی ہوں کہ اب مجھے اس نظر سے دیکھیں جس طرح ایک خوبصورت اور جوان لڑکی کو دیکھا جاتا ہے۔ انھوں نے کہا کہ

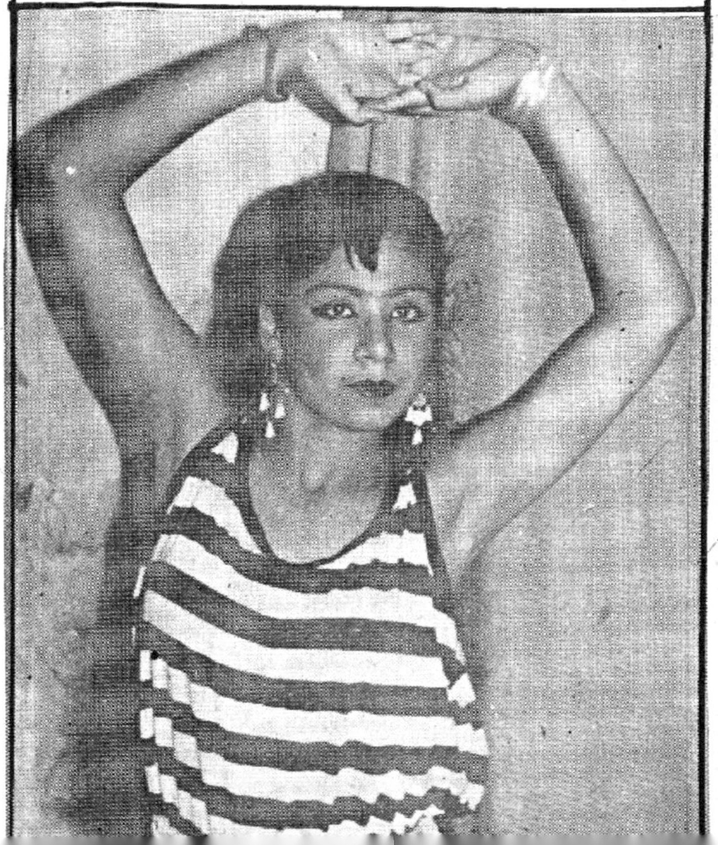

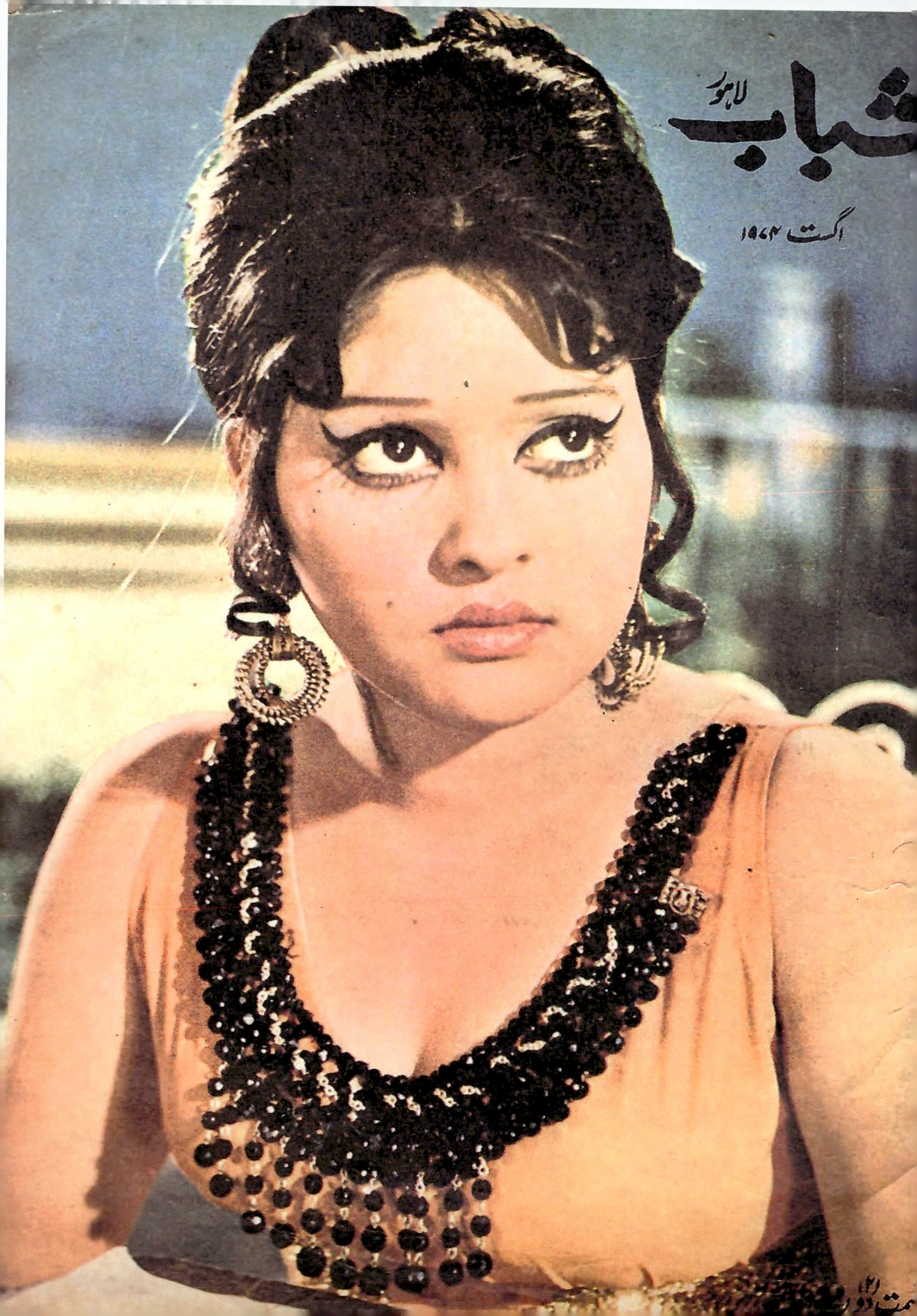
شباب
لاہور
اگست ۱۹۷۴
۲/
مت دو ر

لاکھوں پرستاروں کے دِلوں کی دھڑکن
اور محبوب رقاصہ و اداکارہ

عالیہ

جس نے ماضی میں بے پناہ
کامیابیاں شہرت
اور دولت حاصل
کی بامِ عروج میں ہدایت کار الطاف

تحریر: ایم یوسف

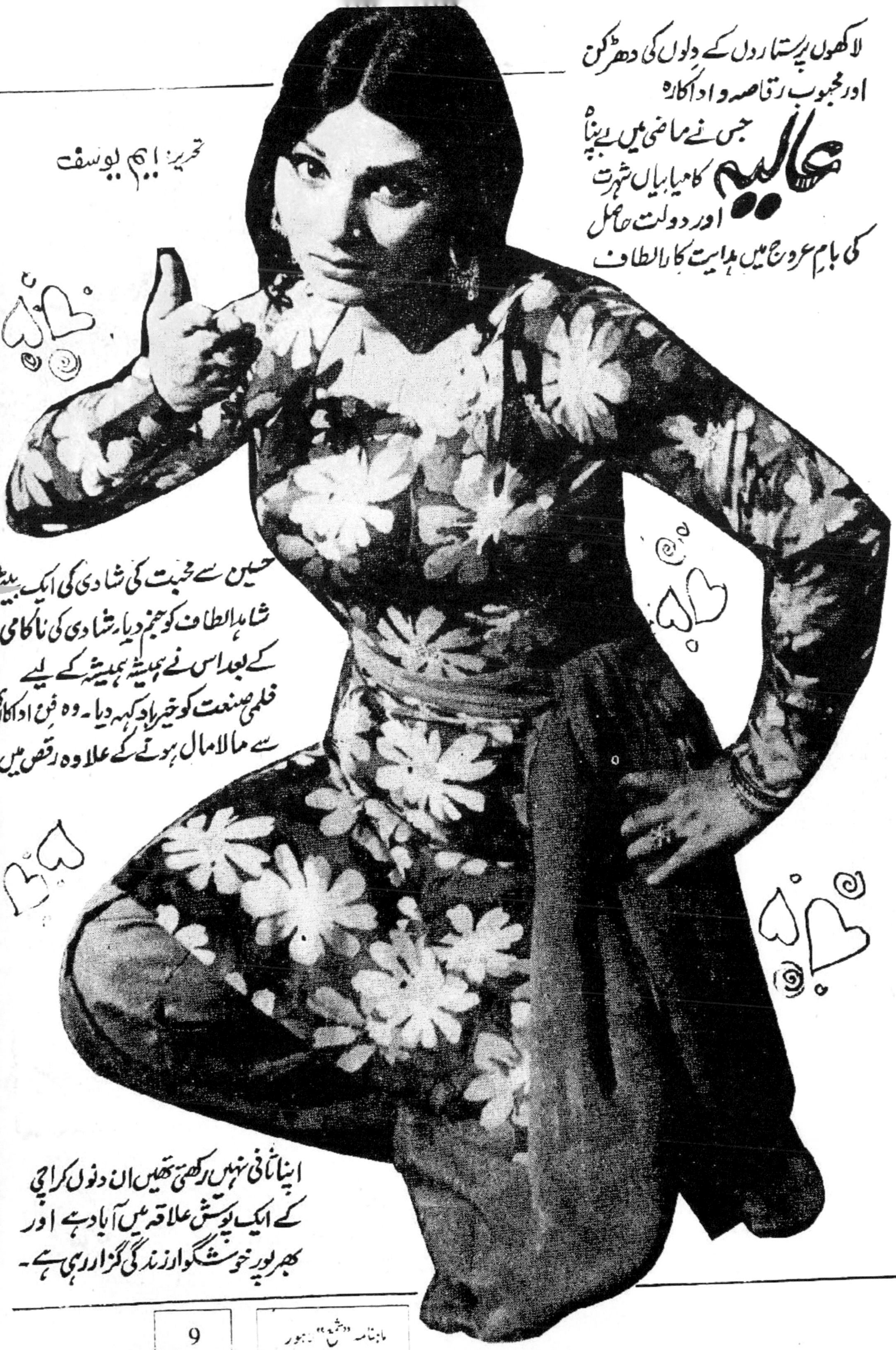

حسین سے محبت کی شادی کی ایک بیٹی
شاہدہ الطاف کو جنم دیا۔ شادی کی ناکامی
کے بعد اس نے ہمیشہ ہمیشہ کے لیے
فلمی صنعت کو خیرباد کہہ دیا۔ وہ فنِ اداکاری
سے مالامال ہونے کے علاوہ رقص میں

اپنا ثانی نہیں رکھتی تھیں ان دنوں کراچی
کے ایک پوش علاقہ میں آباد ہے اور
بھرپور خوشگوار زندگی گزار رہی ہے۔

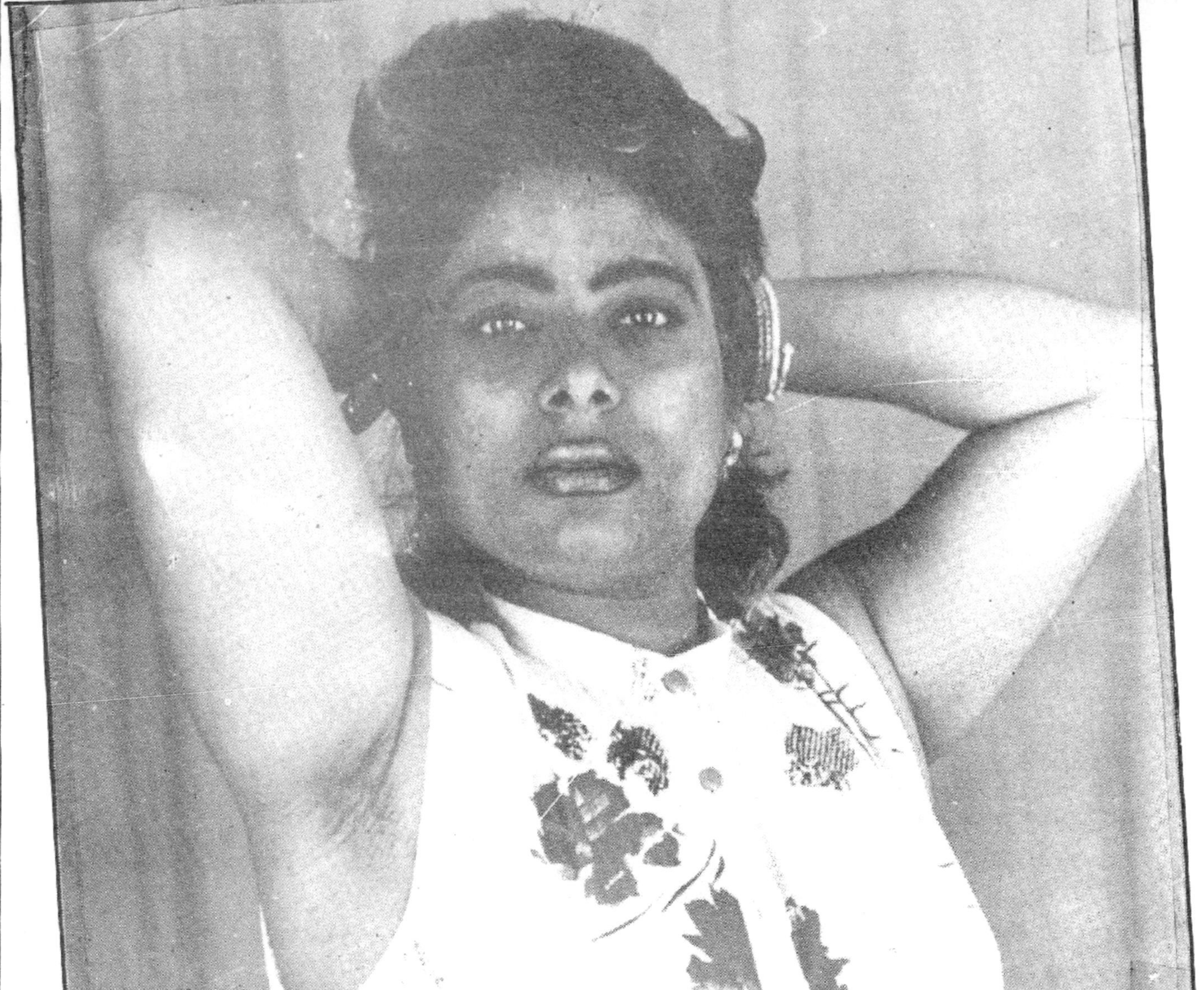

سونیا درانی

ملتان اسٹیج کی ایک منفرد اداکارہ اسٹیج کے بعد
اب فلموں میں آرہی ہے!

فلمی ایکٹریس اور قربانی کے مکرے
وڈیری نسل کا
سندھی بکرا
اداکارہ ریما کو
چکمہ دے گیا

تحریر
ندیم اُپل

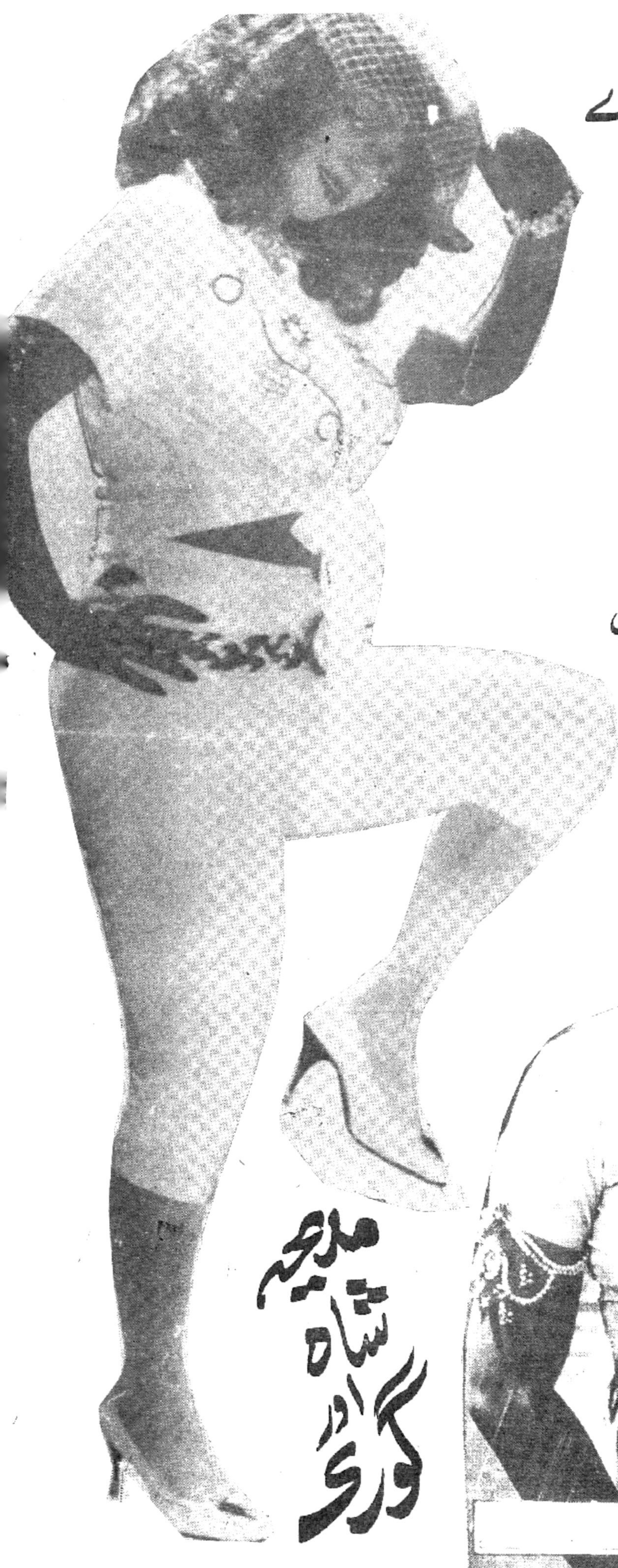

مدیحہ شاہ اور گوری

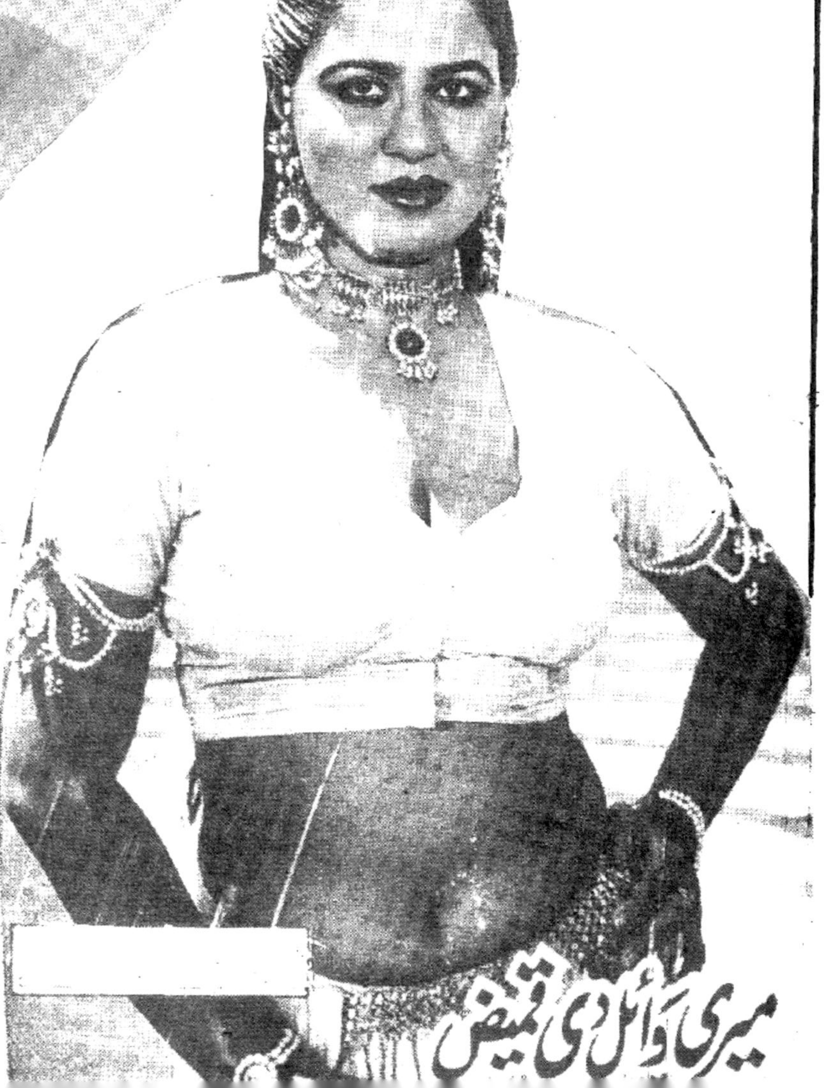

میری وائل دی قمیض

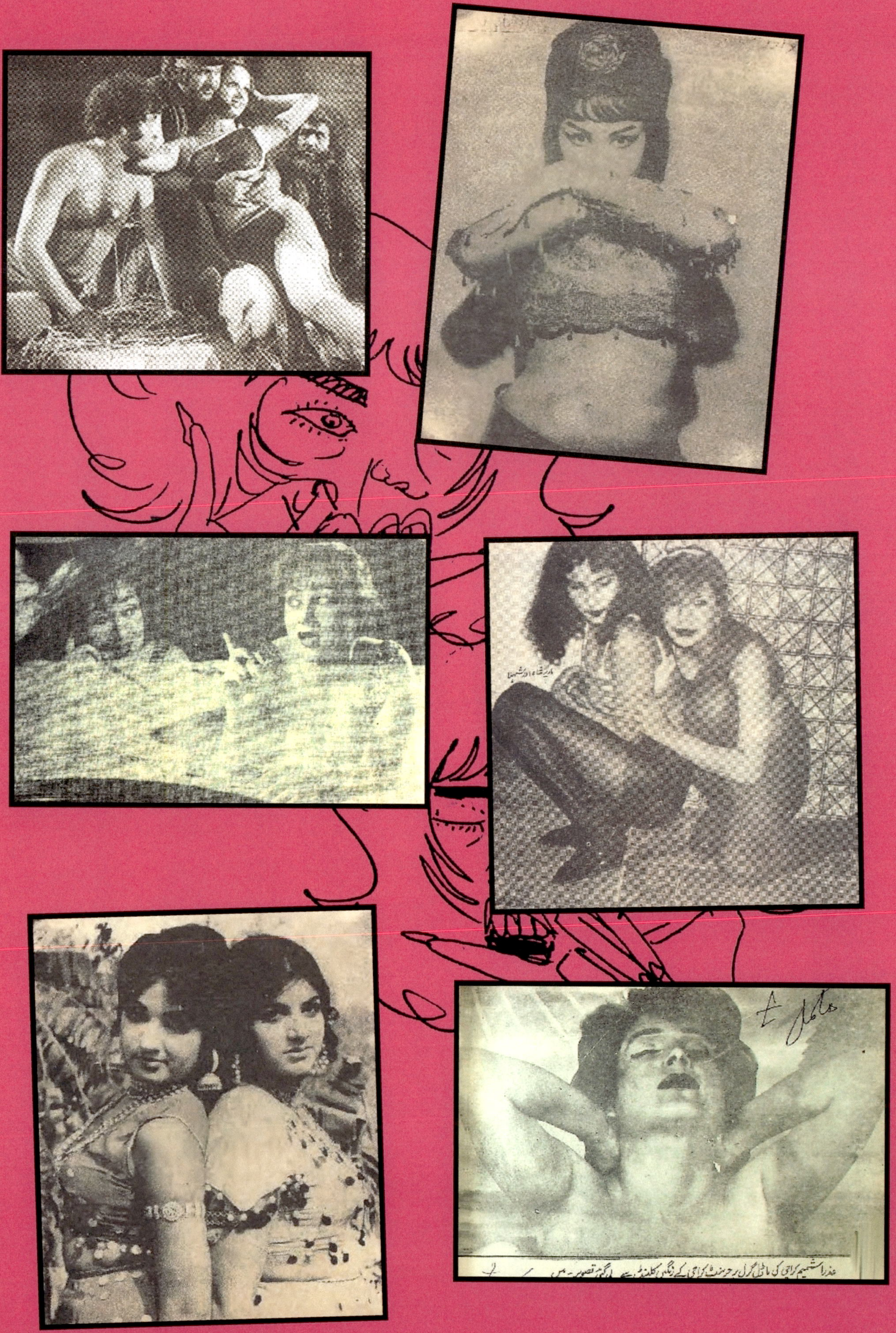
عذرا شمیم کراچی کی ماڈل گرل

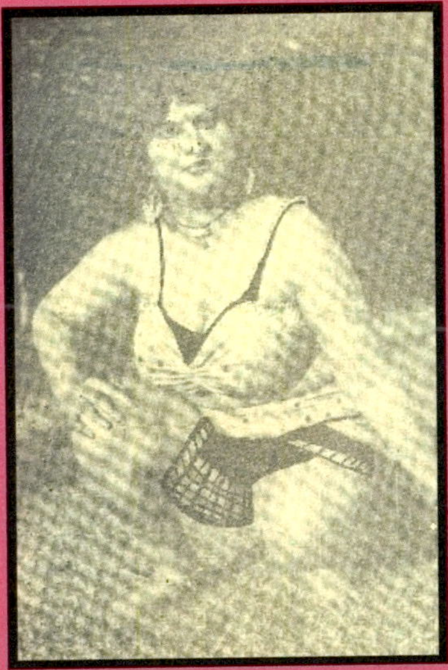
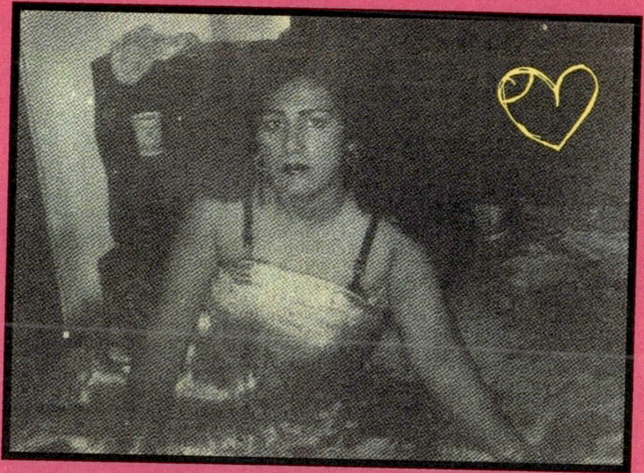
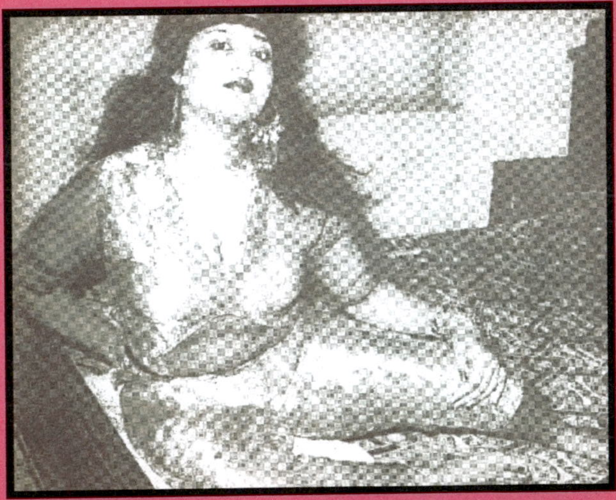
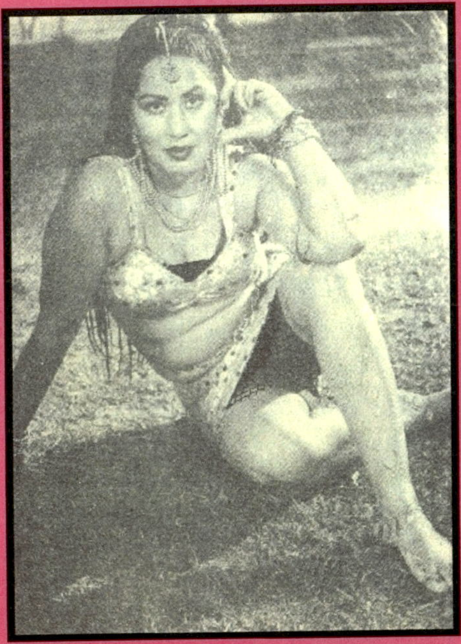
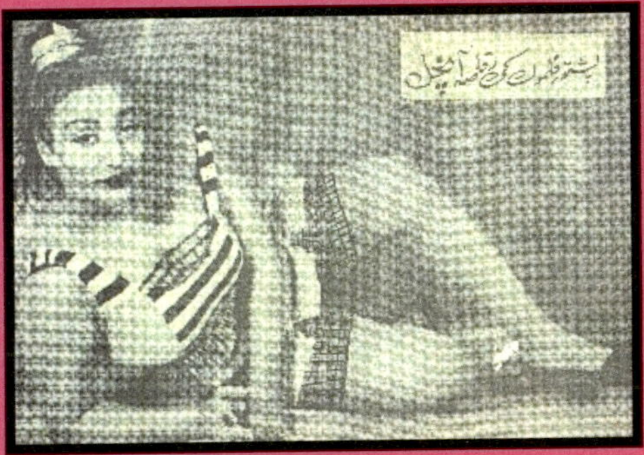
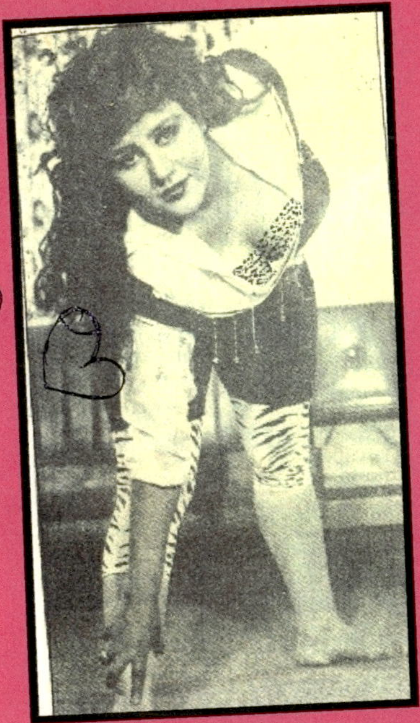
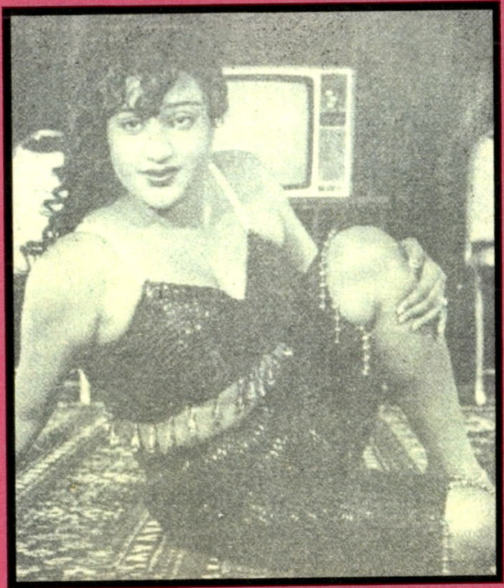

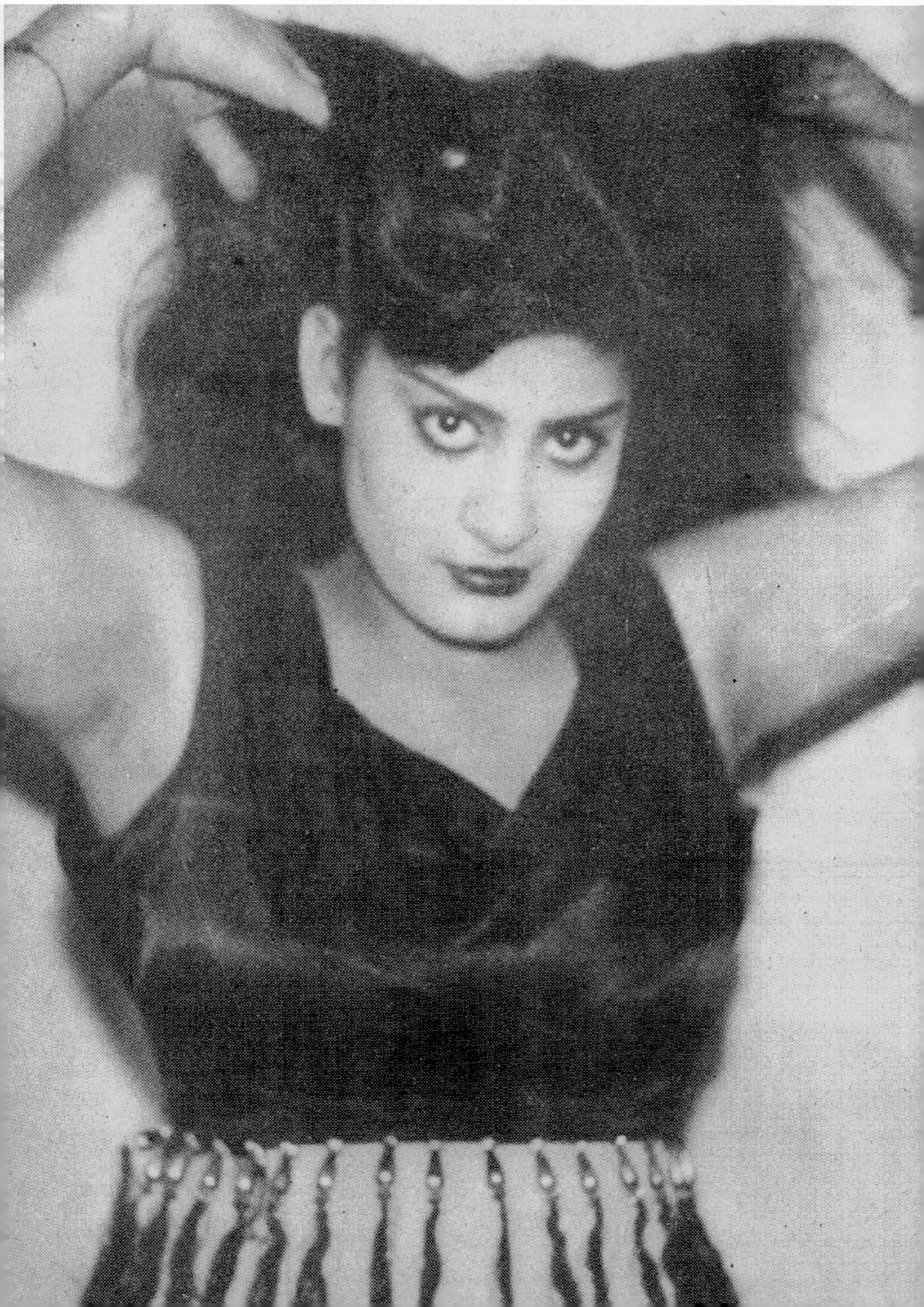

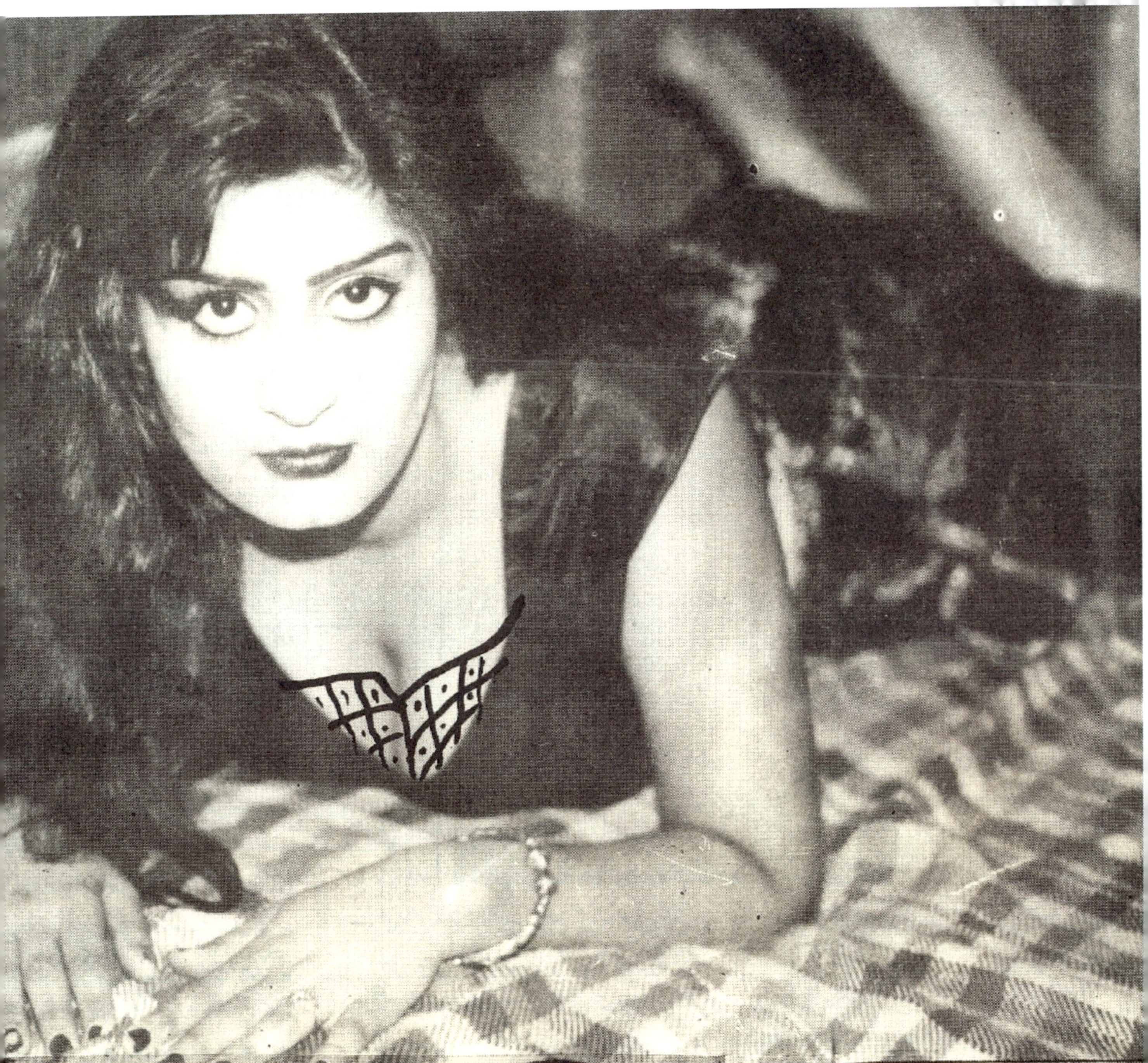

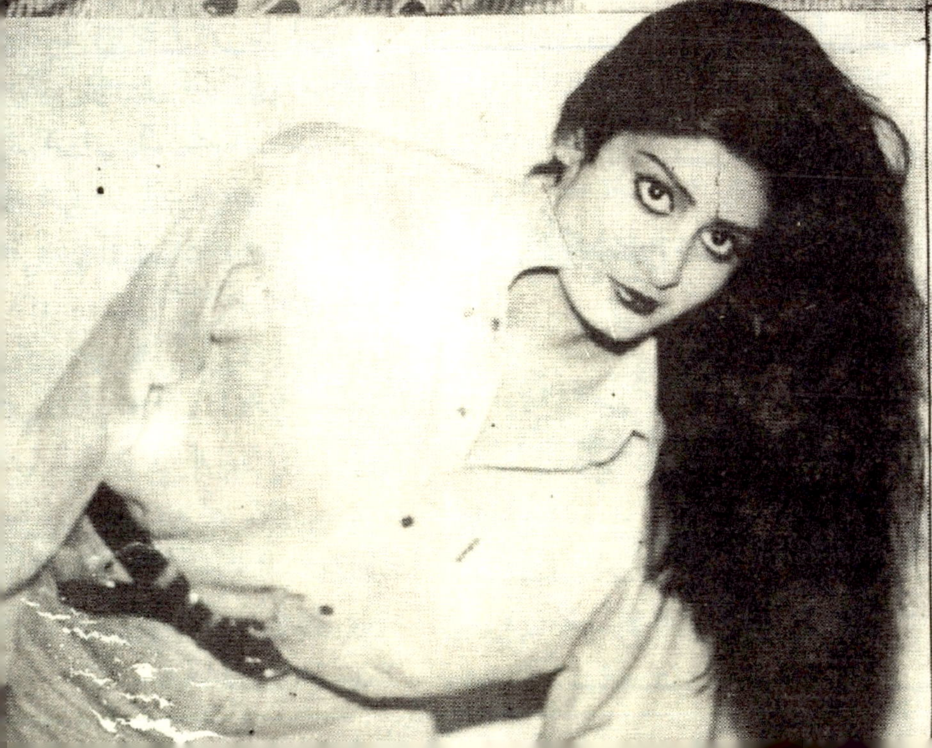

نئی فلمی حسیناؤں میں ایک
ایک گرانقدر اور خوشگوار
اضافہ ہوا ہے اور یہ نئی بھرپور
پرشباب اور باصلاحیت اداکارہ
جس کا فلمی نام ہے

نازو

کامیابی کی طرف بڑھ رہی ہے

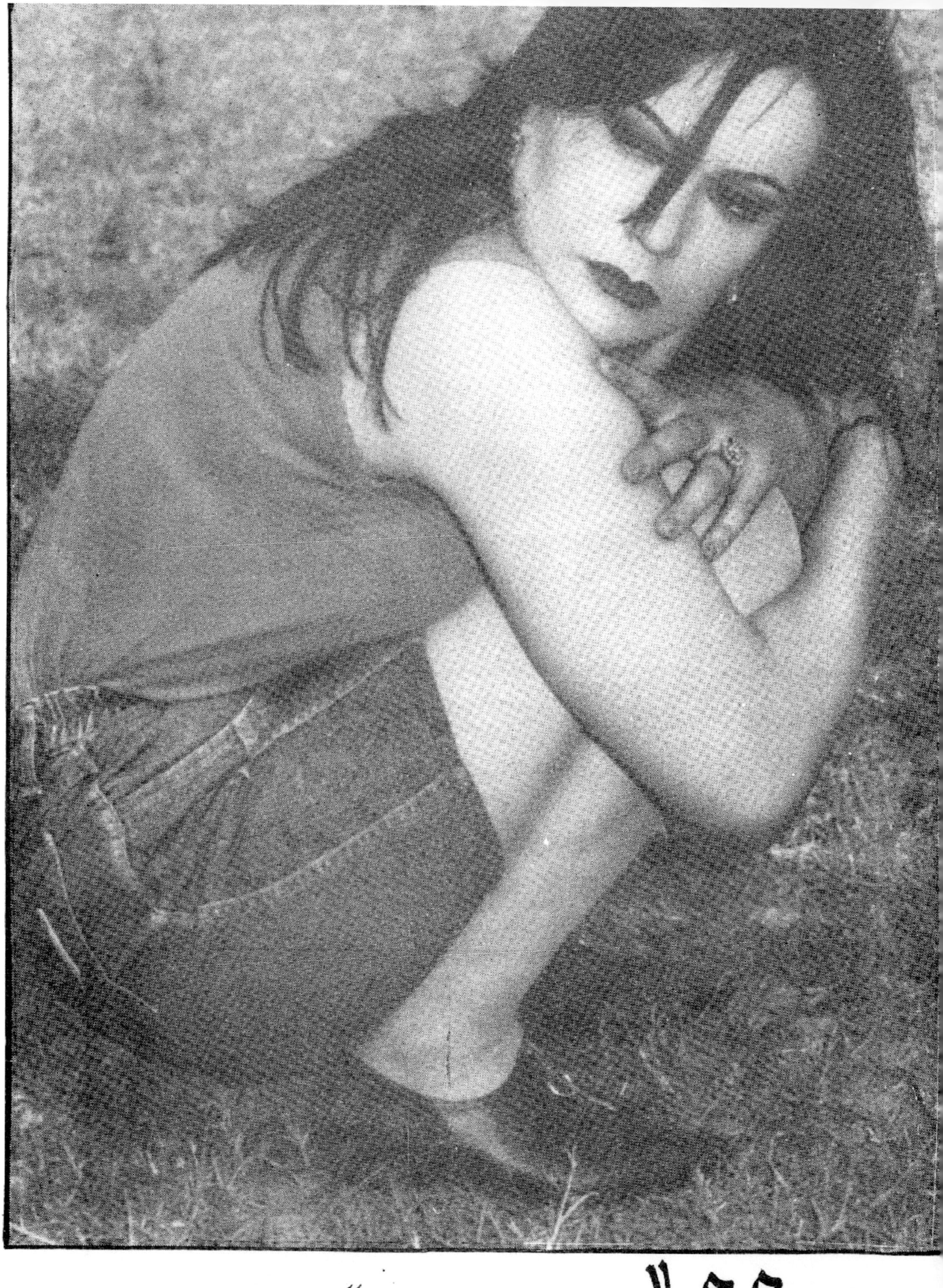

ریمی خان نجی محفلوں میں الف ننگے ڈانس کرنے میں مصروف ہے

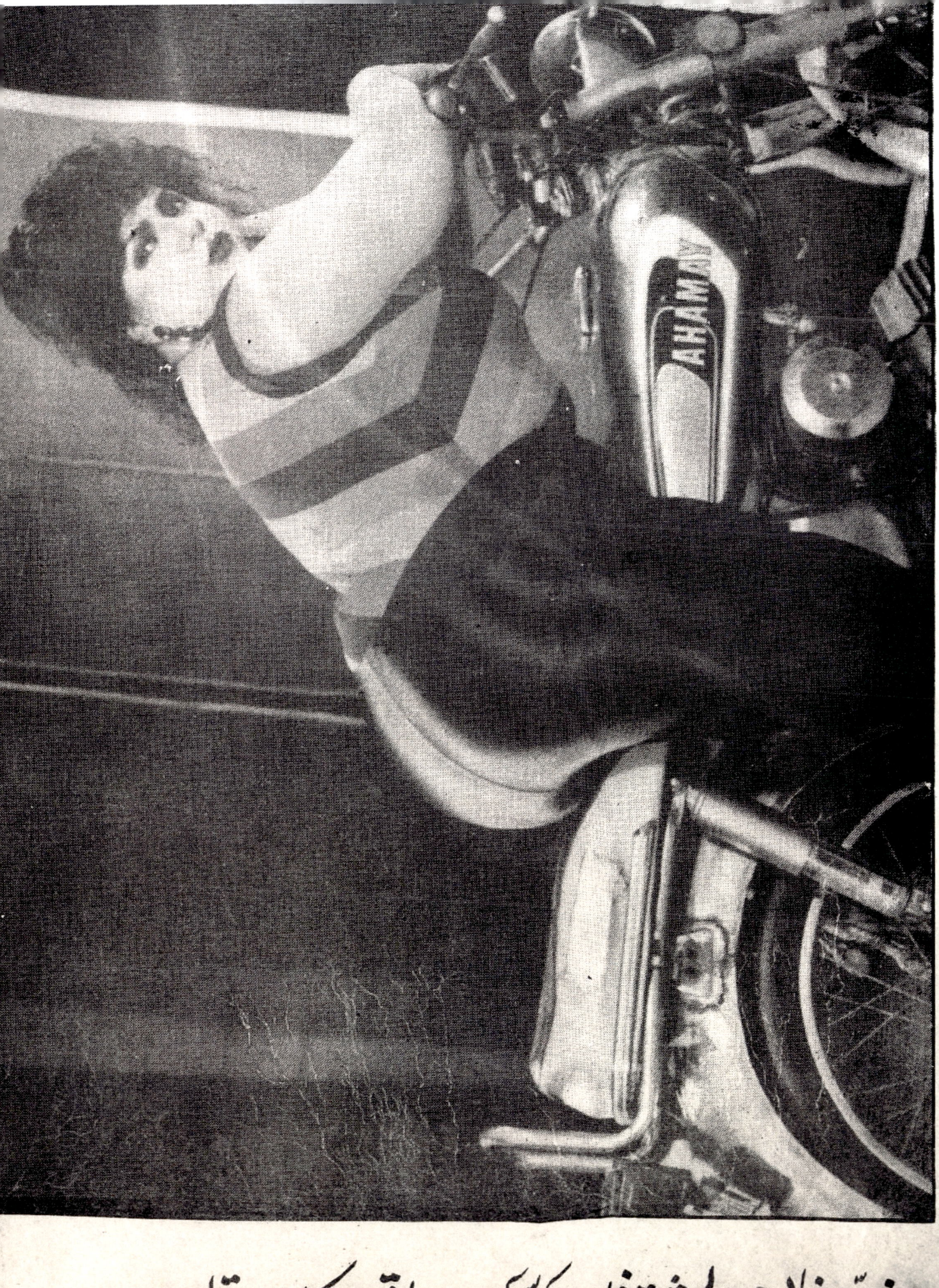

زمرّد خان پشتو فلموں کی سیکسی جذباتی اداکارہ ورقاصہ

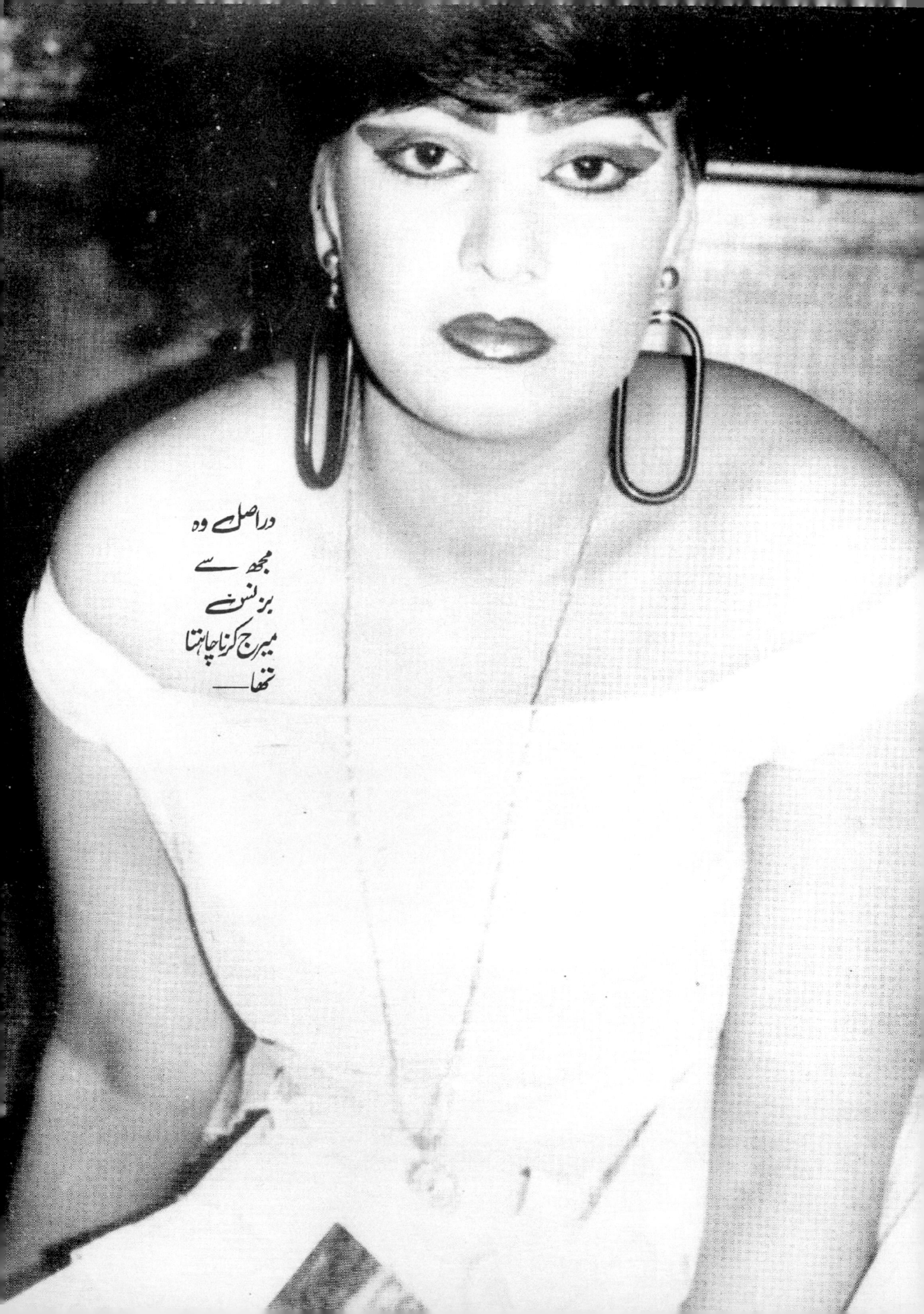
دراصل وہ
مجھ سے
بزنس
میرج کرنا چاہتا
تھا——

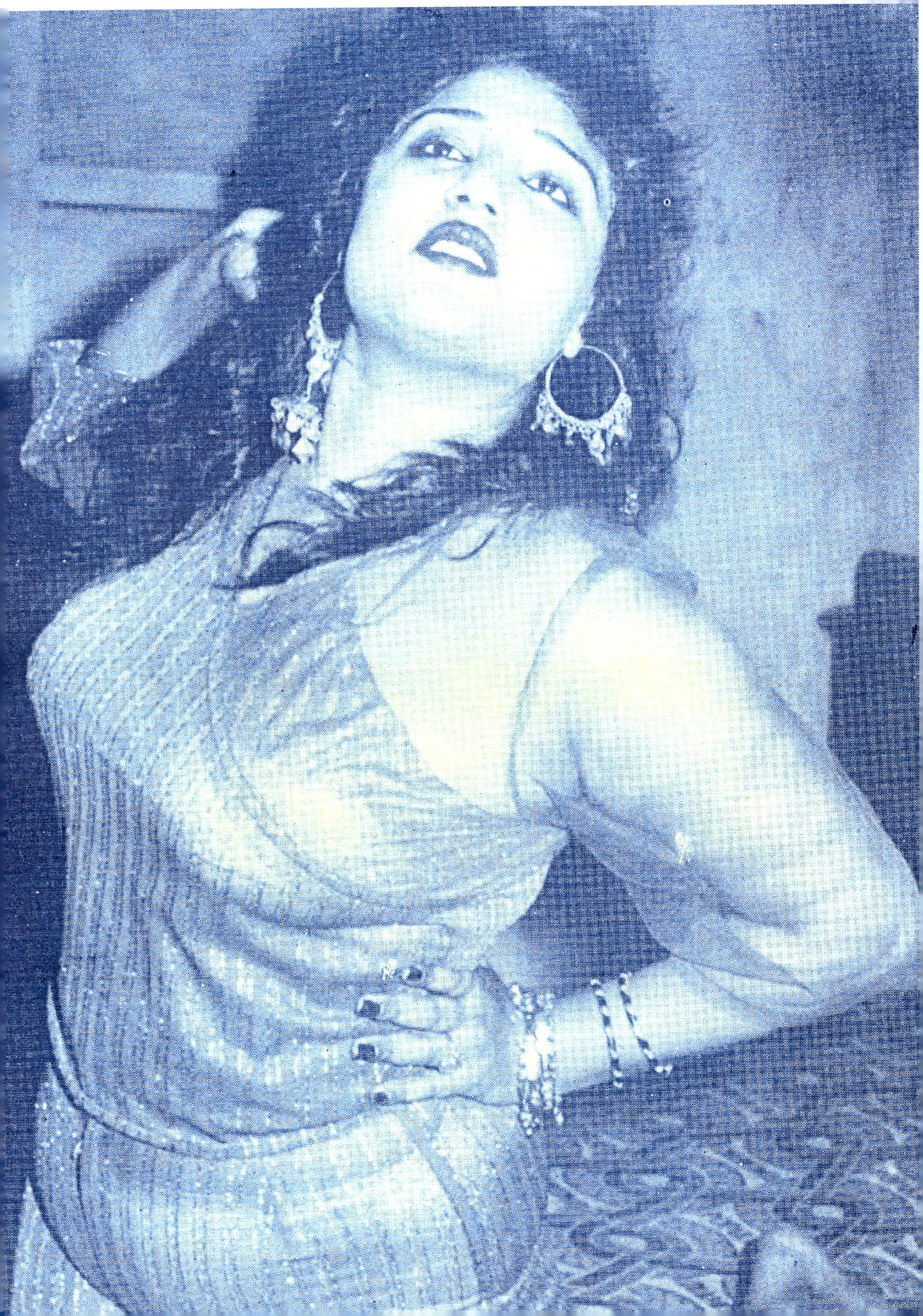

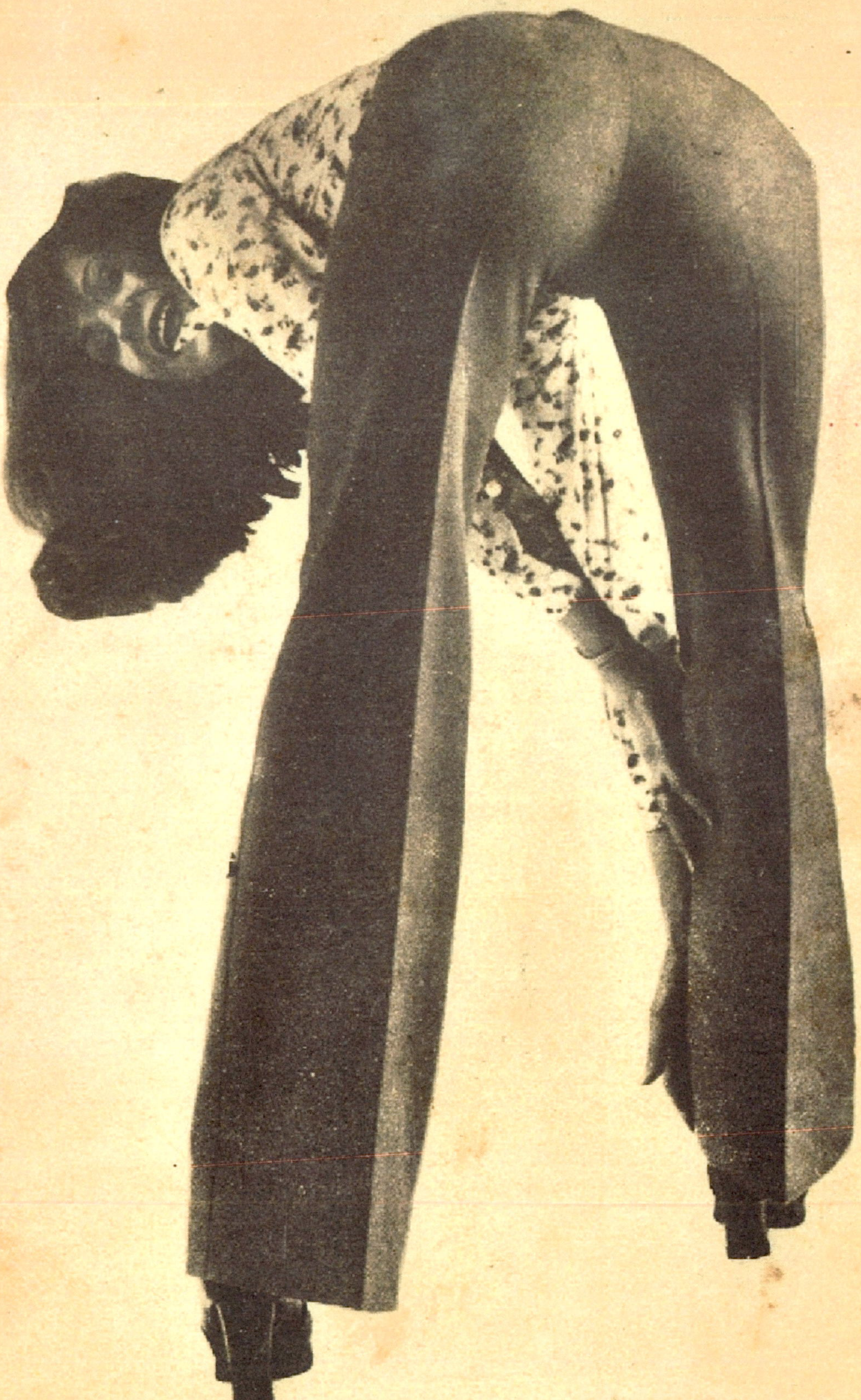

سڈول، لچکدار، دلکش

صحت مند بدن کو بنائے رکھنا ہر بالغ لڑکے اور لڑکی کا غیر بالغانہ فریضہ ہے خاص طور پر لڑکیوں کو چاہیے کہ وہ اپنے بدن کے خدوخال کا ضرورت سے زیادہ خیال رکھیں وہ جتنی زیادہ دلکش اور صحت مند نظر آئیں گی اتنی ہی جلدی ان کی مانگ میں افشاں بھرے گی اگر ارض پاک کے تمام مرد اور خواتین اس بات کا فیصلہ کر لیں کہ وہ صحت مند بنیں گے تو صرف نو ماہ بعد ایک حسین دلکش اور خوبصورت پاکستانی قوم عالم وجود میں آجائیگی موجودہ صورت حال یہ ہے کہ موٹے بھدے بے ربط، بے ڈول، غیر متوازن بدن، باہر نکلے ہوئے پیٹ ہر جگہ نظر آتے ہیں۔ یہ بے ڈول پن زندگی کے ہر کام میں مشکلات اور رکاوٹ پیدا کرتی ہے۔ اس رکاوٹ کو دور کیجئے۔

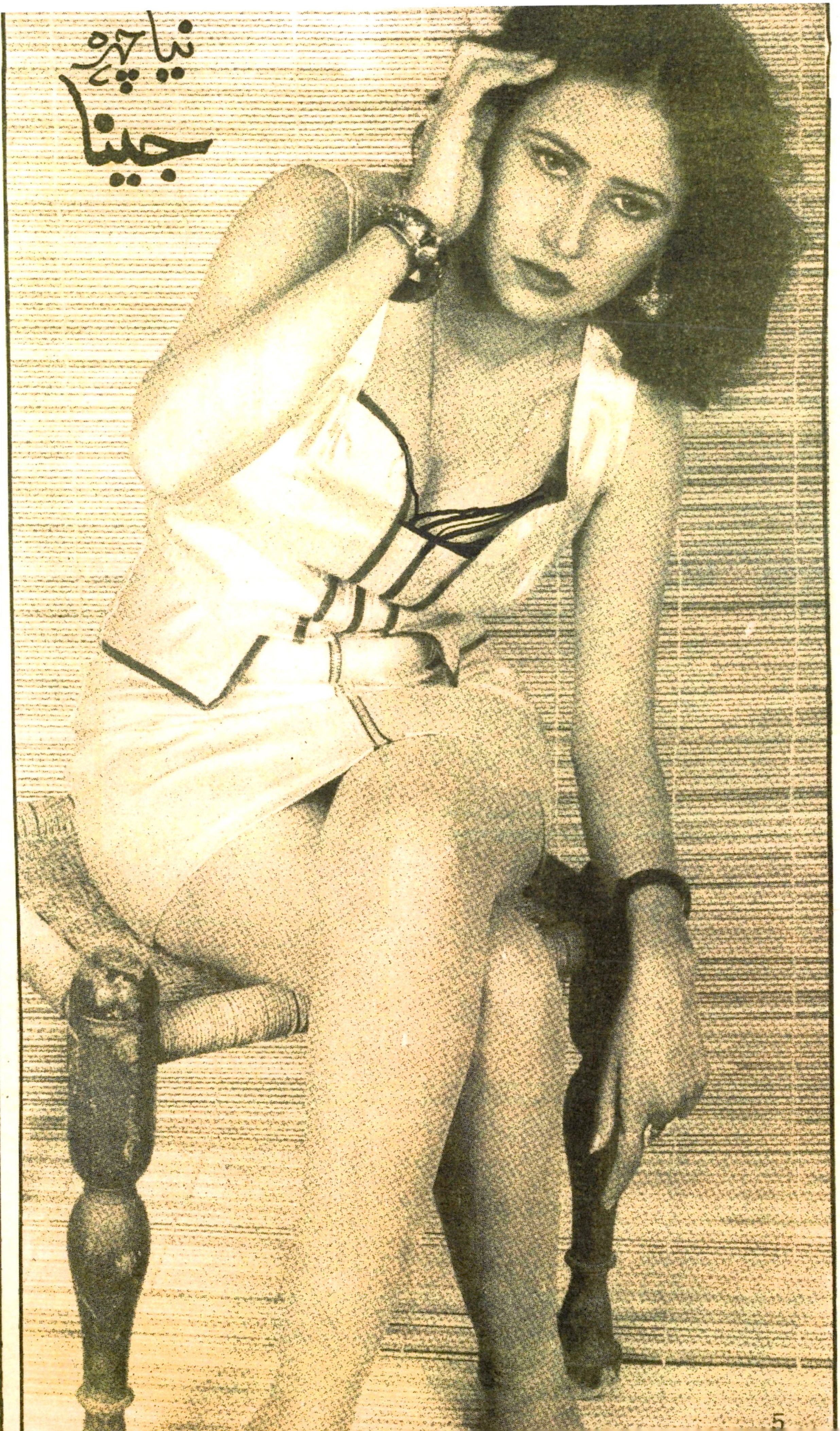
نیا چہرہ
جینا

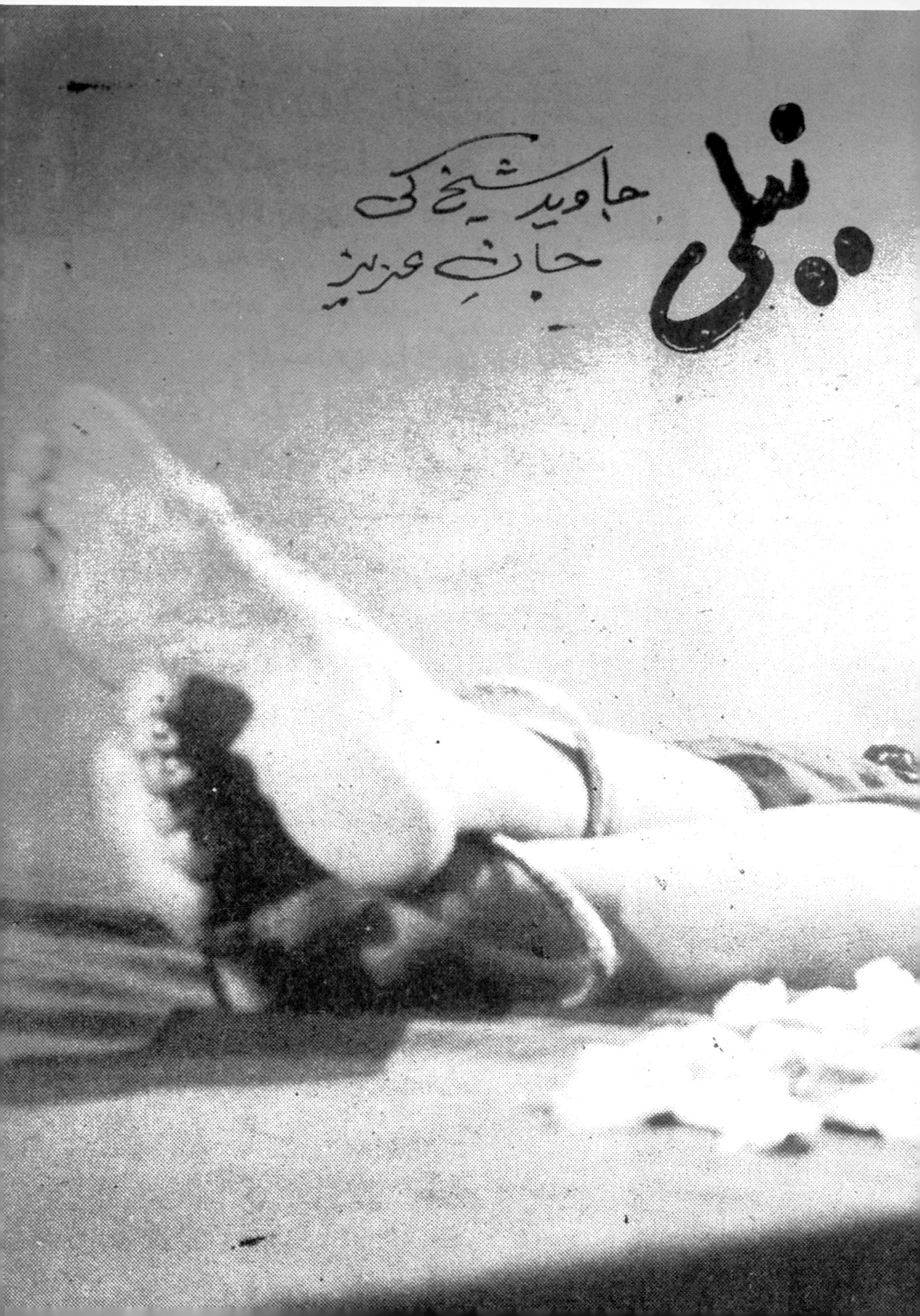
نیلی
جاوید شیخ کی
جانِ عزیز

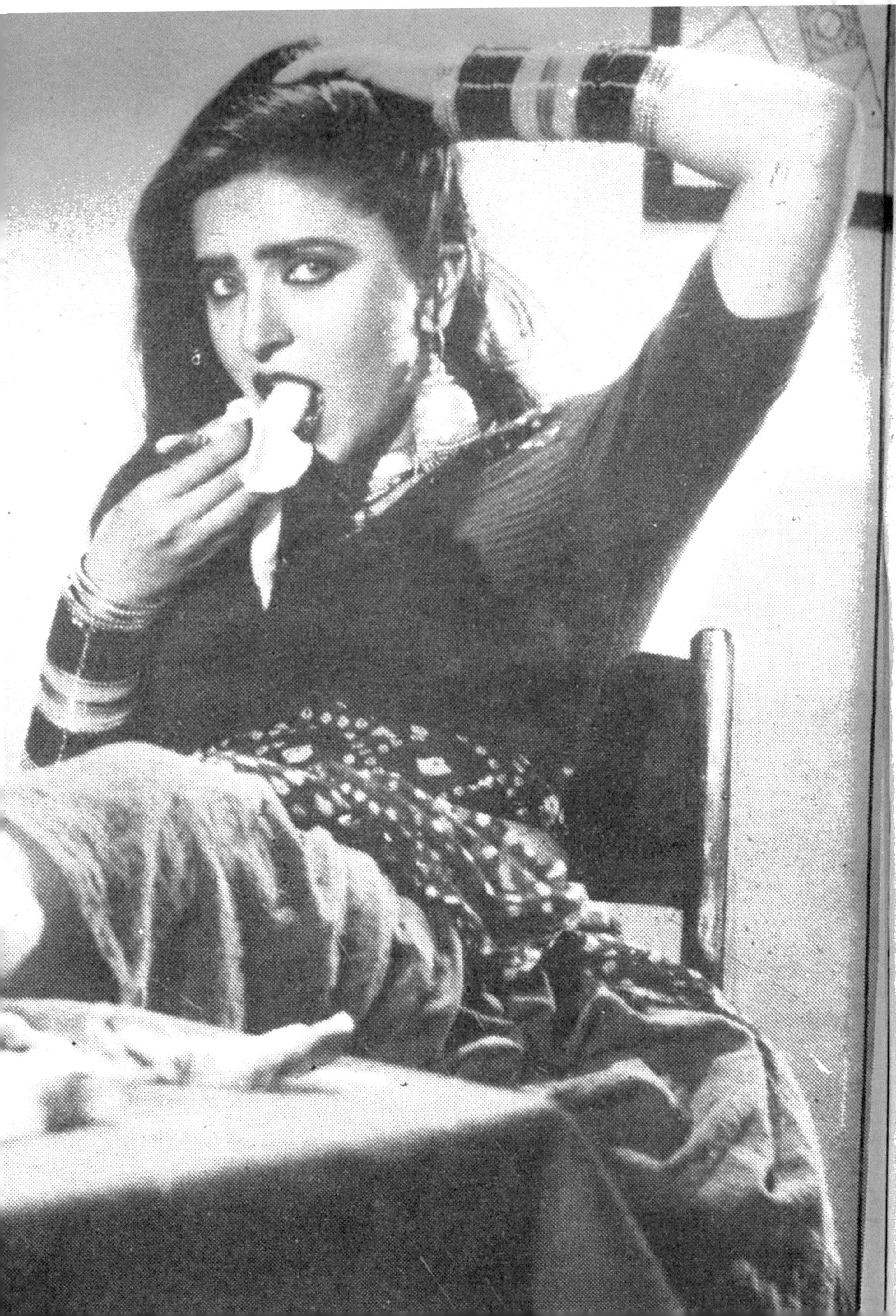

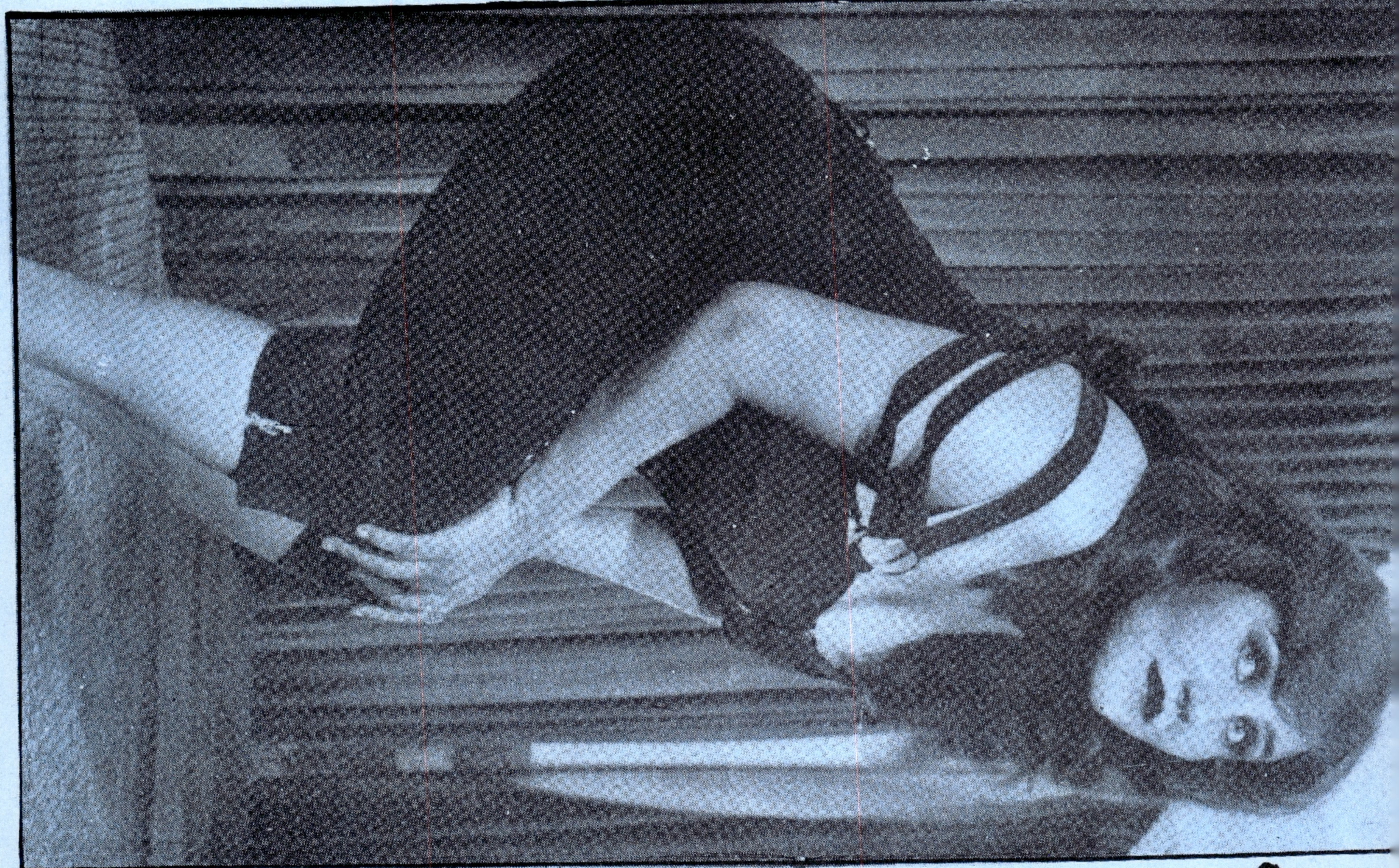

سنیتا شہزادی نئی پشتو فلم "معشوقہ" میں "ماضی" فن کی بلندیوں پر

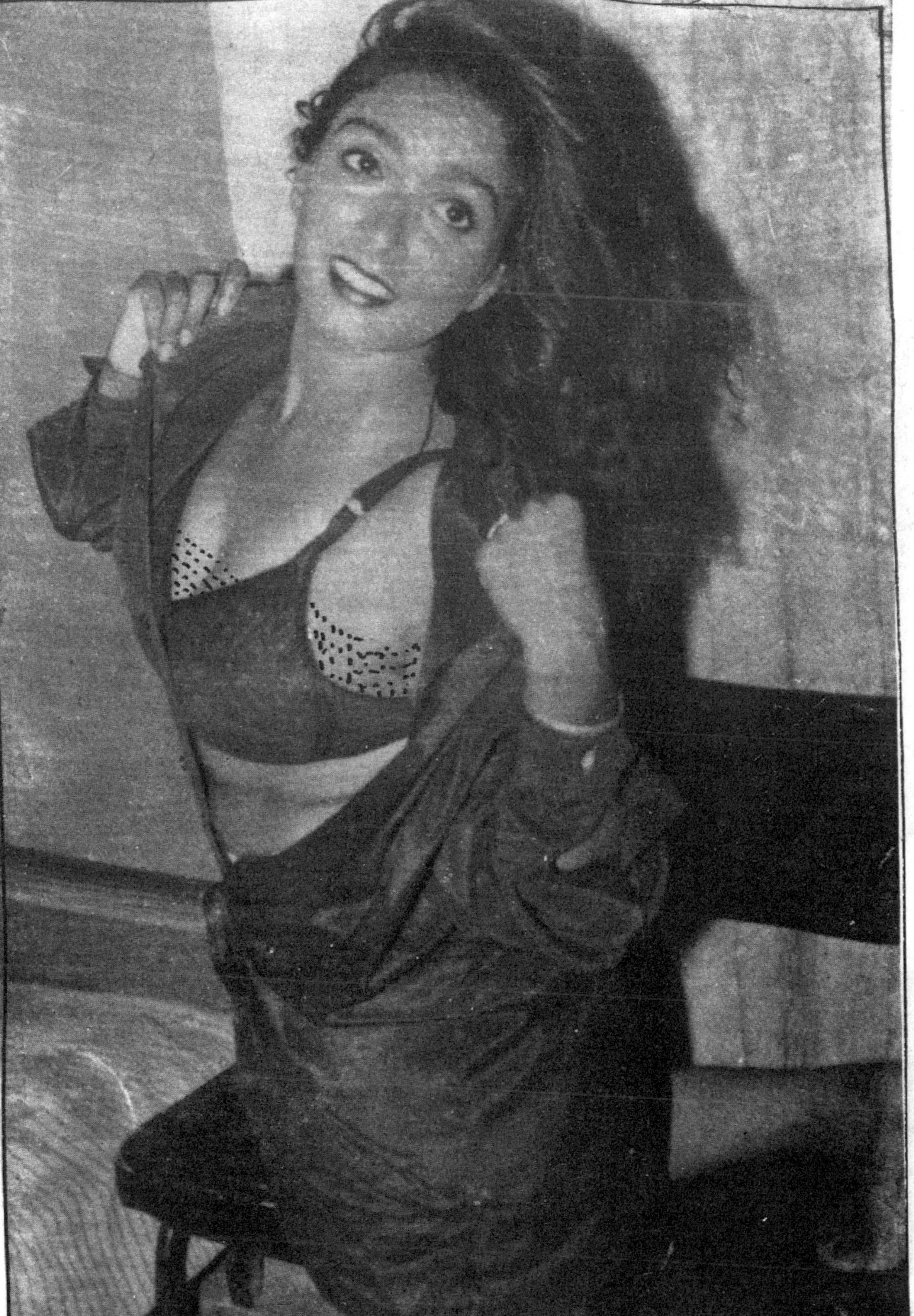

نئی اداکارہ نِشہ ، ہدایتکارہ امروزیہ بیگم اور فلمساز محمد طاہر الیاس سندھو کی نئی پشتو فلم ،حسن پر

جسم کی نمائش کرنے میں

کوئی حرج نہیں!

ترنم کے خیالات

رپورٹ : عامر ملک کراچی
فوٹوگرافی : اسلم کراچی

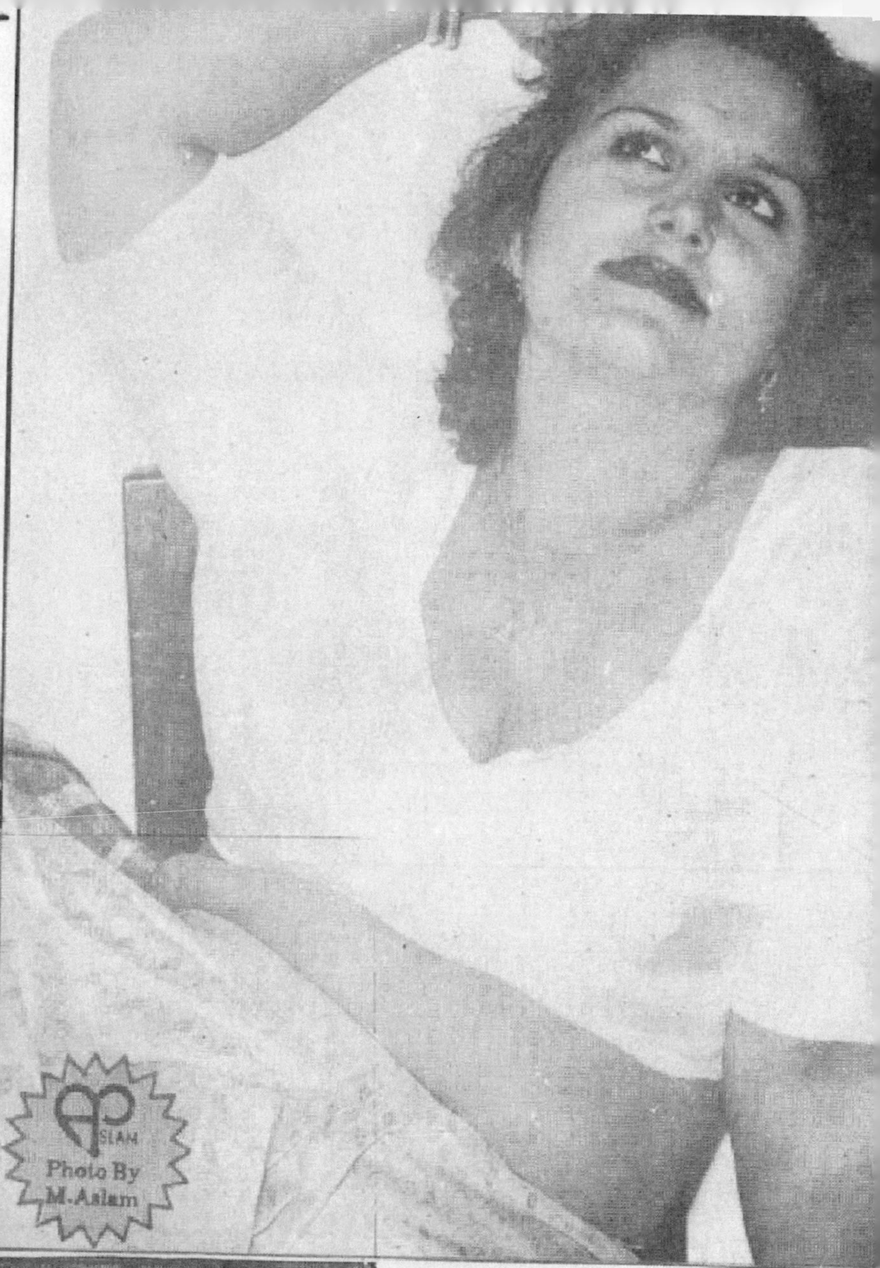

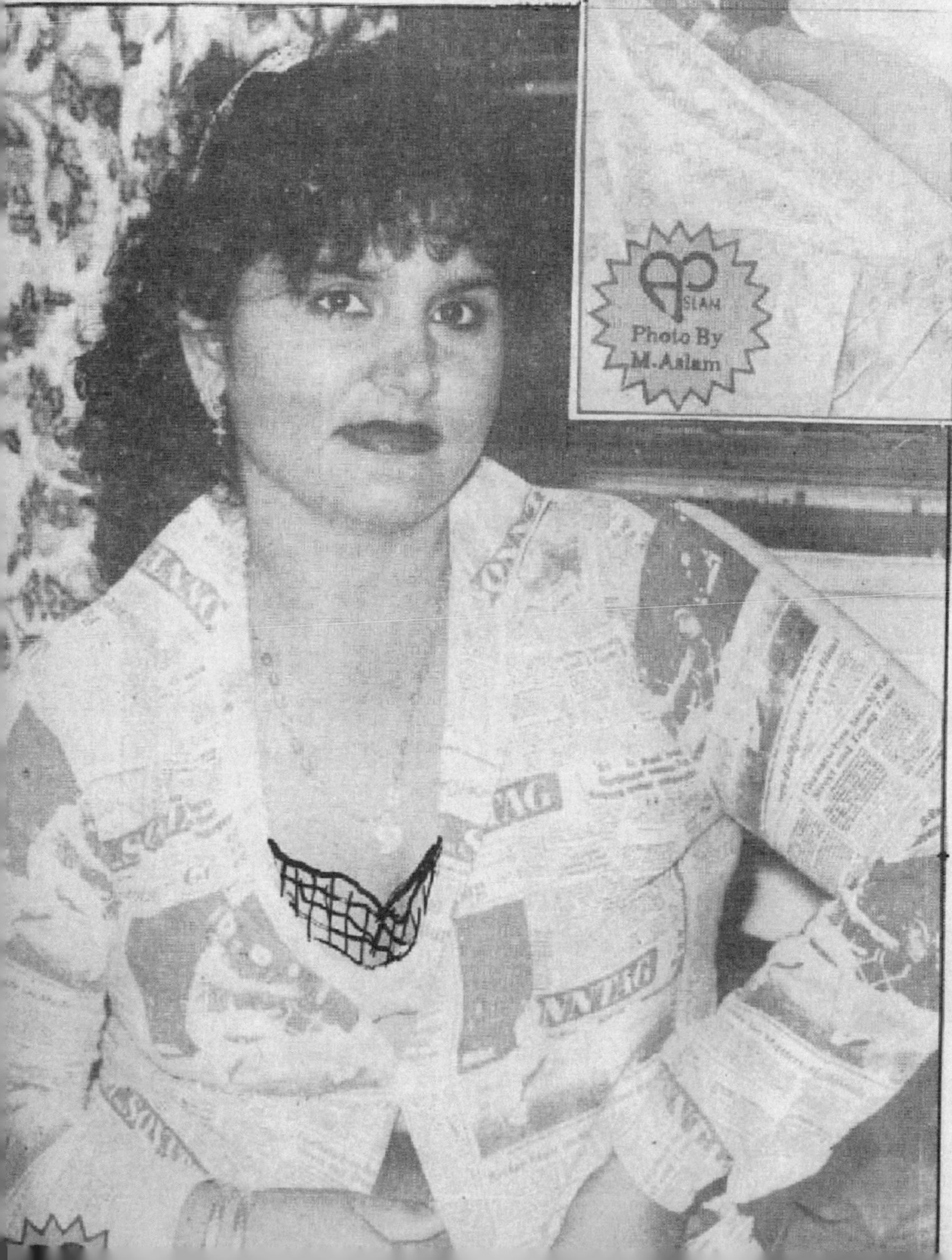

اگر ہمارا سنسر بورڈ آزادی دے

تو ہم دنیا پر چھا سکتے ہیں!

فلموں میں سین کی ڈیمانڈ کے لیے

جسم دکھانا چاہیئے اس میں

کوئی برائی نہیں ہے

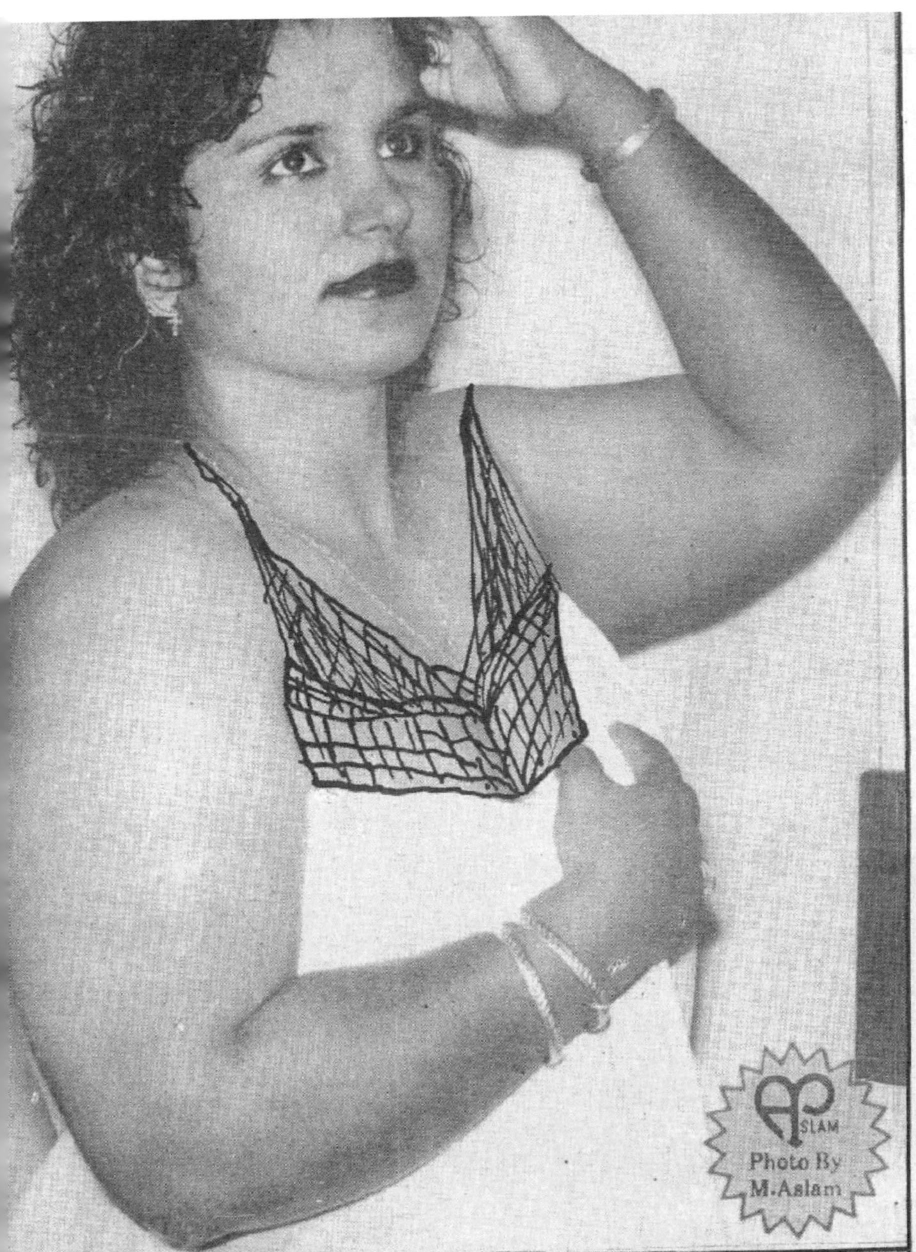

کراچی فن کاروں کا شہر ہے ملتان کے بعد سب سے زیادہ فلمی ستارے کراچی سے ہی فلم انڈسٹری میں اپنا ایک منفرد مقام رکھتے ہیں لاہور کے بعد کراچی ہی وہ شہر ہے جہاں سب سے زیادہ اسٹیج ڈرامے ہوتے ہیں۔

آج کل کراچی اسٹیج پر ایک خوبصورت نوجوان حسینہ جس کا نام ترنم ہے کافی مقبولیت حاصل کر چکی ہے اس نوجوان فنکارہ نے اپنے پہلے ڈرامہ میں ہی اپنی اعلیٰ پرفارمنس کا مظاہرہ کر کے اپنے فن کا لوہا منوا لیا ہے ترنم اس وقت کئی ڈراموں میں کام کر رہی ہے اور جلد ہی آپ اسے فلمی اسکرین پر بھی دیکھ سکیں گے ترنم ایک مخلص اور خوش اخلاق خاتون کی حیثیت سے اسٹیج پر کافی مقبولیت حاصل کر چکی ہے ترنم سے میرا تعارف بہت ہی اچھے انداز میں ہوا۔ فلموں کے بارے میں ترنم کا کہنا ہے کہ ہمارے ملک میں ٹیلنٹ کی کوئی کمی نہیں ہے ہماری فلمیں بھی پوری دنیا میں انڈین فلموں کا مقابلہ کر سکتی ہیں بشرطیکہ ہمارا سنسر انڈیا کی طرح آزادی دے ہمارے ہاں سنسر کا دوہرا معیار ہے ایک طرف ڈش انٹینا پر لائسنس فیس لاگو کر کے ہر شخص کو یہ آزادی دیدی گئی ہے کہ وہ گھر بیٹھے دنیا بھر کے سیکسی اور بلیو پروگرام دیکھ سکتا ہے دوسری طرف پشتو فلموں میں سیکس اور ویڈیو ڈیمن اپنے عروج پر ہے اور پورے ملک میں بلیو

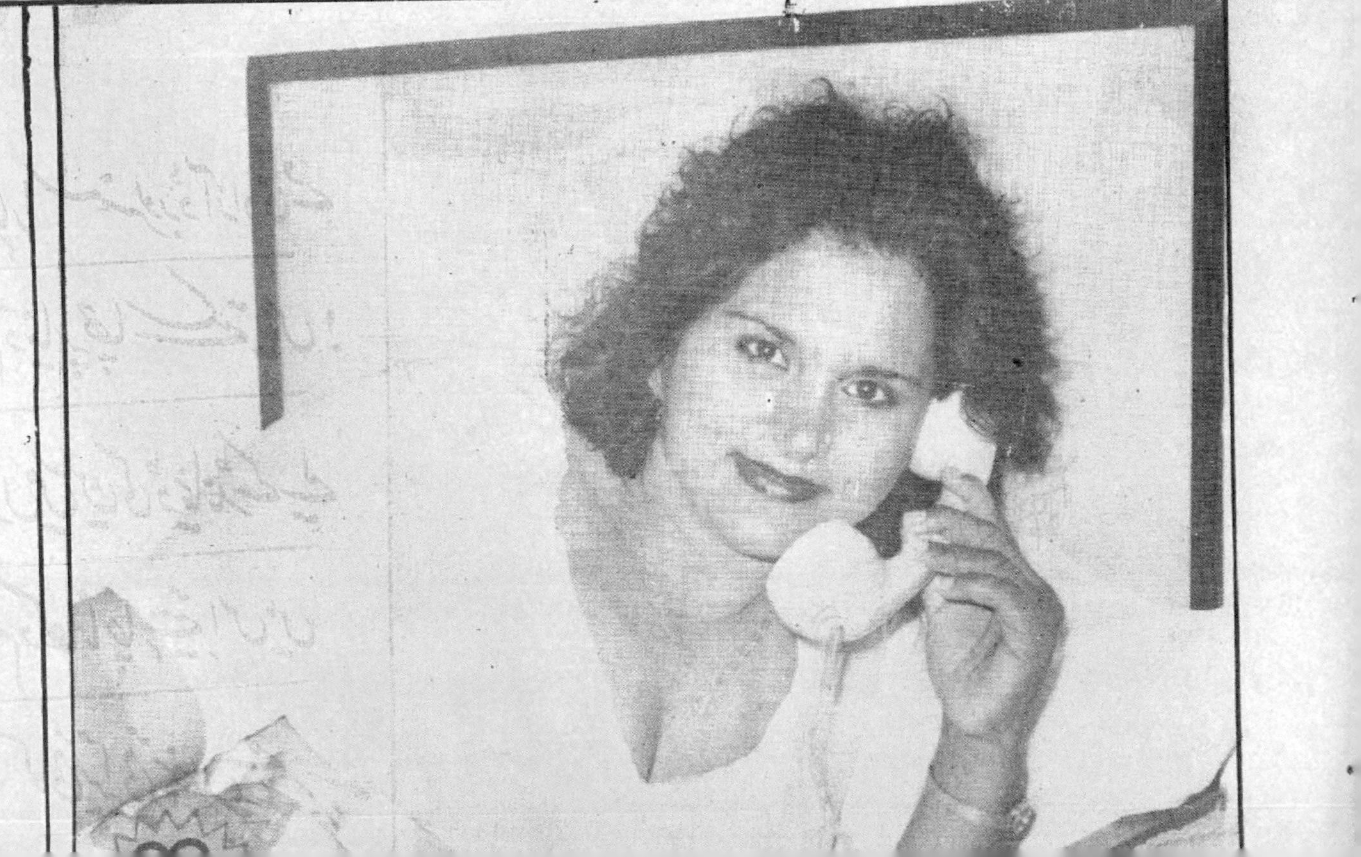

فلموں میں سیکس کا مظاہرہ کر کے اپنے فن کا مظاہرہ کرنا چاہتی ہوں

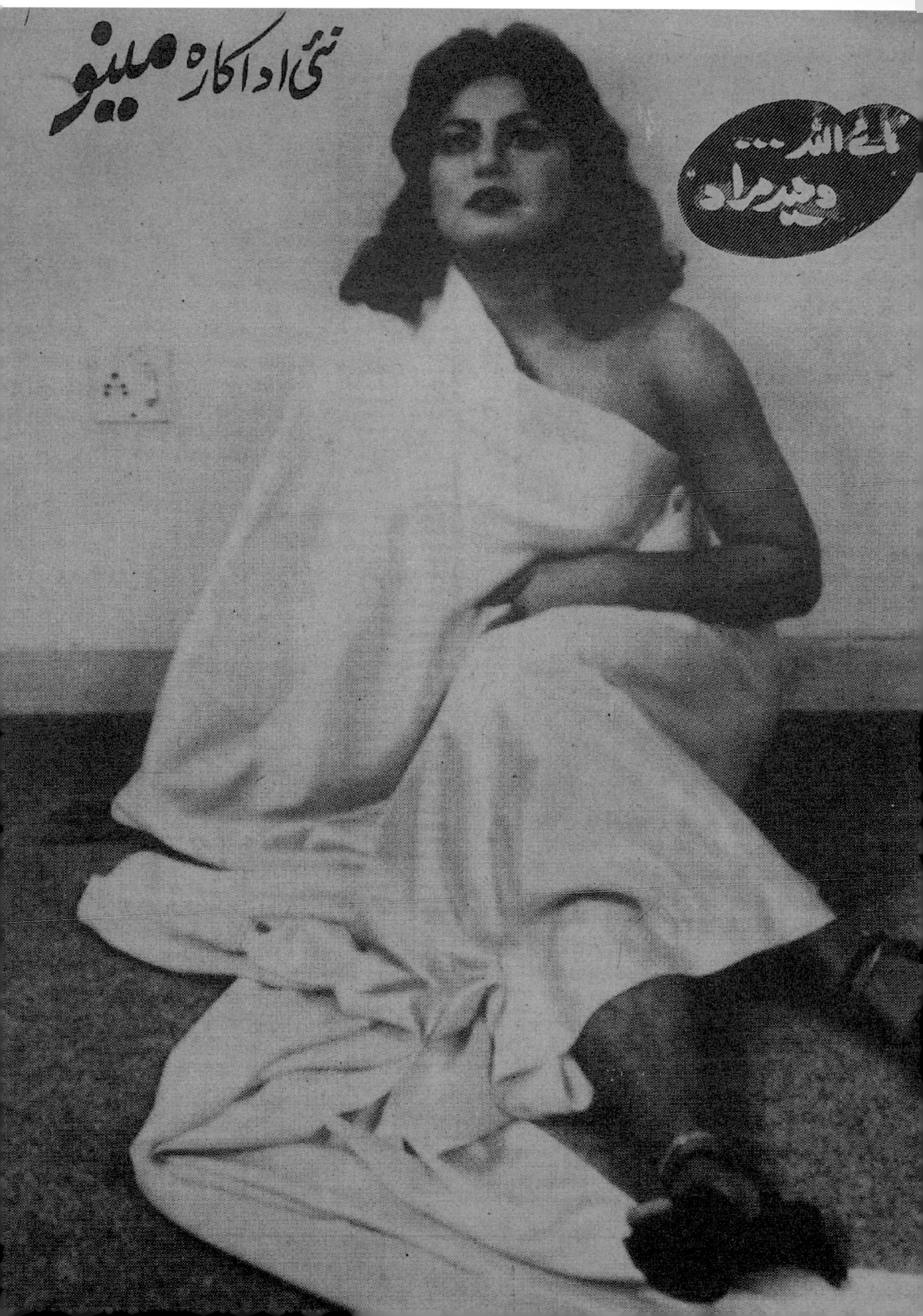
نئی اداکارہ مینو
وحید مراد

بانو

لاہور

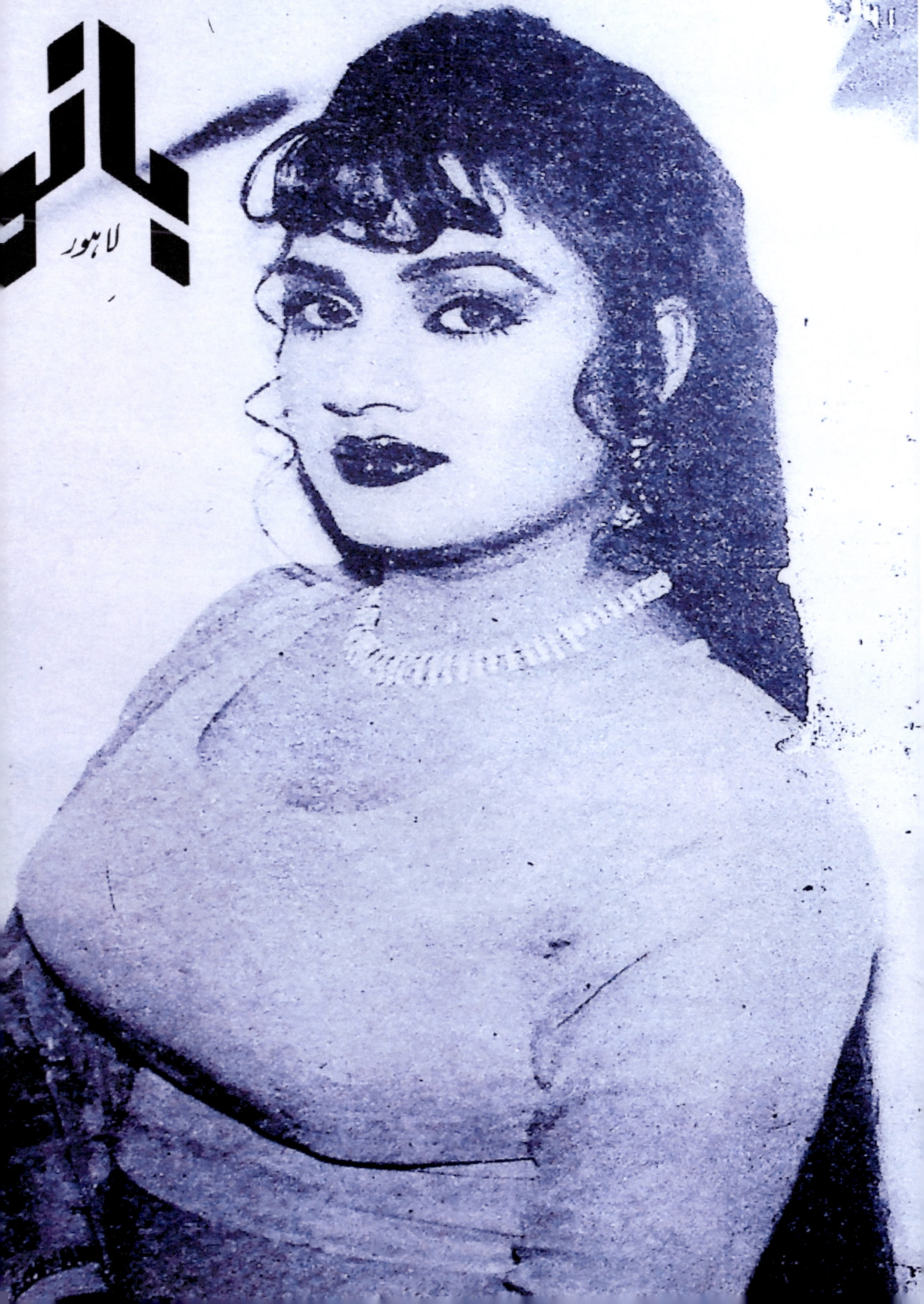

شتراک

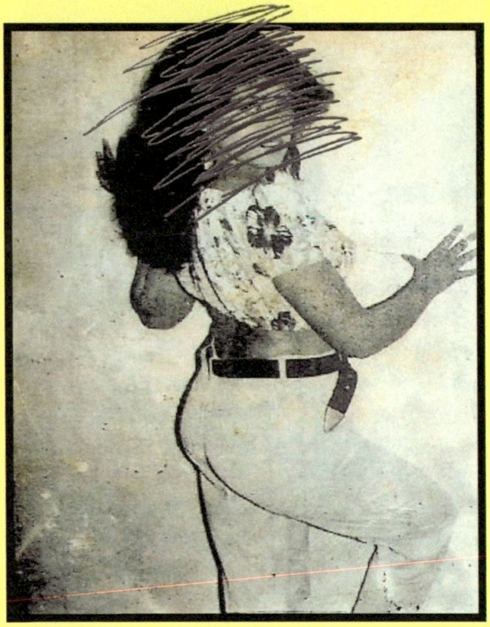

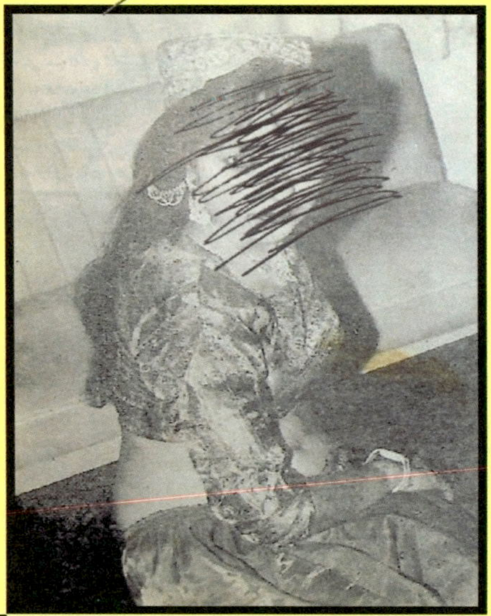

معصوم بچپن

پاکیزہ جوانی

بے لباسی

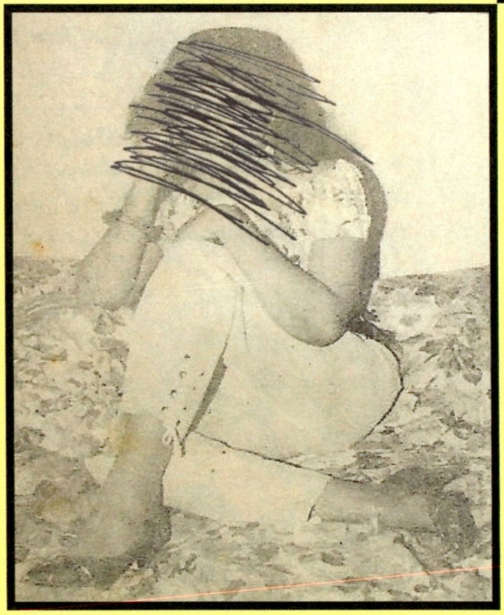

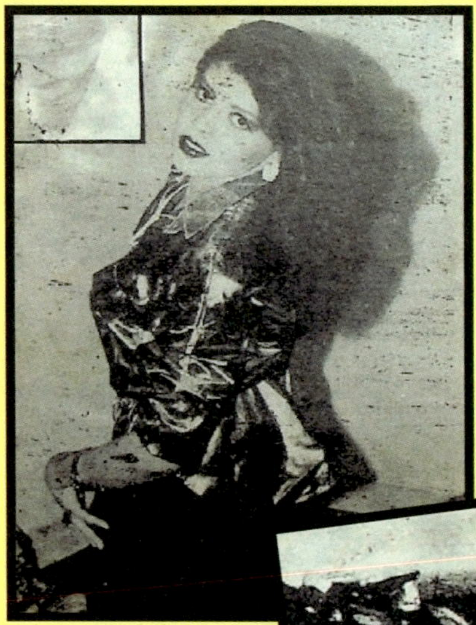

صرف بالغوں کیلئے

قیمت: ۳۰ روپے

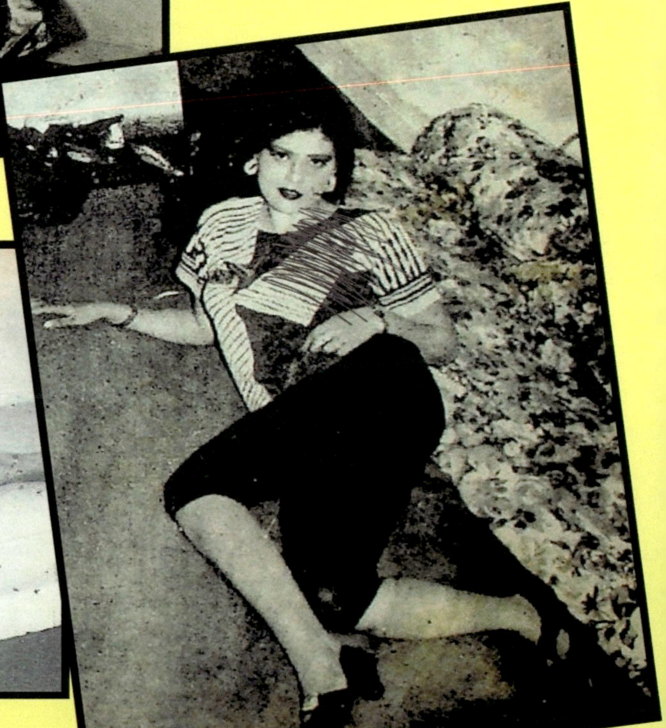

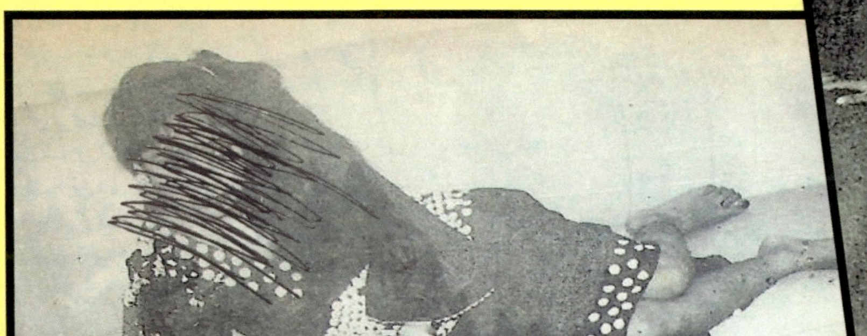

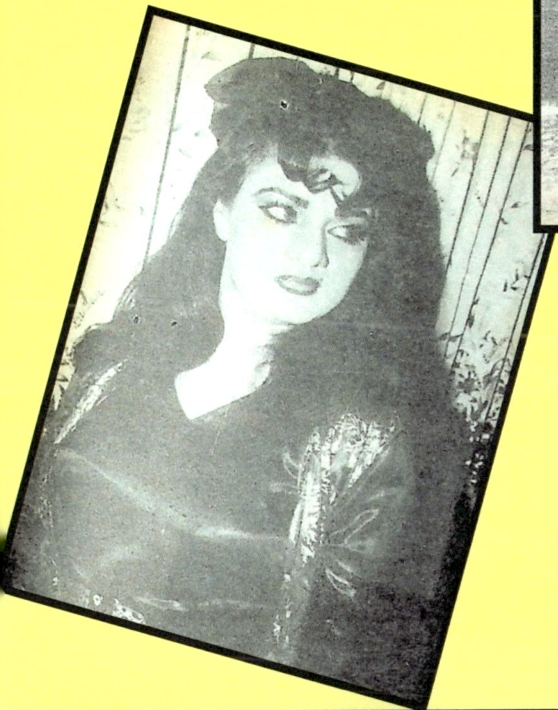

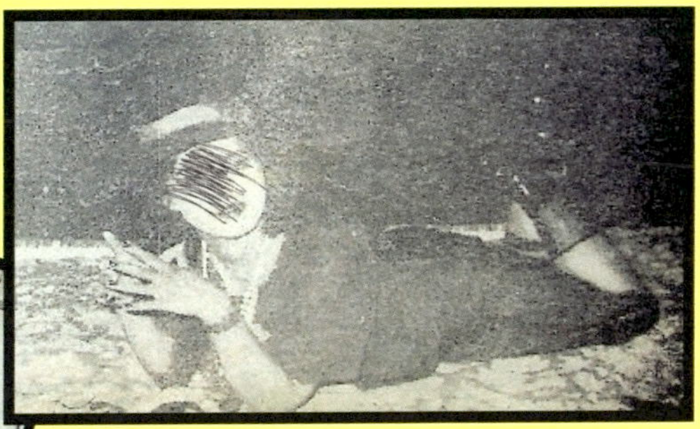

قیمت ۴۰ روپے

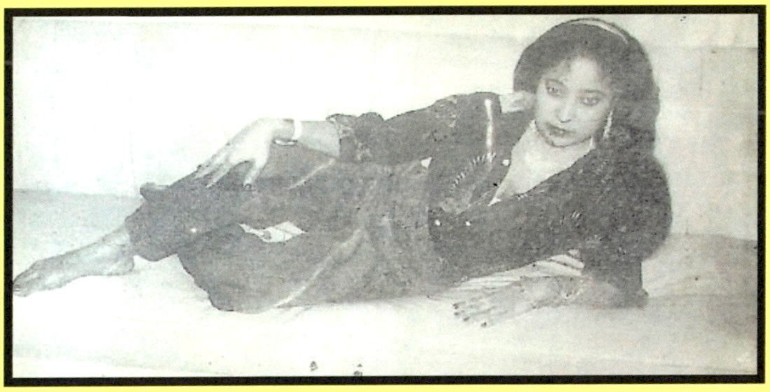

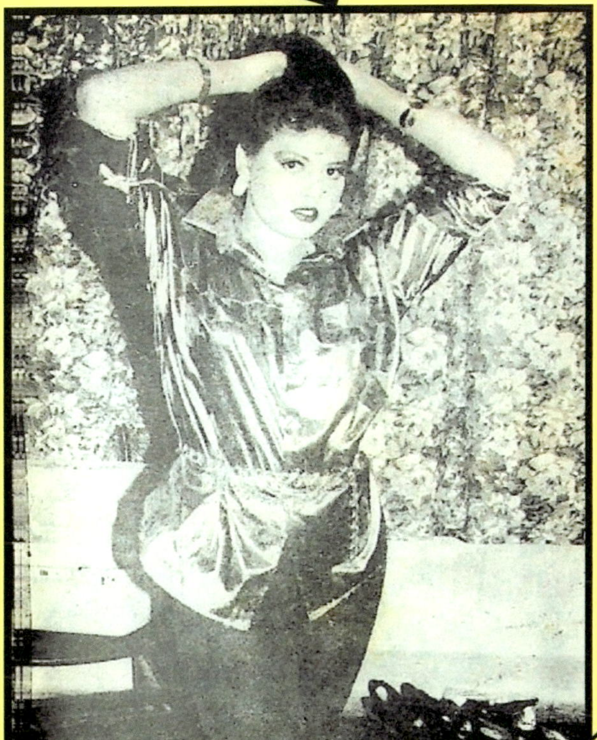

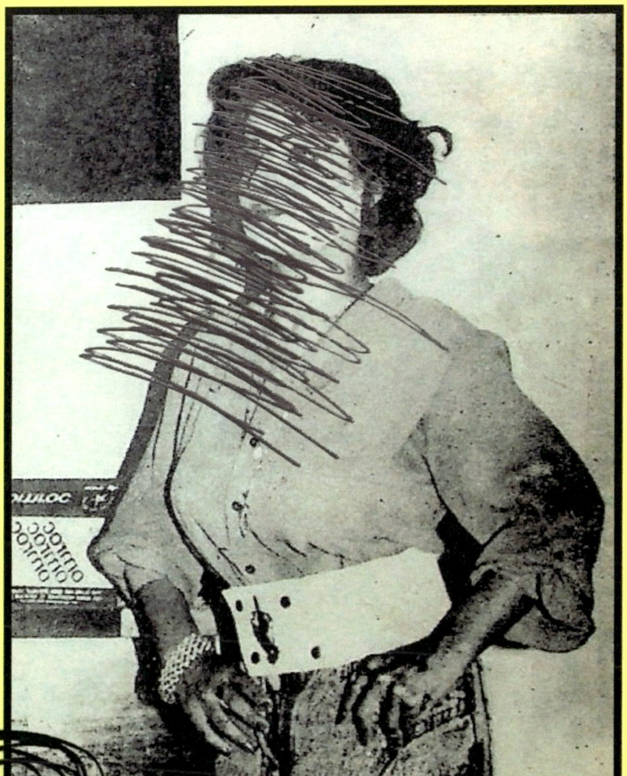

کال گرل بوبی

رنگ برنگ

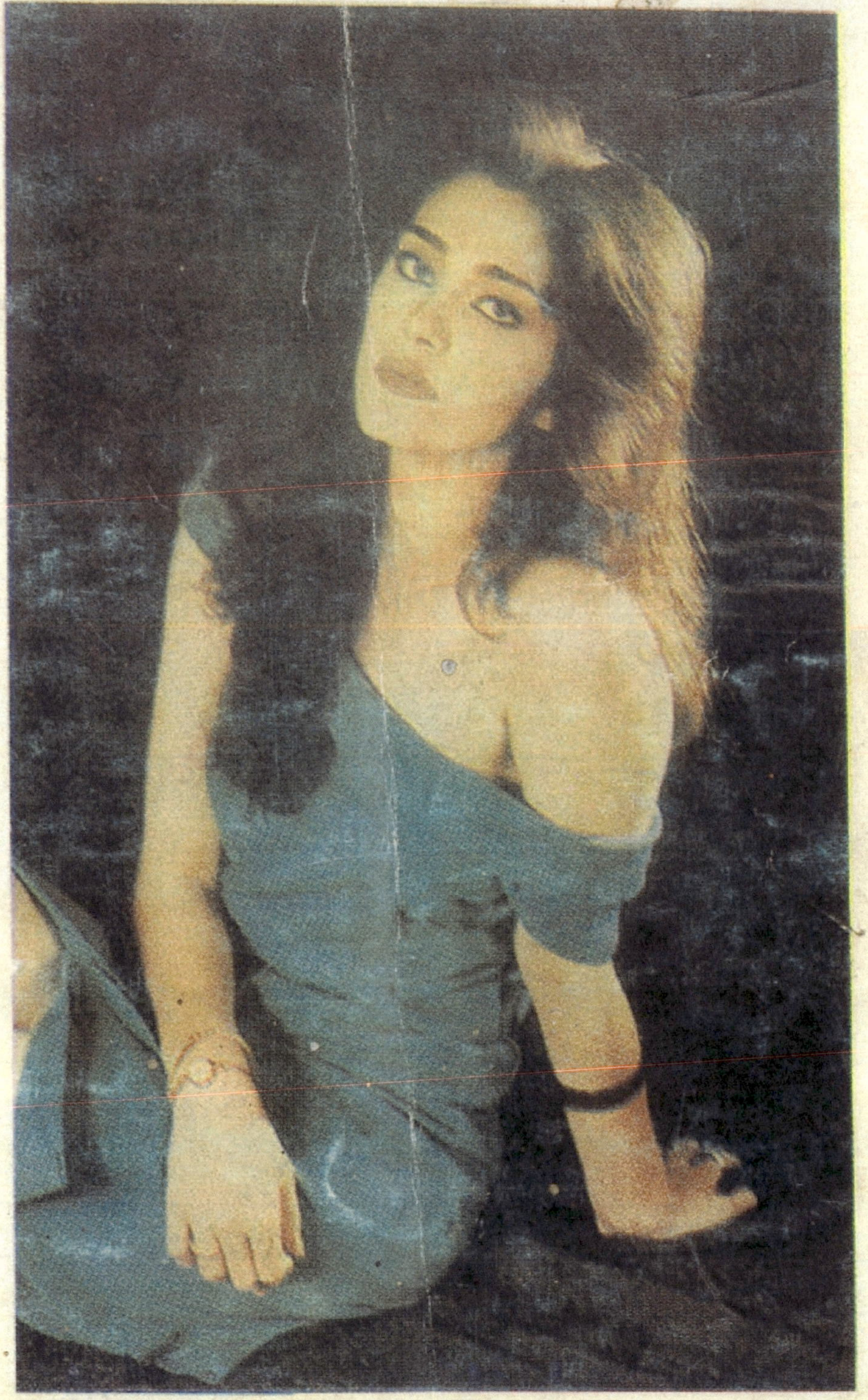

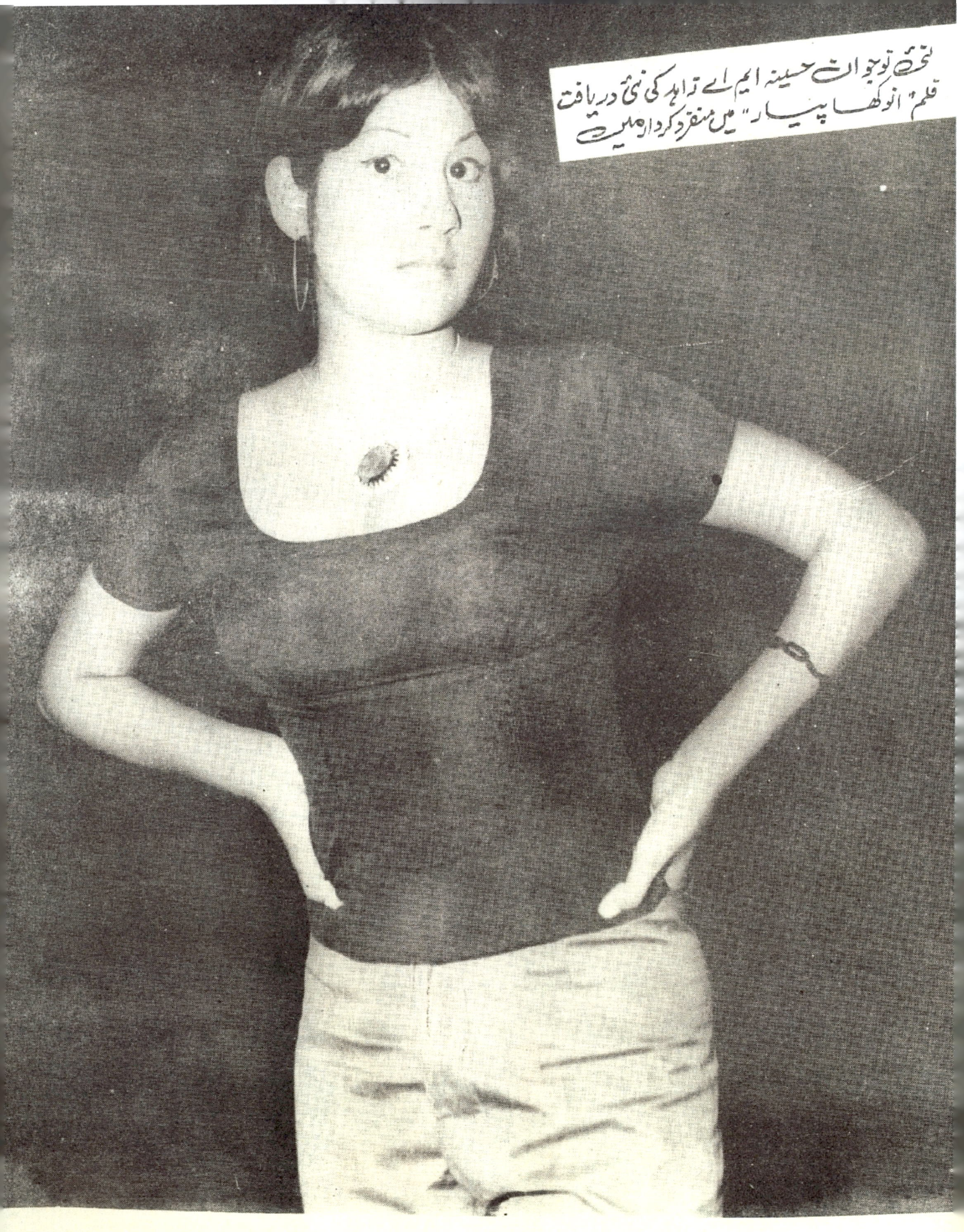

نیا چہرہ روزی اردو رنگین فلم انوکھا پیار میں

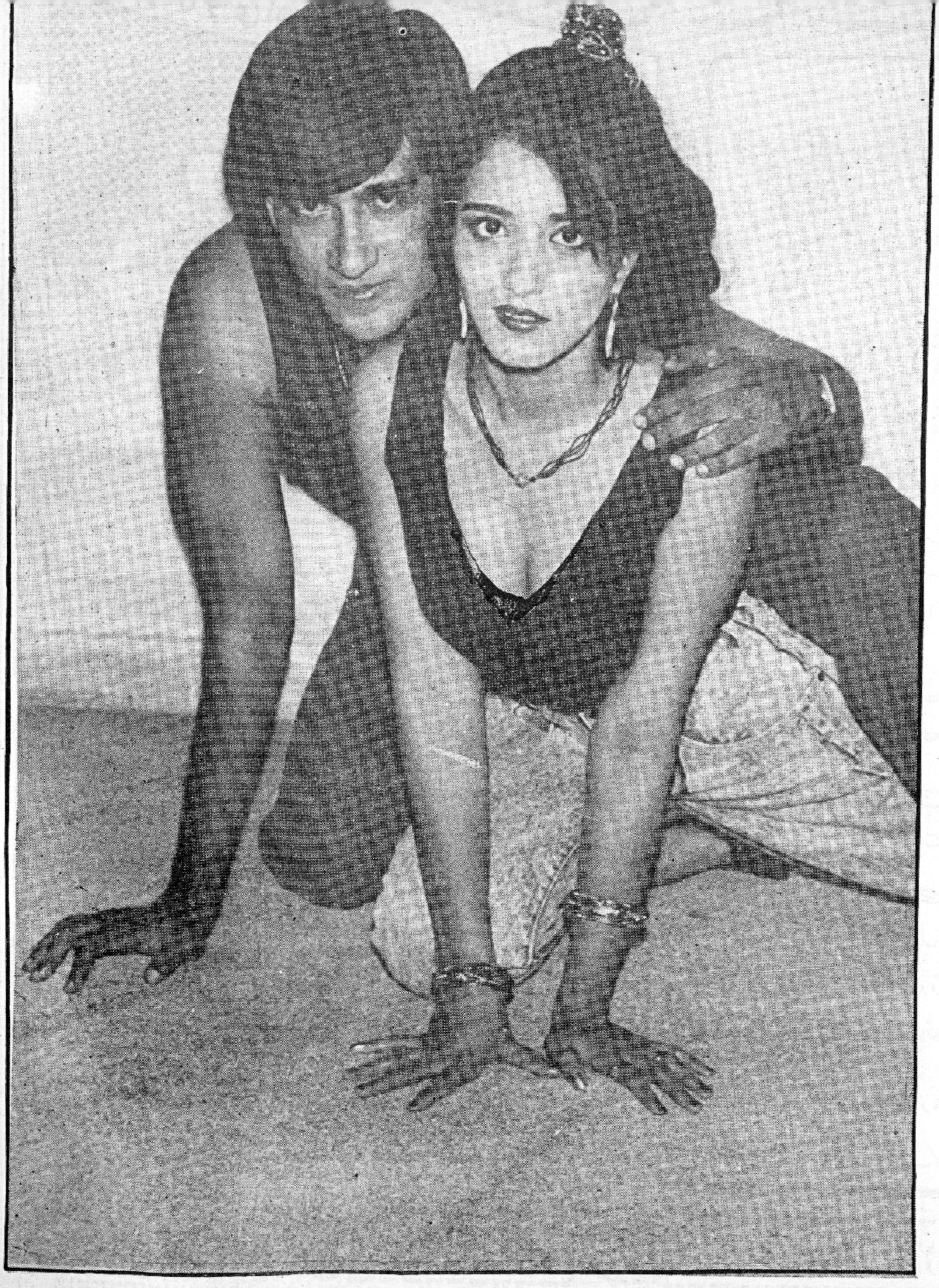

نیا فلمی | رومانٹک | پنجابی | [illegible] | [illegible] | [illegible] | [illegible] | [illegible] | [illegible] | مشتاق | [illegible]

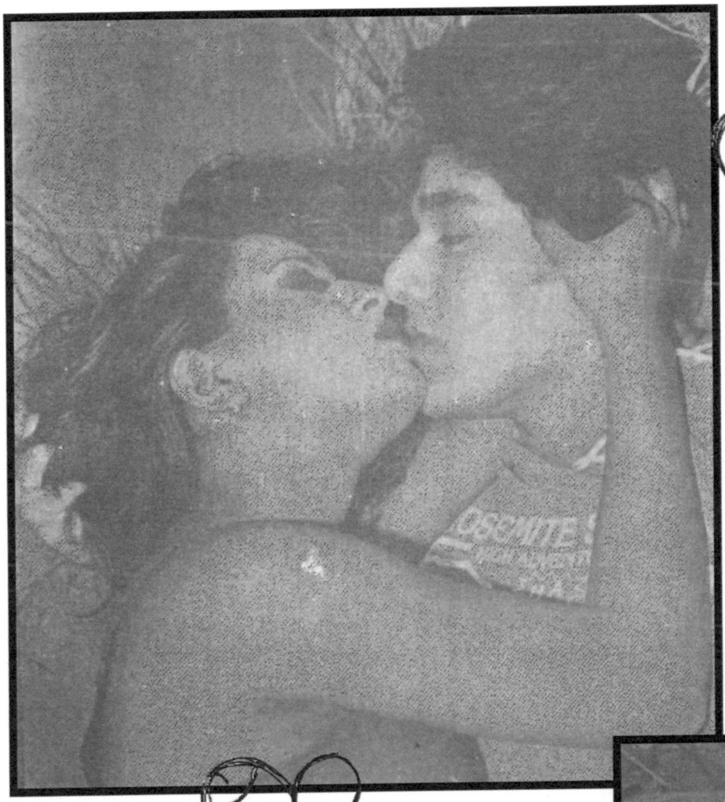

پاکستان میں

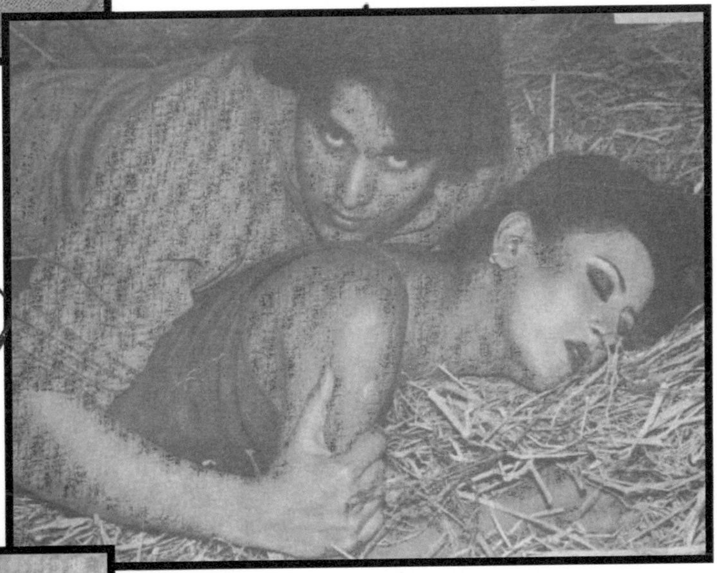

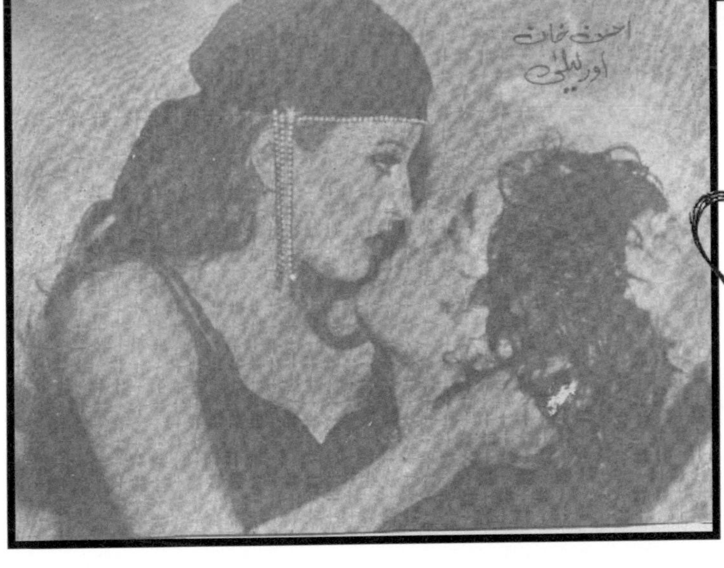

میں کھلے در کے کسی گھر کا ہوں ساماں پیارے ○ تُو دبے پاؤں کبھی آ کے چُرا لے مجھ کو

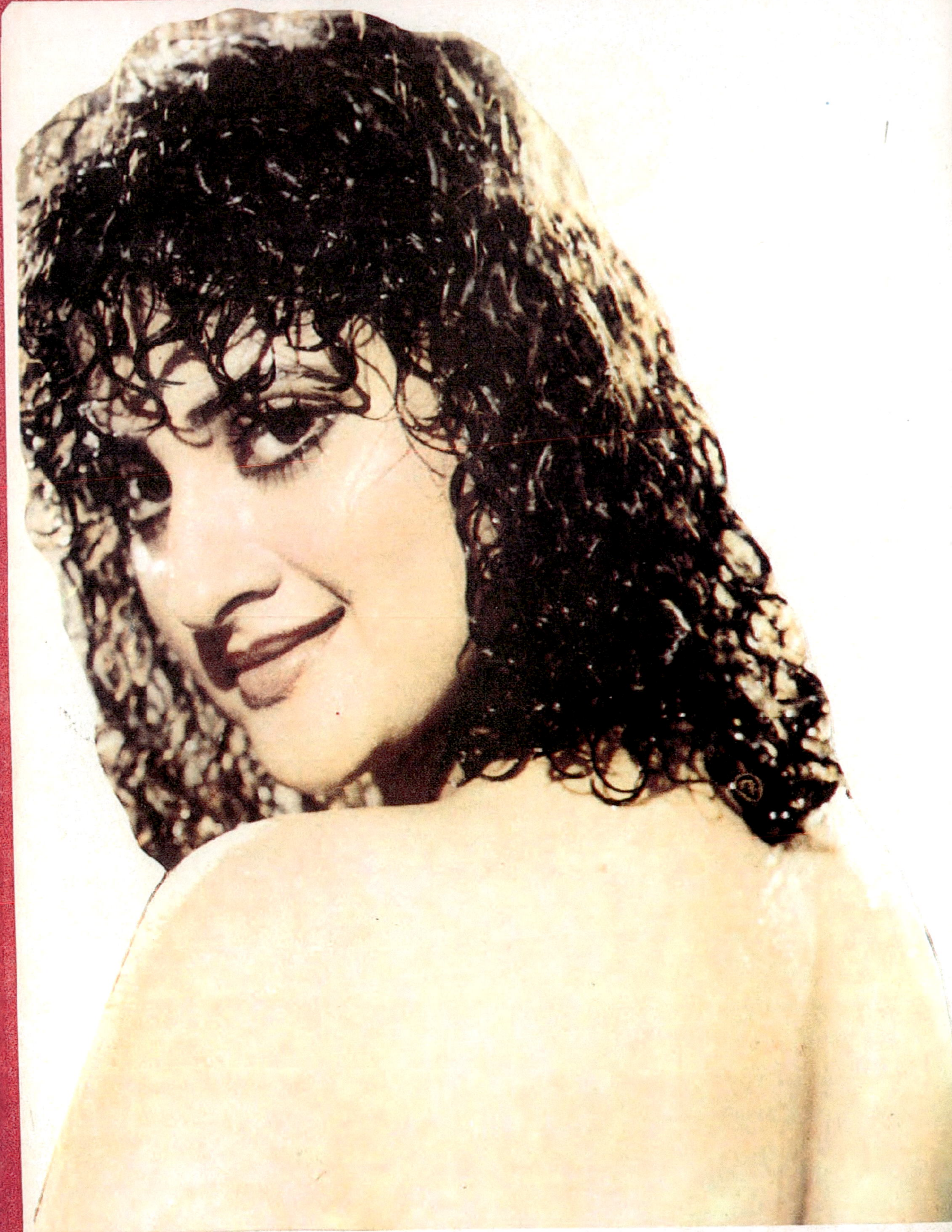

حسین اداکارہ صاحبہ کی ایک پُرکشش تصویر

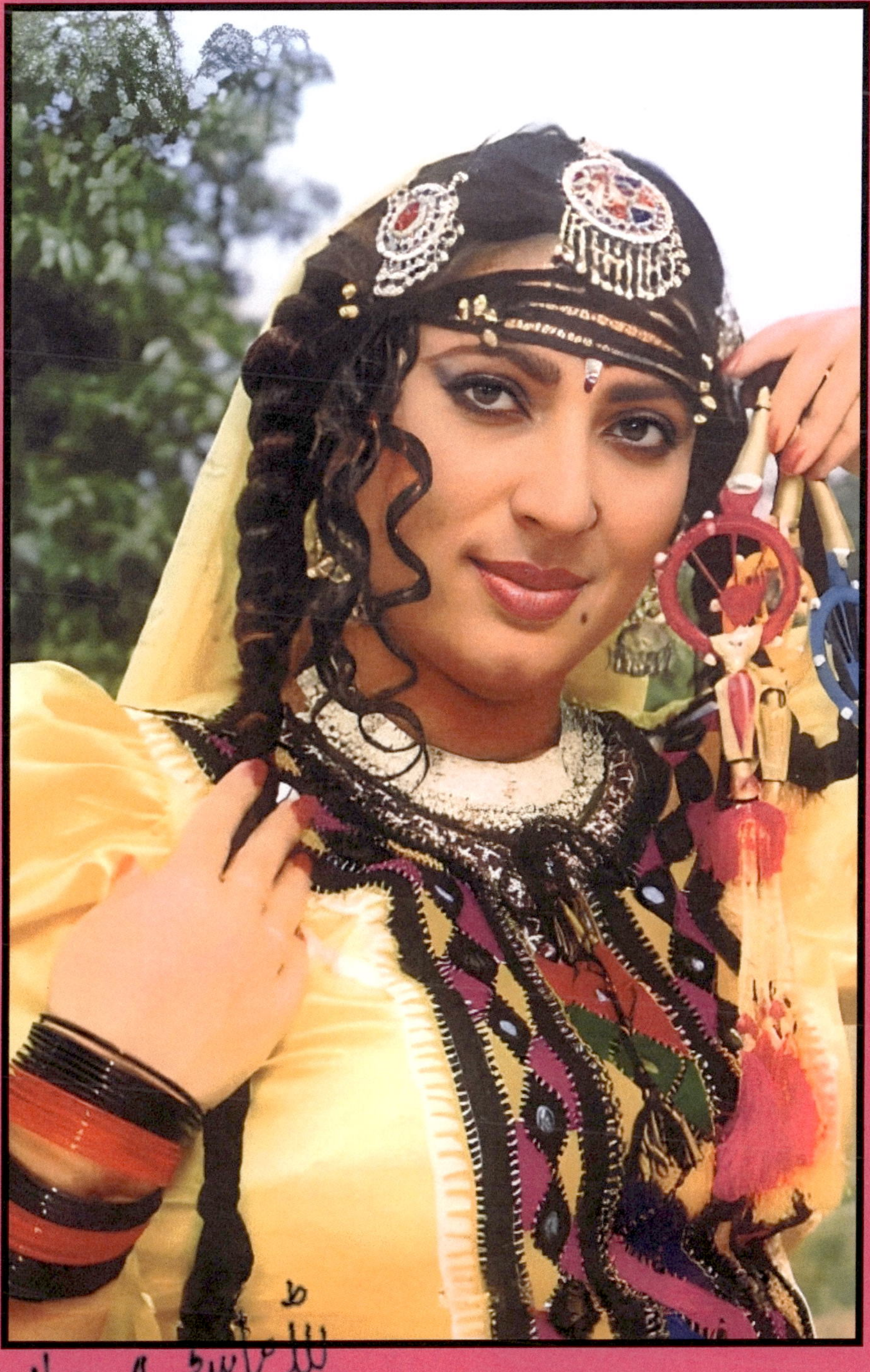

ہیڈ ماسٹر
افغانستان کے ساتھ

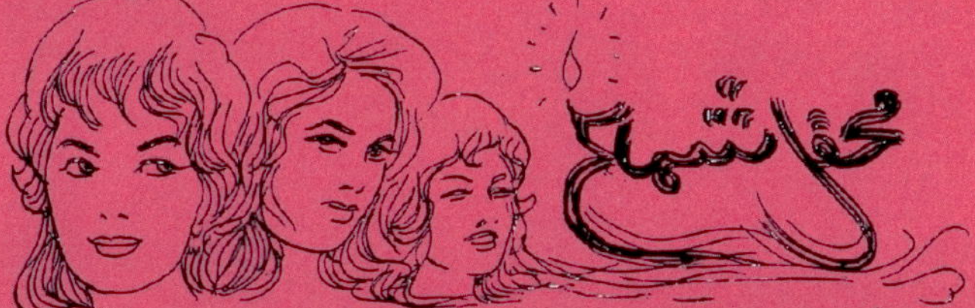

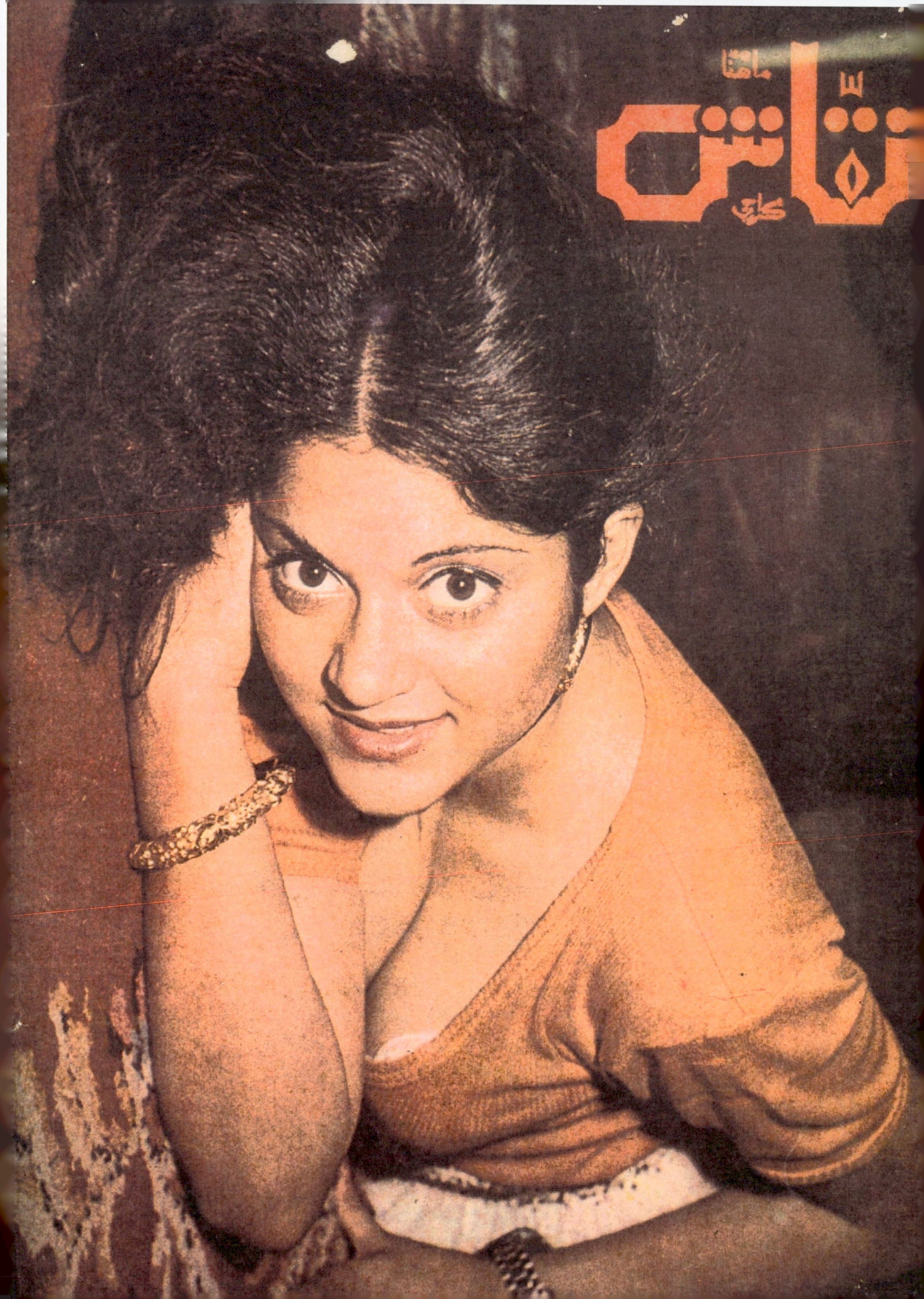
ماہنامہ
کراچی

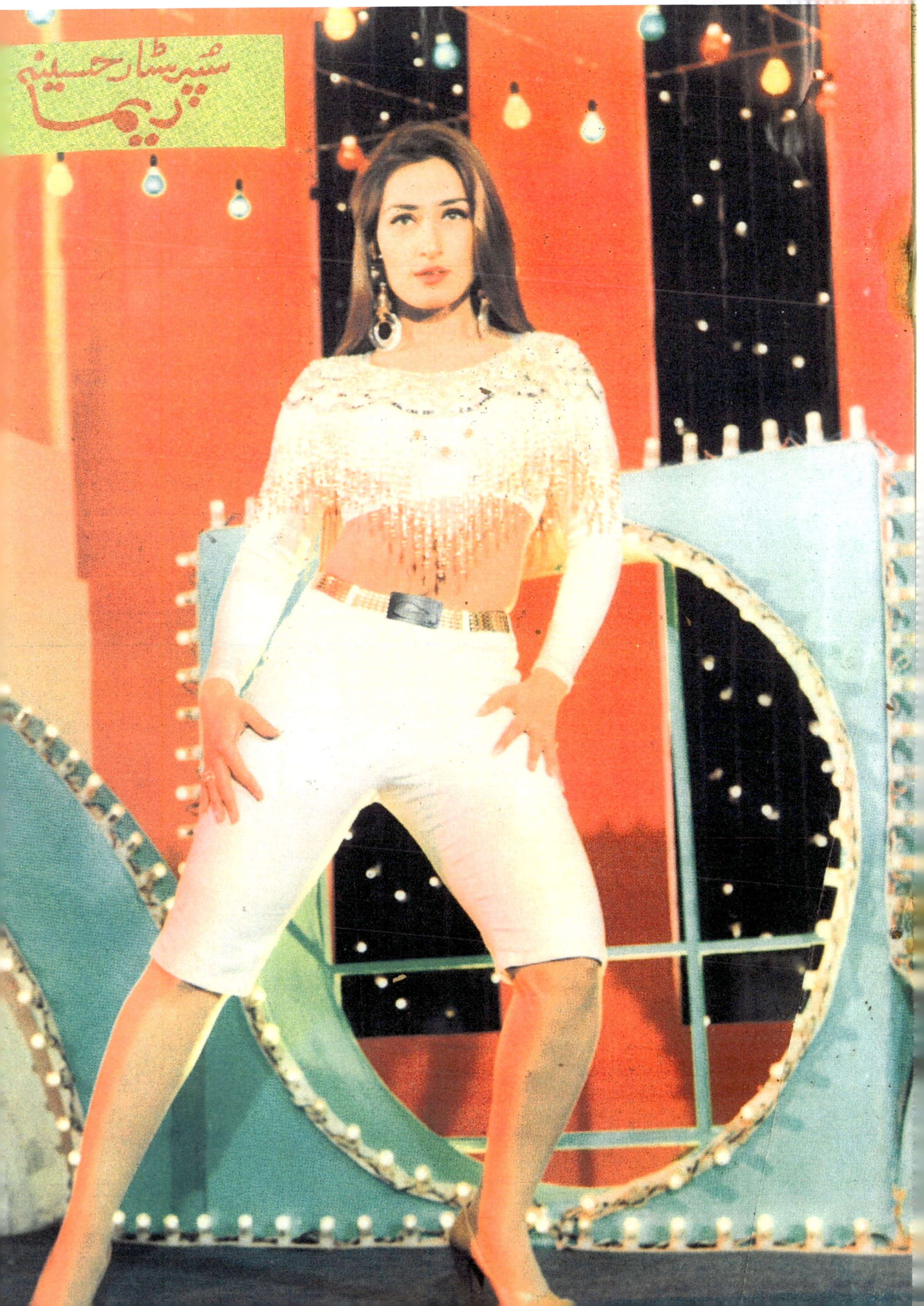
سپرسٹار حسینہ
ریما

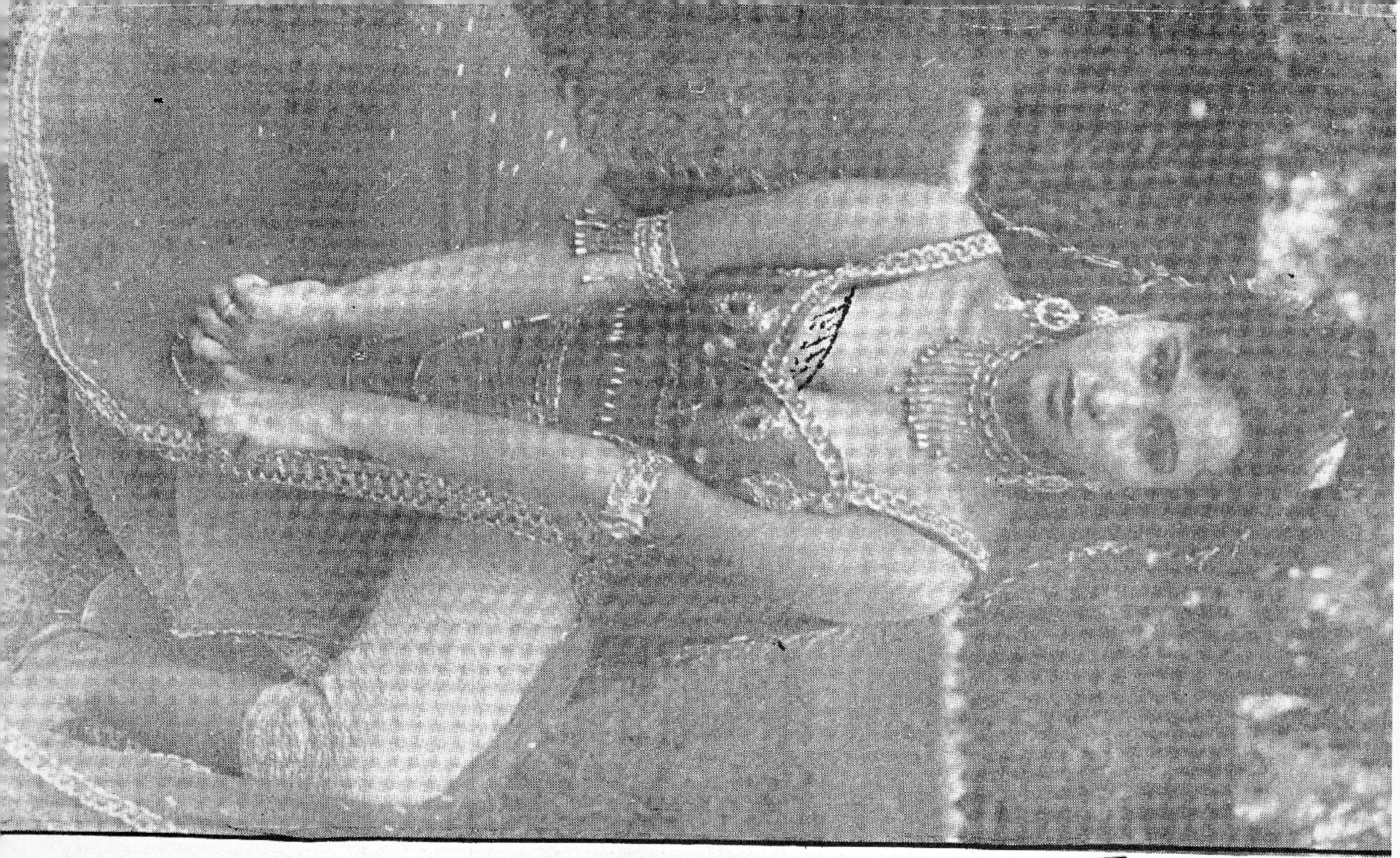

سیکس گرل نرگس ایسٹیج شو کے لیے عالمی ٹور پر جارہی ہے

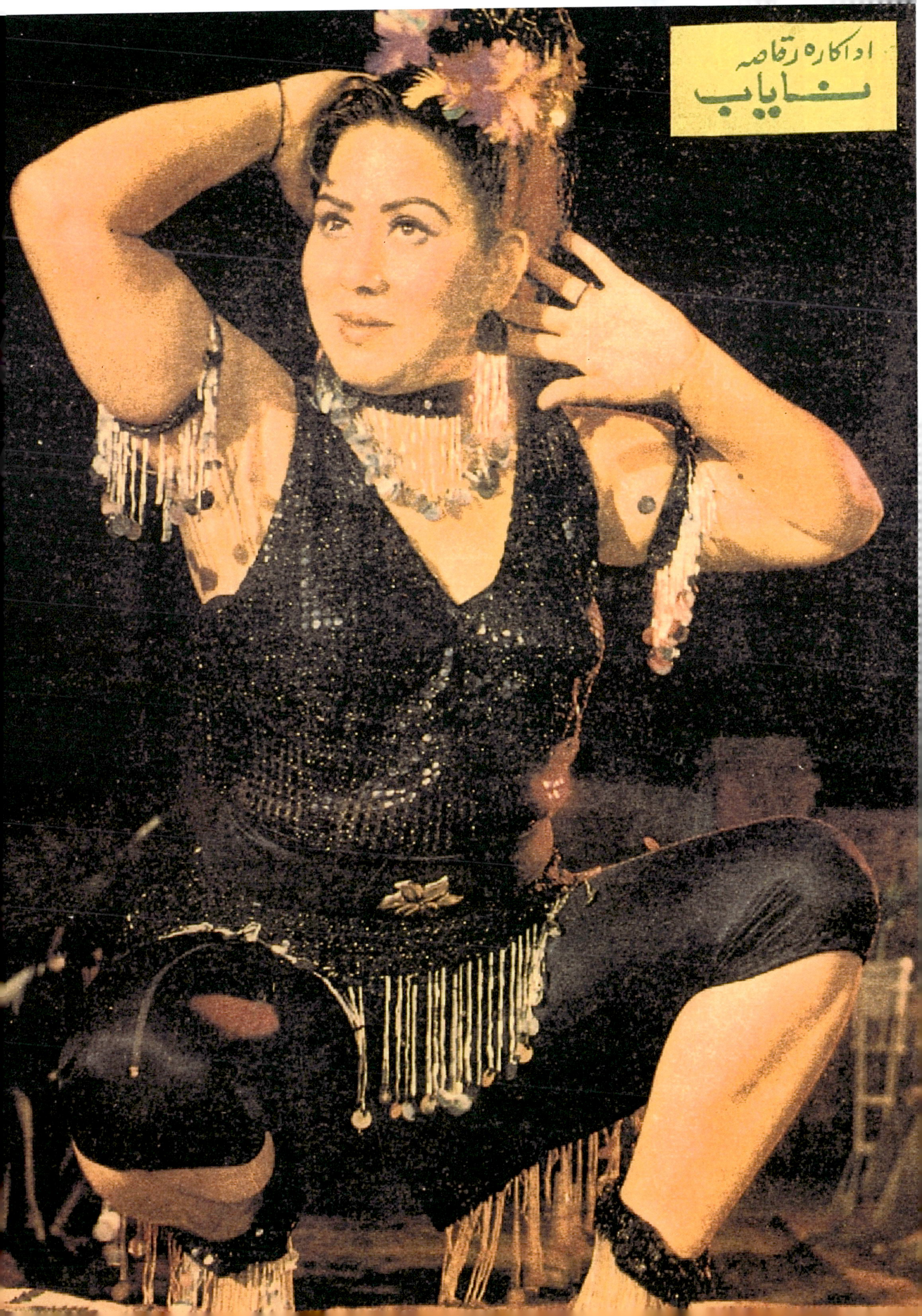

اداکارہ رقاصہ
نایاب

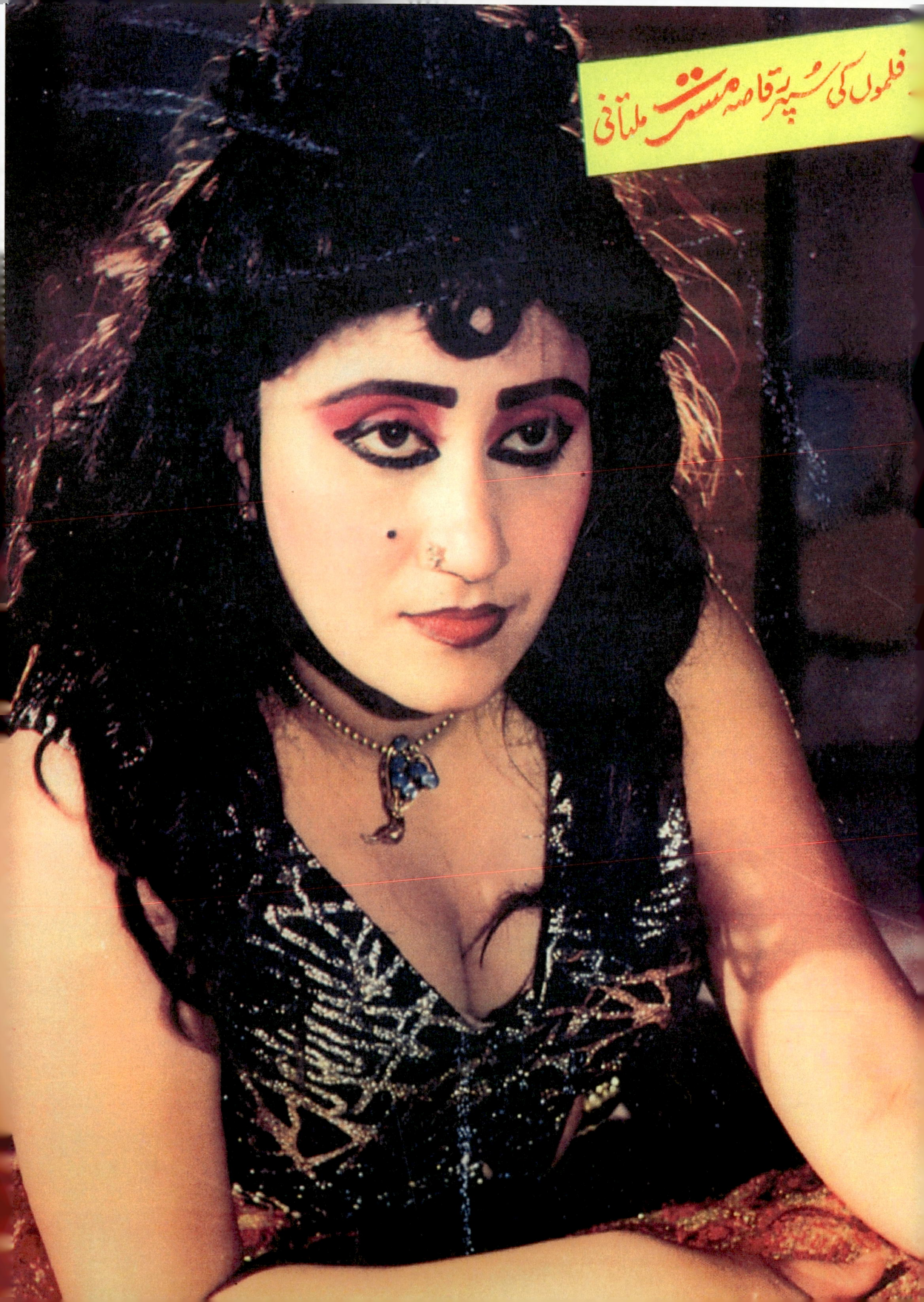
فلموں کی سُپر رقاصہ مسرت ملتانی

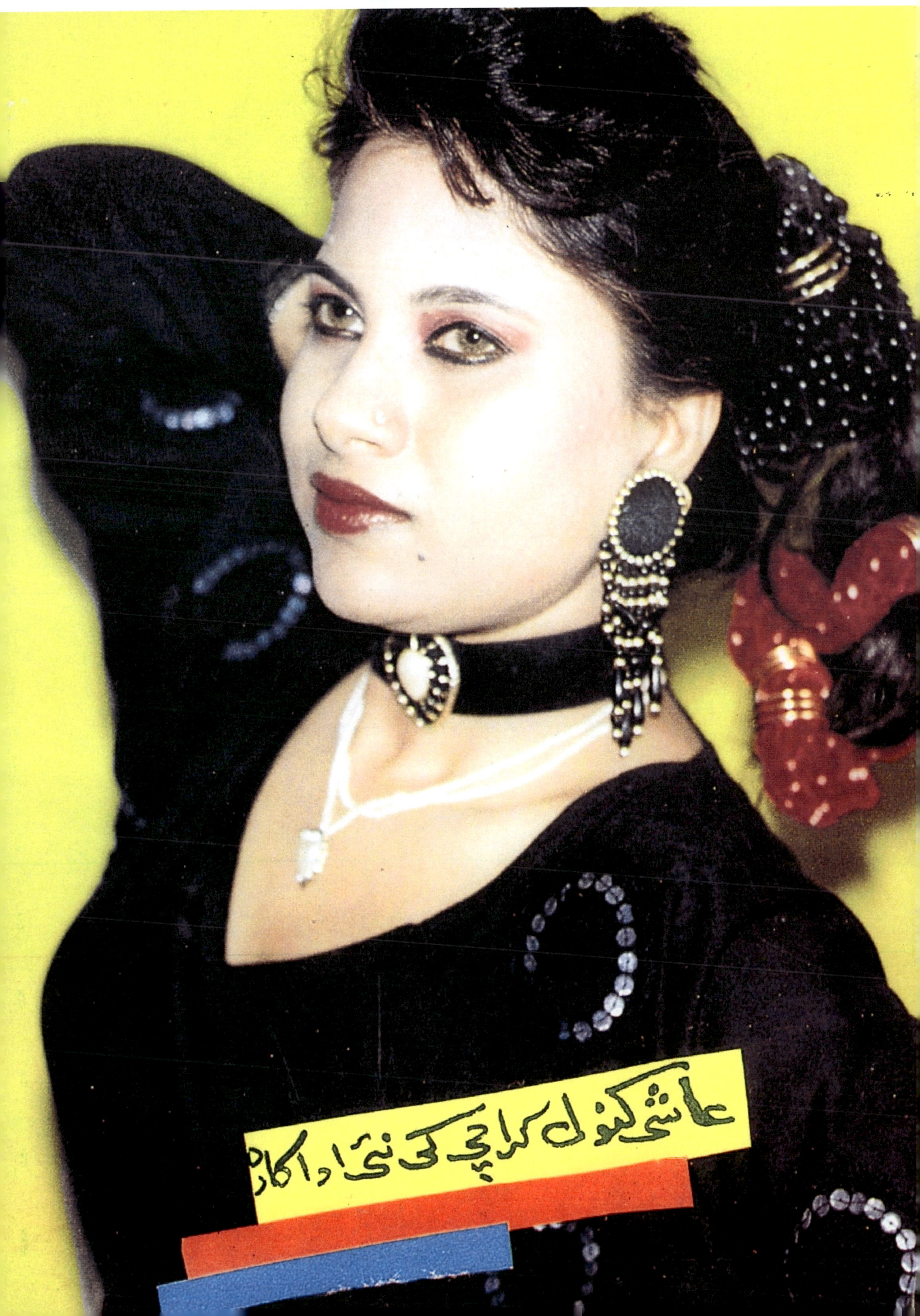

عائشہ کنول کراچی کی نئی اداکارہ

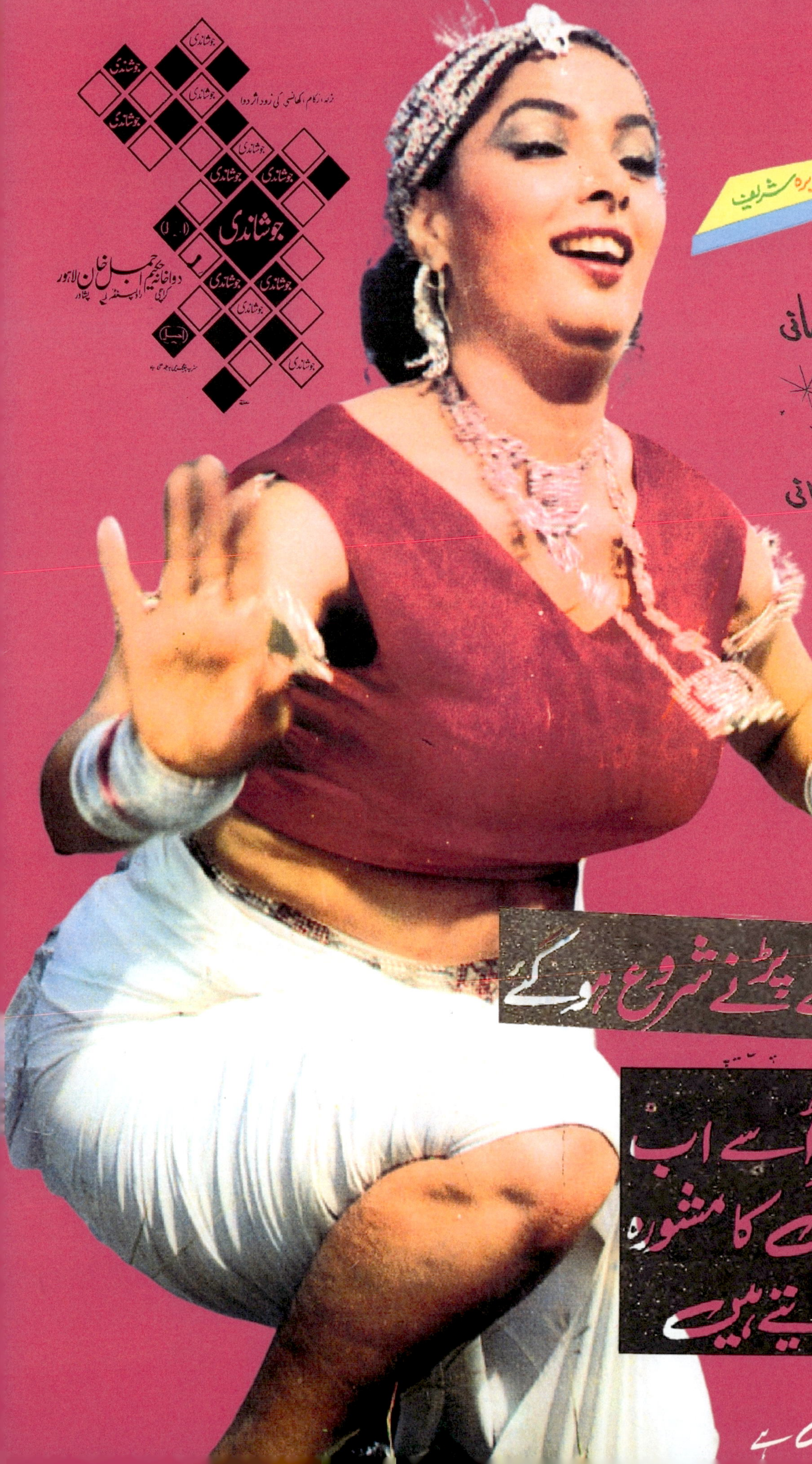

بابرہ شریف

ستاروں کی کہانی
ستاروں کی زبانی

بابرہ شریف کو دورے پڑنے شروع ہو گئے

ڈاکٹر اُسے اب شادی کا مشورہ دیتے ہیں

ہیٹریا کے مرض میں مبتلا ہو چکی ہے

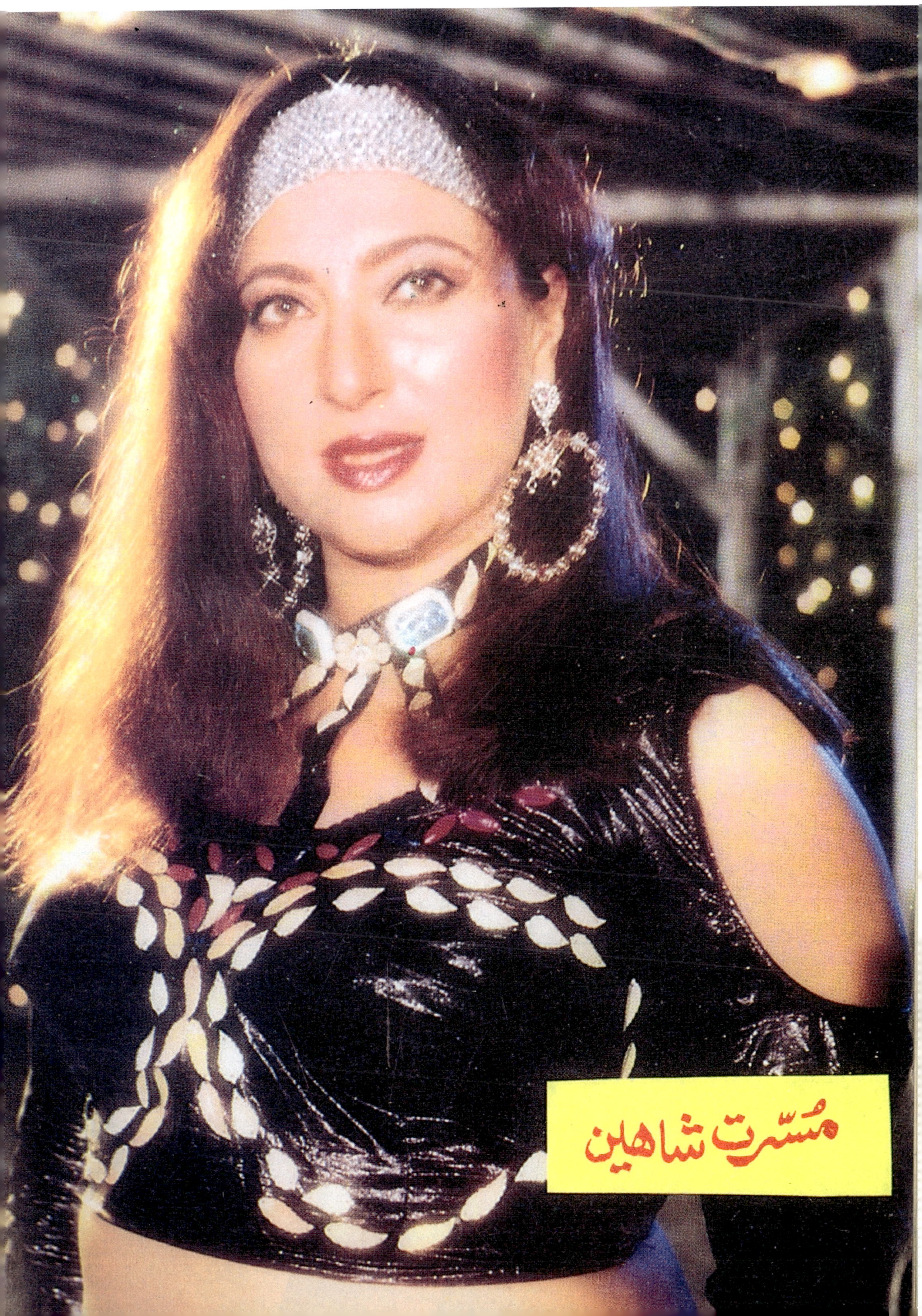
مسرت شاہین

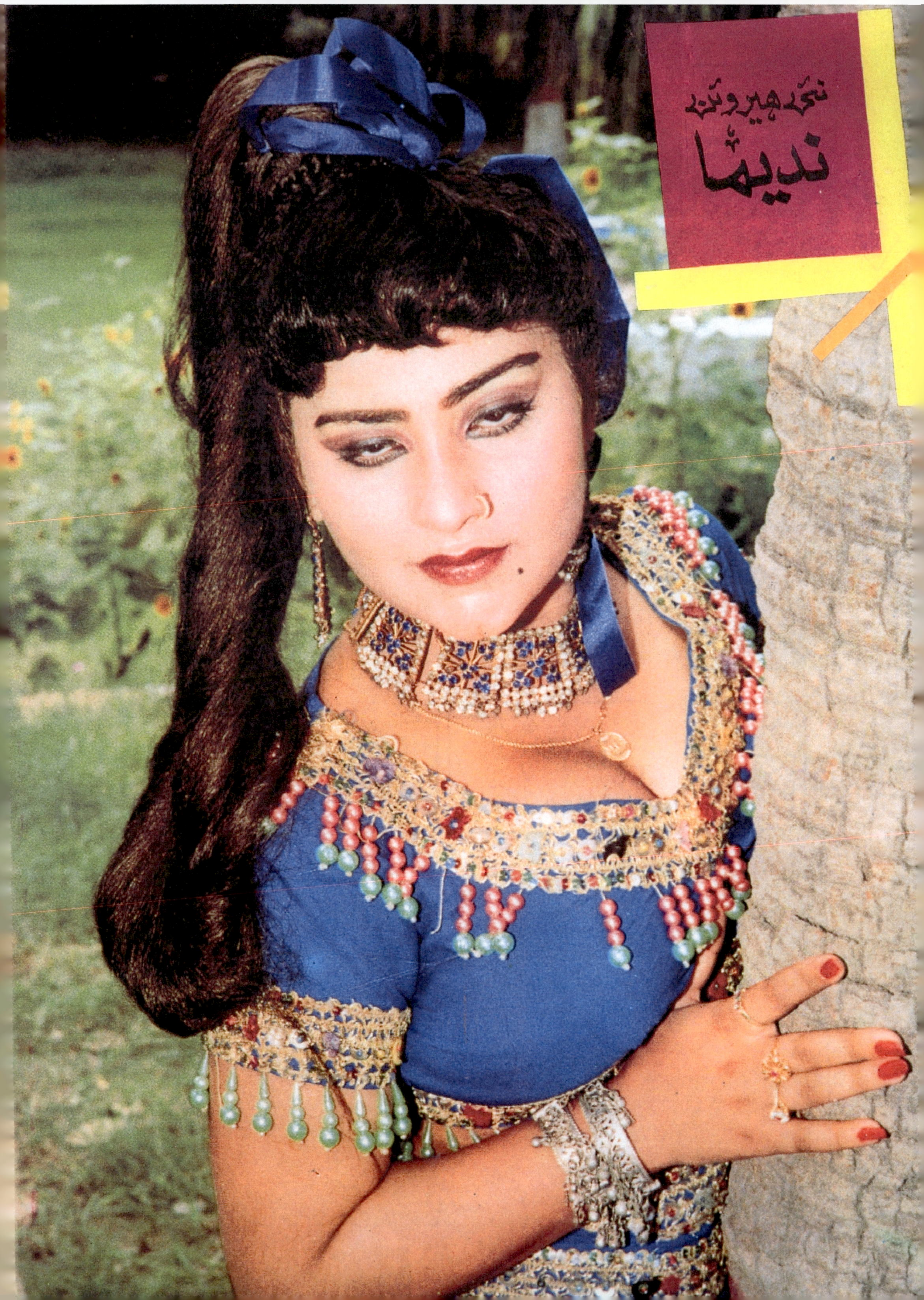
نئی ہیروئن
ندیمہ

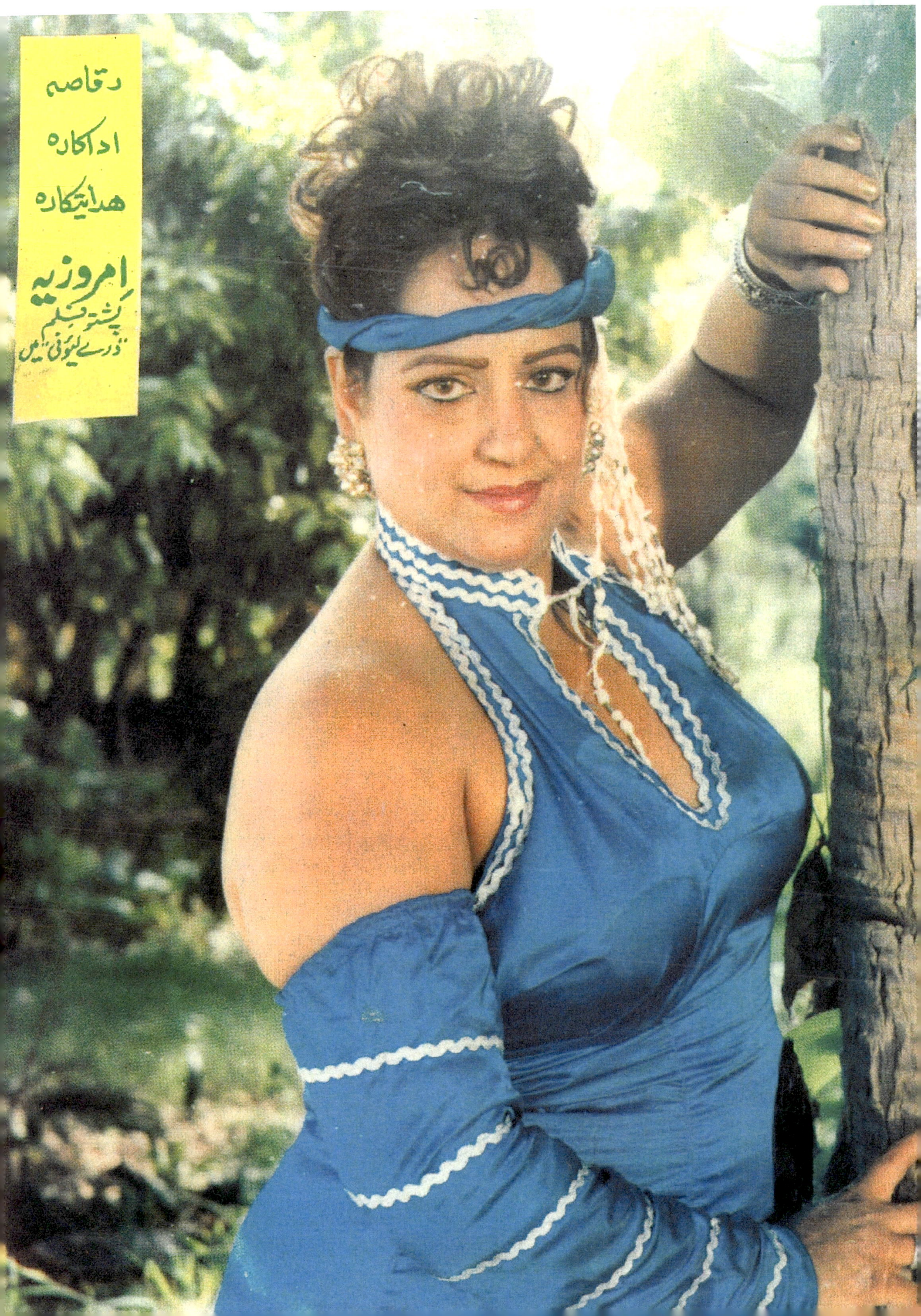
د رقاصه
اداکاره
هدایتکاره
امروزیه
پښتو فلم
"ورسے لیونی" میں

کبریٰ خانم کے رنگ حسن جہانگیر کے سنگ

تحریر: اکرام مُغل   عکاسی: آر کے نیئر

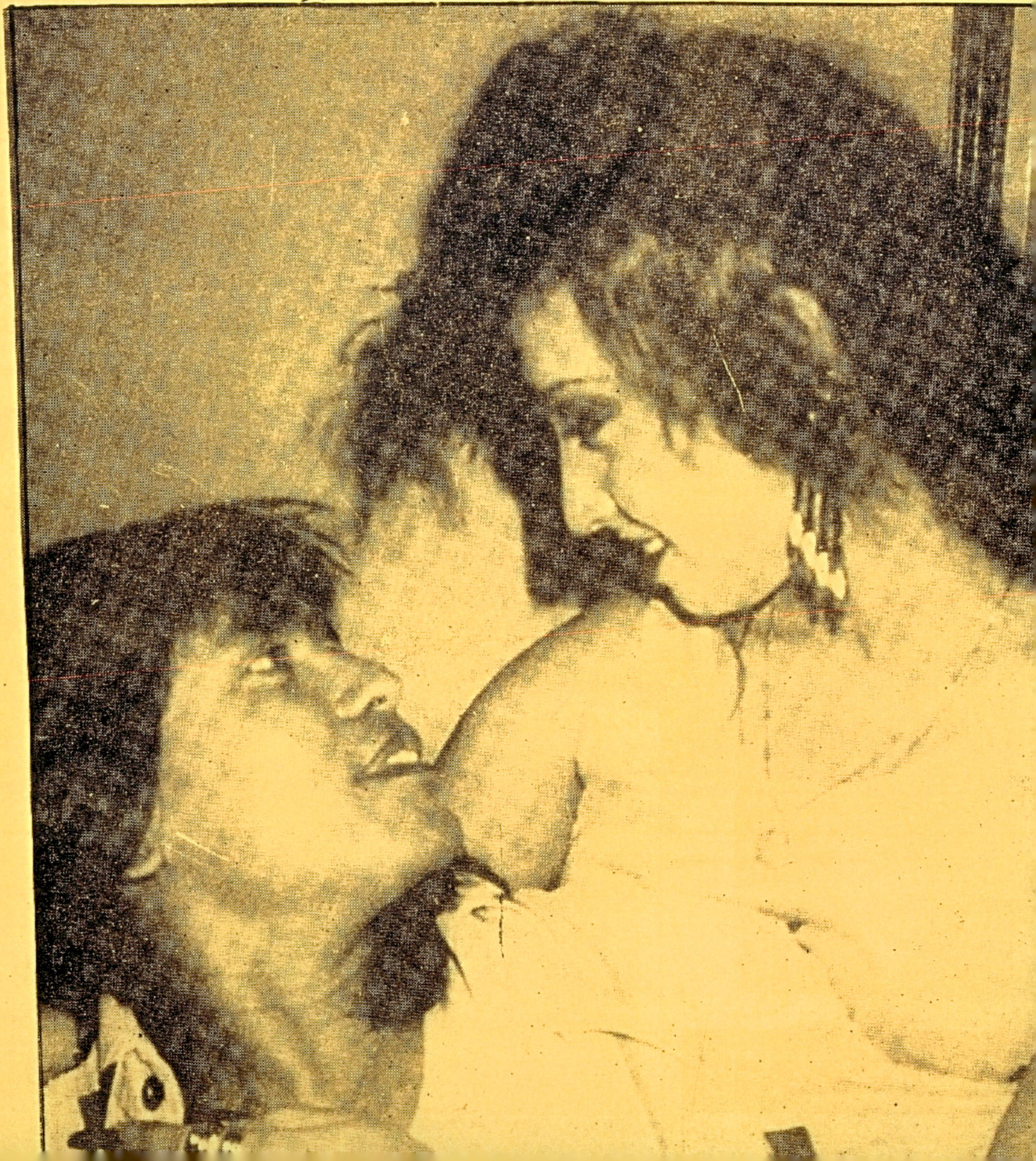

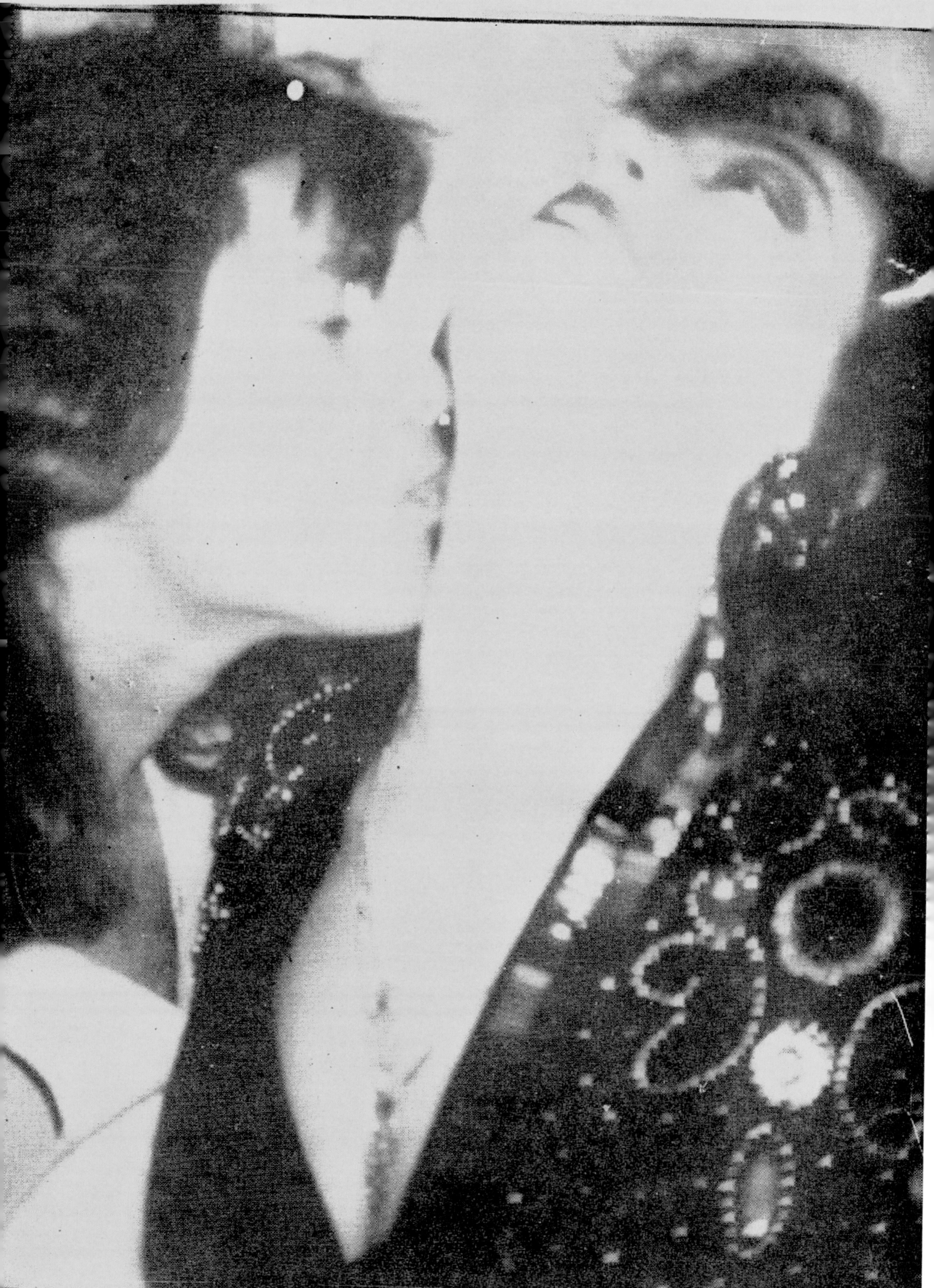

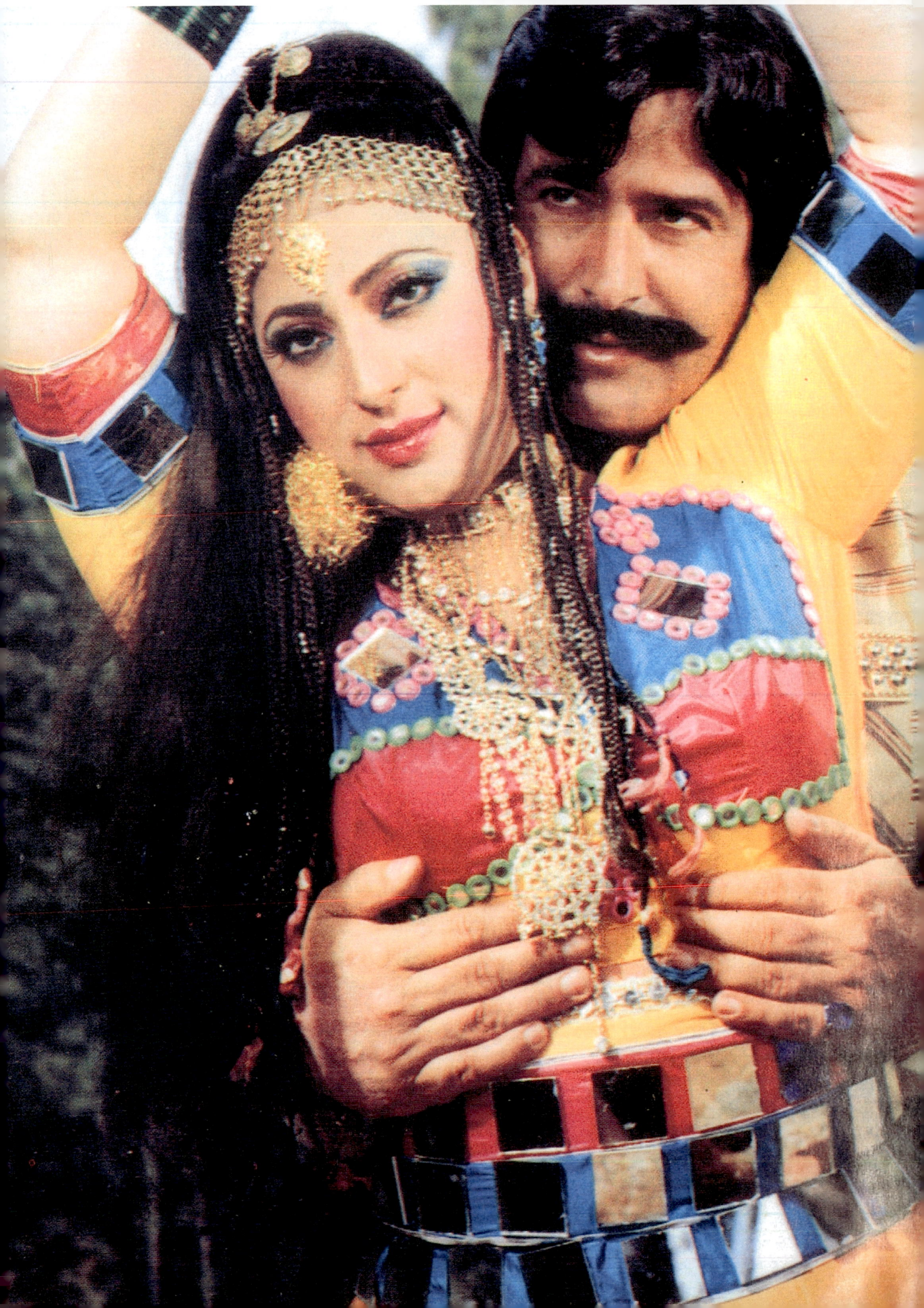

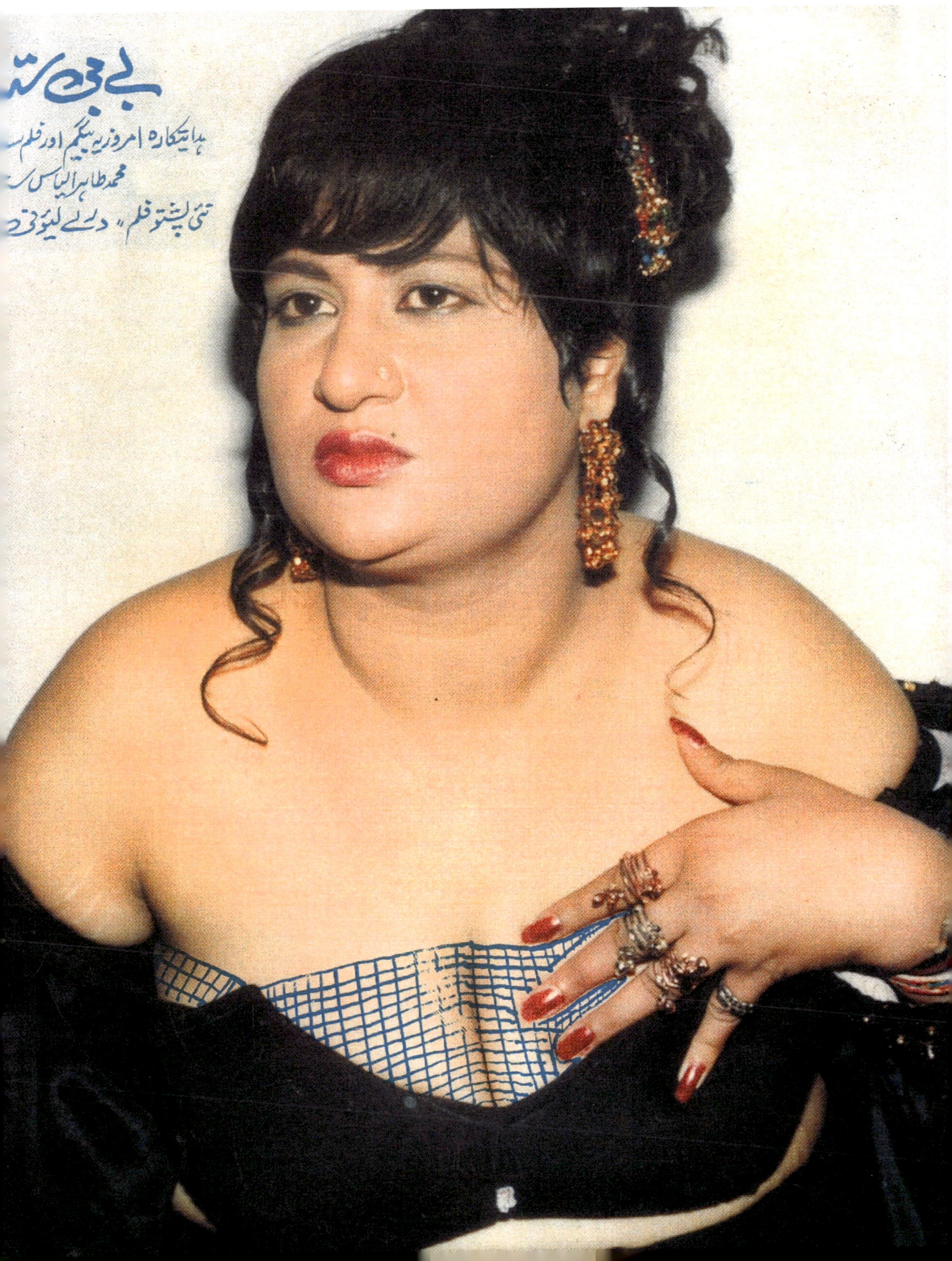

بے جی تہ
ہدائیکارہ امروزیہ بیگم اور فلم س
محمد طاہر الیاس س
تی پشتو فلم " درے لیونی د

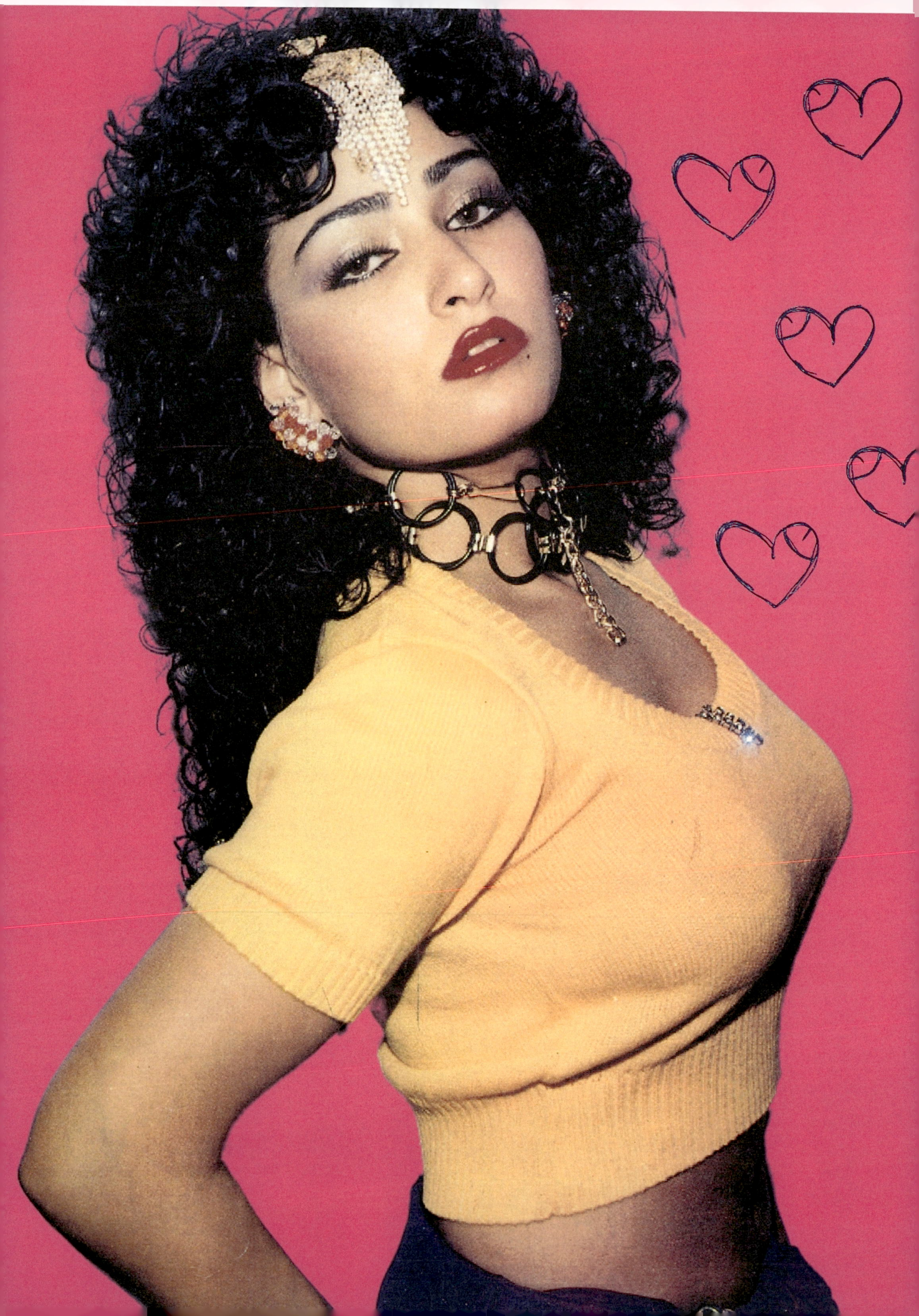

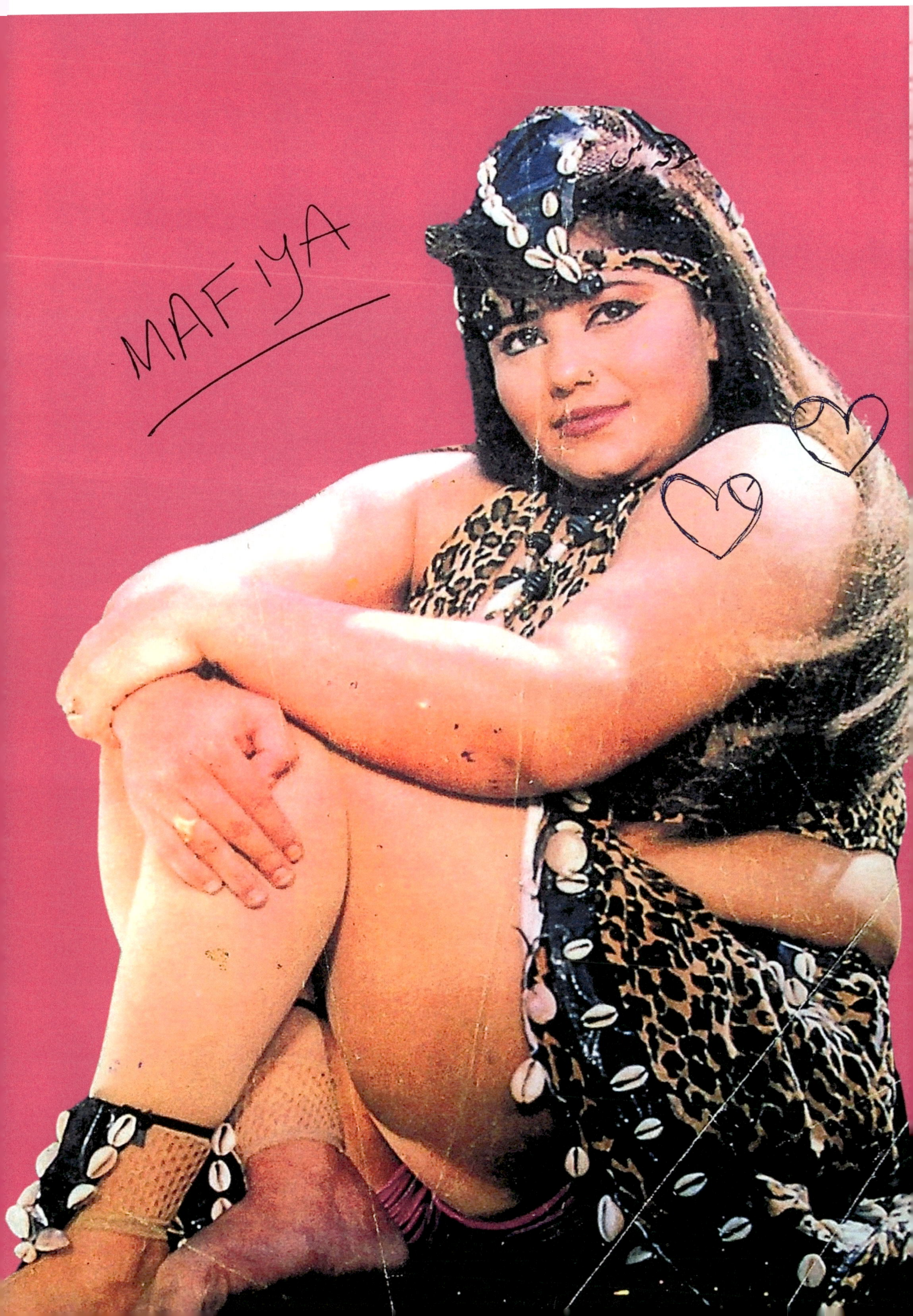
MAFIYA

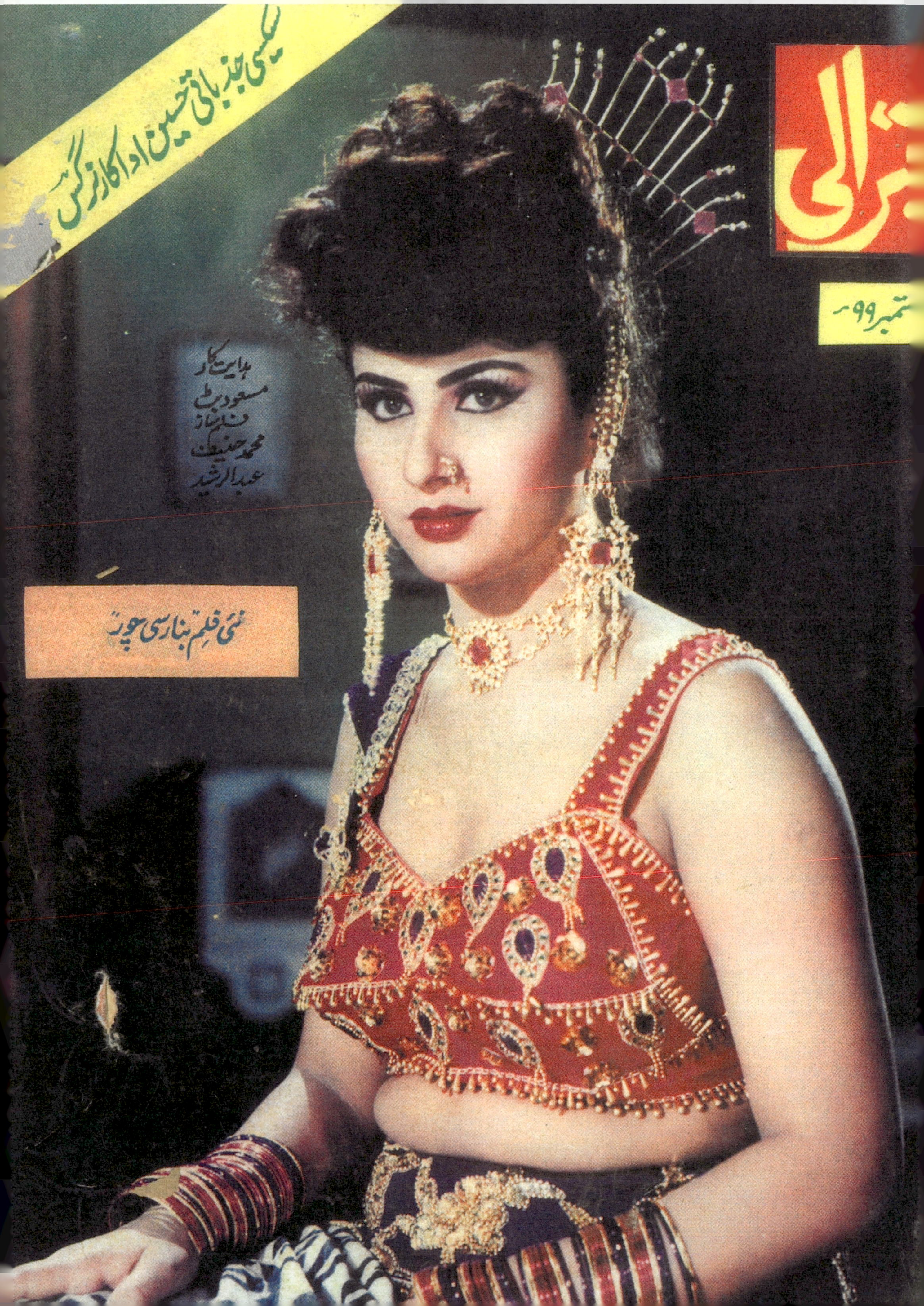
یکسی جذباتی حسین اداکارہ نرگس
تمبر ۹۹ء
ہدایت کار
مسعود بٹ
فلمساز
محمد حنیف
عبدالرشید
نئی فلم بنارسی چور

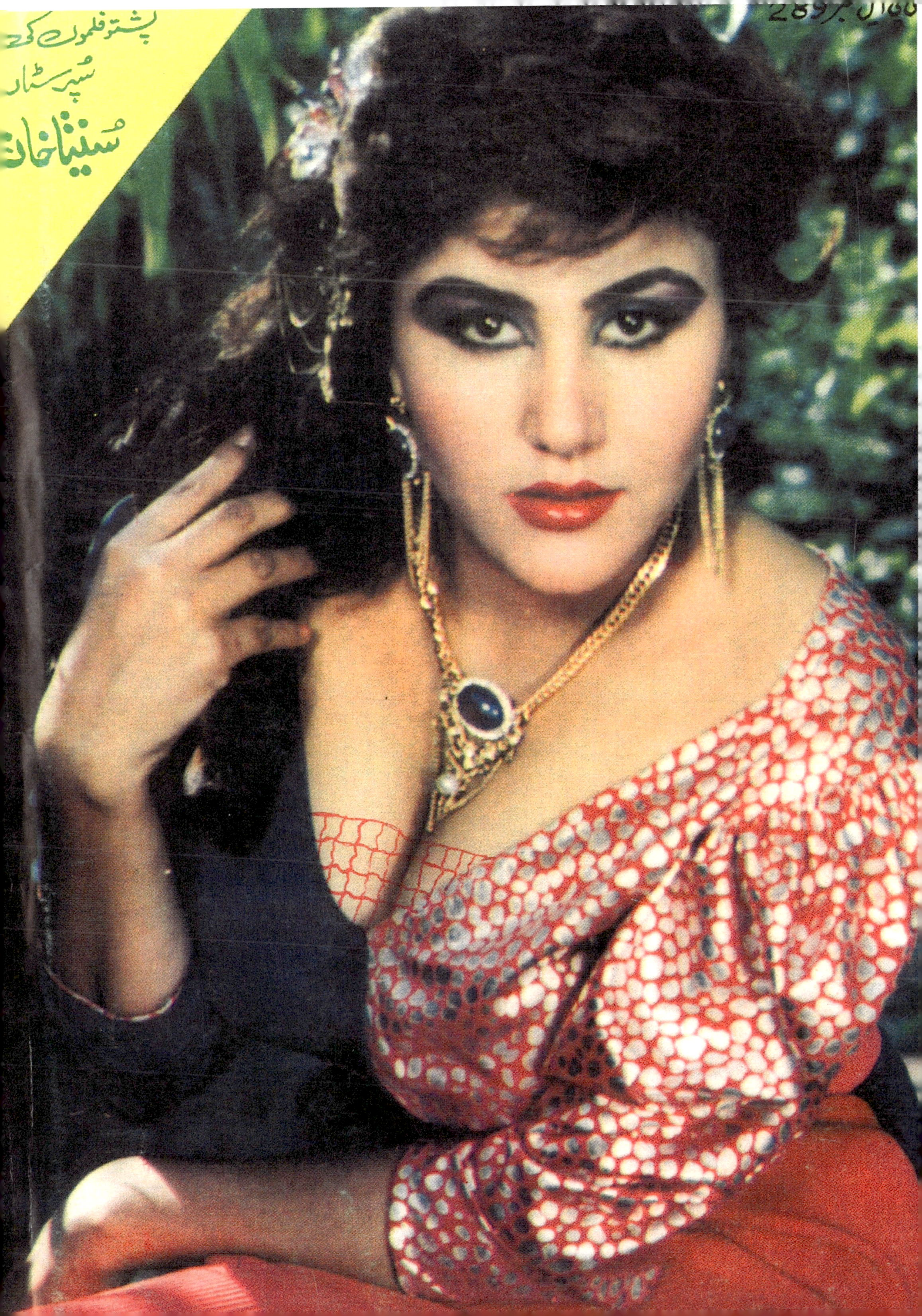
پشتو فلموں کی
سپر سٹار
سنیتا خان

نگار خانوں کی سیر

جھلکیاں

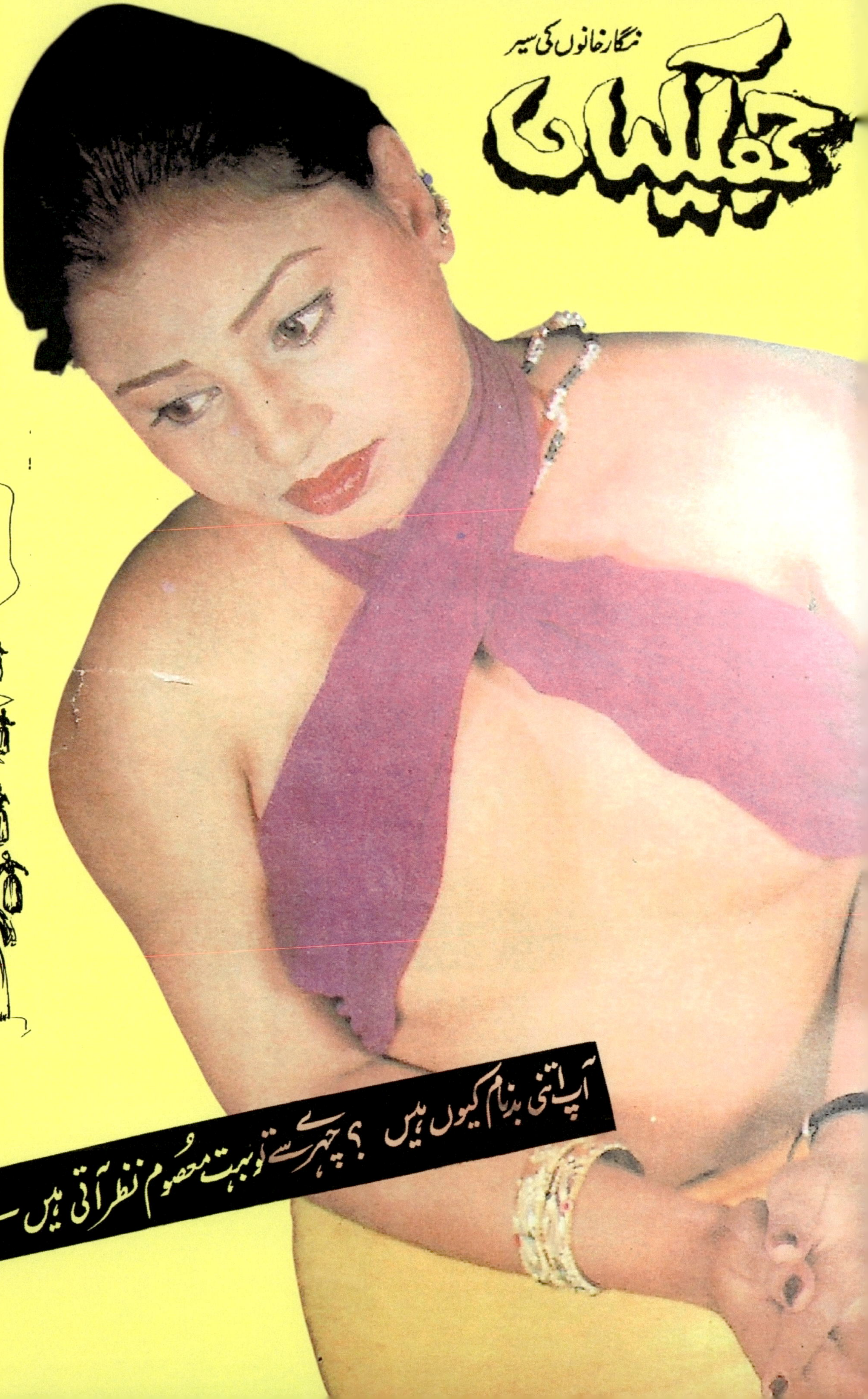

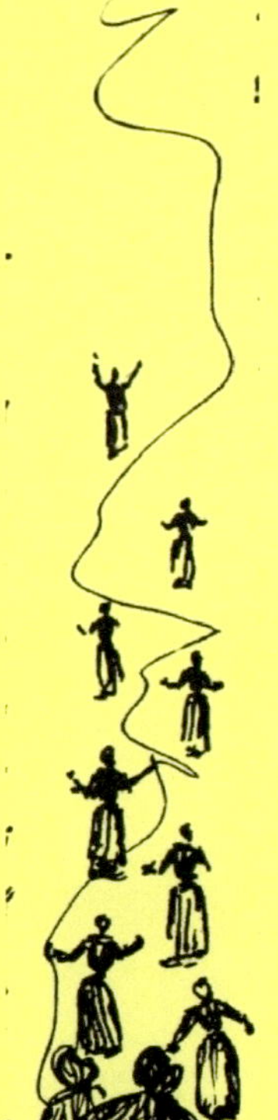

آپ اتنی بدنام کیوں ہیں ؟ چہرے سے تو بہت معصُوم نظر آتی ہیں — ؟؟

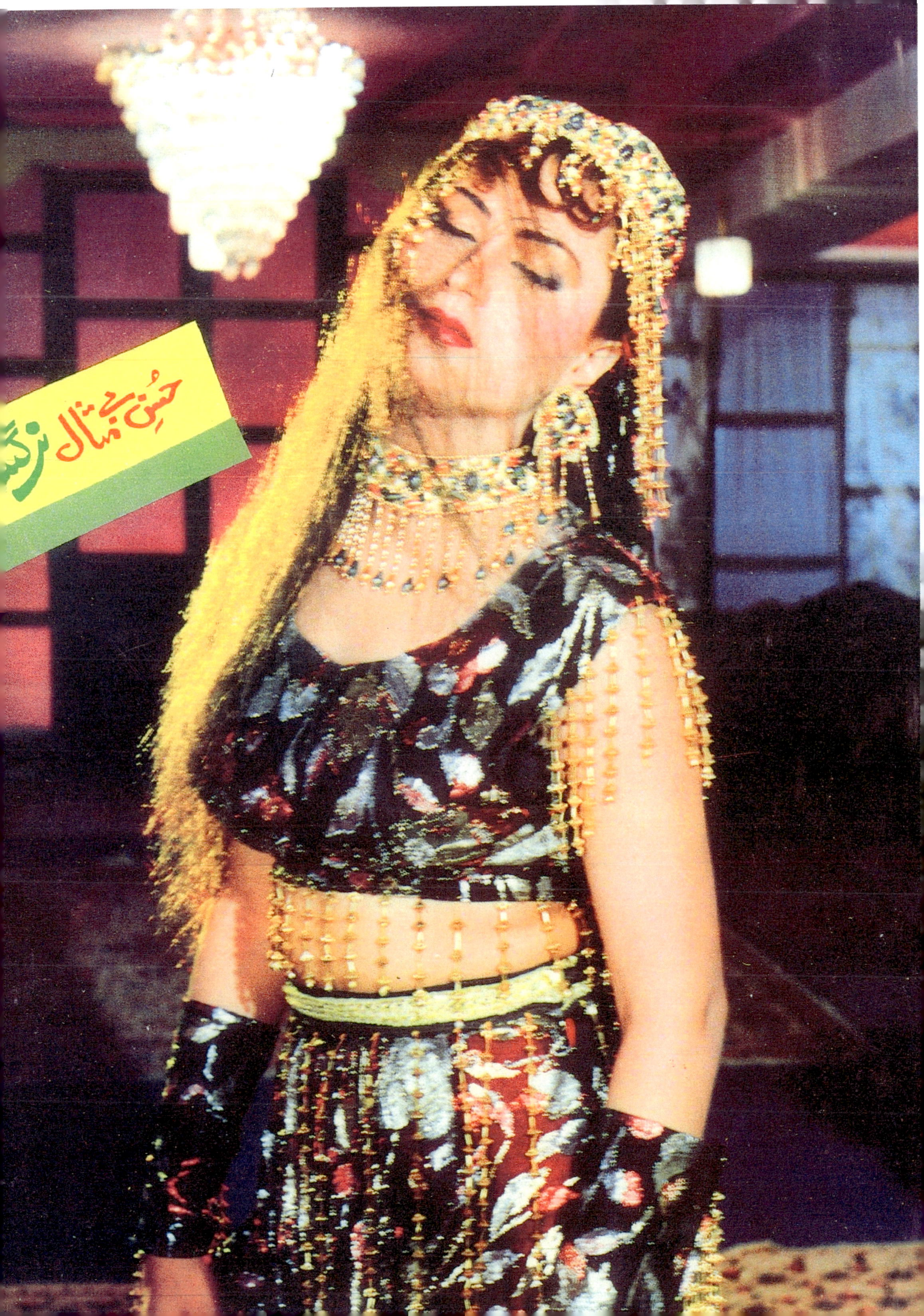
حُسنِ بے مثال

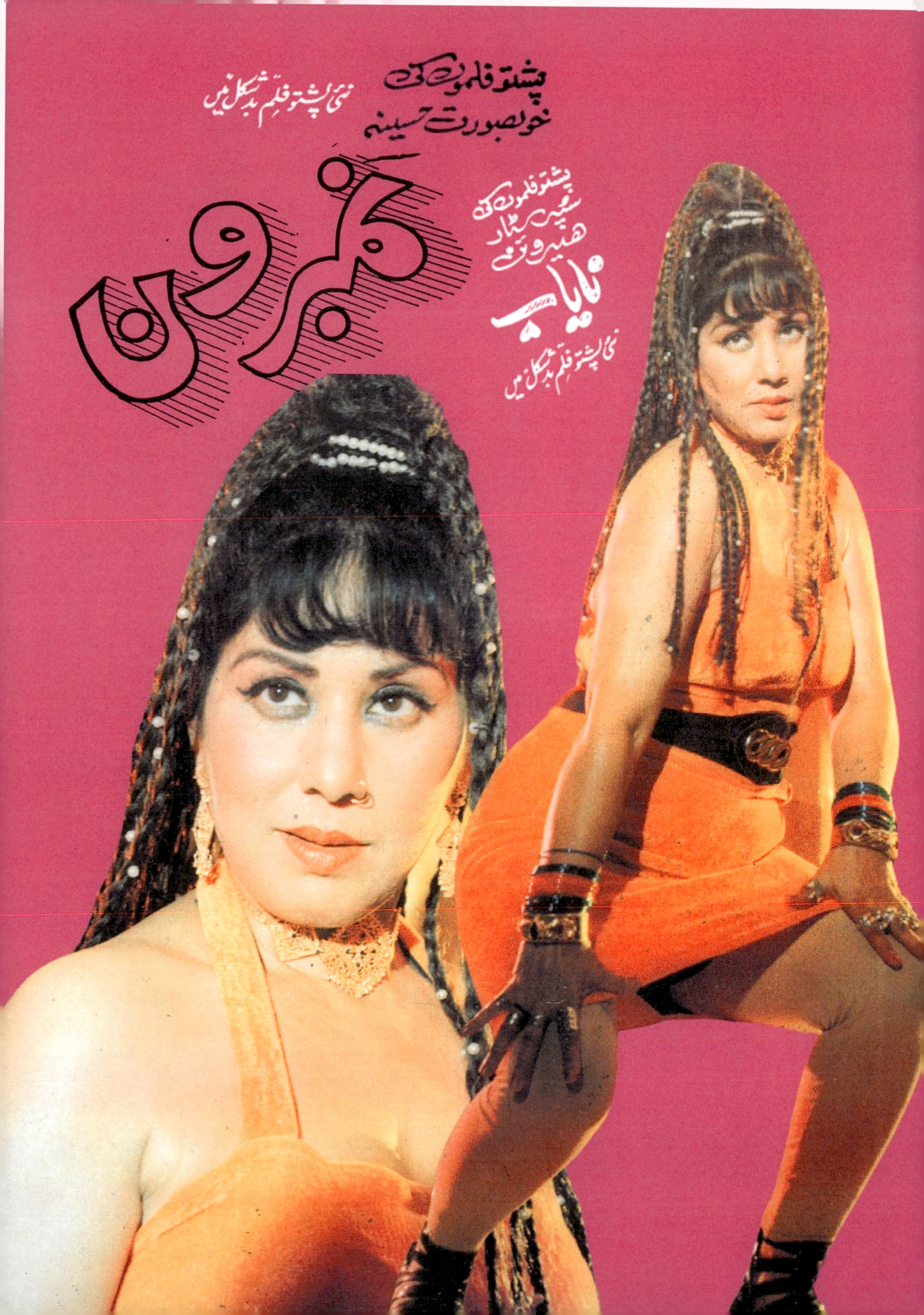
پشتو فلموں کی
خوبصورت حسینہ
نئی پشتو فلم بدشکل میں
پشتو فلموں کی
سُپر سٹار
ہیروئن
نایاب
نئی پشتو فلم بدشکل میں

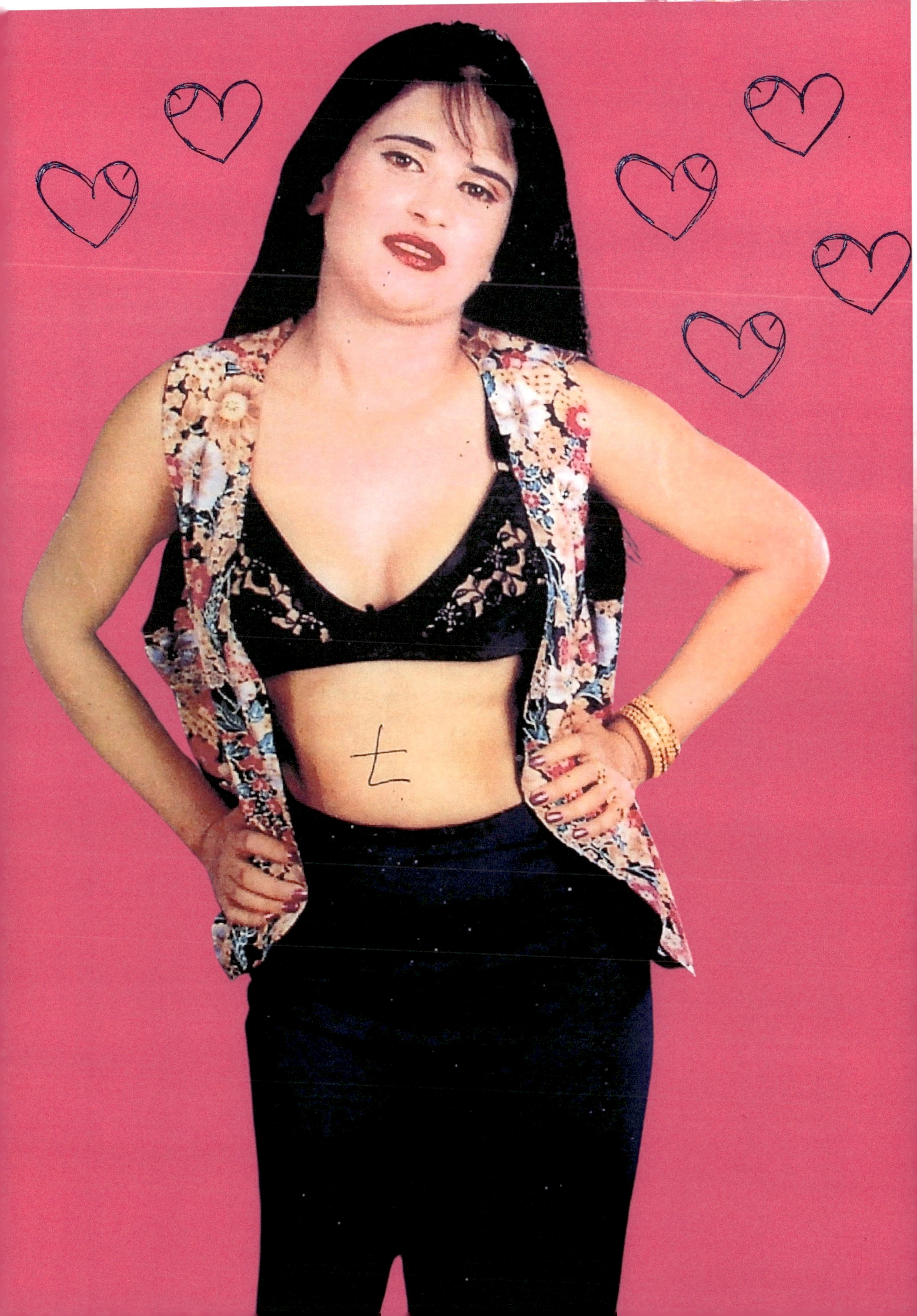

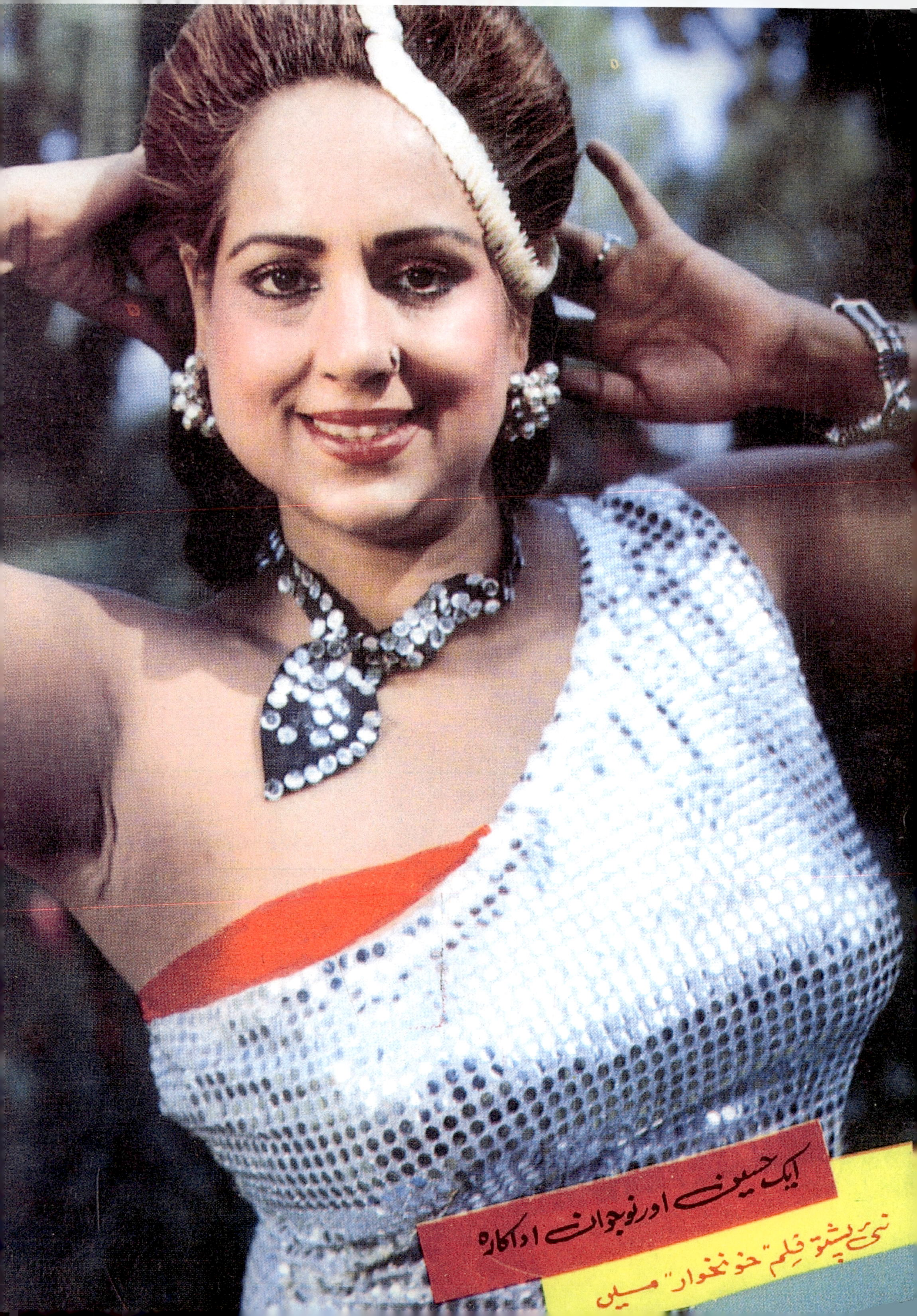
ایک حسین اور نوجوان اداکارہ
نئی پشتو فلم "خونخوار" میں

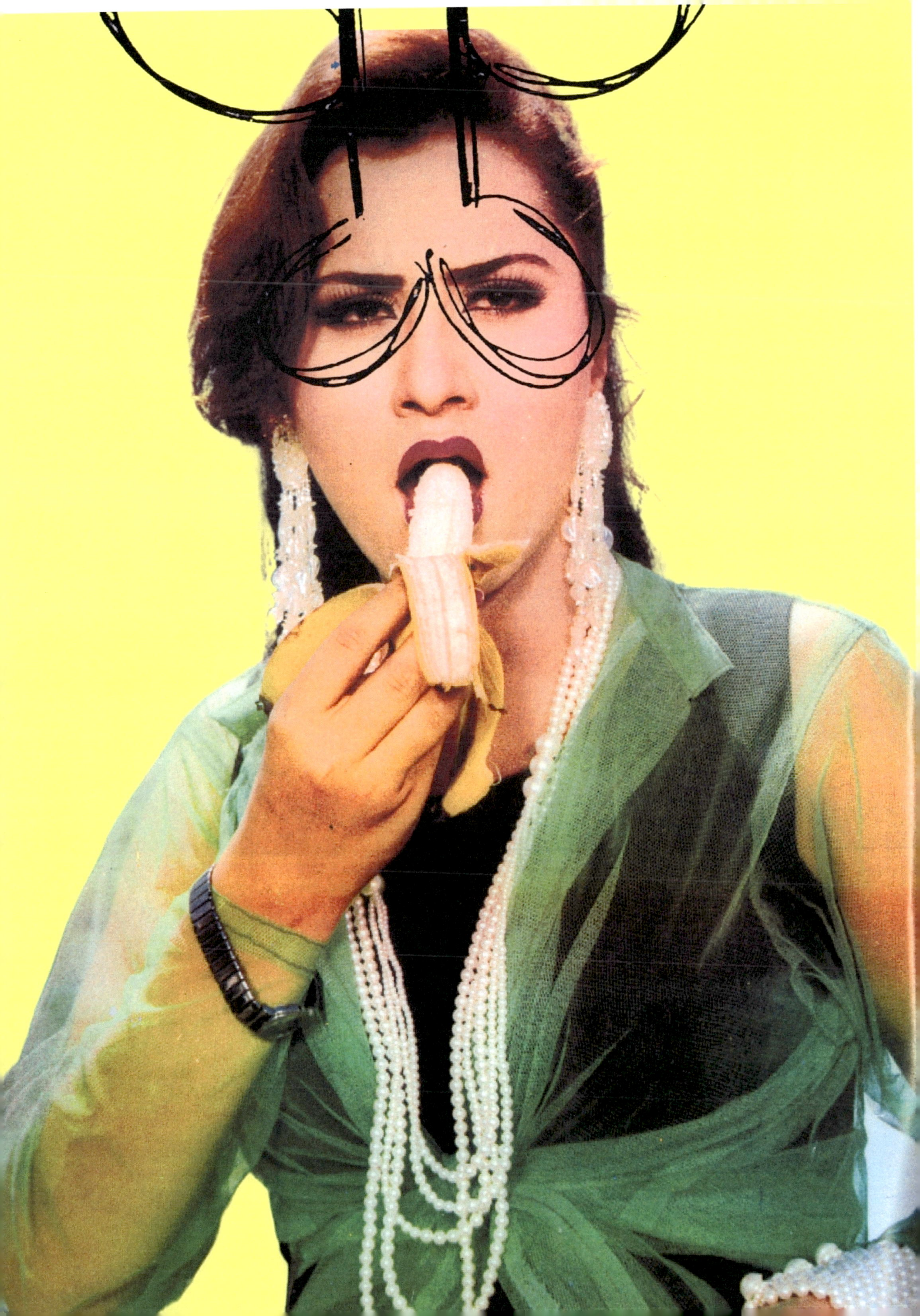

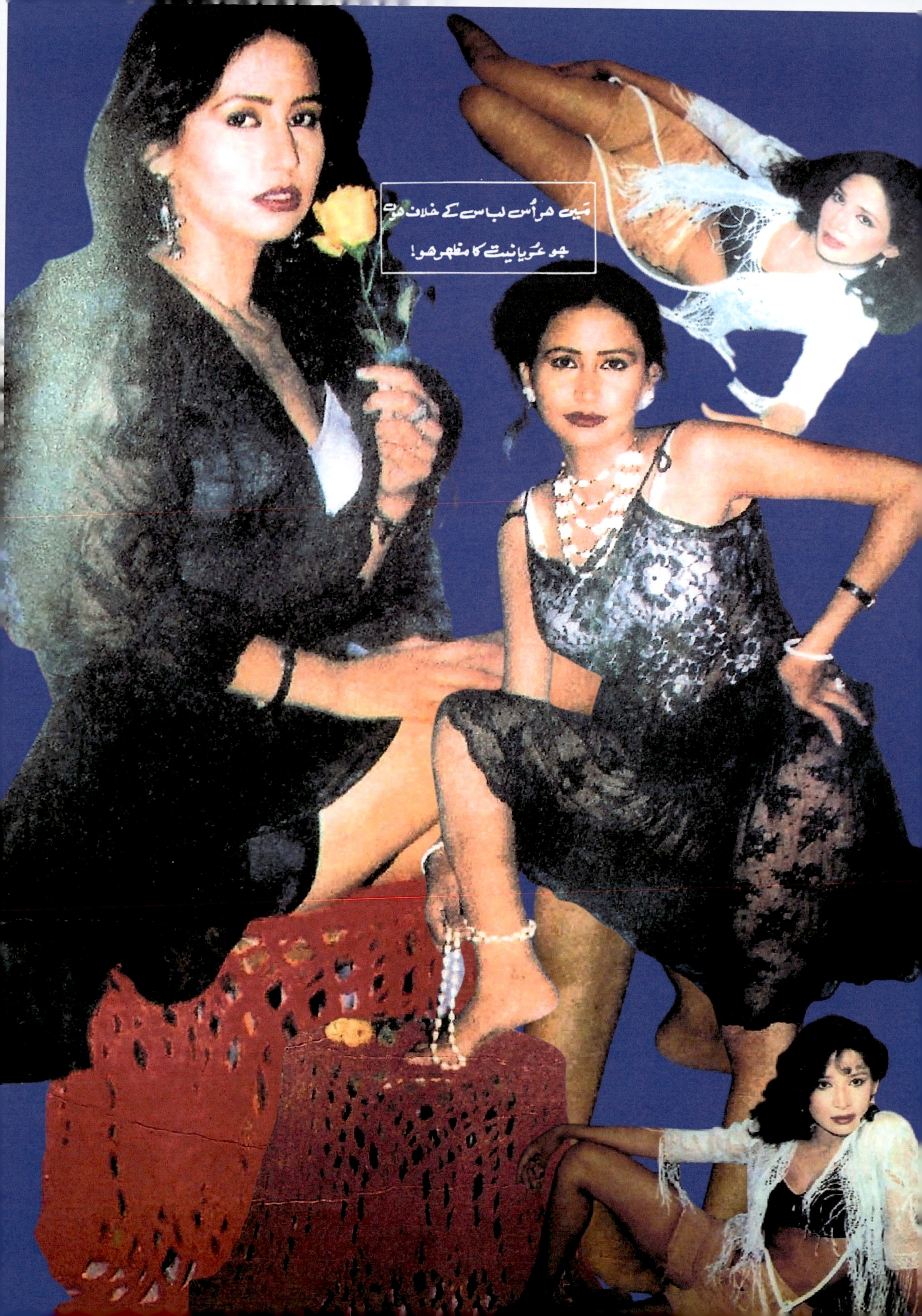
میں ہر اُس لباس کے خلاف ہوں
جو عُریانیت کا مظہر ہو!

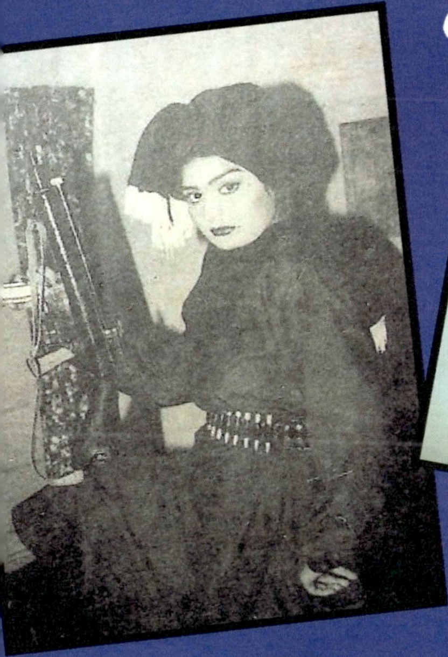

60,000'00

خصوصی پیش کش

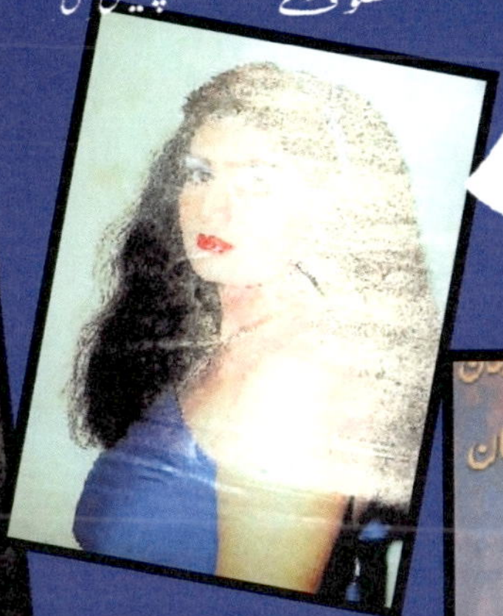

نُو تولہ خوُن

۸۵۰۰۰ روپے

مبلغ پچاسی ہزار روپے کے انعامات حاصل کیجئے

سر ہالی ڈے

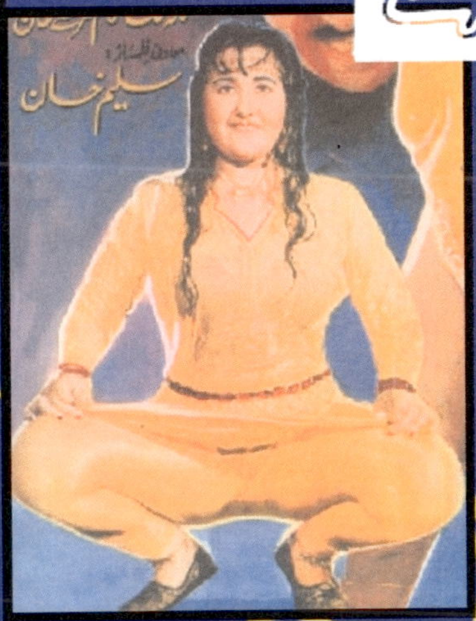

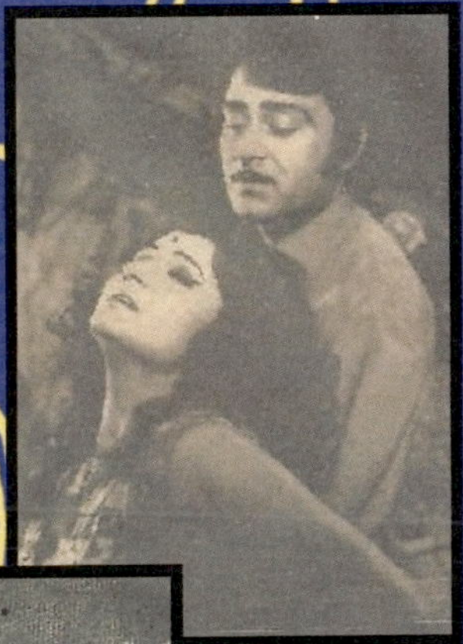

شباب

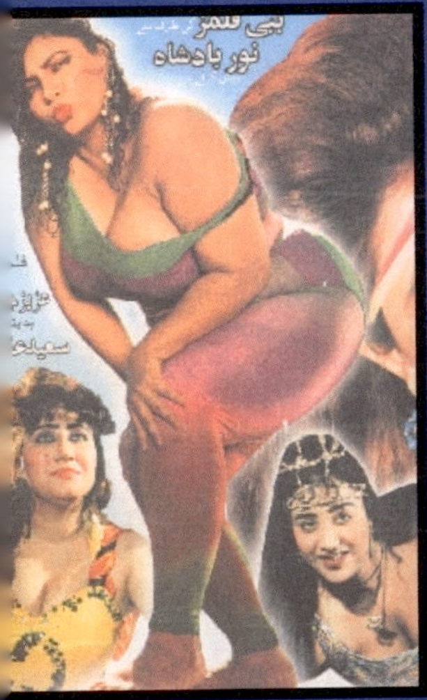

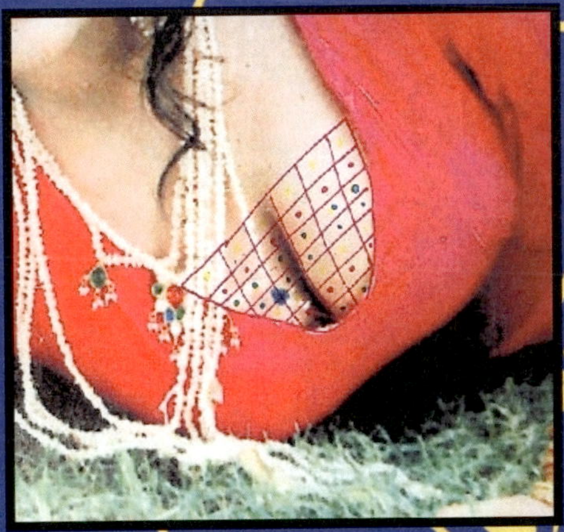

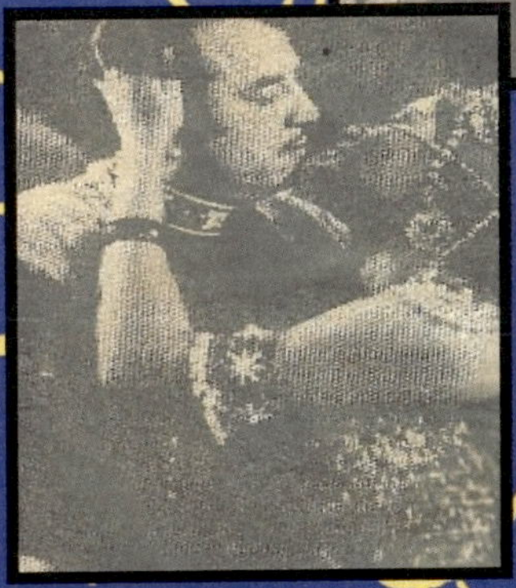

ایکسٹرا فلم آرٹسٹ

بھوک 65.00000

پینسٹھ ہزار روپے کے نقد انعامات

کامیابی لباس

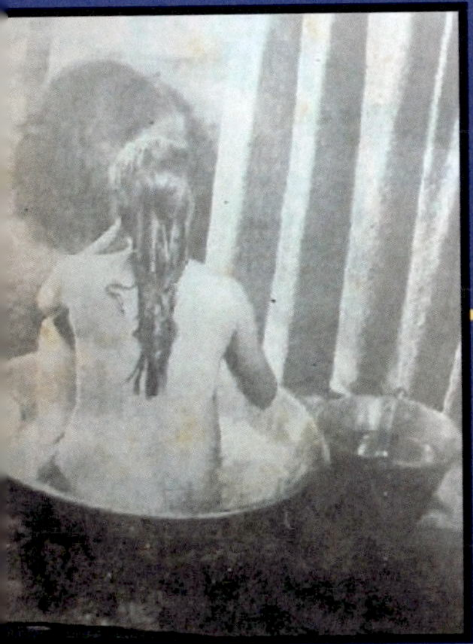

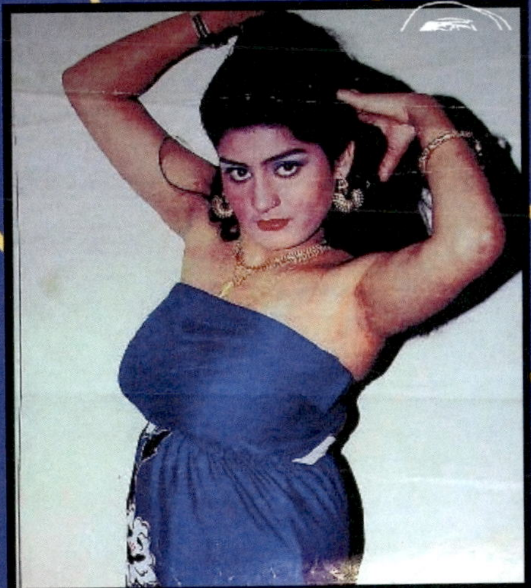

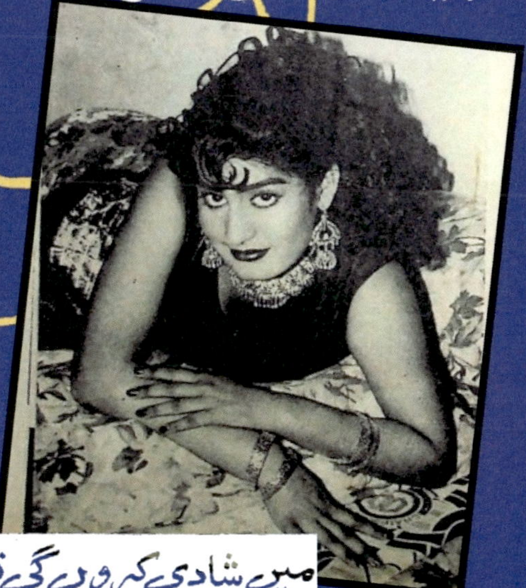

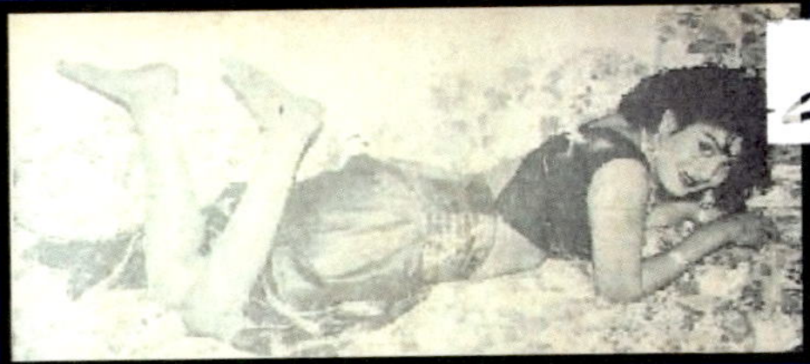

میں شادی کروں گی تو سارے صحافیوں کو بلاؤں گی

یہ لڑکی ایک دو فلموں کے بعد ہی ٹاپ پر پہنچ جائے گی

انیتا ایوب

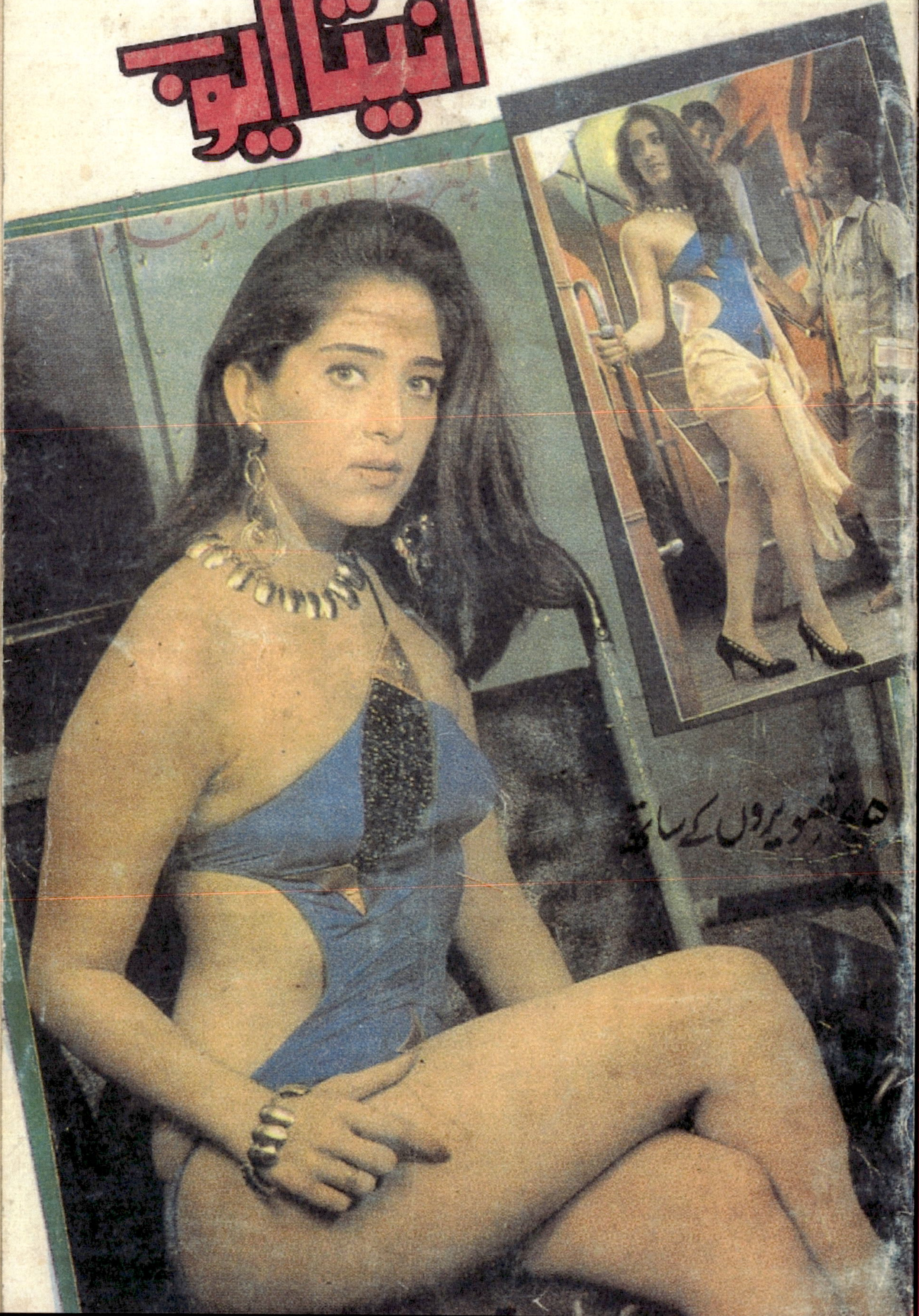

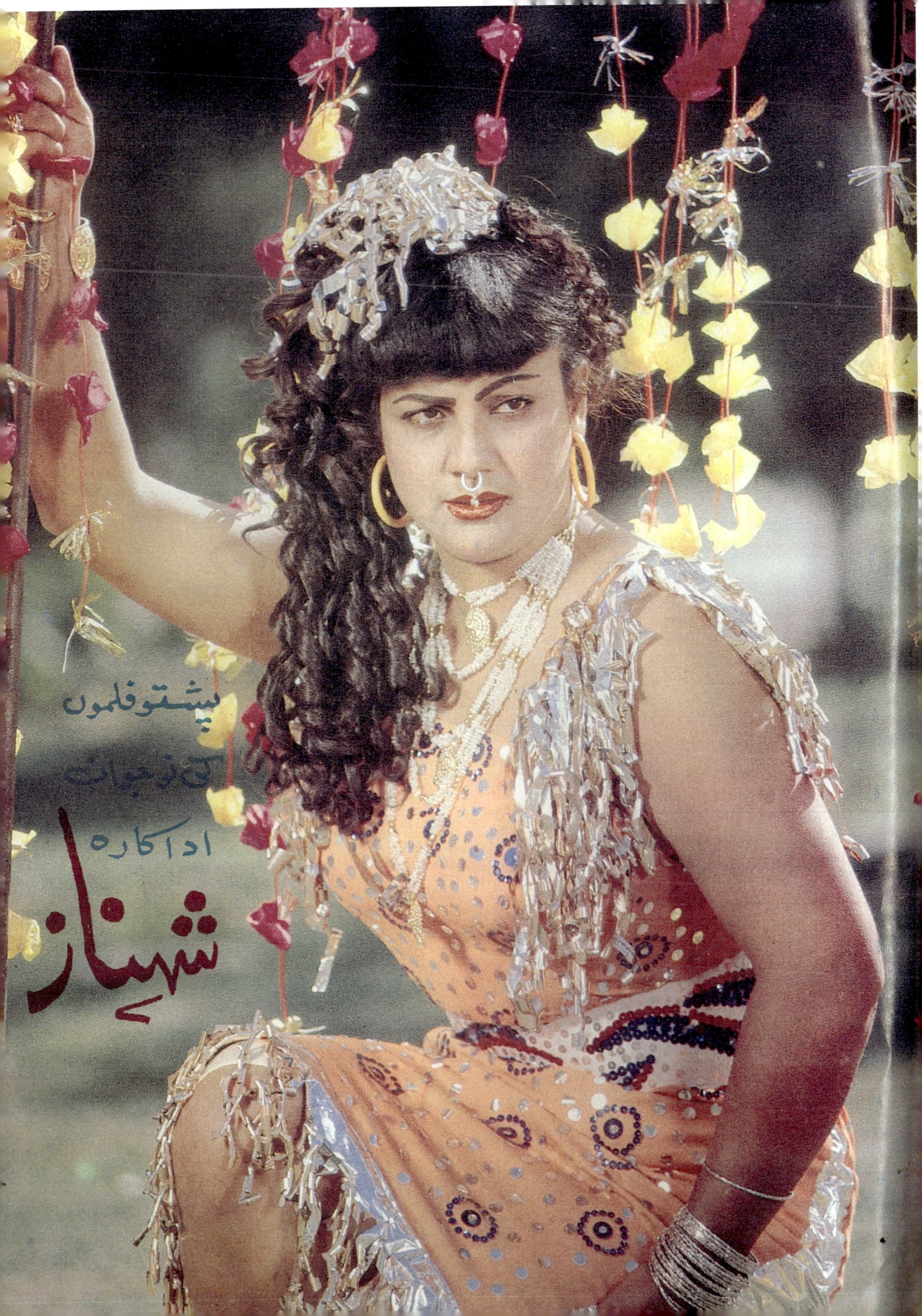
پشتو فلموں
کی نوجوان
اداکارہ
شہناز

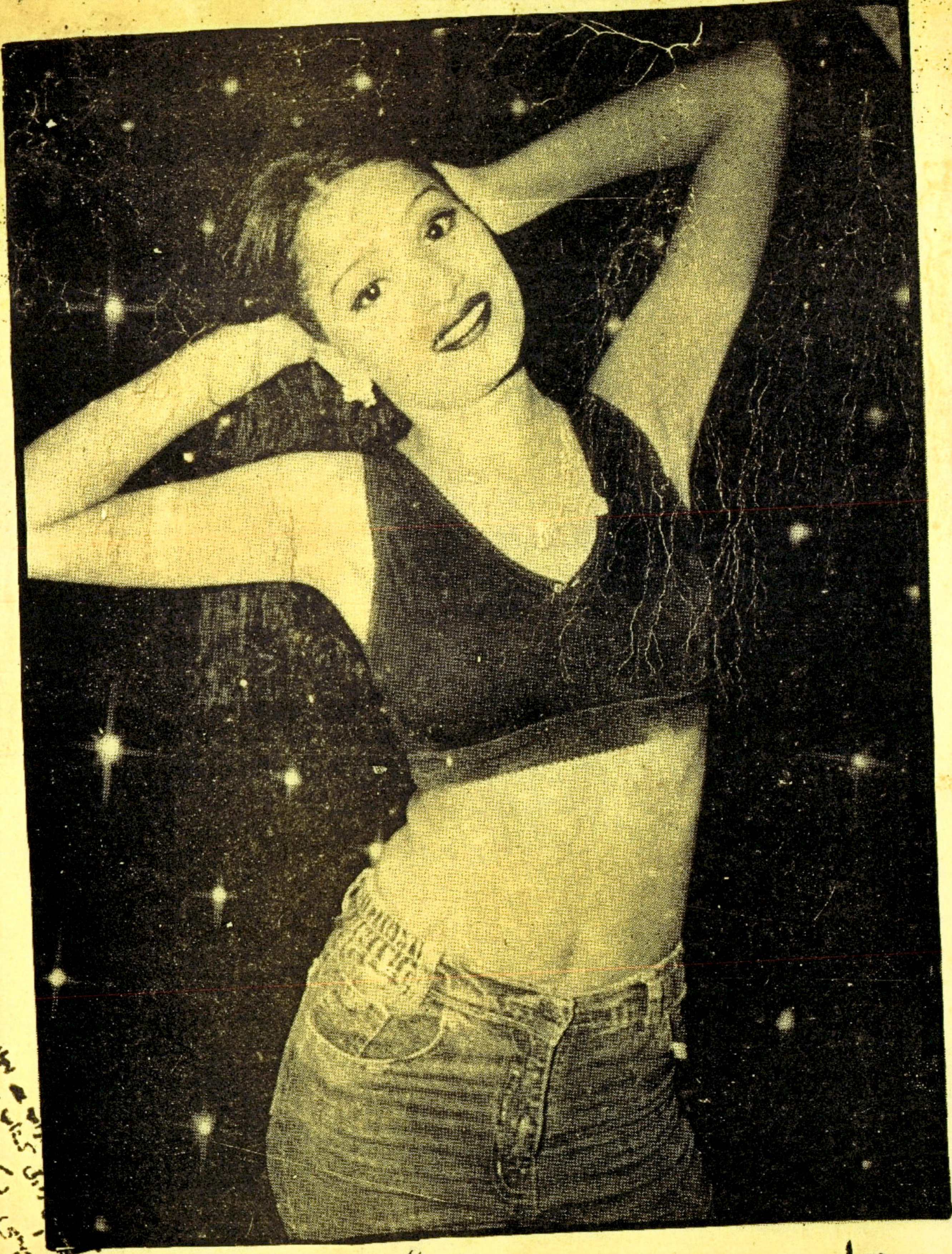

رقاصہ علشمہ
سی ڈی کیلئے گرما گرم اپنے جذباتی سیکسی مجرے پکچرائز کرا رہی ہے

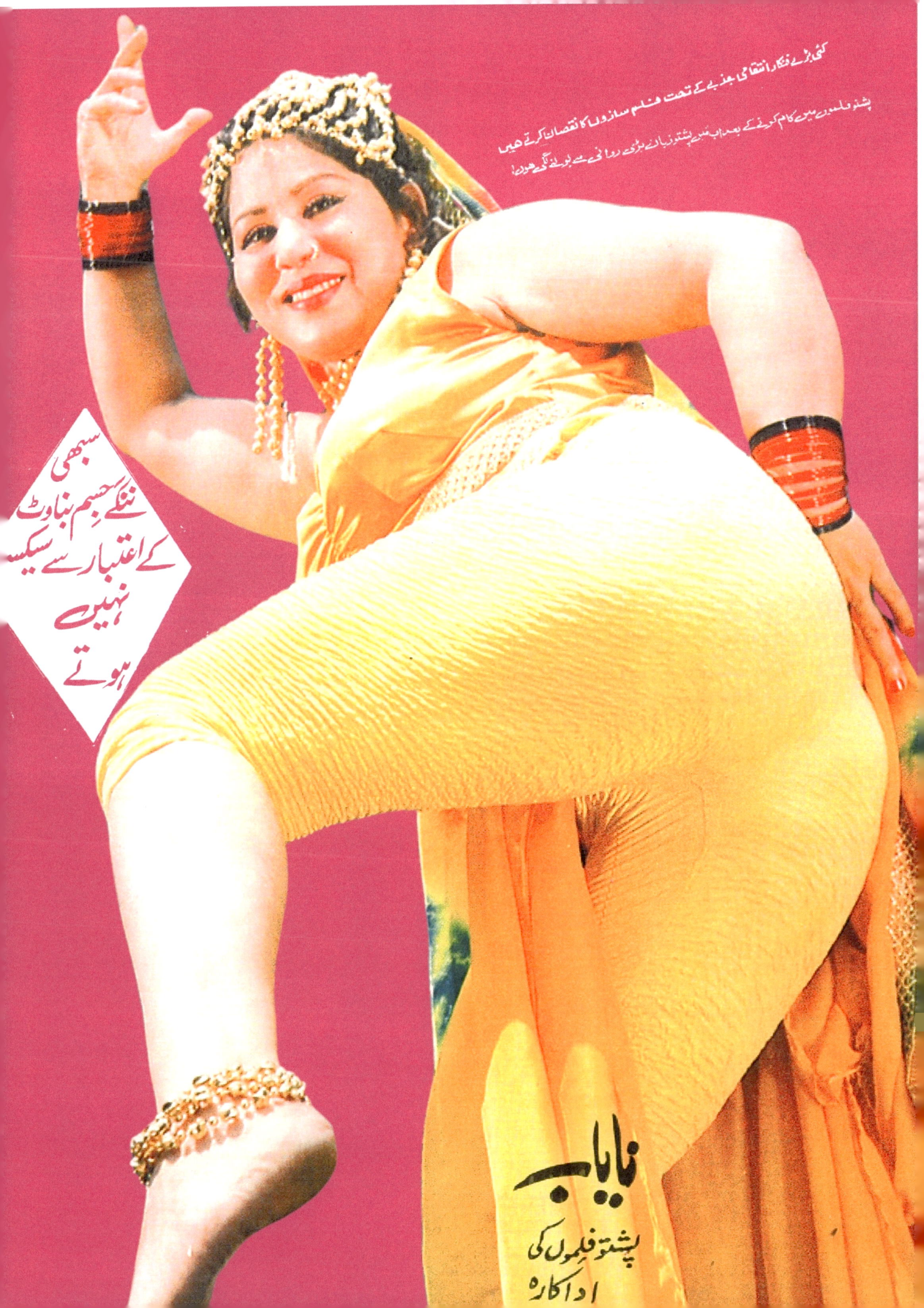
کئی بڑے فنکار انتقامی جذبے کے تحت فلم سازوں کا نقصان کرتے ہیں
پشتو فلموں میں کام کرنے کے بعد اب میں پشتو زبان بڑی روانی سے بولنے لگی ہوں!
سبھی
ننگے جسم بناوٹ
کے اعتبار سے سیکس
نہیں
ہوتے
نایاب
پشتو فلموں کی
اداکارہ

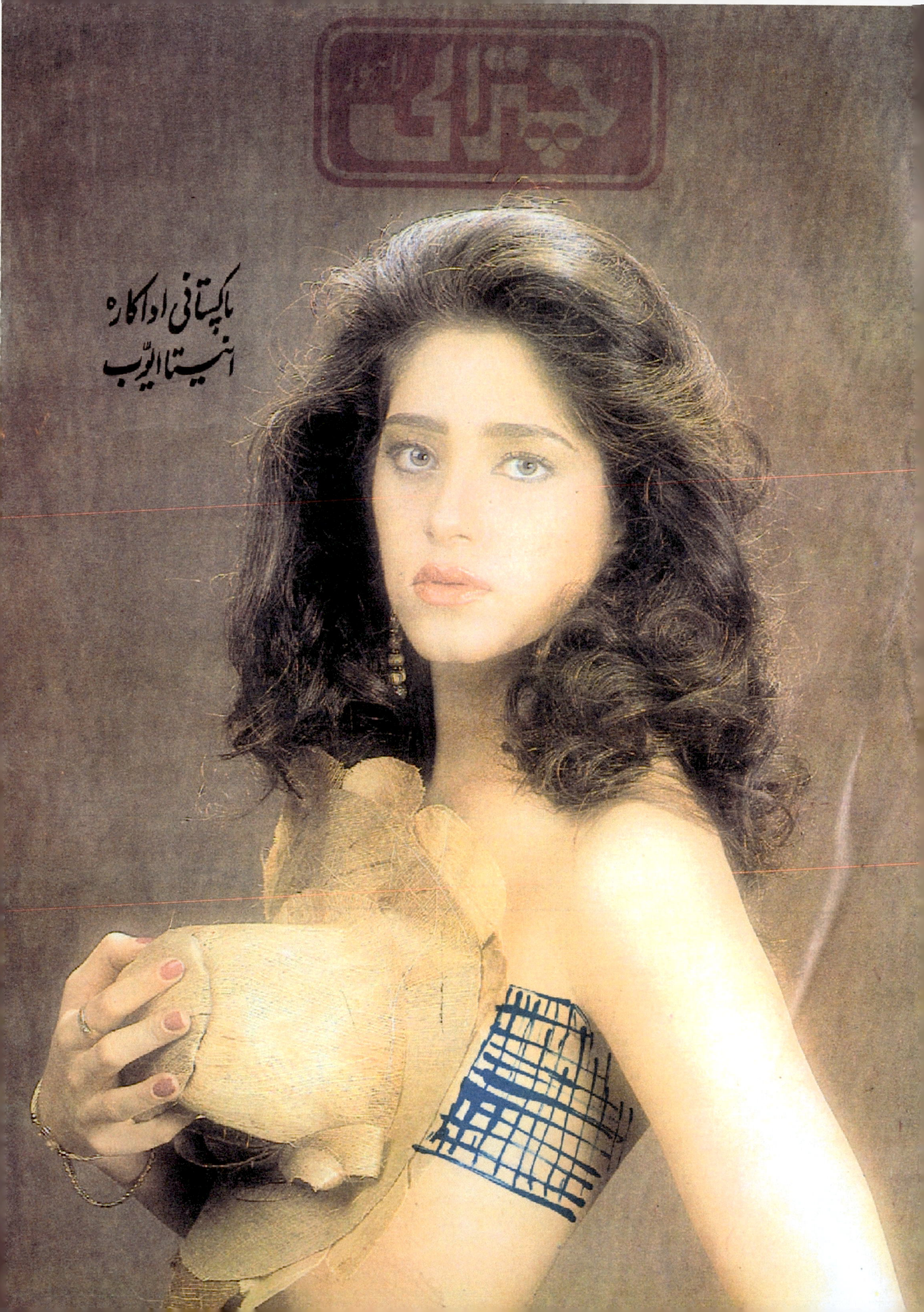
پاکستانی اداکارہ
انیتا ایوبؔ

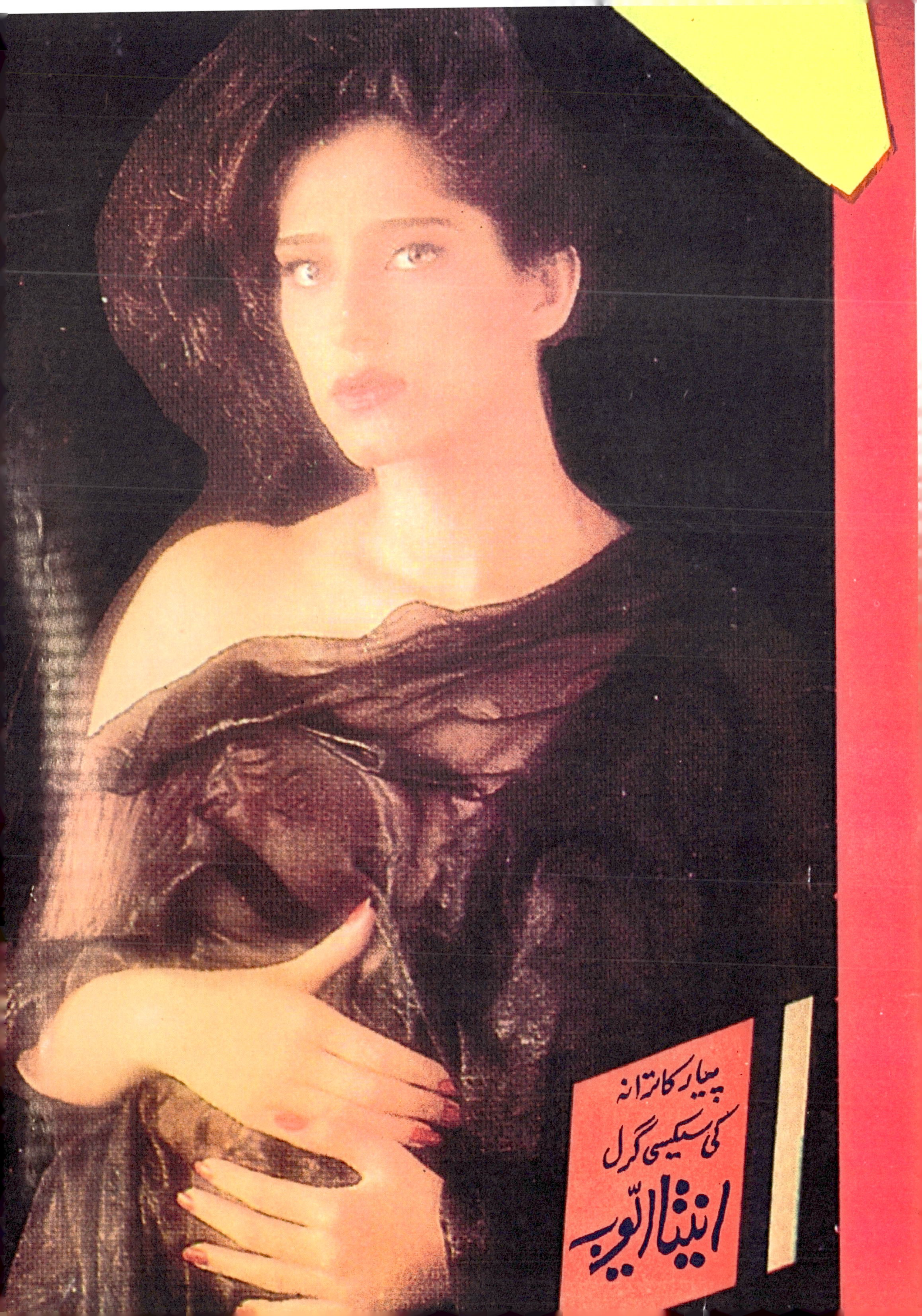
پیار کا ترانہ
کی سیکسی گرل
انیتا ایّوب

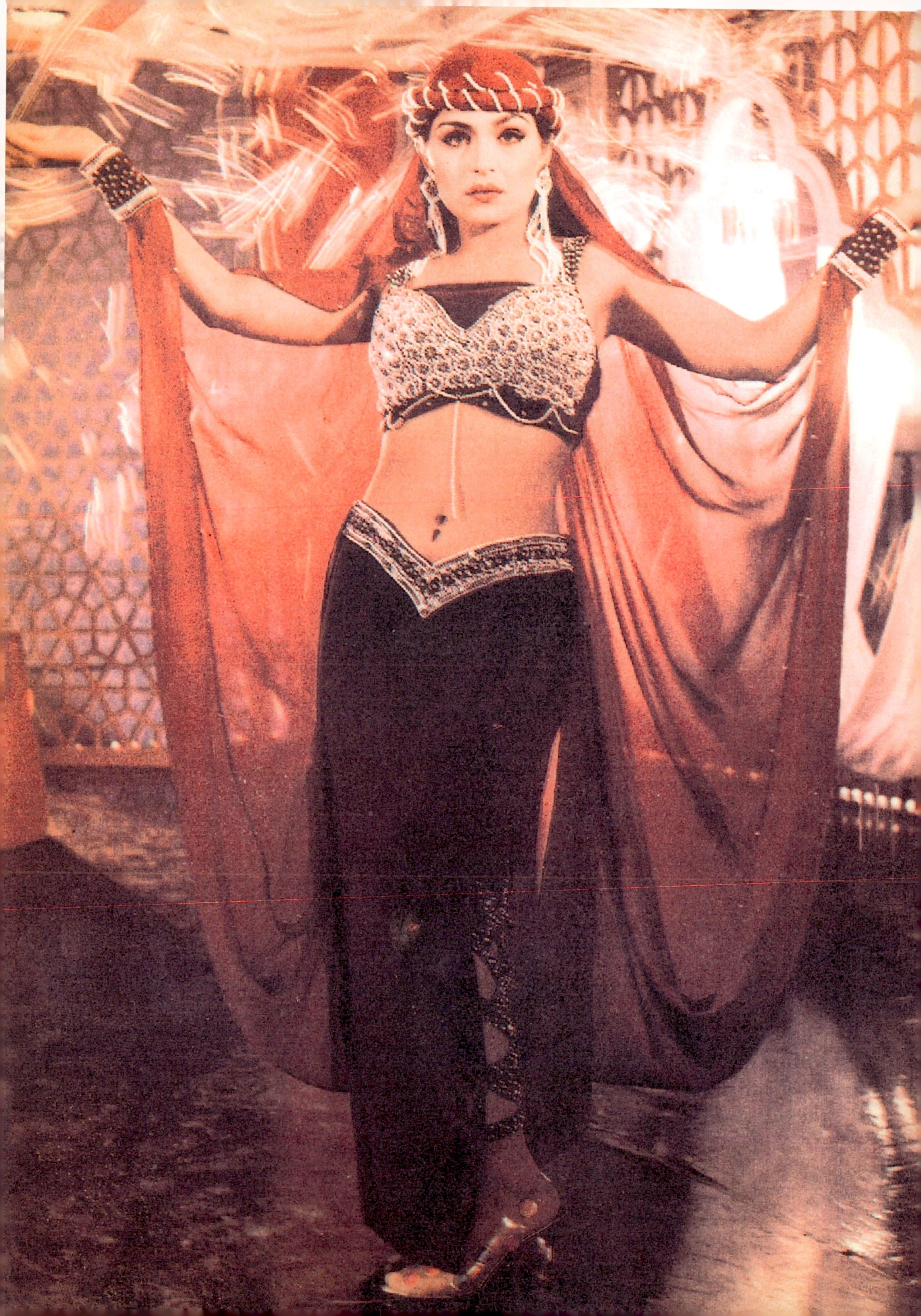

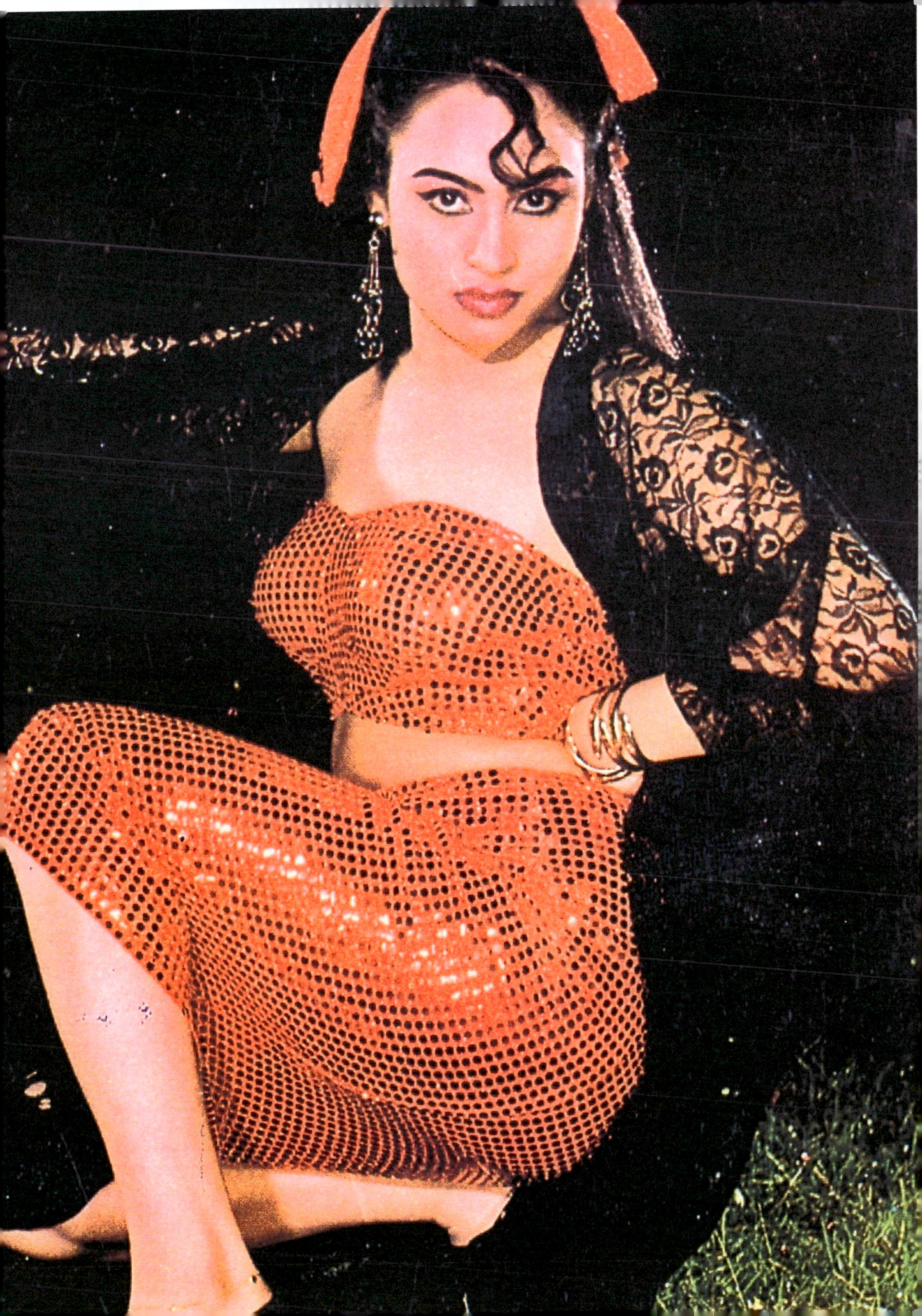

Promise

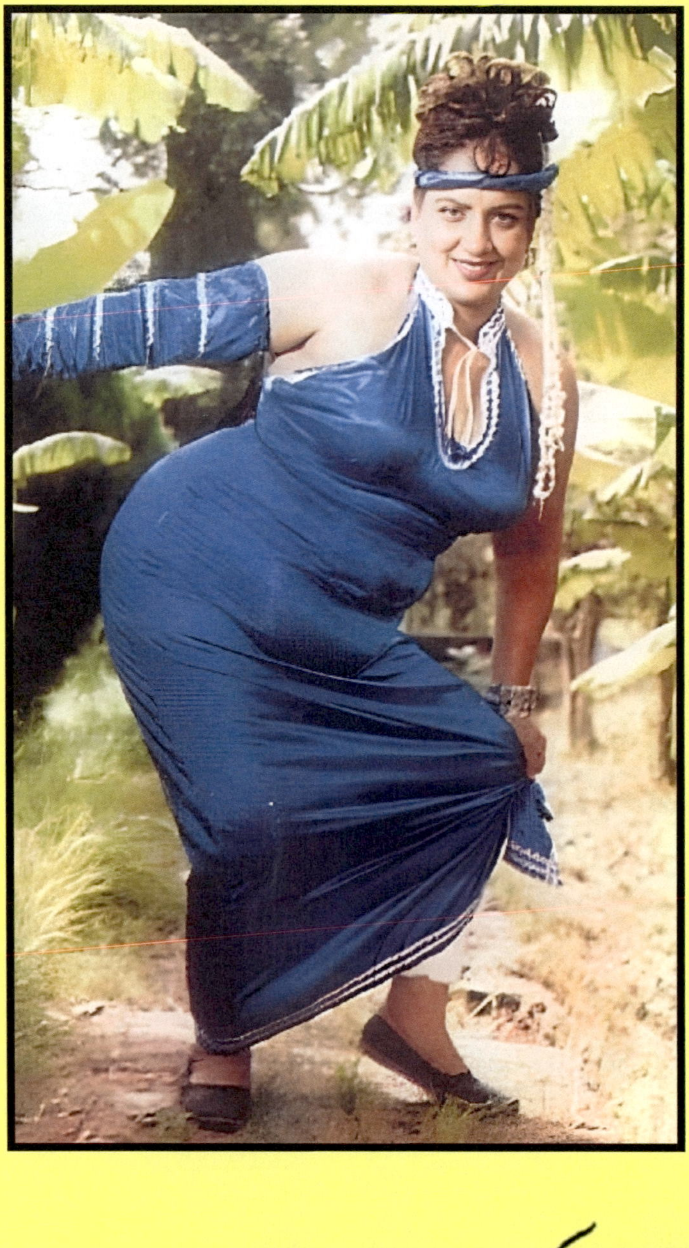

نامرد کو مرد بنائیے

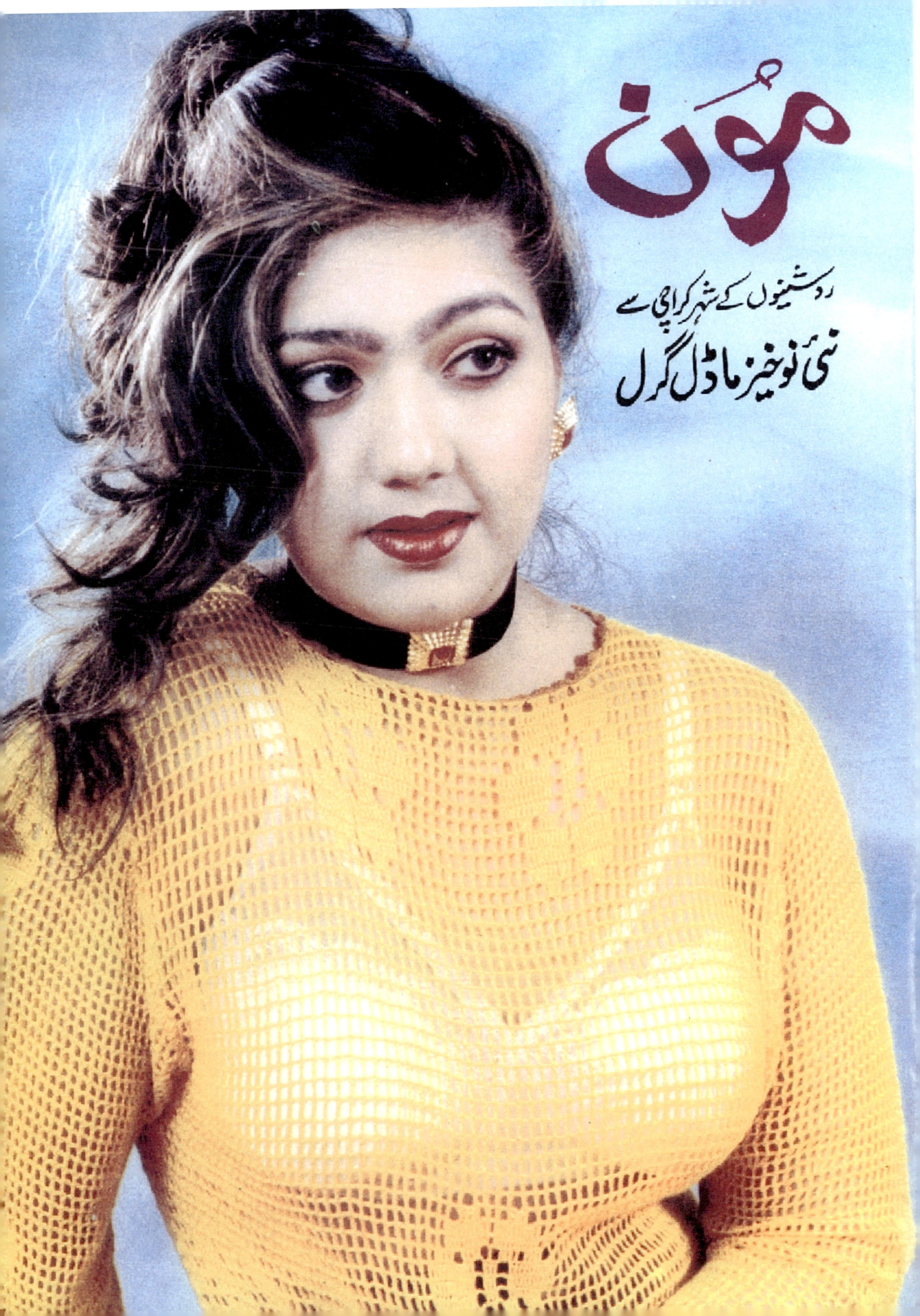
مون
روشنیوں کے شہر کراچی سے
نئی نوخیز ماڈل گرل

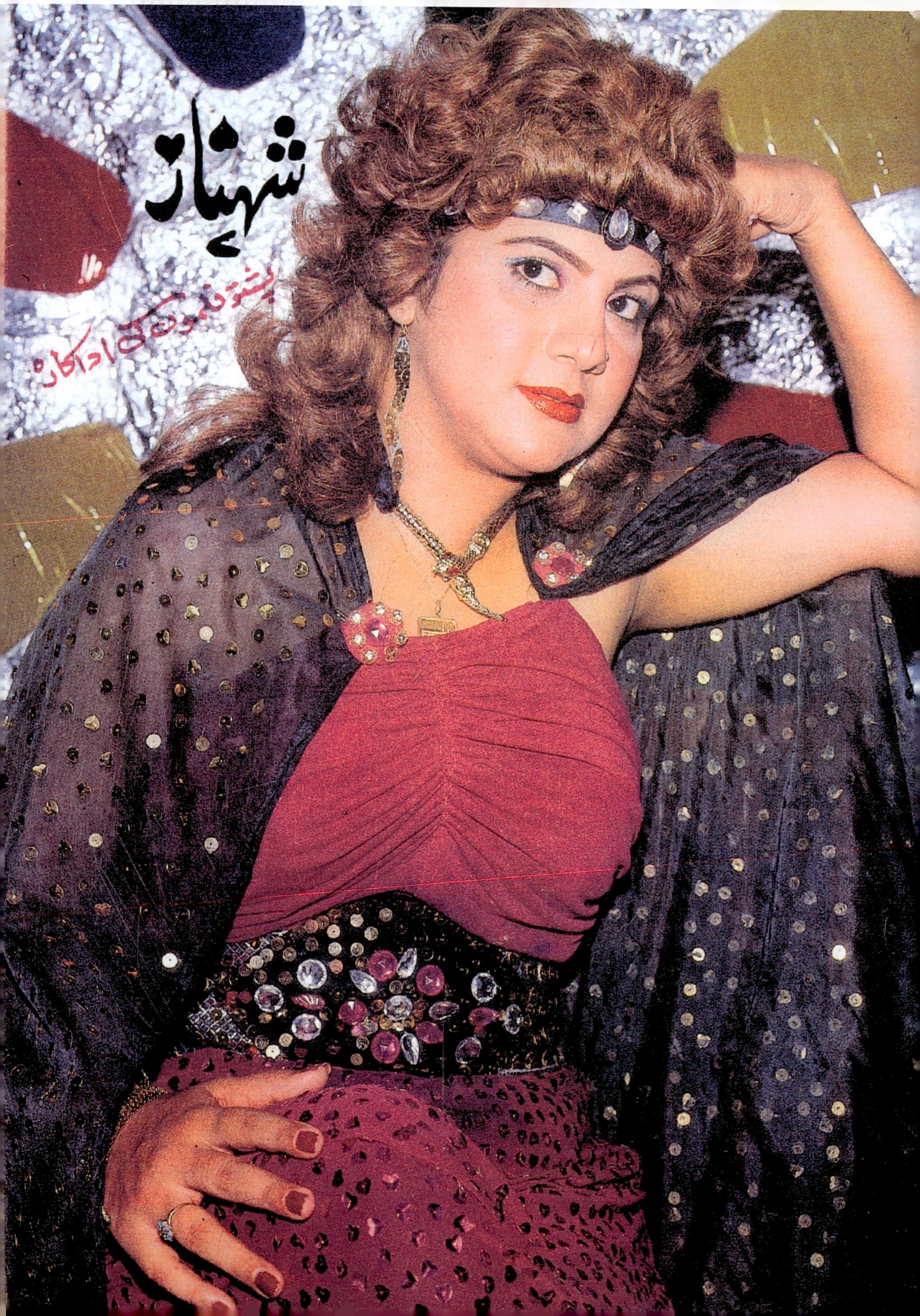
شہناز
پشتو فلموں کی اداکارہ

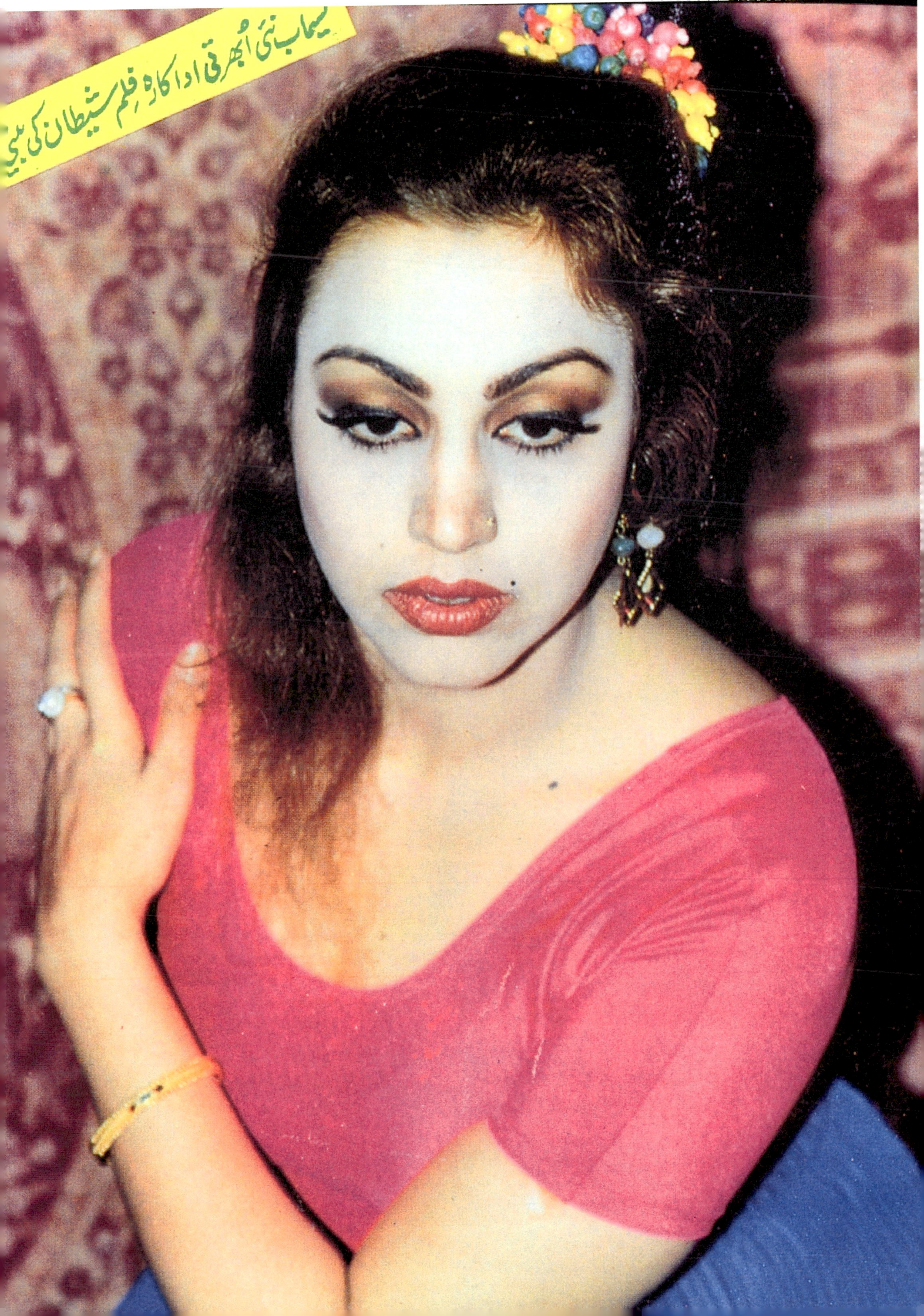
سیماب نئی اُبھرتی اداکارہ، فلم شیطان کی بیٹی

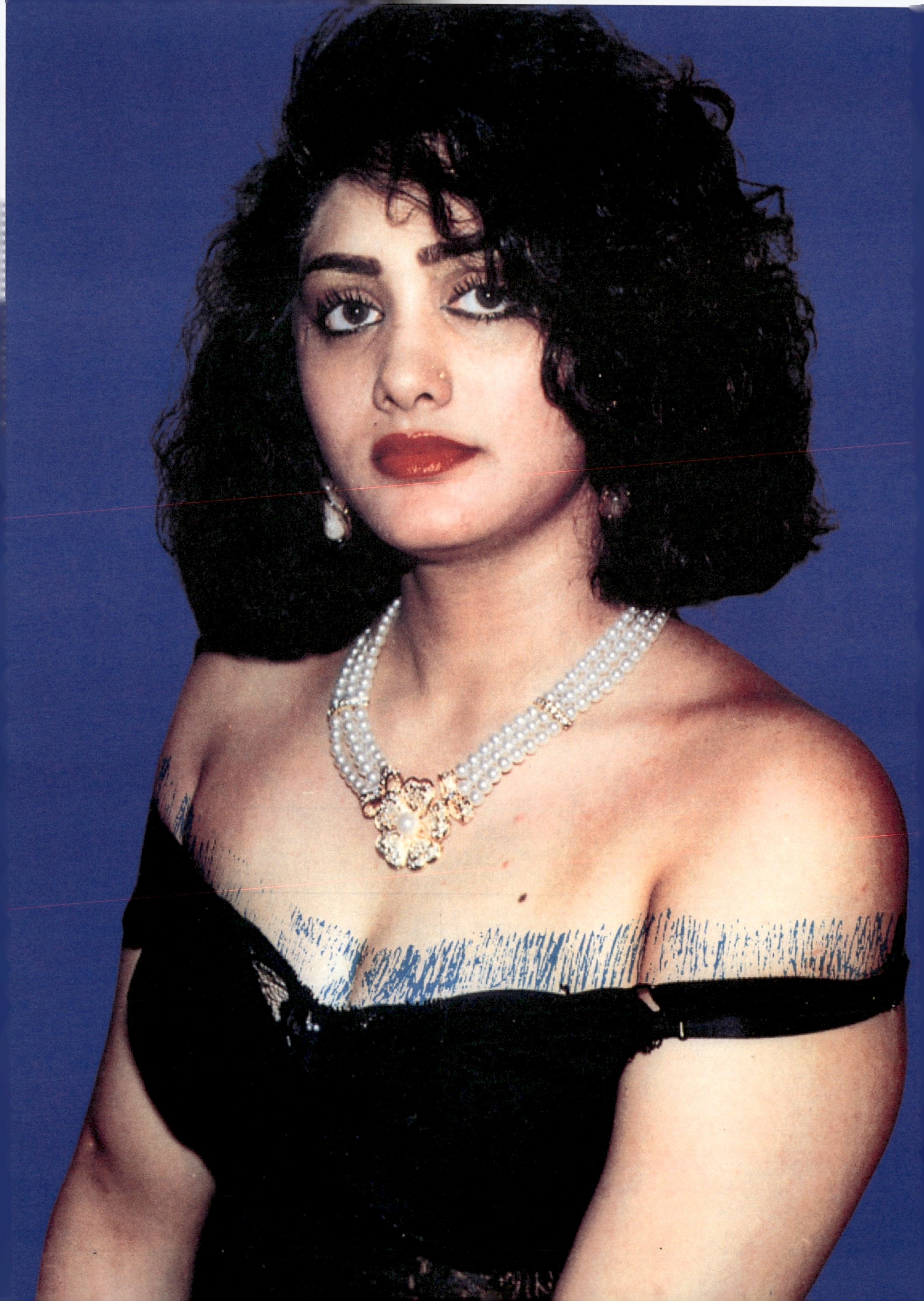

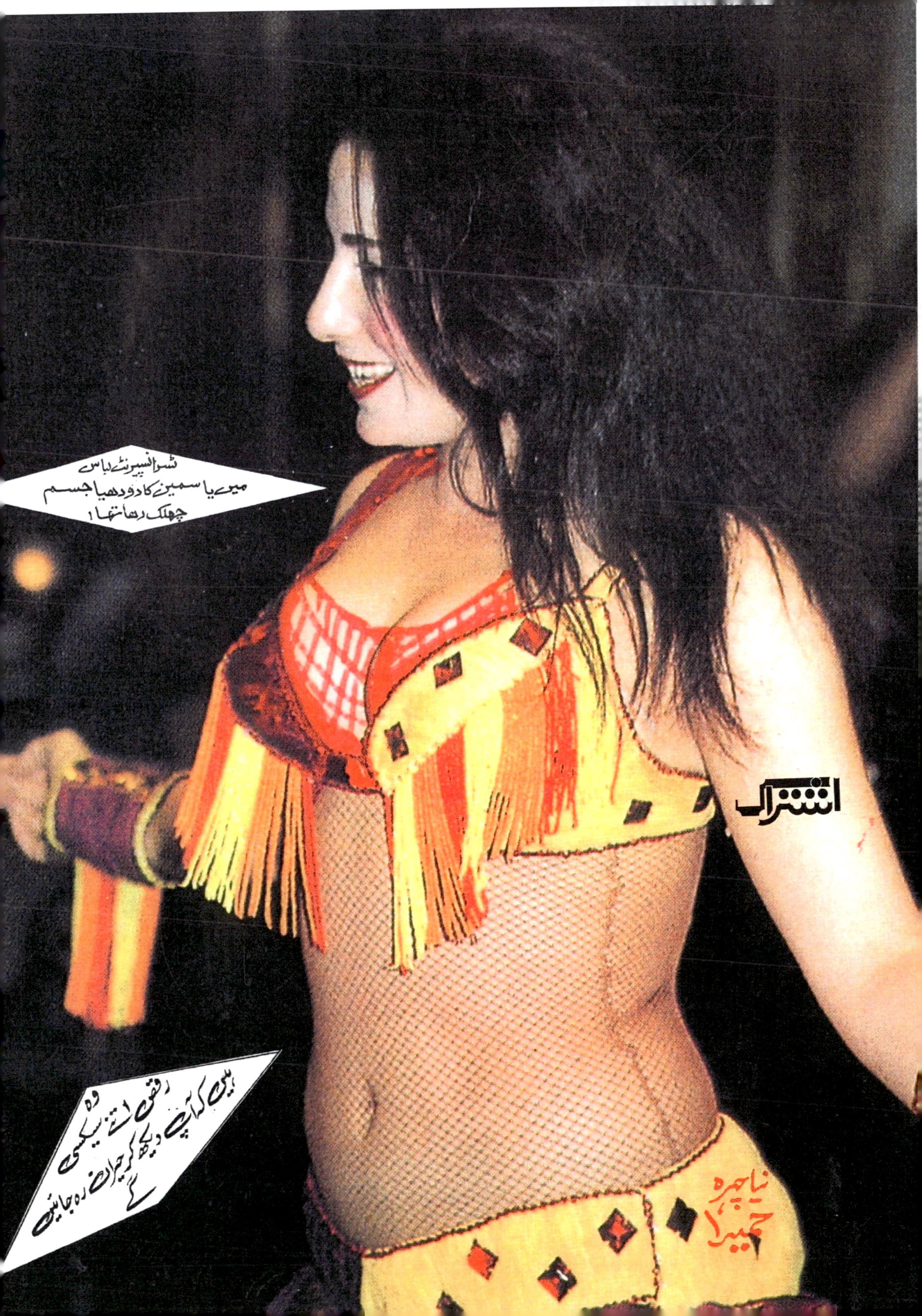
ٹرانسپیرنٹ لباس
میں یاسمین کا دودھیا جسم
چھلک رہا تھا!
اشتراک
وہ
رقص اتنے سیکسی
ہیں کہ آپ دیکھ کر حیران رہ جائیں
گے
نیا چہرہ
حمیرا

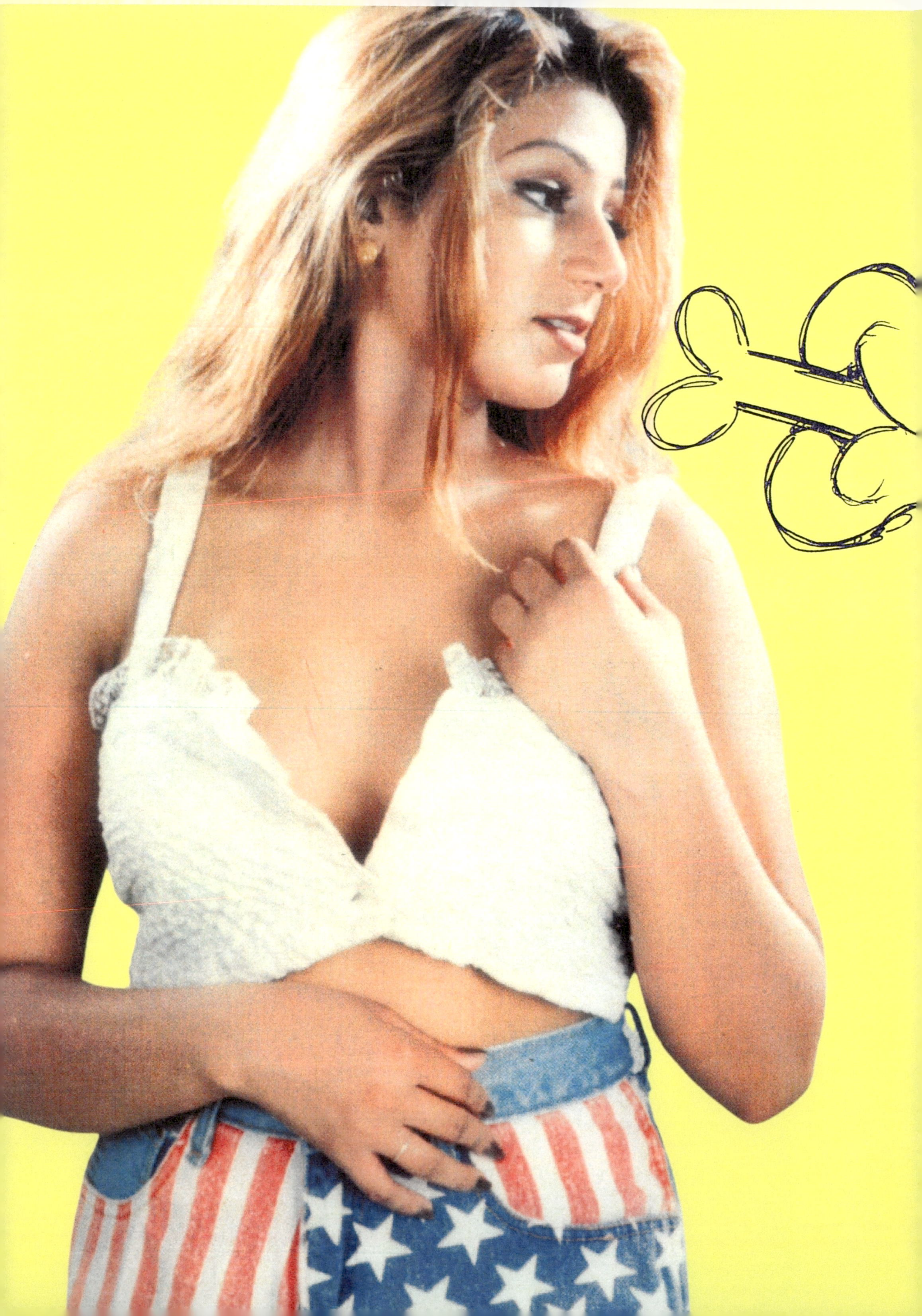

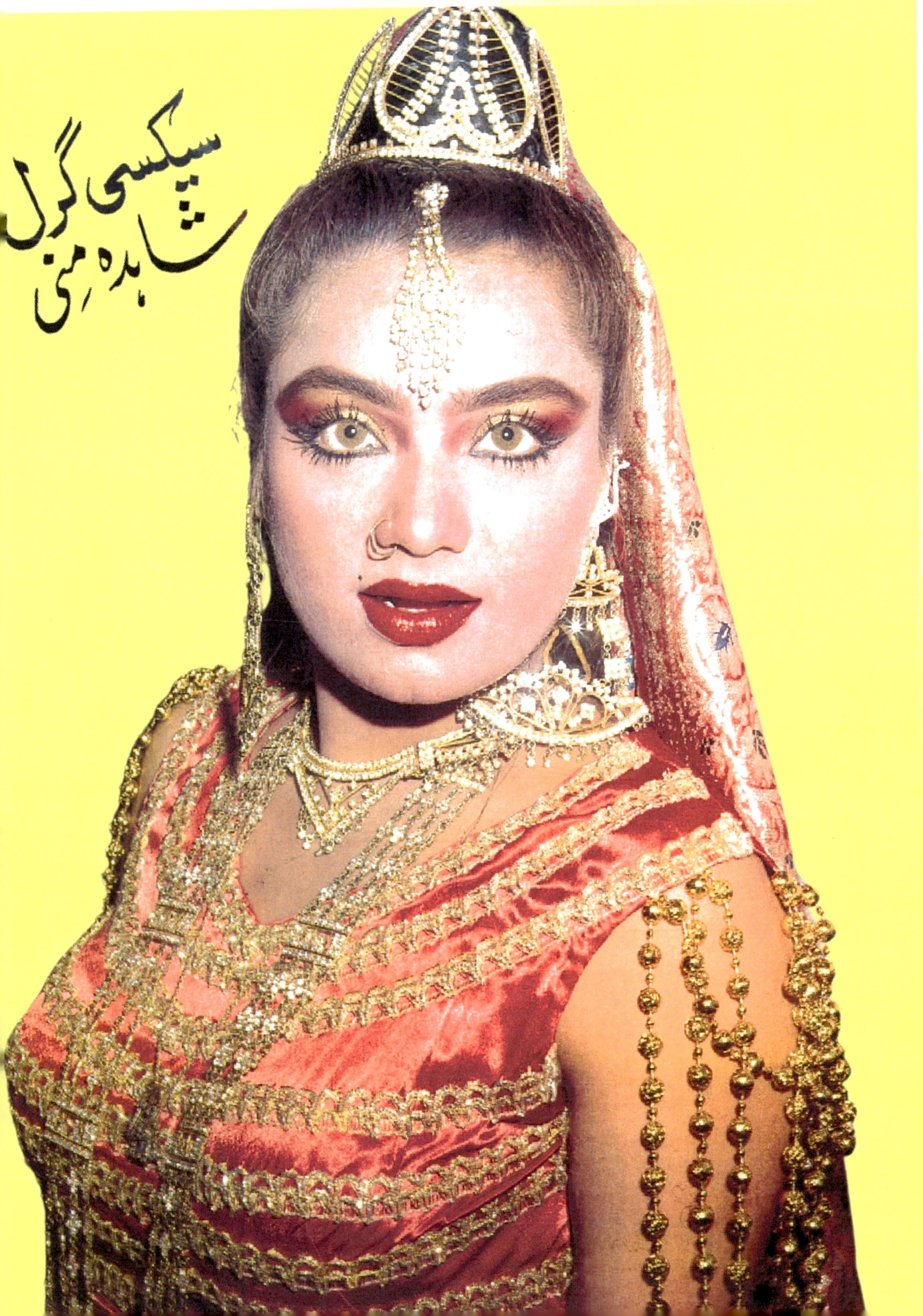
سیکسی گرل
شاہدہ منی

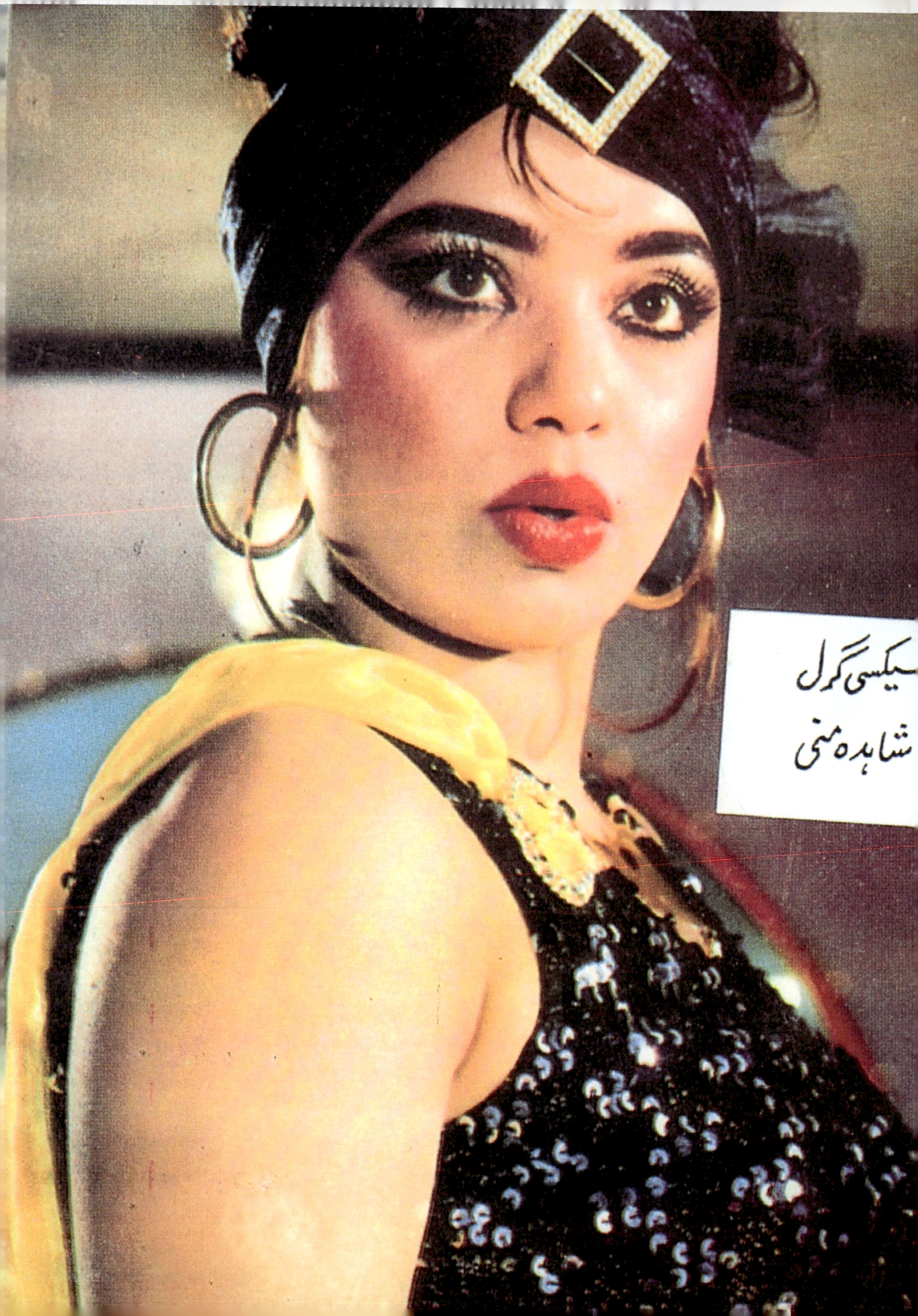

سیکسی گرل
شاہدہ منی

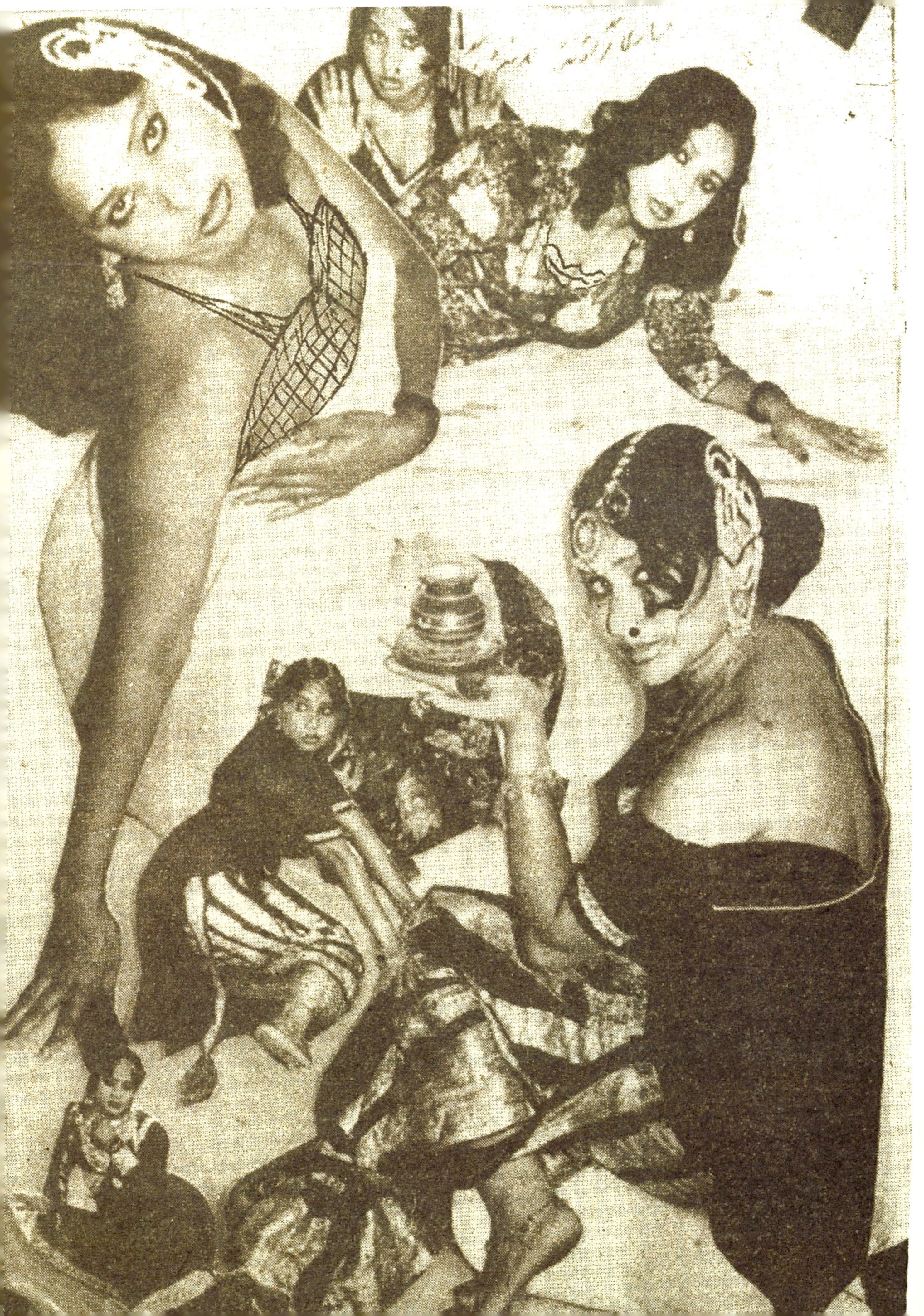

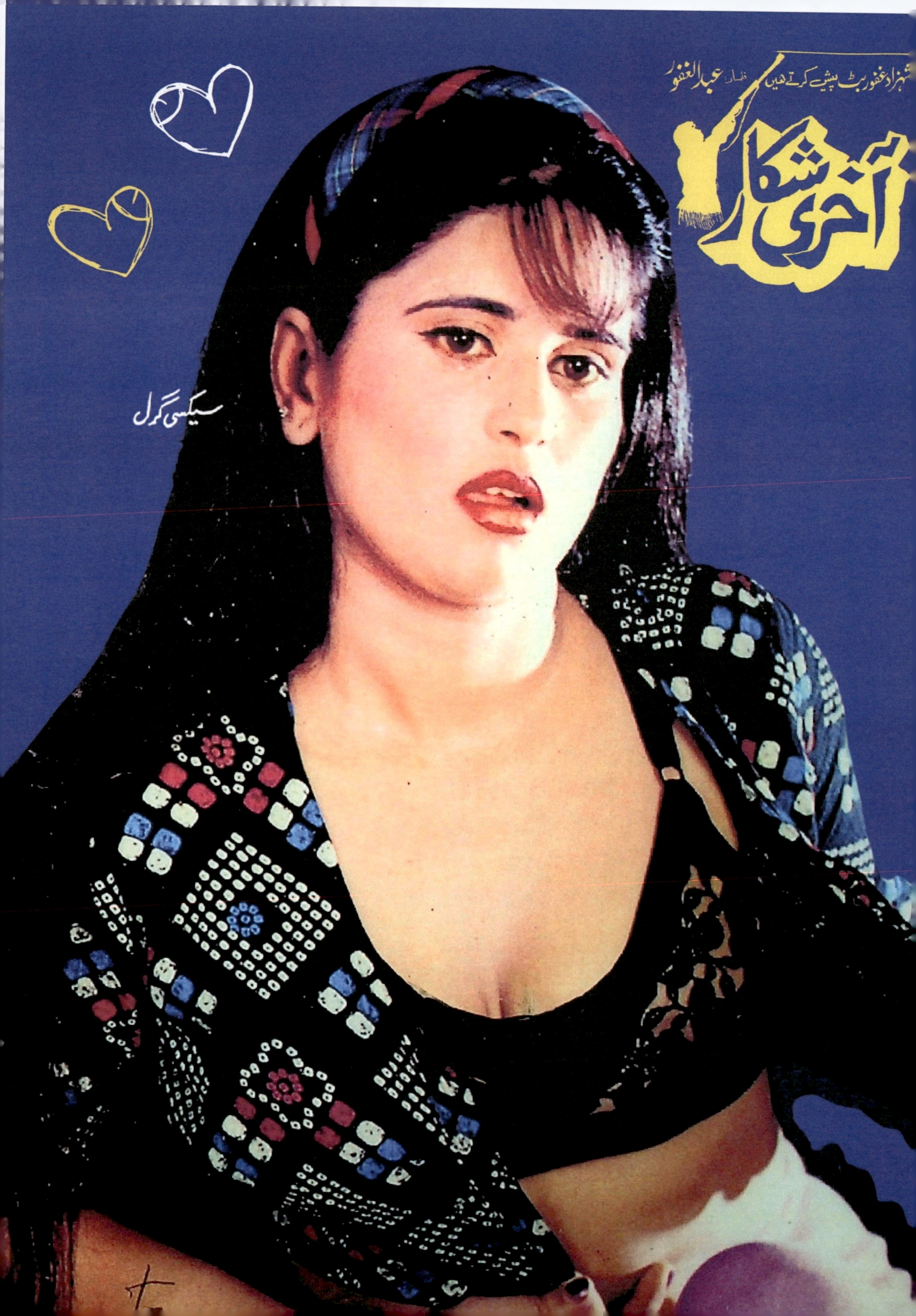
شہزاد غفور بٹ پیش کرتے ہیں
فلمساز: عبدالغفور
آخری شکار
سیکسی گرل

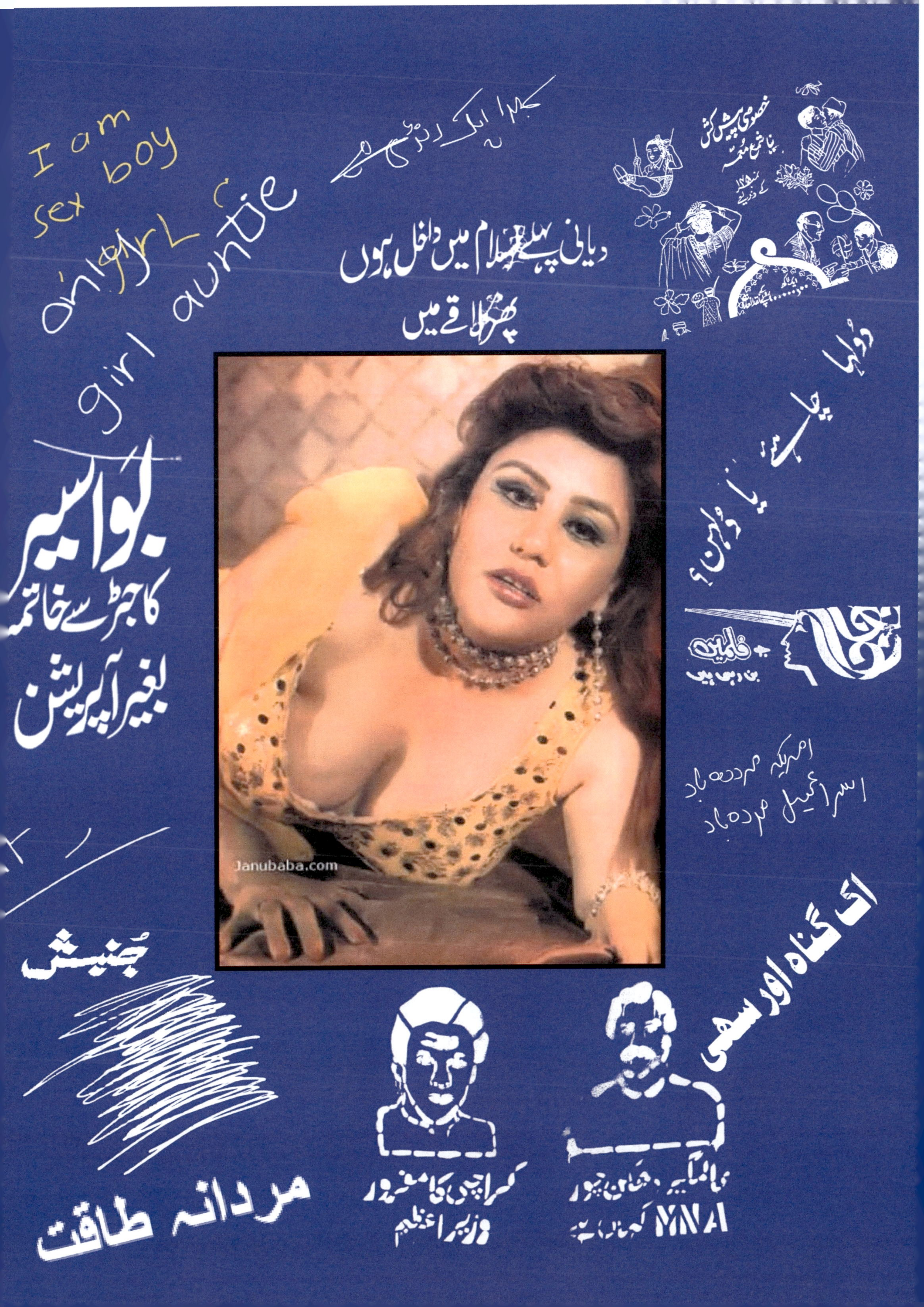

I am
sex boy
only girl
auntie
girl
بواسیر
کا جڑ سے خاتمہ
بغیر آپریشن
جنبش
مردانہ طاقت
Janubaba.com
امریکہ مردہ باد
اسرائیل مردہ باد
اک گناہ اور سہی
کراچی کا مفرور
وزیر اعظم
MNA

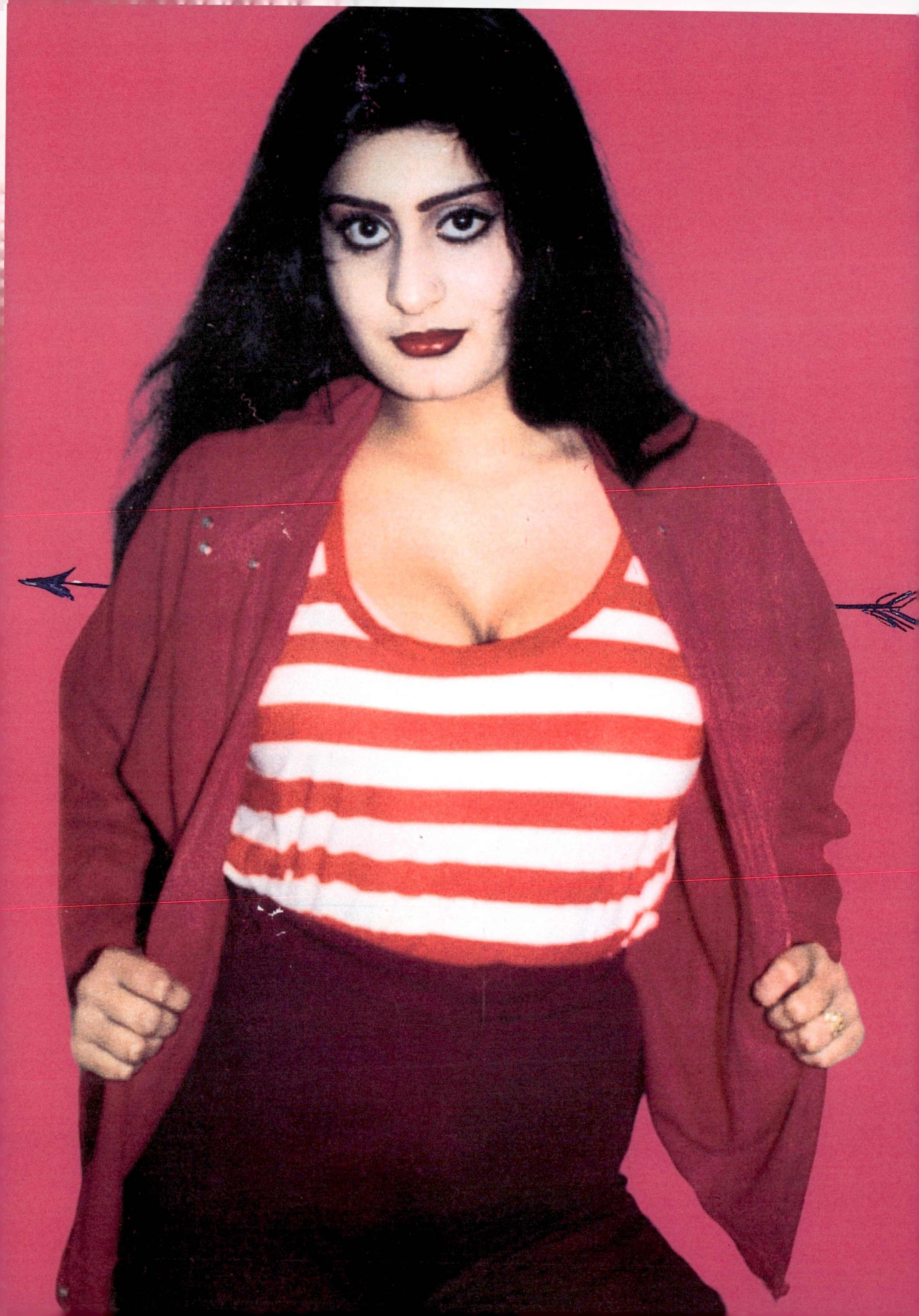

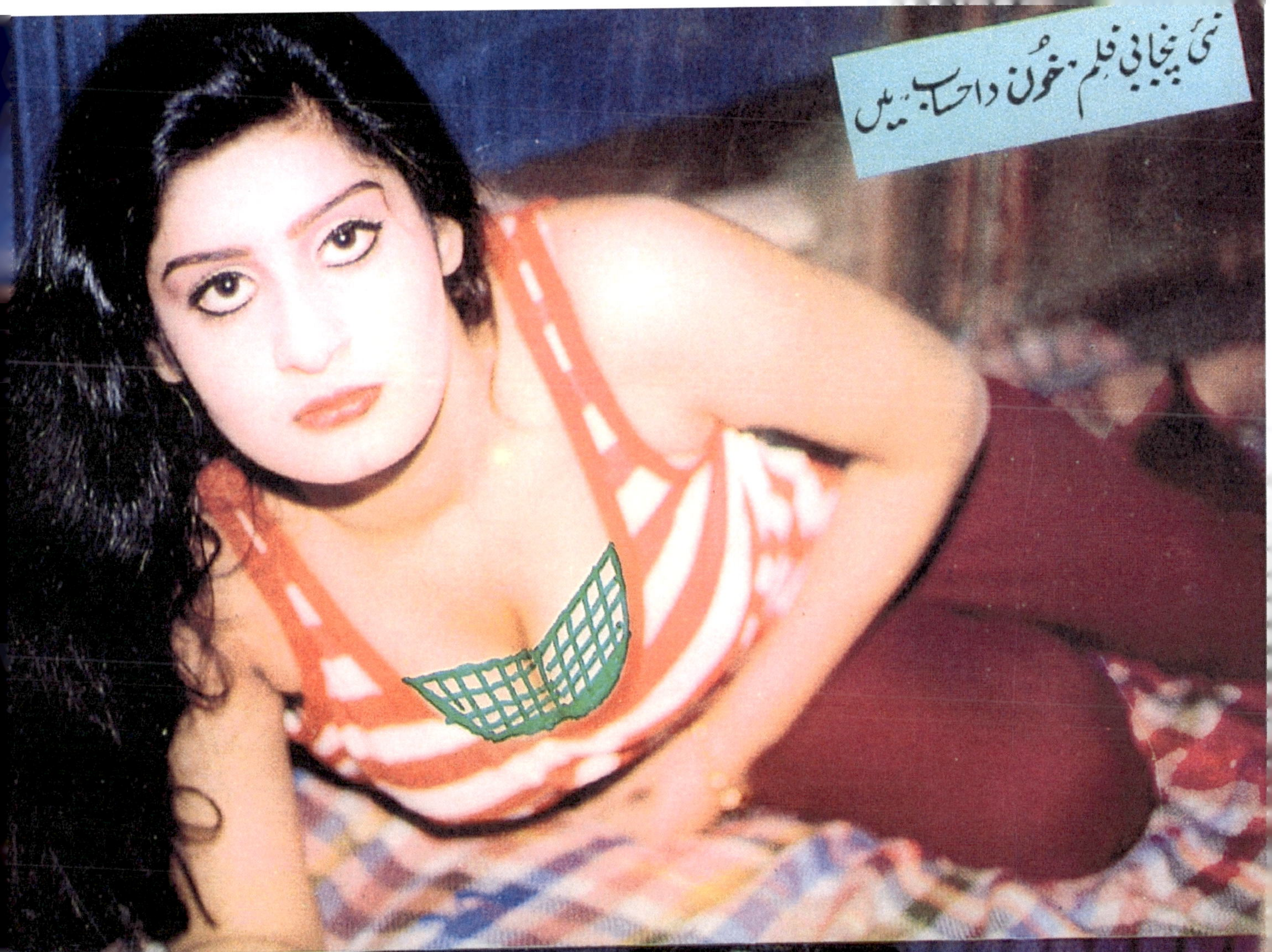
نئی پنجابی فلم خون دا حساب میں

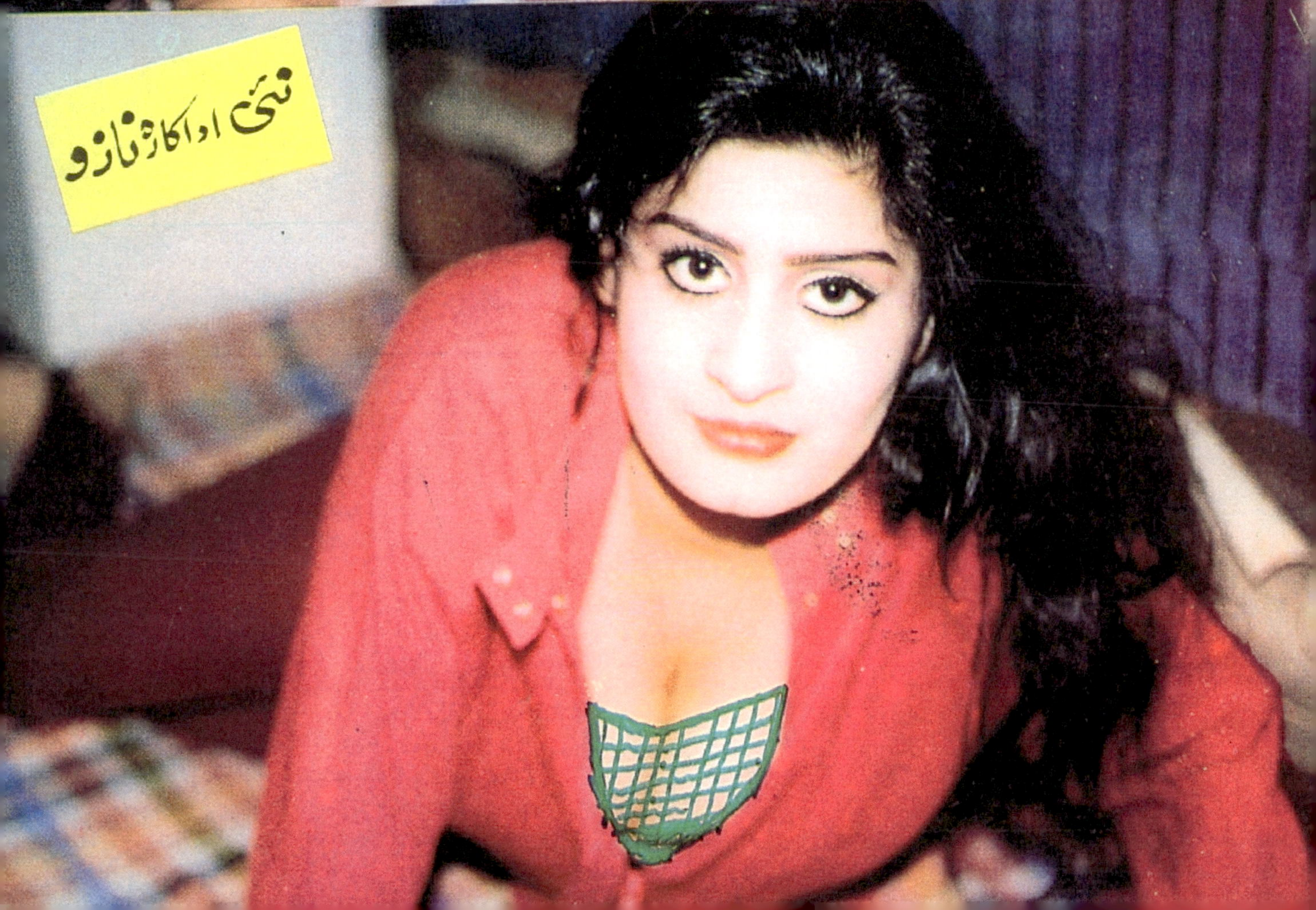
نئی اداکارہ نازو

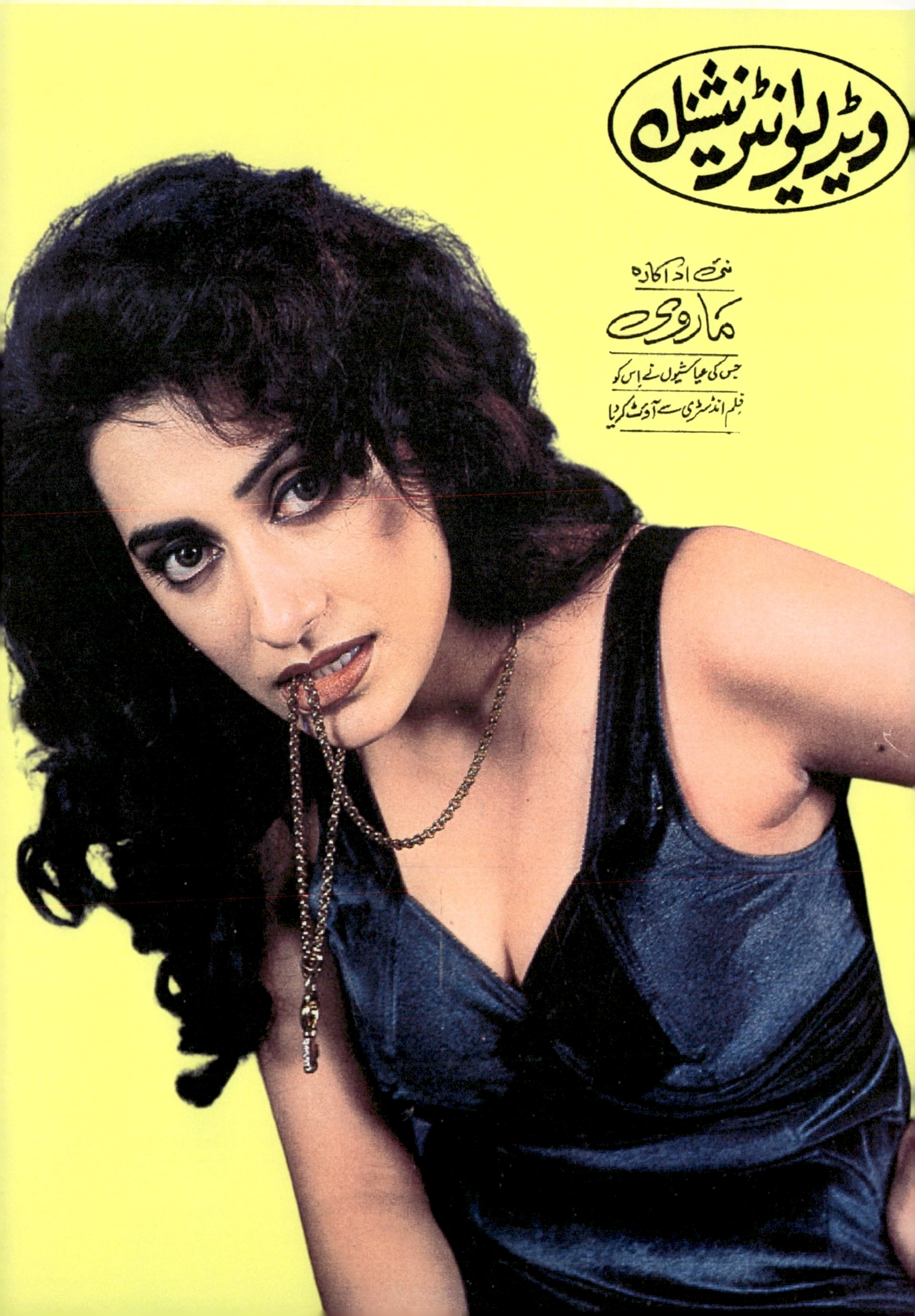

ویڈیو انٹرنیشنل
نئی اداکارہ
ماروی
جس کی عیاشیوں نے اِس کو
فِلم انڈسٹری سے آؤٹ کر دیا

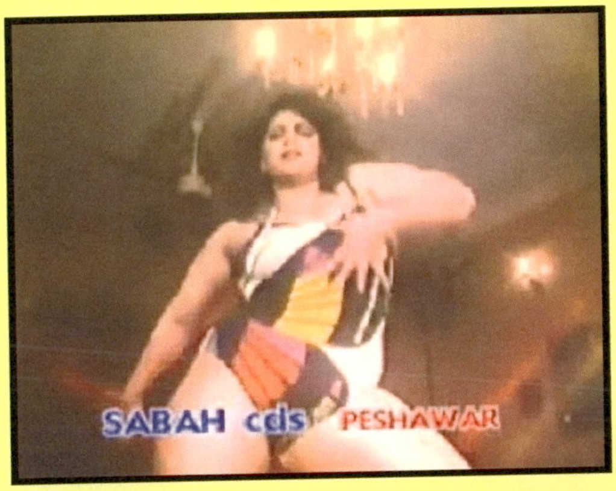
SABAH cds PESHAWAR
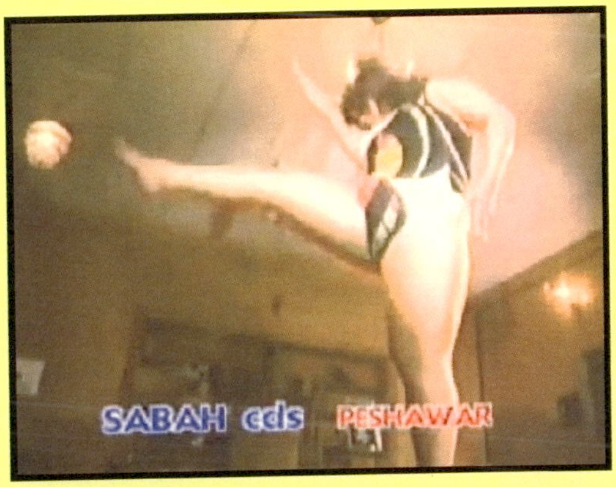
SABAH cds PESHAWAR
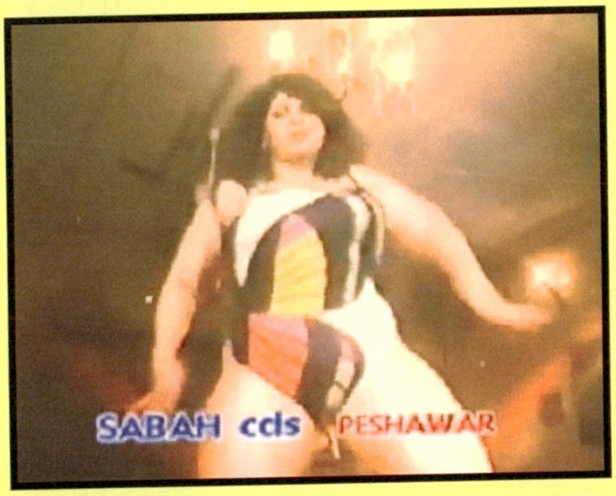
SABAH cds PESHAWAR
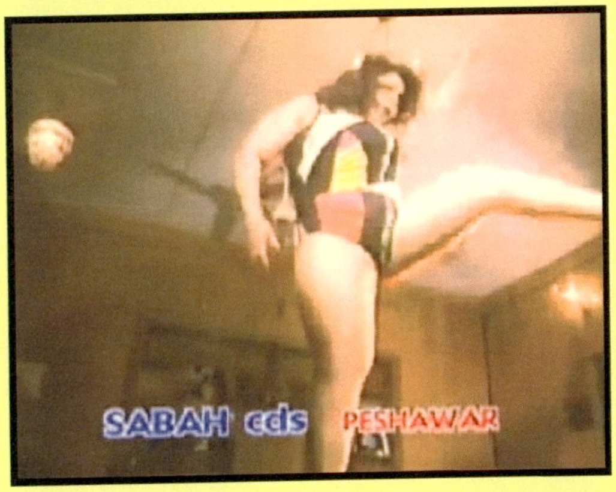
SABAH cds PESHAWAR
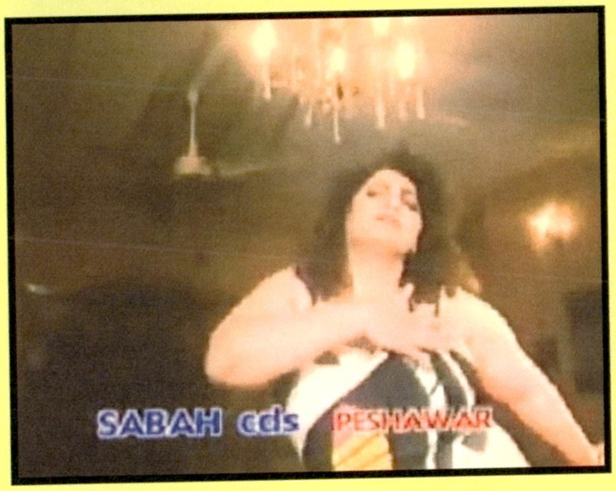
SABAH cds PESHAWAR
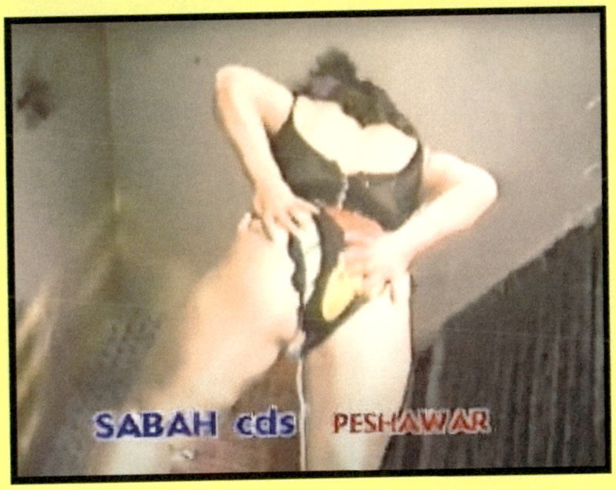
SABAH cds PESHAWAR

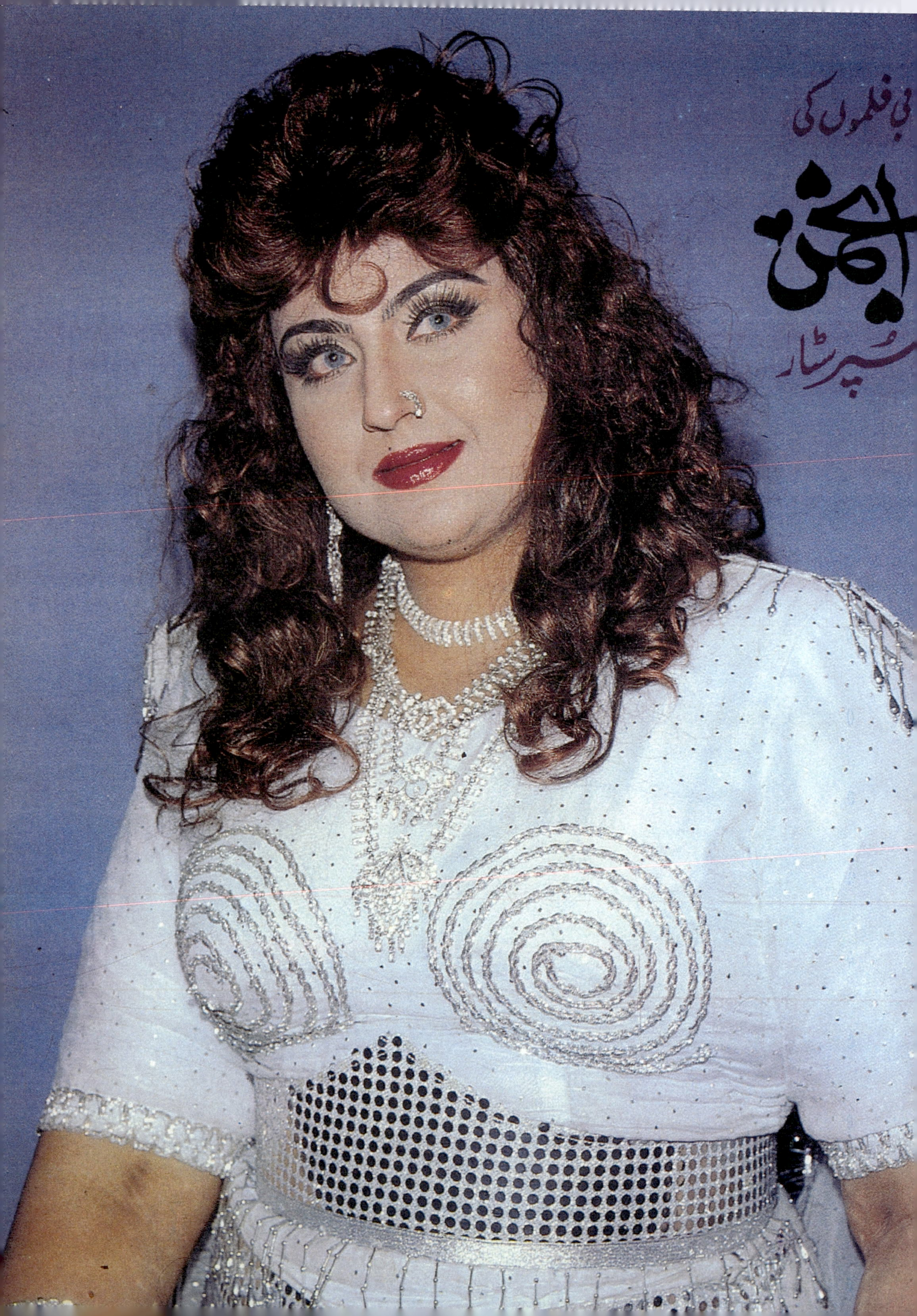

بی فلموں کی
انجمن
سپر سٹار

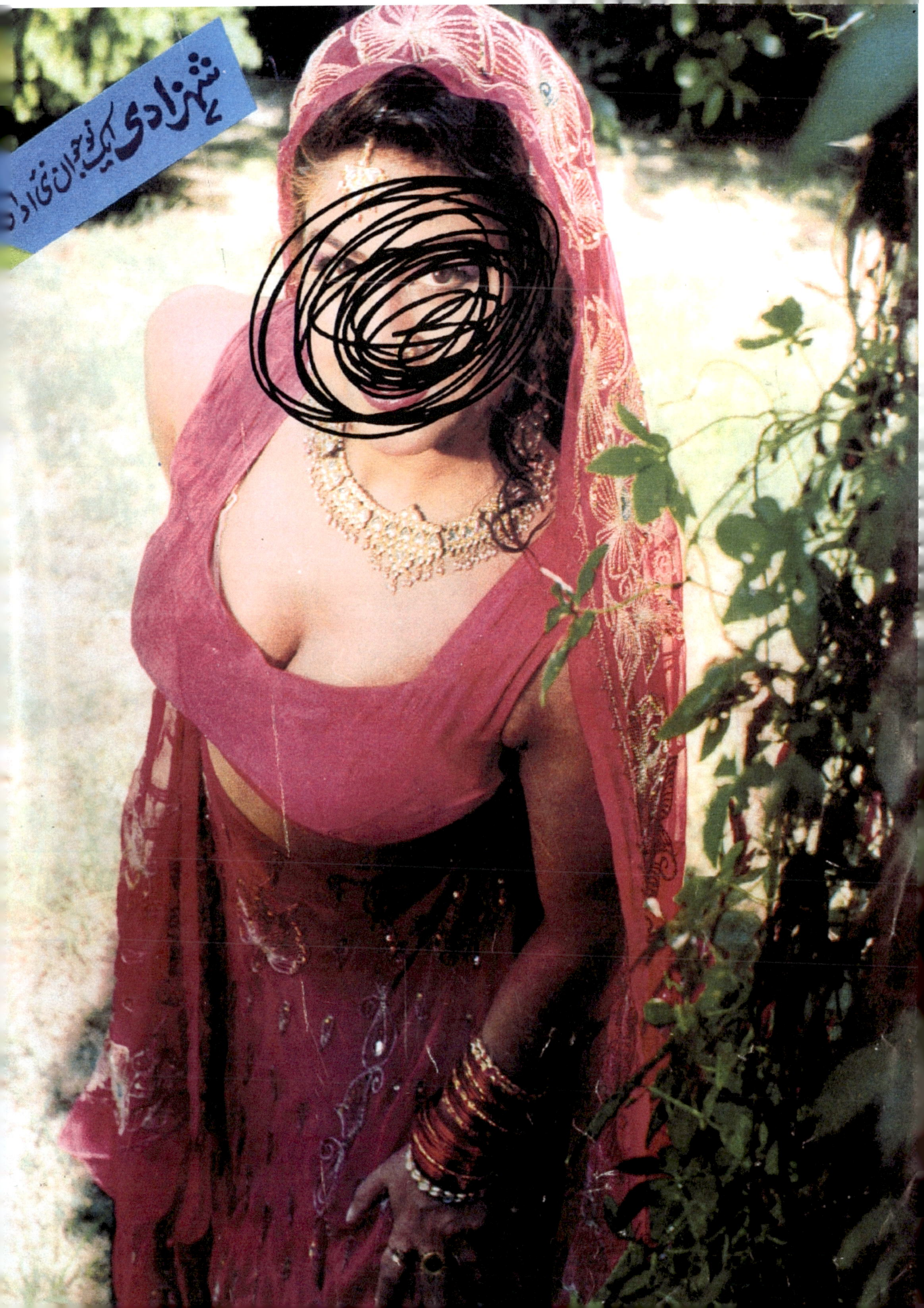
شہزادی
ایک نوجوان نئی

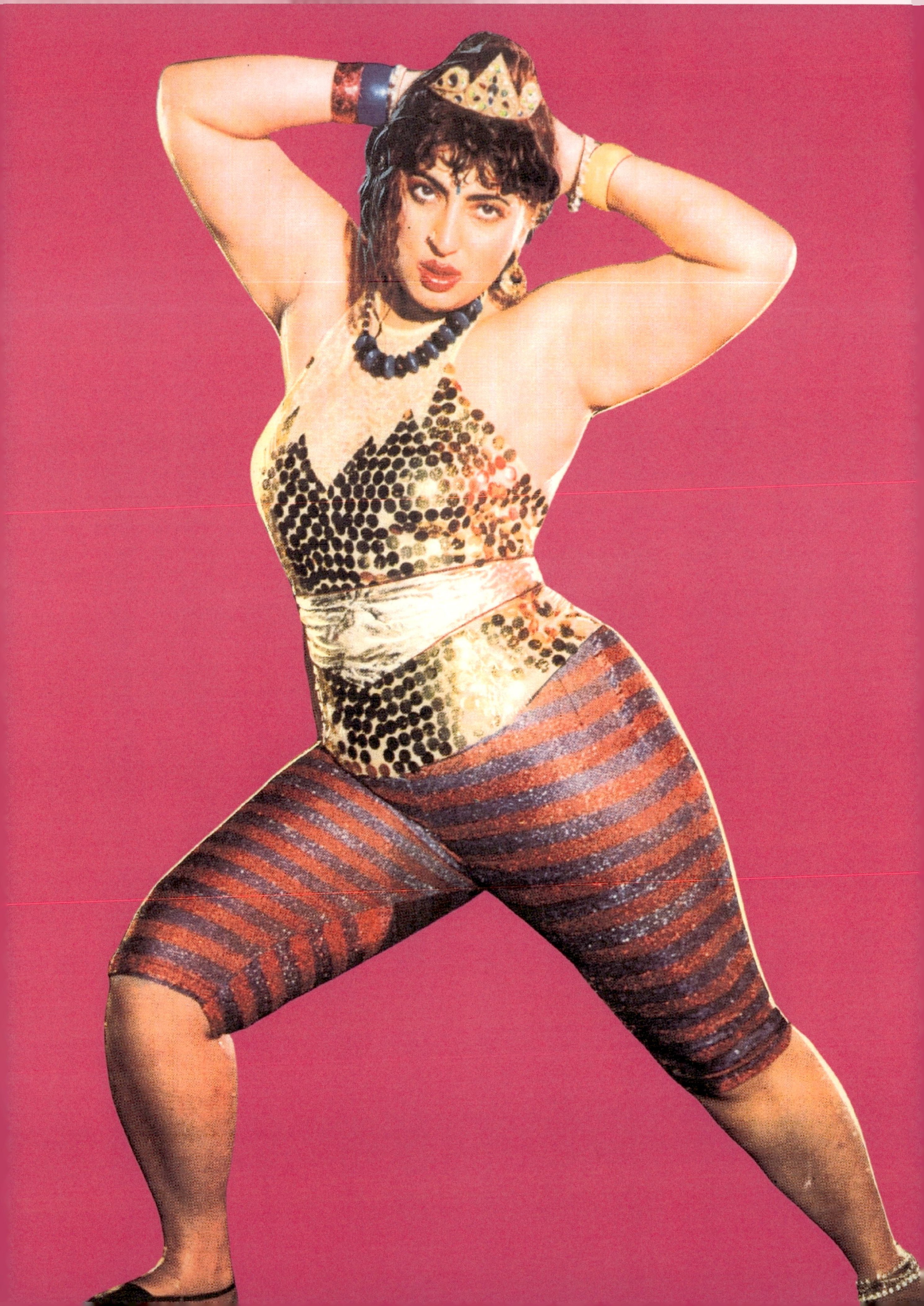

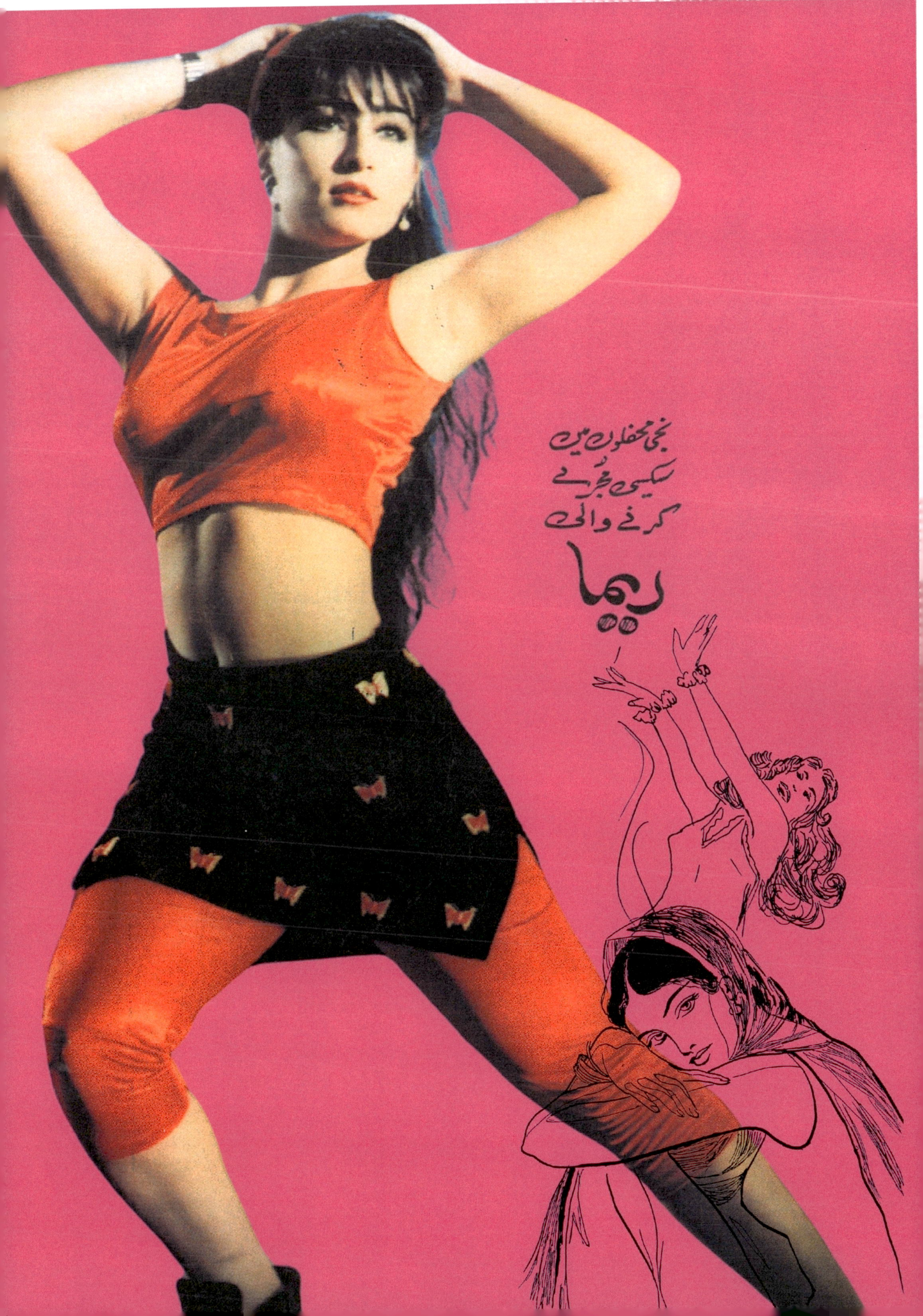
نجی محفلوں میں
سیکسی مجرے
کرنے والی
ریما

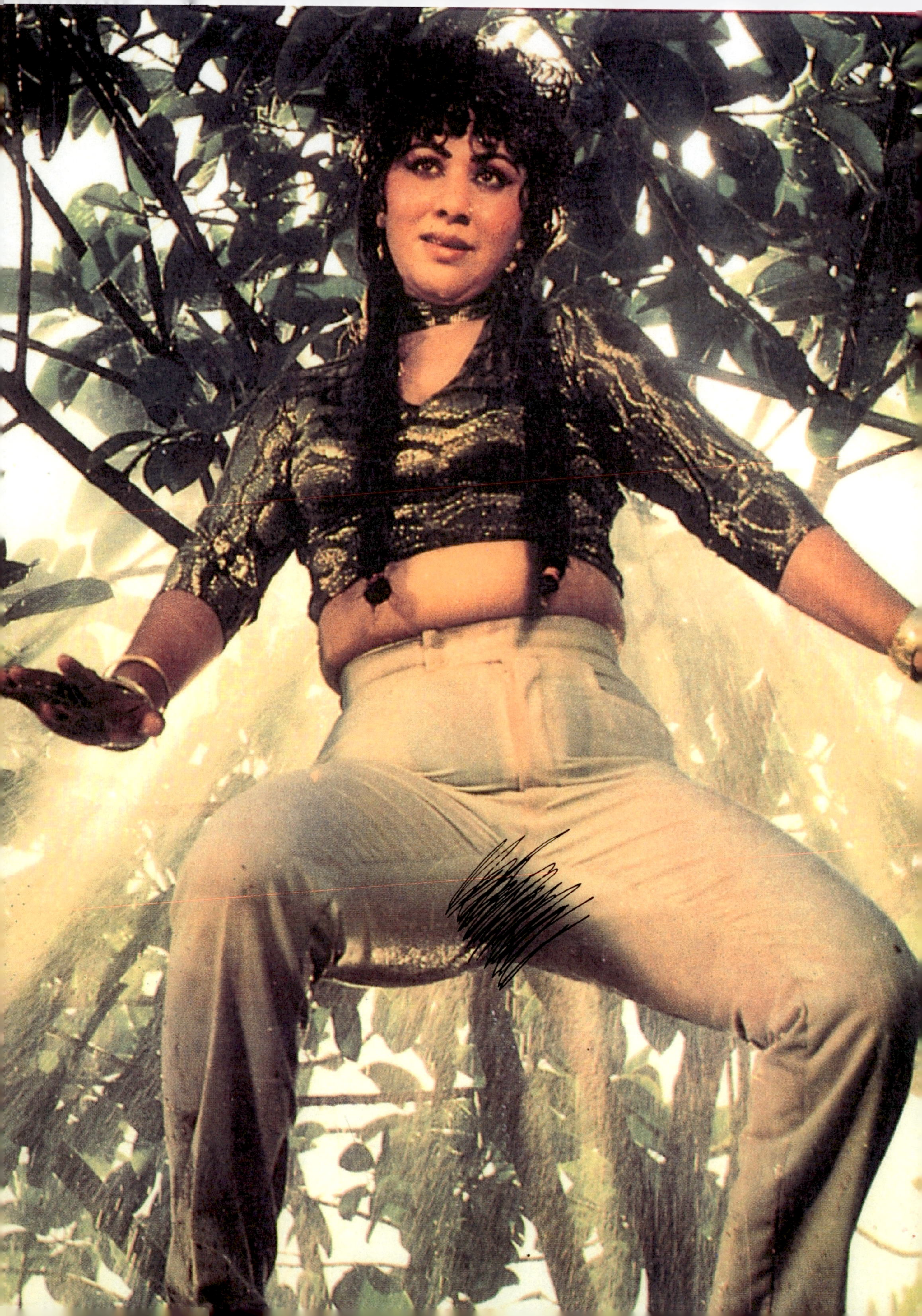

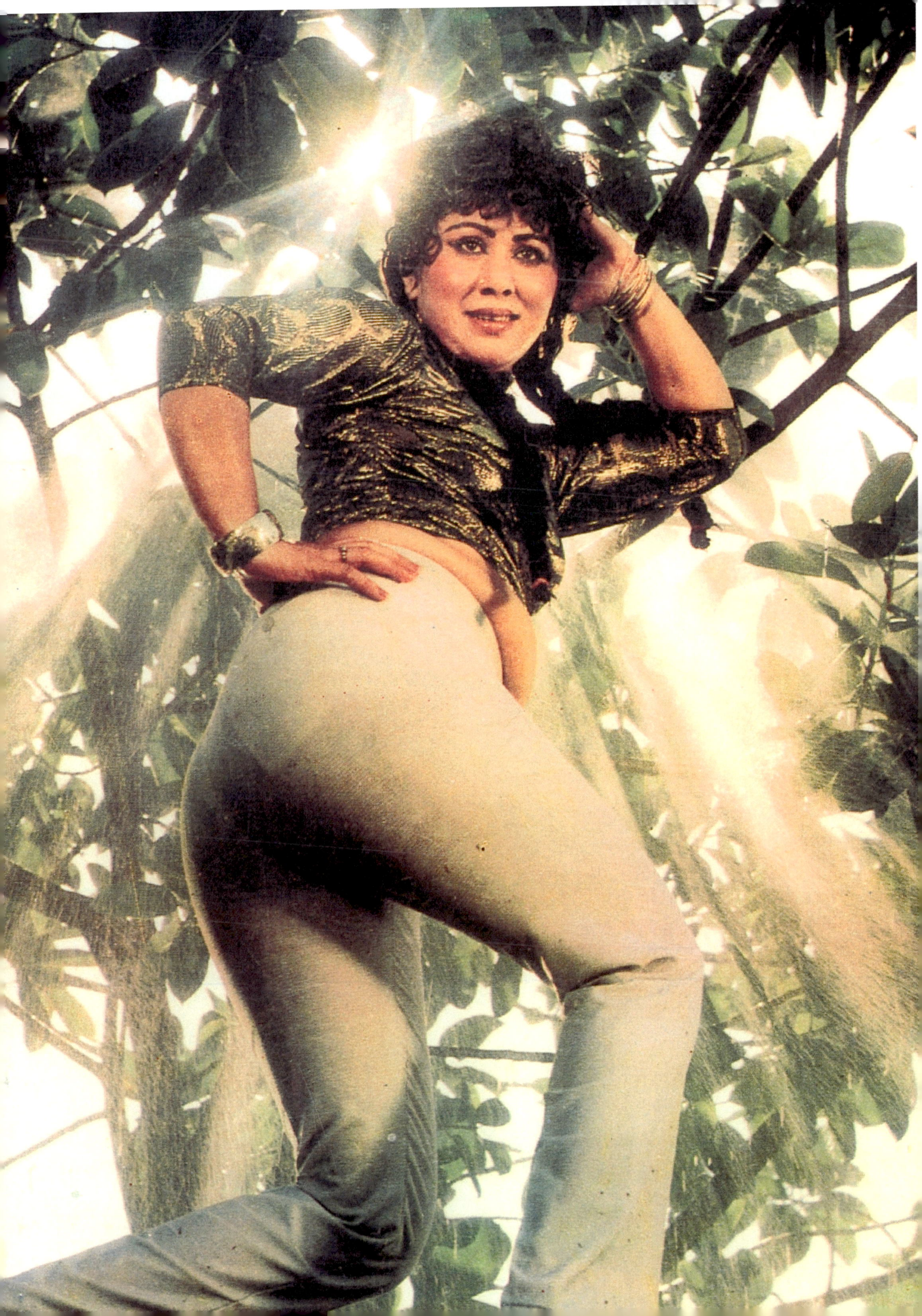

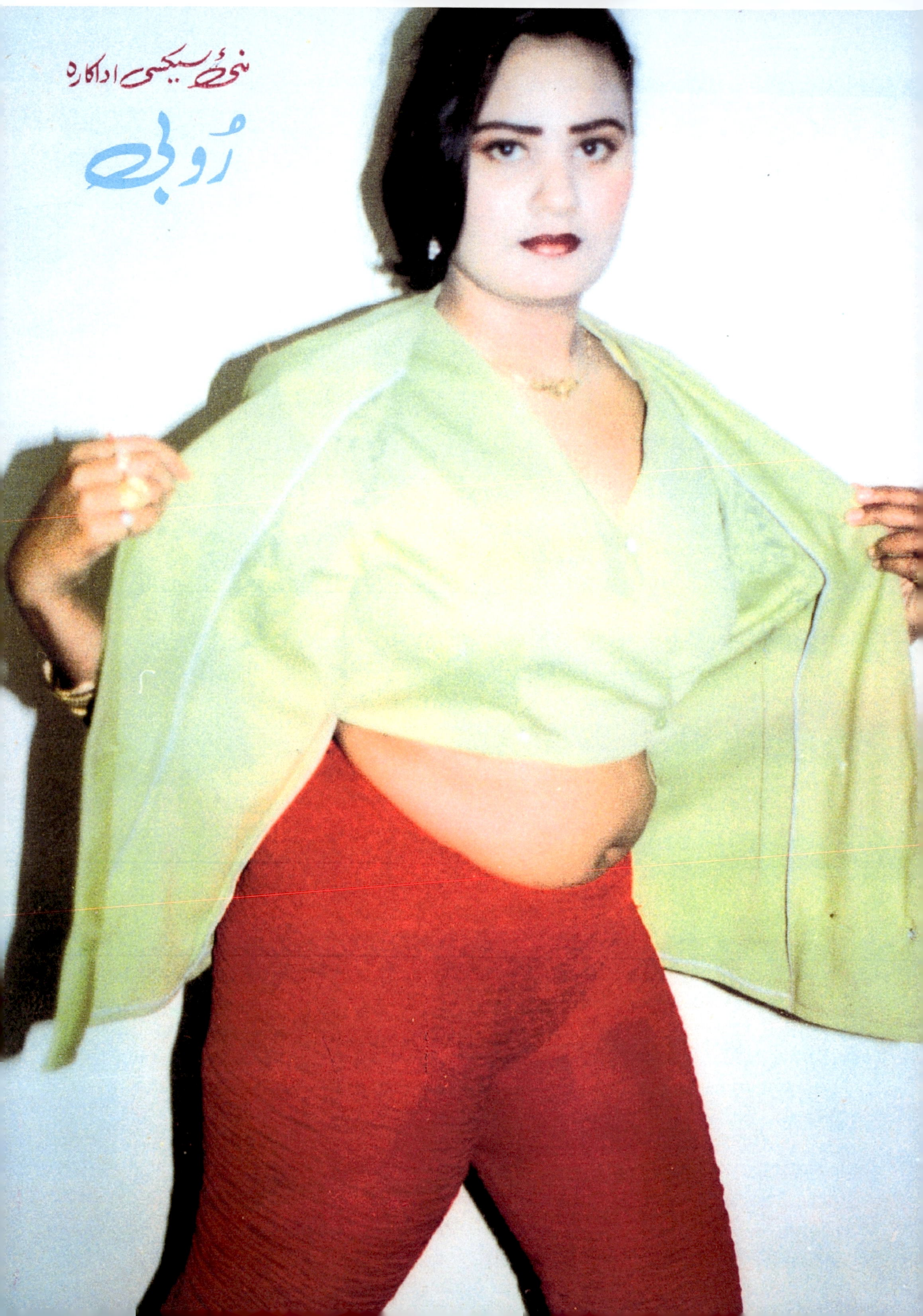
نئی سیکسی اداکارہ
رُوبی

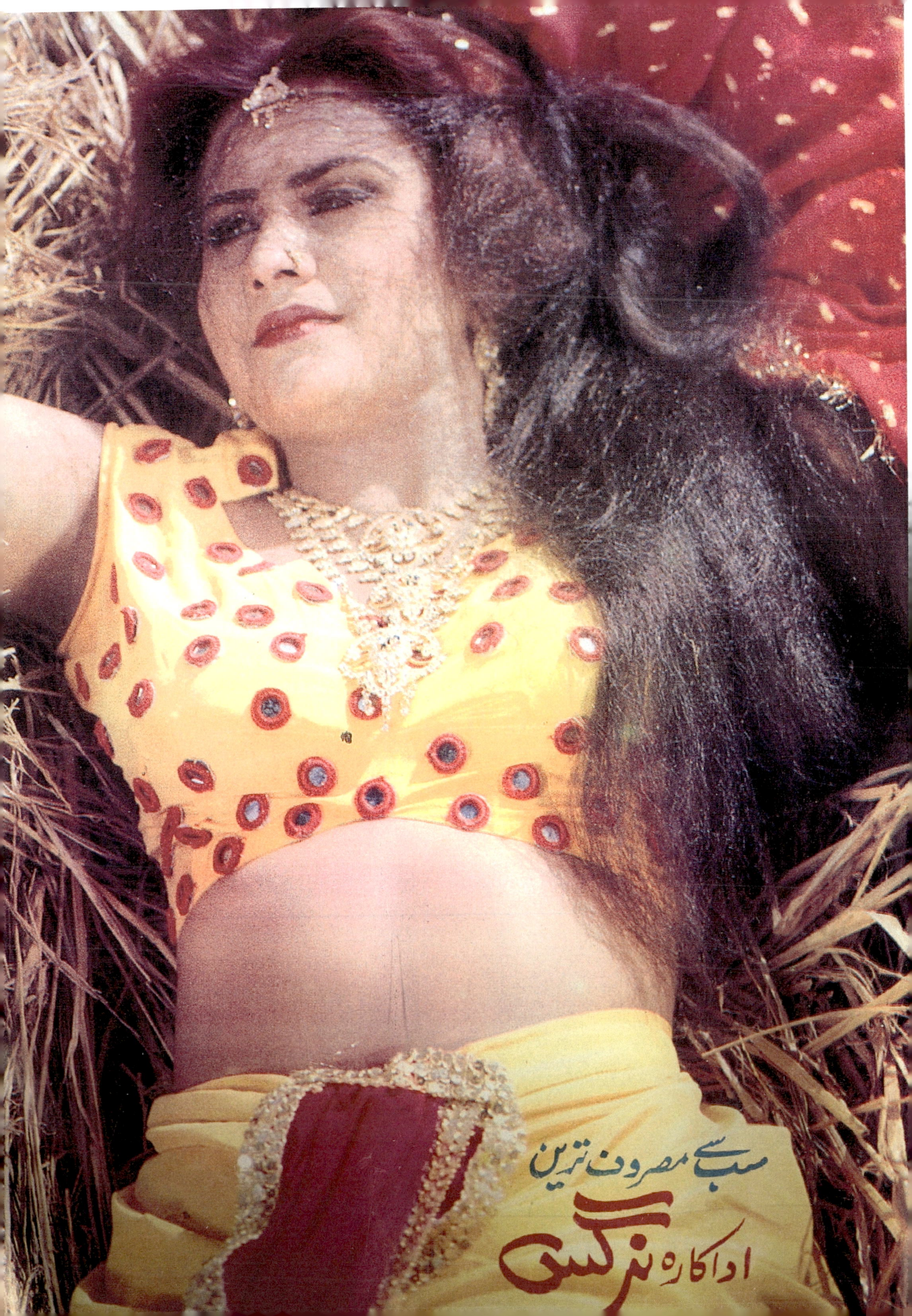
سب سے مصروف ترین
اداکارہ نرگس

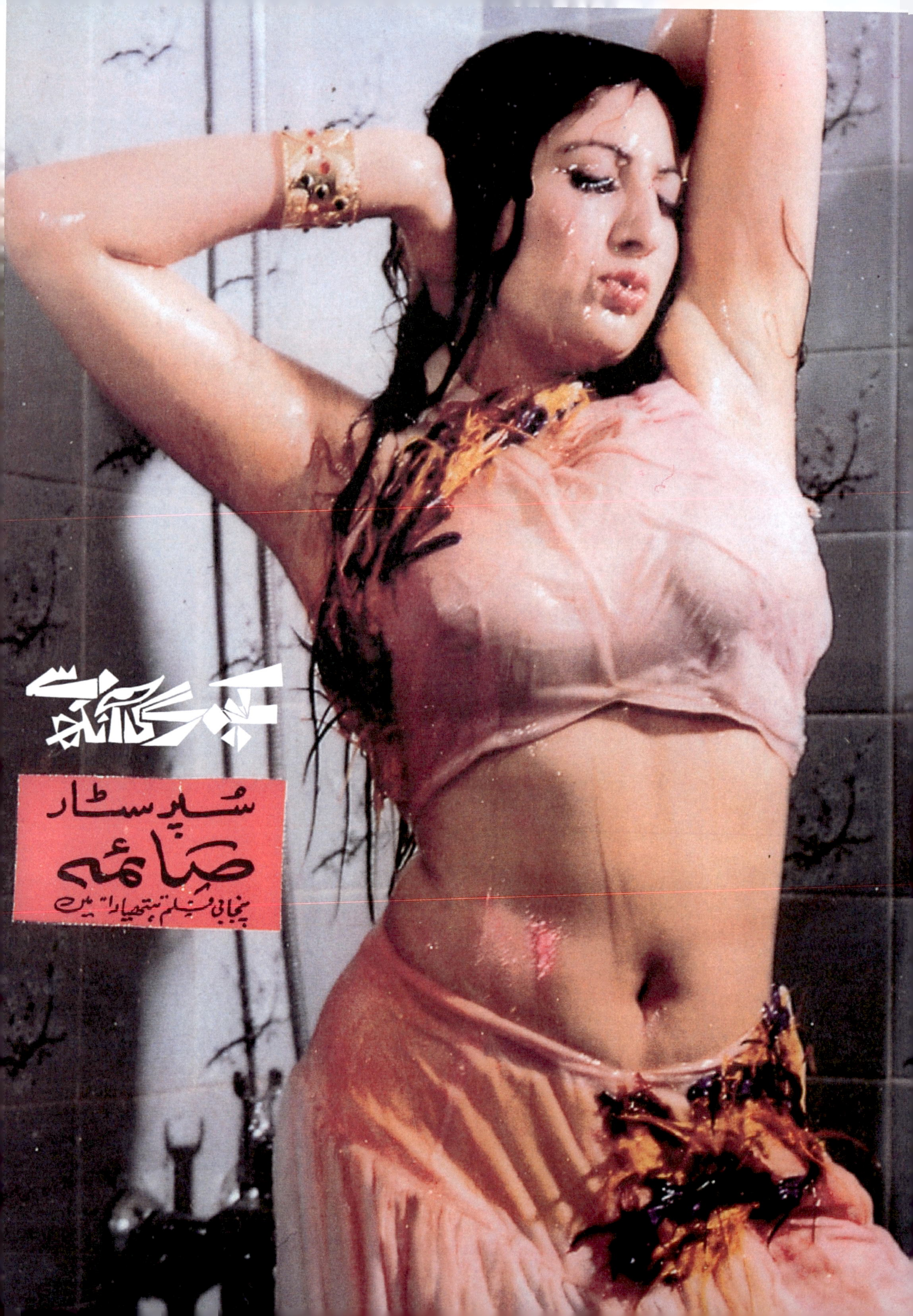

کیمرے کی آنکھ سے
سپر سٹار
صائمہ
پنجابی فلم "ہتھیارا" میں

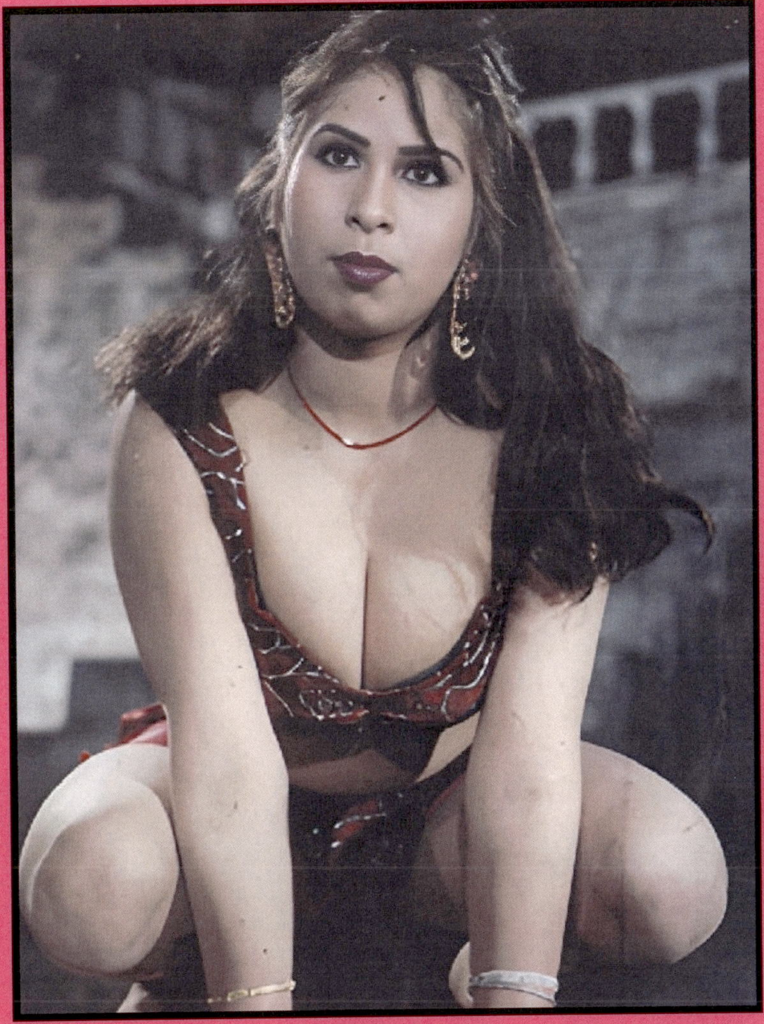

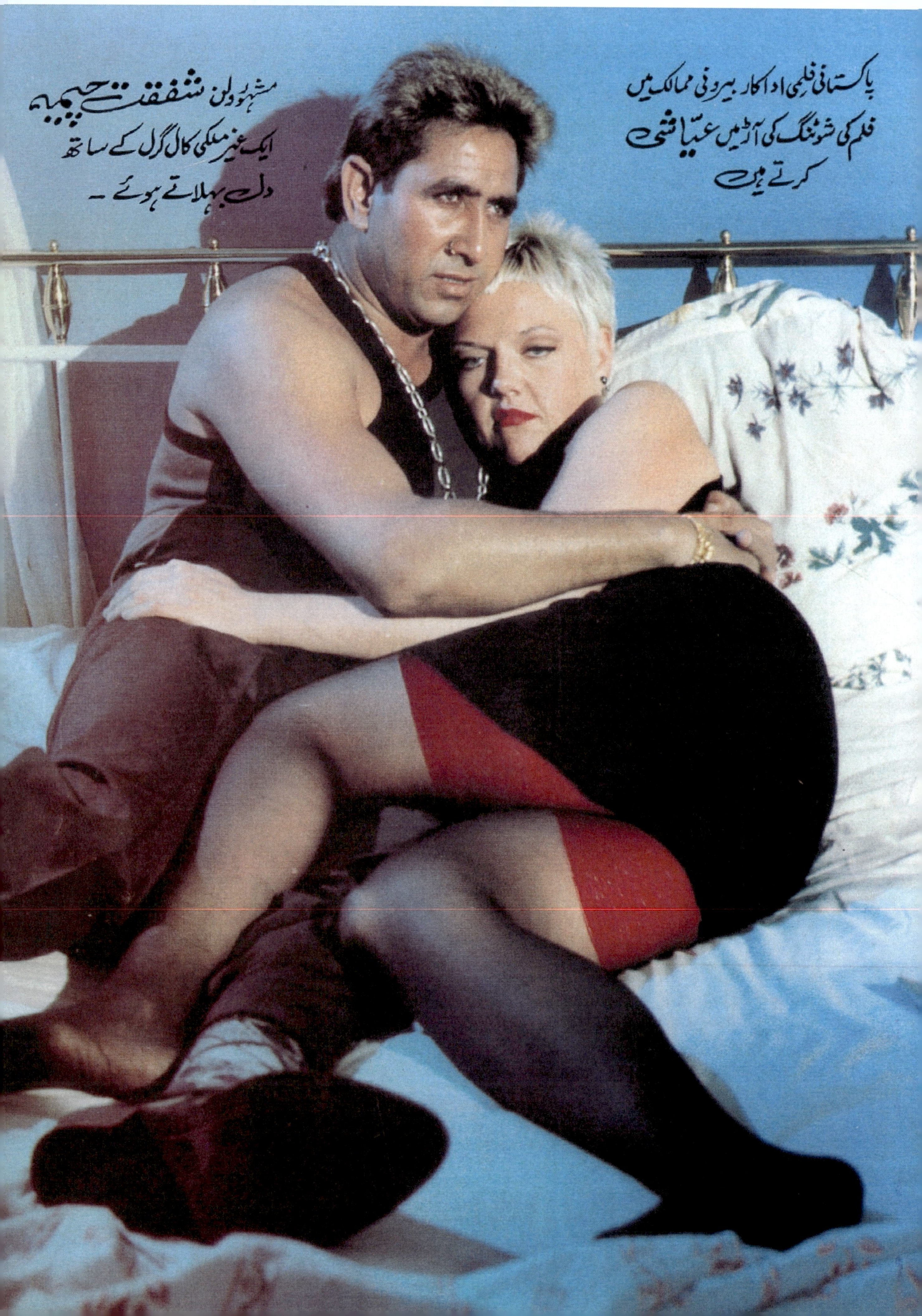
پاکستانی فلمی اداکار بیرونی ممالک میں
فلم کی شوٹنگ کی آڑ میں عیاشی
کرتے ہیں
مشہور ولن شفقت چیمہ
ایک غیر ملکی کال گرل کے ساتھ
دل بہلاتے ہوئے ۔

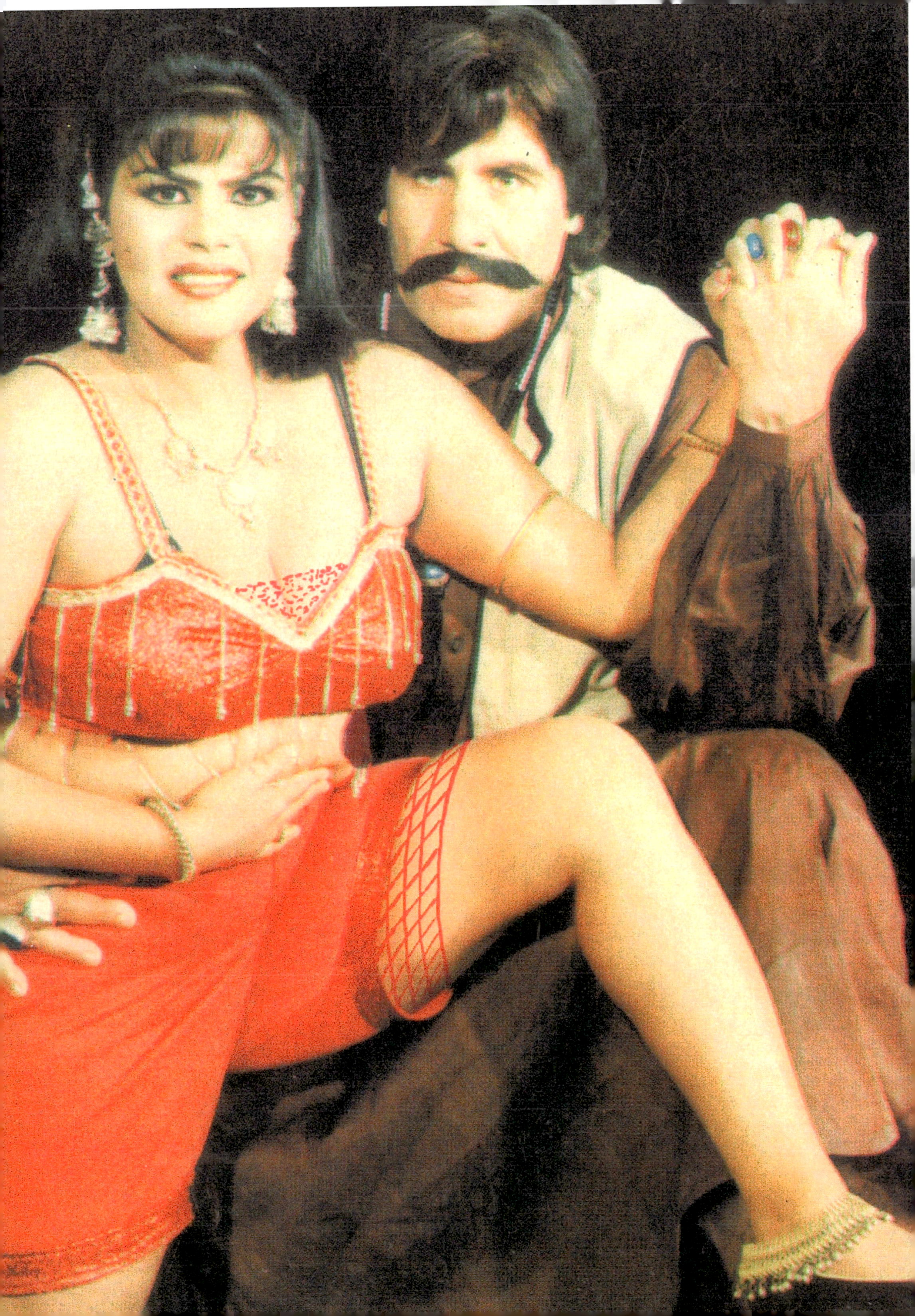

بہاؔر کا نکھار

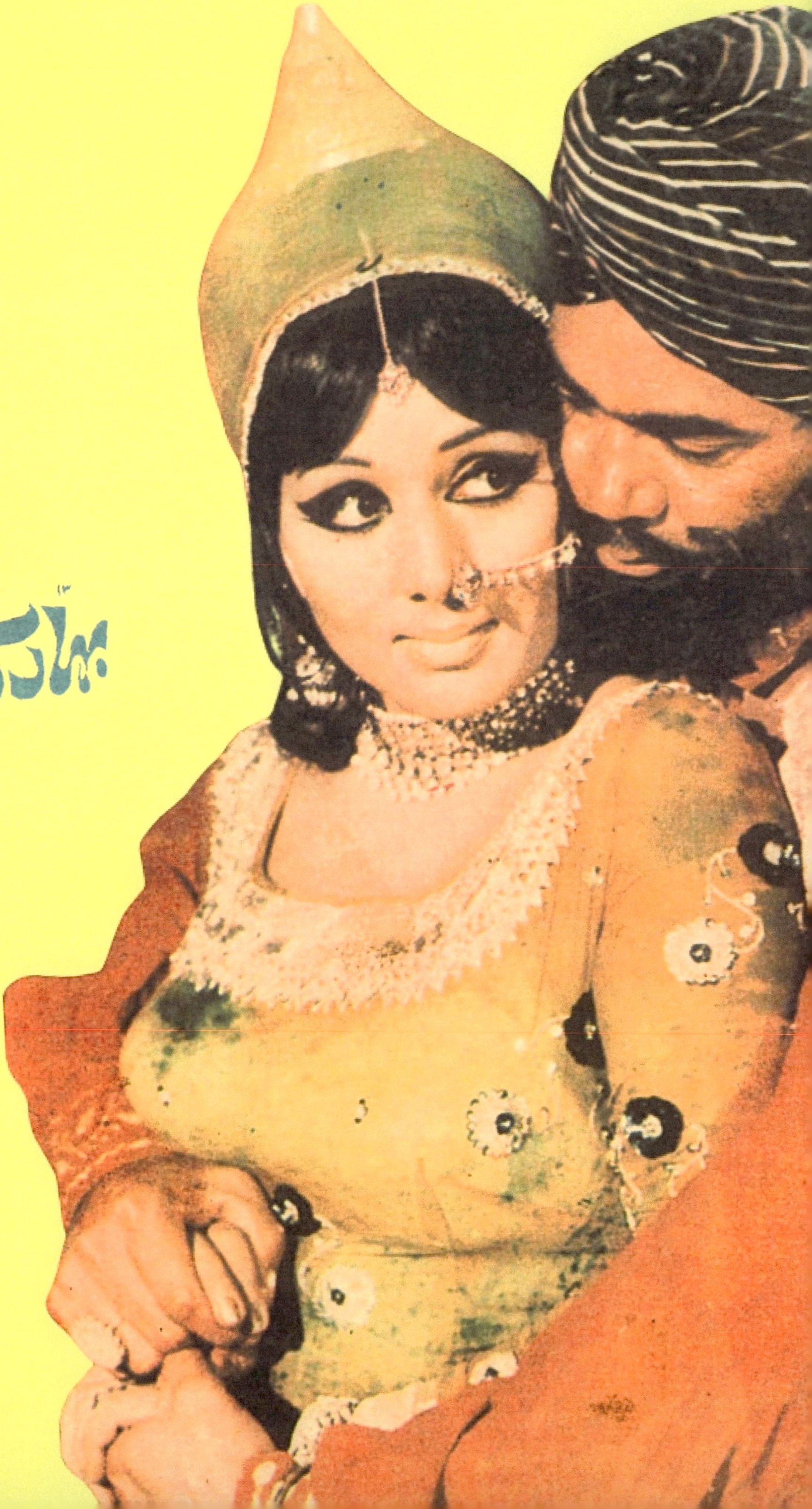

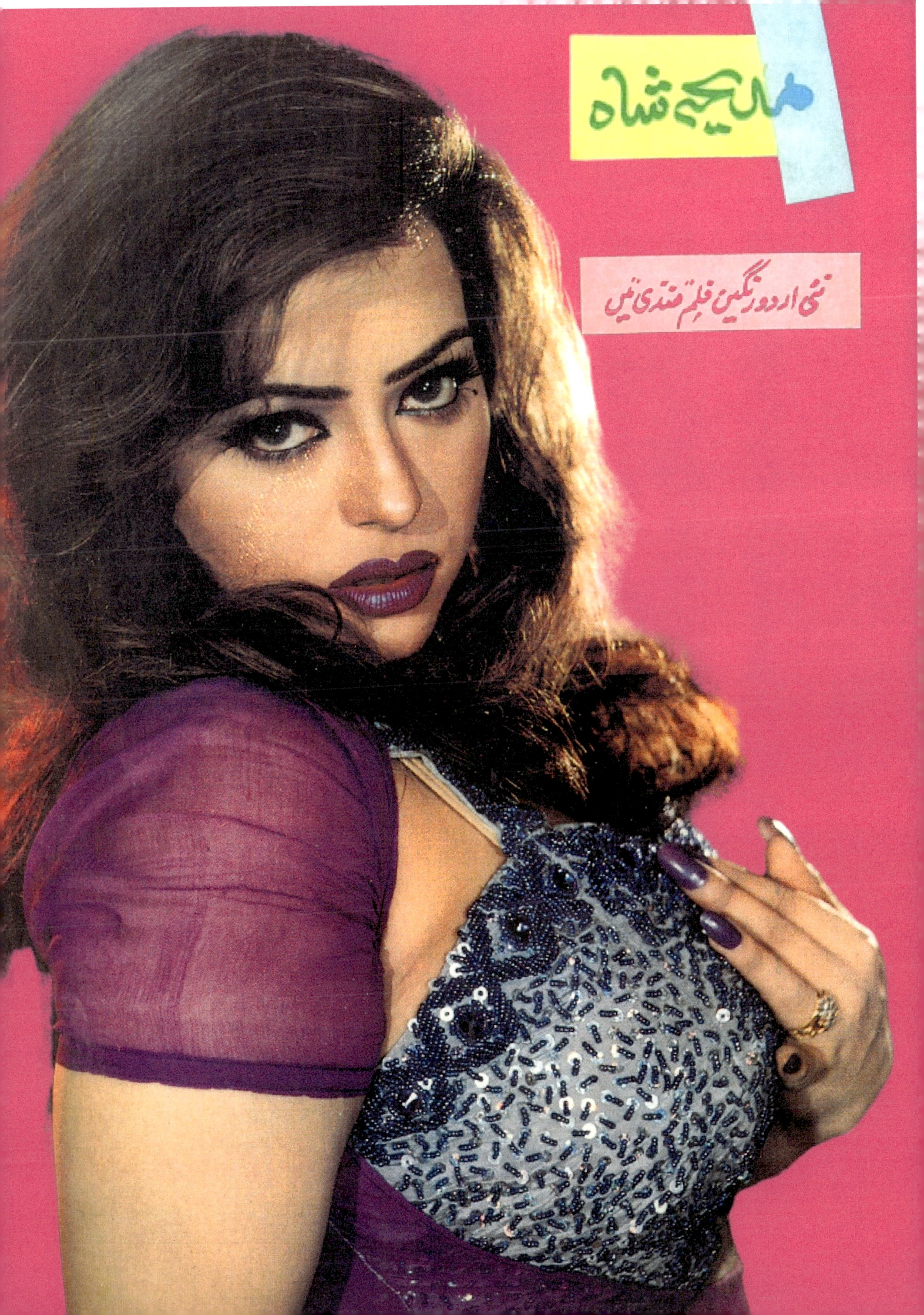
ملیحہ شاہ
نئی اردو رنگین فلم ضدی میں

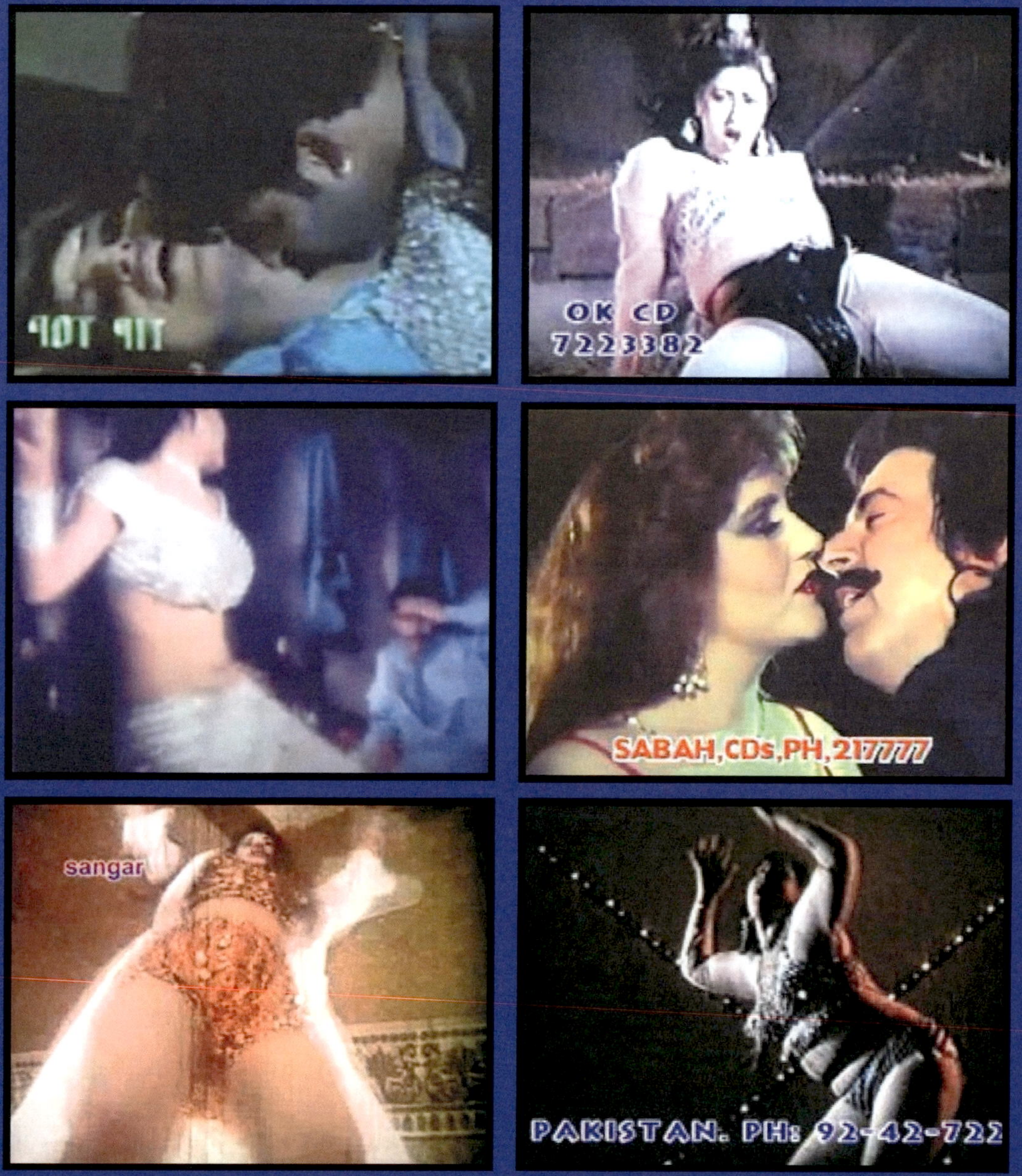
OK CD
7223382
SABAH,CDs,PH,217777
sangar
PAKISTAN. PH: 92-42-722

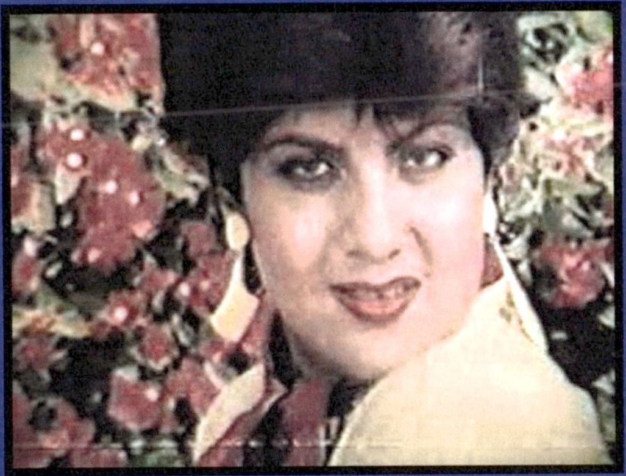

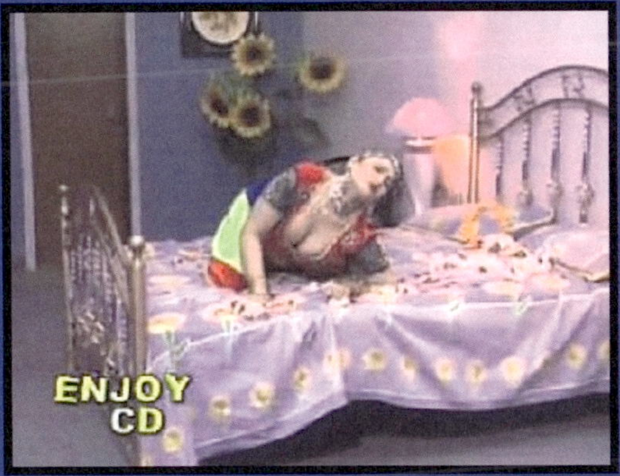
ENJOY
CD

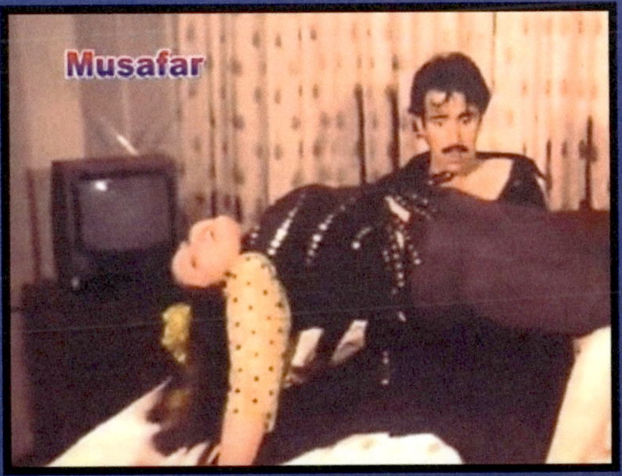
Musafar

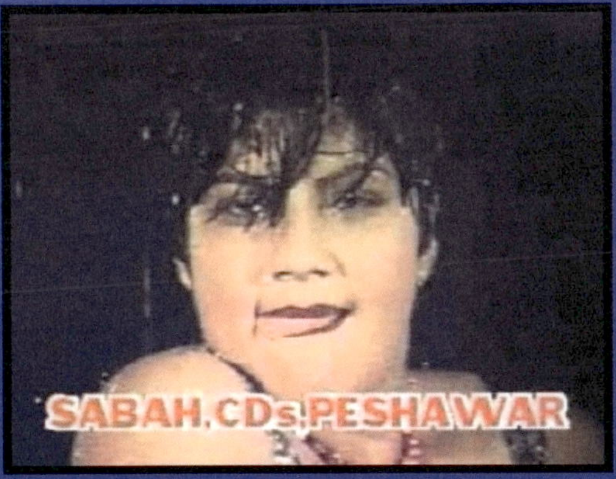
SABAH.CDs.PESHAWAR

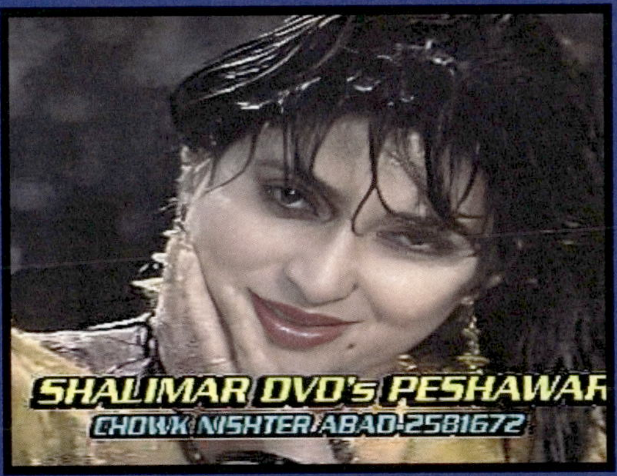
SHALIMAR DVD's PESHAWAR
CHOWK NISHTER ABAD-2581672

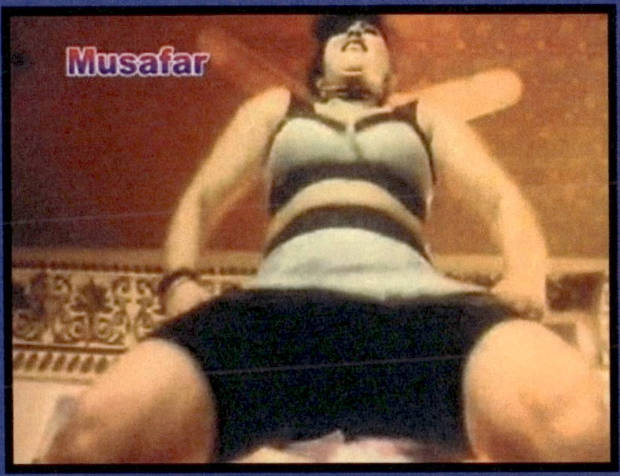
Musafar

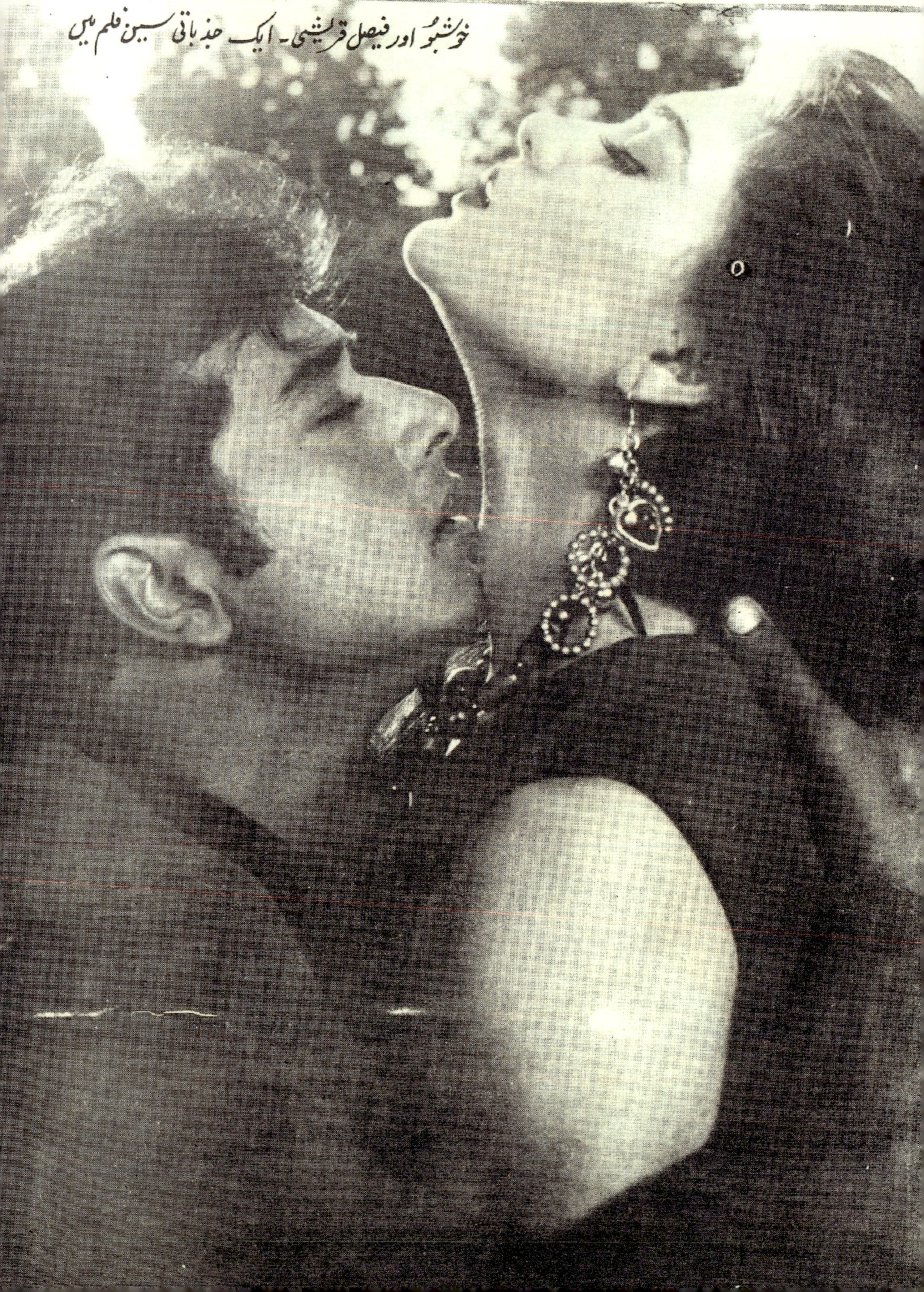

خوشبو اور فیصل قریشی۔ ایک جذباتی سین فلم میں

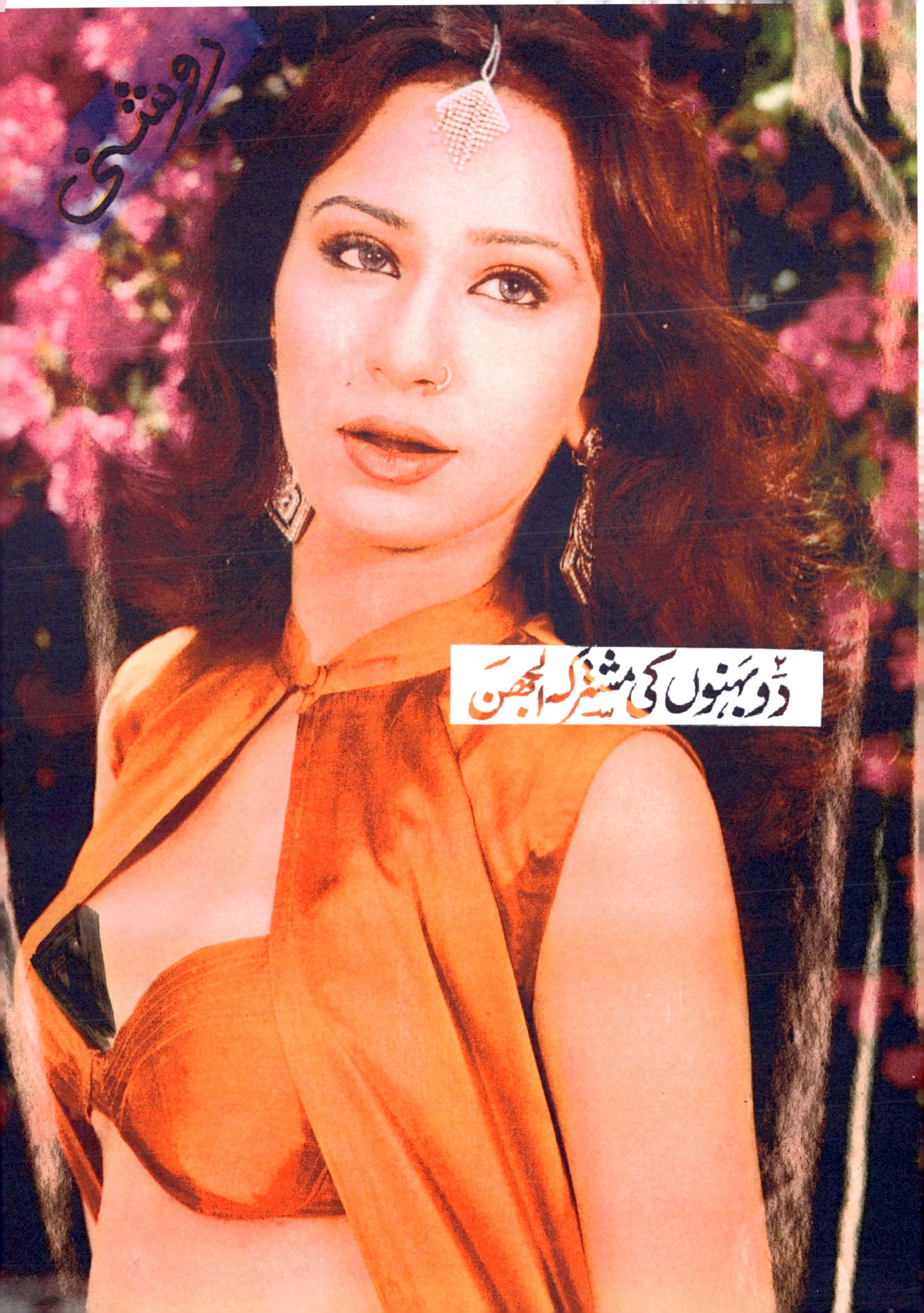
روشنی
دو بہنوں کی مشترکہ الجھن

اداکارہ ہُما عزیز

انٹرویو: ملک عاشق حسین زخمی

عکاسی
شہزاد فاطمی کراچی

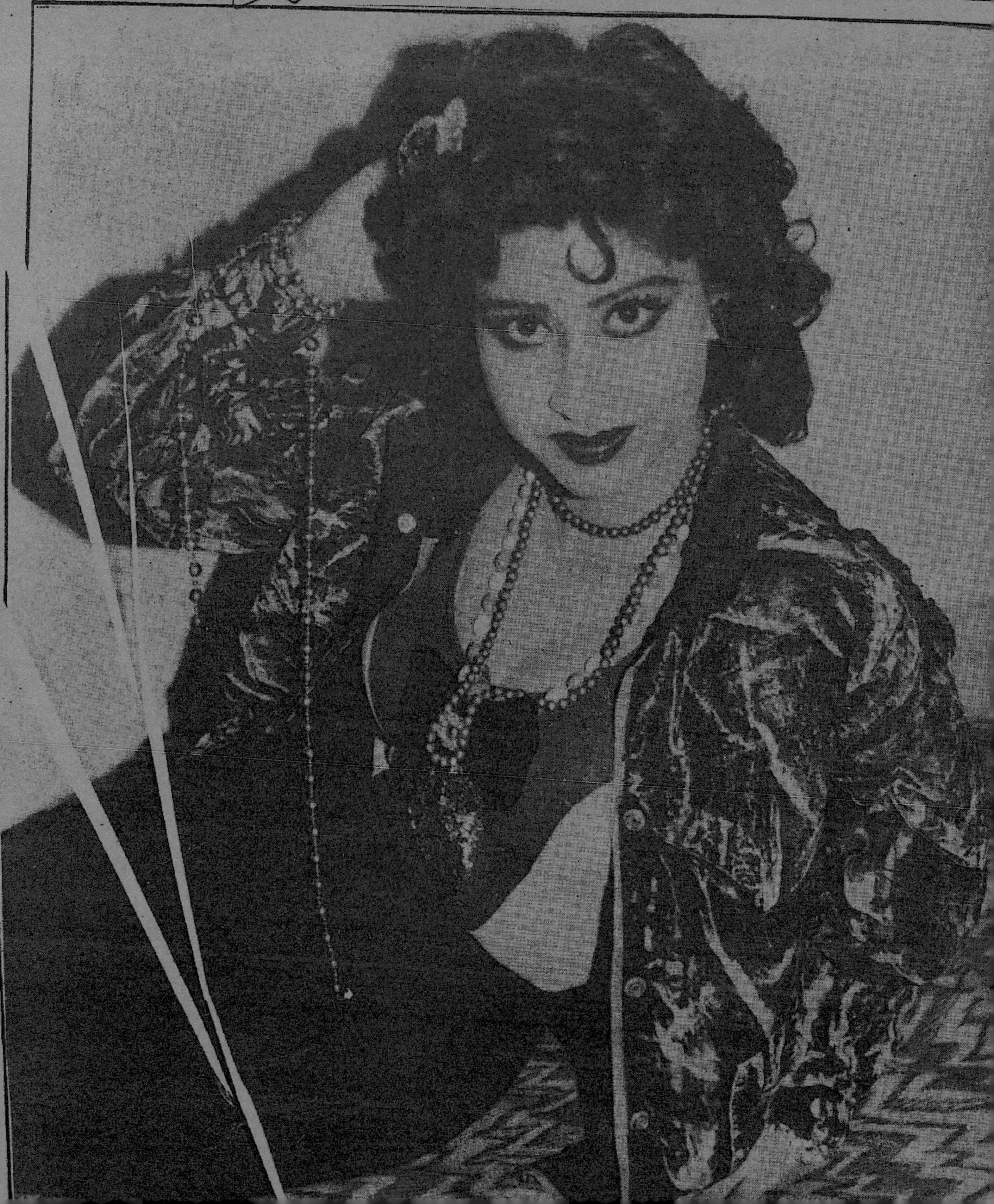

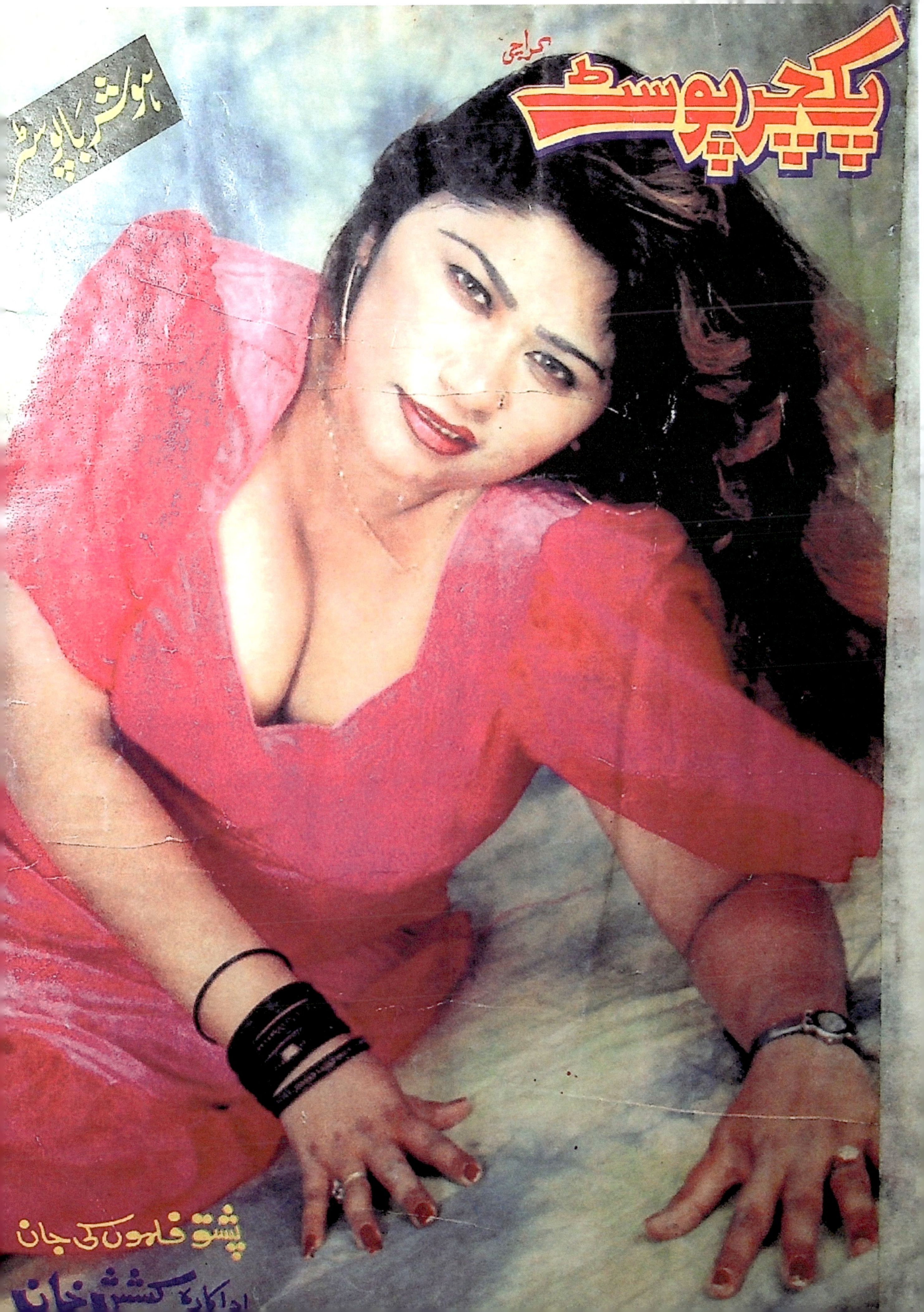
کراچی
پکچر پوسٹ
ہوش ربا پوسٹر
پشتو فلموں کی جان
اداکارہ کشش خان

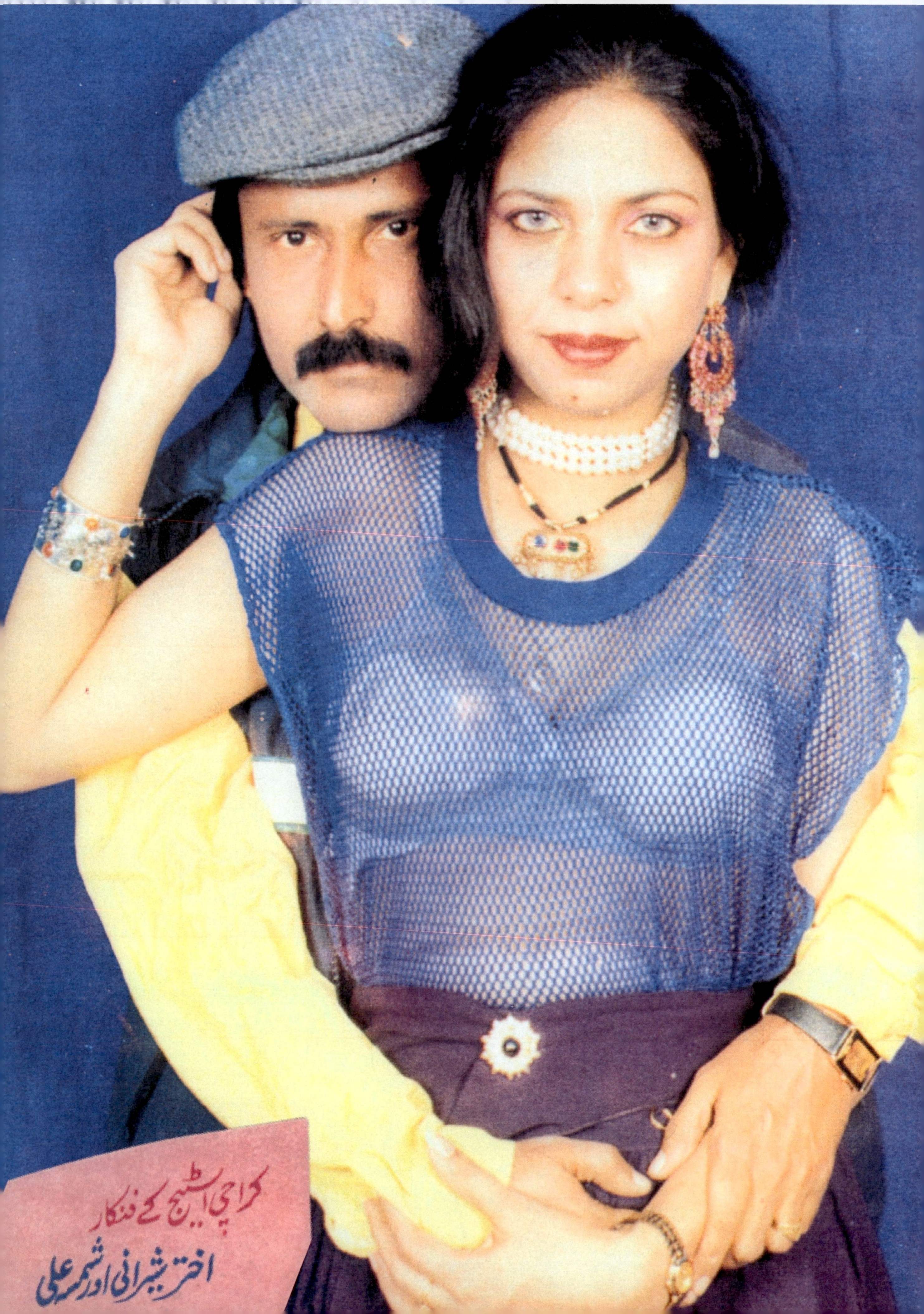
کراچی اسٹیج کے فنکار
اختر شیرانی اور شمسہ علی

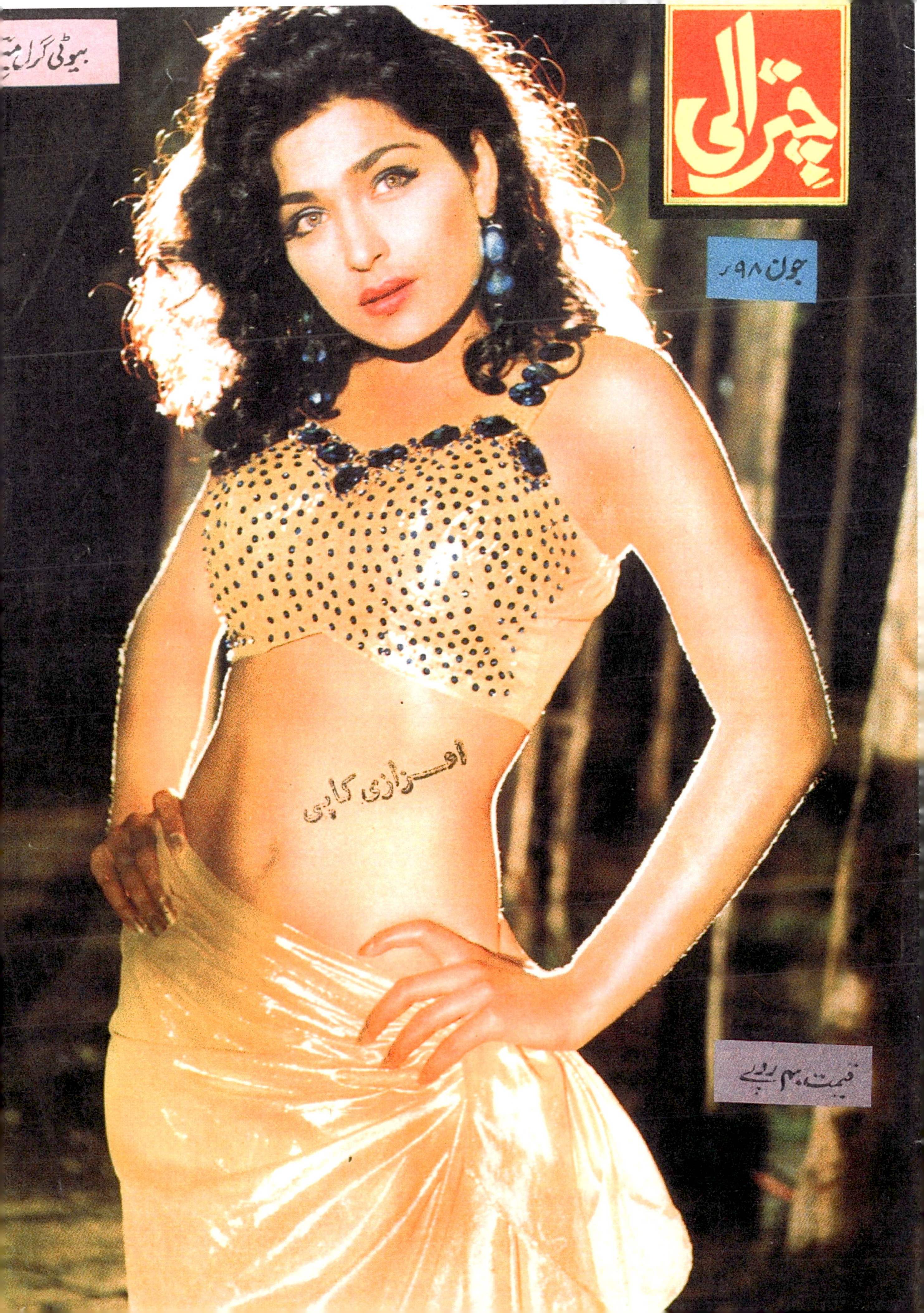

چترالی
بیوٹی گرا
جون ۹۸ء
اوزازی کاپی
قیمت ۴۰ روپے

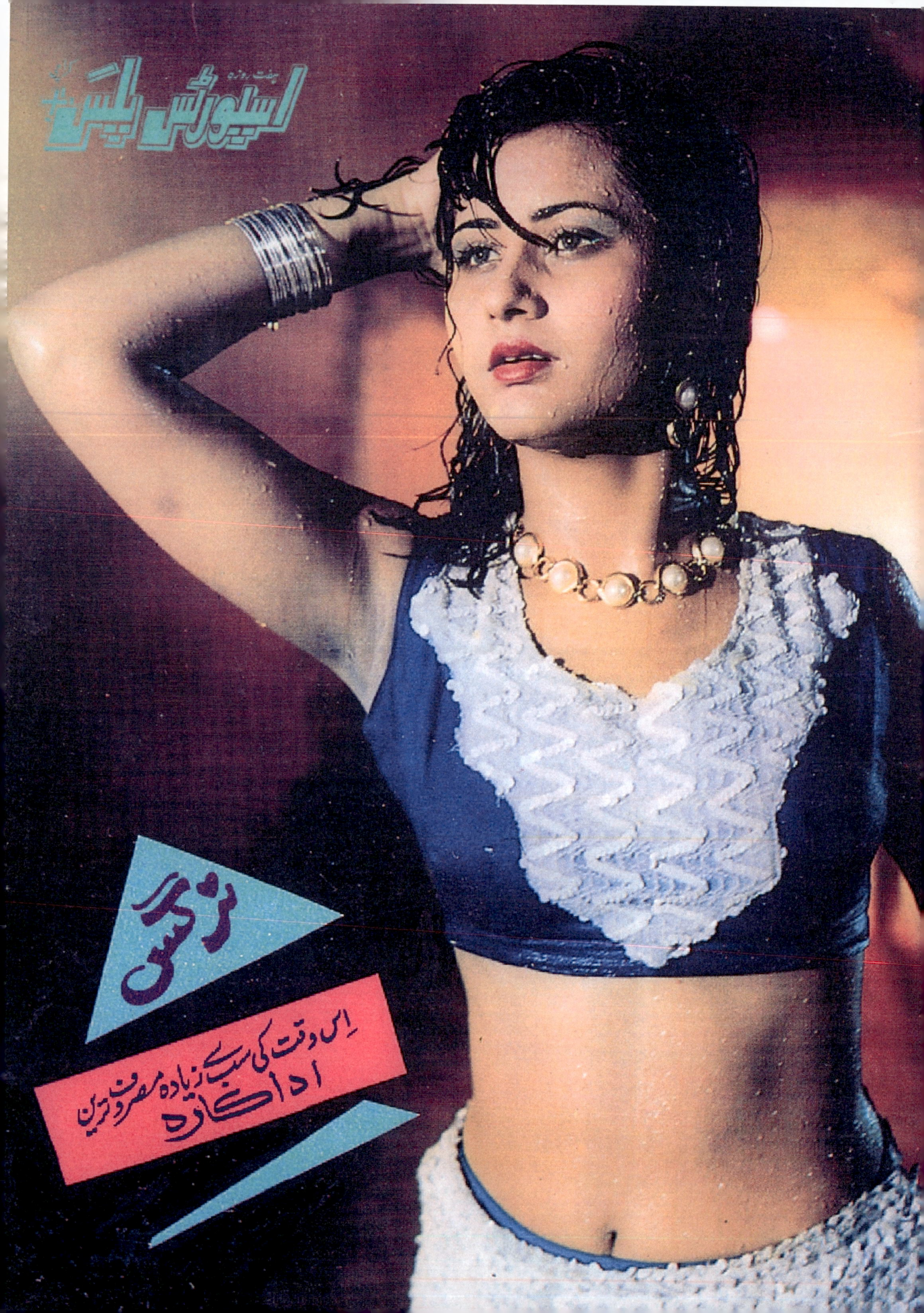
ہفت روزہ
اسپورٹس پلس
کراچی
نرگس
اس وقت کی سب سے زیادہ مصروف ترین
اداکارہ

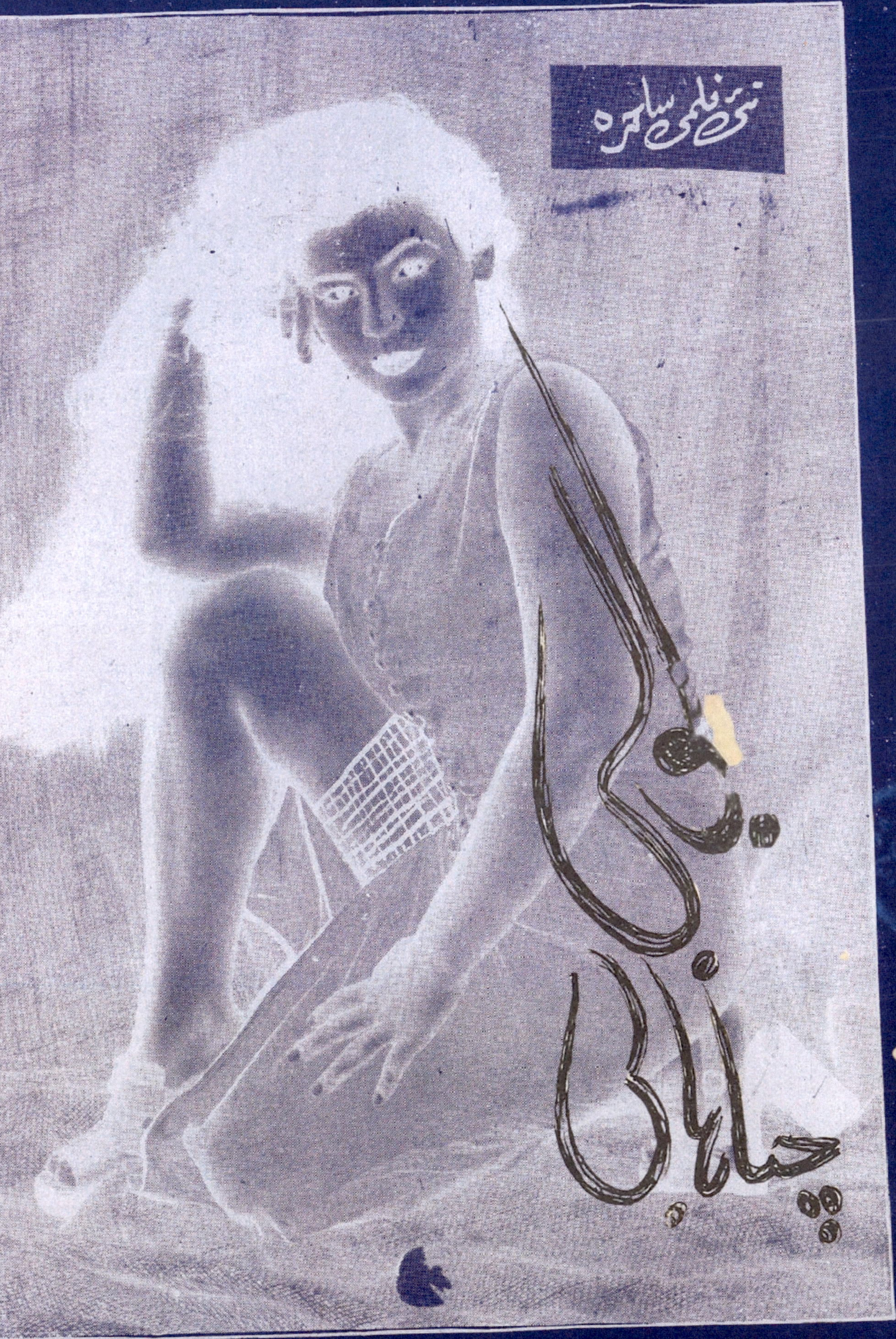

آرزو

ایک حسین نیا چہرہ فلموں میں
بولڈ اداکاری کرنا چاہتی ہے !

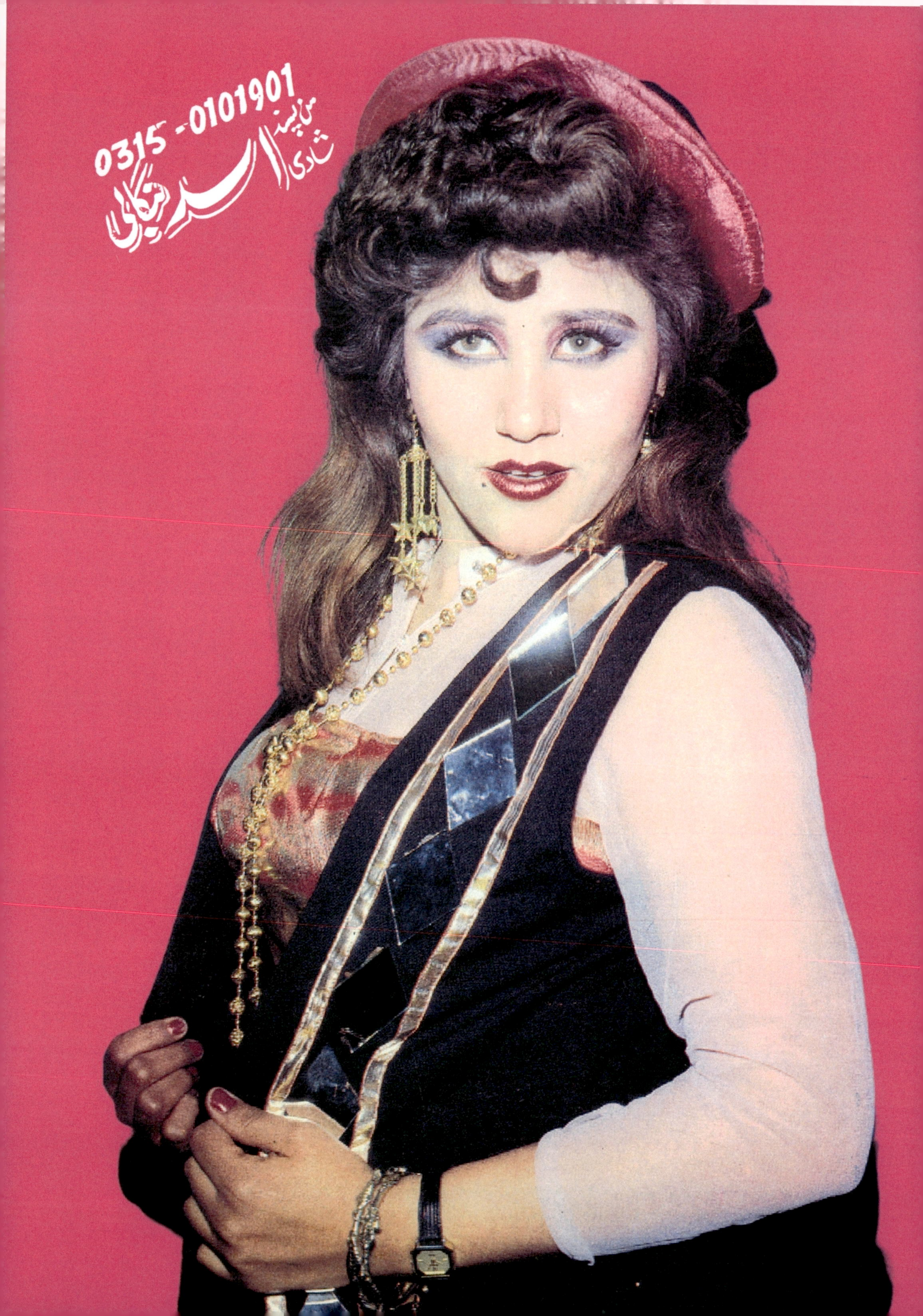
0315 -0101901
من پسند شادی

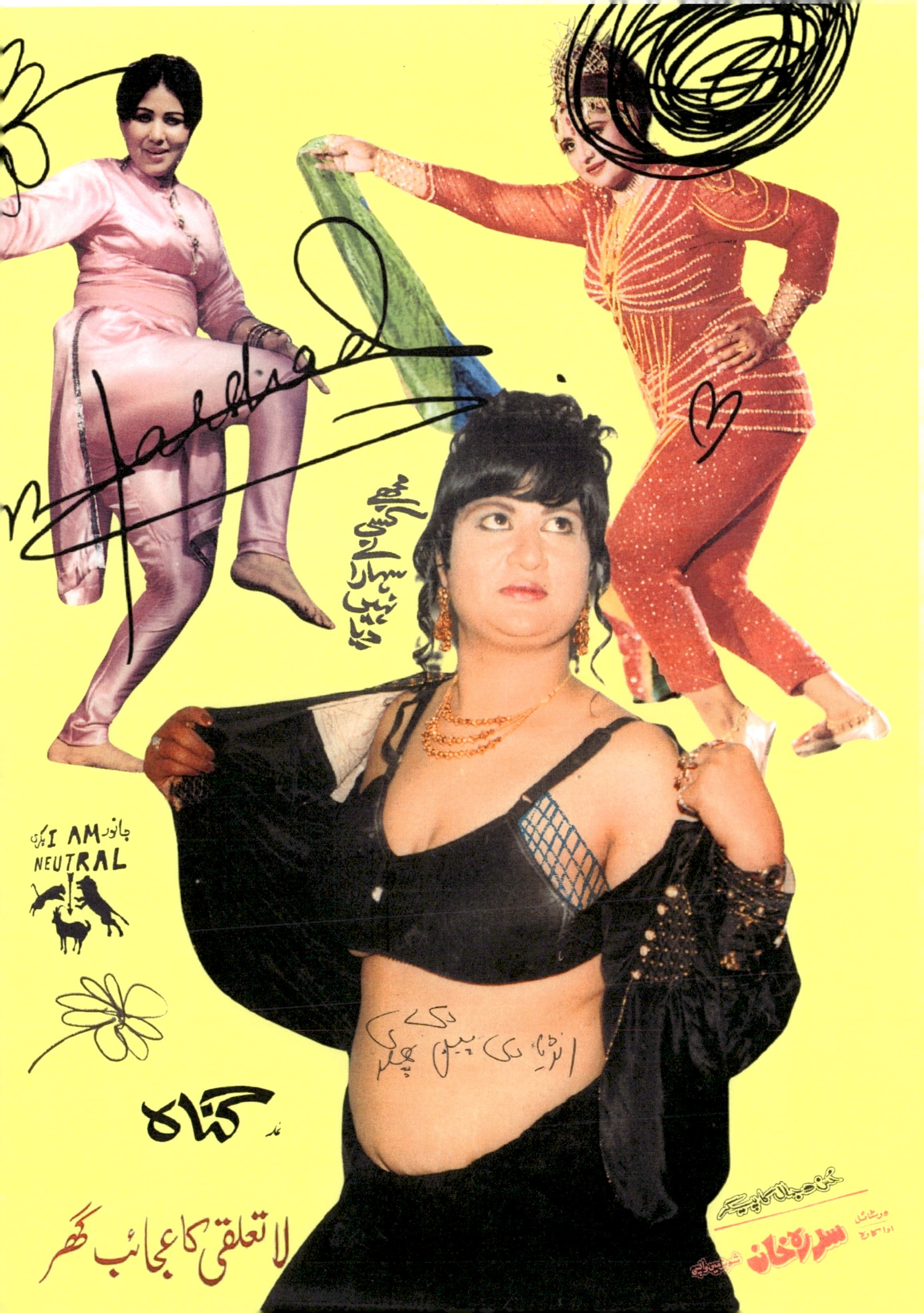

مجھے کسی نے سہارا نہیں دیا
جانور بکری I AM NEUTRAL
گناہ
لاتعلقی کا عجائب گھر
حسن و جمال کا پیکر
ورسٹائل اداکارہ
سرہ خان

صرف بالغوں کیلئے

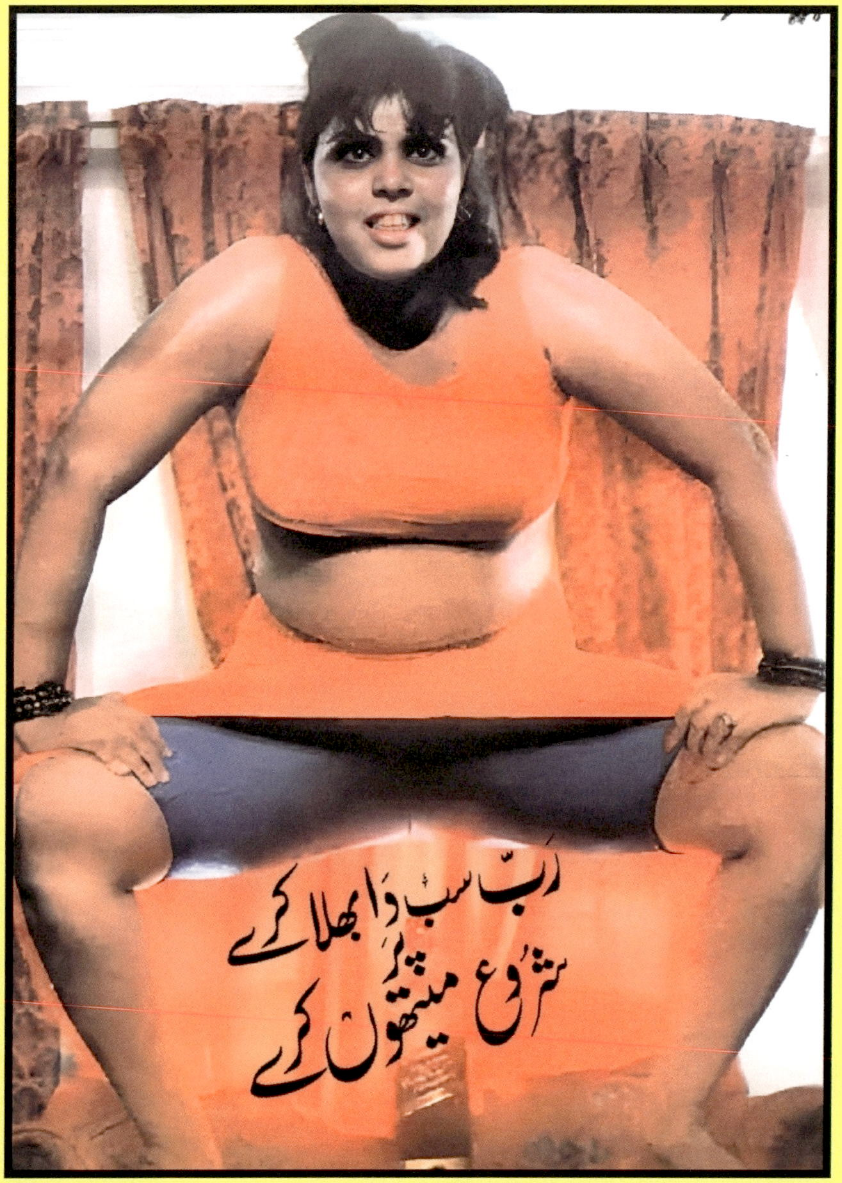

پیشاب کرنا منع ہے
کوئی دیکھے
بحکم شبیر
یہ نہ دیکھے شبیر لبو والا

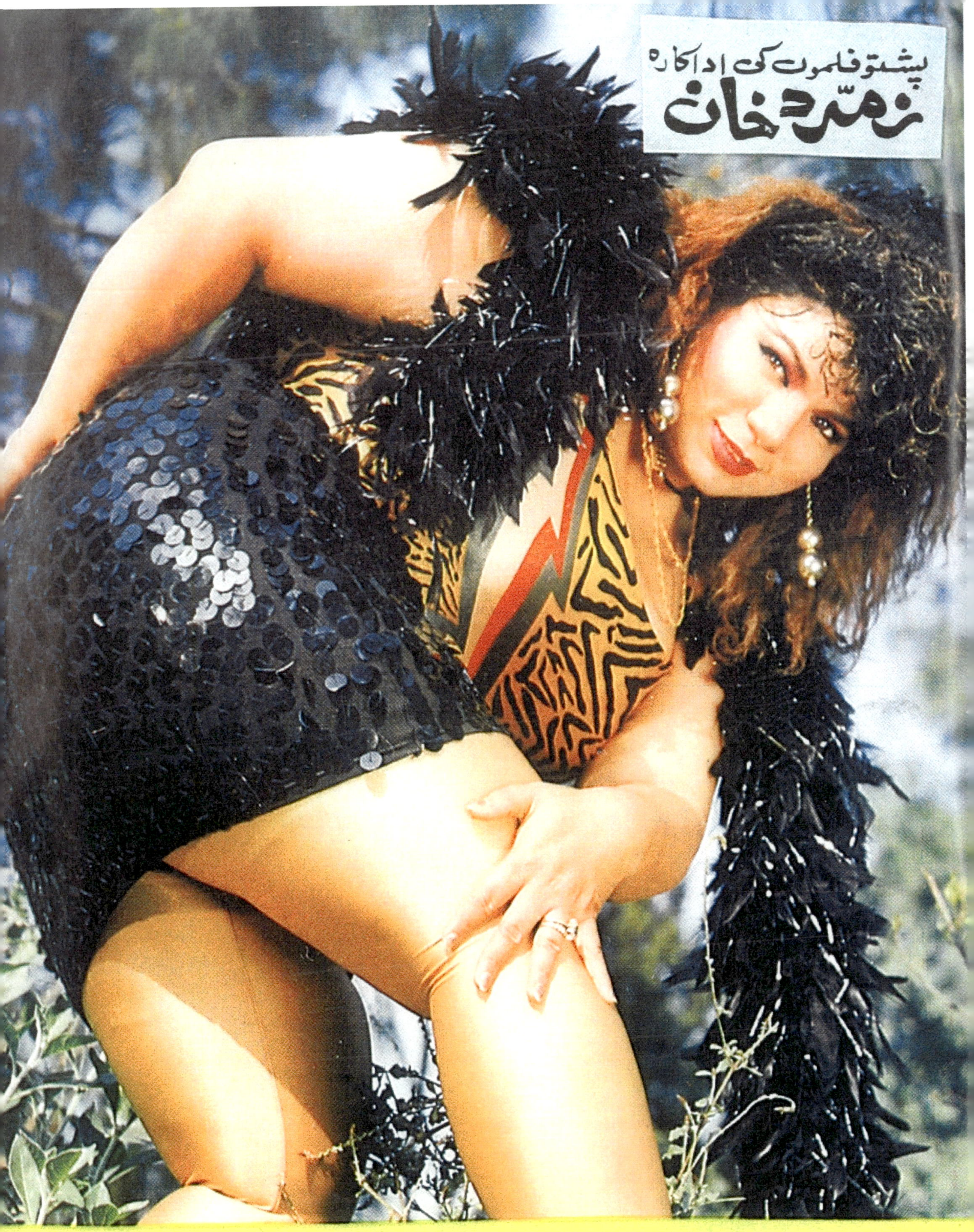

زمرد خان نے پشتو فلموں میں انتہائی شرمناک رقص کا مظاہرہ کیا

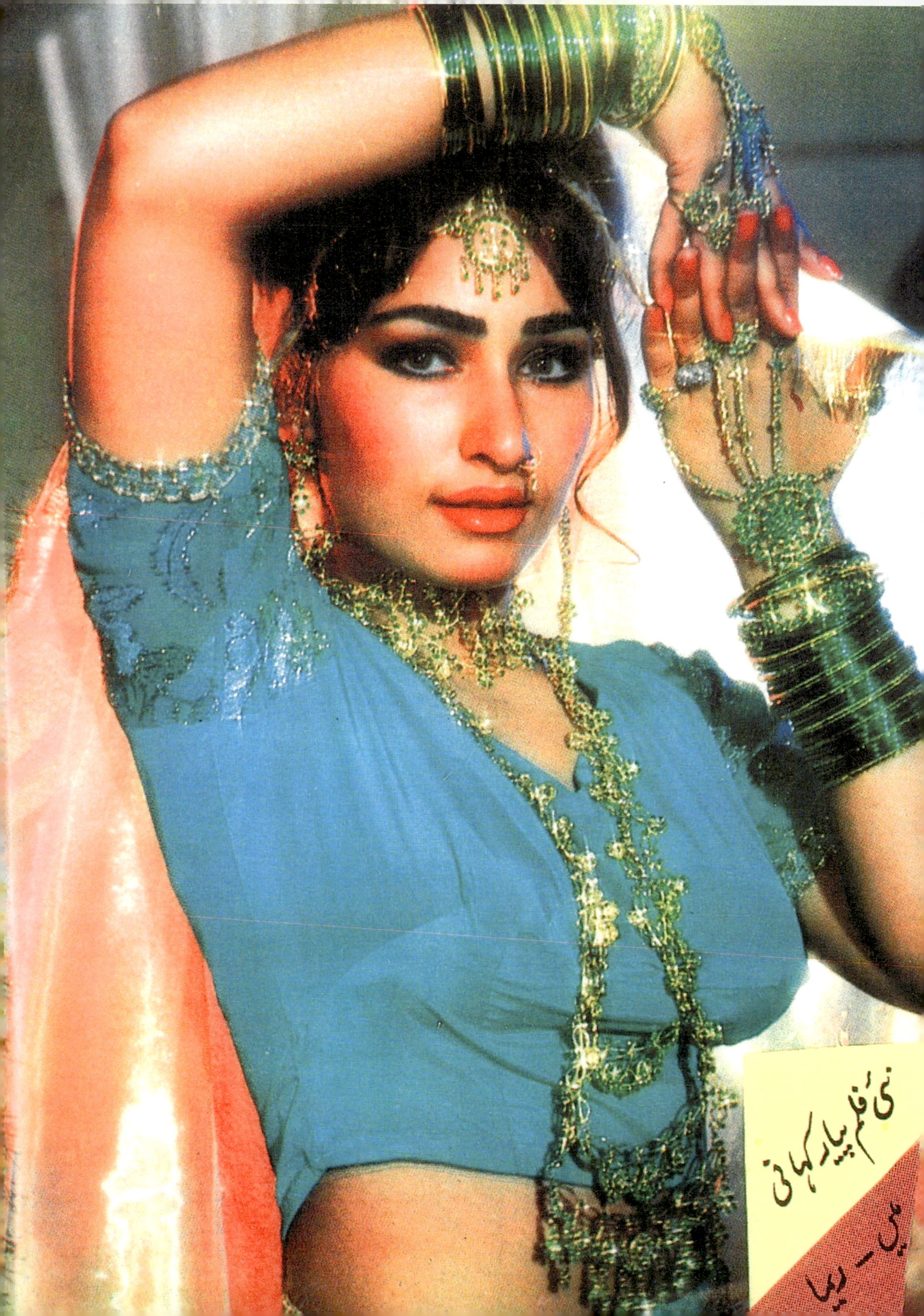
نئی فلم پیار کہانی
میں — ریما

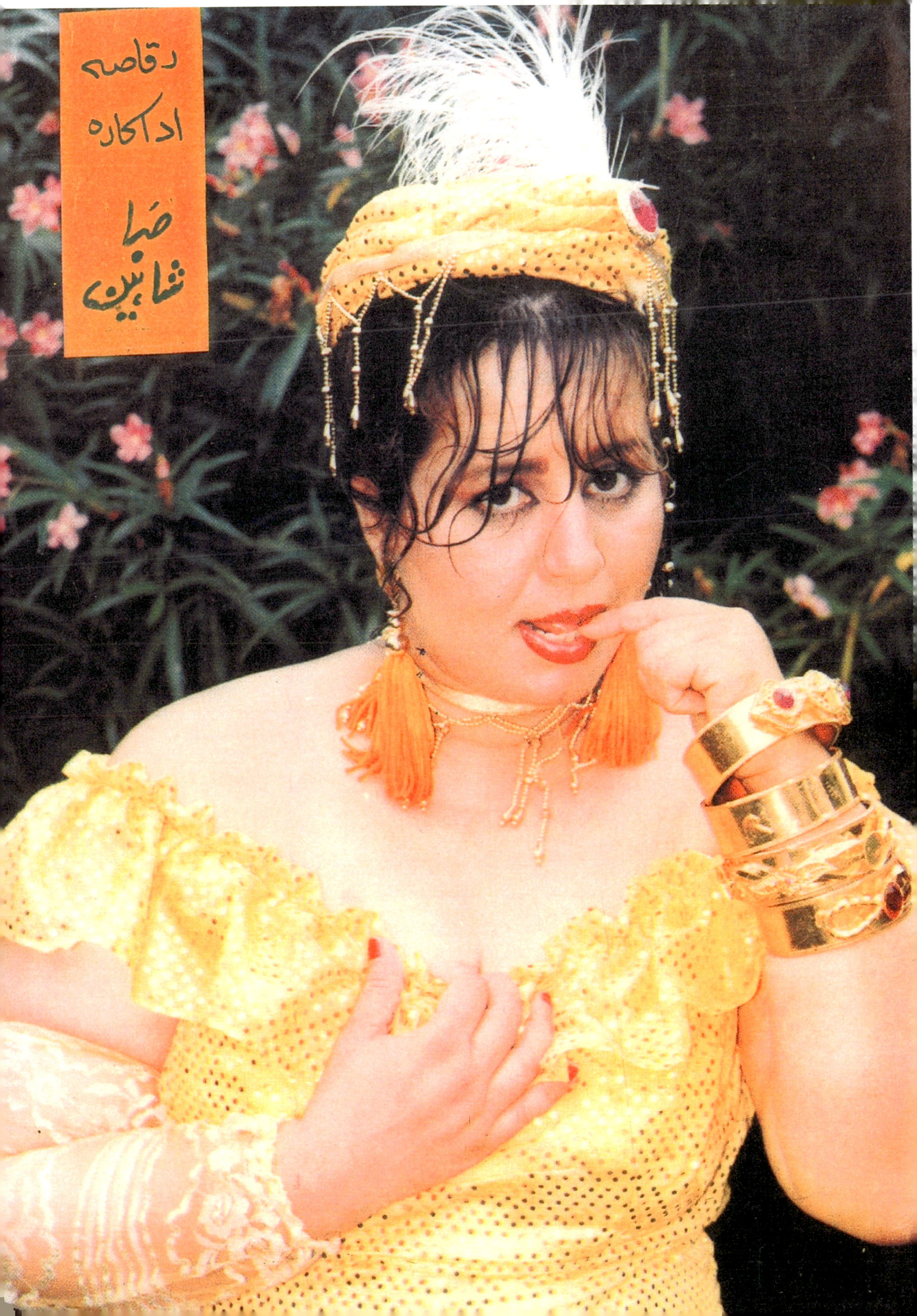
رقاصہ
اداکارہ
صبا
شاہین

صرف بالغوں کیلئے

صرف بالغوں کیلئے

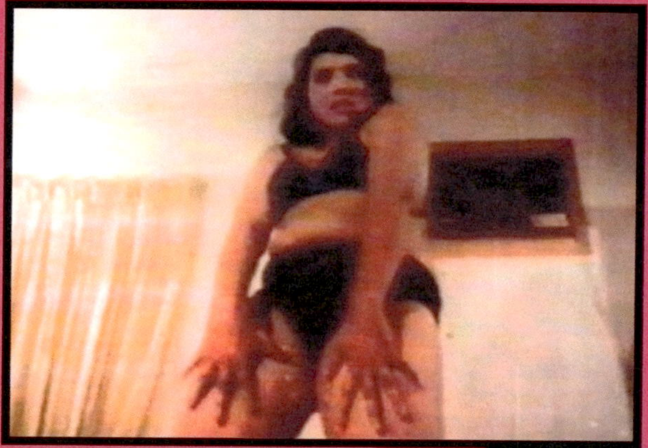

صرف بالغوں کیلئے

صرف بالغوں کیلئے

صرف بالغوں کیلئے

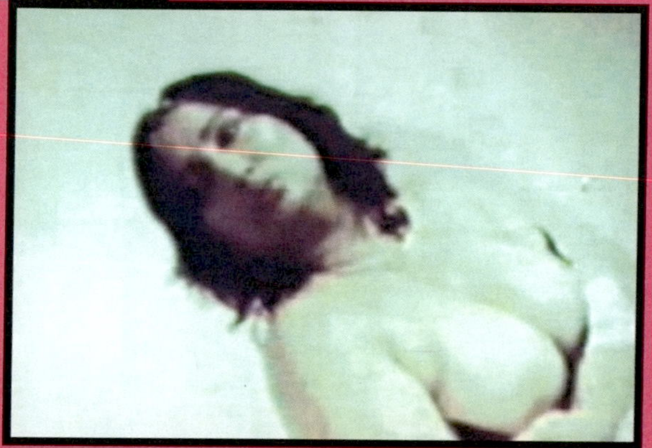

صرف بالغوں کیلئے

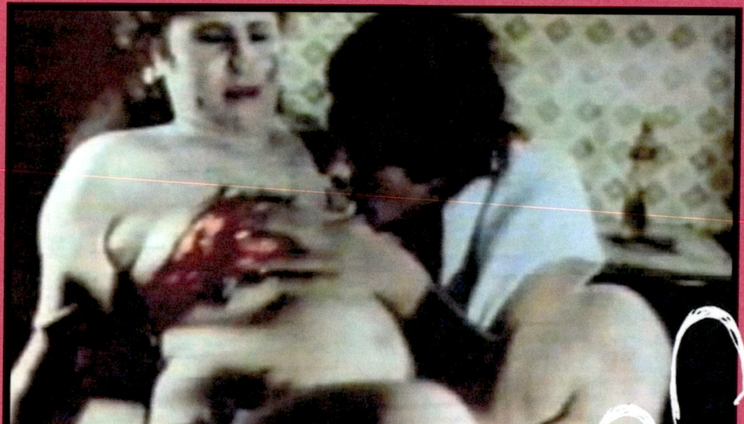

صرف بالغوں کیلئے

صرف بالغوں کیلئے

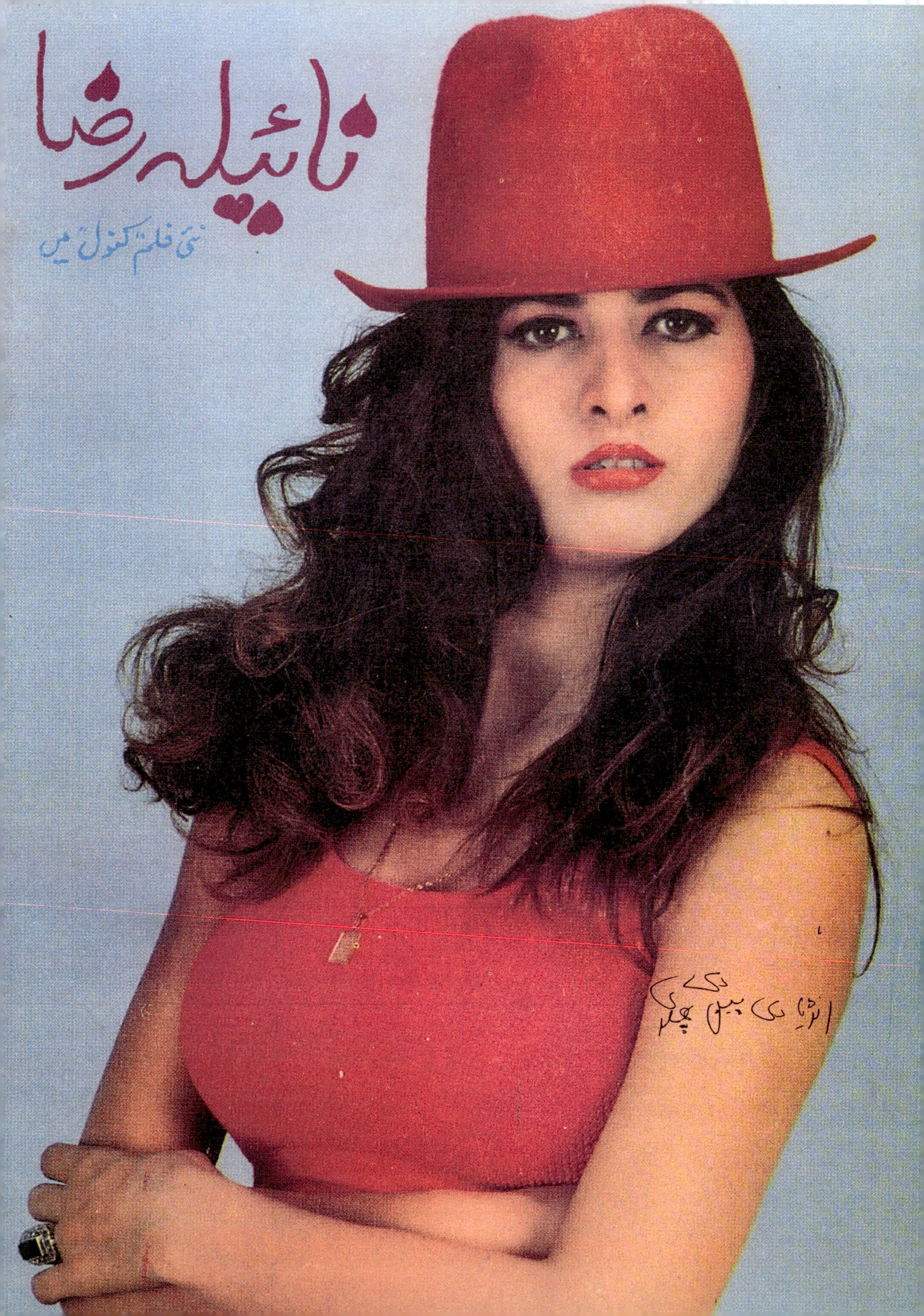

نائلہ رضا
نئی فلم "کنول" میں

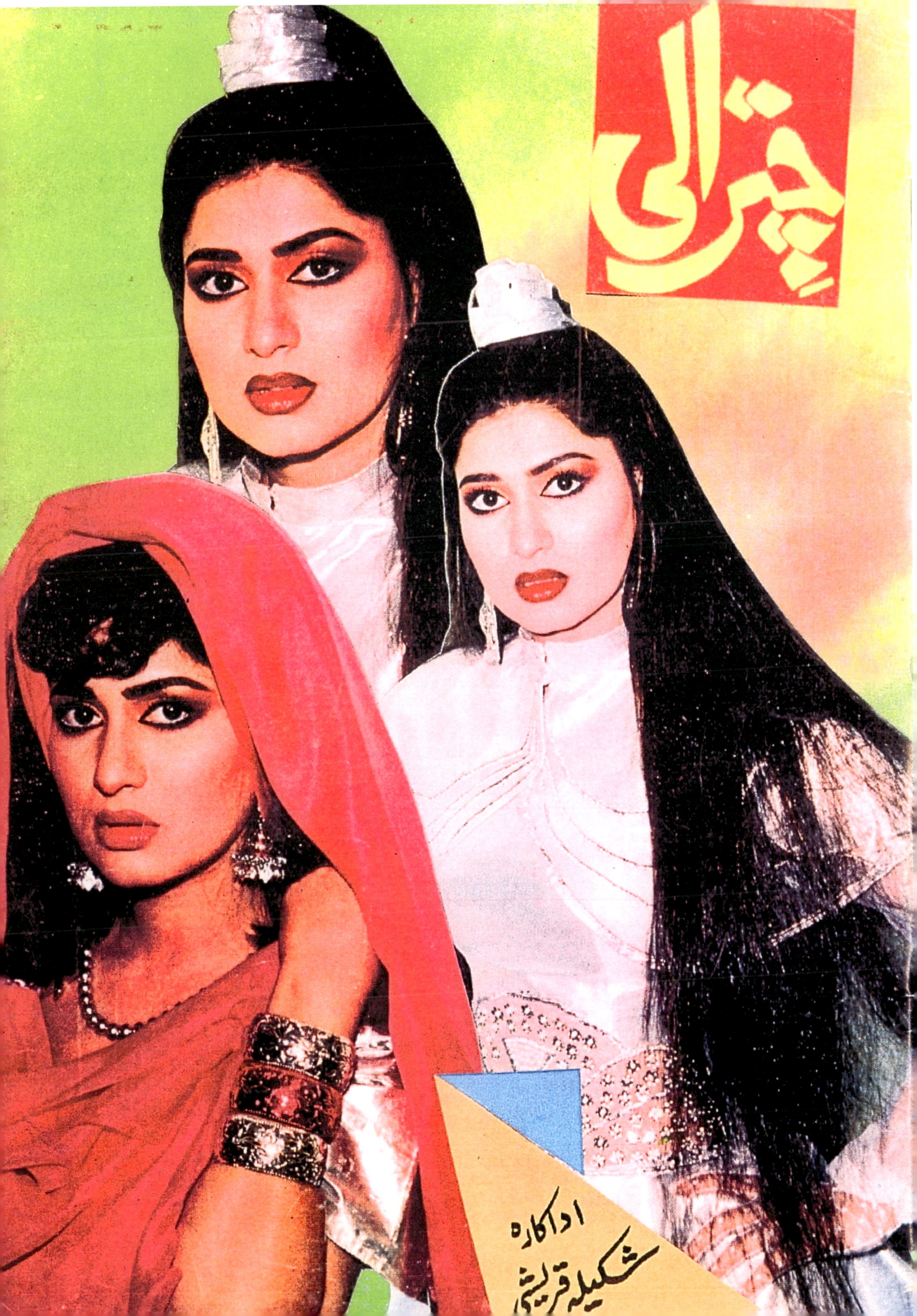
چترالی
اداکارہ
شکیلہ قریشی

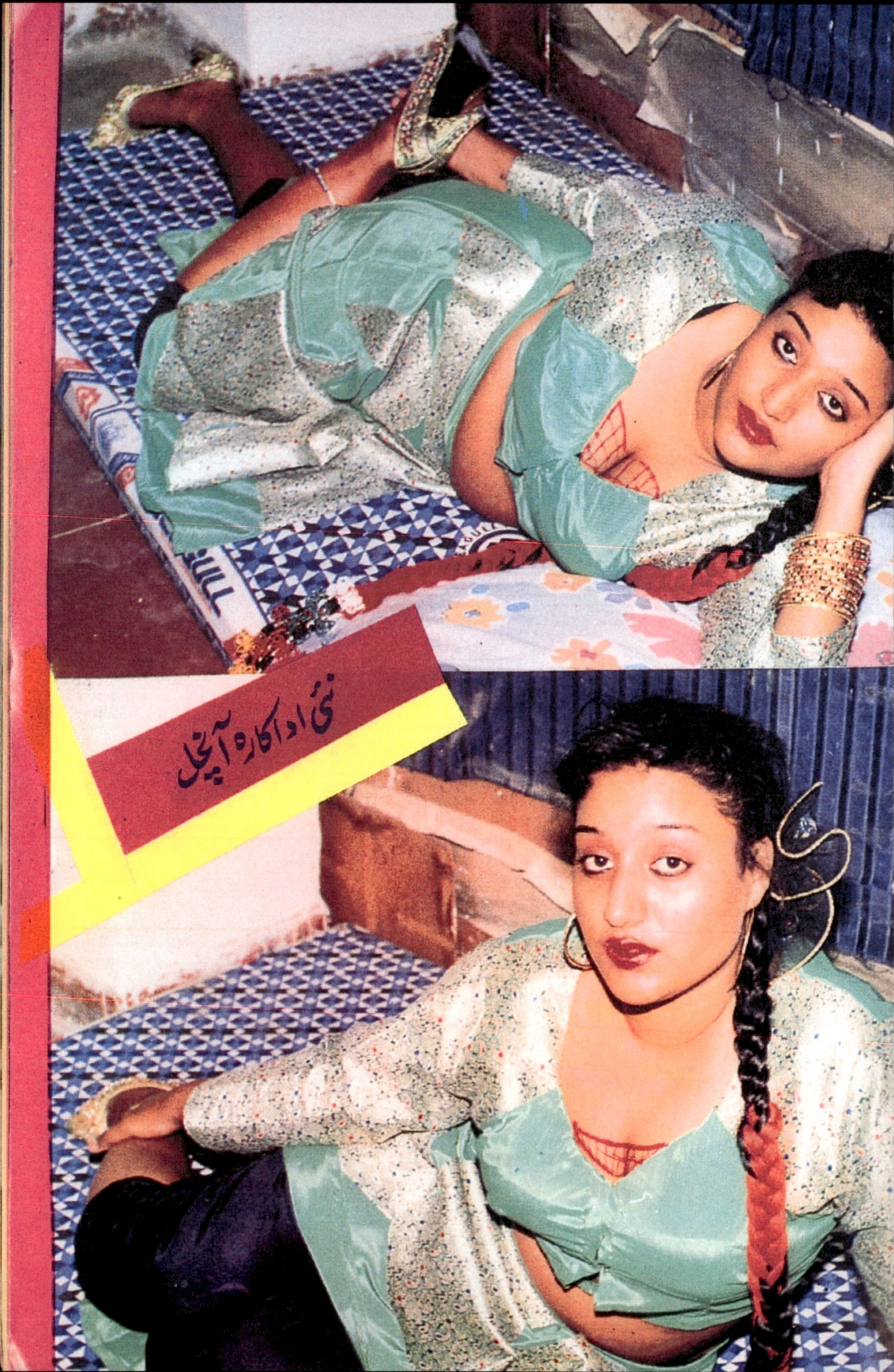
نئی اداکارہ آنچل

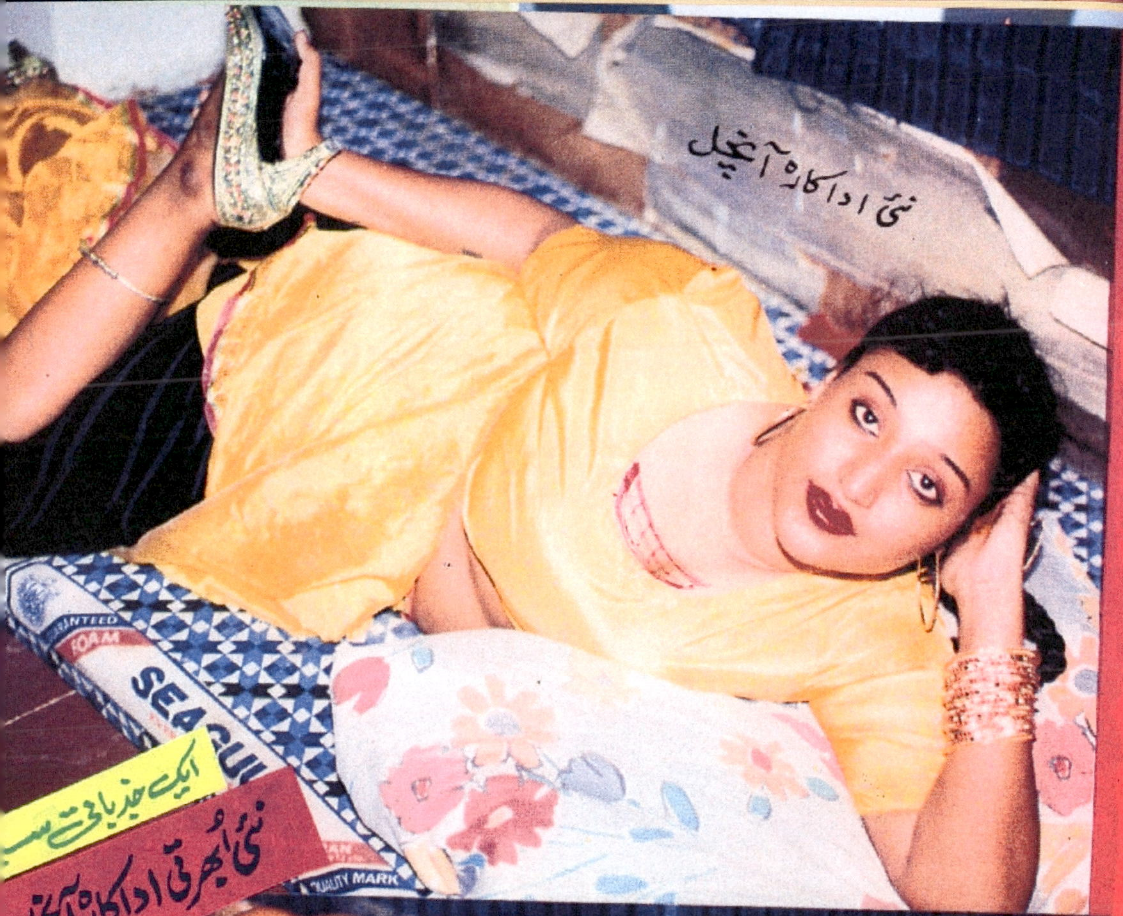
نئی اداکارہ آنچل
ایک جذباتی سین
نئی اُبھرتی اداکارہ آنچل

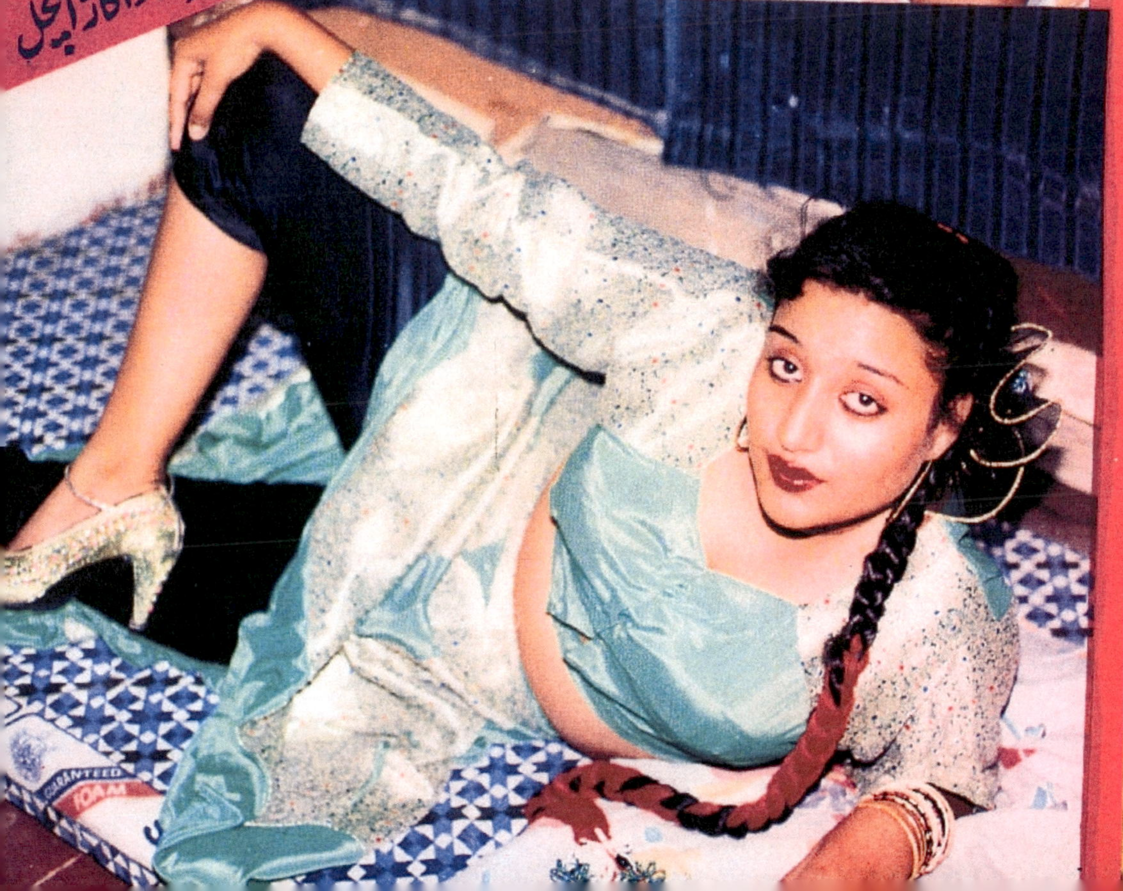

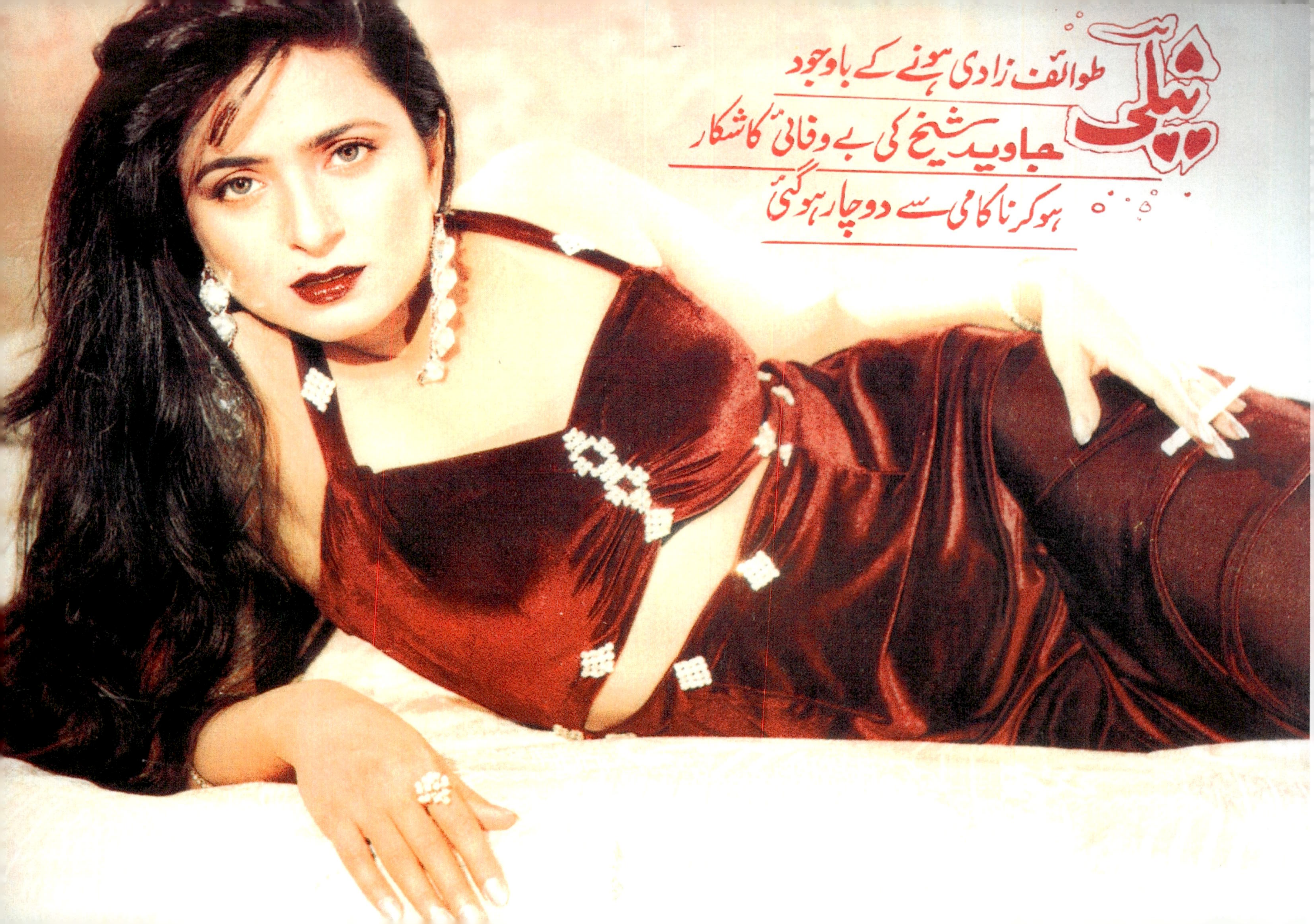
طوائف زادی ہونے کے باوجود
جاوید شیخ کی بے وفائی کا شکار
ہو کر ناکامی سے دوچار ہو گئی

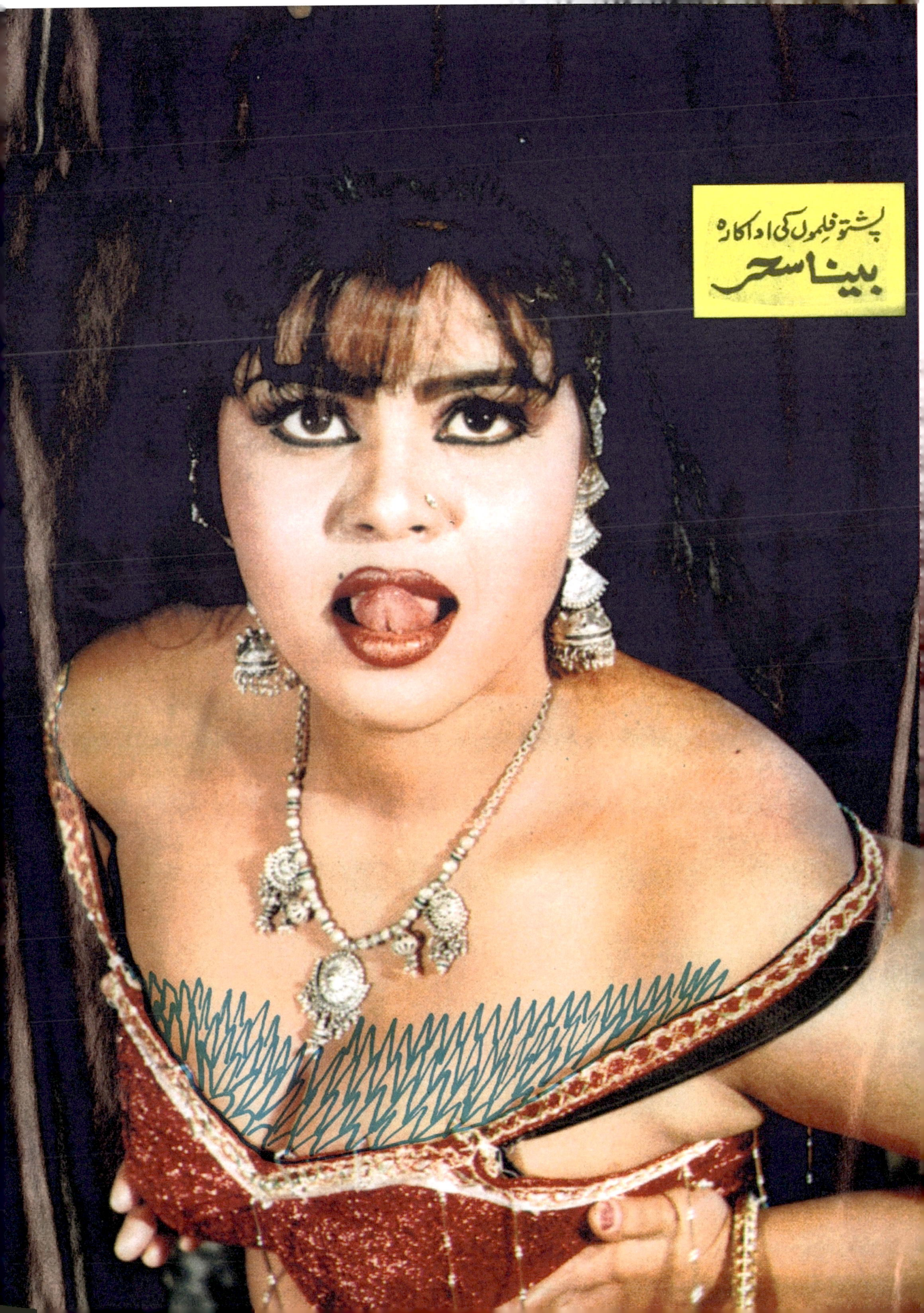
پشتو فلموں کی اداکارہ
بینا سحر

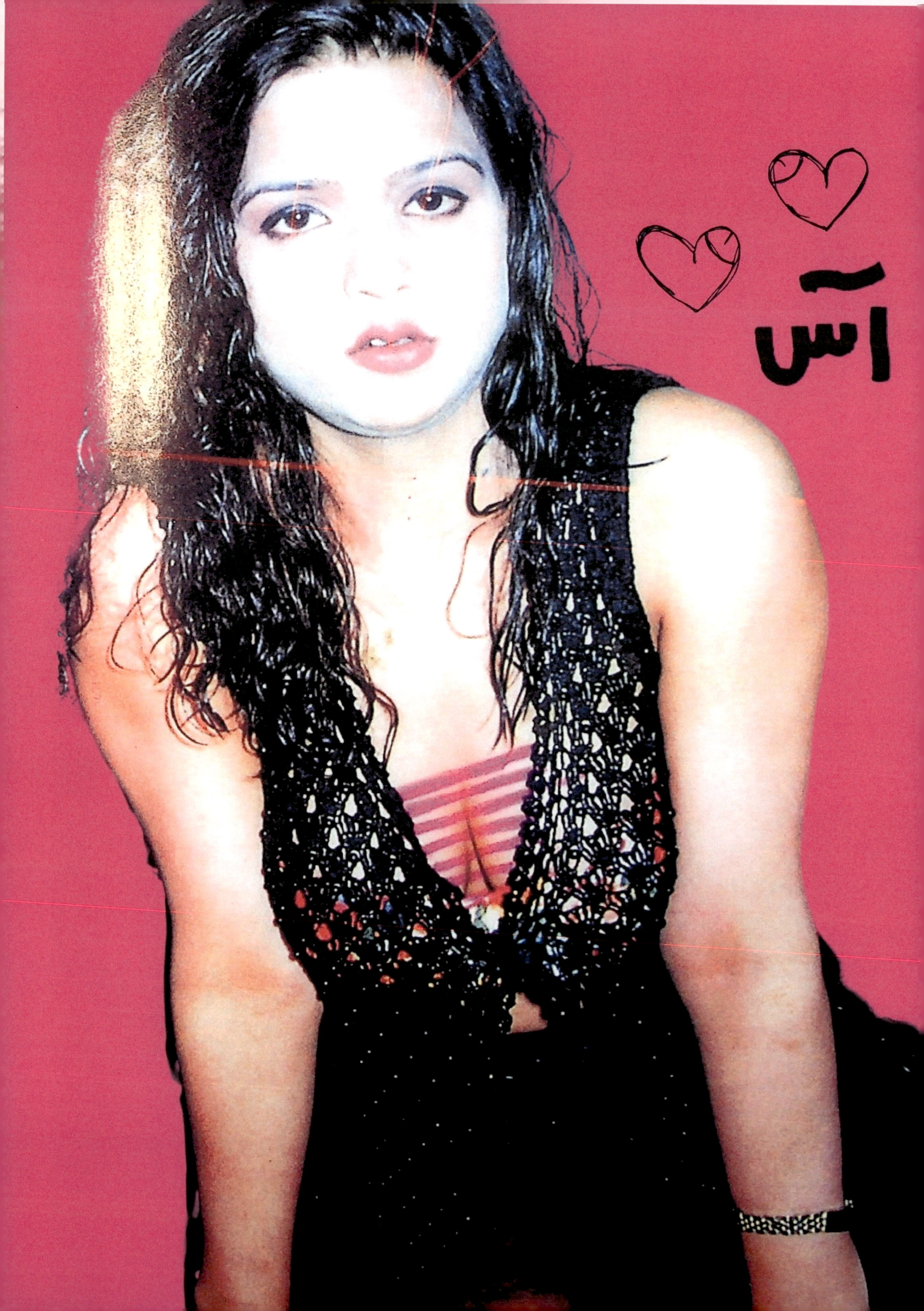
آس

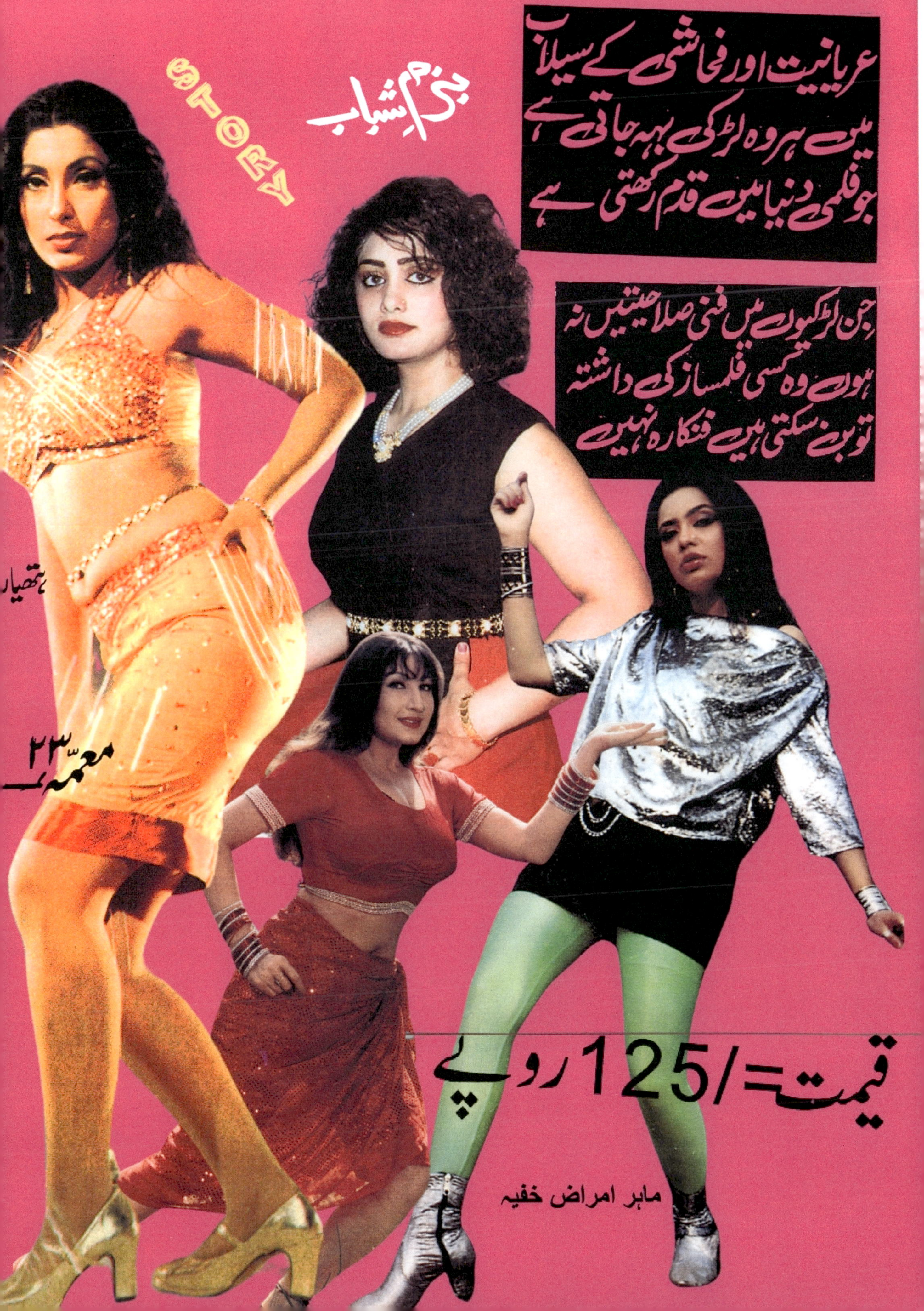
STORY
بزمِ شباب
عریانیت اور فحاشی کے سیلاب
میں ہر وہ لڑکی بہہ جاتی ہے
جو فلمی دنیا میں قدم رکھتی
ہے
جن لڑکیوں میں فنی صلاحیتیں نہ
ہوں وہ کسی فلمساز کی داشتہ
تو بن سکتی ہیں فنکارہ نہیں
ہتھیار
معمہ ۲۳
قیمت =/125 روپے
ماہر امراض خفیہ

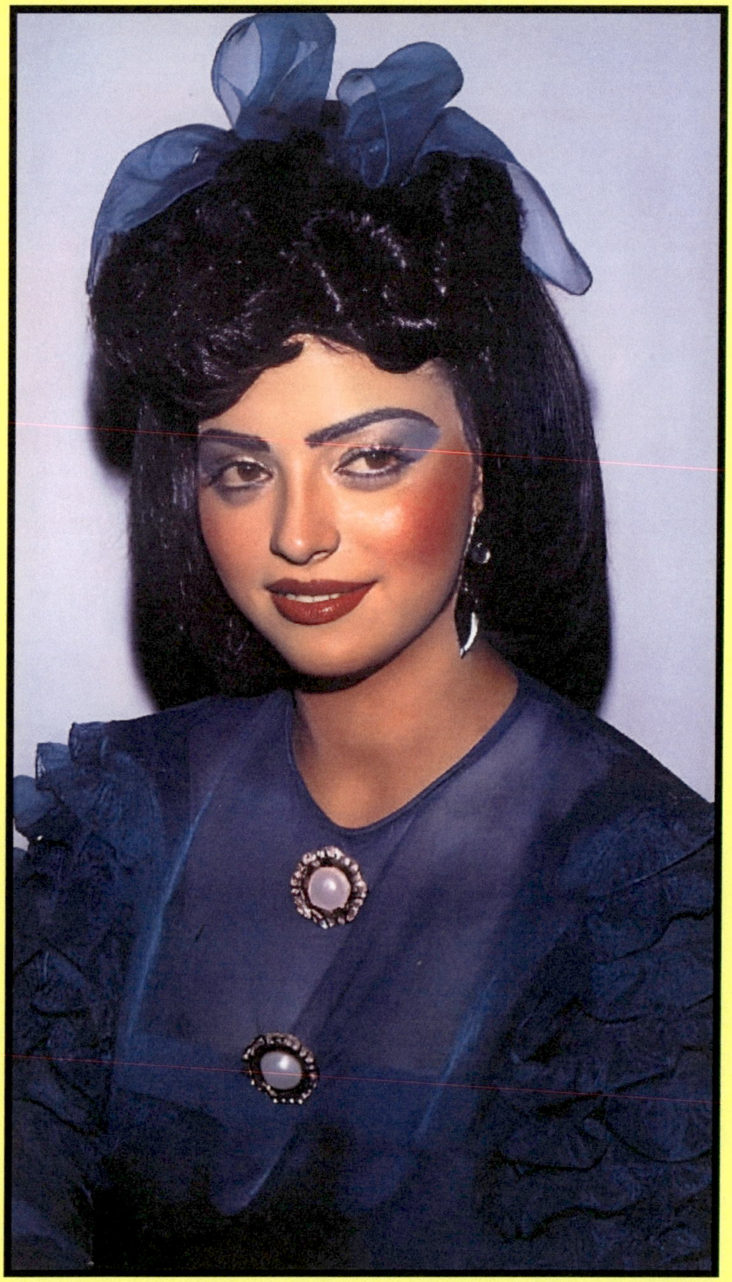

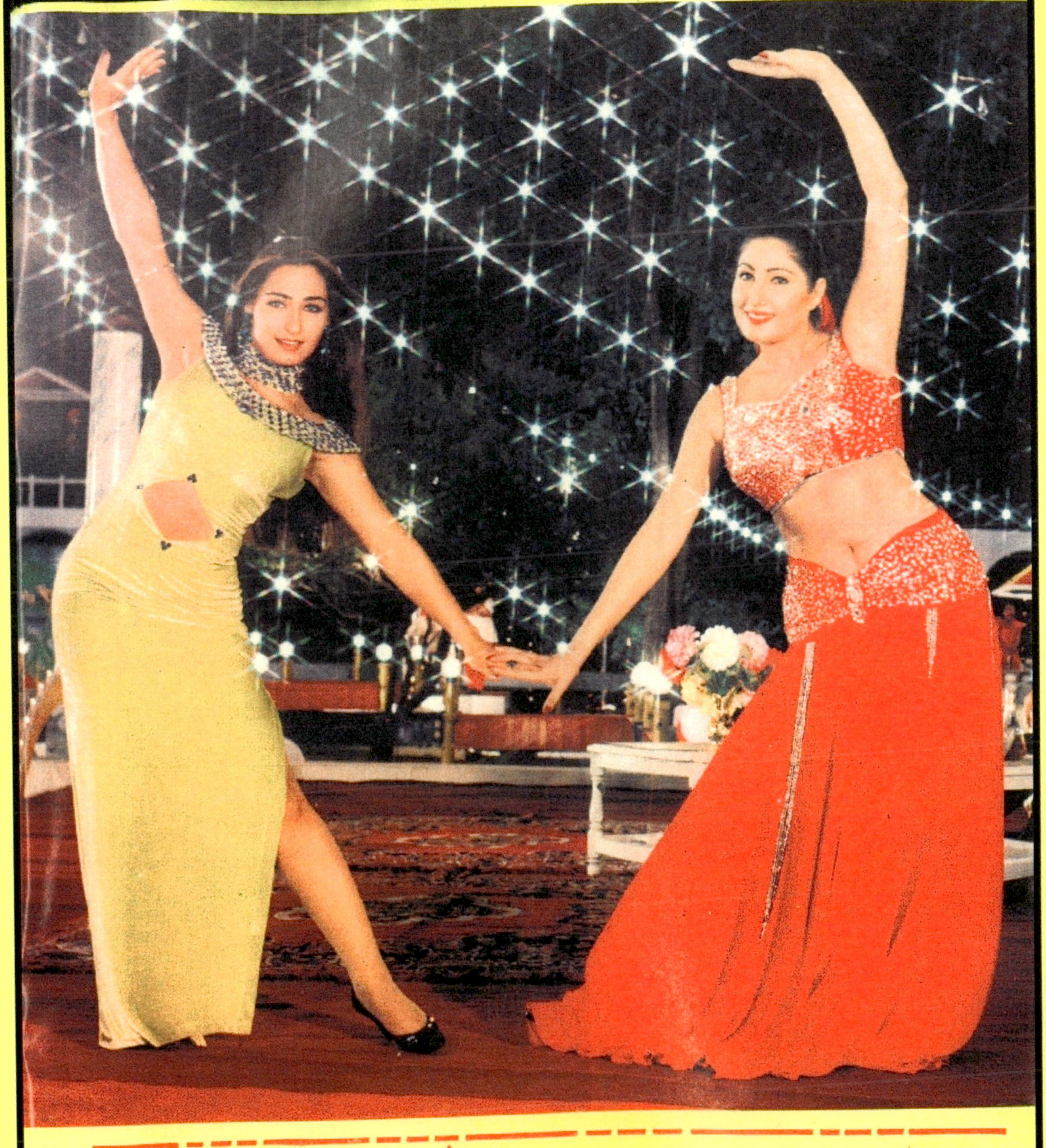

دو حسین فنکارائیں - ملتانی سوہن حلوے صائمہ اور ریما

ملتان شہر کو یہ بھی شرف حاصل ہے کہ اس نے نامور صحافیوں، ادیبوں اور شاعروں کے علاوہ پاک فلم انڈسٹری کو درجنوں فن کاروں اور گلوکاروں کو بھی دیا جنہوں نے فلم انڈسٹری اور ادب میں نام روشن کیا یوں تو بہت سی فنکارائیں اس وقت بھی فلم انڈسٹری میں موجود ہیں مگر فن کی بلندیوں کو چھو کر اپنا مستقبل روشن کرنے والی دو اداکارائیں ہیں — صائمہ — اور ریما

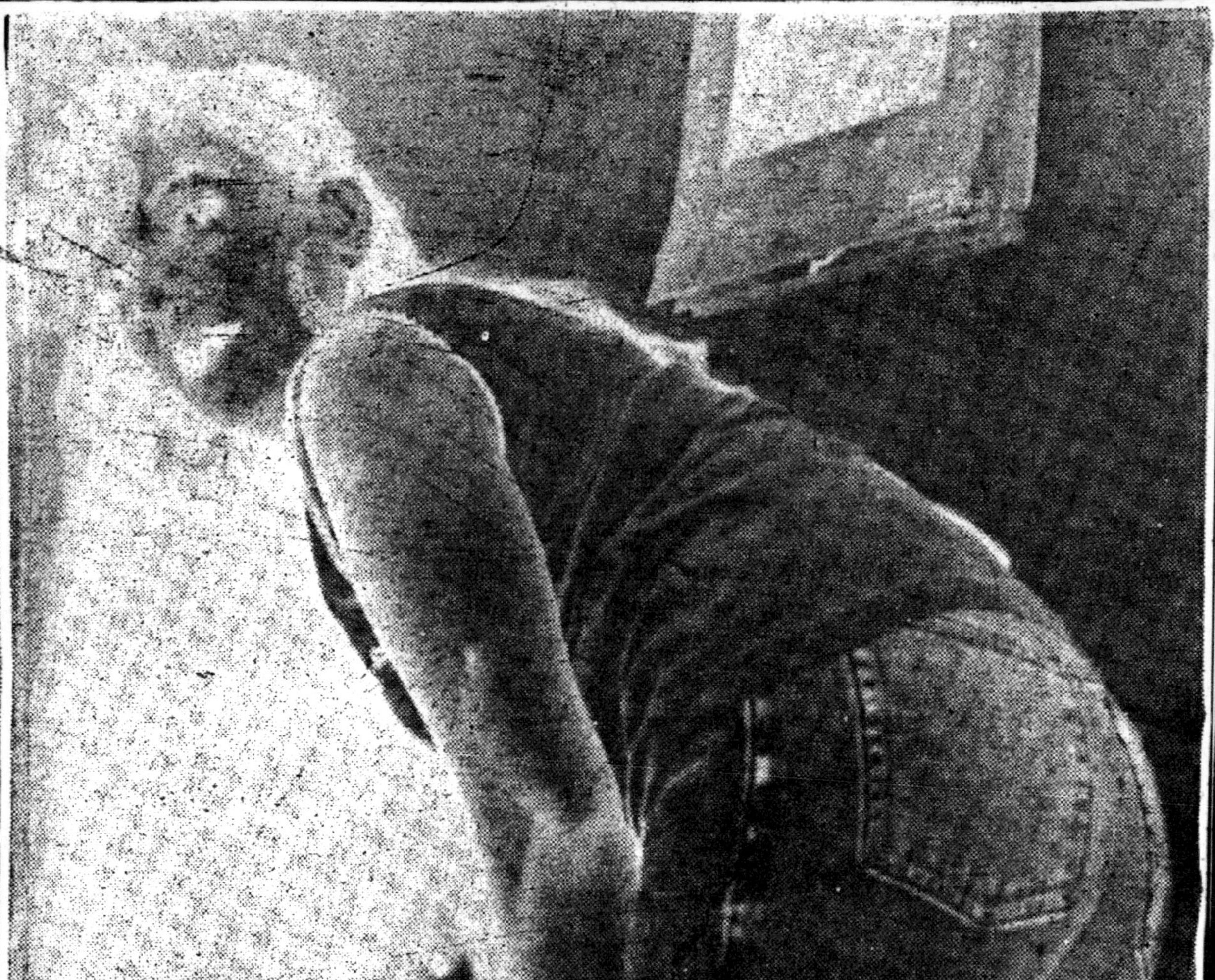

فضول اور بے بنیاد سکس دکھانے کے میں بالکل خلاف ہوں!

تو قارئین یہ تھیں سچی اور کھری باتیں سونیا چوہدری کی۔ سونیا چوہدری حقیقت پسند فنکارہ ہے سچ کو سچ کہنے میں عار محسوس نہیں کرتی کیونکہ روشن دماغ ہے۔ جھوٹ سے اسے شدید نفرت ہے کھری ہے اور سچے دوستوں کی بڑی قدر دان ہے۔

ہوں۔ یہ سب مجھ سے ہر قسم کے کردار ادا کرانے کے علاوہ ہر قسم کے رقص بھی مجھ سے کرواسکتے ہیں۔ میں فلم کے سین کی ہر ڈیمانڈ پوری کرنے پر فخر محسوس کروں گی۔

○ ضروری اطلاع ○

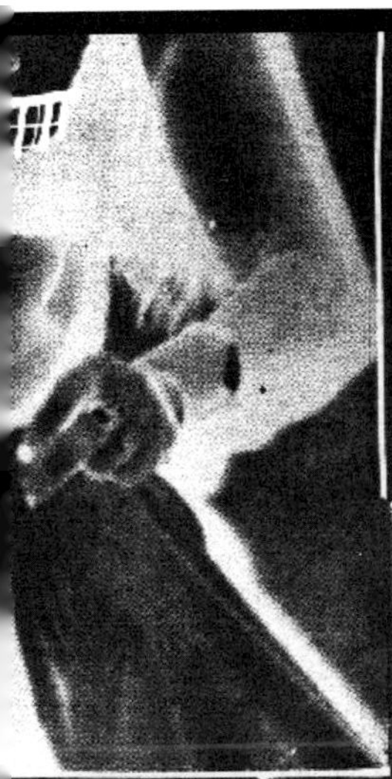

تعارف: ایم اشرف ملک

روشنیوں کا شہر کراچی جہاں ملک کا سب سے بڑا تجارتی مرکز ہے وہاں یہ فنکاروں کا بھی شہر ہے۔ کراچی جس کی کبھی فلمی مارکیٹ بھی عروج پر تھی آج خود غرض لوگوں کی بے حسی پر ماتم کناں ہے۔ کراچی نے درجنوں سپر سٹاروں کو جنم دیا ہے آج ان کی بے رخی پر خون کے آنسو روتا ہے۔ آج ٹی وی اور اسٹیج کی دنیا میں بھی کراچی نے بڑا نام پیدا کیا ہے۔ آج کے جدید دور میں جہاں سیٹلائٹ کا دور دورہ ہے۔ ایسی

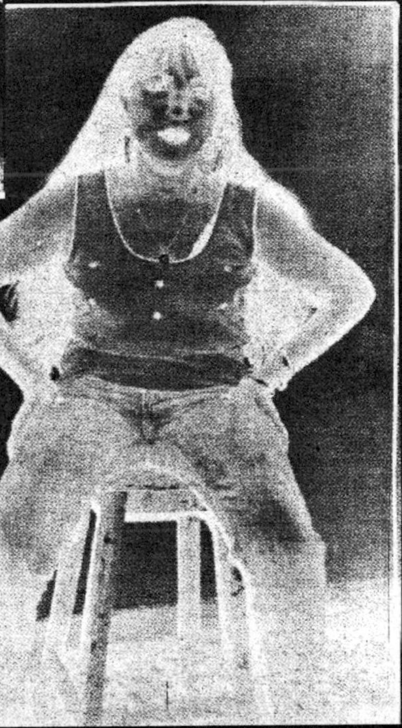

ٹی وی اور اسٹیج کی دنیا میں کراچی کے فنکار نمایاں نظر آتے ھیں

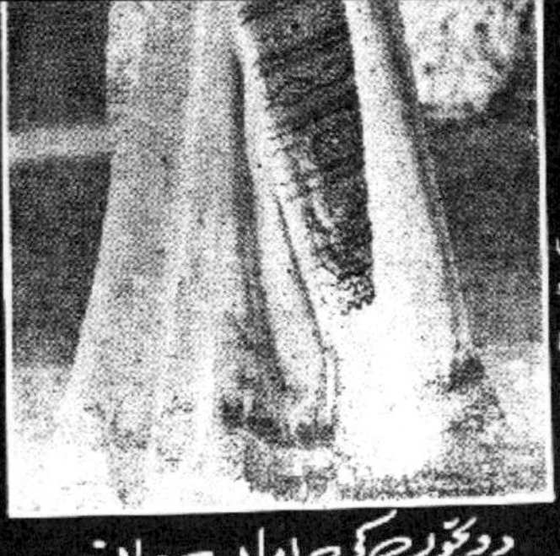

دو بچوں کی اماں جان اداکارہ میرا

ماہانہ وصول کرتی تھی!

افسر کی ملکیت ہے۔ بہت جلد اس کہانی کا اگلا باب بھی منظر عام پر آنے والا ہے جو میرا جی کے لئے نقصان دہ ثابت ہو سکتا ہے۔ ان کے کیریئر کے لئے ان ساری باتوں کے باوجود ہماری فلمسٹارز کا کہنا ہے کہ ہمیں پھنسایا جا رہا ہے ارے جناب ہم تو یہی کہیں گے۔

پردہ نہیں جب کوئی خدا سے
بندے سے پھر ڈرنا کیا
پیار کیا تو ڈرنا کیا

...کے لئے آسٹریلیا چلی گئی تو ...ے آسٹریلیا پہنچ گئے جس کی ...لو ہو گئی۔ ان حالات کے ...نے تھک ہار کر ایک طلب ...ادہ کسی طرح میرا سے شیخ ...لین اس تنظیم کے لڑکوں ...ب کی بیگم کو بیوقوف بنا کر ...ہانہ کیا جس پر بیگم صاحب ...کر لیا۔ •

...ب صاحب فیکٹریز کے مالک ...وصول کرتی تھی۔ میرا جی ...اسٹیٹ سیمنٹ کے ایک

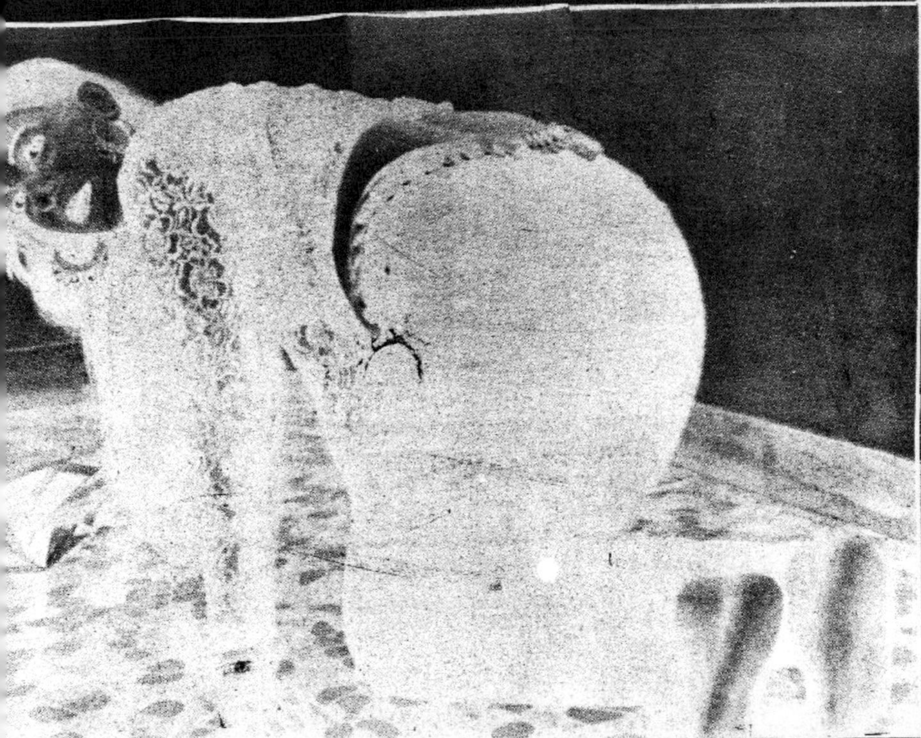

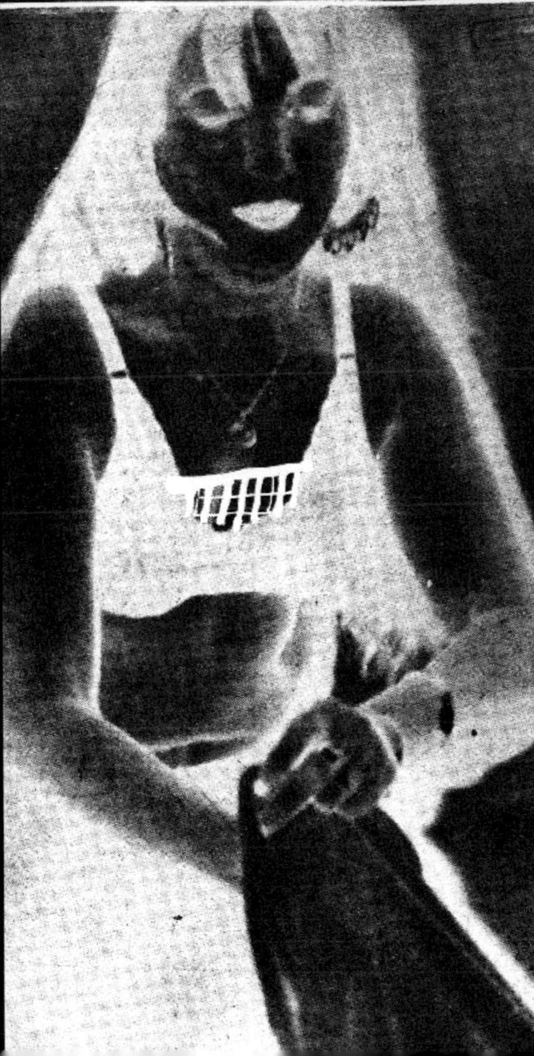

پشتو فلموں میں فحاشی عنصر نمایاں ہوتا ہے شائقین فلم بھی سکیس بھرپور فلمیں دیکھ...

کبھی ضرور پیش آئے گی۔ مگر کراچی اسٹیج پر آج کل تماش بین طبقہ نے اسٹیج کا ماحول خراب کر دیا ہے۔ یہاں پر لڑکی کو شو پیس بنا کر پیش کیا جاتا ہے۔ یہاں پر شائقین کی نظریں فن کار کی فنی صلاحیتوں پر نہیں بلکہ لڑکی کے مخصوص حصوں پر لگی ہوتی ہیں اور ان کی خواہش ہوتی ہے کہ کاش یہ لڑکی اس کی تنہائی کی ساتھی بن جائے۔ یہ فنکار کو جنسی انداز سے محسوس کر کے اپنی ناپاک خواہشوں کی تکمیل چاہتے ہیں۔ یہ

چاہئے کہ وہ اپنے ملک کی ہر مادری زبان میں بننے والی فلم میں کام کرے کیونکہ ہم سب ایک قوم ہیں۔ کراچی میں فلمیں برائے نام بھی نہیں بنتی ہیں اسی وجہ سے کراچی کے فنکاروں کو چانس نہیں ملتا۔ اس طرح بہت سے باصلاحیت فنکار احساس محرومی کا شکار ہیں اور گھٹن سی محسوس کرتے ہیں۔

س: پشتو فلموں میں فحاشی کا عنصر نمایاں ہوتا ہے اور شائقین فلم بھی سکیس سے بھرپور فلمیں دیکھنا پسند

سگریٹ

ٹی وی کی ایک
خاتون نیوز ریڈر
نشے آور ادویات
استعمال کرتی ہیں

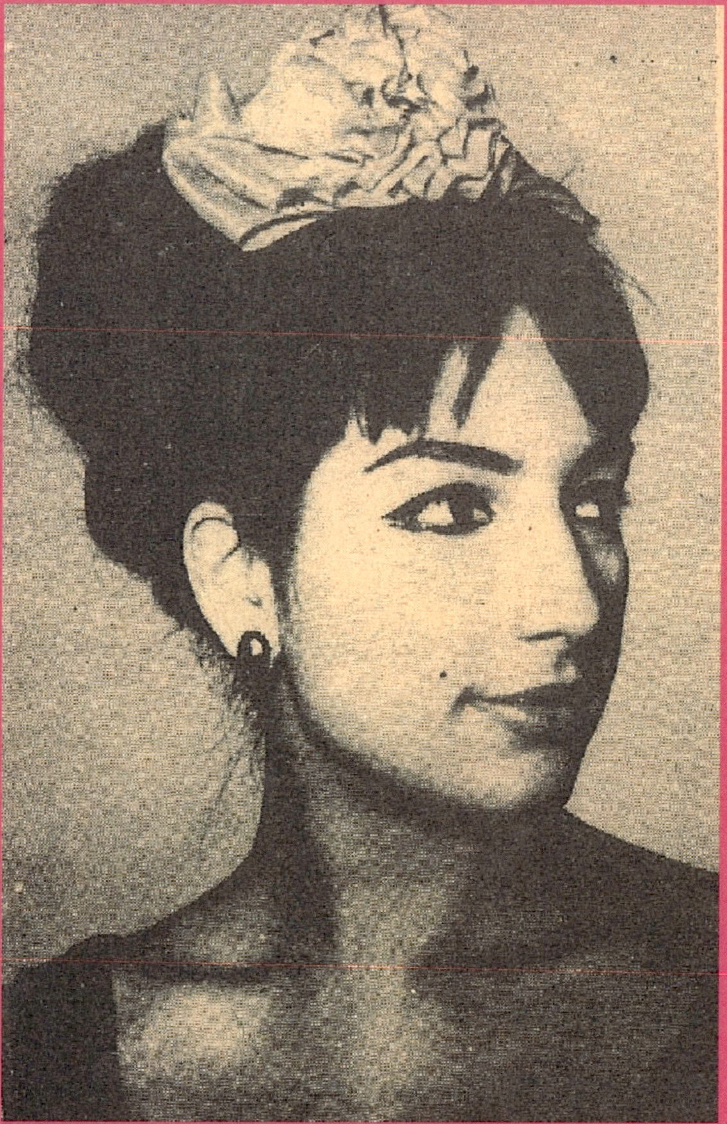

ایک زمانے میں ان کی بدنامی کا سرکاری ترانہ بجتا تھا

نائٹ ڈیوٹی

پیار کا طوفان

محبّت جھوٹ

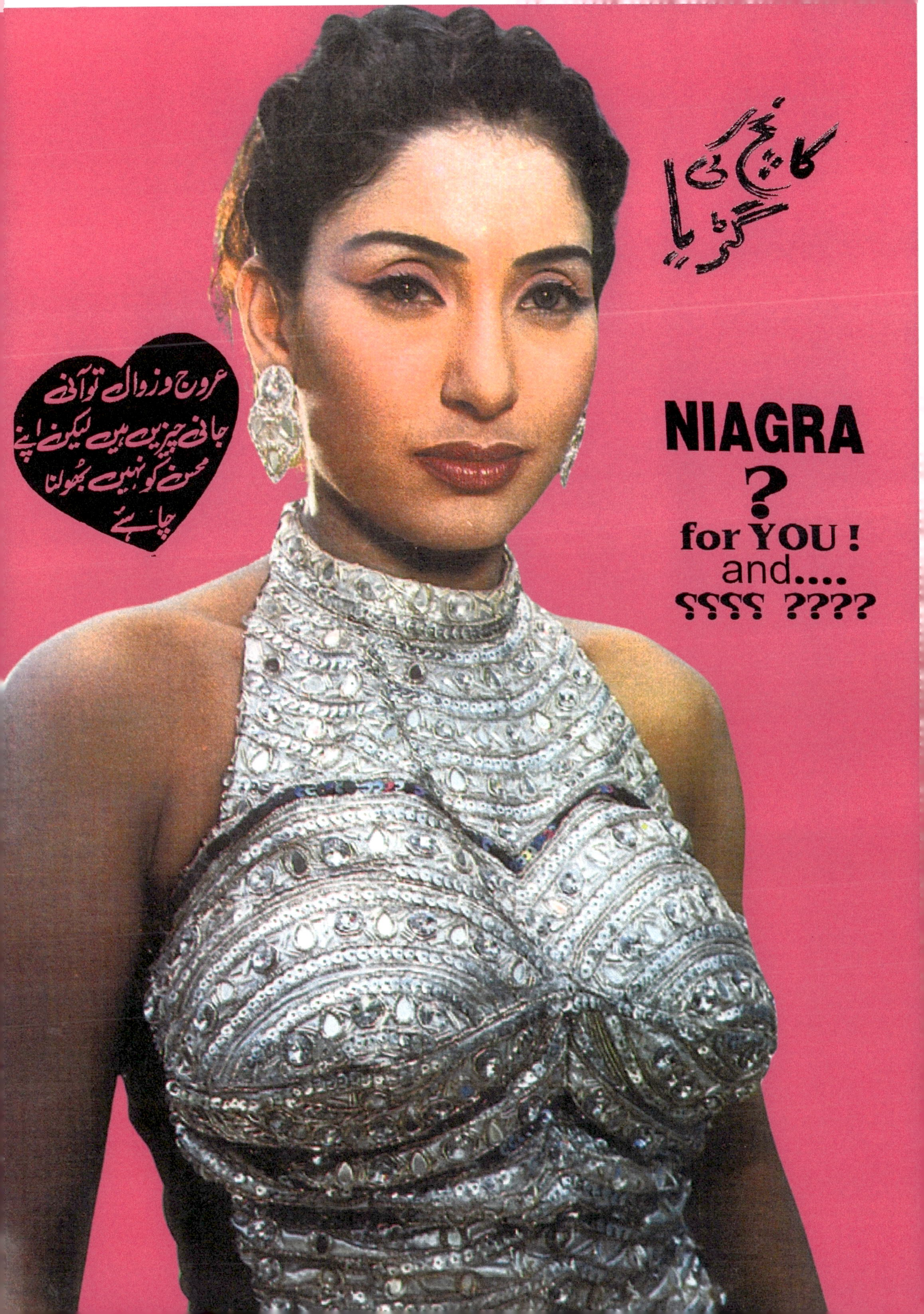
کالج کی گڑیا
عروج وزوال توآنی جانی چیزیں ہیں لیکن اپنے محسن کو نہیں بھولنا چاہیے
NIAGRA
?
for YOU !
and....
???? ????

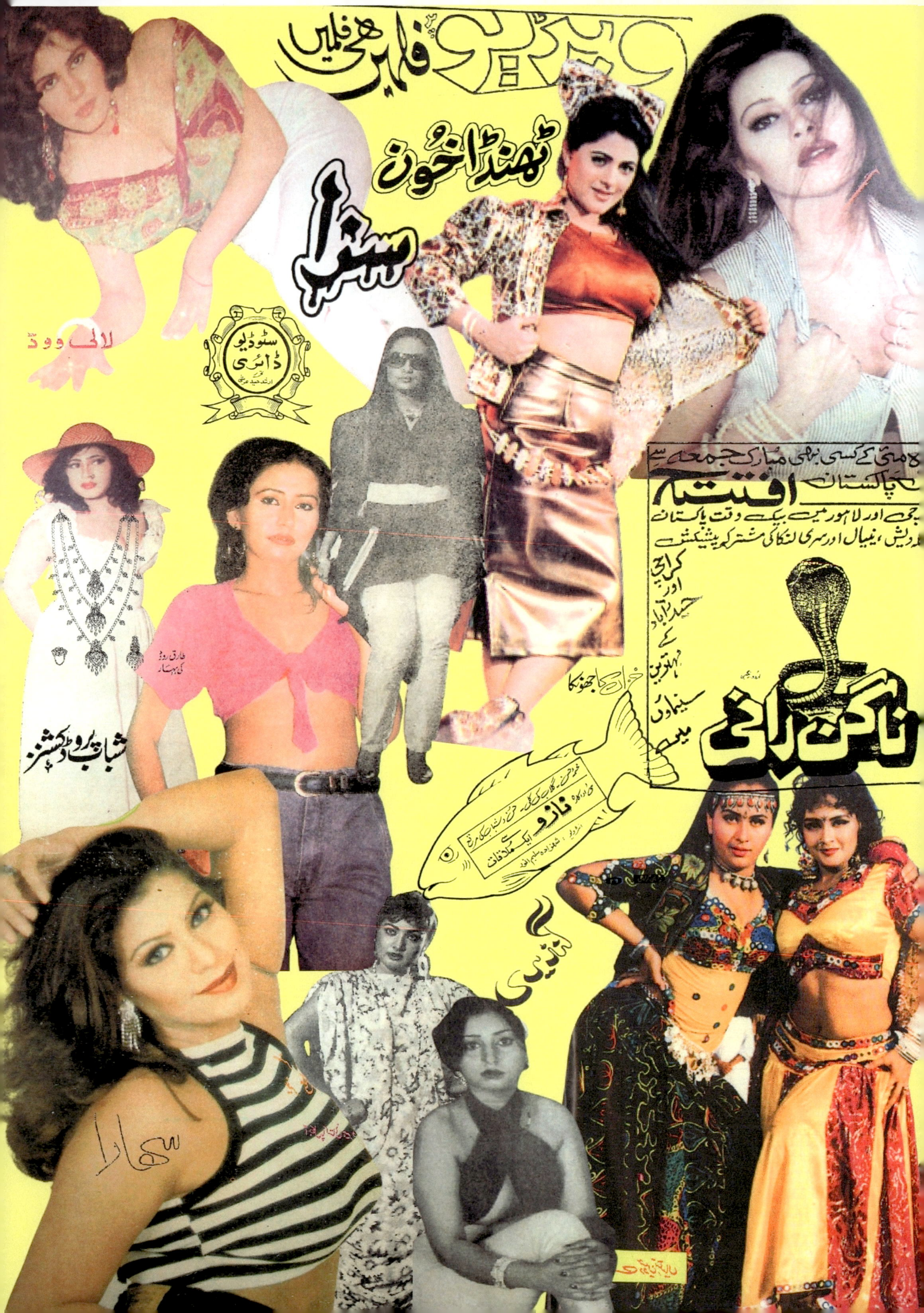

ویڈیو فلمیں
اچھی فلمیں
ٹھنڈا خون
سزا
لالی ووڈ
سٹوڈیو ڈائری
شباب پروڈکشنز
۵ مئی کے کسی بھی مبارک جمعہ سے
پاکستان
افتتاح
جی اور لاہور میں بیک وقت پاکستان
دیش، نیپال اور سری لنکا کی مشترکہ پیشکش
کراچی اور حیدرآباد کے بہترین سینماؤں میں
ناگن رانی
خزاں کا جھونکا
گلاب کی کلی
نازو
ایک ملاقات
شہزادہ سلیم انور
سہارا

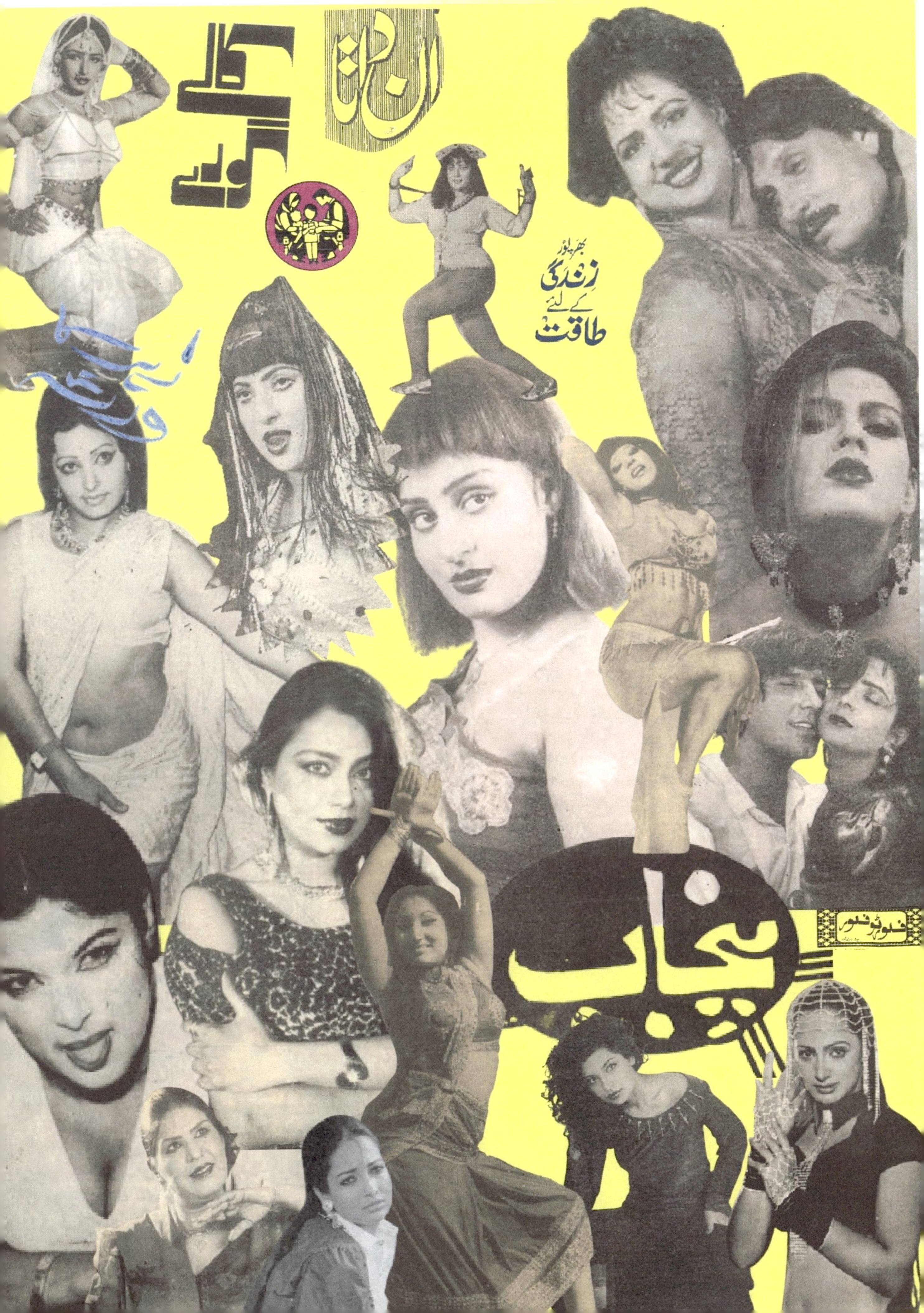
ان داتا
بھرپور
زندگی
کے لئے
طاقت

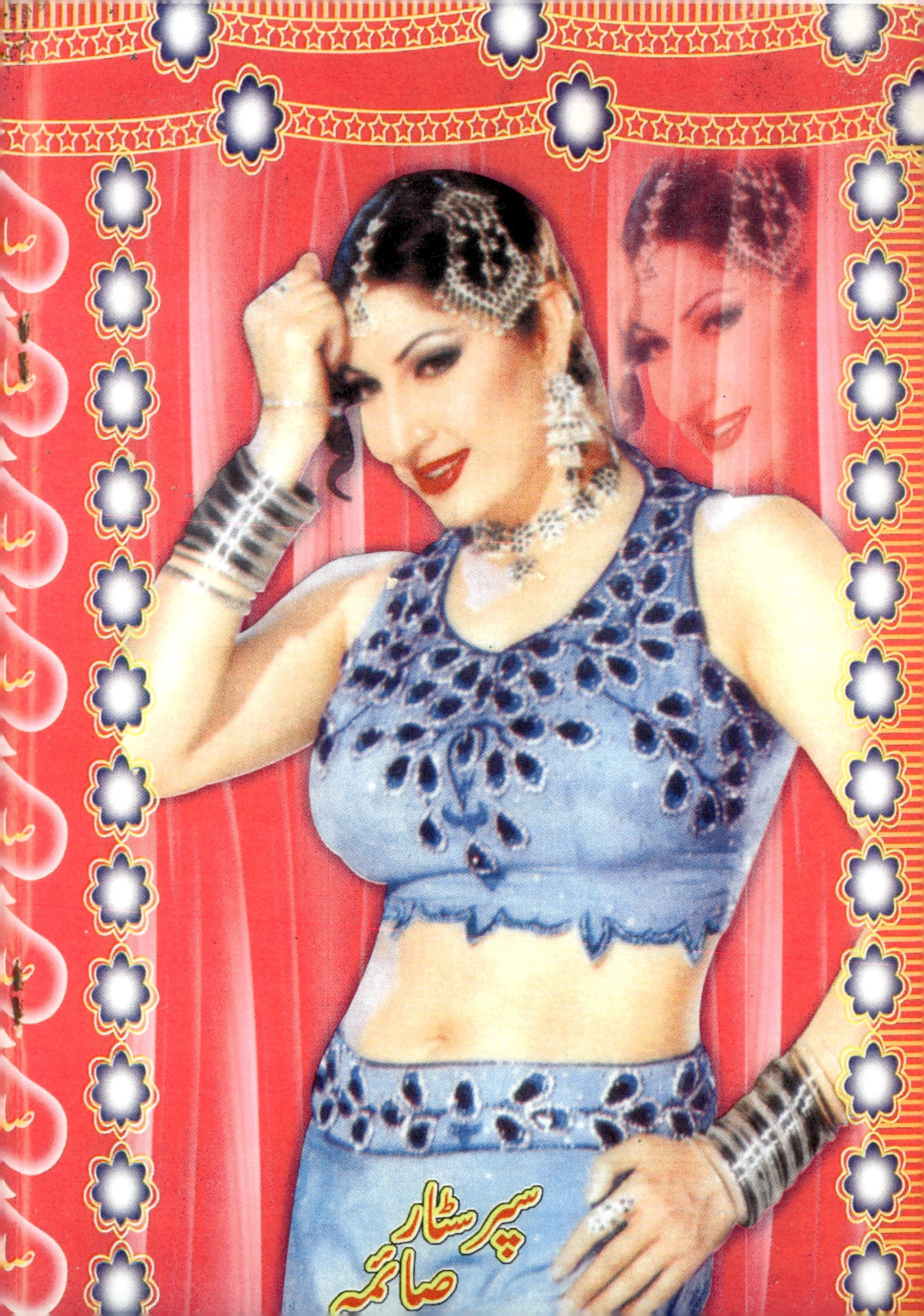
سپر سٹار
صائمہ

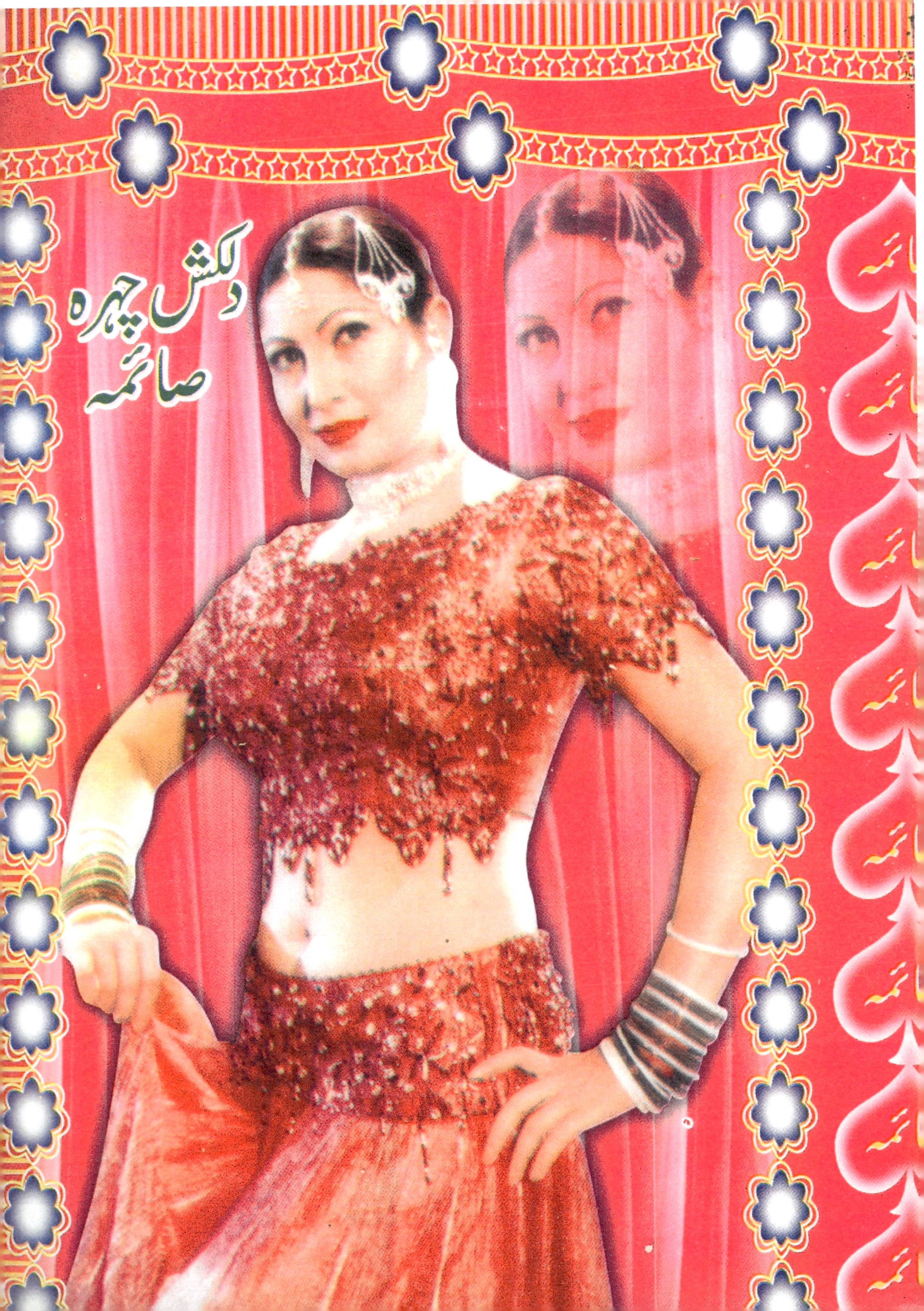
دلکش چہرہ
صائمہ

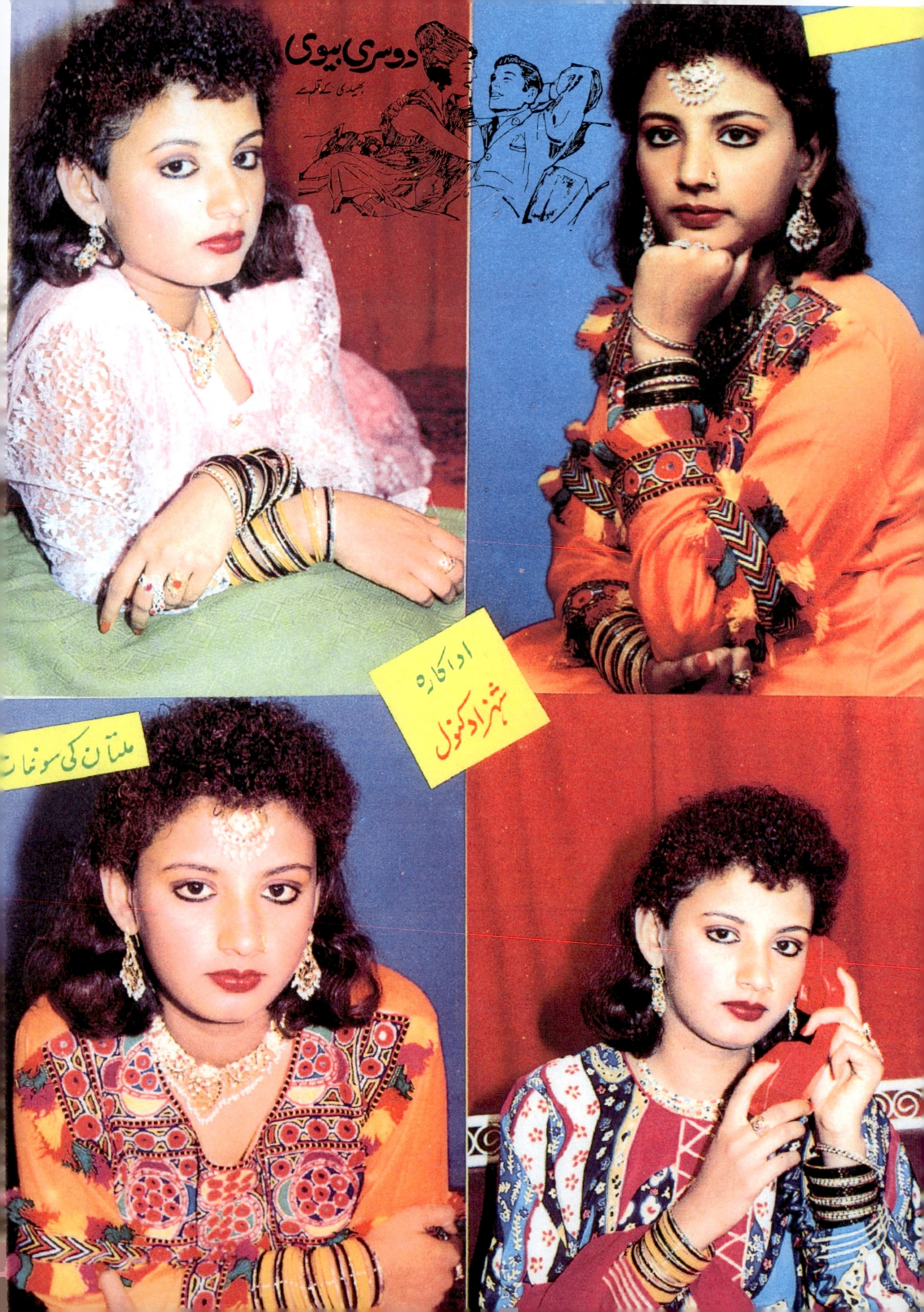
دوسری بیوی
بھیدی کے قلم سے
اداکارہ
شہزاد کنول
ملتان کی

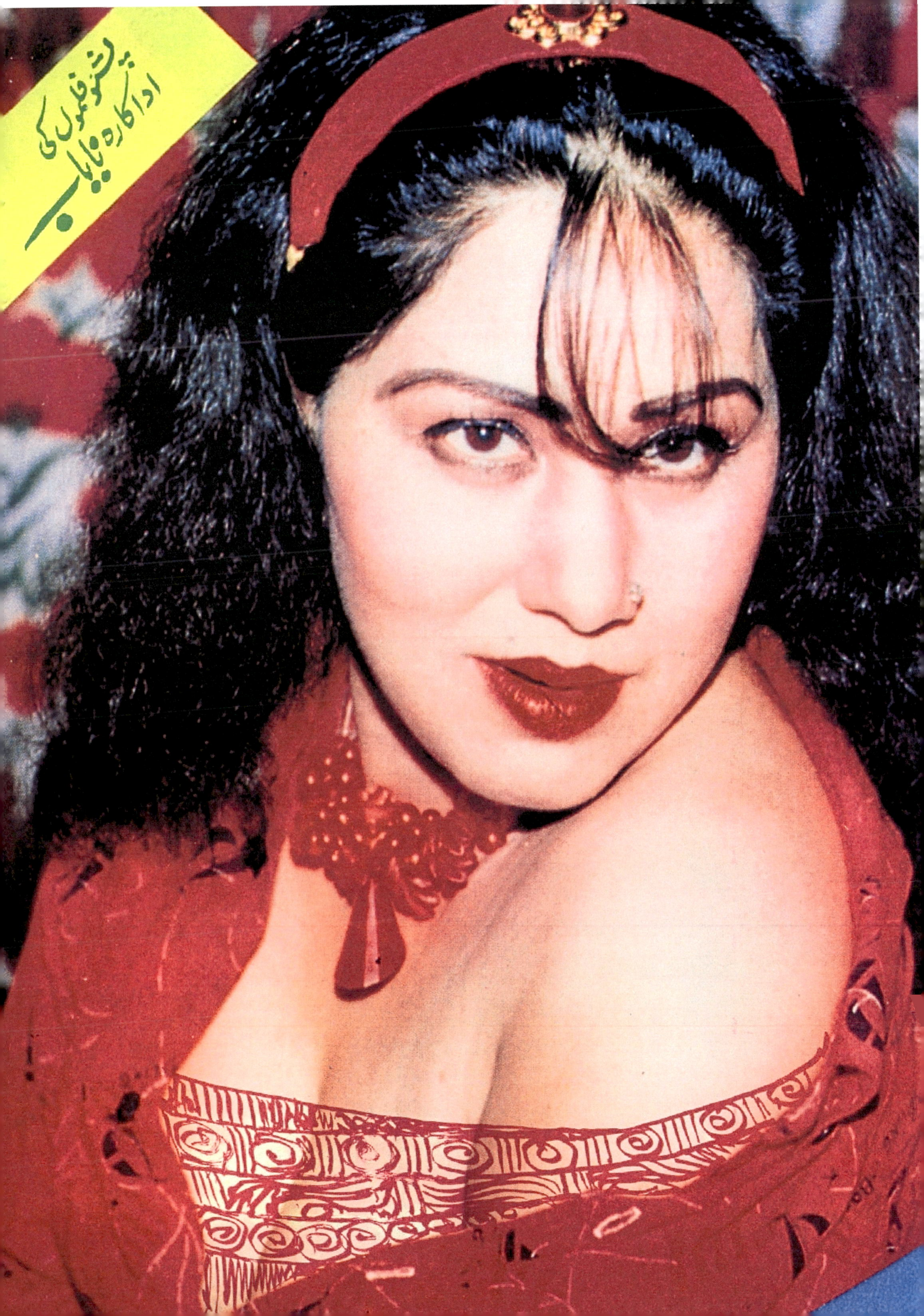
پشتو فلموں کی
اداکارہ نایاب

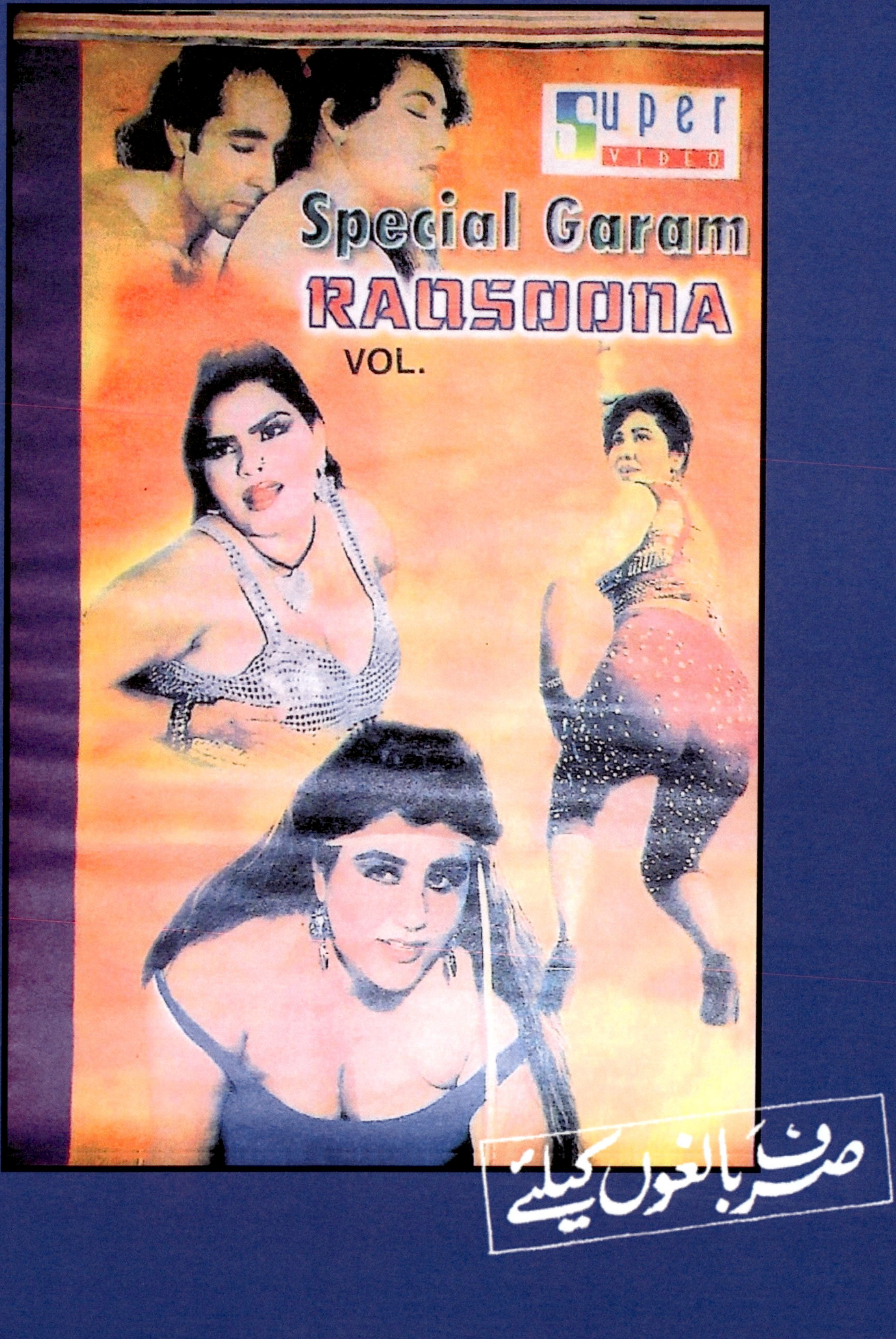
Super
VIDEO
Special Garam
RAQSOONA
VOL.
صرف بالغوں کیلئے

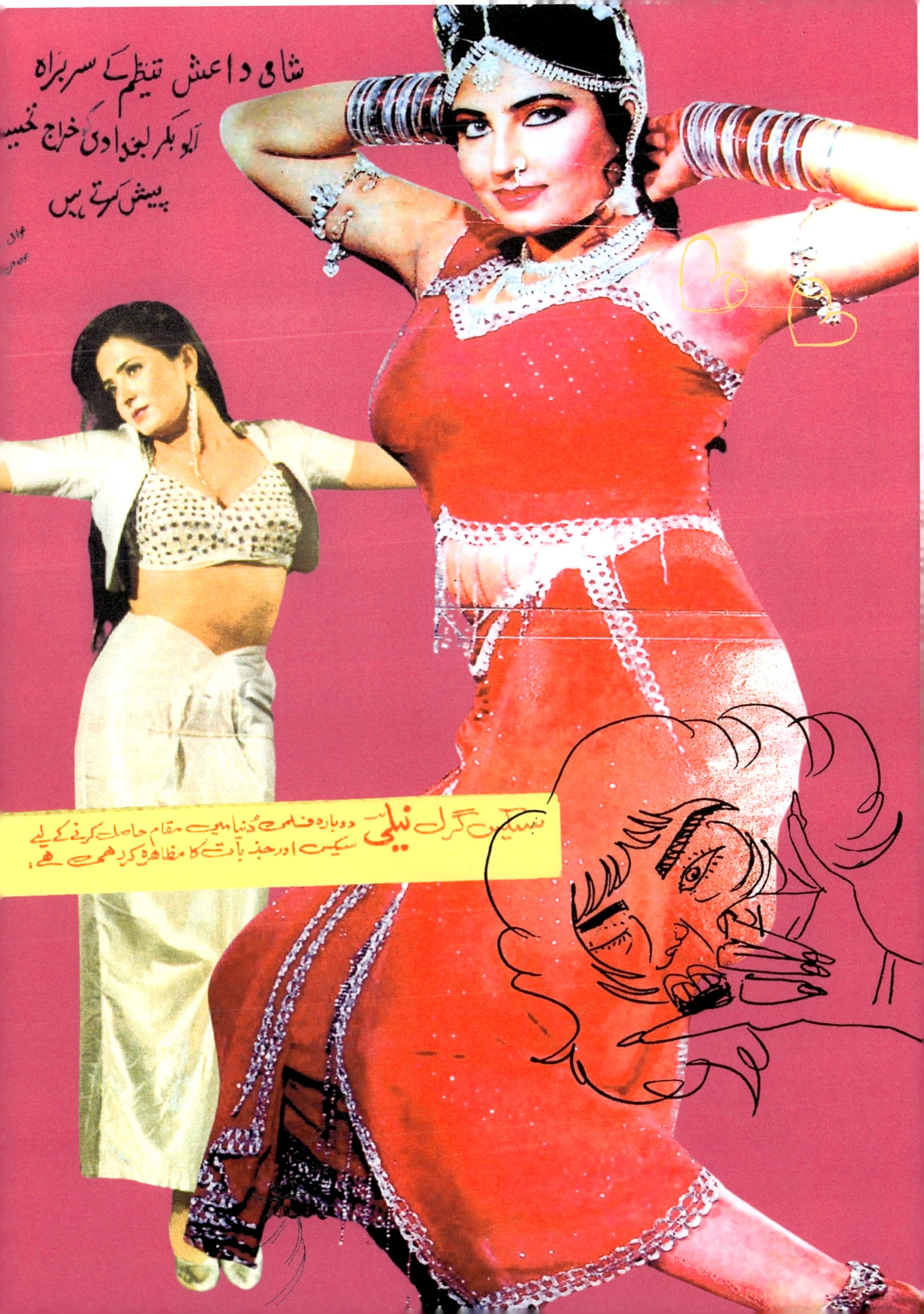
شامی داعش تنظیم کے سربراہ
آبو بکر لبغدادی کی خراج تحسین
پیش کرتے ہیں
سیکس گرل نیلی دوبارہ فلمی دنیا میں مقام حاصل کرنے کے لیے
سیکس اور جذبات کا مظاہرہ کر رہی ھے،

پشتو فلموں کی اداکارہ نایاب

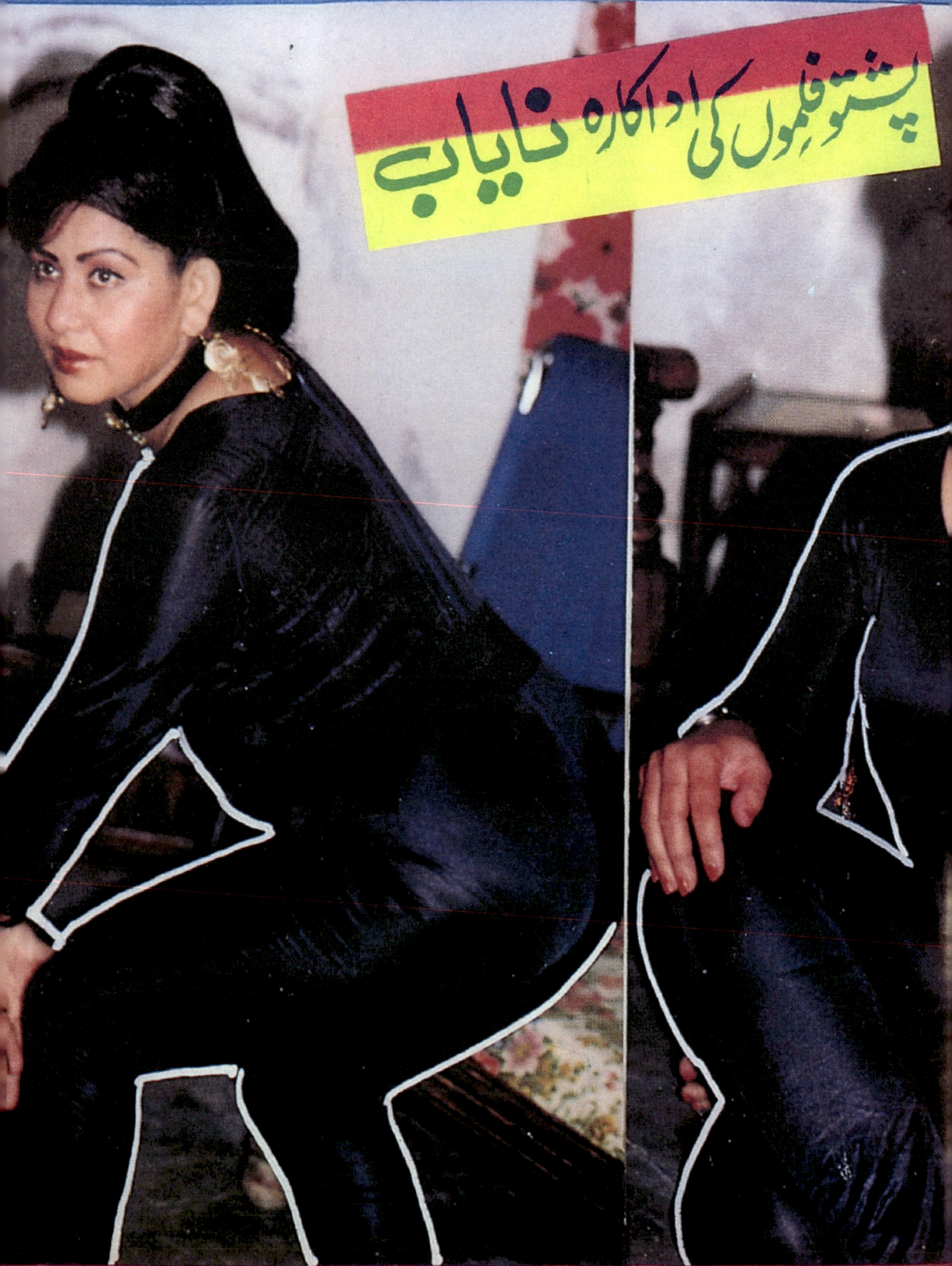

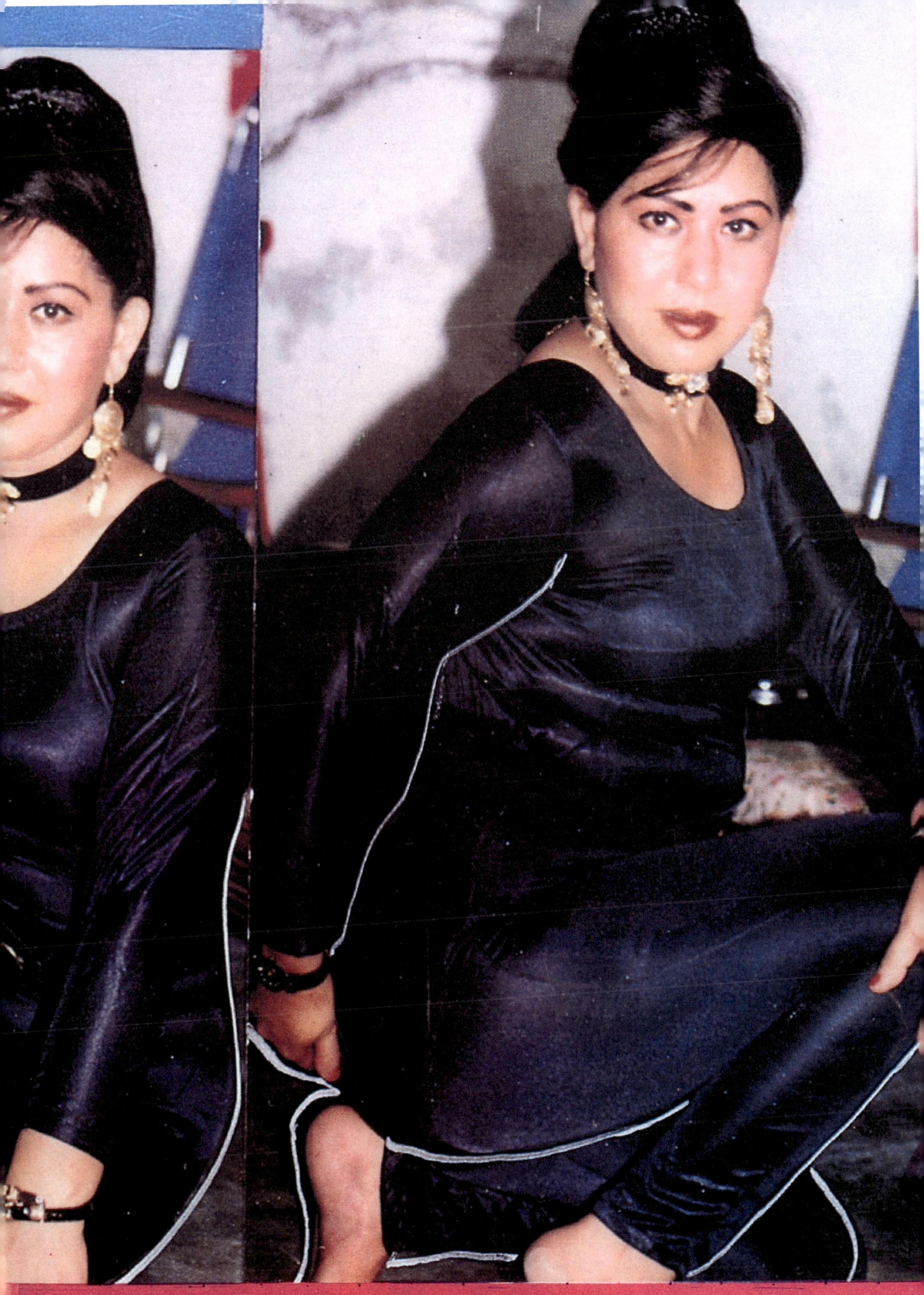

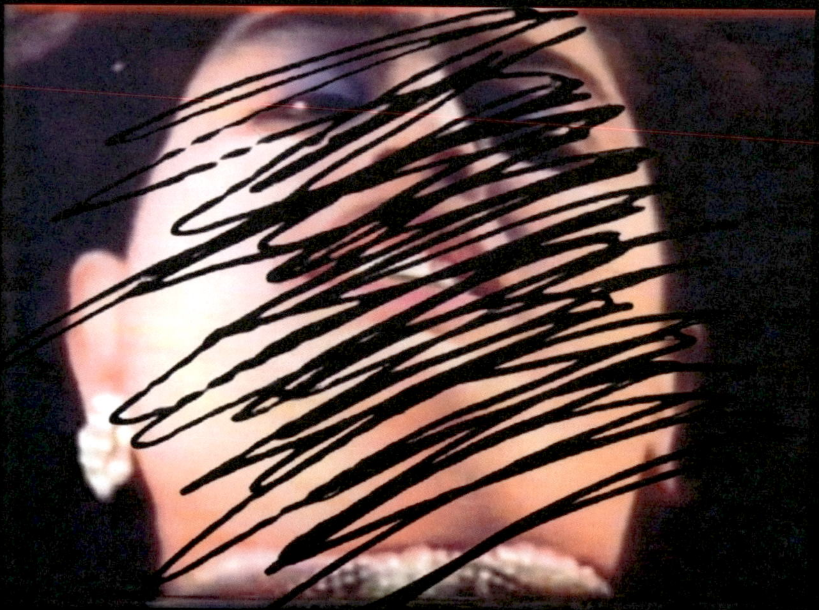

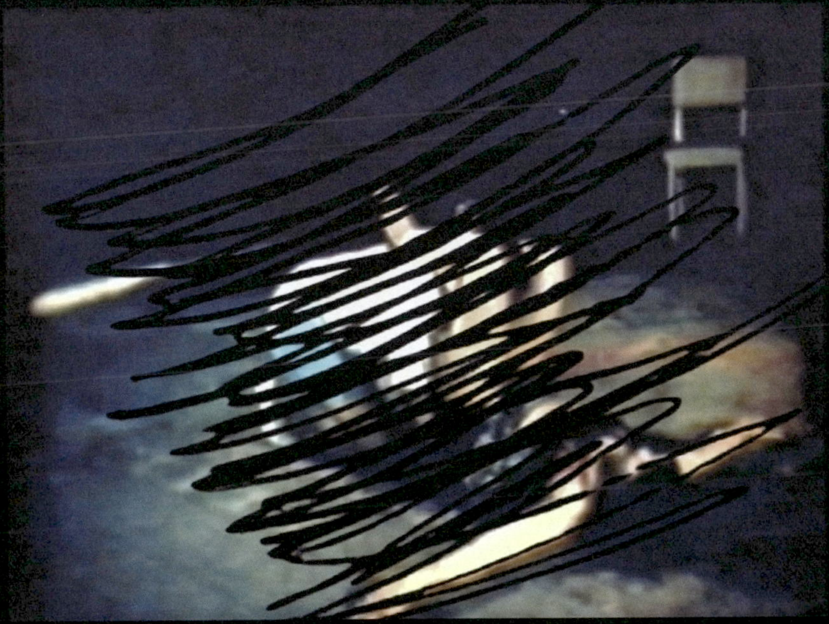

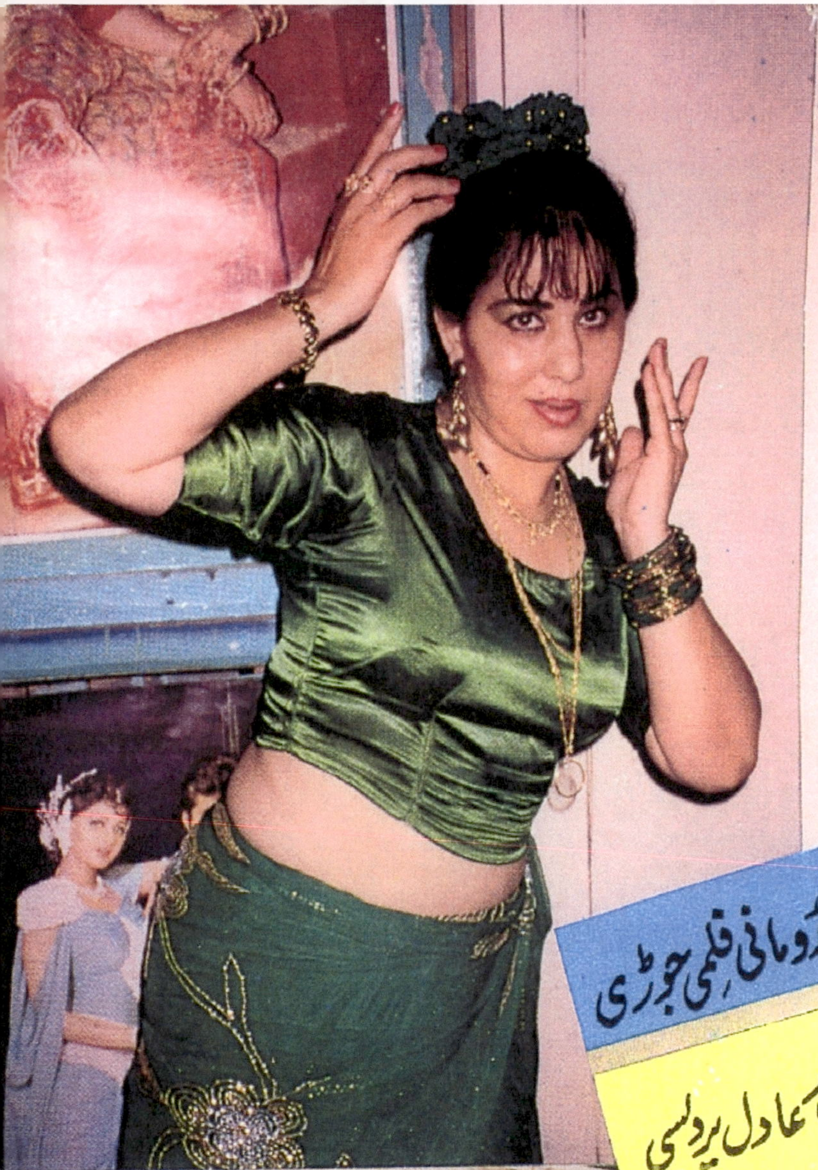

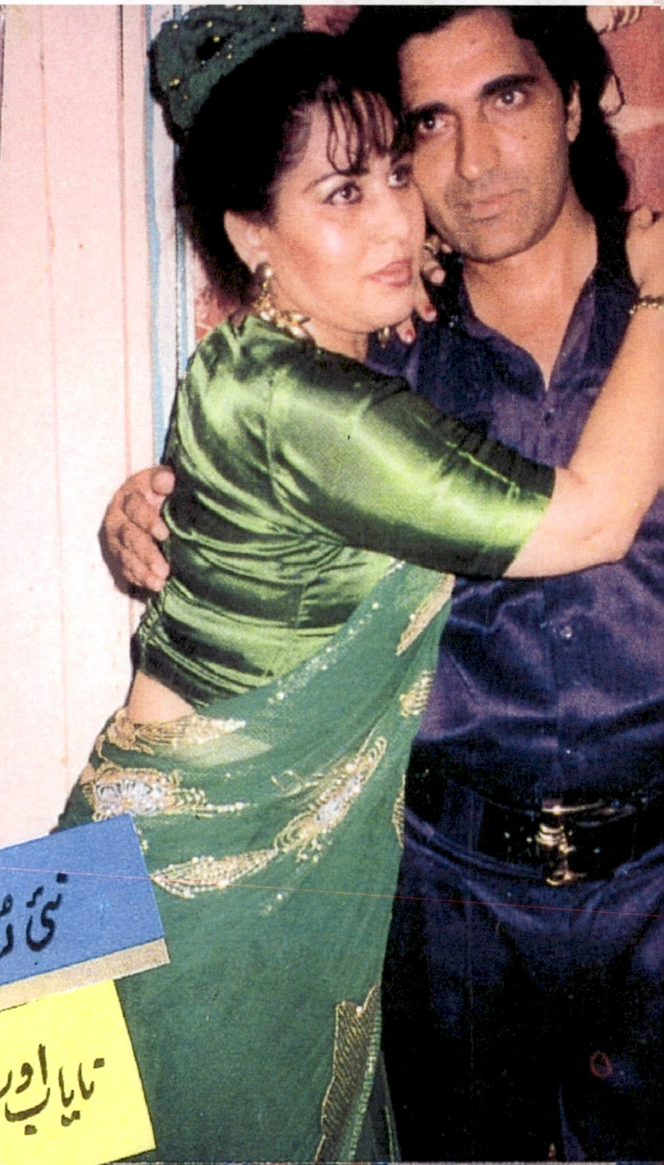

نئی رومانی فلمی جوڑی

نایاب اور عادل پردیسی

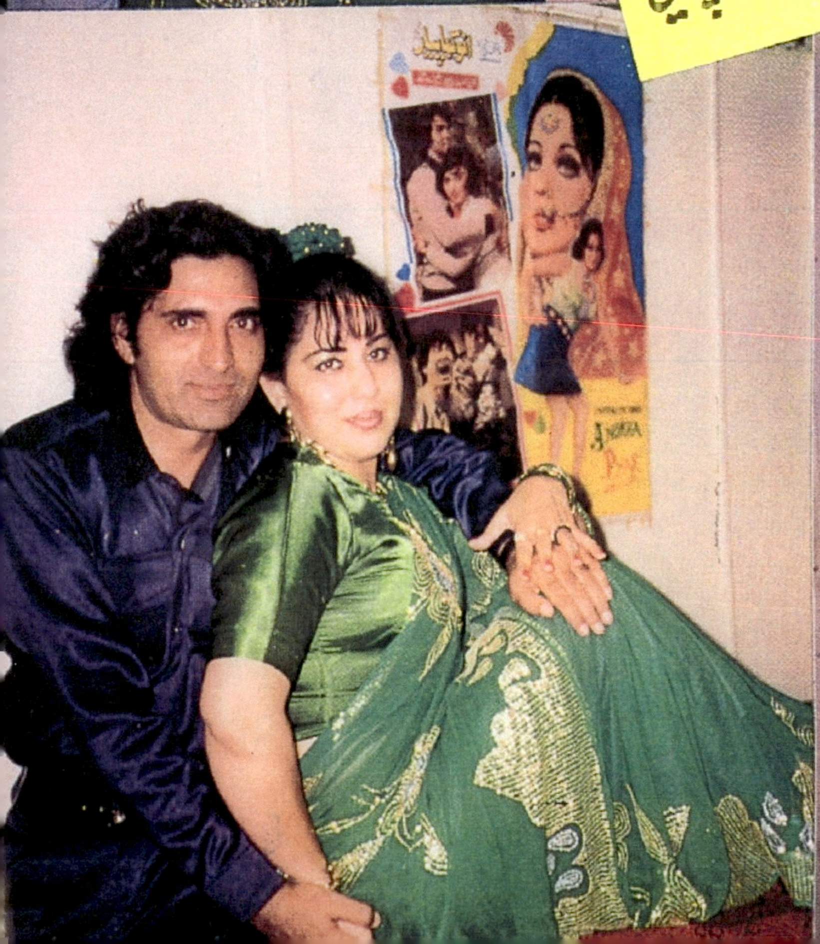

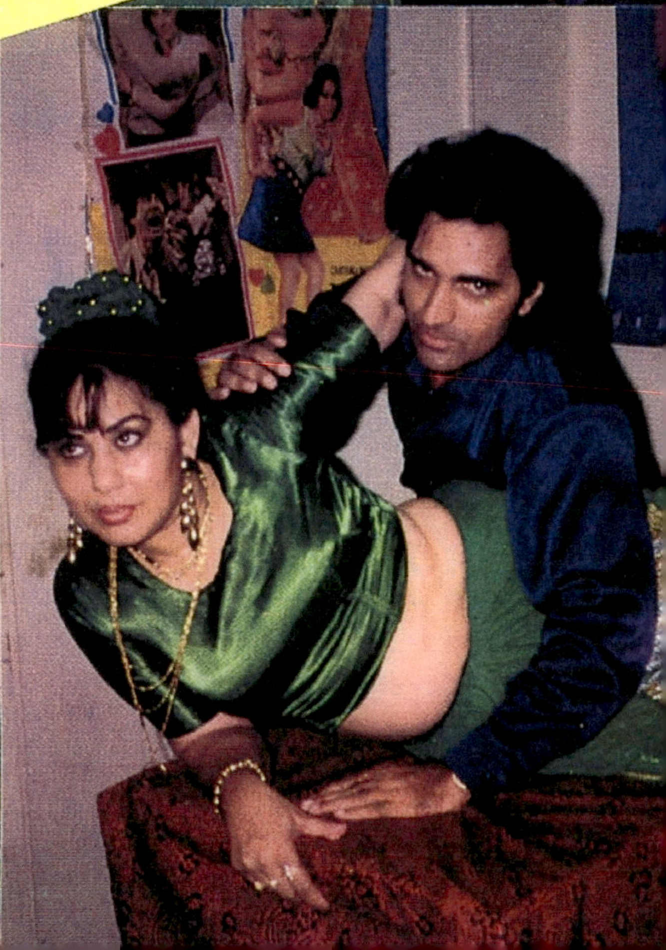

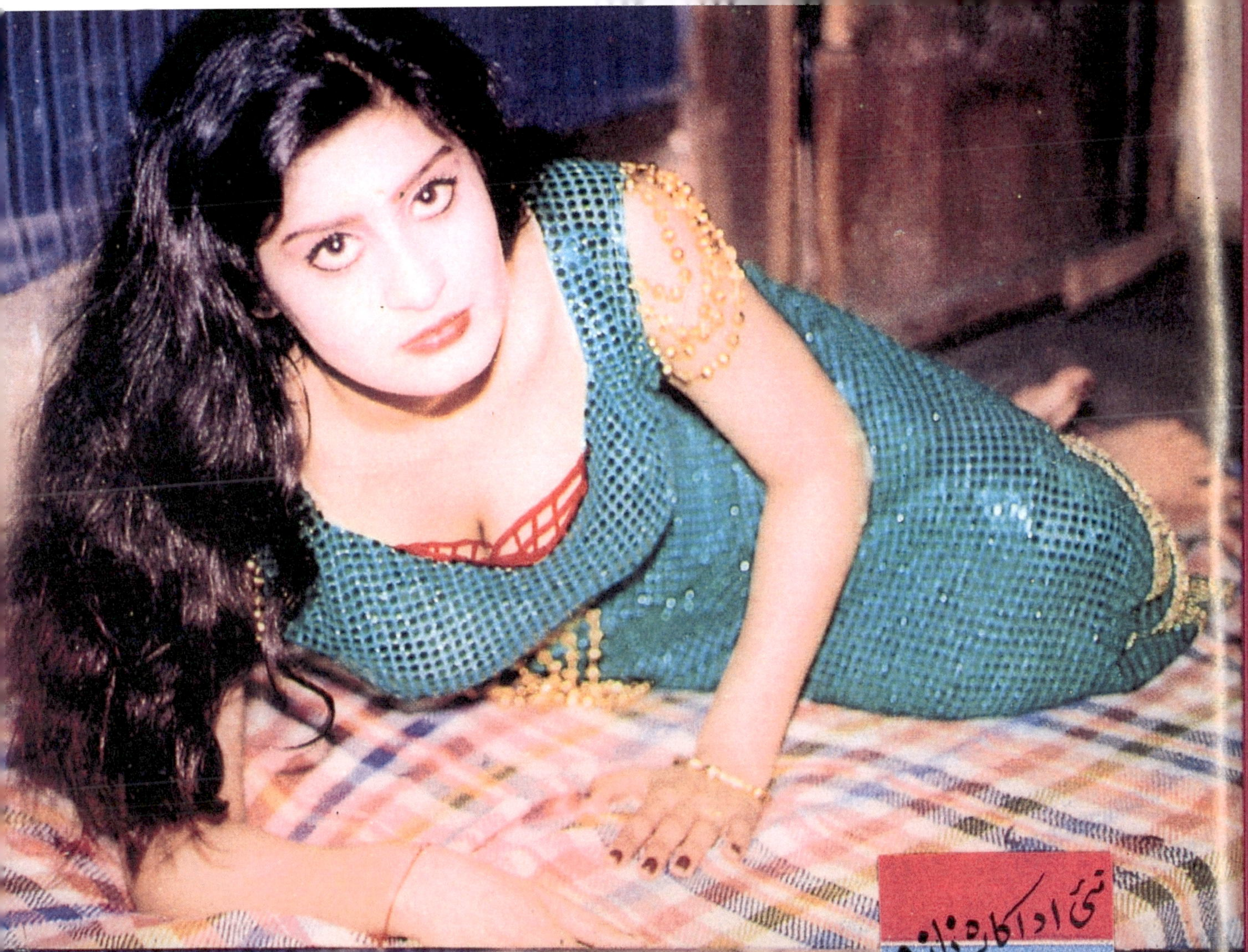
نئی اداکارہ نازو

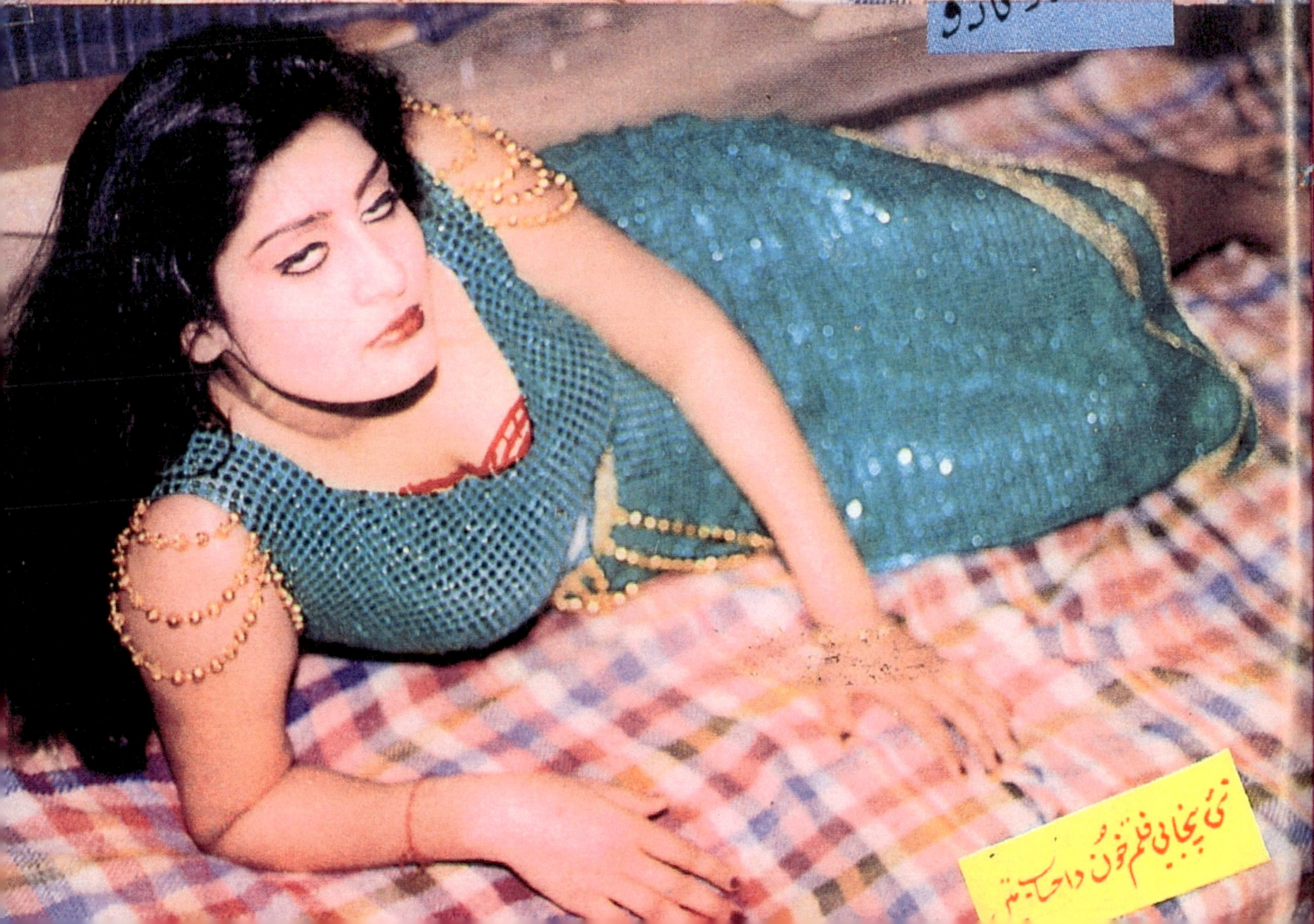
نئی پنجابی فلم خون دا حساب

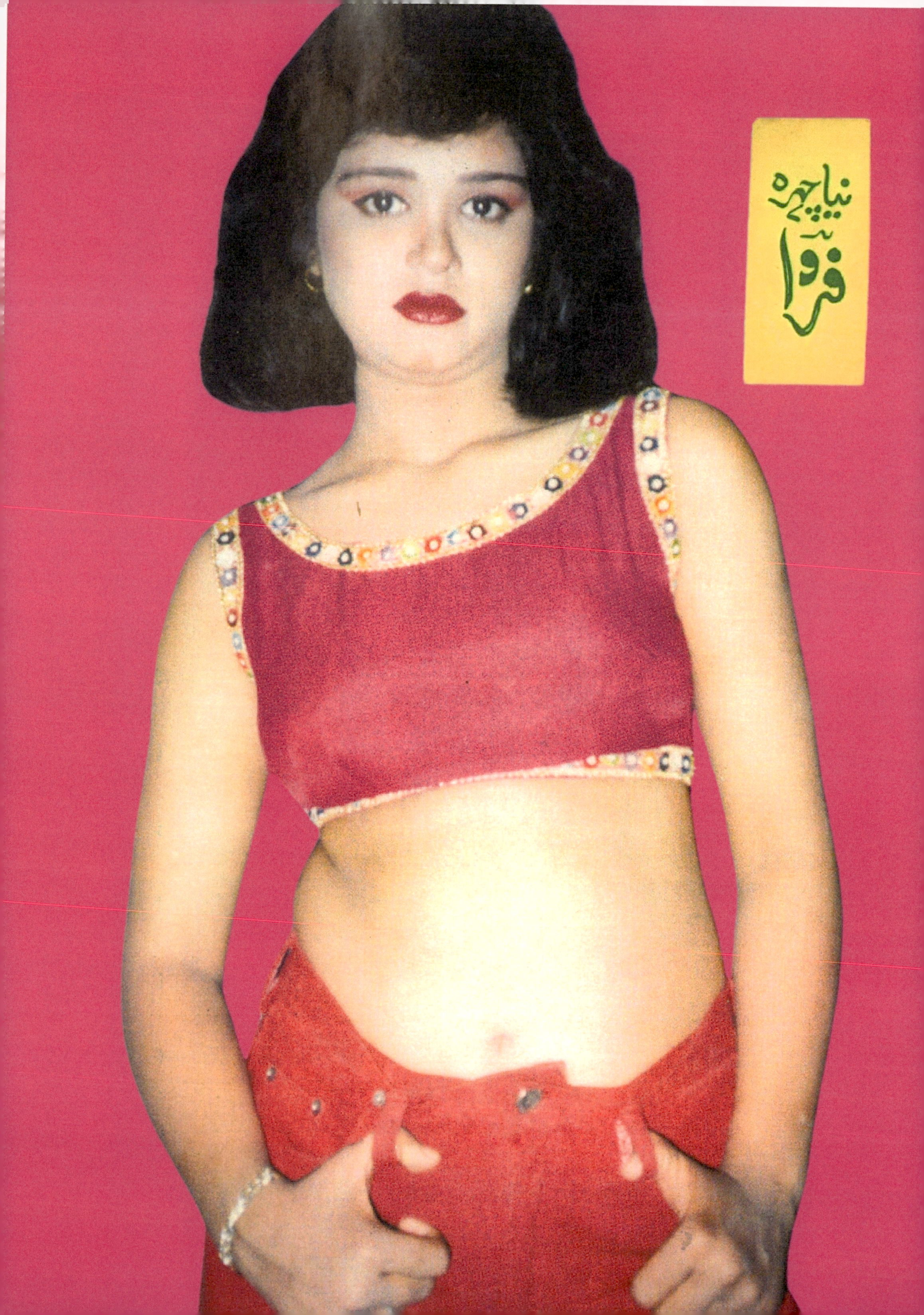
نیا چہرہ
فروا

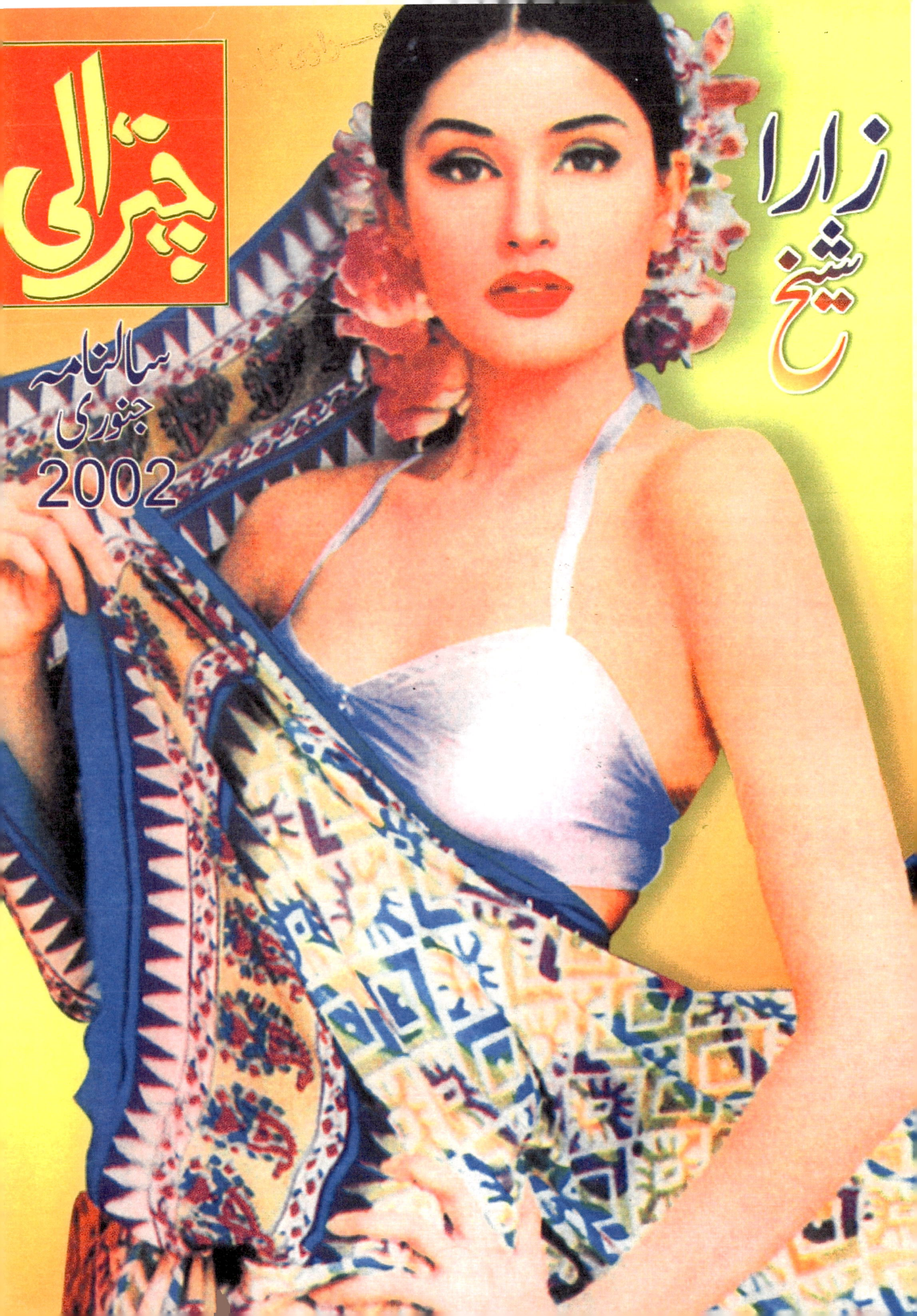
چترالی
سالنامہ
جنوری
2002
زارا
شیخ

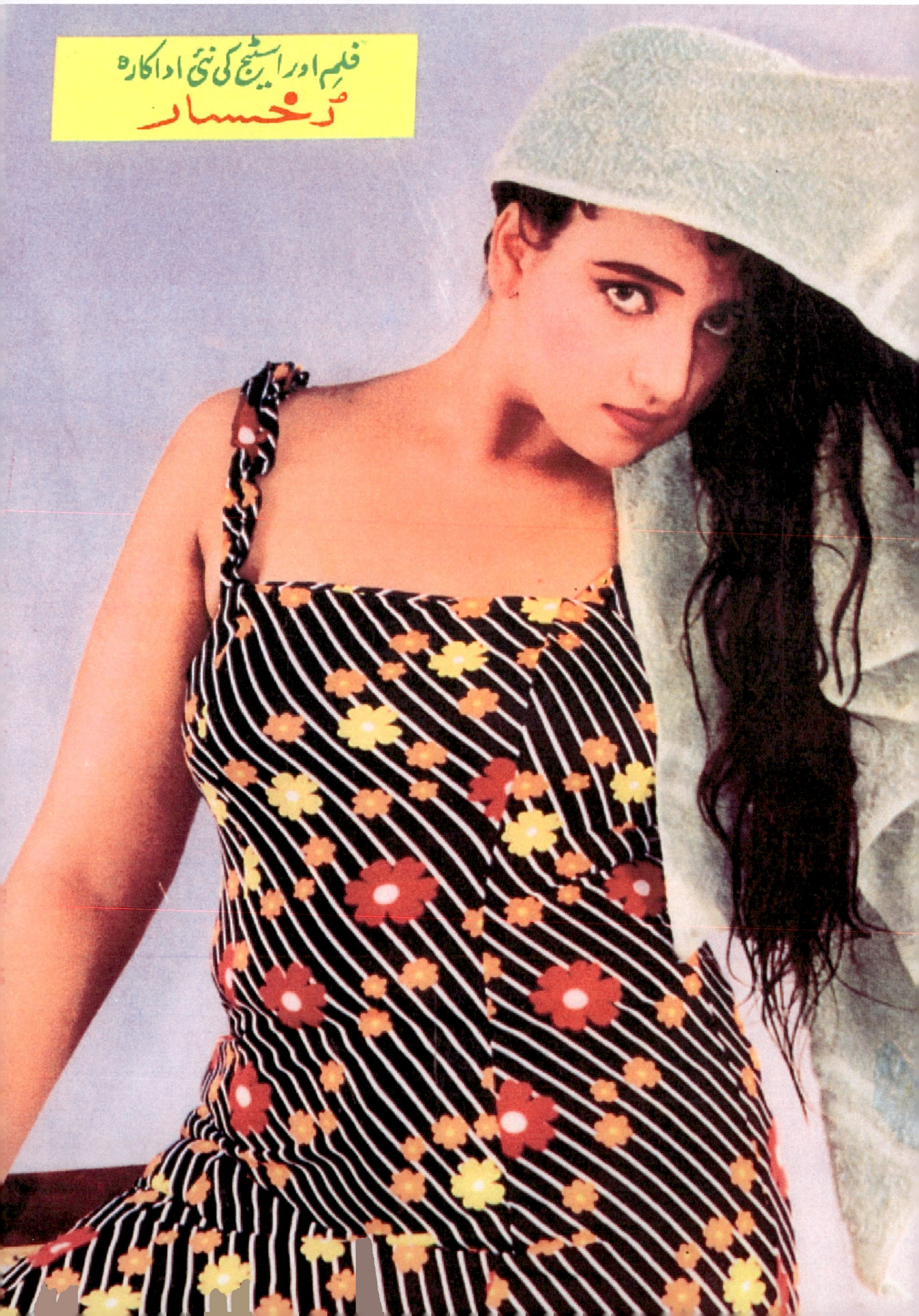

فلم اور اسٹیج کی نئی اداکارہ
رُخسار

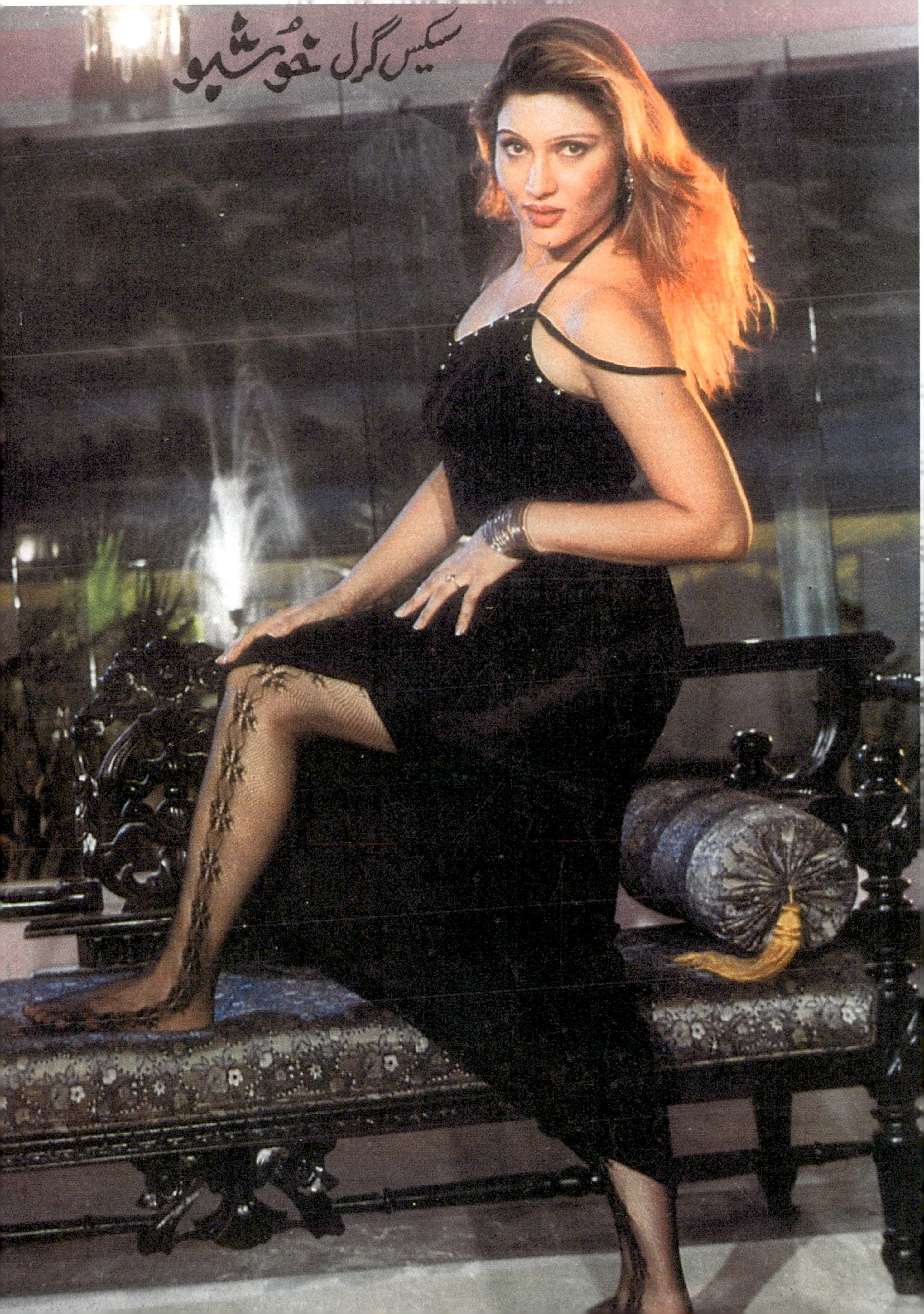
سیکس گرل خوشبو

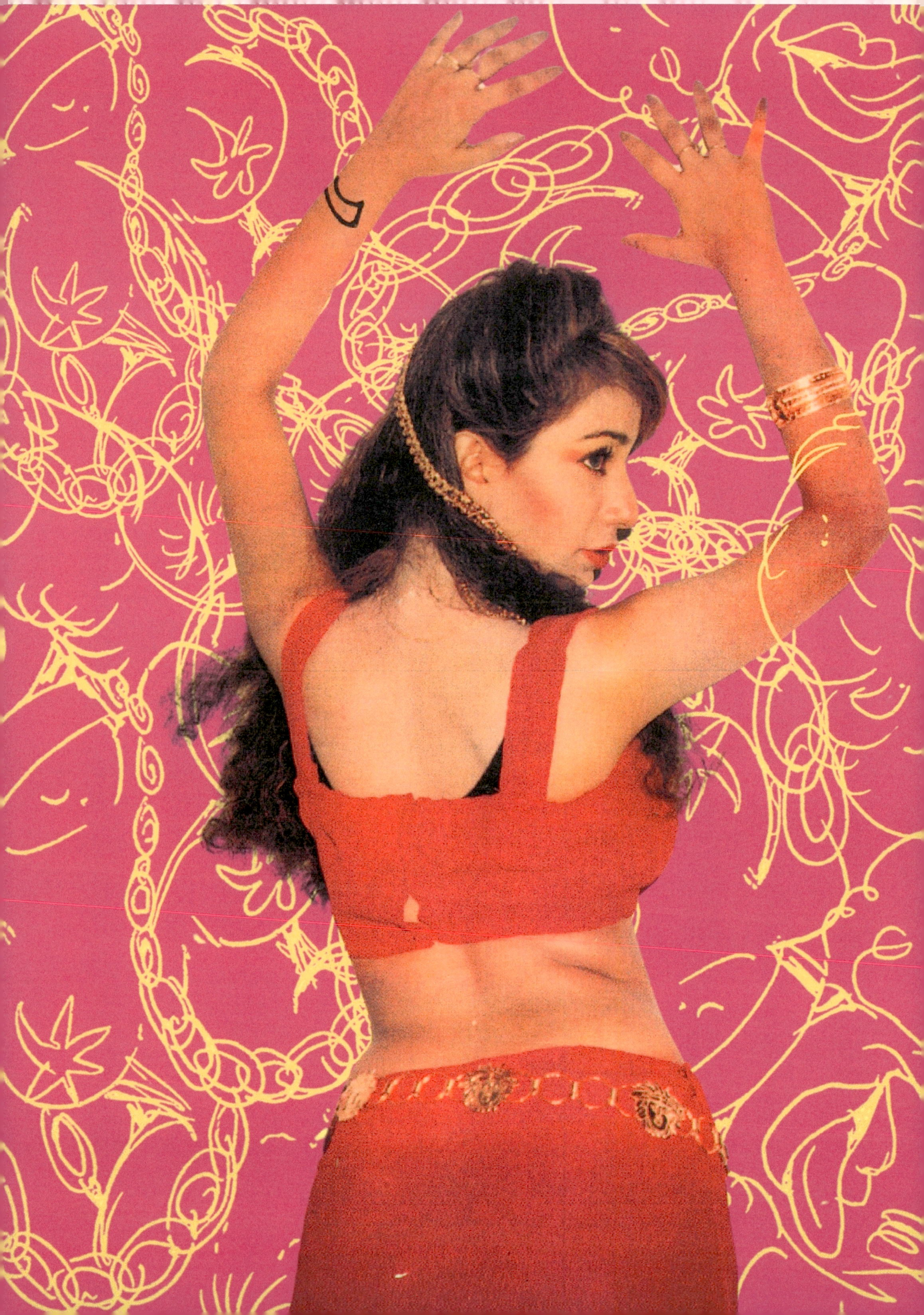

دیسی منظر

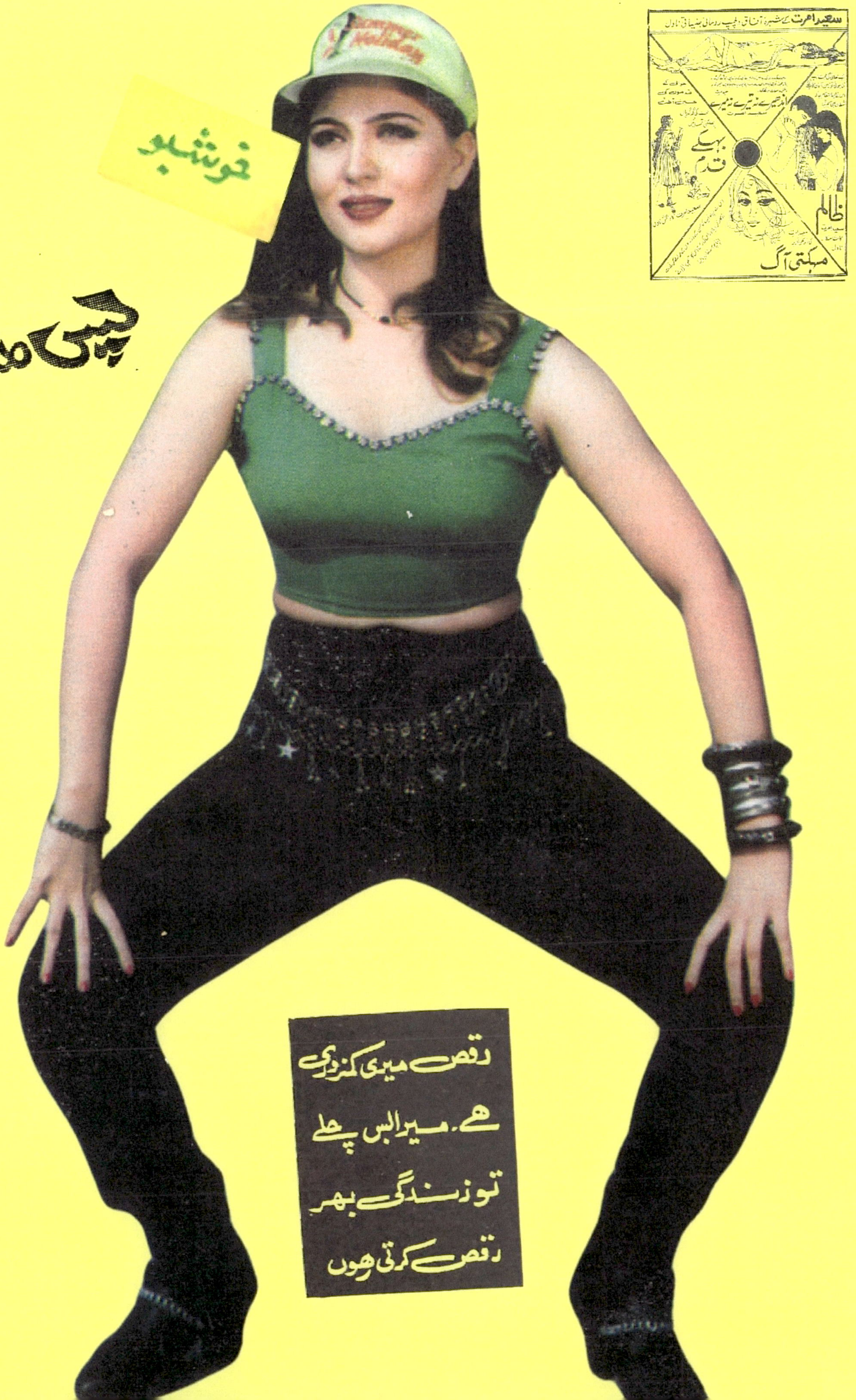

ظالم
بہکے قدم
مہکتی آگ
خوشبو
رقص میری کمزوری
ہے۔ میرا بس چلے
تو زندگی بھر
رقص کرتی ہوں

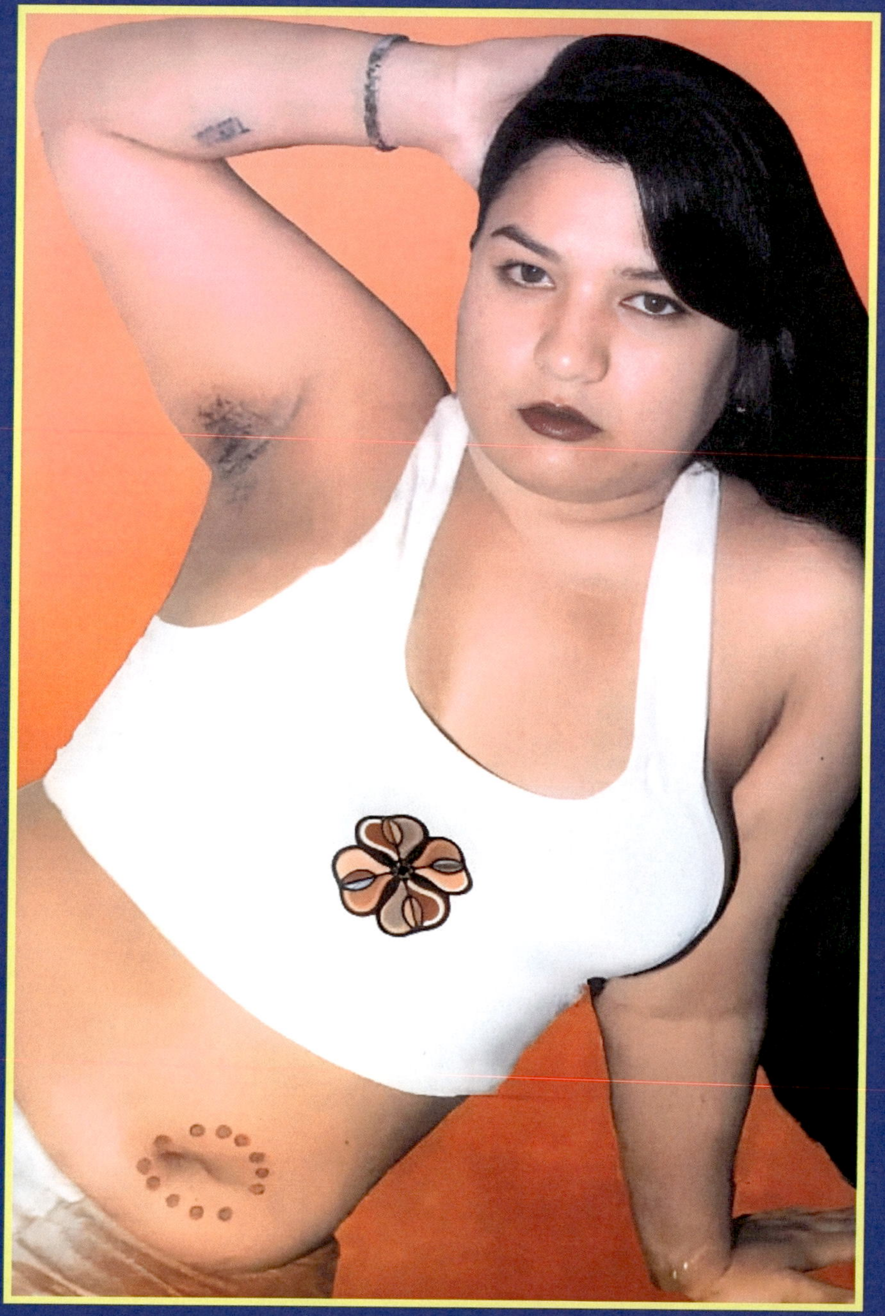

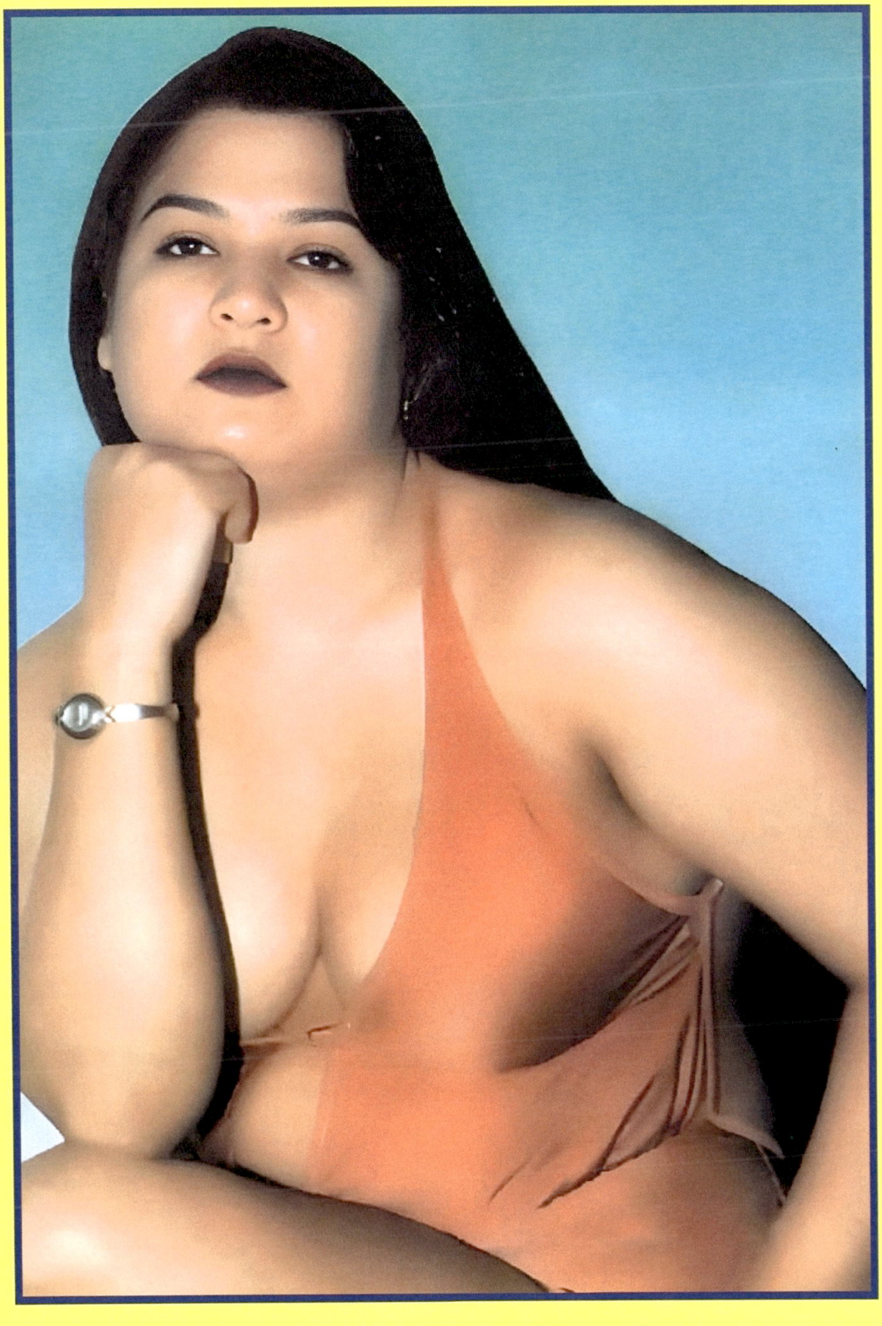

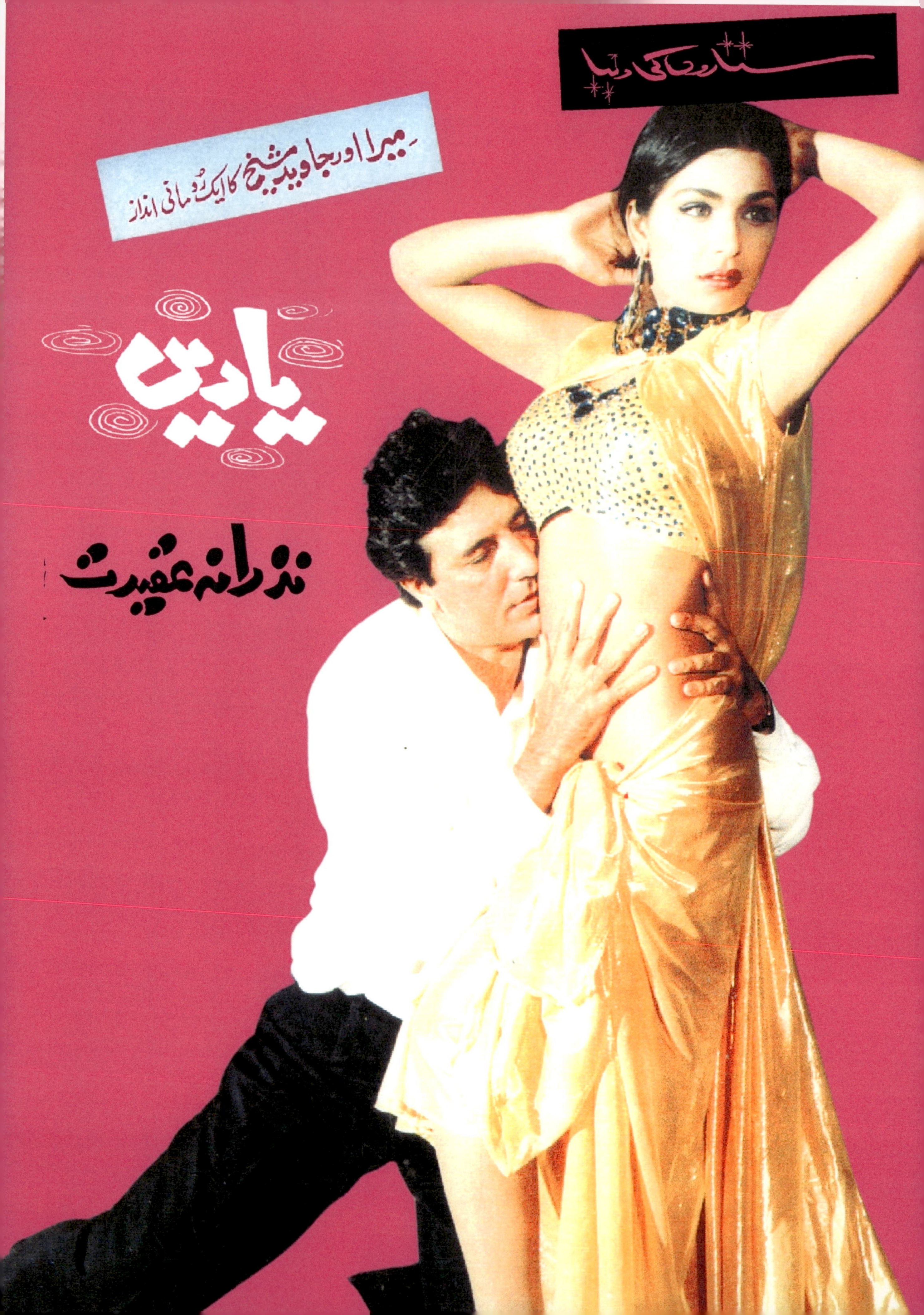
ستاروں کی دنیا
میرا اور جاوید شیخ کا ایک رومانی انداز
یادیں
نذرانہ عقیدت

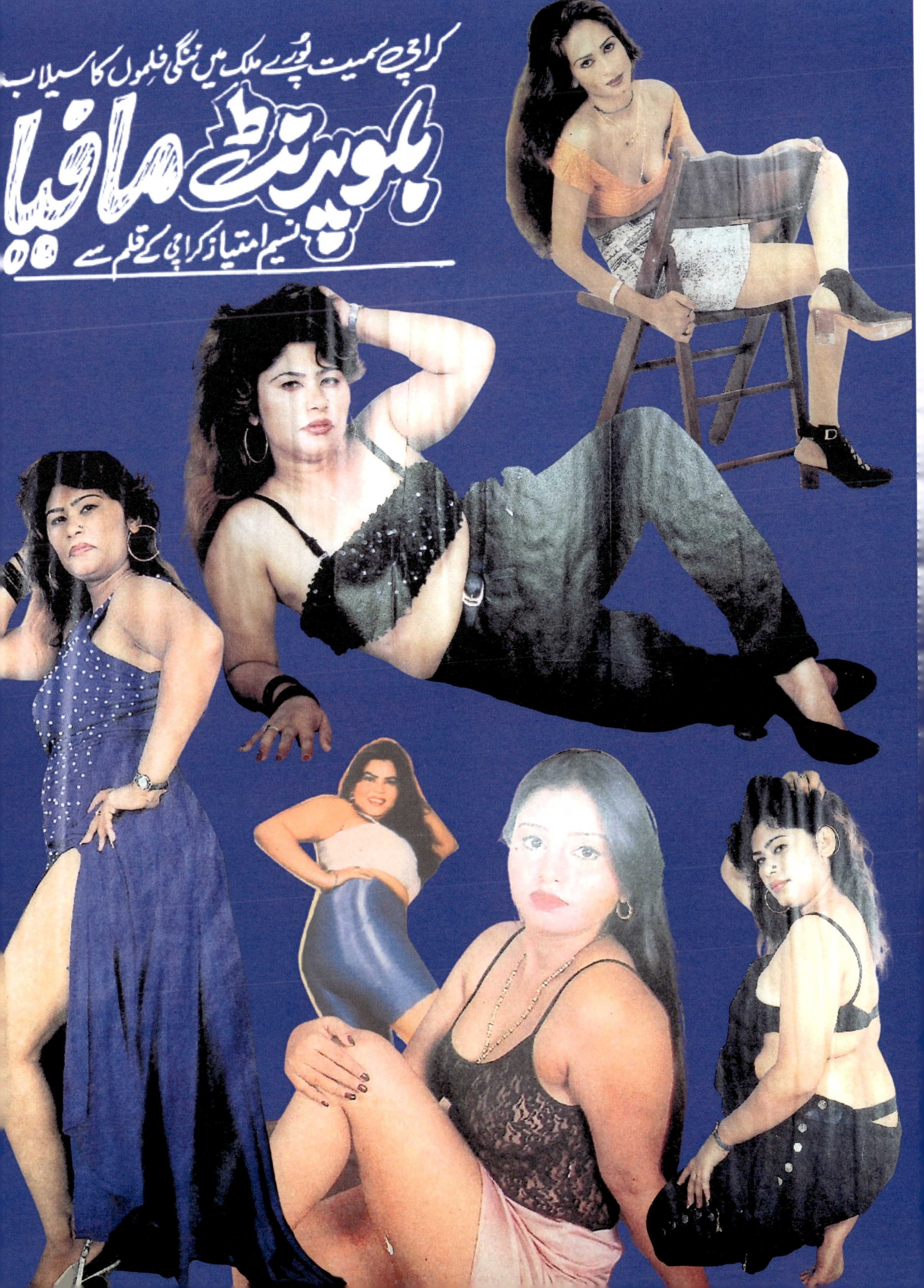
کراچی سمیت پورے ملک میں ننگی فلموں کا سیلاب
ہلویڈ مافیا
نسیم امتیاز کراچی کے قلم سے

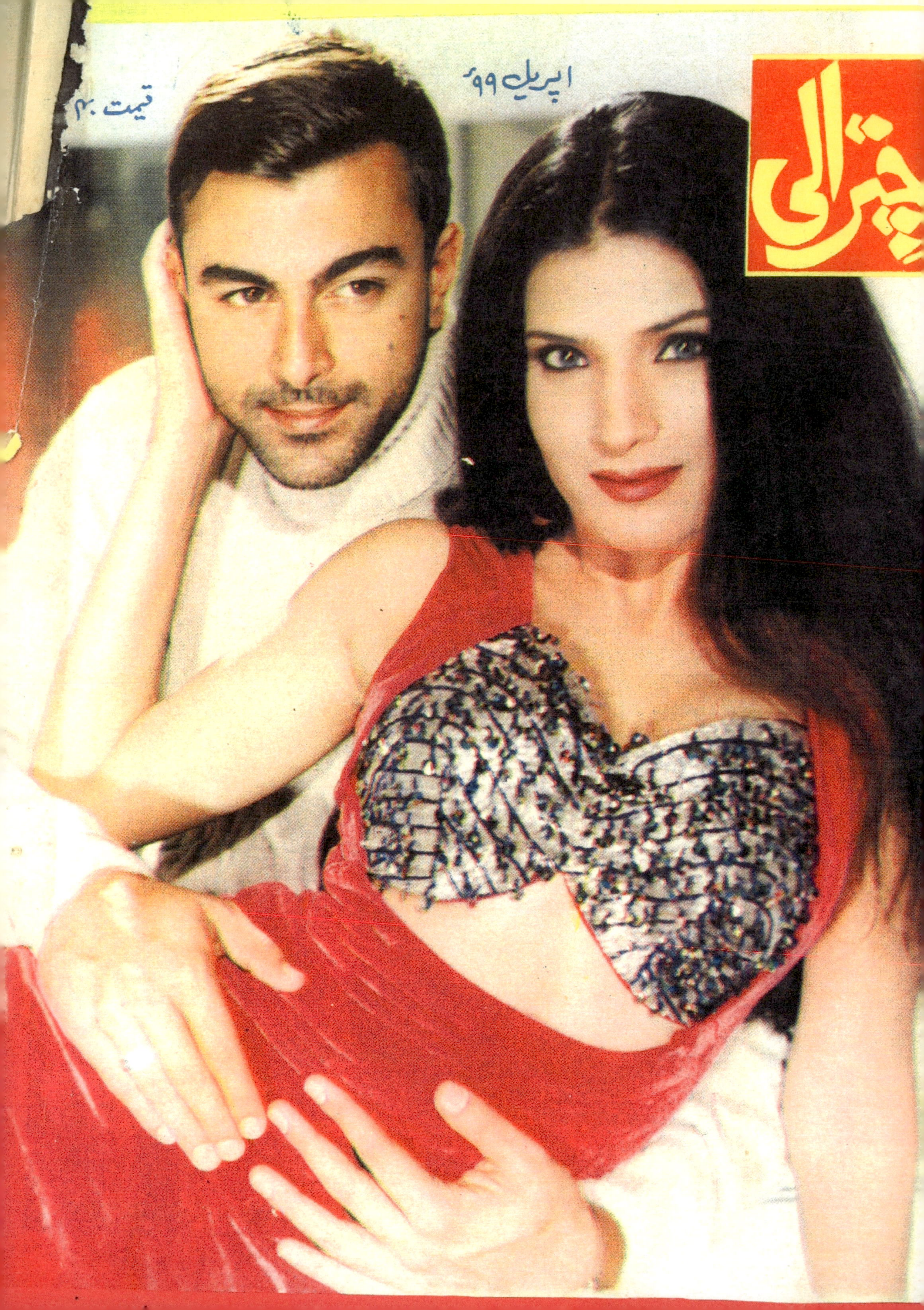
اپریل ۹۹ء
قیمت ۴۰

ہم نہ ہوتے تو کسی اور کے چرچے ہوتے ۔۔۔ خلقت شہر تو کہنے کو فسانے مانگے

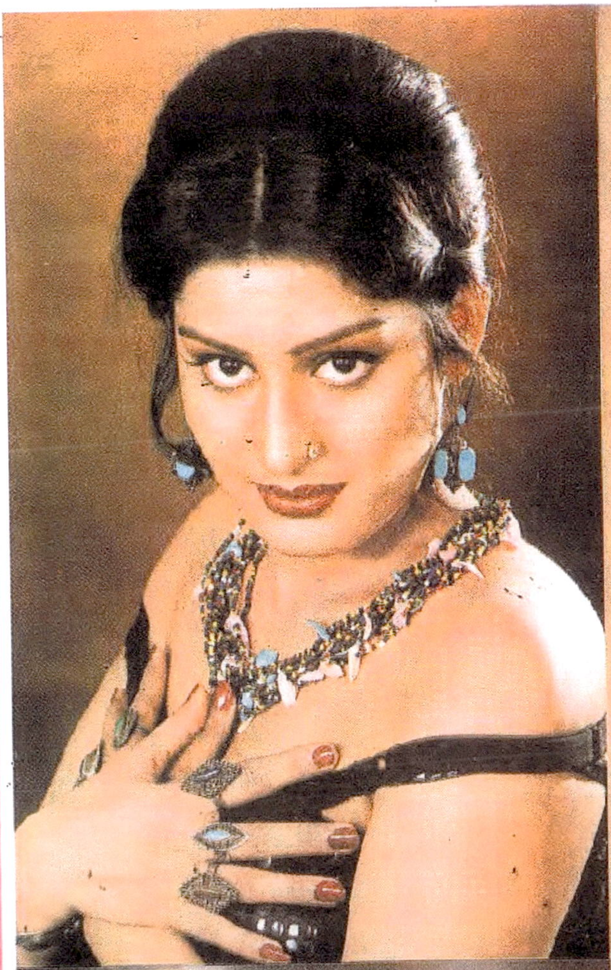

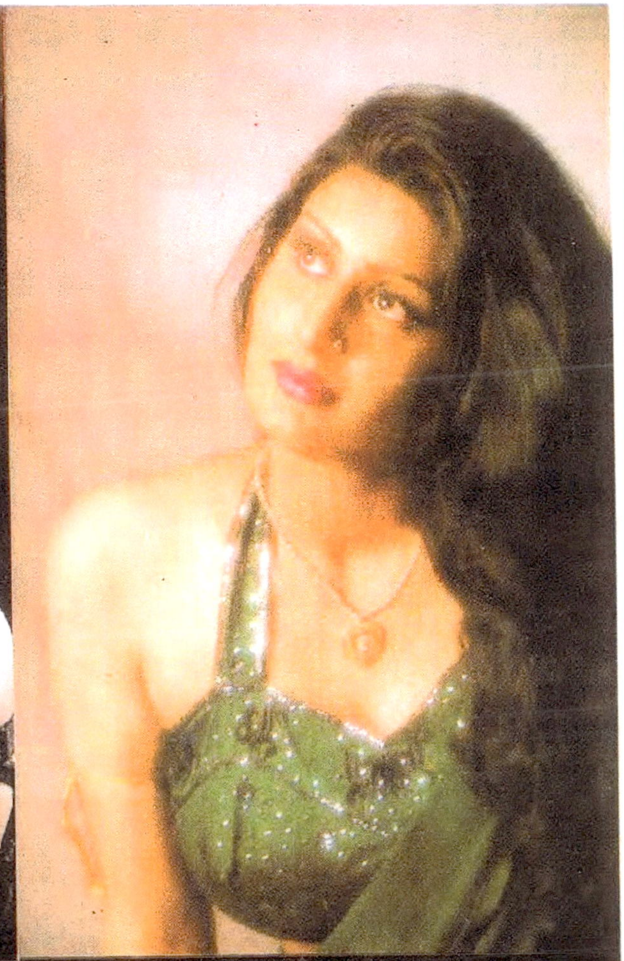

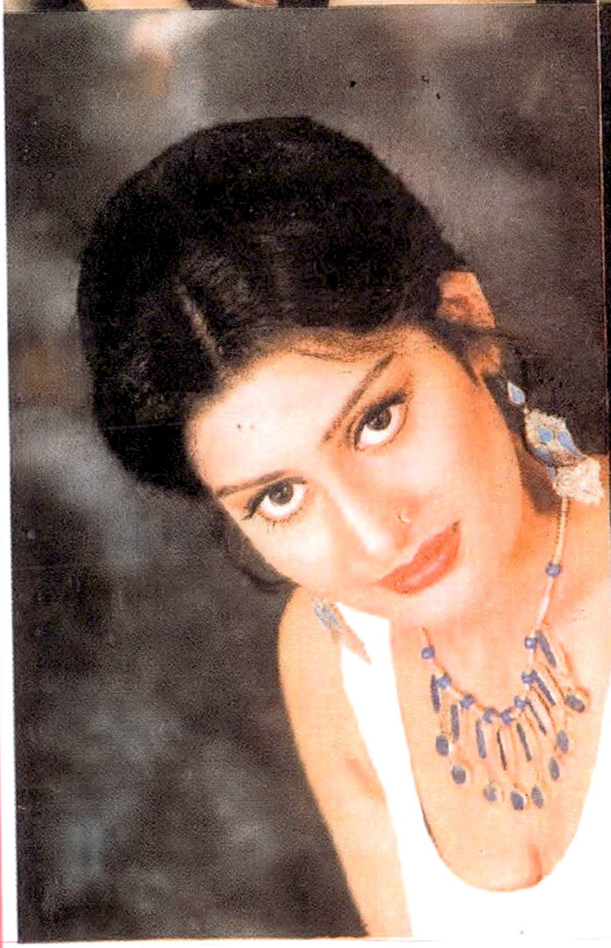

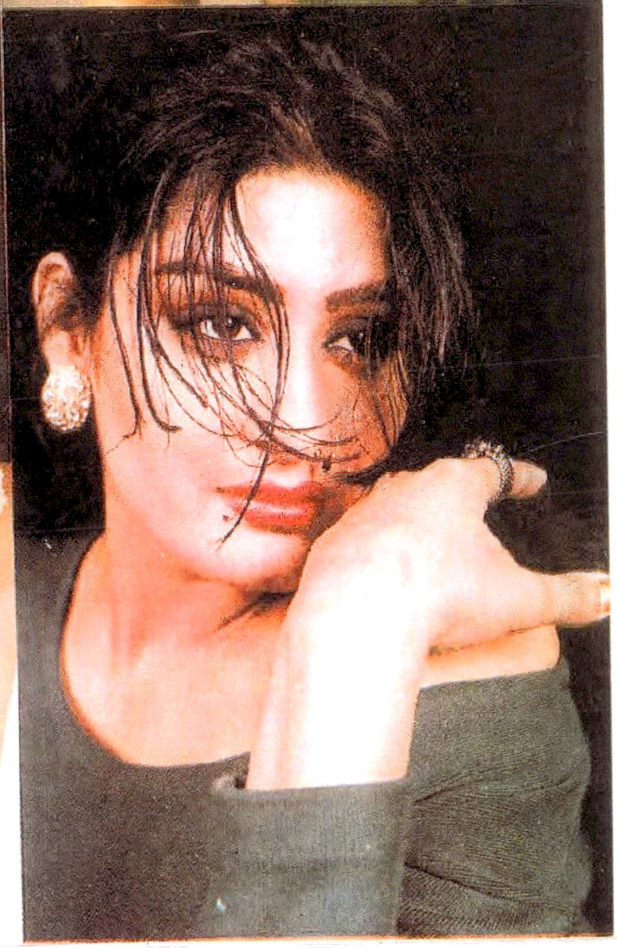

نئی ہیروئن نازو کے پرکشش انداز

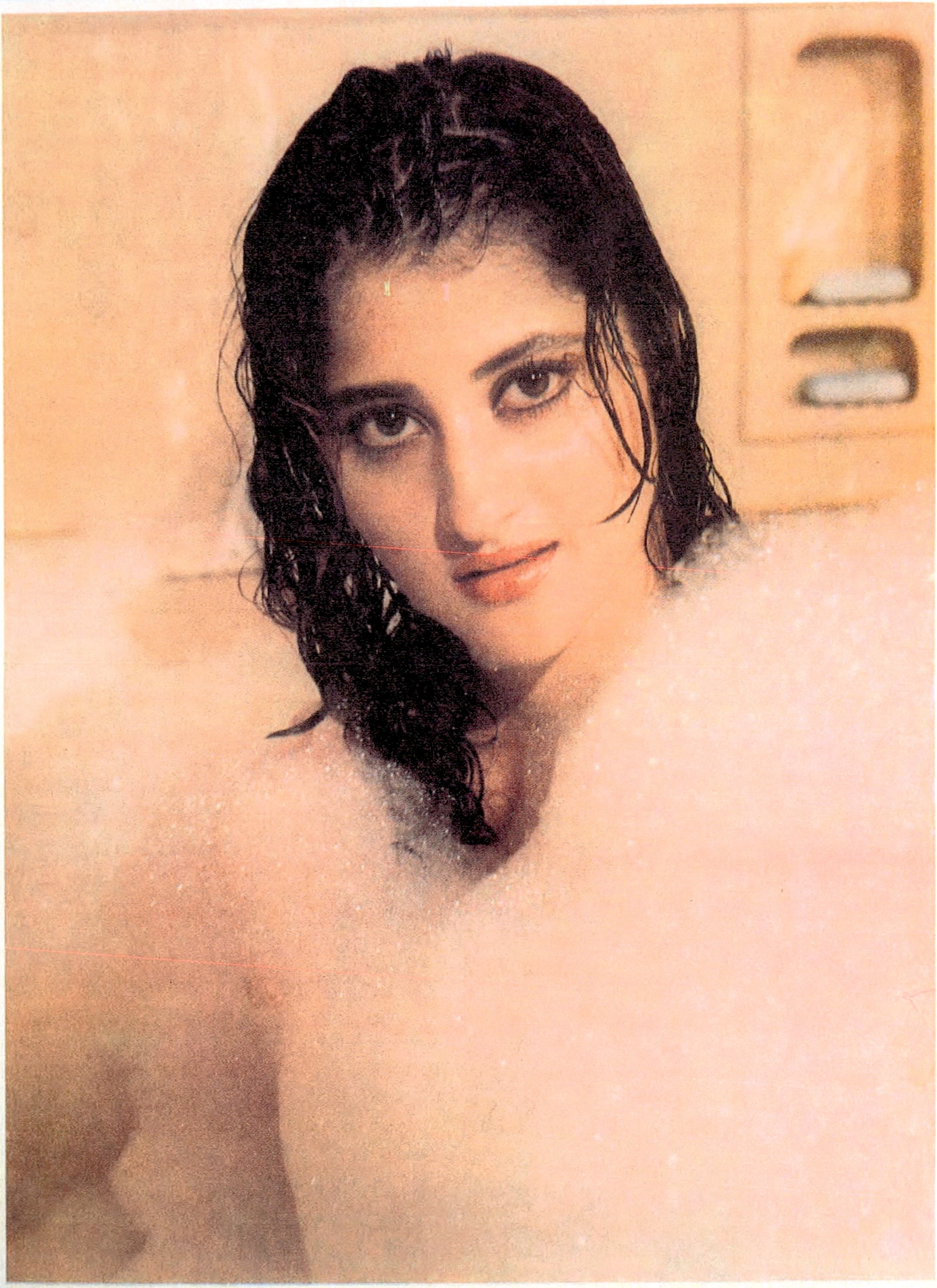

میں سمندر بھی ہوں، موتی بھی ہوں، غوطہ زن بھی
کوئی بھی نام مرا لے کے بلا لے مجھ کو

حسین صاحبہ کی ایک سحر انگیز تصویر

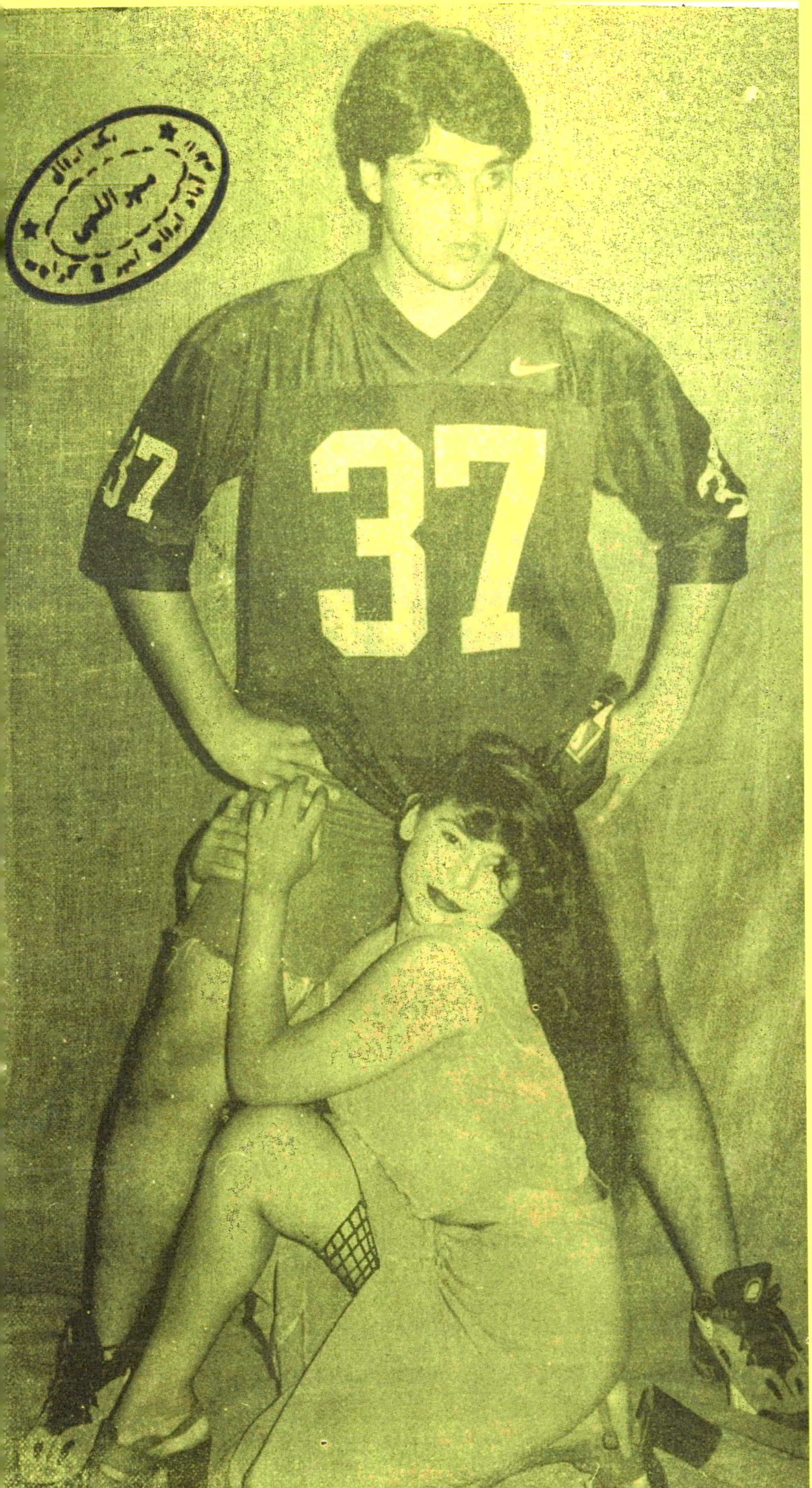

نقلی چہرے
اور
کاغذی پھولوں
کے وعدے

کیا ہم

غرض اور لالچ سے

بچ نہیں سکتے

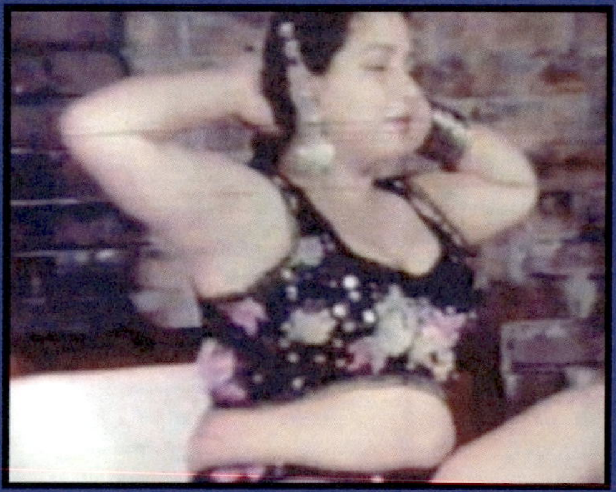
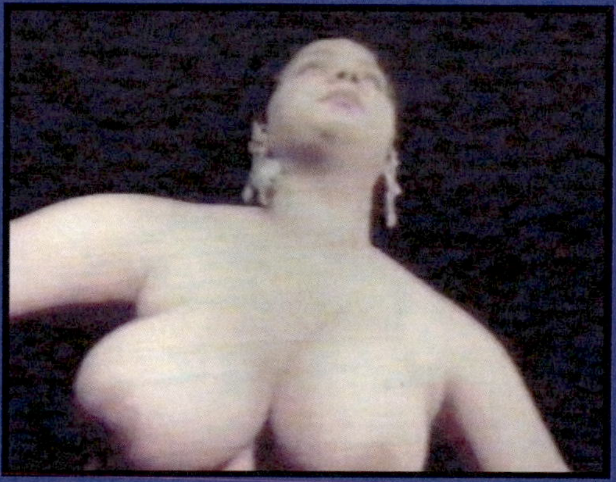
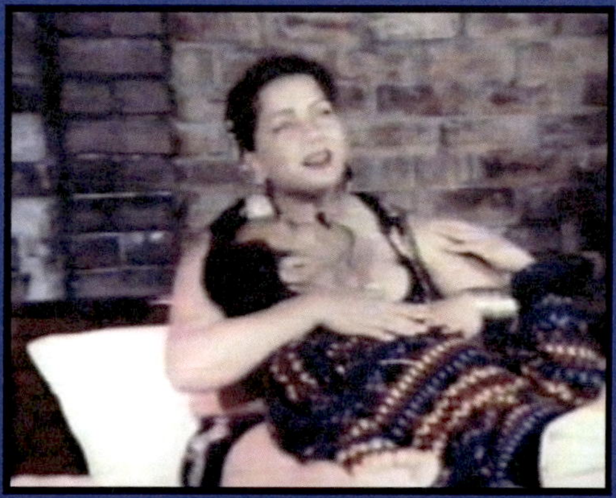
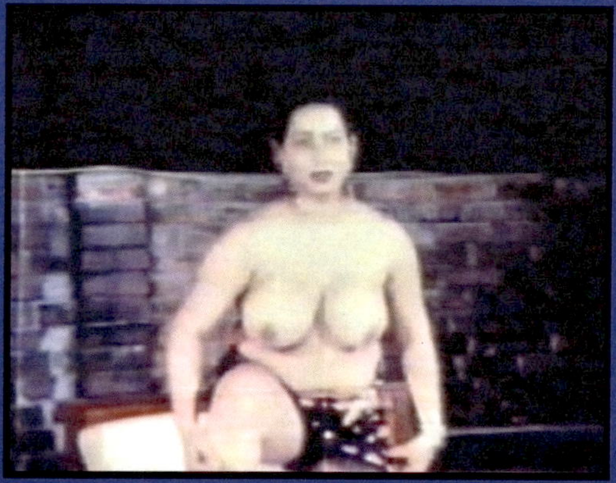
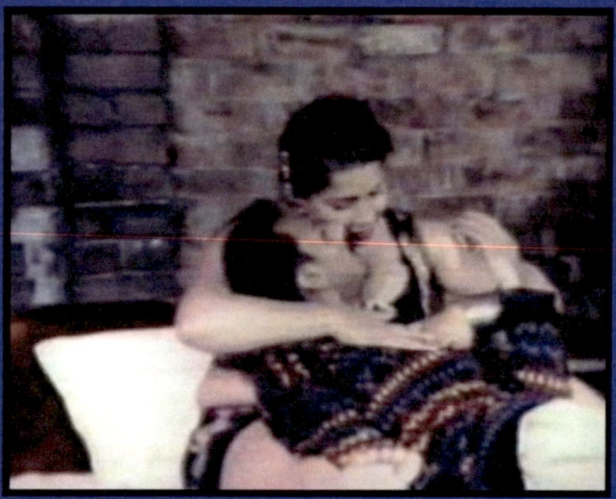
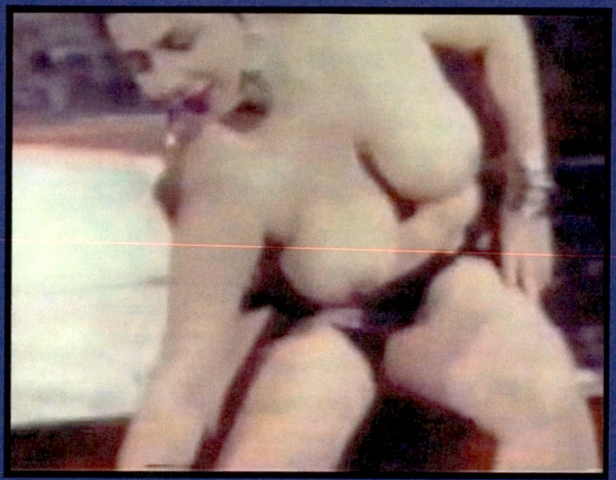

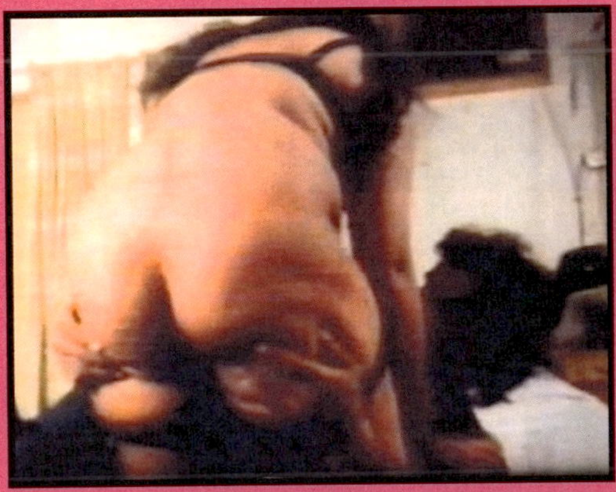
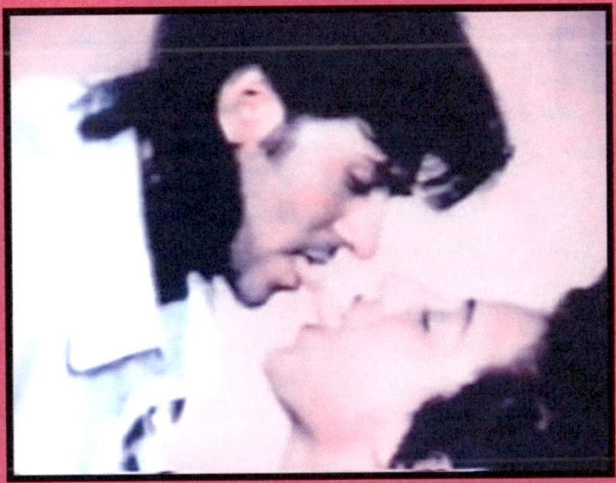
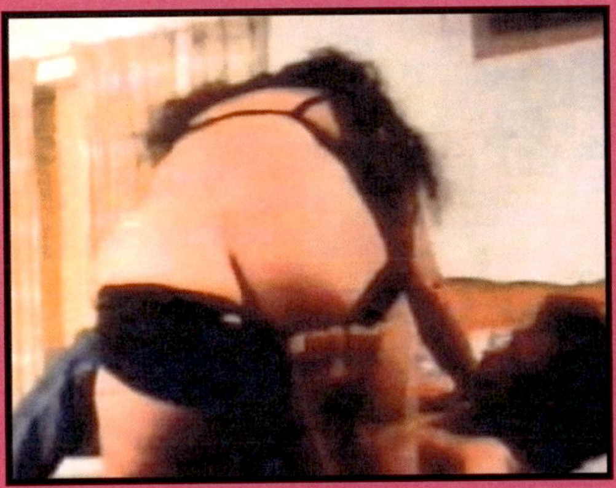
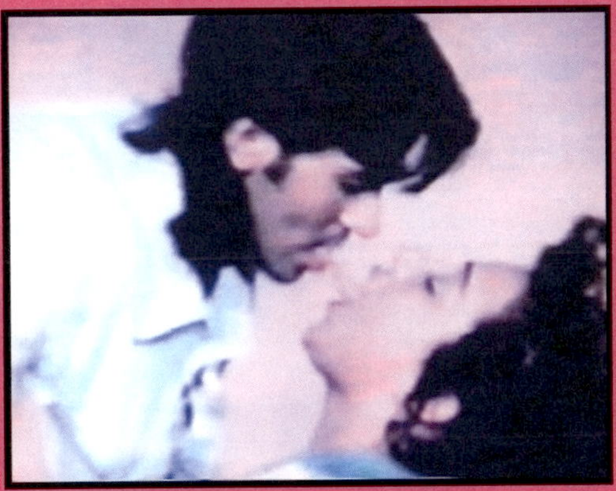
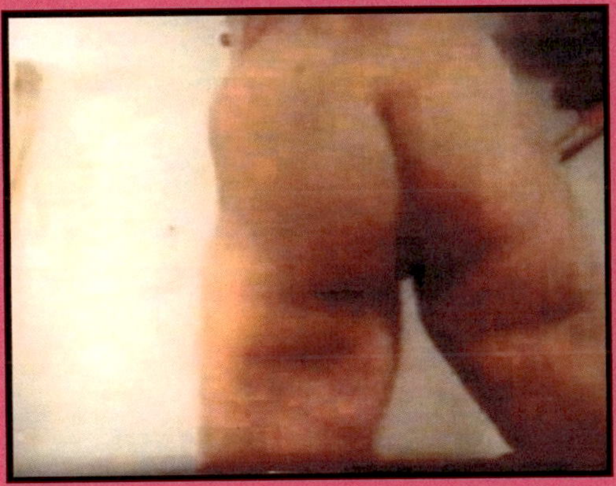
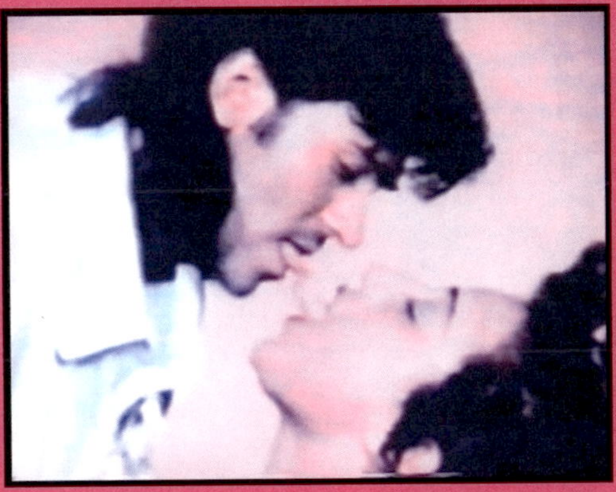

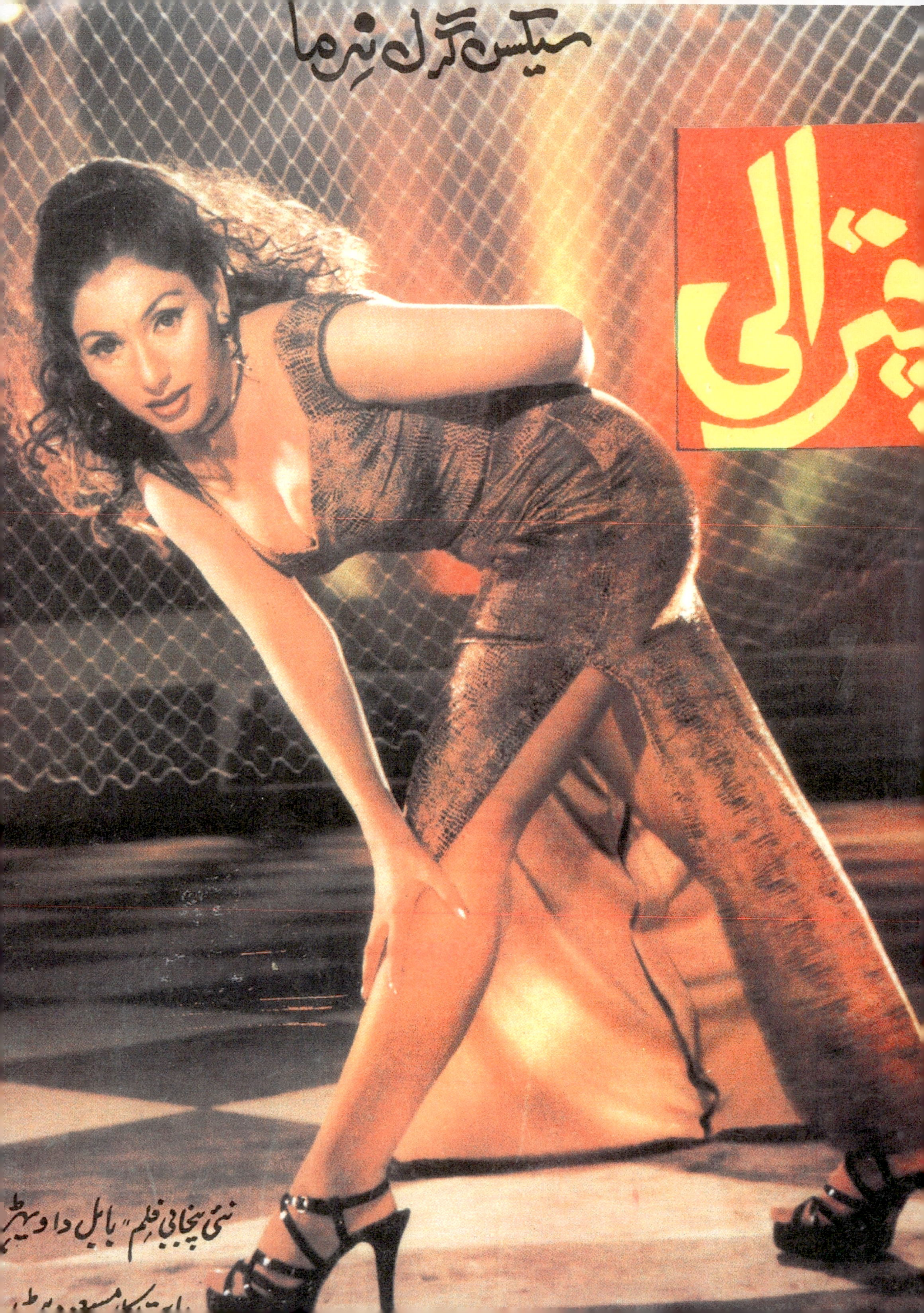
سیکس گرل نرما
نئی پنجابی فلم "بابل دا ویہڑ

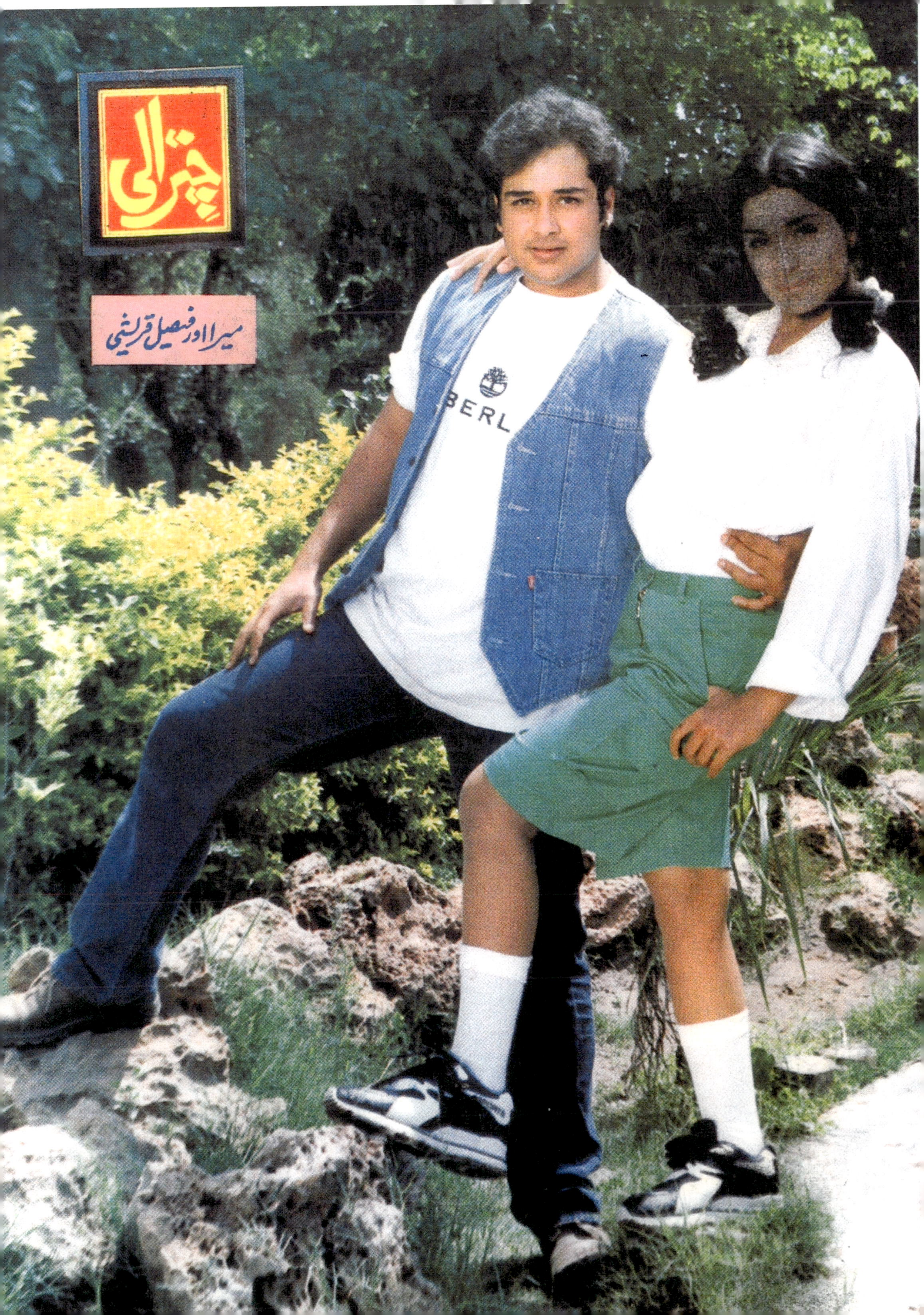

میرا اور فیصل قریشی

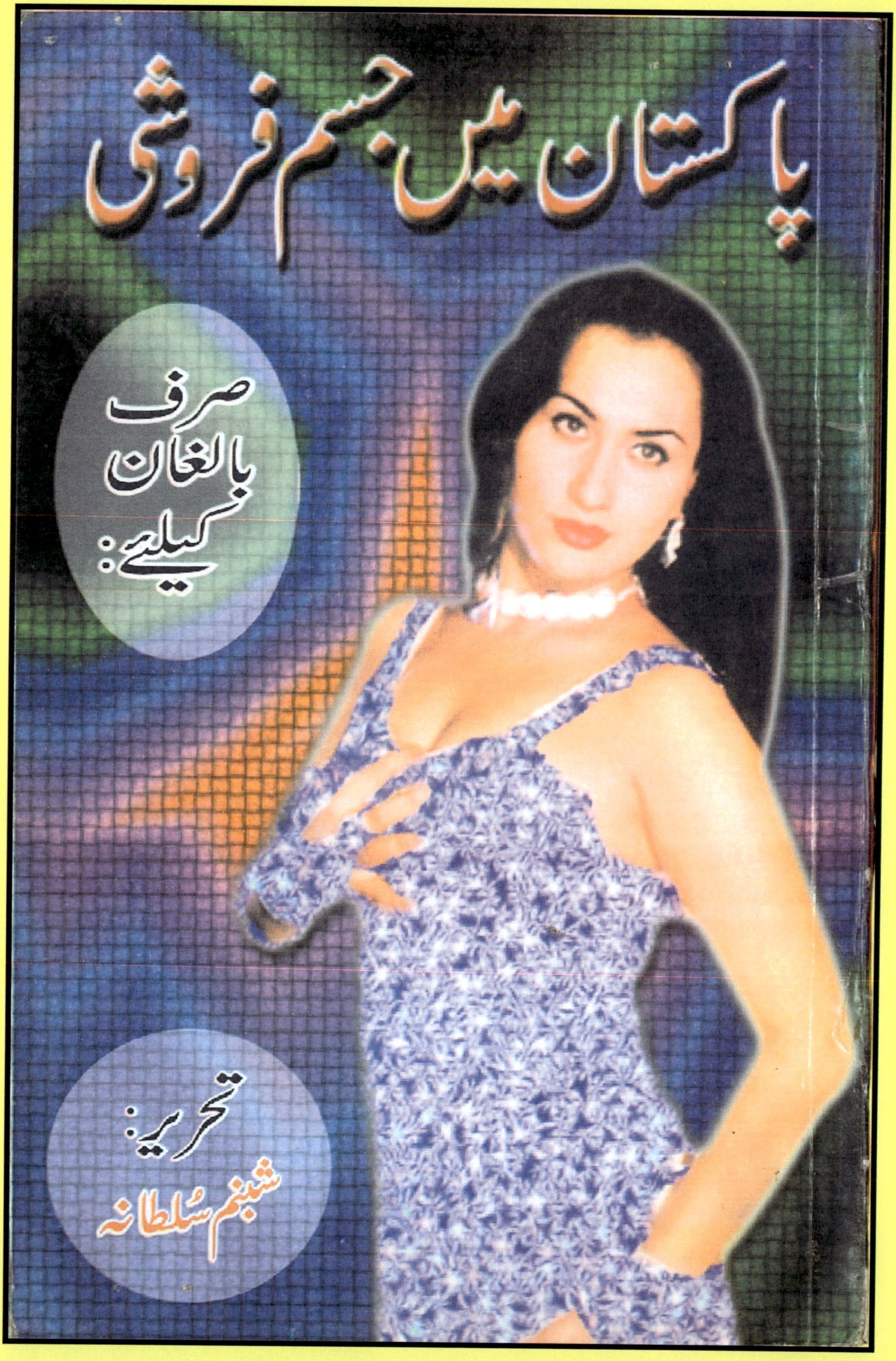
پاکستان میں جسم فروشی
صرف
بالغان
کیلئے:
تحریر:
شبنم سلطانہ

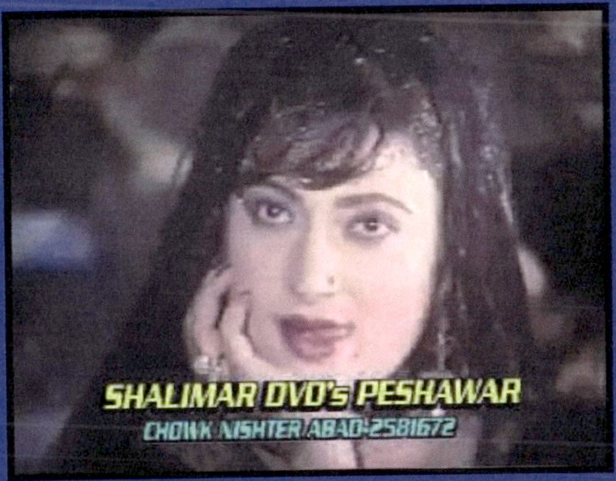
SHALIMAR DVD's PESHAWAR
CHOWK NISHTER ABAD-2581672
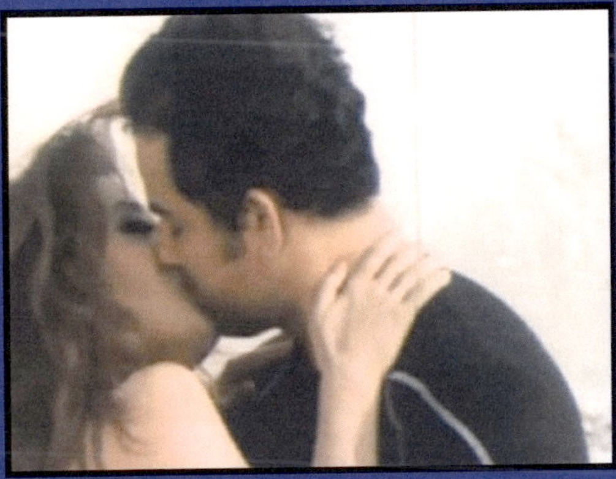
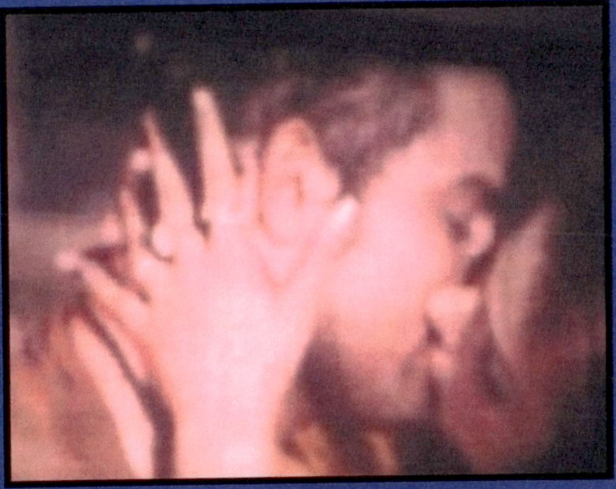
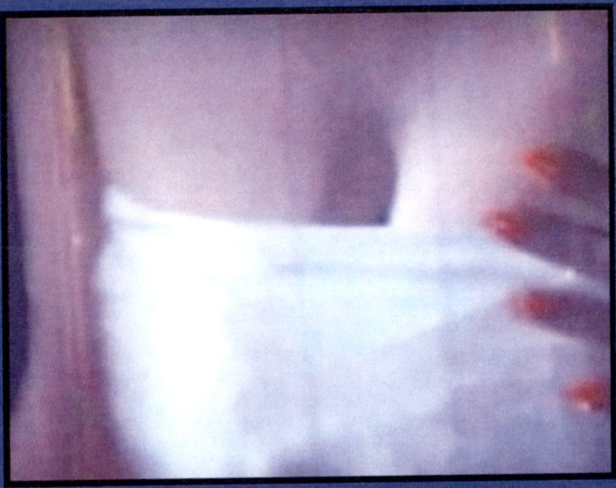
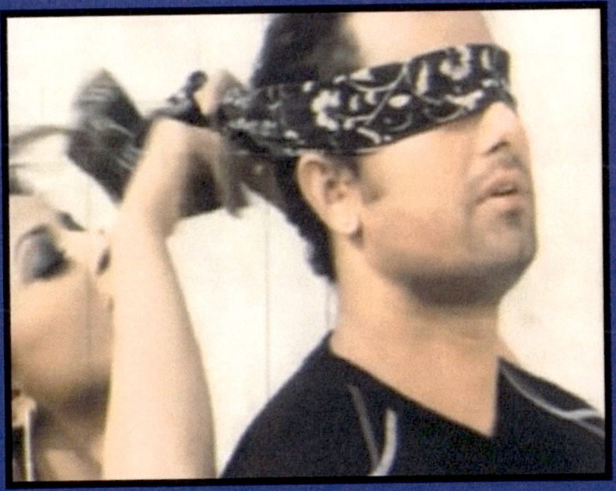
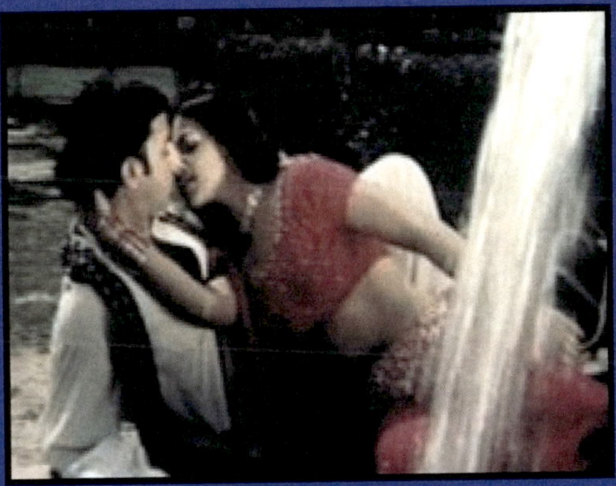

نگاھے مِصر کا بازار دیکھو۔ نئی تہذیب کے شاھکار دیکھو

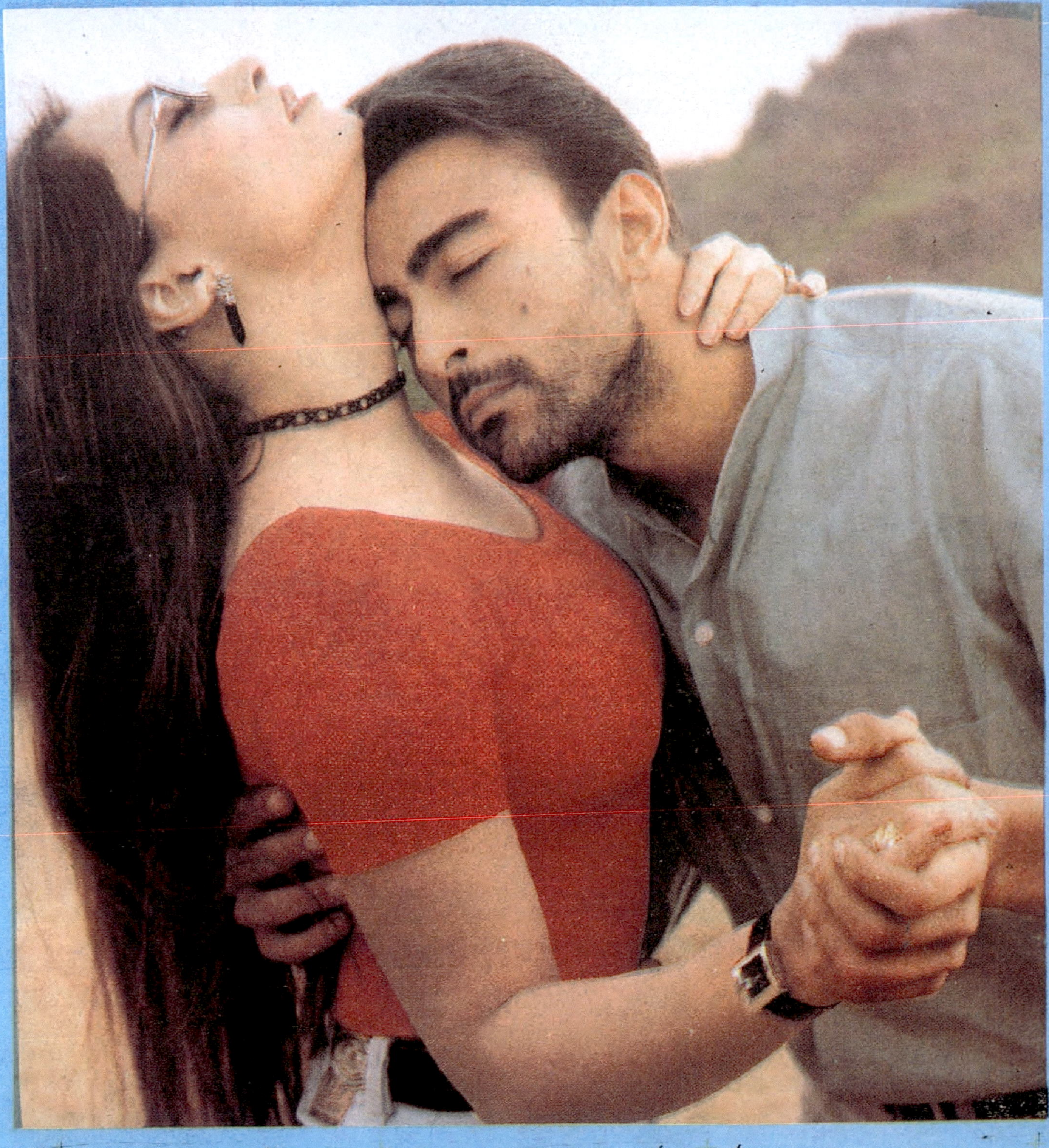

کروڑوں فلم بینوں کے دِلوں کی دھڑکن اور مقبول فلمی جوڑی : شان ، ریما

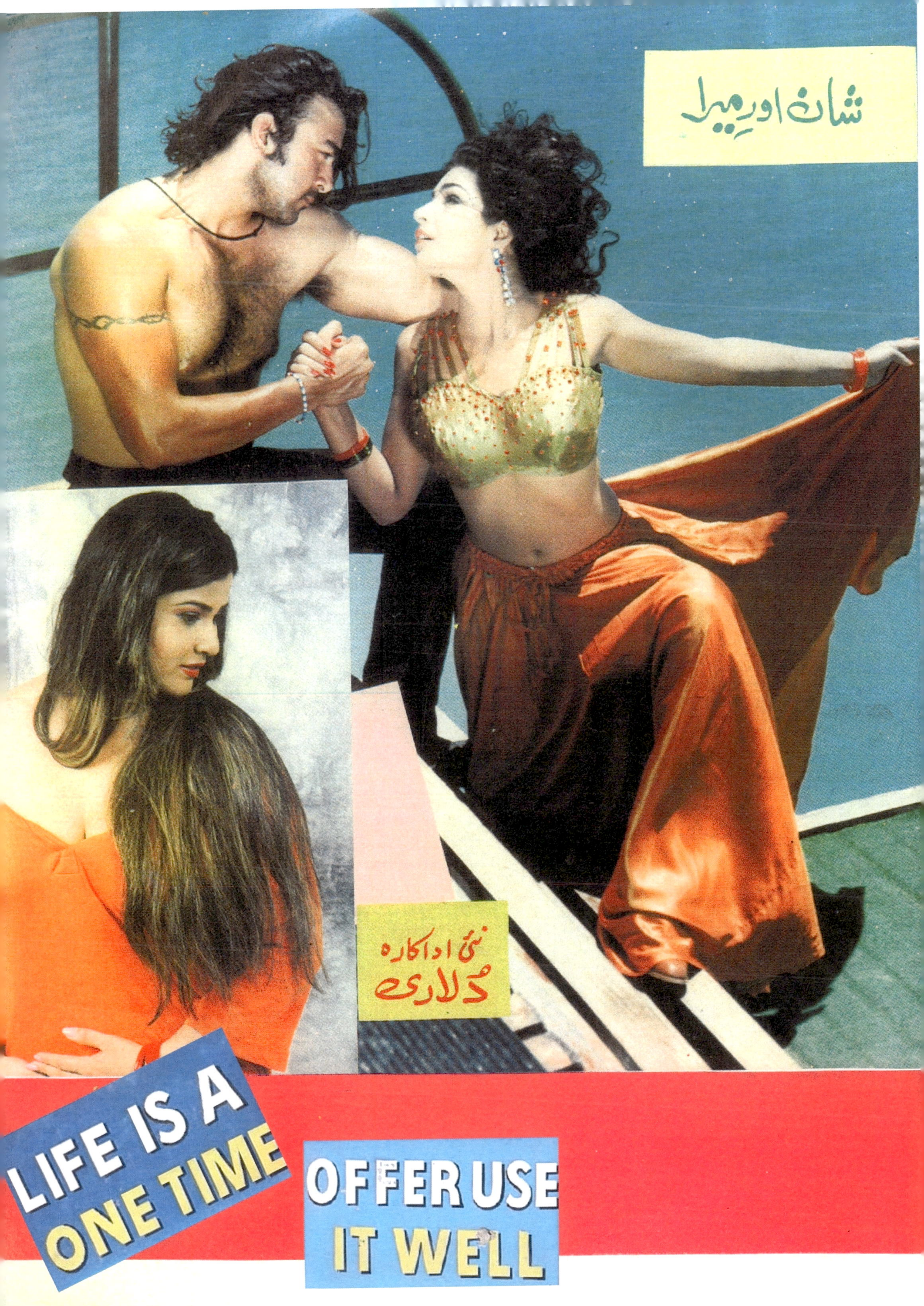

شان اور میرا
نئی اداکارہ
دلاری
LIFE IS A ONE TIME
OFFER USE IT WELL

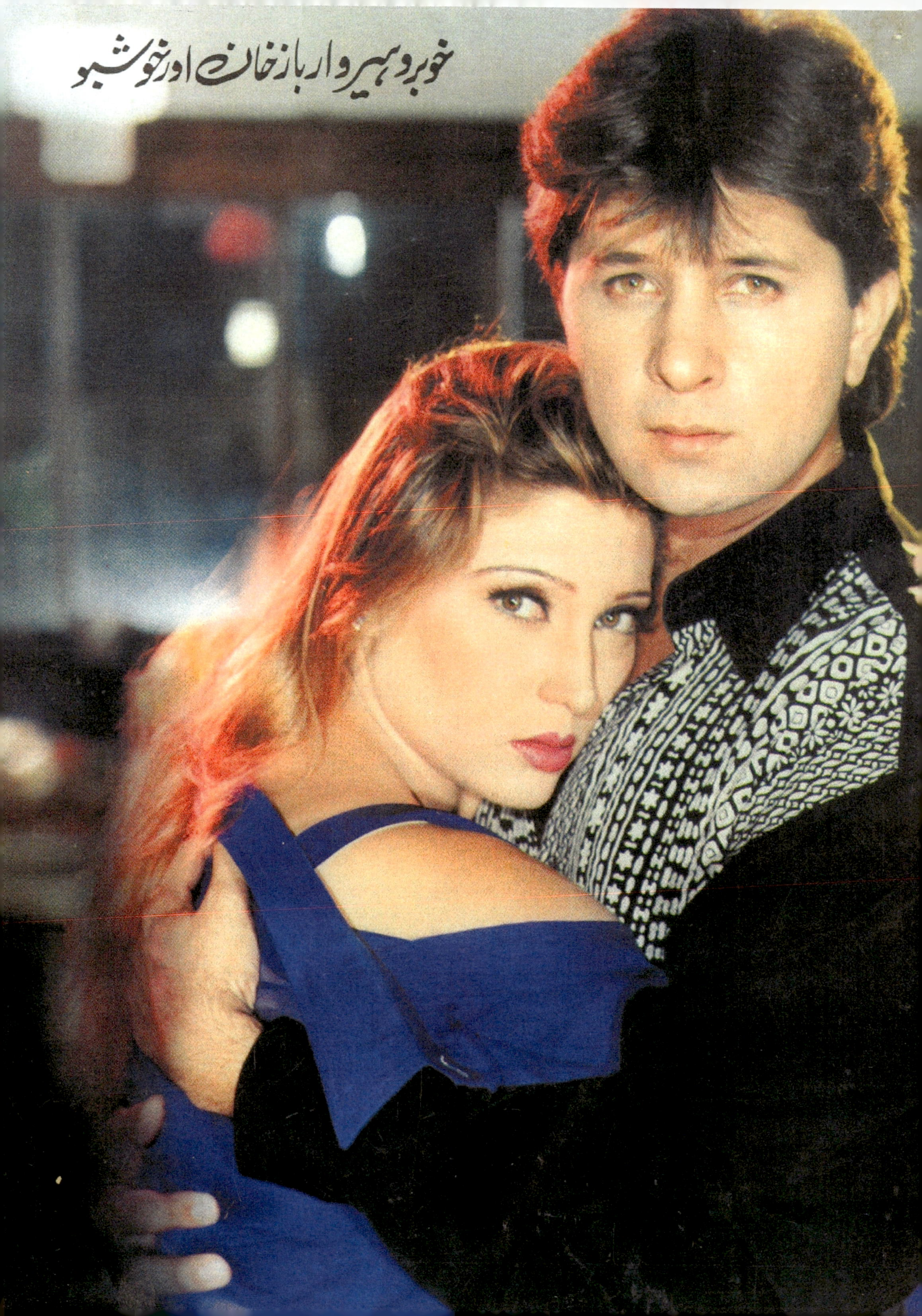
خوبرو ہیرو ارباز خان اور خوشبو

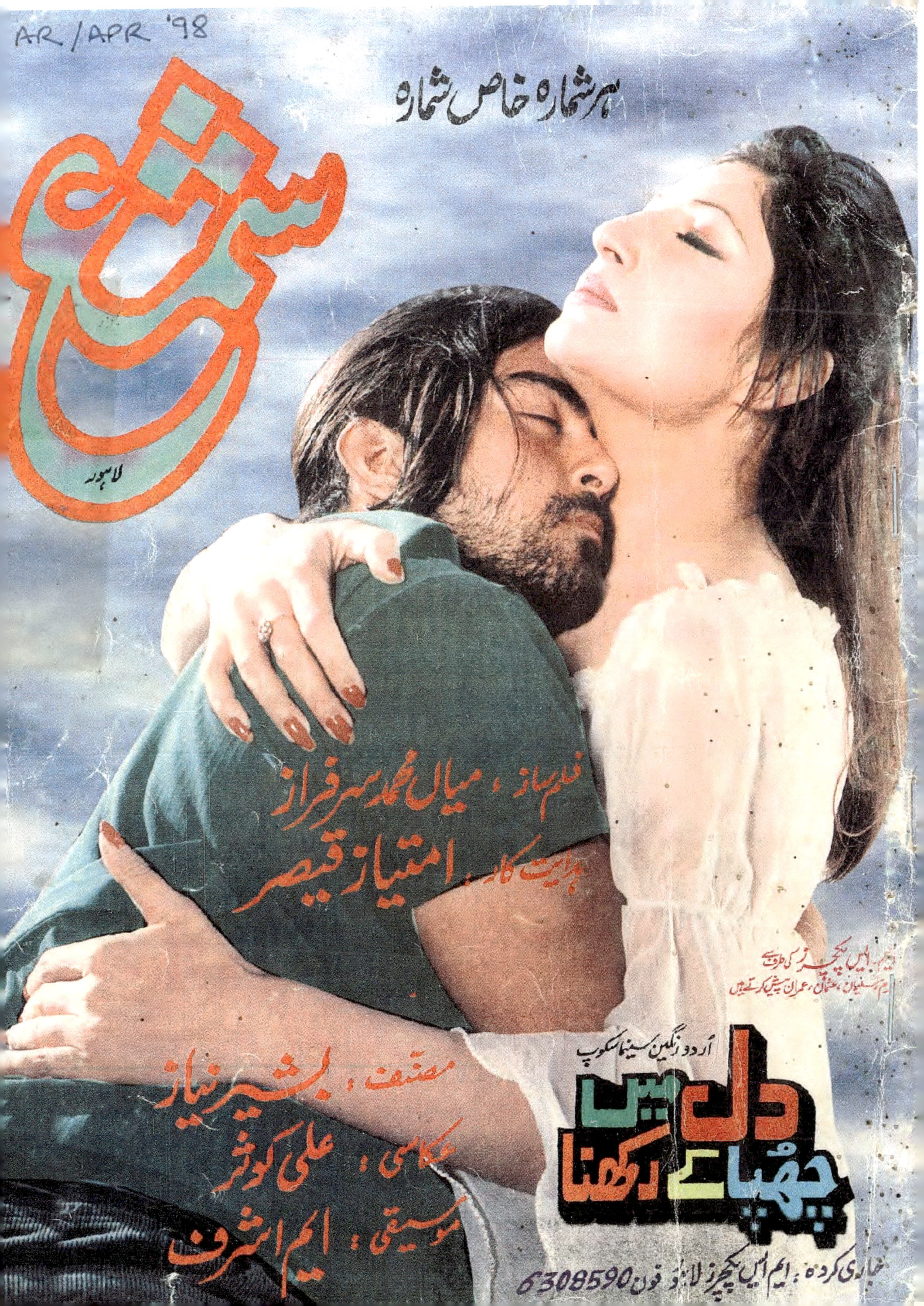
AR/APR '98
ہر شمارہ خاص شمارہ
شمع
لاہور
فلم ساز : میاں محمد سرفراز
ہدایت کار : امتیاز قیصر
ایس پکچرز کی طرف سے
سفیان، عثمان، عمران پیش کرتے ہیں
اردو رنگین سینما سکوپ
دل میں چھپا کے رکھنا
مصنف : بشیر نیاز
عکاسی : علی کوثر
موسیقی : ایم اشرف
جاری کردہ : ایم ایس پکچرز لاہور فون 6308590

اِک شخص سارے شہر کو ویراں کر گیا : سلطان راہی جیسے انسان صدیوں بعد پیدا ہوتے ہیں :

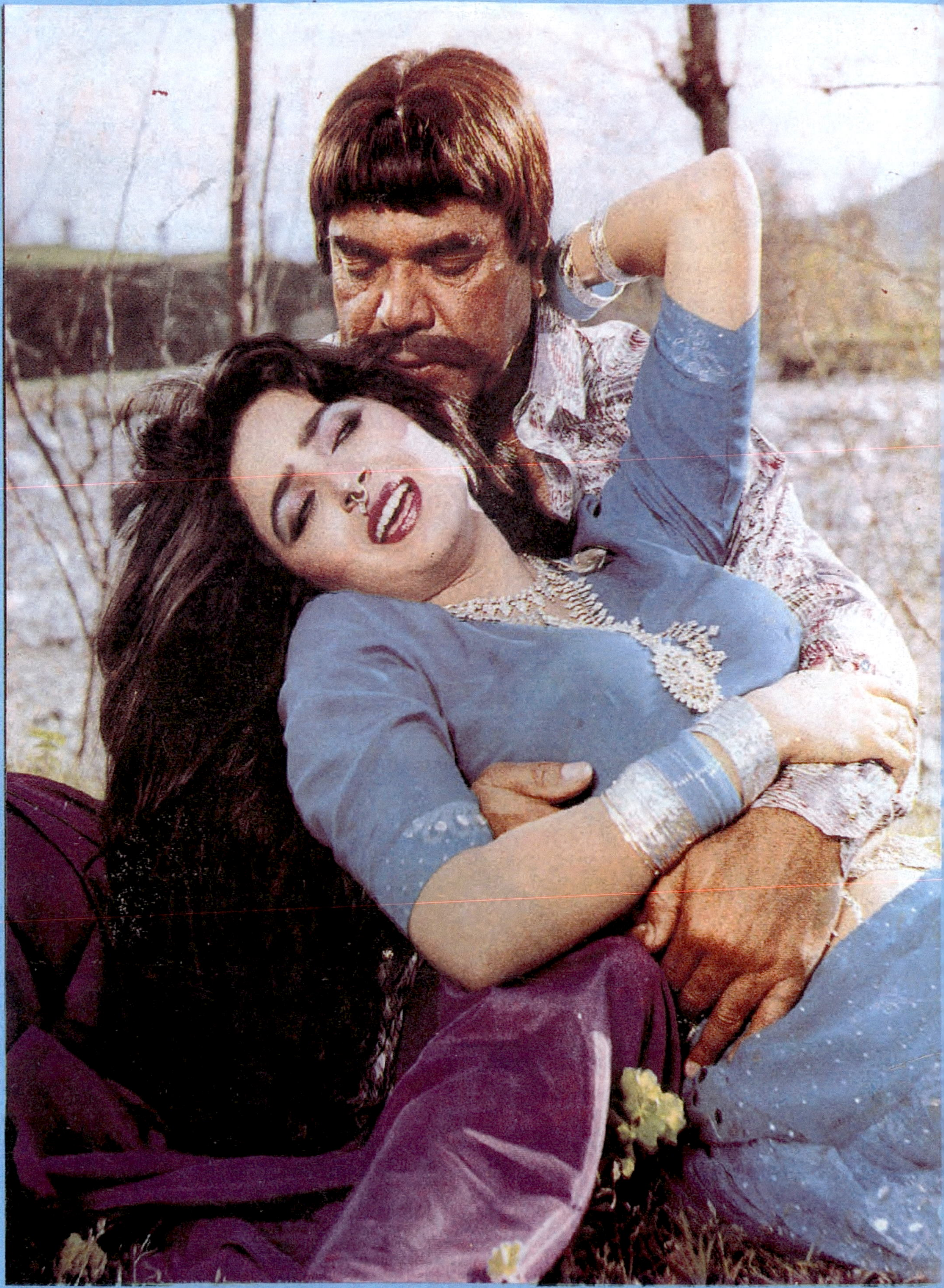

سلطان راہی اگرچہ آج ہم میں موجود نہیں لیکن وہ اپنے بے مثال کردار اور فن کی بدولت دنیائے فن میں اس قدر شہرت اور
مقبولیت

جانے کا ارادہ نہ خدارا ابھی کرنا
دُنیا کی مسرت مرے گھر آئی ہوئی ہے ـــــ نرگس، بابر علی ہدایت کار الطاف حسین کی اُردو رنگین فلم "ہائے یہ دُوریاں"

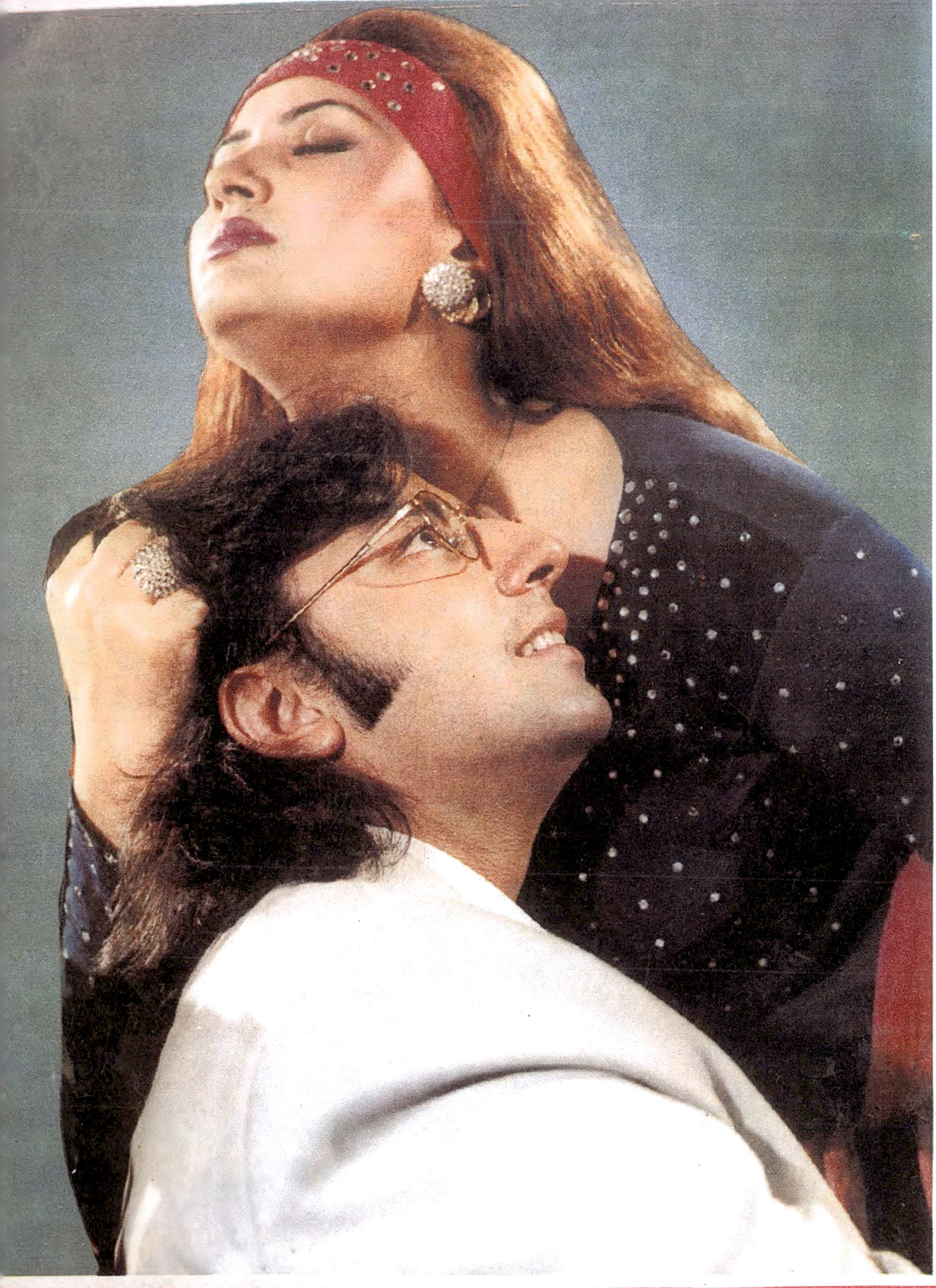

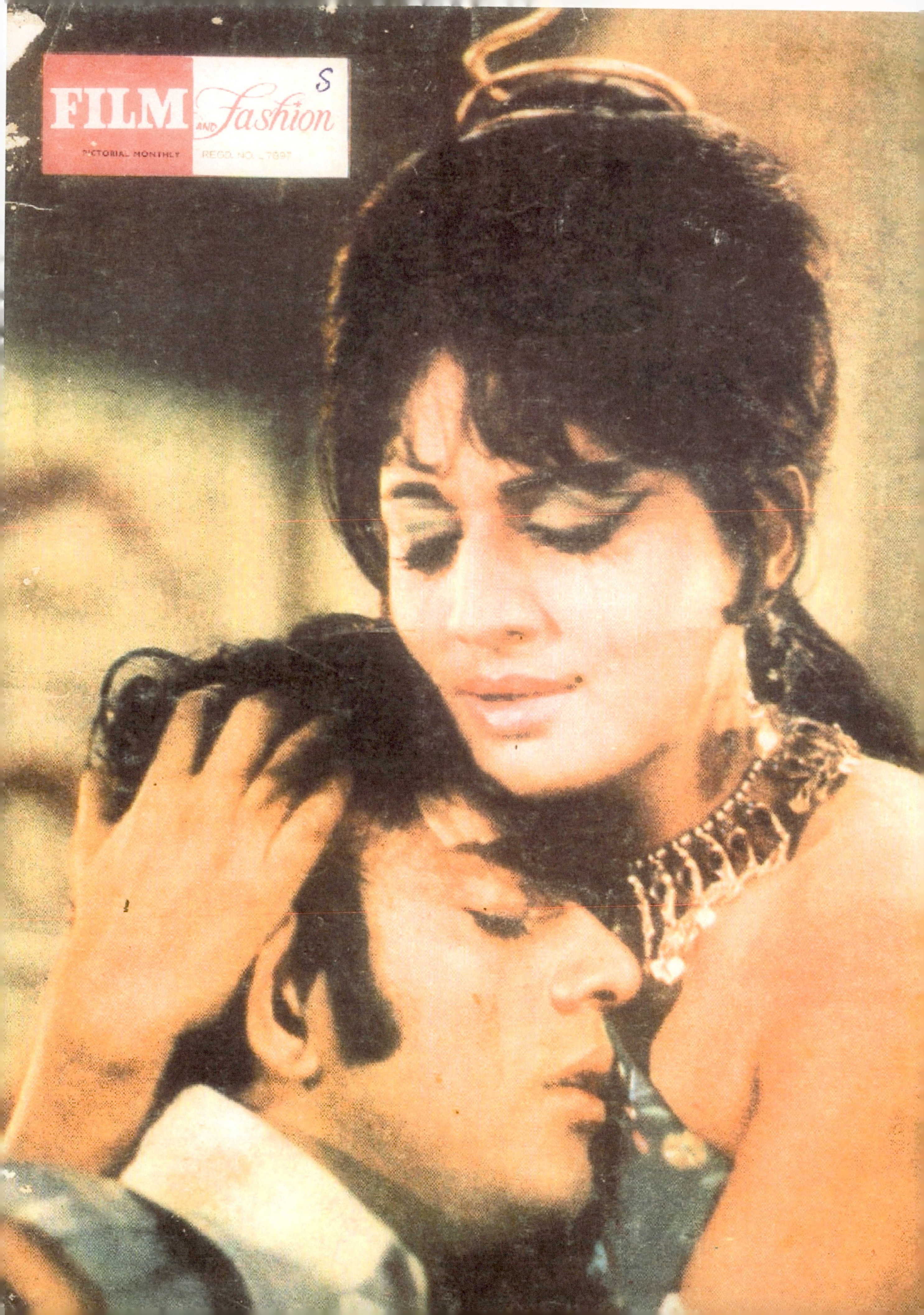
FILM AND Fashion
S
PICTORIAL MONTHLY
REGD. NO. L7897

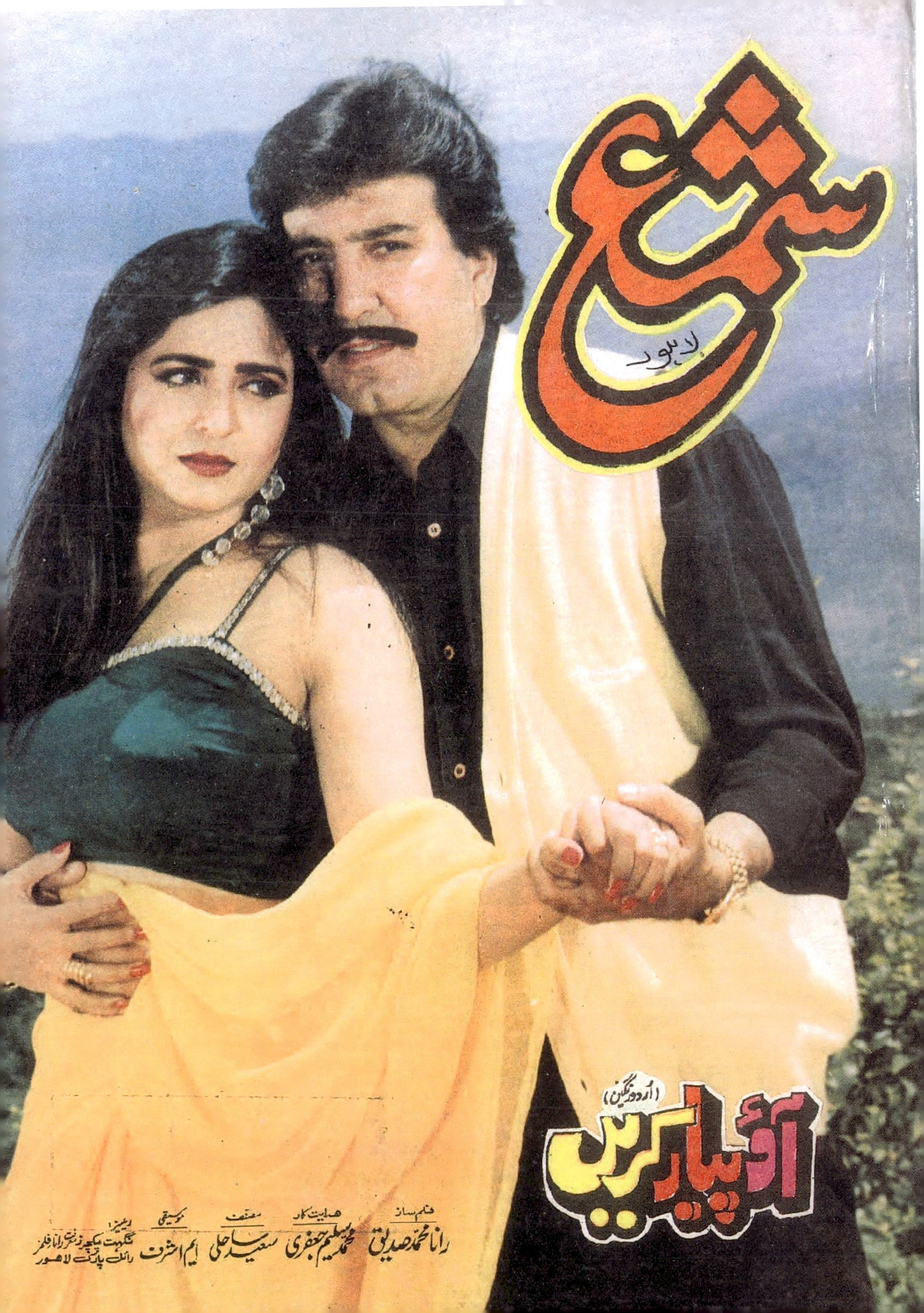

شمع
لاہور
(اردو رنگین)
آؤ پیار کریں
فلم ساز
رانا محمد صدیق
ہدایت کار
محمد سلیم جعفری
مصنف
سعید ساحلی
موسیقی
ایم اشرف
ریلیز
رائل پارک لاہور

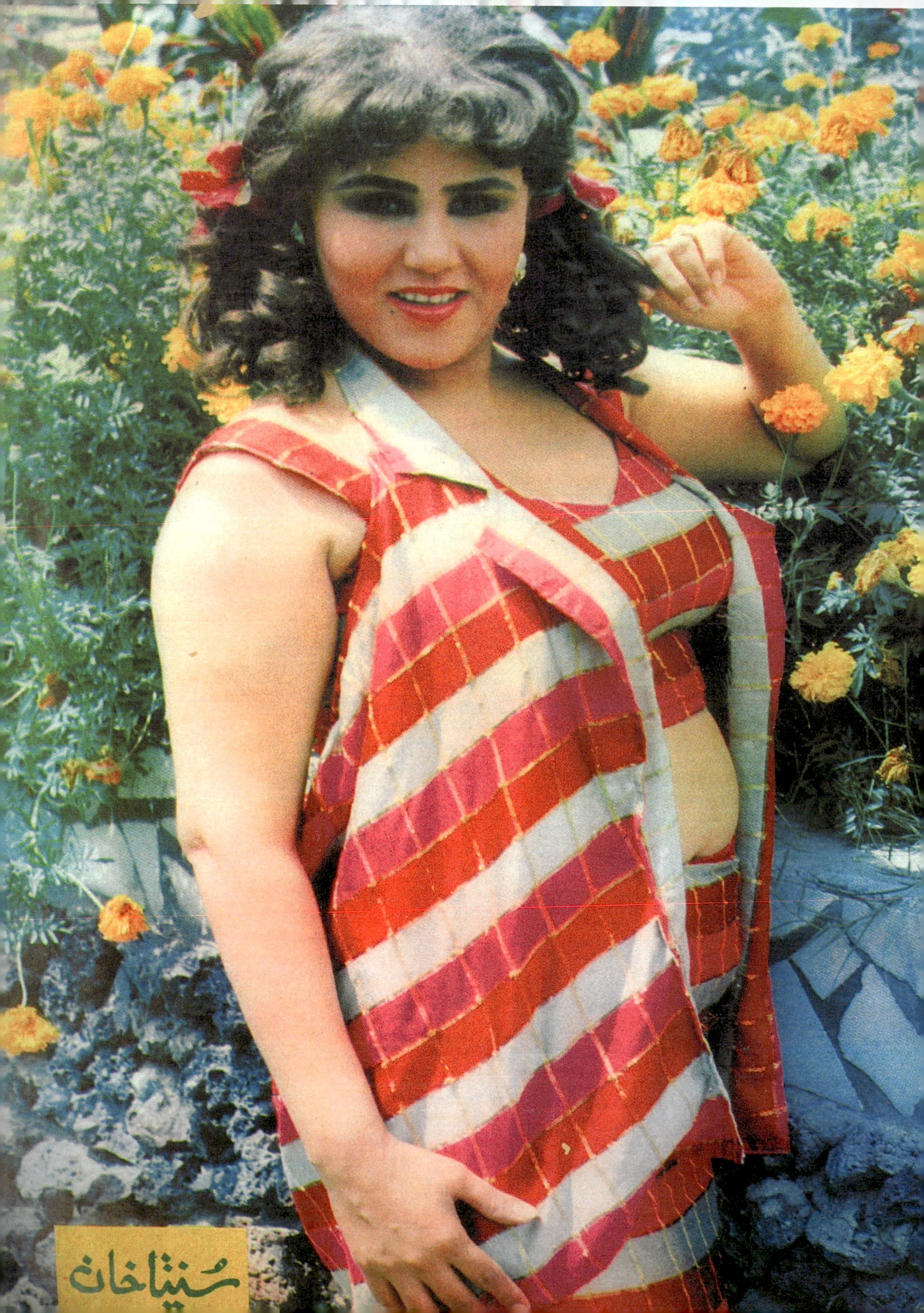
سُنیتاخان

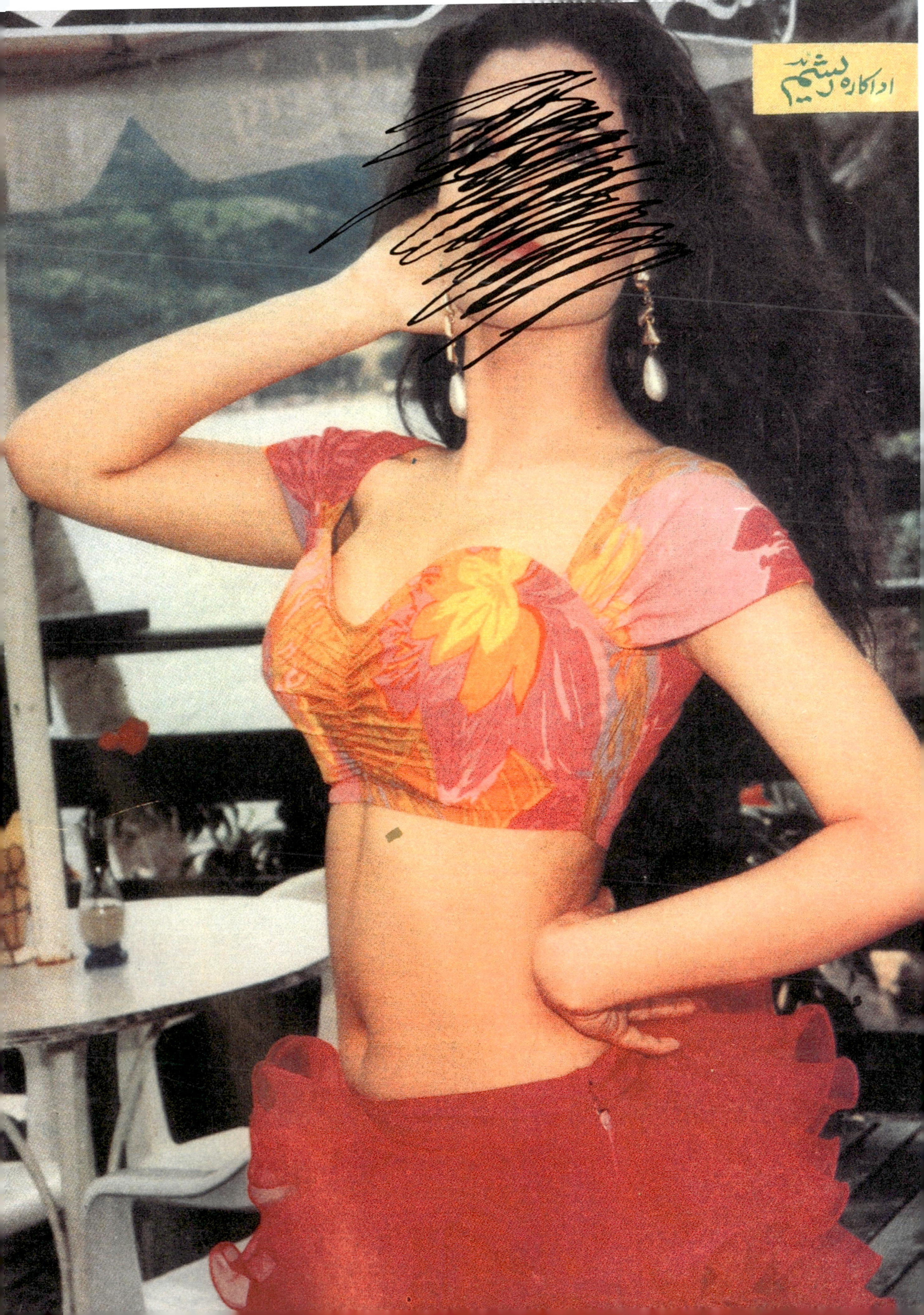
اداکارہ ریشم

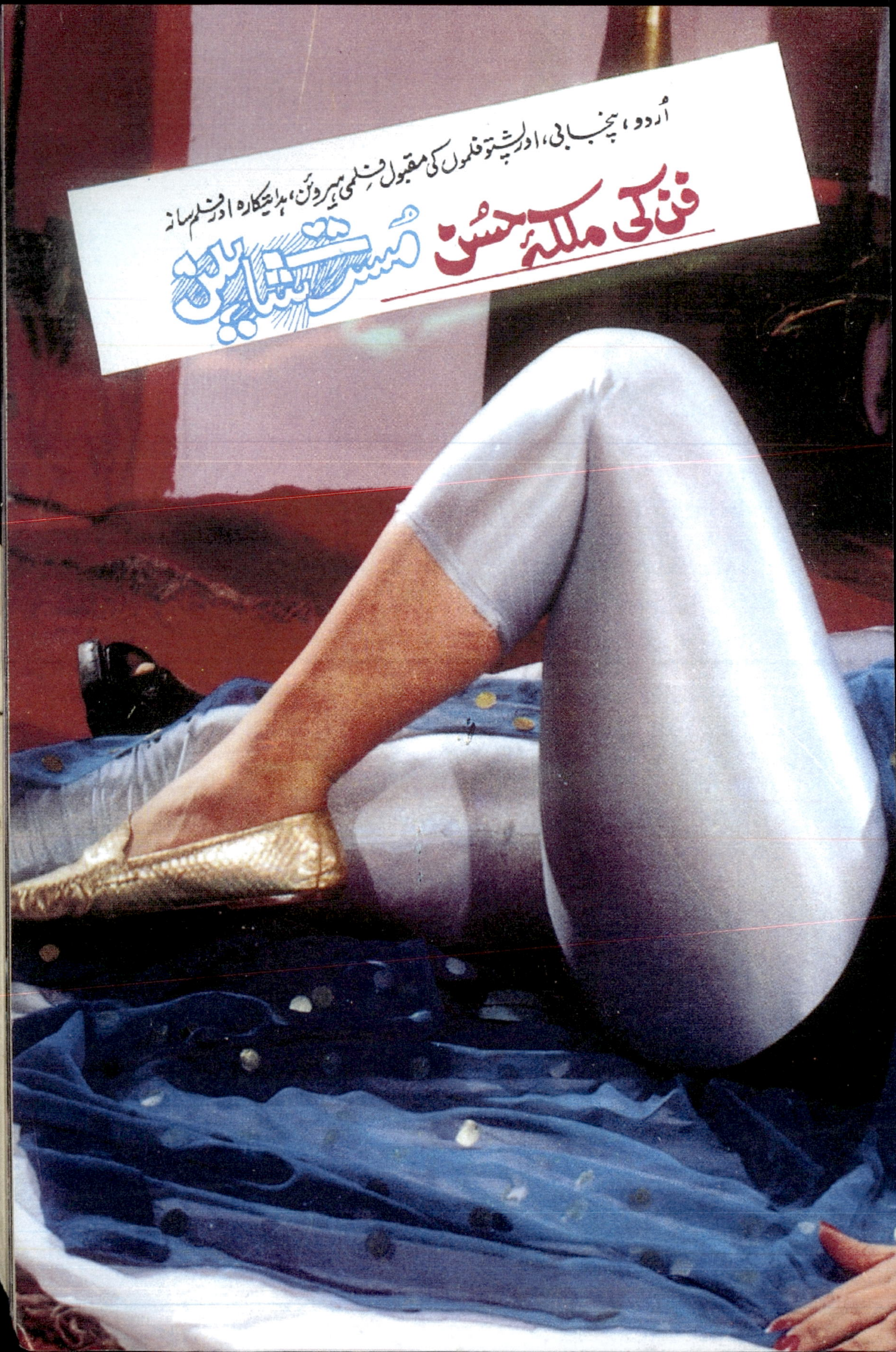
اُردو، پنجابی، اور پشتو فلموں کی مقبول فلمی ہیروئن، ہدایتکارہ اور فلم ساز
فن کی ملکۂ حسن
مُسرت شاہین

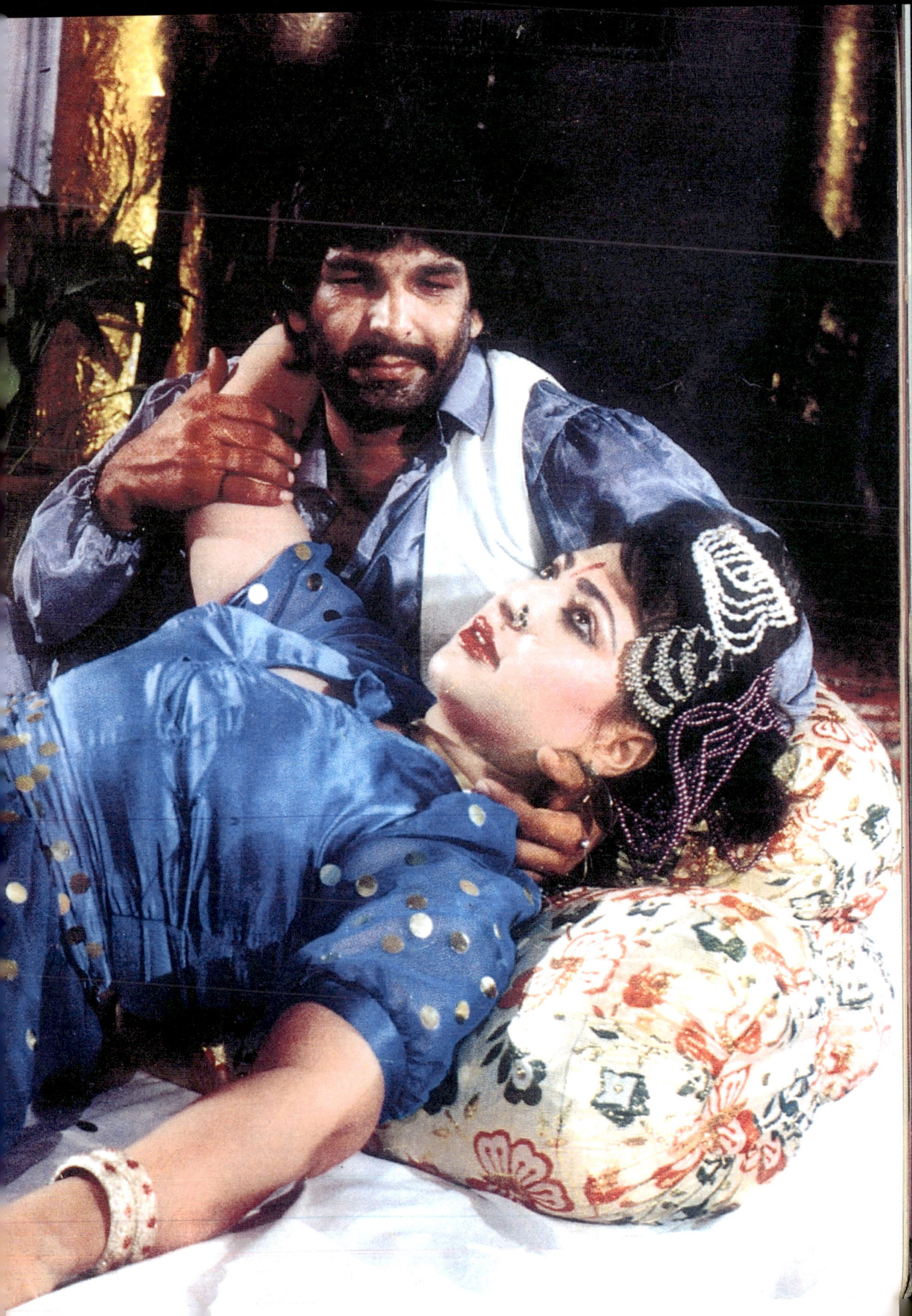

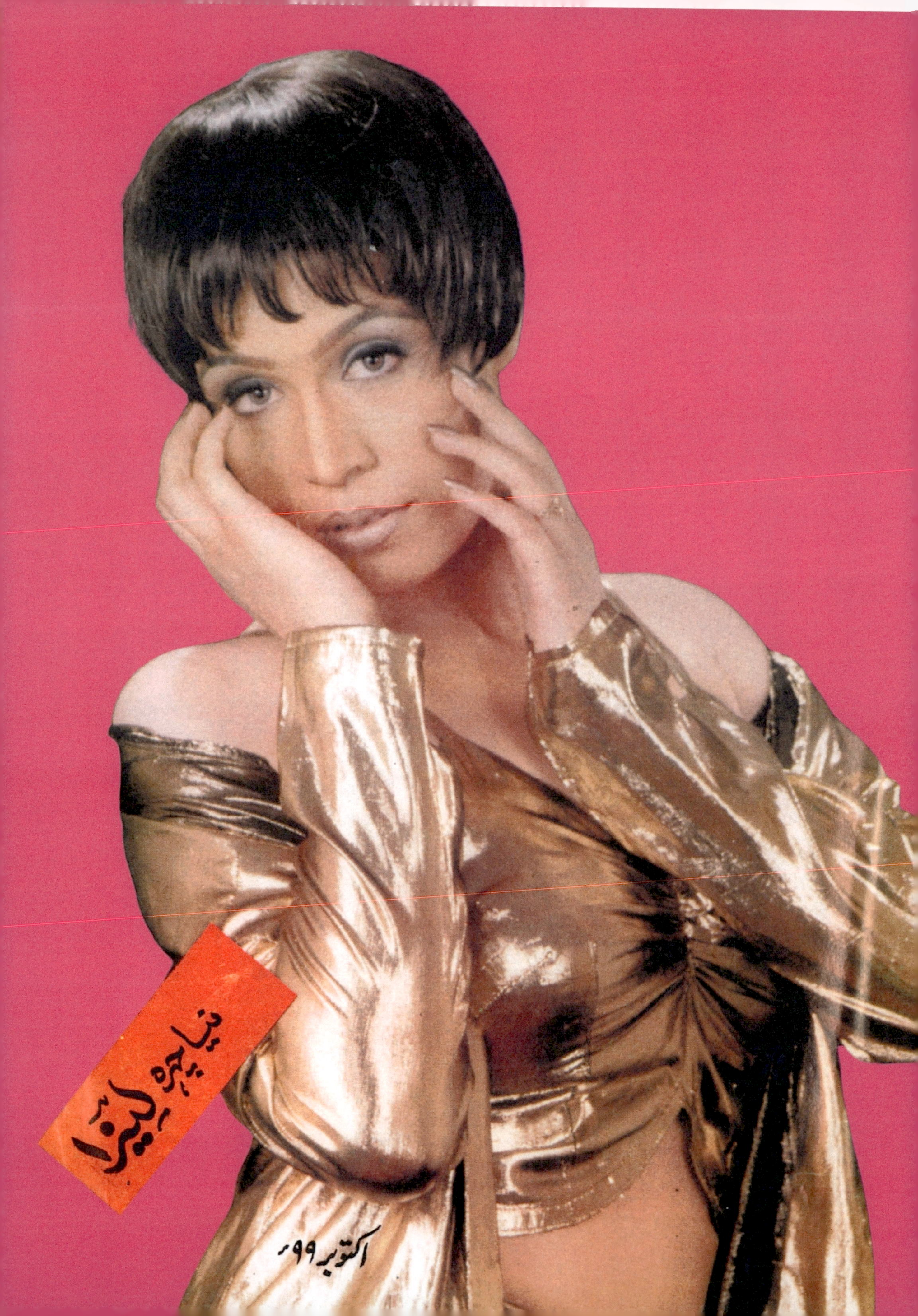
نیا چہرہ
لیزا
اکتوبر ۹۹ء

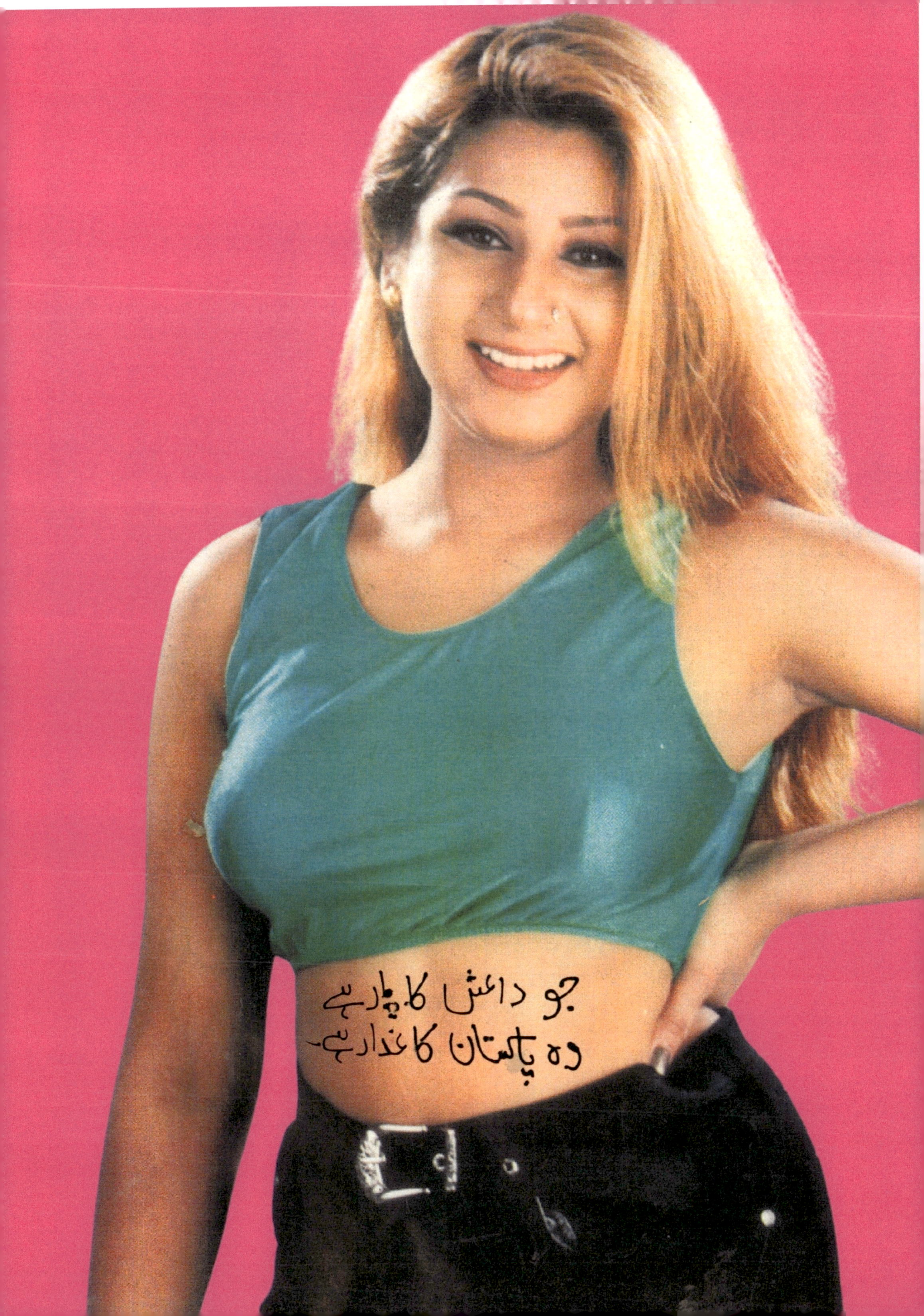
جو داعش کا یار ہے
وہ پاکستان کا غدار ہے۔

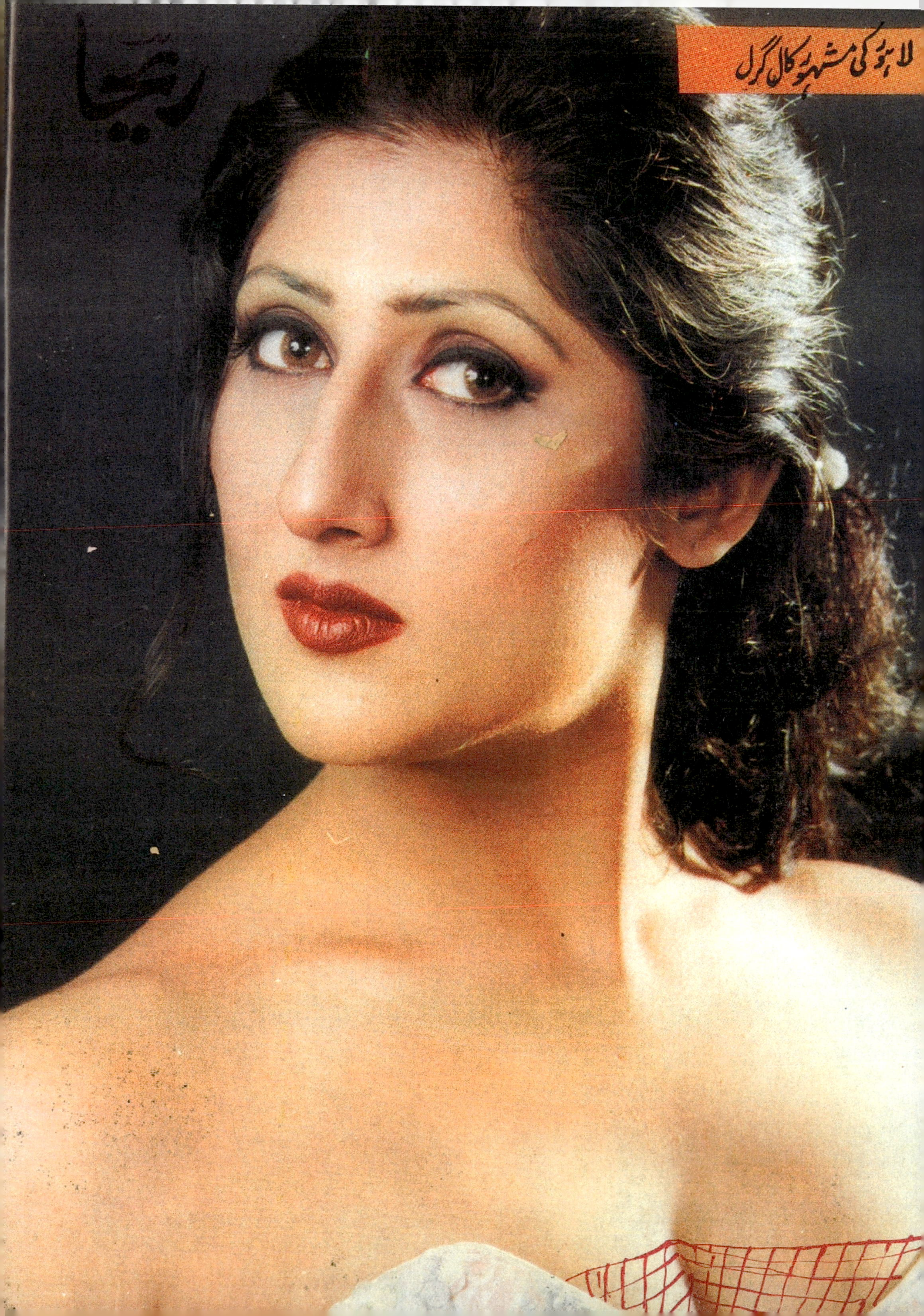
لاہور کی مشہور کال گرل

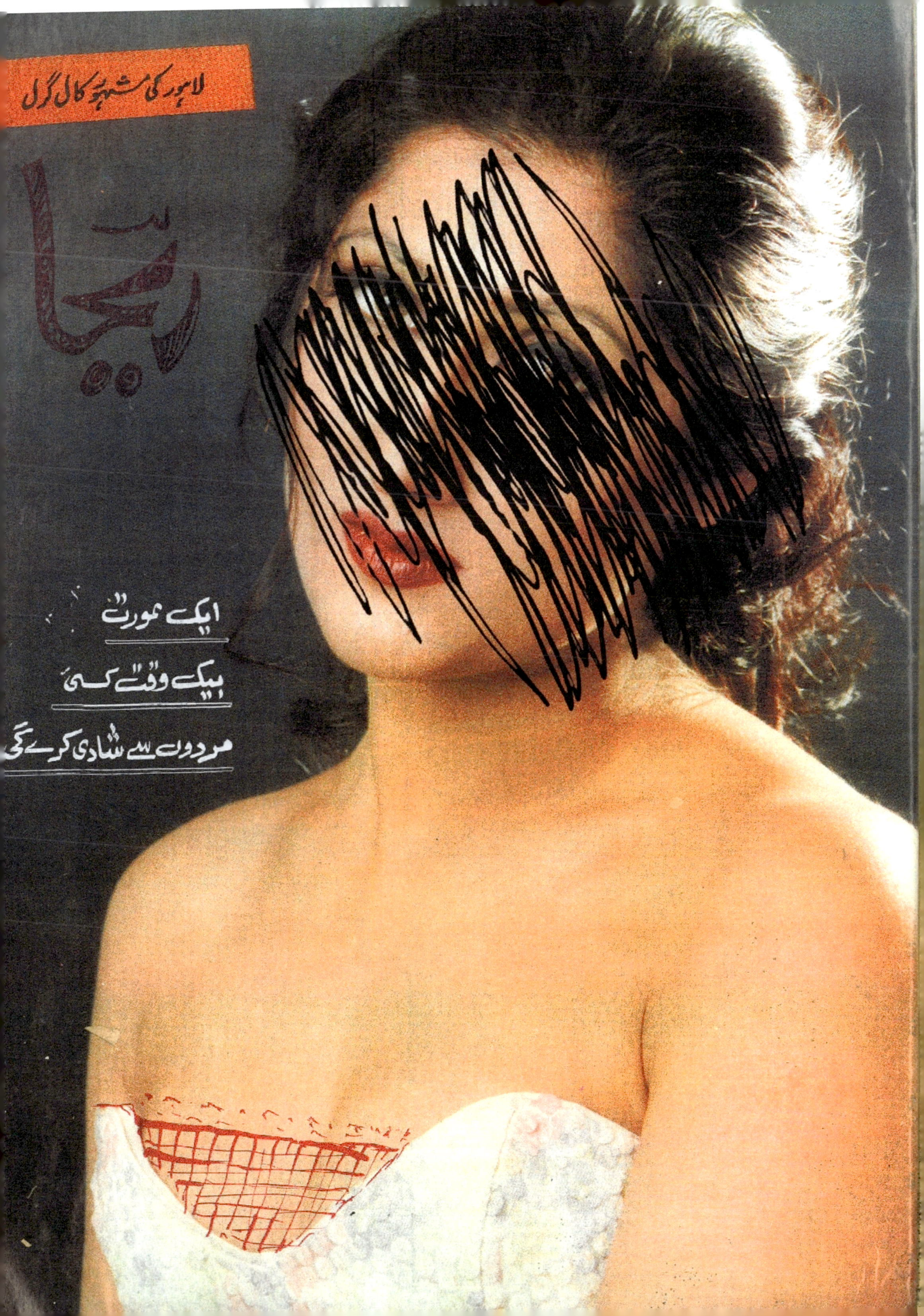
لاہور کی مشہور کال گرل
ریٹا
ایک عورت
بیک وقت کئی
مردوں سے شادی کرے گی

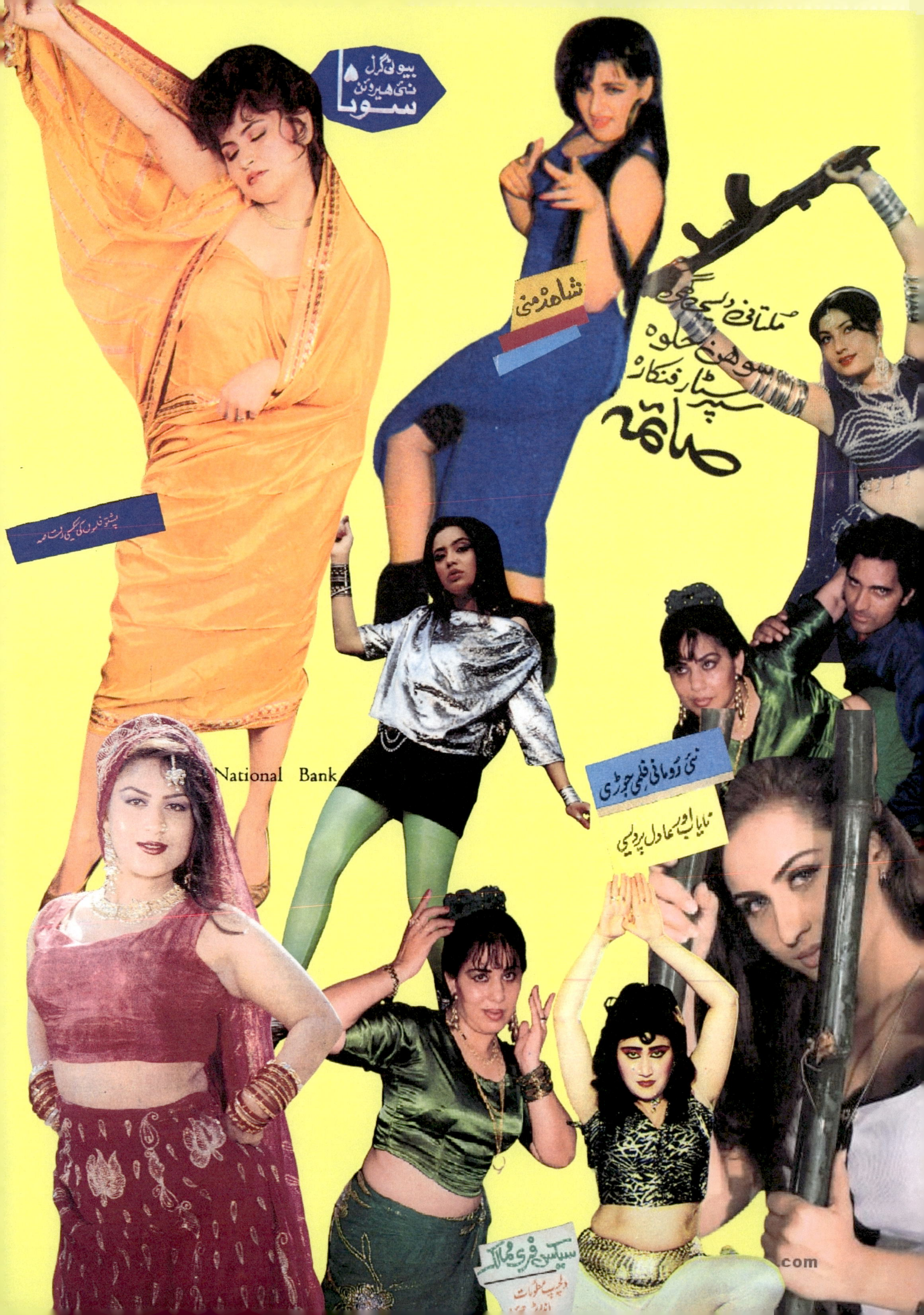

بیوٹی گرل ۵
نئی ہیروئن
سونا
شاہد منی
ملتانی دیسی گھی
سوہن حلوہ
سپرسٹار فنکارہ
صائمہ
National Bank
نئی رومانی فلمی جوڑی
نایاب اور ساحل پردیسی
سیکس فری ممالک
دلچسپ معلومات
.com

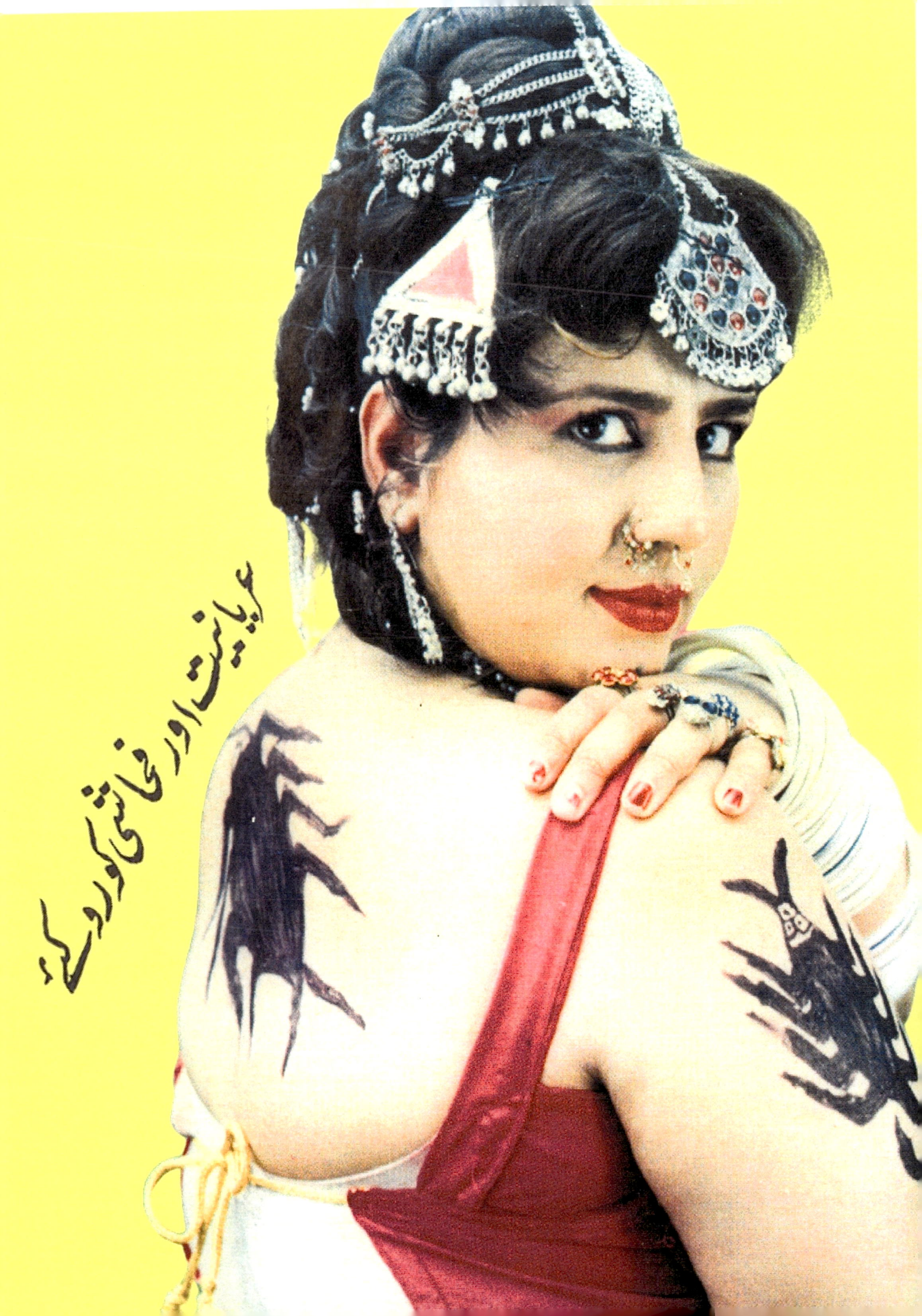
عریانیت اور فحاشی کو رد کیجیے

لیلیٰ اور جان ریمبو نئی اُردو رنگین فلم "دوسری بیوی" میں فن کی بلندیوں پر نظر آسکیں گے

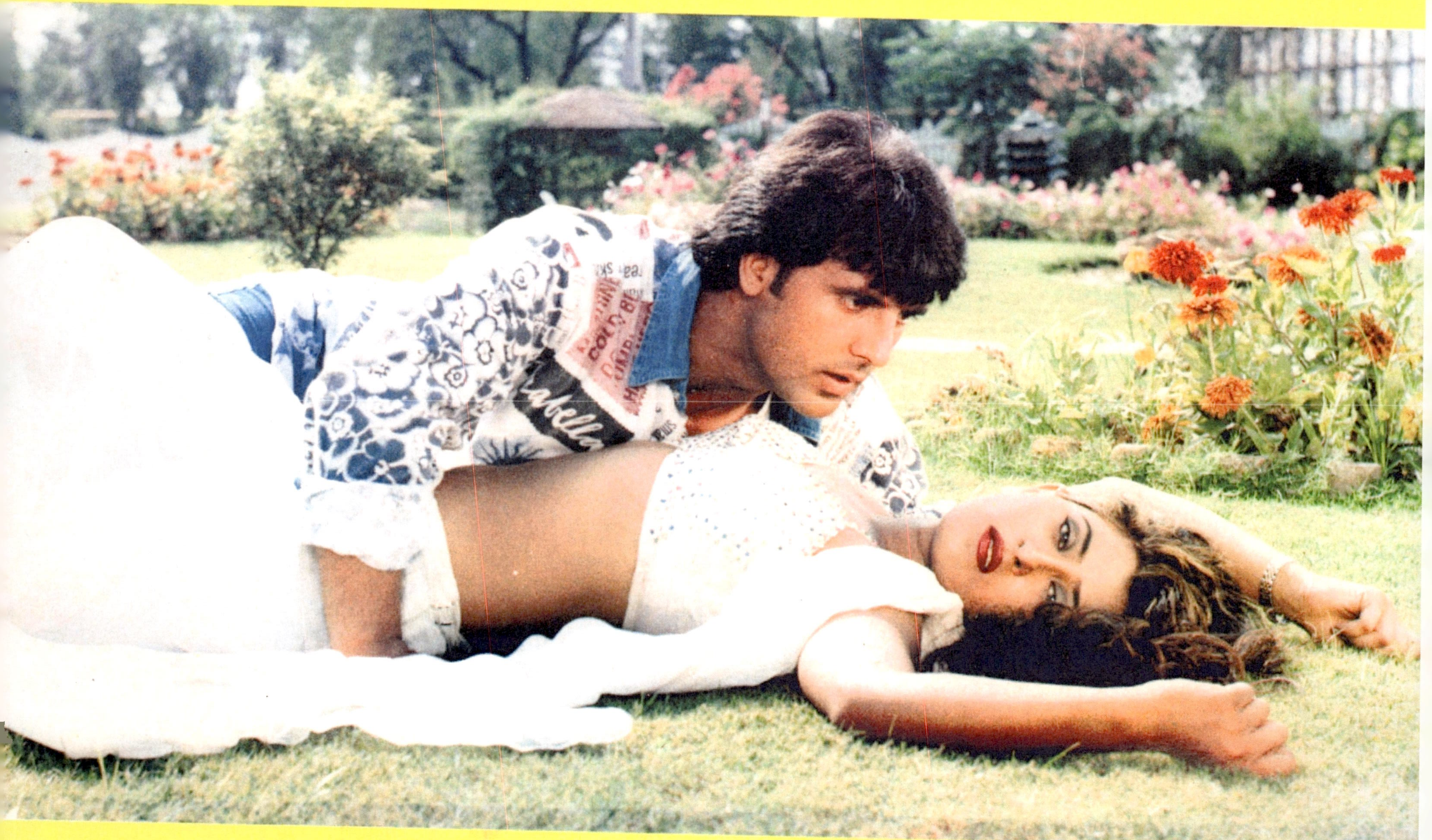

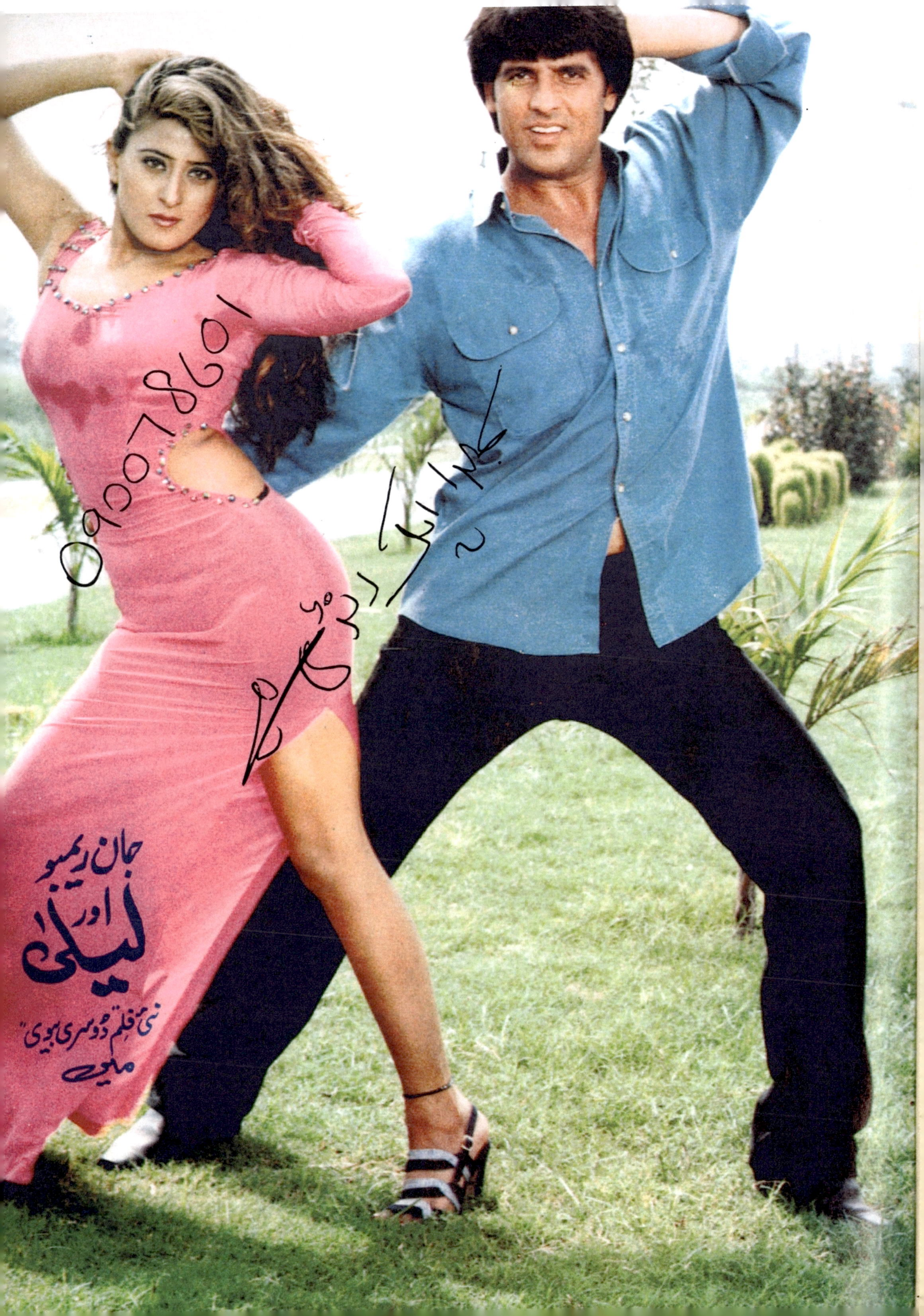
جان ریمبو
اور
لیلیٰ
نئی فلم "دوسری بیوی"
میں
090078601

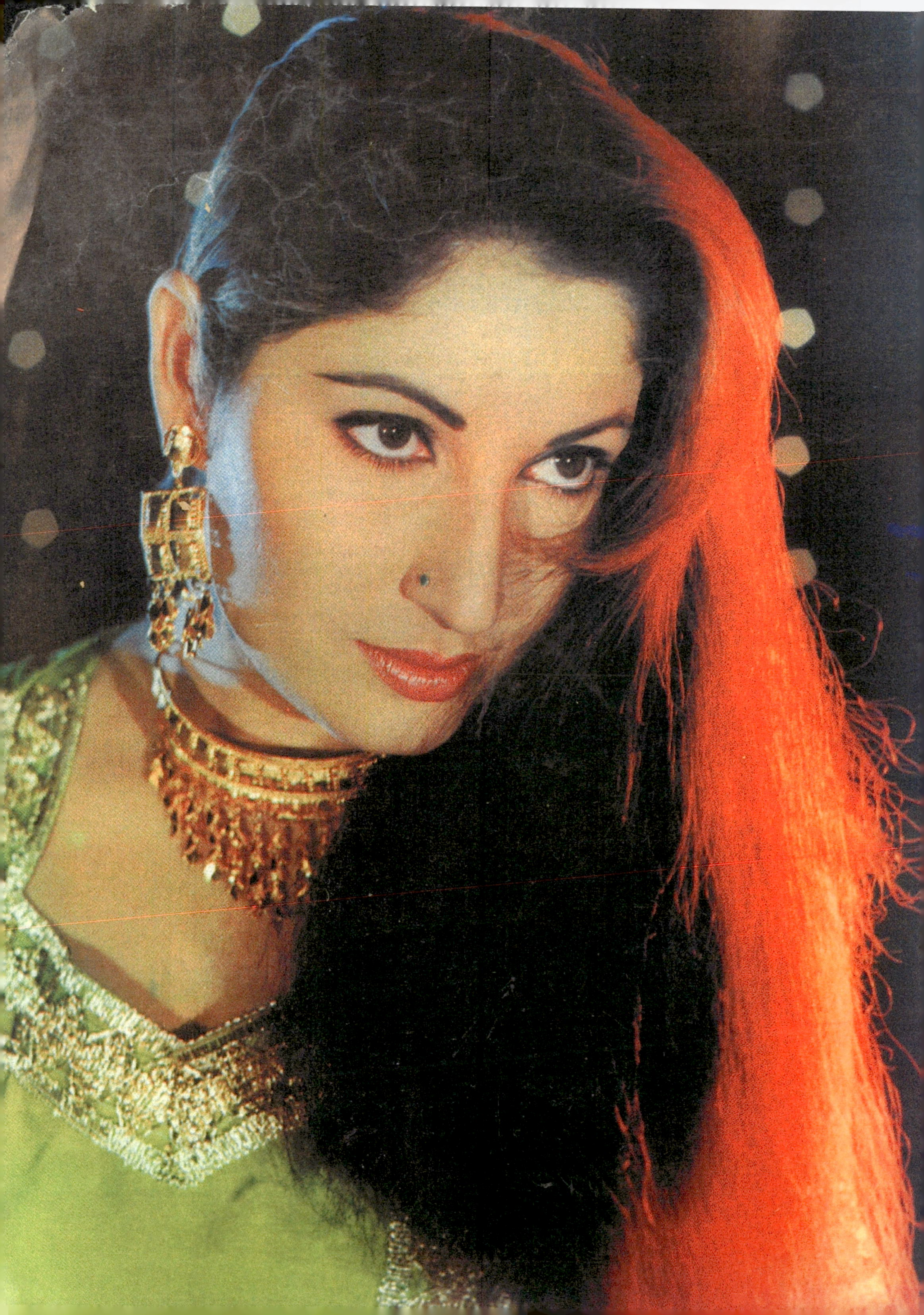

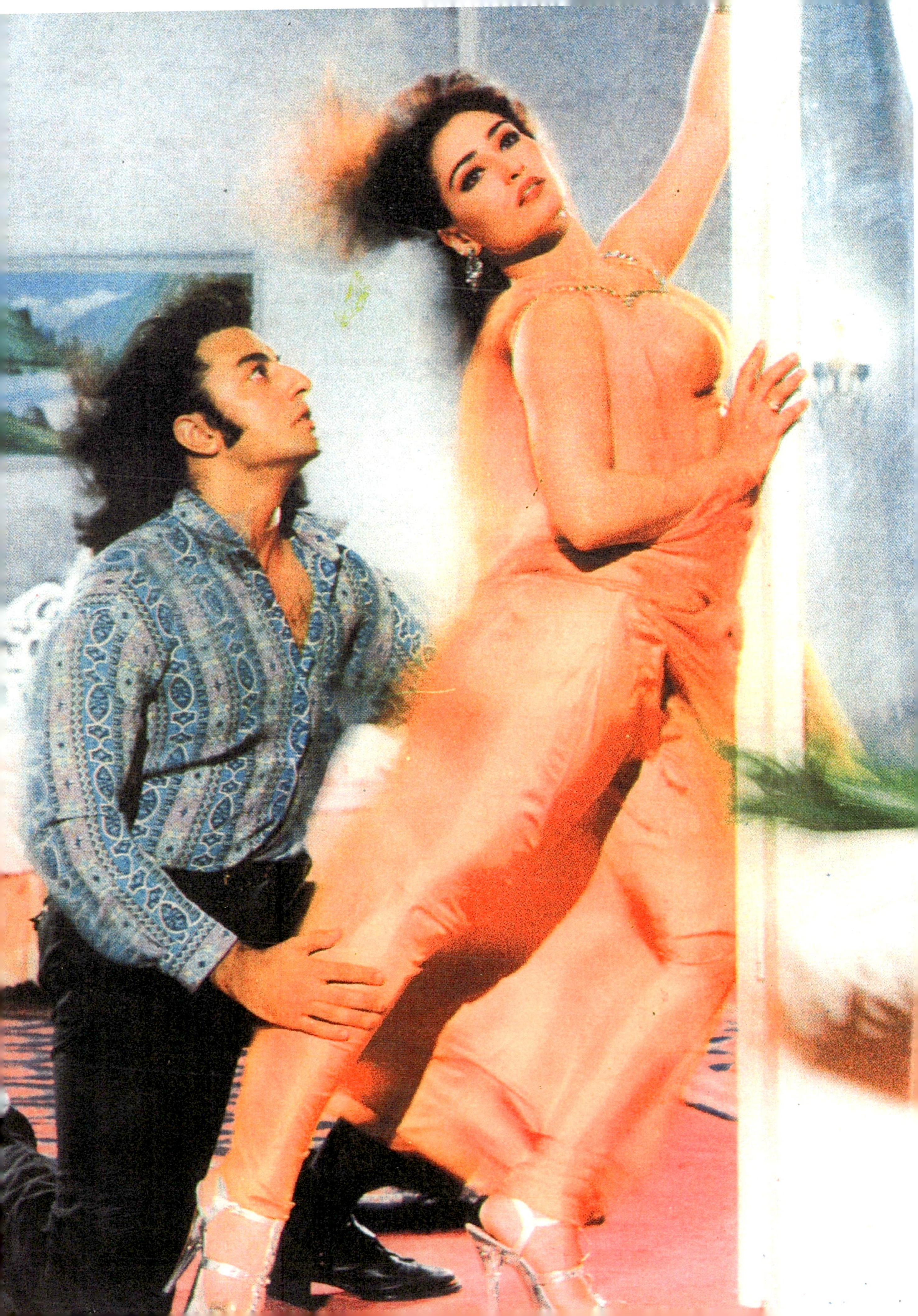

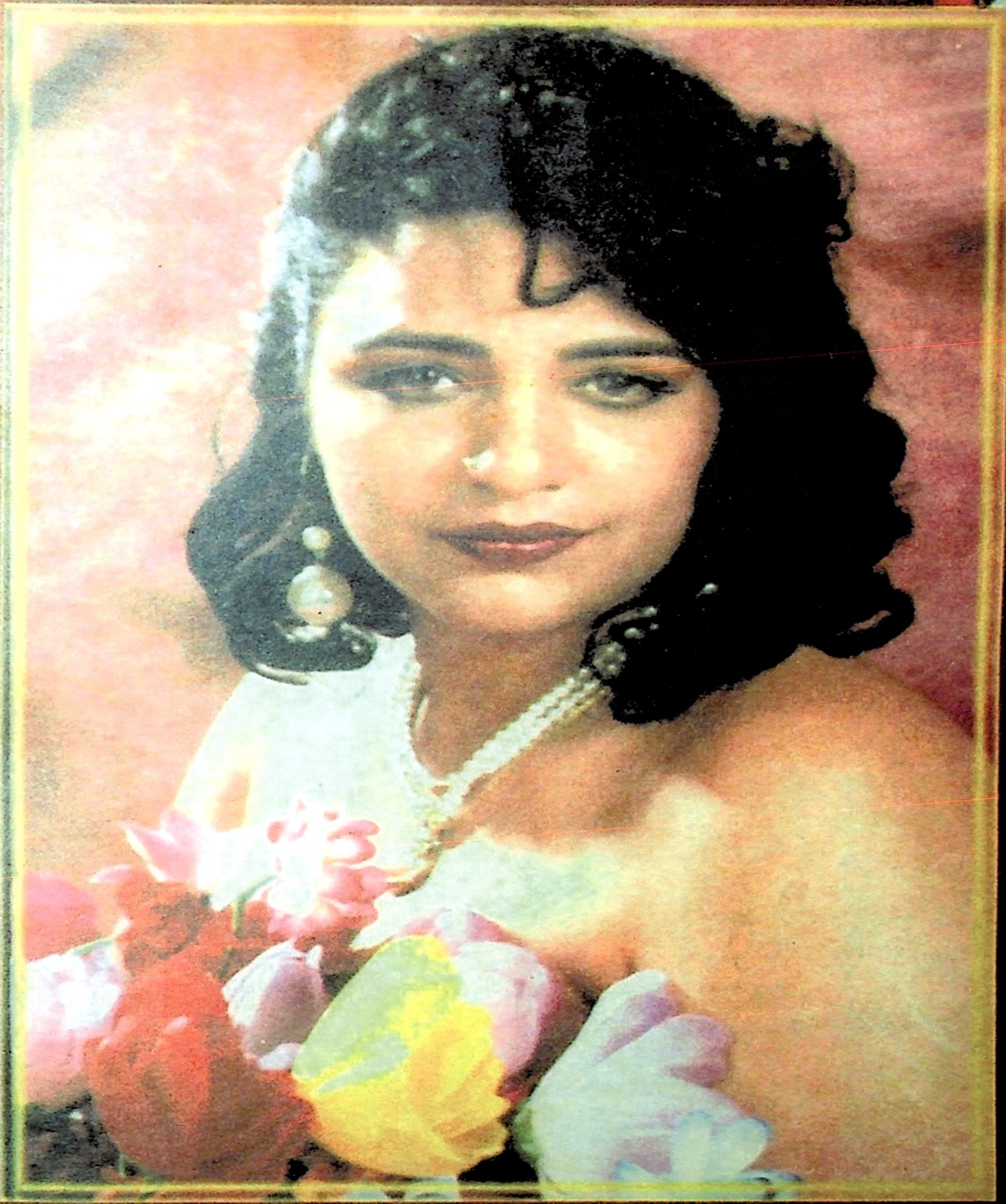

اسلام آباد کی رنگینیاں

علی عمران اسلام آباد کے قلم سے

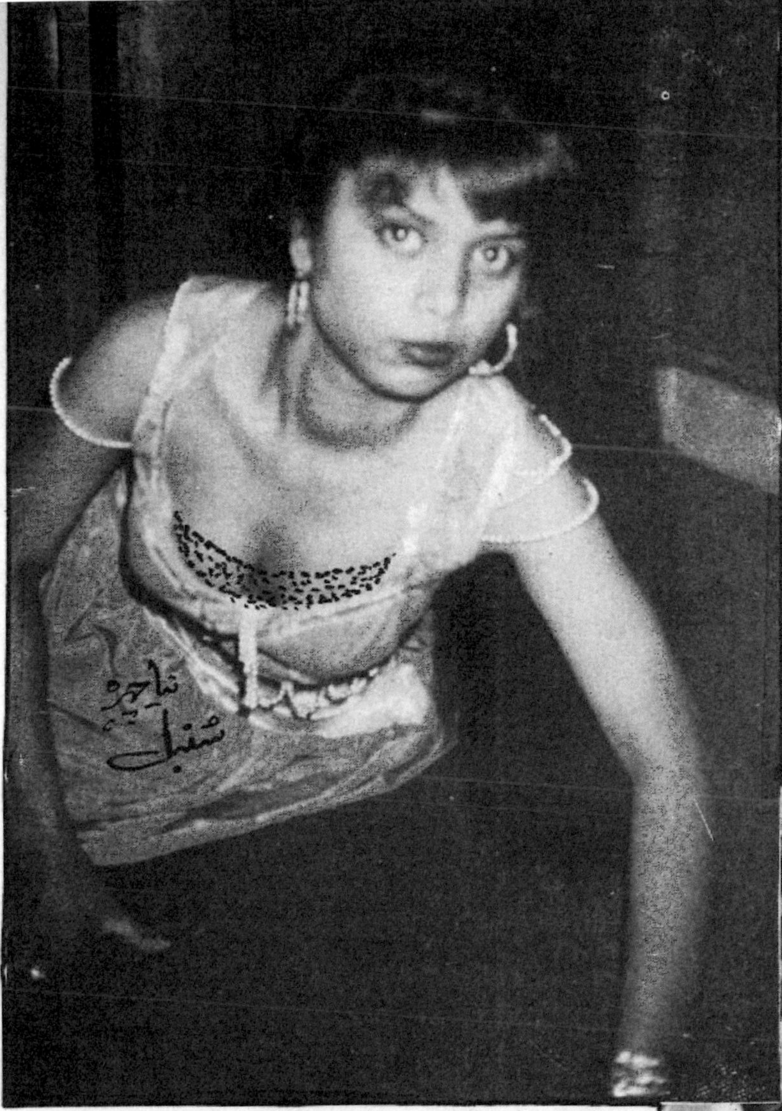

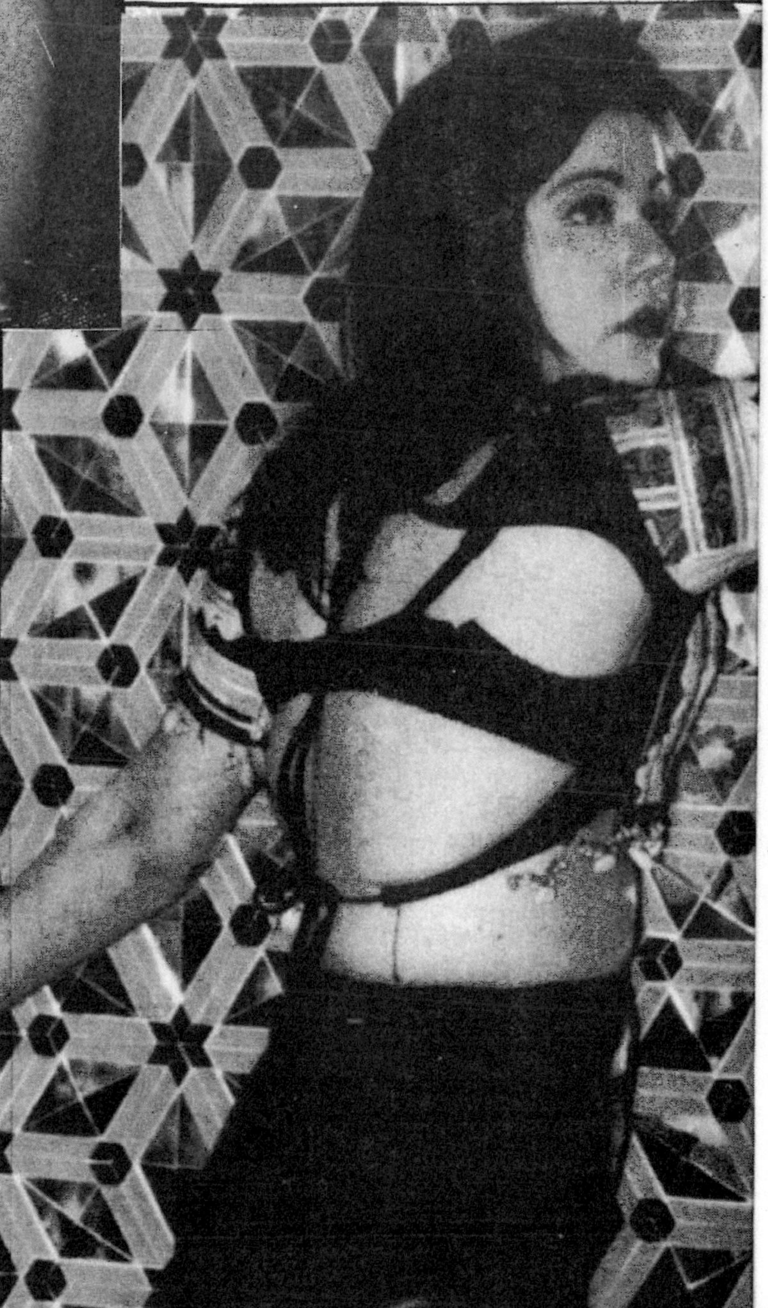

ریبی خان جو نجی محفلوں میں گندے رقص کرتی ہے

اسلام آباد جو کہ گریڈوں کا شہر کہلاتا ہے دراصل بزنس مین حضرات کا شہر ہے' کیونکہ جو عیاشیاں کاروباری حضرات کو میسر ہیں وہ ایک سرکاری افسر کو بھی نصیب نہیں۔ اسلام آباد کیونکہ ایک مہنگا شہر ہے اس لئے یہاں پر تقریباً" ہر چیز کی قیمت دوسرے شہروں کی نسبت زیادہ ہے اور یہ کلیہ صرف کھانے پینے کی اشیاء پر ہی نہیں' عیاشی اور تماشبینی پر بھی لاگو ہوتا ہے۔

اسلام آباد میں یوں تو درجنوں قحبہ خانے موجود ہیں جن کا ایک عام شخص کو گمان بھی نہیں ہو سکتا۔ لیکن ایک عام شکل اکثر ٹریول ایجنٹ اور Rent a Car کی ہے۔ ان کا کاروبار دراصل دلالی یا شراب کی خرید و فروخت ہوتا ہے۔ دروازے کے سامنے ہی ایک خاتون تشریف فرما ہوتی ہیں۔ جن کی شکل دیکھ کر ان کے کردار کا بخوبی اندازہ لگایا جا سکتا ہے۔ عام طور پر یہ حضرات ہر گاہک کو اپنی خدمات پیش نہیں کرتے بلکہ ان کے اپنے گنے چنے گاہک ہوتے ہیں۔ جن کی معرفت سے مزید گاہک پیدا کئے جاتے ہیں۔ ان کا اصل کاروبار یہ ہوتا ہے اور بقول ان کے ان کے کاروبار میں کافی برکت ہوتی ہے۔ اس

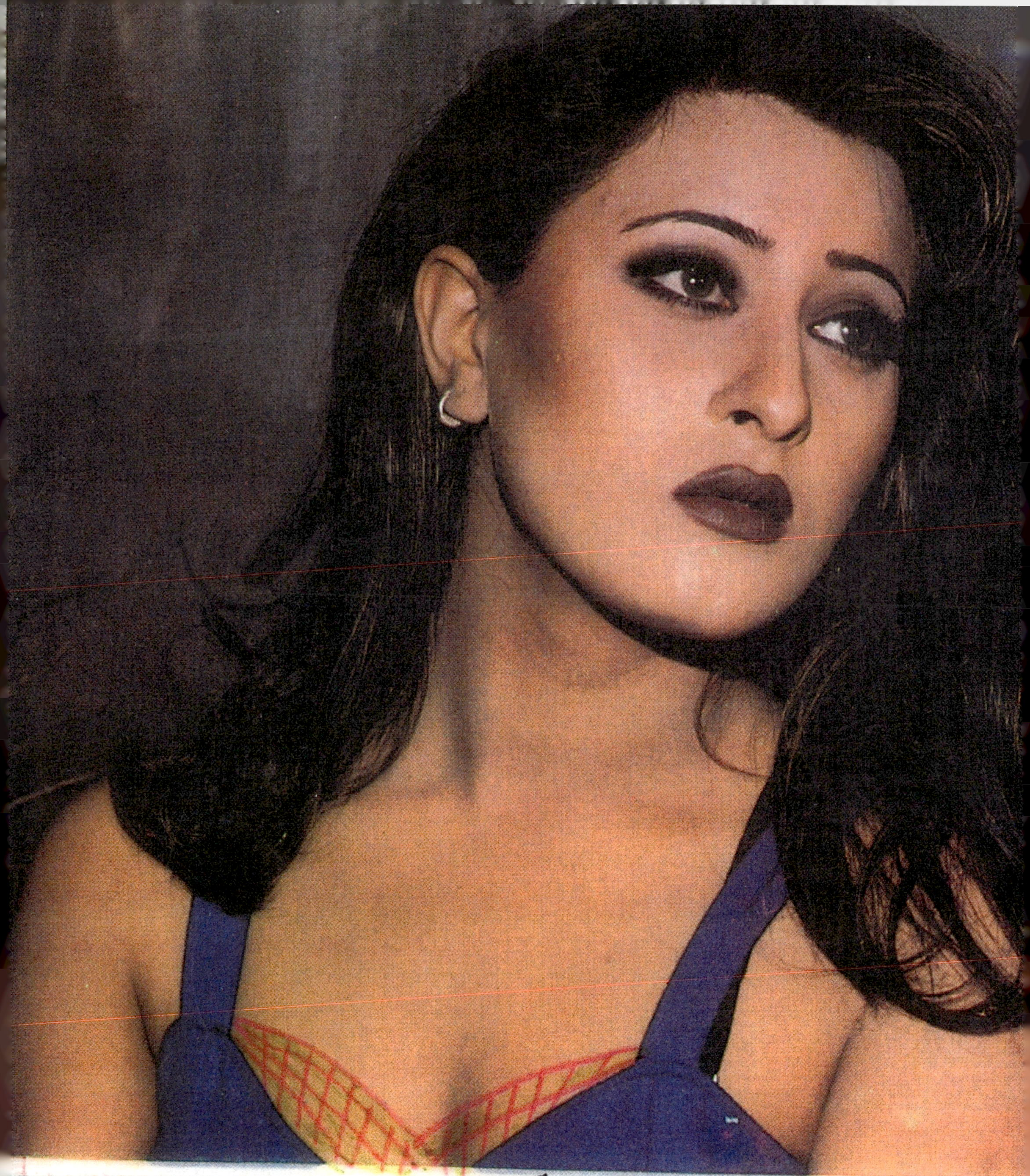

لیلی

نئی اداکارہ
سیکس کی دلدادہ
نئی حسینہ

تھک جانے کے بعد
شراب سے دل بہلانا
اس کا محبوب مشغلہ ہے

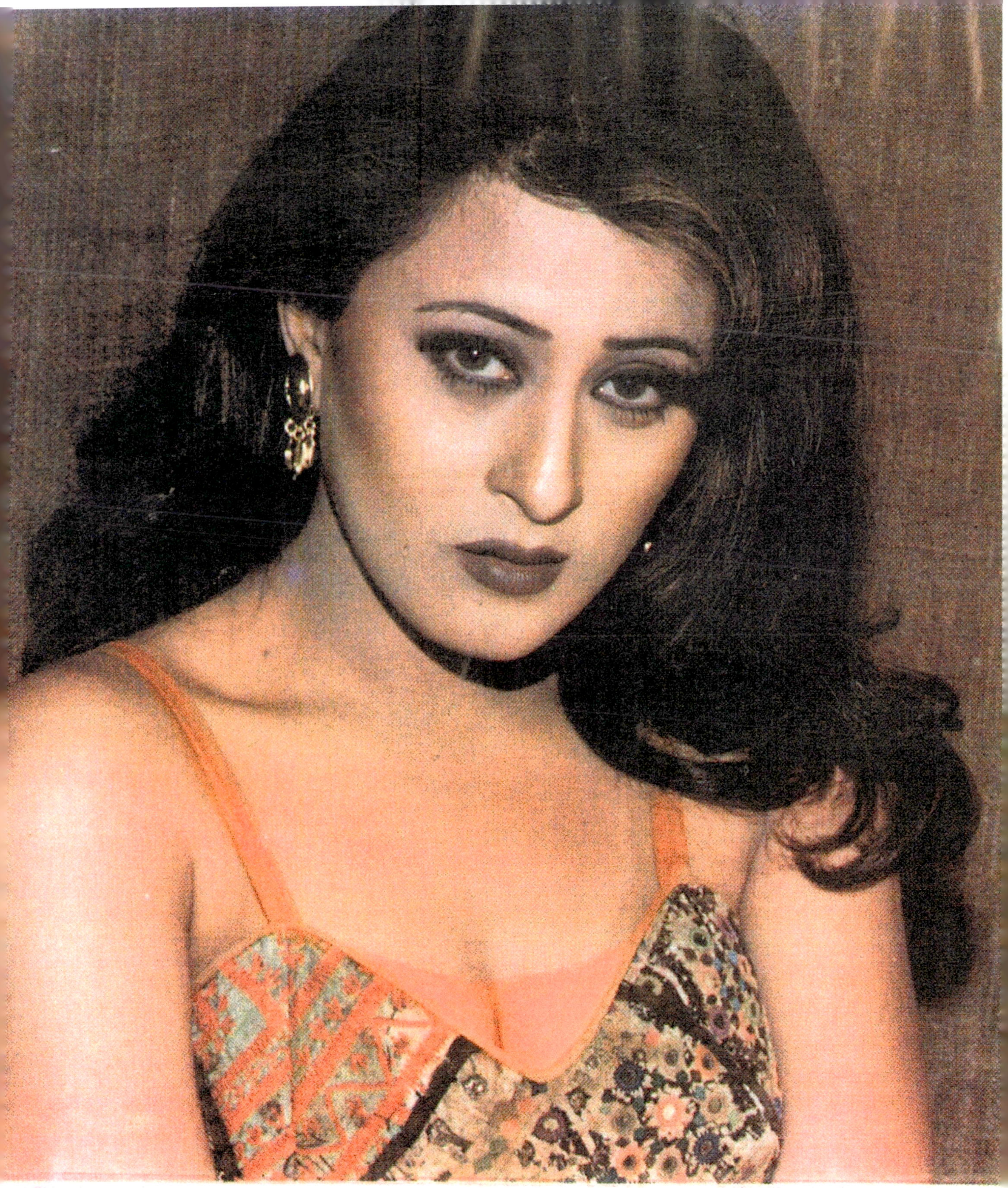

جذباتی
اور سیکسی
اُبھرتی ہوئی
نئی اداکار

لیلیٰ

جو بہت سی فلموں میں بطور ہیروئن
جلوہ گر ہو رہی ہے
جس کا مستقبل روشن ہے

چترالی

دسمبر ۹۹ء

اداکارہ

نِرما

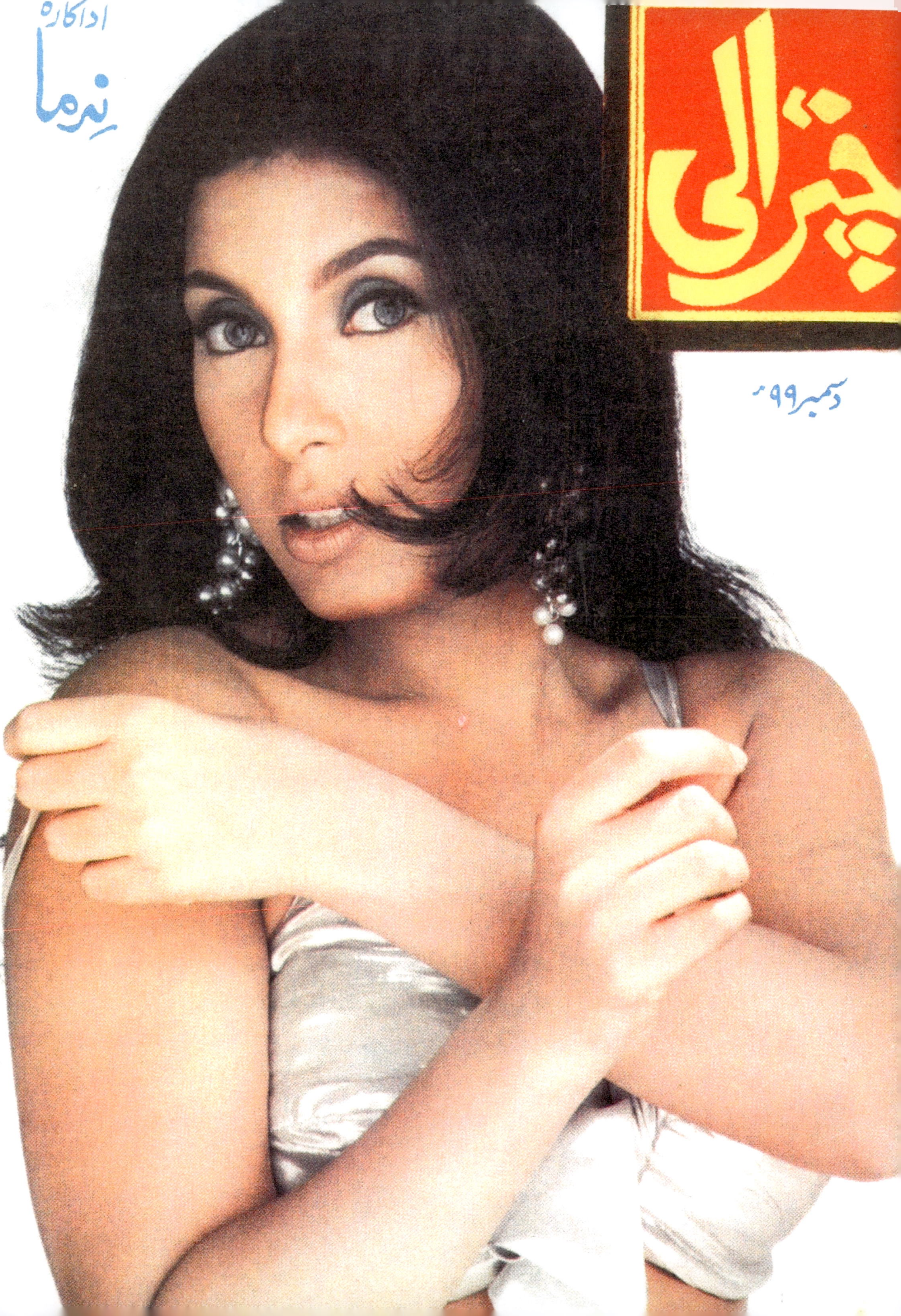

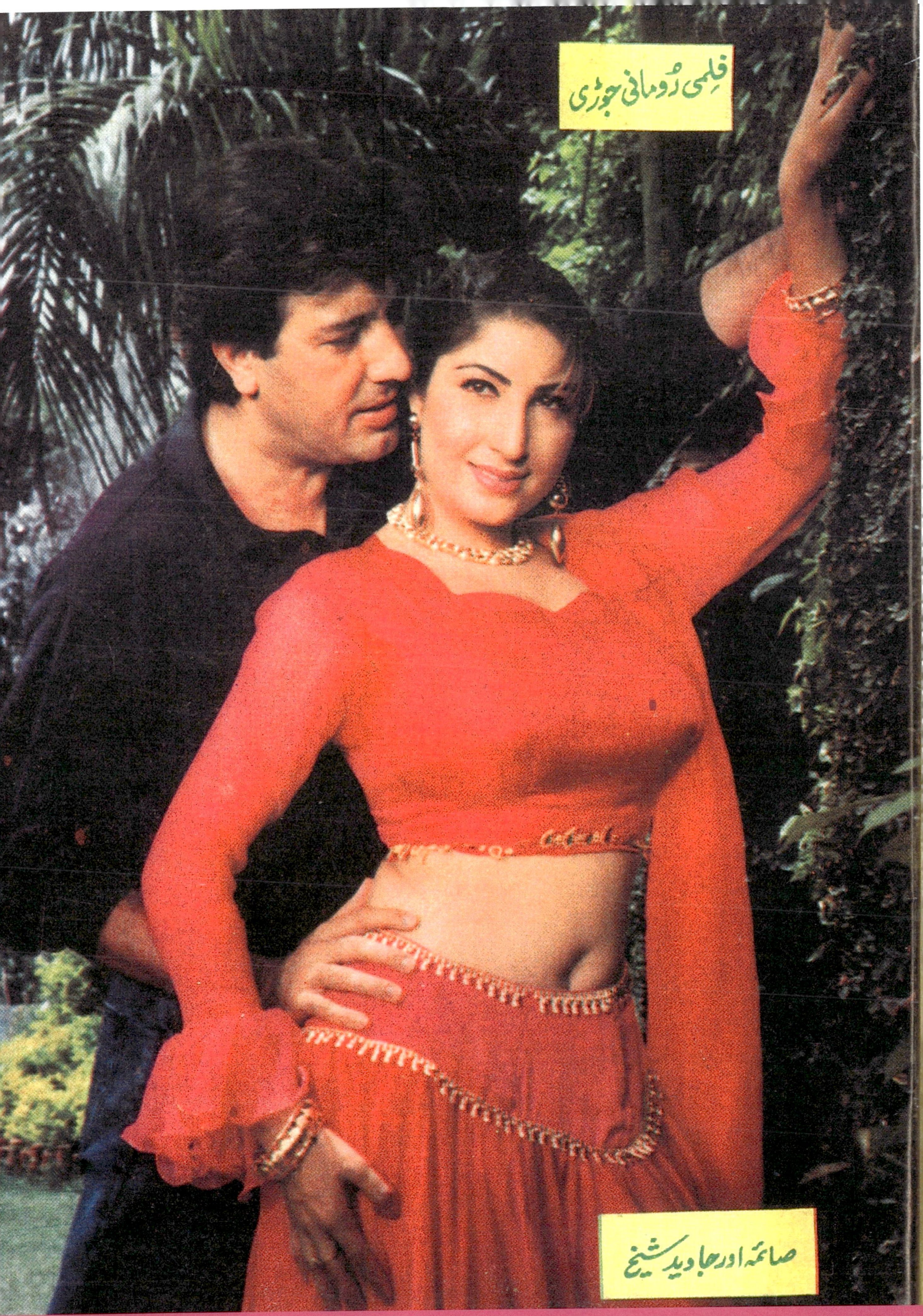
فلمی رومانی جوڑی
صائمہ اور جاوید شیخ

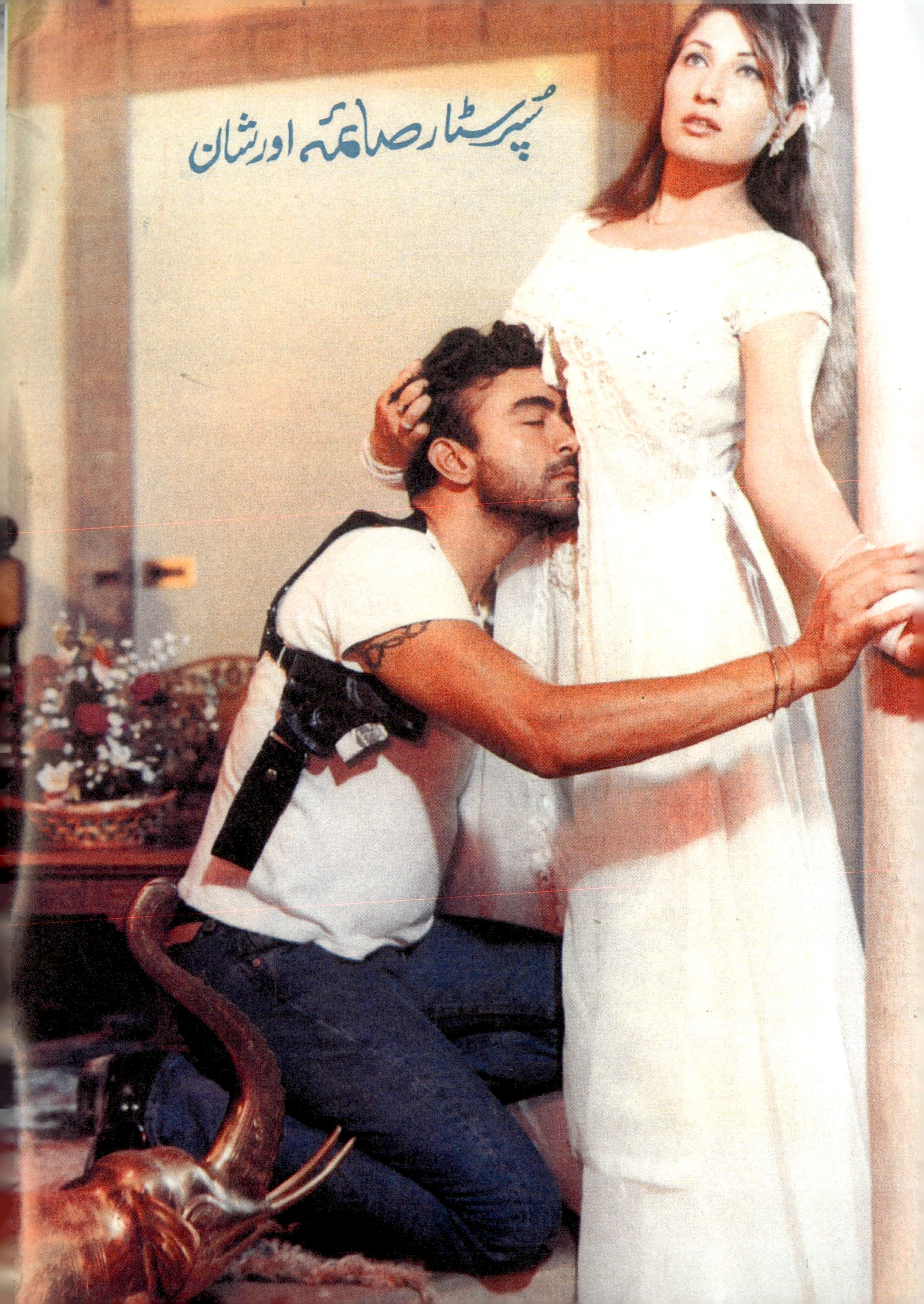
سپرسٹار صائمہ اور شان

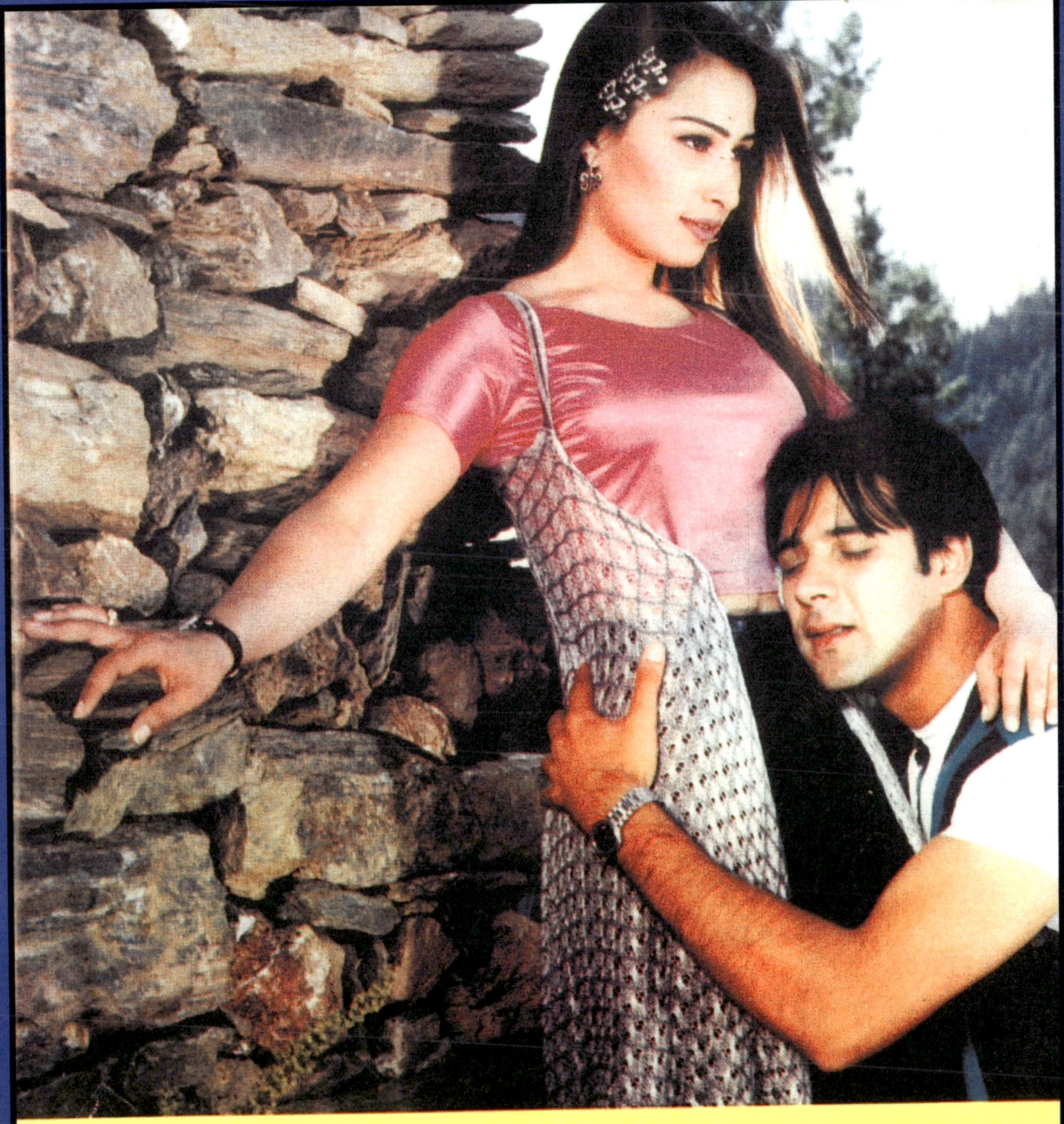

حسین اداکارہ ریما اور معمر رانا
فلمی دُنیا کے دو خوش قسمت سُپر سٹار فن کار

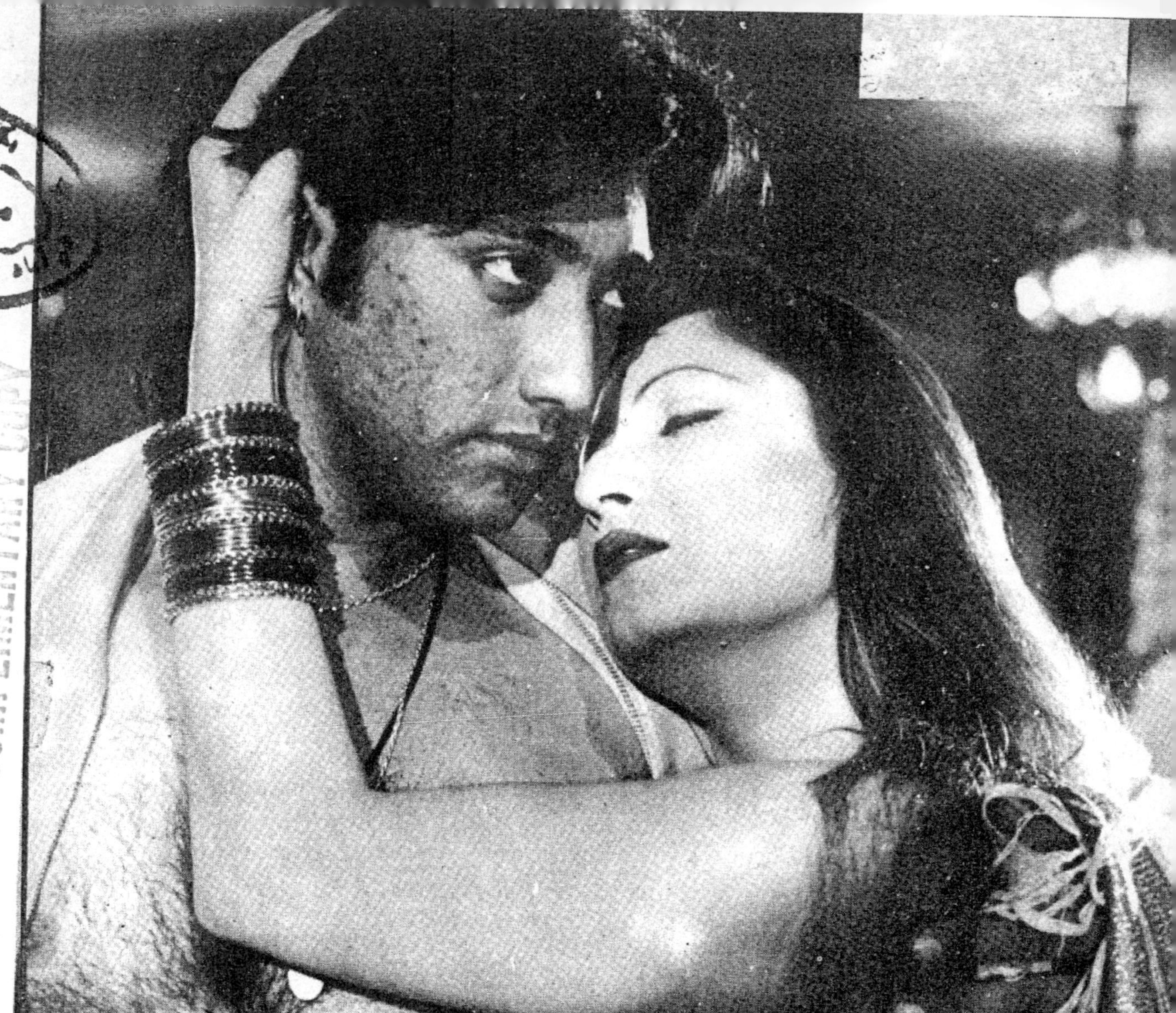

صائمہ مسعود

یہ فلمی انداز ہے مسعود تم اسے میری محبت نہ سمجھنا۔

میں صرف شاہ جی سے محبت کرتی ہوں

کیونکہ تم میرا کے عاشق ہو — وہی تمہاری محبوبہ ہے!

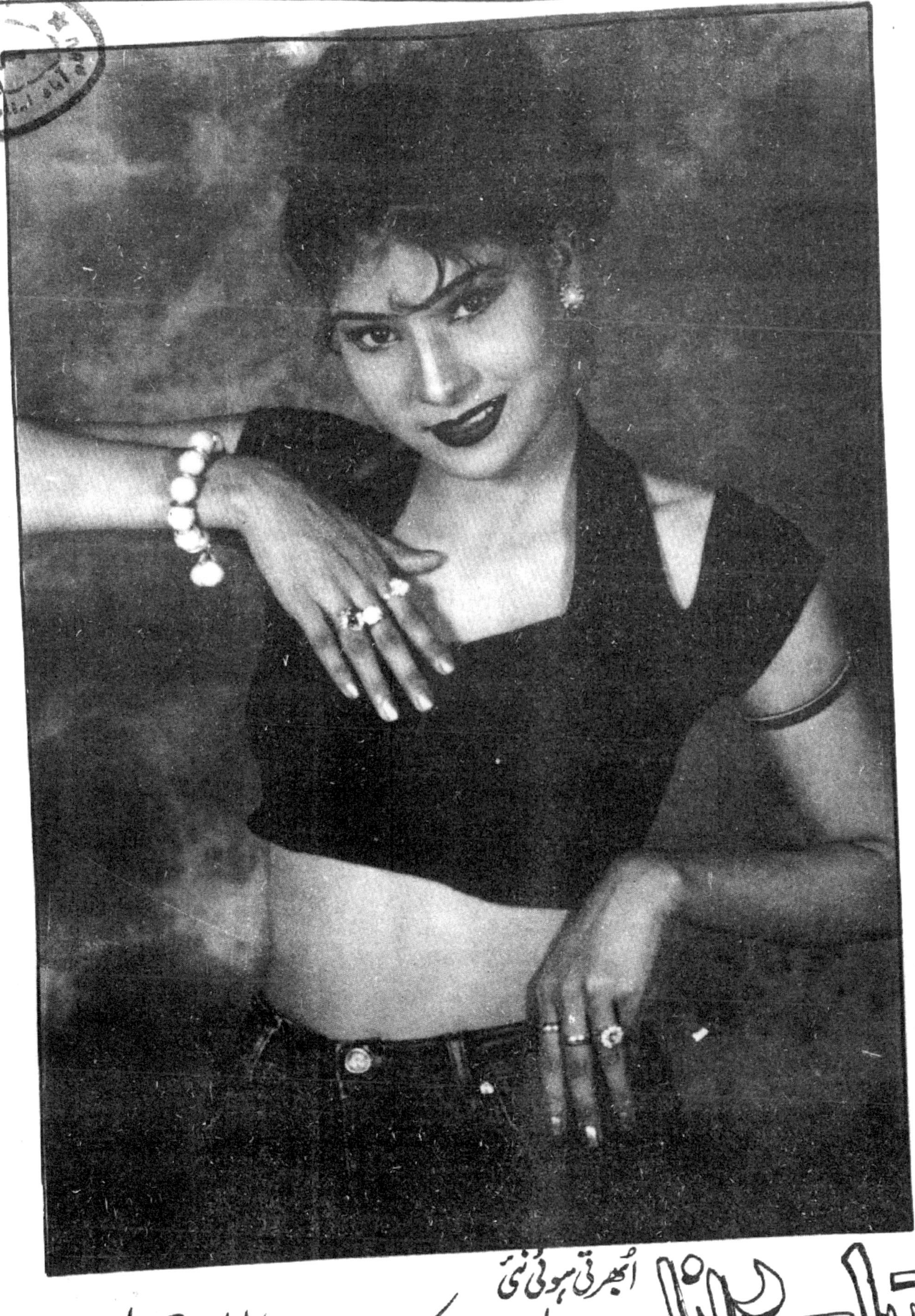

ابھرتی ہوئی نئی

رباب رانا

رقاصہ ۔ اداکارہ و ماڈل گرل

پشتو فلموں کی ابھرتی ہوئی
سیکسی جذباتی اداکارہ آنچل

پشتو فلموں میں عریانیت کا کھلے عام
مظاہرہ کر کے کامیابی حاصل کر چکی ہے

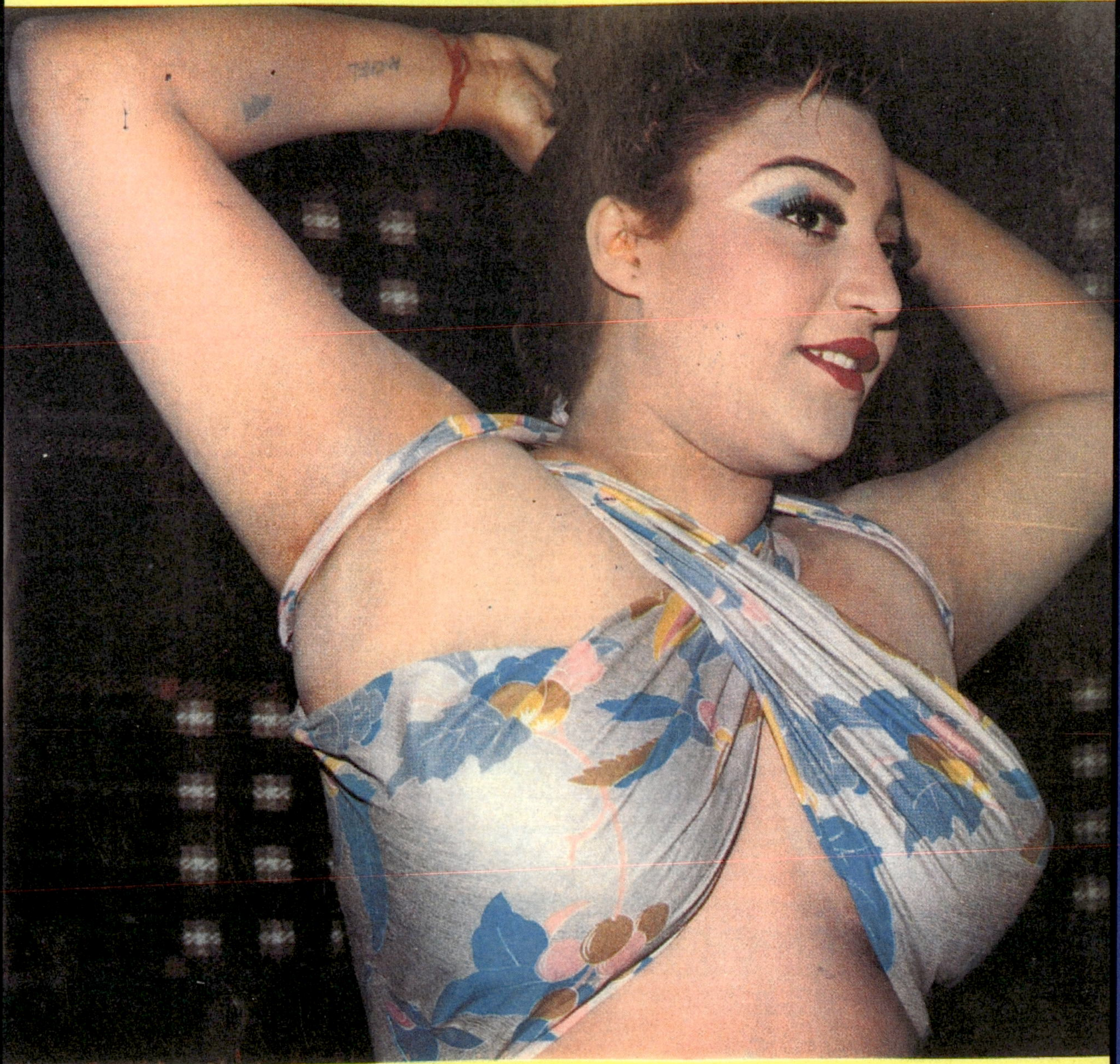

آنچل کا کہنا ہے کہ جب لوگ ڈش انٹینا پر گرما گرم
پروگرام بڑے شوق سے دیکھتے ہیں تو ایسے ہی
پروگرام ہماری فلموں میں بھی ضروری ہیں

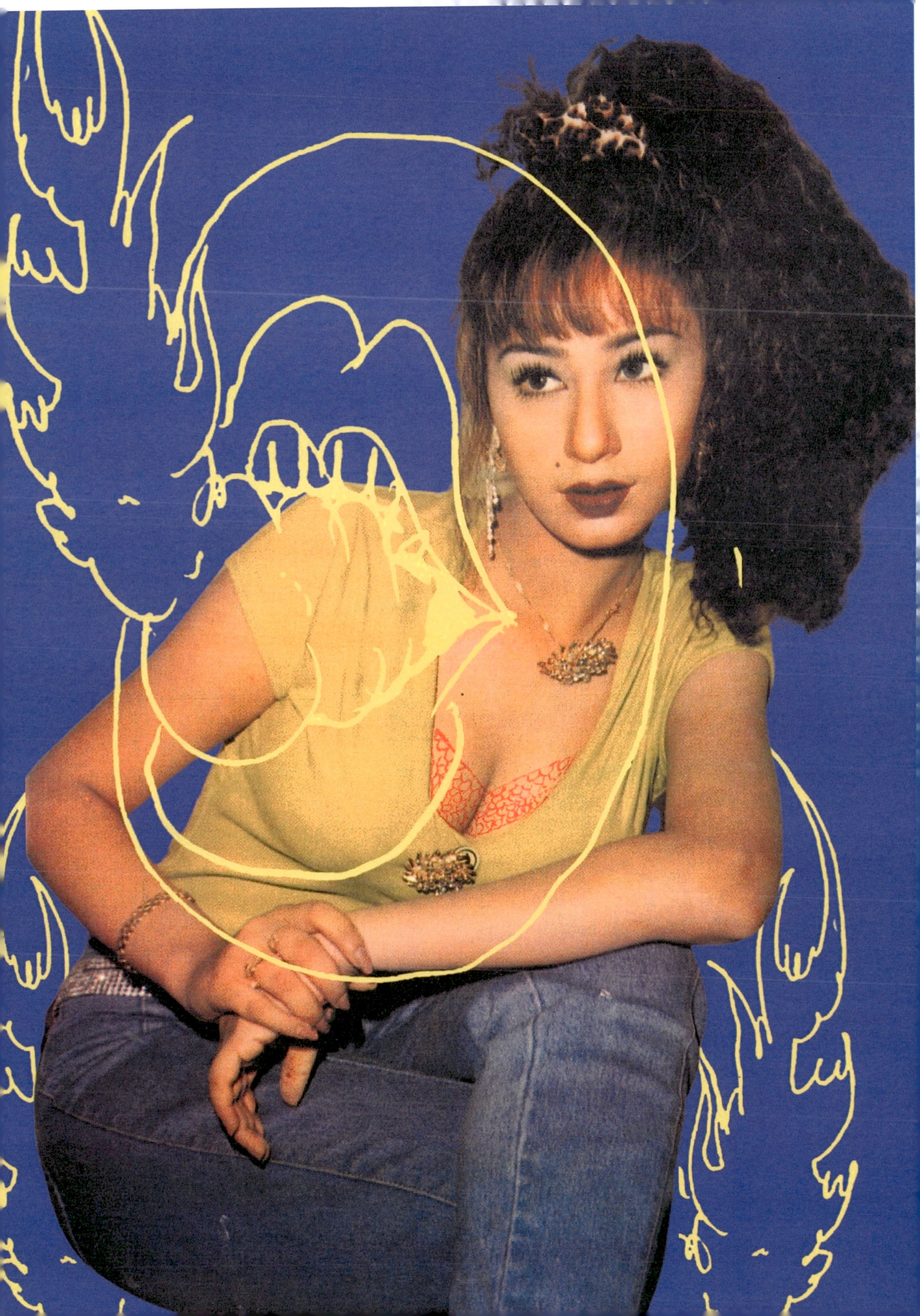

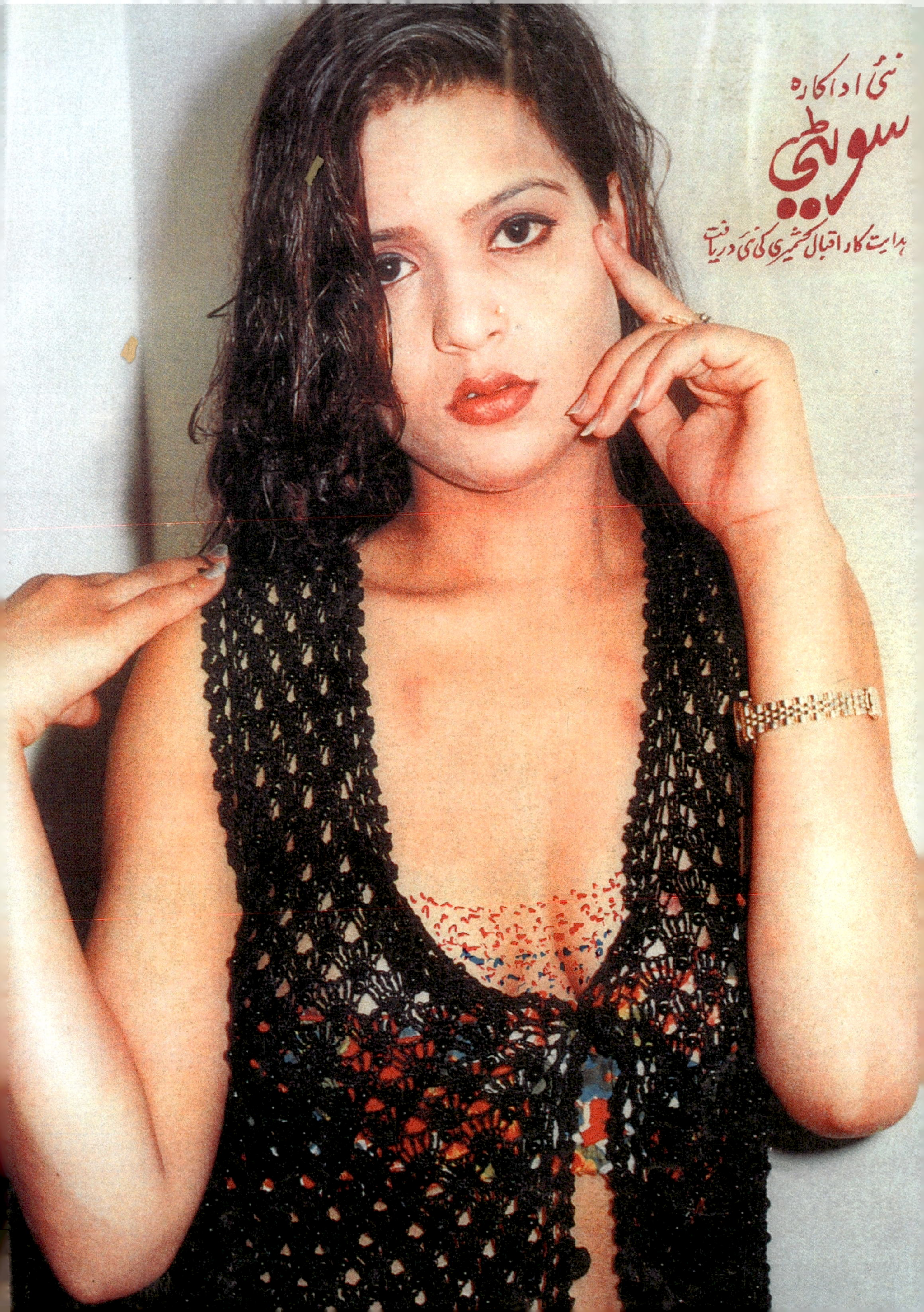

نئی اداکارہ
سویٹی
ہدایت کار اقبال کشمیری کی نئی دریافت

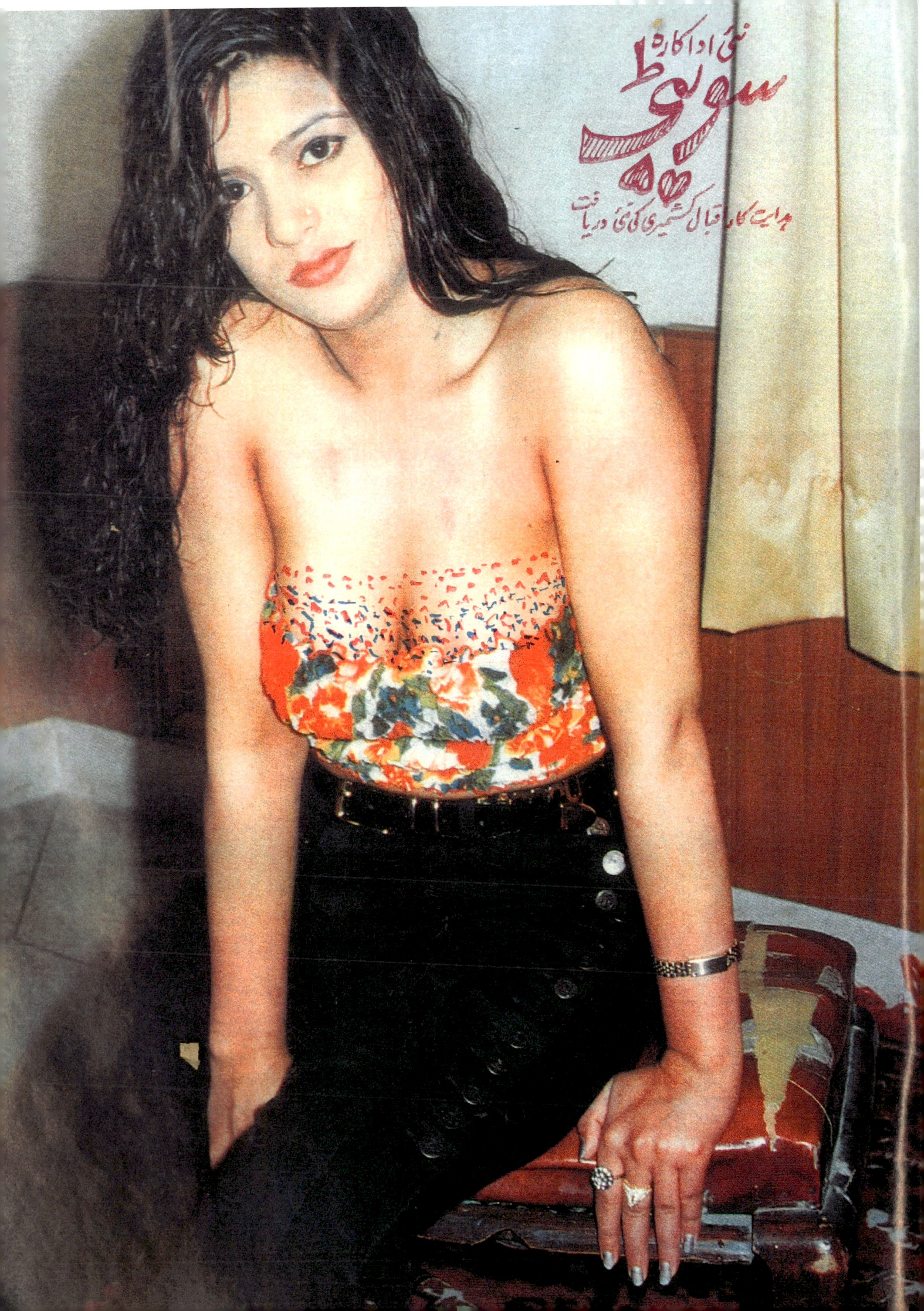
نئی اداکارہ
سویٹی
ہدایت کار اقبال کشمیری کی نئی دریافت

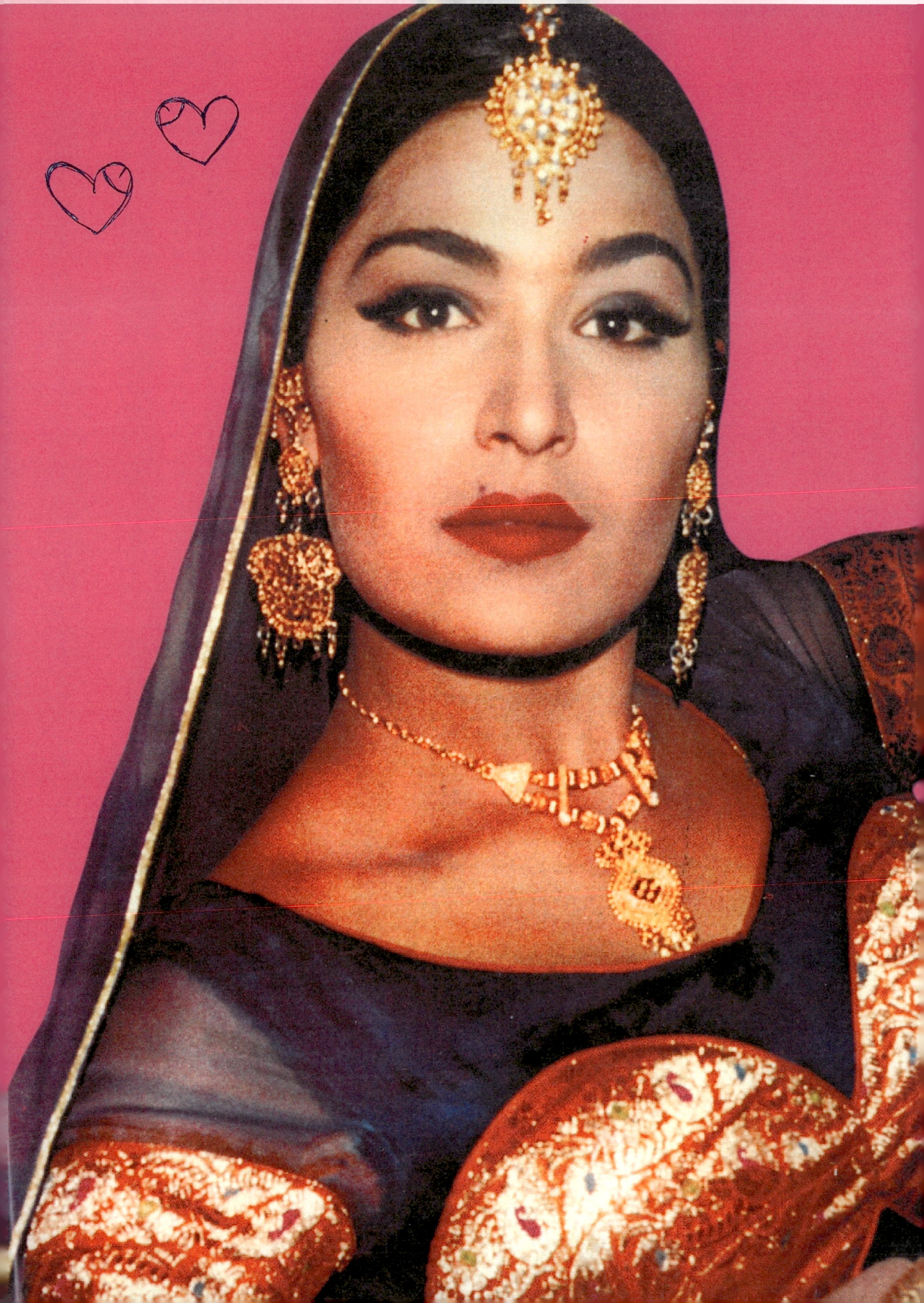

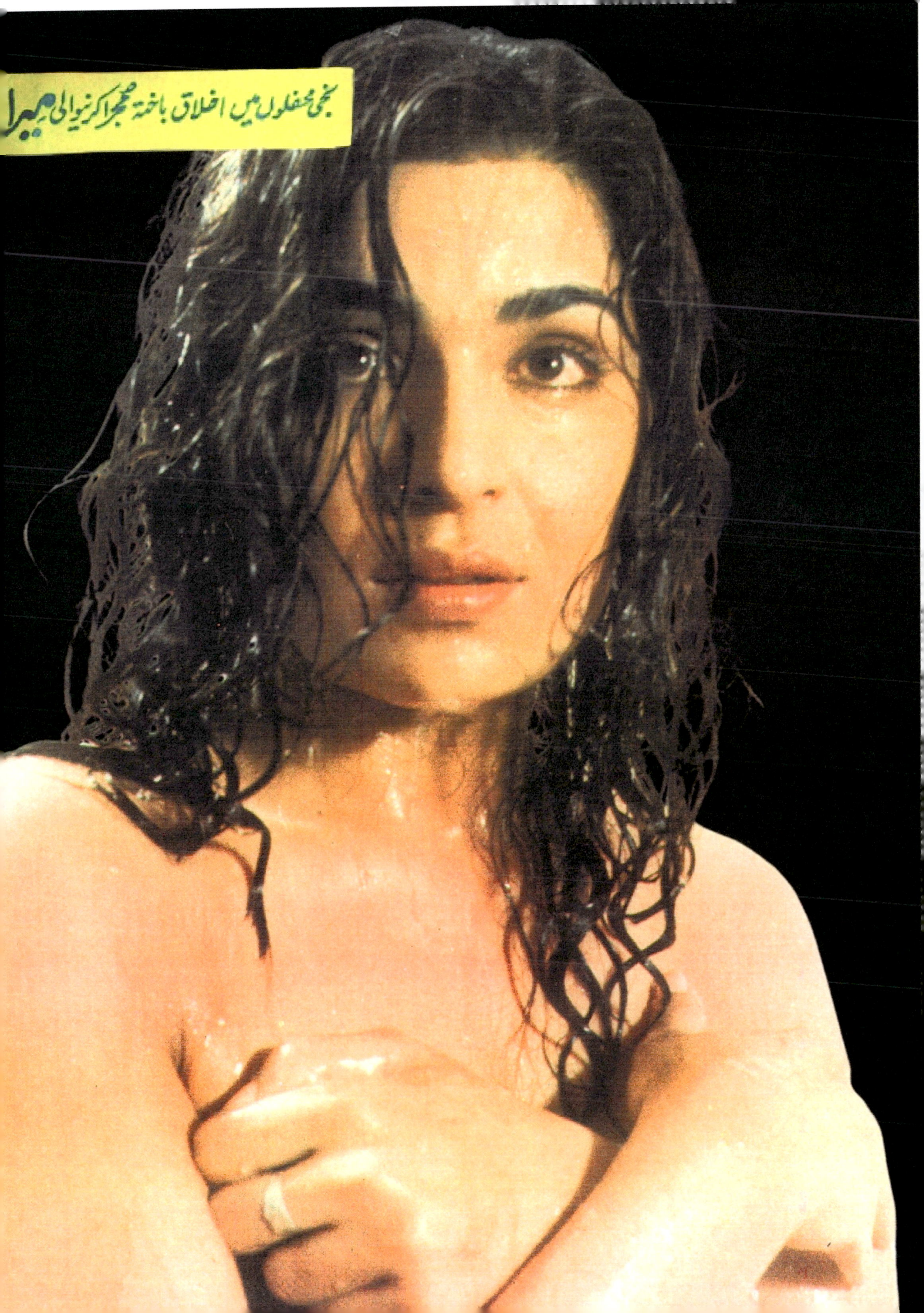

نجی محفلوں میں اخلاق باختہ مجرا کرنیوالی میرا

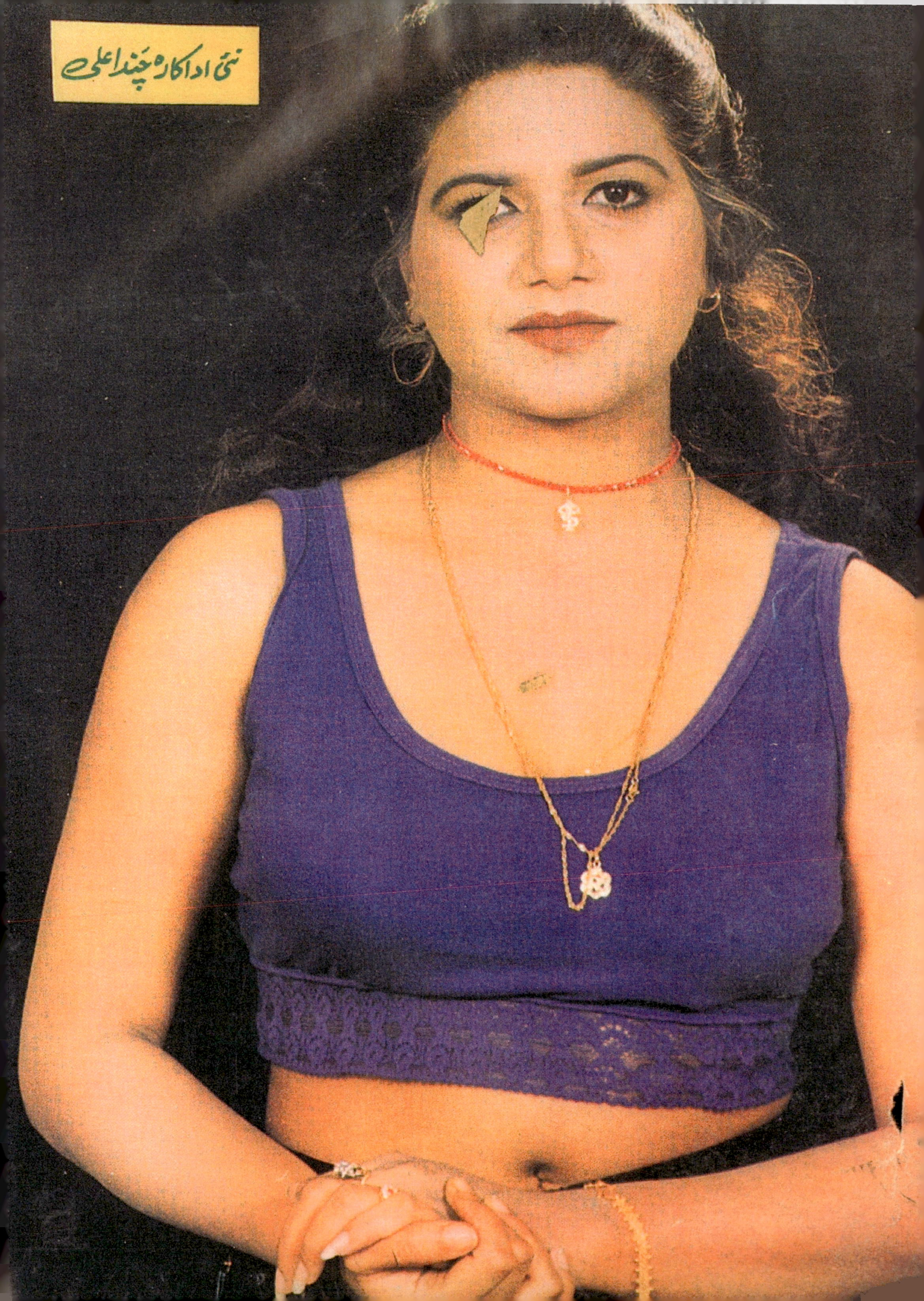
نئی اداکارہ چندا علی

50 ML

300

TOKO B.D.® Cream

Homoeo Pathic Medicine

Breast Developer Cream

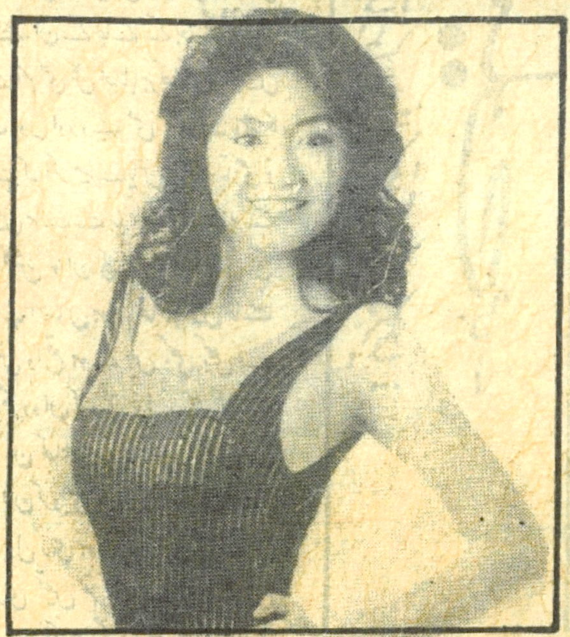

جنسی بالیدگی کو مکمل کرنے والے ایسٹروجن کی کمی کی وجہ سے بریسٹ کی نشوونما رک جاتی ہے جس سے یہ چھوٹے رہ جاتے ہیں۔ ٹوکو بی۔ ڈی کریم سن بلوغت کی اس علامت کو بڑا کرنے کی خاصیت رکھتی ہے اِس کے استعمال سے جسم سے مطابقت رکھنے کی حد تک بریسٹ کو بڑا کرنا ممکن ہے۔ ٹوکو بی۔ ڈی کریم انتہائی کامیابی سے گزشتہ چند سالوں سے زیر استعمال ہے اور اس کے بے حد اچھے نتائج حاصل ہوئے ہیں۔

ڈیلرز کراچی

کراچی ابراہیم سن لیاقت مارکیٹ ملیر فون 4502764
عارف ہومیو سٹور آرام باغ روڈ
خواجہ میڈیکل اسٹور ایمپرس مارکیٹ صدر
صدر میڈیکل سٹور۔ صدر
بھٹائی ٹریڈرز۔ ریشم گلی لاڑکانہ
نیو دہلی دواخانہ الرحیم شاپنگ سنٹر
پولیس لائن حیدر آباد
جرمن ہومیو سٹور ہری کشن روڈ کوئٹہ

پنجاب

جرمن ہومیو سٹور بانو بازار رحیم یار خان
بخاری ہومیو سٹور ملال جاوۃن بہاولپور
کارنر میڈیسن فوارہ چوک جھنگ
ملتان ہومیو سٹور کچہری روڈ ملتان
پیر ہومیو سٹور گھنٹہ گھر ملتان
نور ہومیو سٹور کچہری روڈ ملتان
ڈاکٹر شکور احمد اللہ پلازہ خانیوال
پبلک ہومیو اسٹور عید گاہ روڈ خانپور

فیصل آباد

اقصر ہومیو سٹور چنیوٹ بازار فیصل آباد
فیصل ہومیو سٹور چنیوٹ بازار
پنجاب ہومیو سٹور چنیوٹ بازار
این ایچ ہومیو سٹور ایس اے سینٹر چنیوٹ بازار فیصل آباد

لاہور

کراچی میڈیکل اسٹور انار کلی
شیخ عنایت اللہ پرائیویٹ لمیٹڈ انار کلی
راشد ہومیو اسٹور ریلوے روڈ گوالمنڈی
زیڈ انٹرپرائزز شاہ اللہ بلڈنگ
5 رحمان مارکیٹ شاہ عالم
چیف میڈیکل سٹور انار کلی بازار
بسم اللہ ہومیو سٹور نزد سول ہسپتال۔ شیخوپورہ
پنجاب جنرل سٹور کچہری بازار۔ سرگودھا
نور ہومیو سٹور سرور چوک گلی سکول والی ڈسکہ
جالندھر میڈیکل سٹور مین بازار۔ ڈسکہ
ضیاء کار منٹس چوک اہلحدیث جہلم
ملک شاپنگ سینٹر نگم پلازہ کھاریاں
چوہان کلینک السید مارکیٹ مین بازار ہری پور
قادری ہومیو سٹور لائق علی چوک واہ کینٹ
ظہیر ہومیو سٹور نزد اباسین ہوٹل اٹک سٹی

پشاور

ملت دواخانہ چوک گھنٹہ گھر پشاور
الشفاء ہومیو کلینک سکندر پورہ پشاور
انعام میڈیکل سٹور 286 صدر روڈ پشاور
اقبال برادرز جنرل سٹور صدر بازار نوشہرہ

آزاد کشمیر

ہمدرد پنسار سٹور میاں محمد چوک میرپور
عوامی دواخانہ مین بازار مظفر آباد
الرلو ہومیو سٹور بلالی اسٹریٹ۔ سرگودھا
میاں ہومیو سٹور اینڈ کلینک کربلا روڈ ساہیوال
جرمن ہومیو اسٹور اردو بازار گوجرانوالہ
کینٹ ہومیو اسٹور سیالکوٹ روڈ لودر ہیڈ
برج گوجرانوالہ فون 253556
راجہ برادرز تحصیل بازار سیالکوٹ
الہی بخش اینڈ سنز مسلم بازار گجرات

راولپنڈی اسلام آباد

پاک ہومیو کالج روڈ
فیض ہومیو سٹور چوک وارث خان مری روڈ
تاج ہومیو سٹور اصغر مال چوک
شفاق جنرل سٹور کمرشل مارکیٹ
رضا میڈیکل سٹور آئی ایٹ مرکز اسلام آباد
طاہر شاپنگ سنٹر ریل بازار اوکاڑہ
سرفراز میڈیکل سٹور فوارہ چوک دربار روڈ پاک پتن
ذیشان ہومیو سٹور گرلز کالج روڈ ڈیرہ غازی خان
العامر جنرل ورائٹیز فیصل بازار صادق آباد

مفت طبی مشورہ اور وی پی منگوانے کے لئے ہمراہ جوابی لفافہ لکھیں

مہران ہومیو فارما۔ پوسٹ بکس ۱۹۹۔ مدینہ ٹاؤن فیصل آباد

عورت کے بغیر گذارہ نہیں

وہ رات کسی کے ساتھ بسر نہیں کرتا!

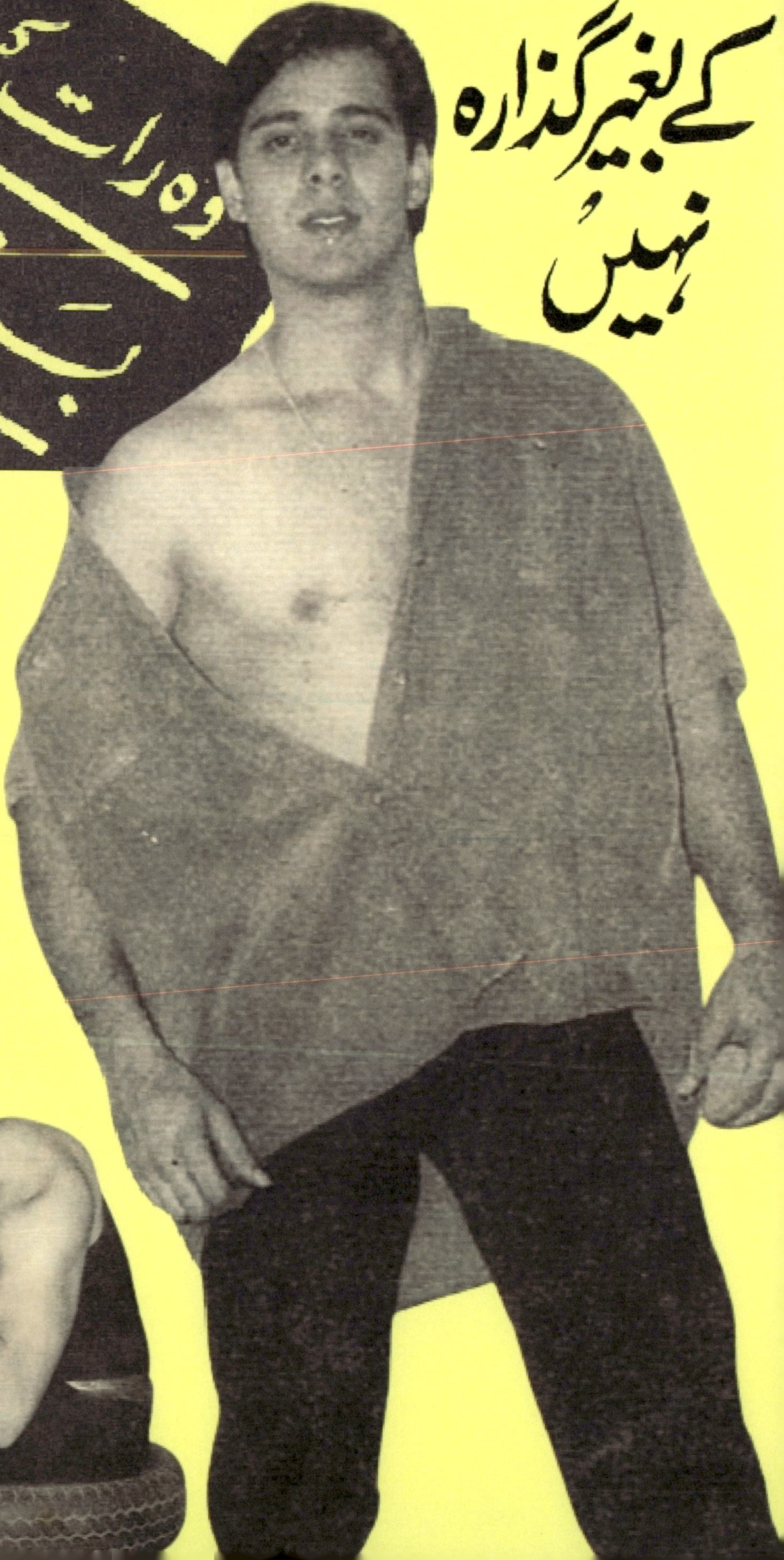

وہ اپنی بیوی
کے گلے میں ہار ڈالنے کے بعد
بستر پر ڈھیر
ہو جاتا

منیر الحق

ہر سال
7500
ناجائز بچے

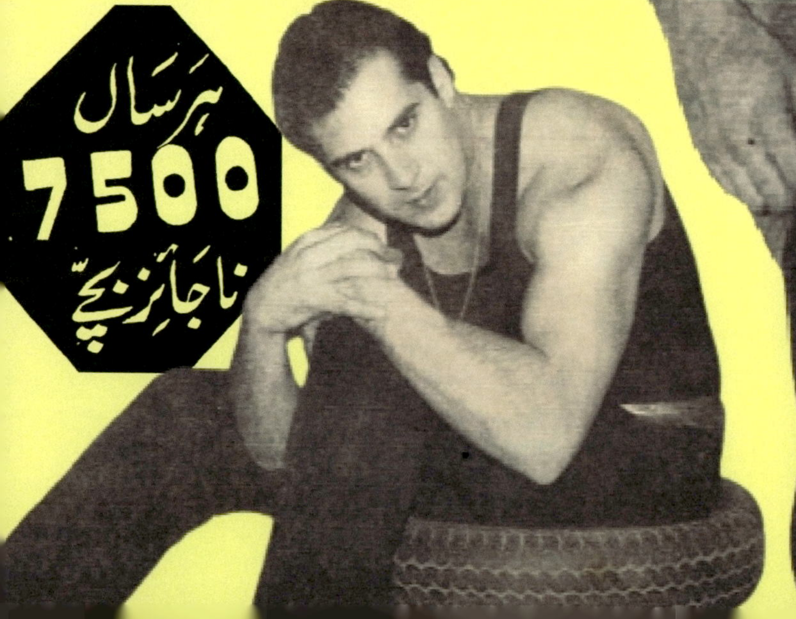

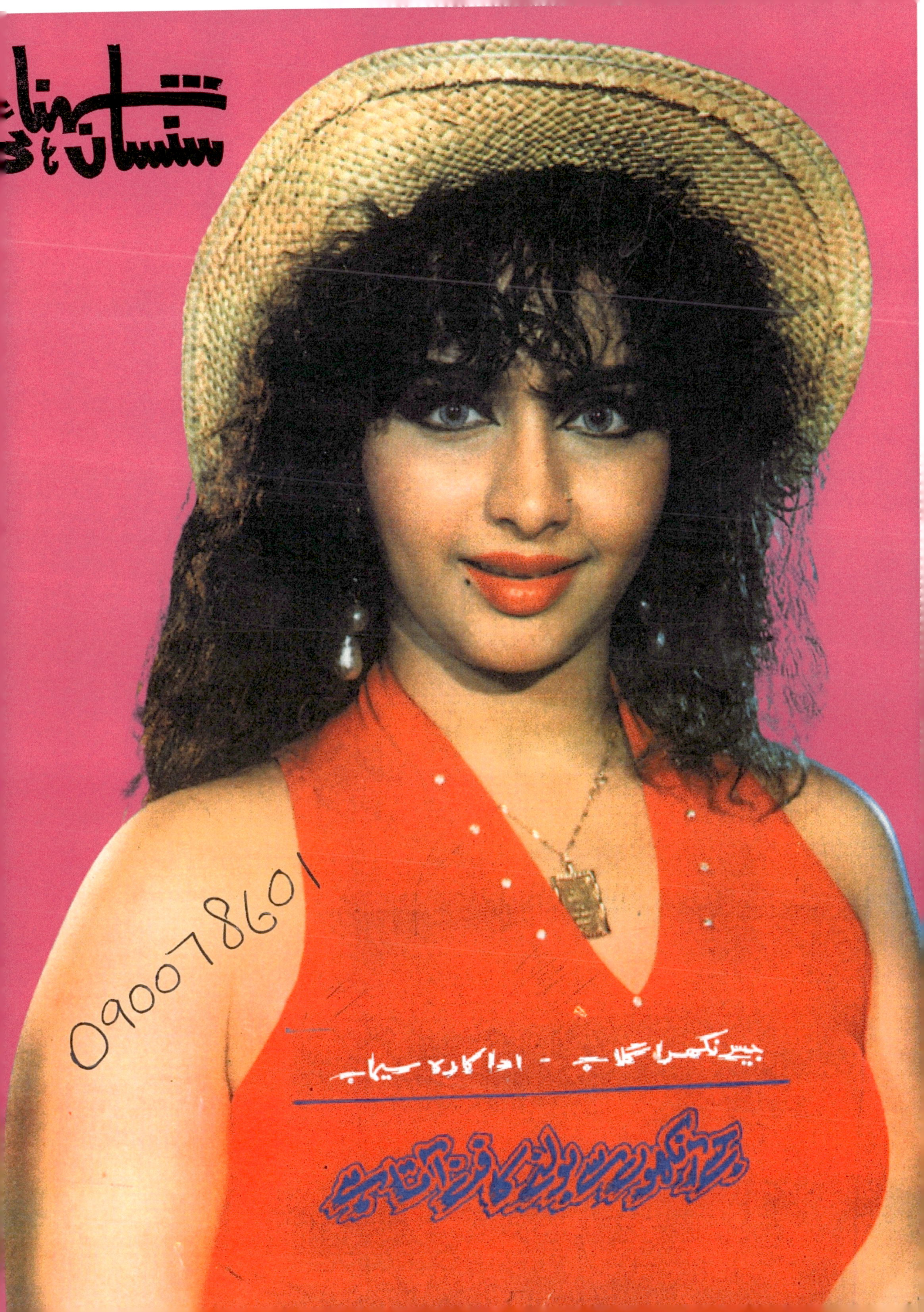

شبستان
جیسے نکھرا گلاب - اداکارہ سیماب
09007 8601

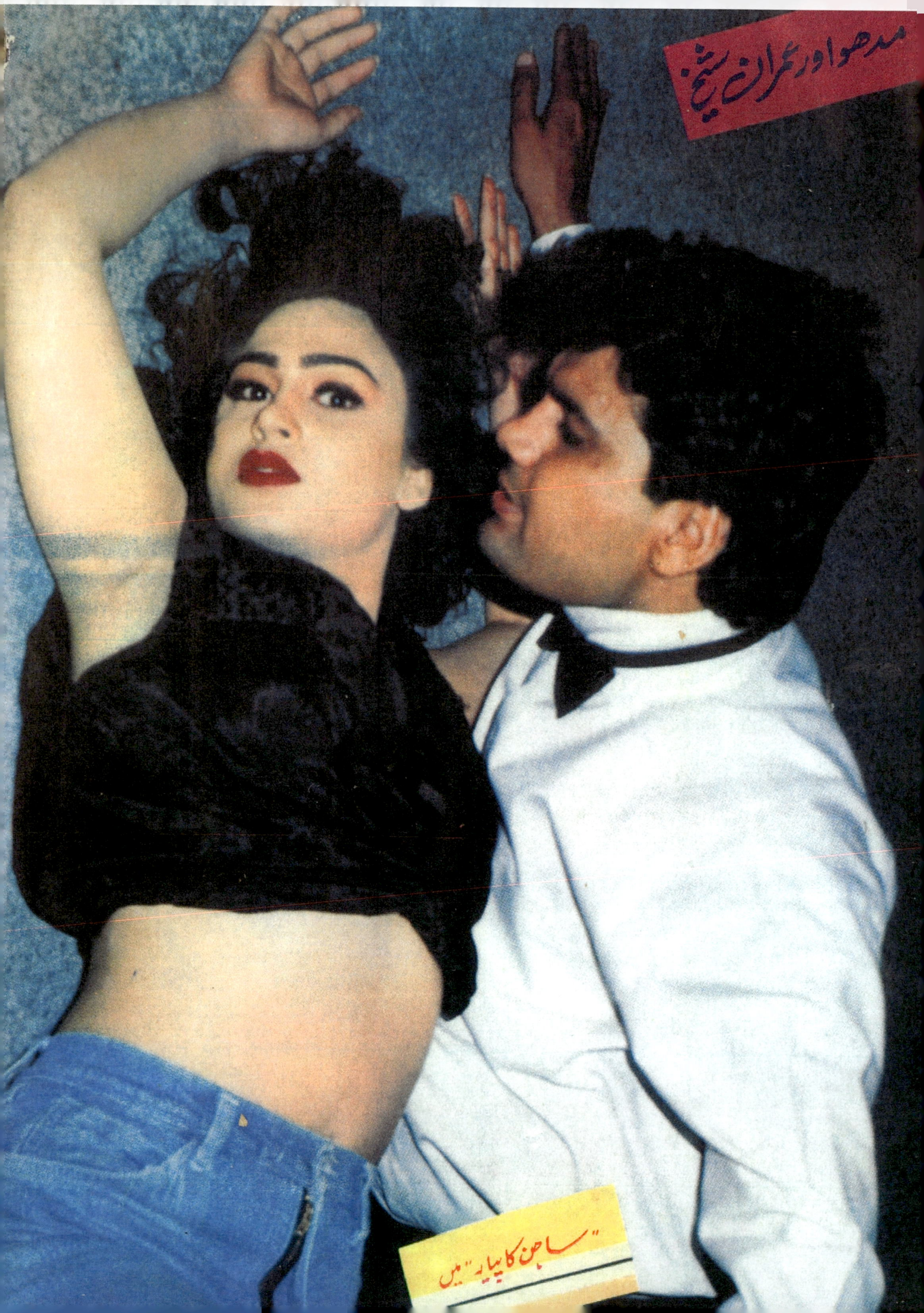
مدھو اور عمران شیخ
"ساجن کا پیار" میں

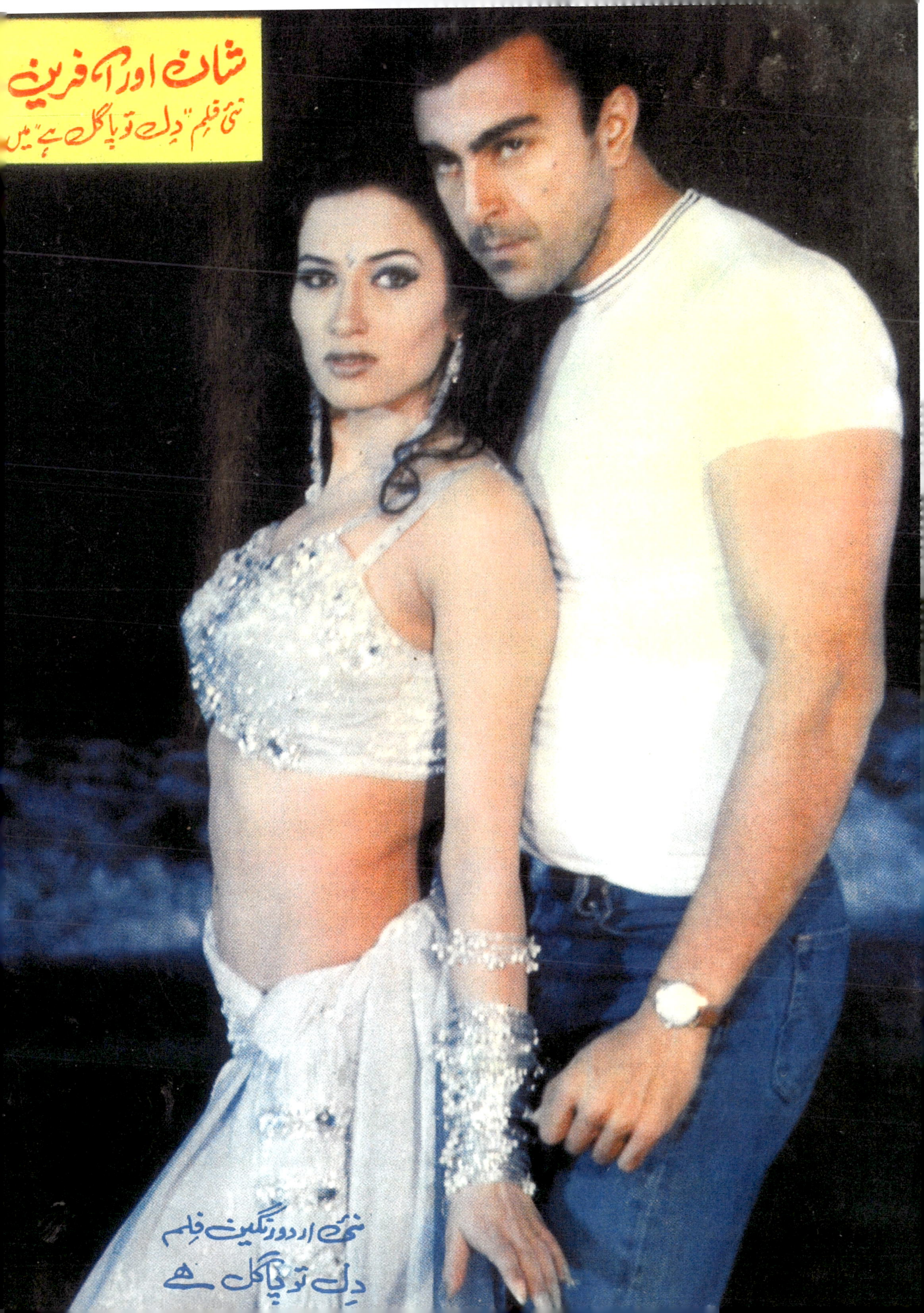
شان اور آفرین
نئی فلم "دِل تو پاگل ہے" میں
نئی اردو رنگین فلم
دِل تو پاگل ہے

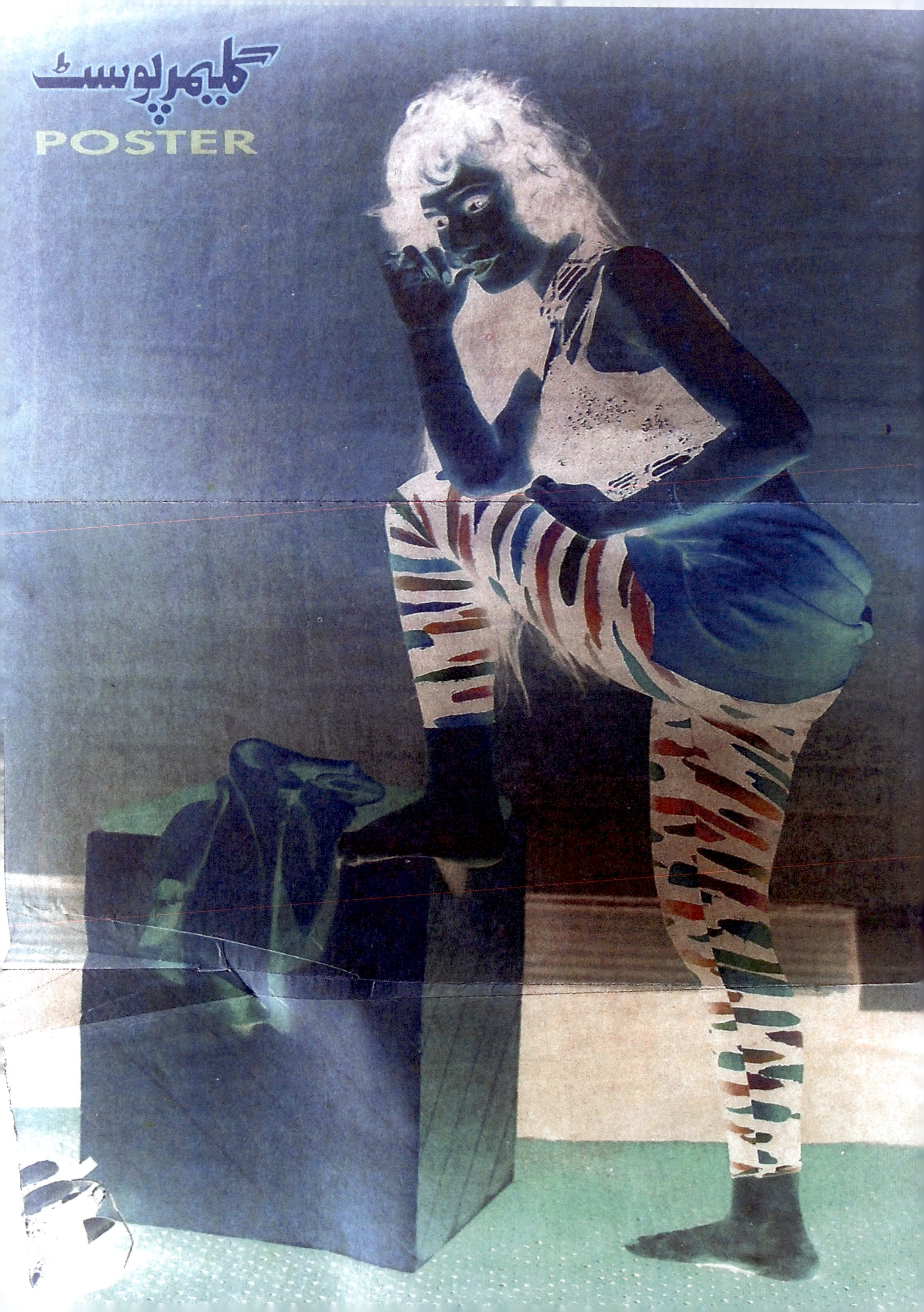
گلیمر پوسٹ
POSTER

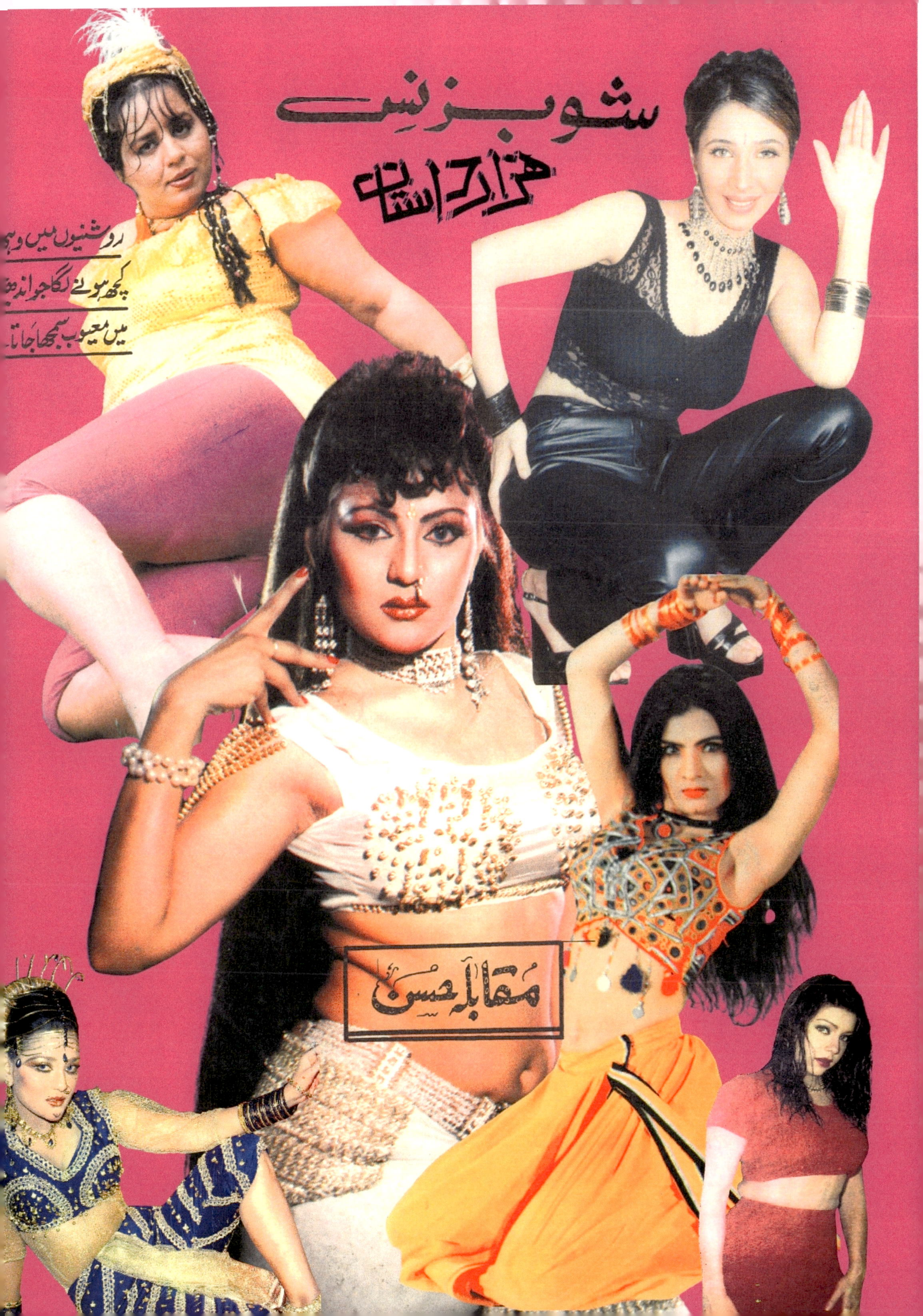
شوبزنس
ہزار داستان
روشنیوں میں
کچھ ہونے لگا جو
میں معیوب سمجھا جا
مقابلہ حسن

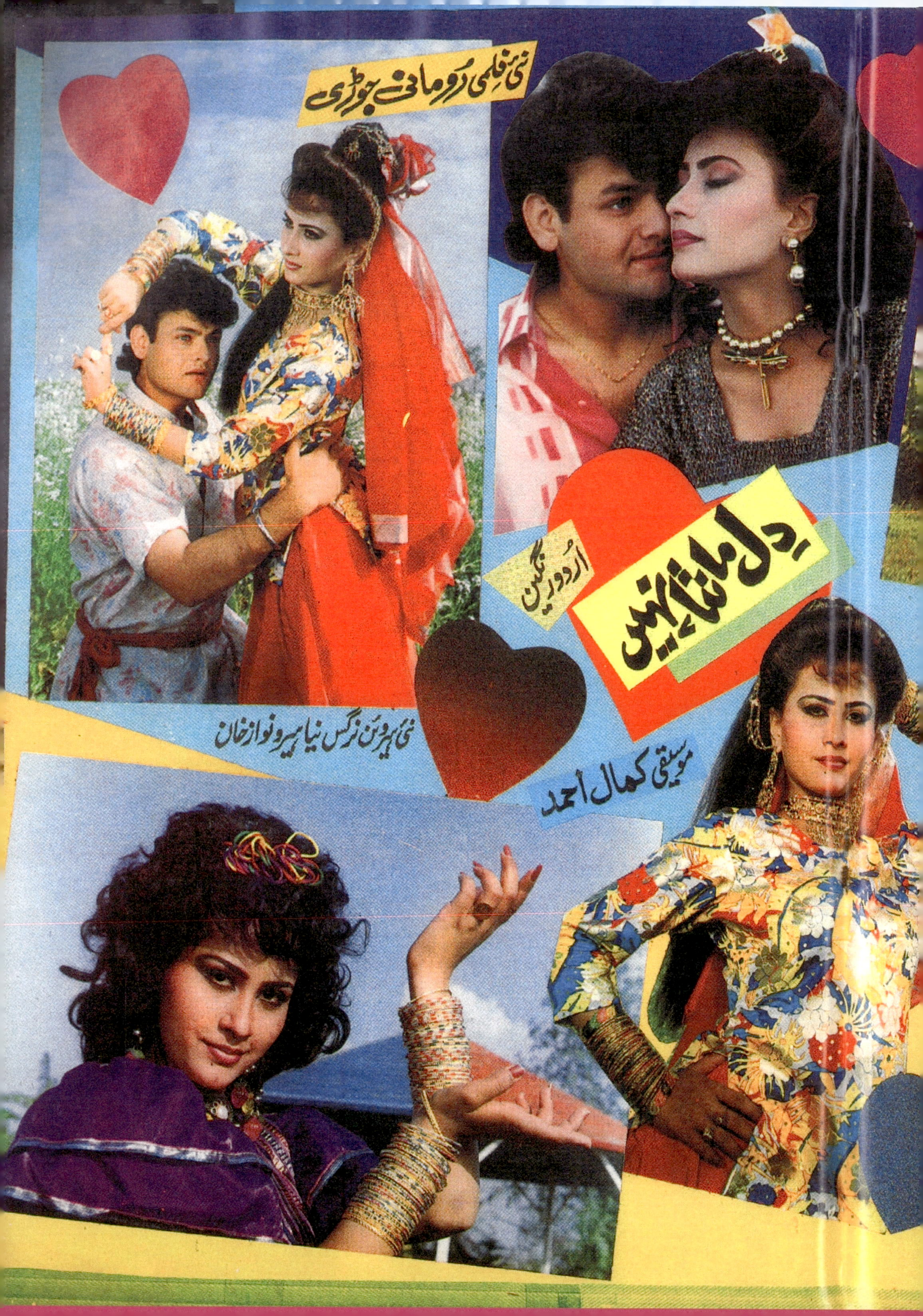

نئی فلمی رومانی جوڑی
دل مانتا نہیں
اردو رنگین
نئی ہیروئن نرگس نیا ہیرو نواز خان
موسیقی کمال احمد

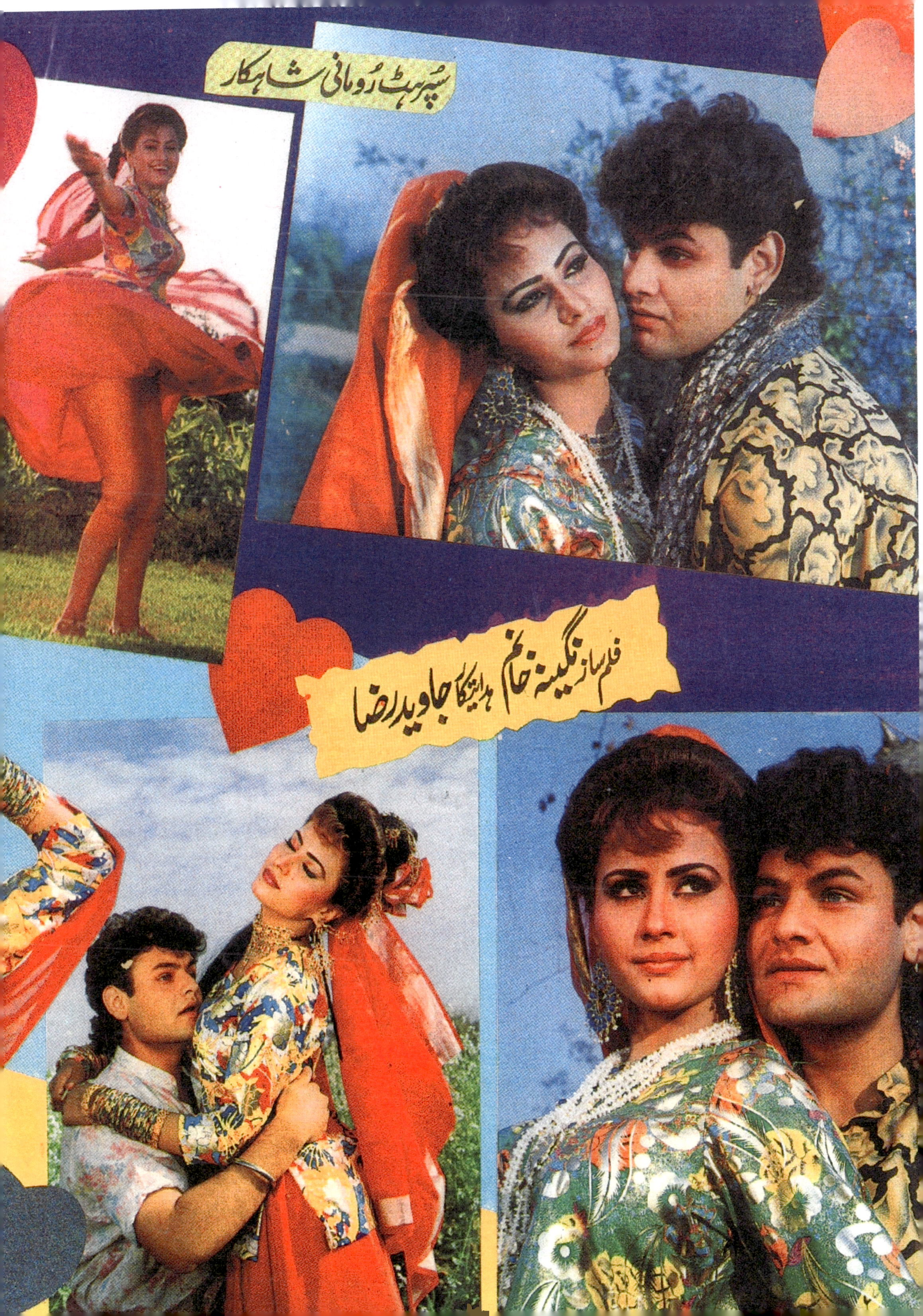

سپرہٹ رومانی شاہکار
فلم ساز نگینہ خانم ہدایتکار جاوید رضا

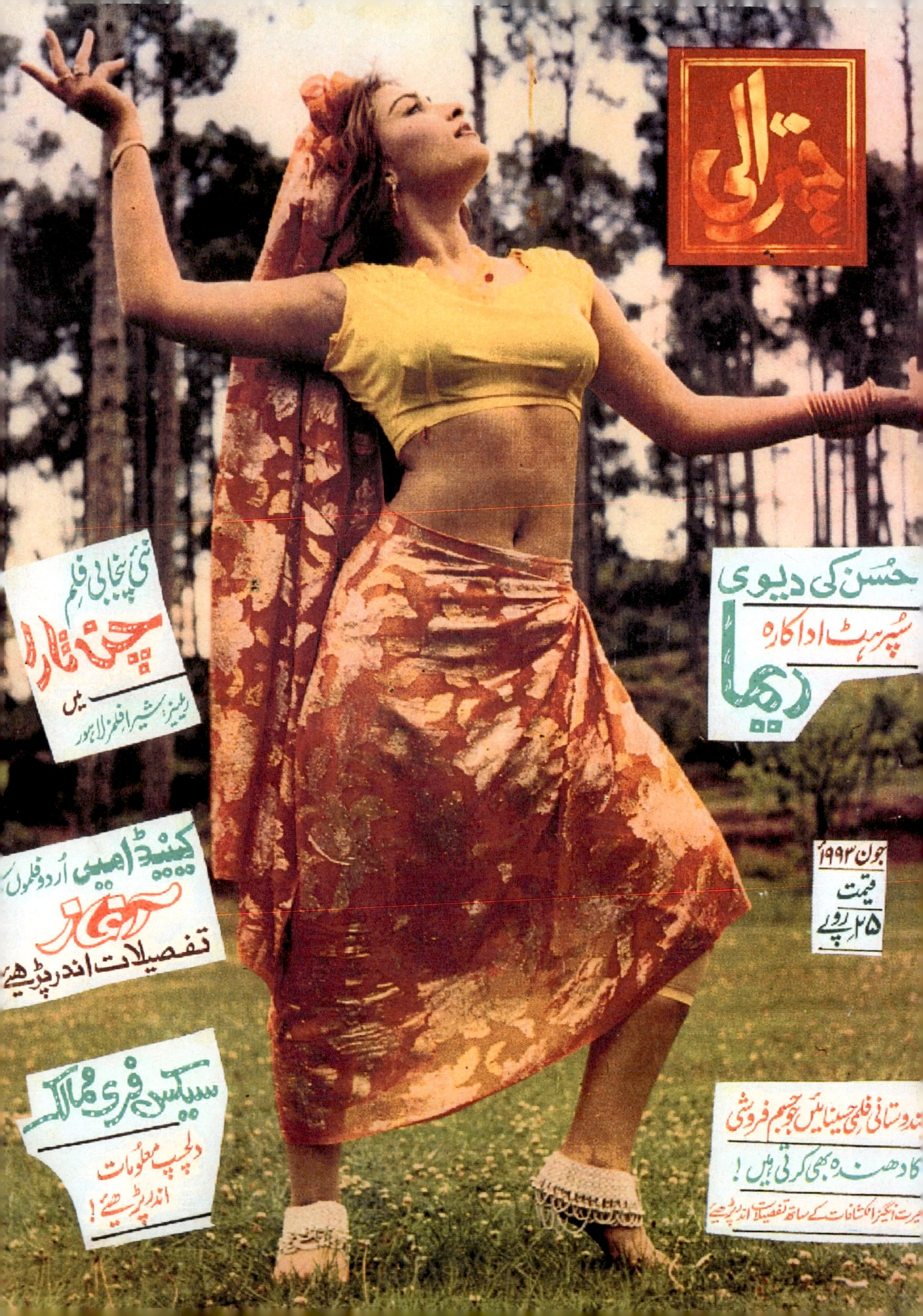

چترالی
حسن کی دیوی
سپرہٹ اداکارہ
ریما
نئی پنجابی فلم
چن تارا
میں
ریلیز: شیرا فلمز لاہور
کینیڈا میں اردو فلموں کے
تفصیلات اندر پڑھیے
جون ۱۹۹۳
قیمت
۲۵ روپے
سیکس فری ممالک
دلچسپ معلومات
اندر پڑھیے!
ندوستانی فلمی حسینائیں جو جسم فروشی
کا دھندہ بھی کرتی ہیں!
یرت انگیز انکشافات کے ساتھ تفصیلات اندر پڑھیے

ایکشن اور سسپنس سے بھرپور ناول
کٹ شہاب شیخ کے قلم سے

میرے حسن کا راز .....
نامور ستارے کہتے ہیں

اداکارہ سیرہ خان کی شوبز میں واپسی

کراچی

پکچر پوسٹ

ستمبر 1999ء

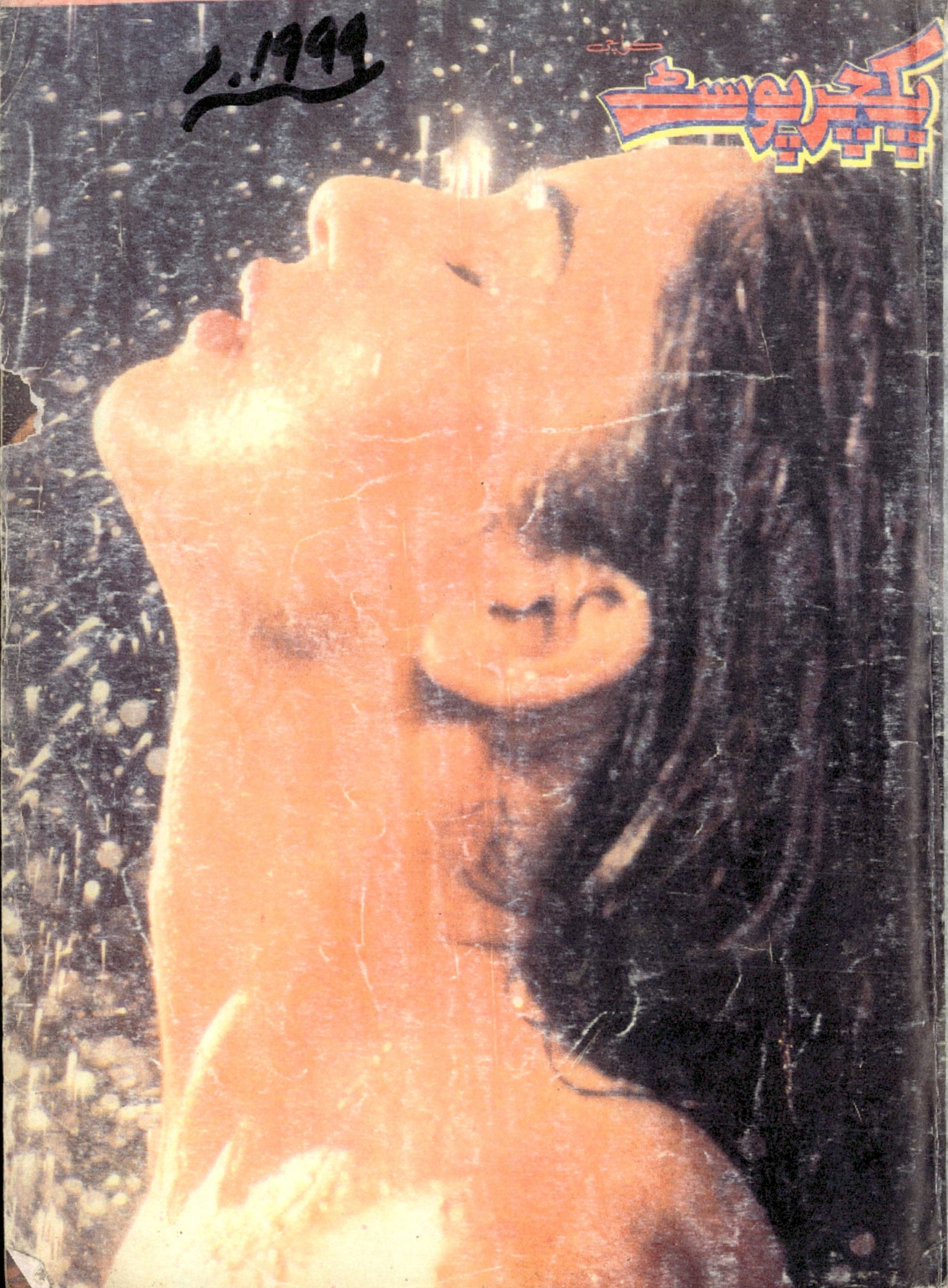

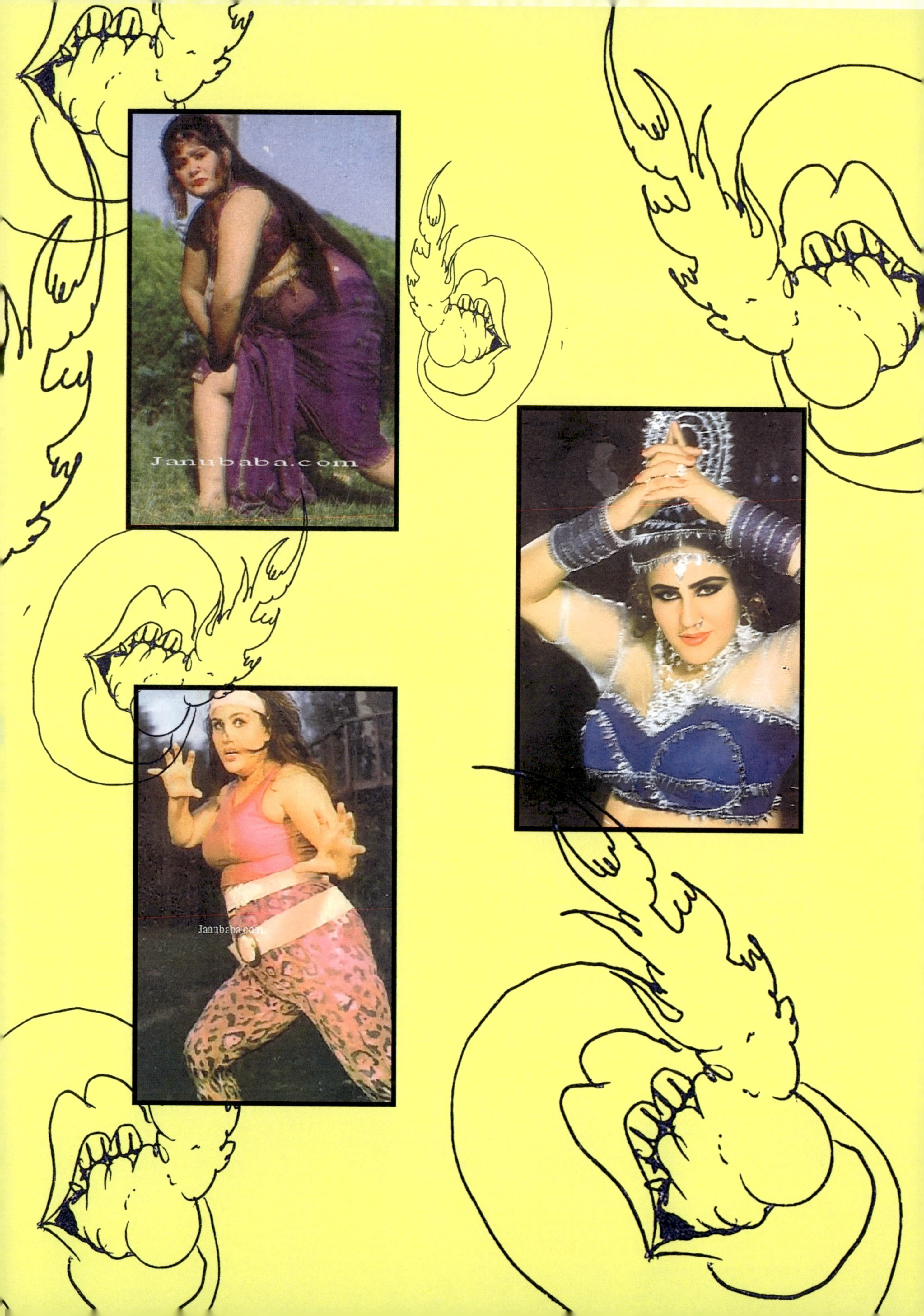
Janubaba.com
Janubaba.com

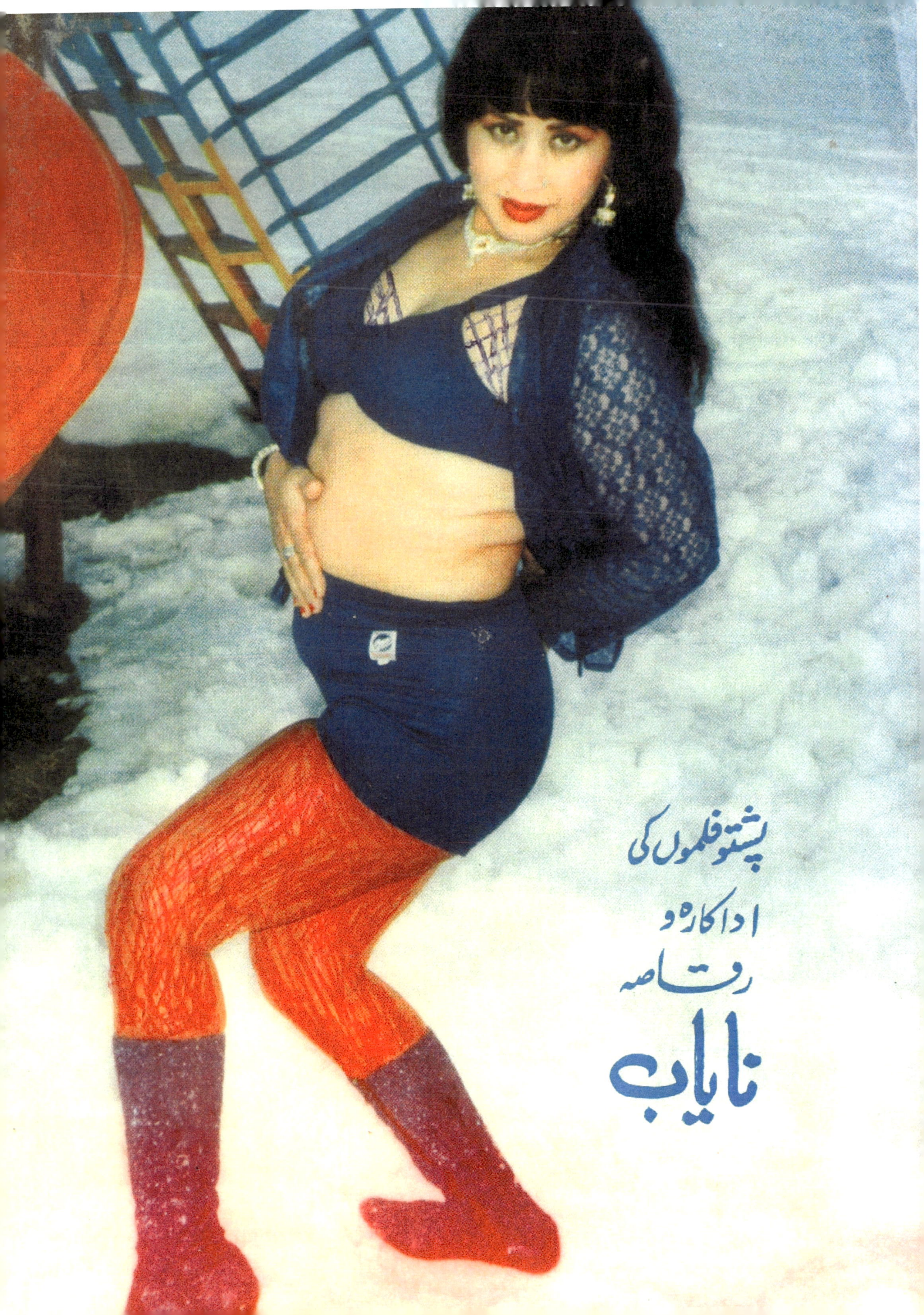
پشتو فلموں کی
اداکارہ و
رقاصہ
نایاب

جنسی بھوک

دعوتِ گناہ کے لئے

اور بھی چیزیں ہیں

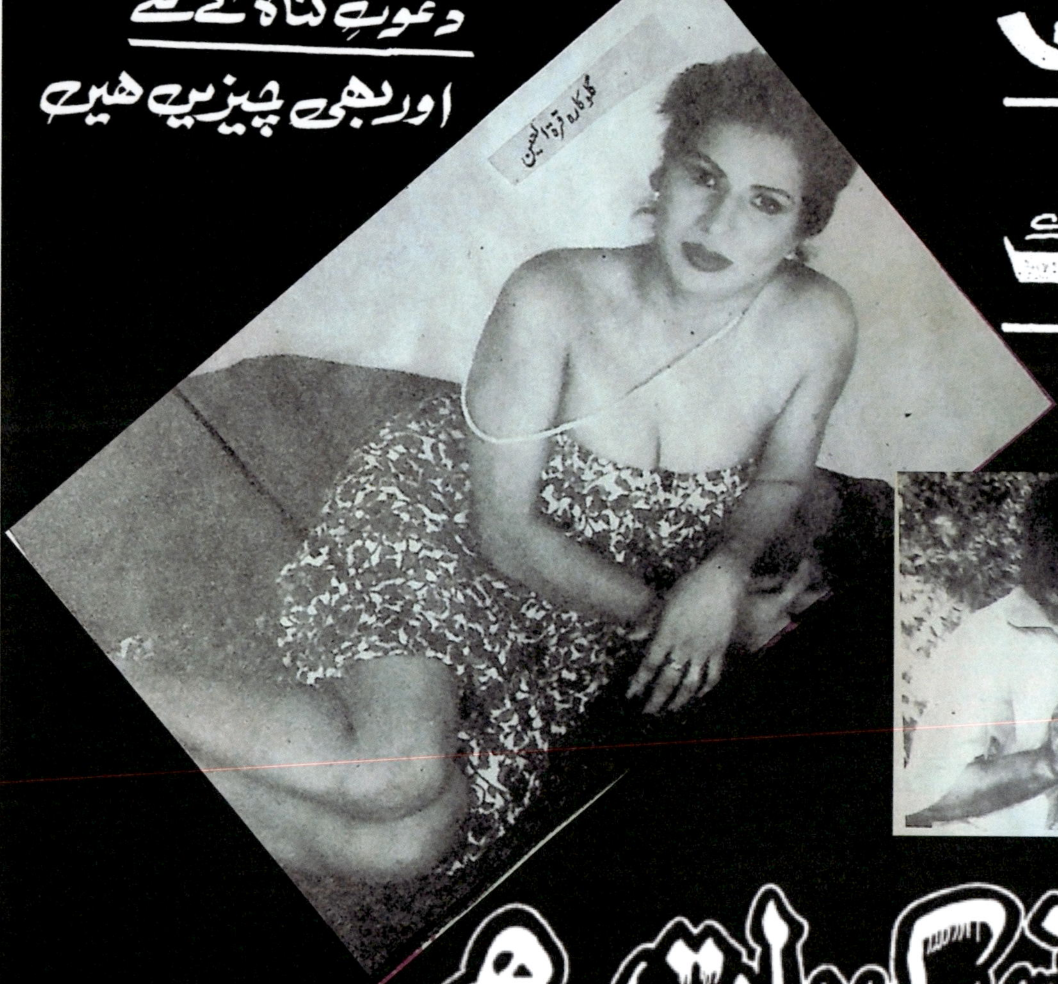

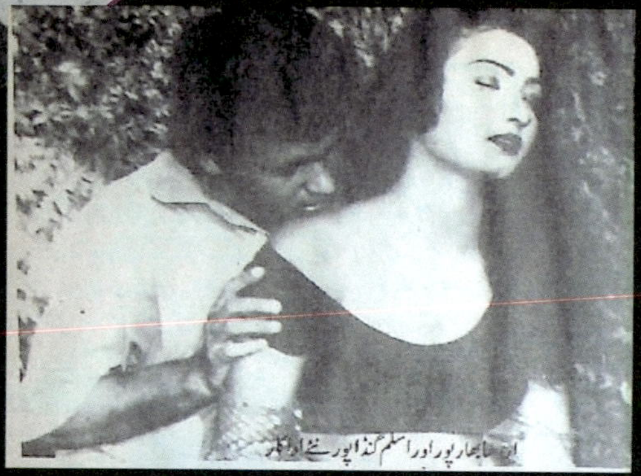

ایک چانس کی بات ہے

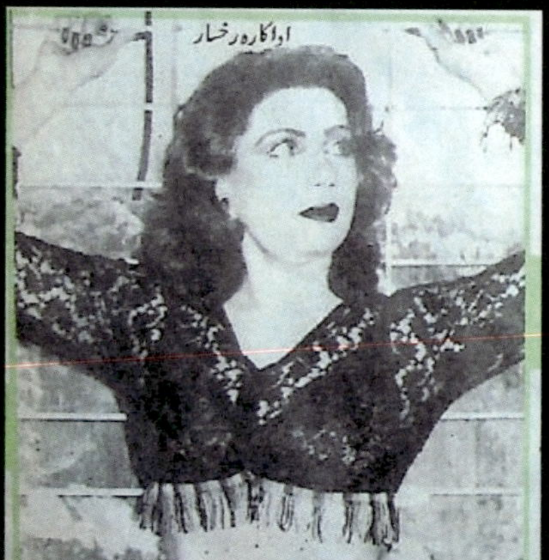

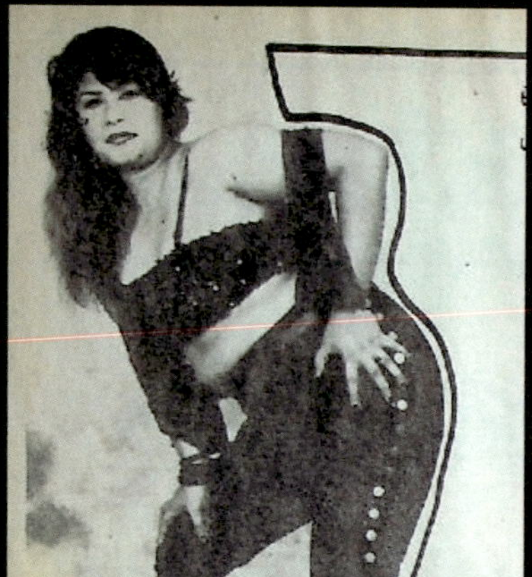

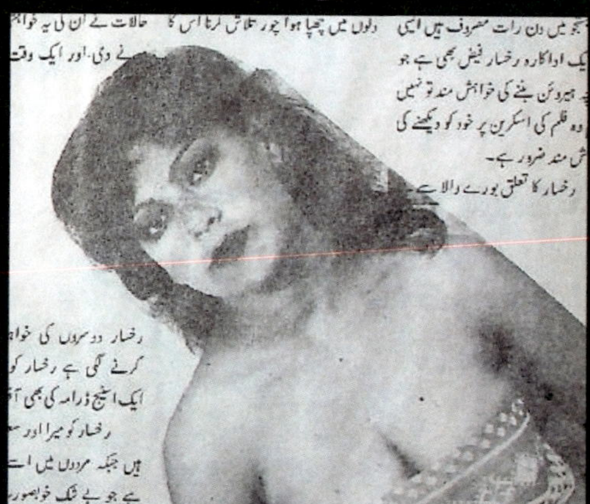

شوبزنس دولت نہیں شہرت

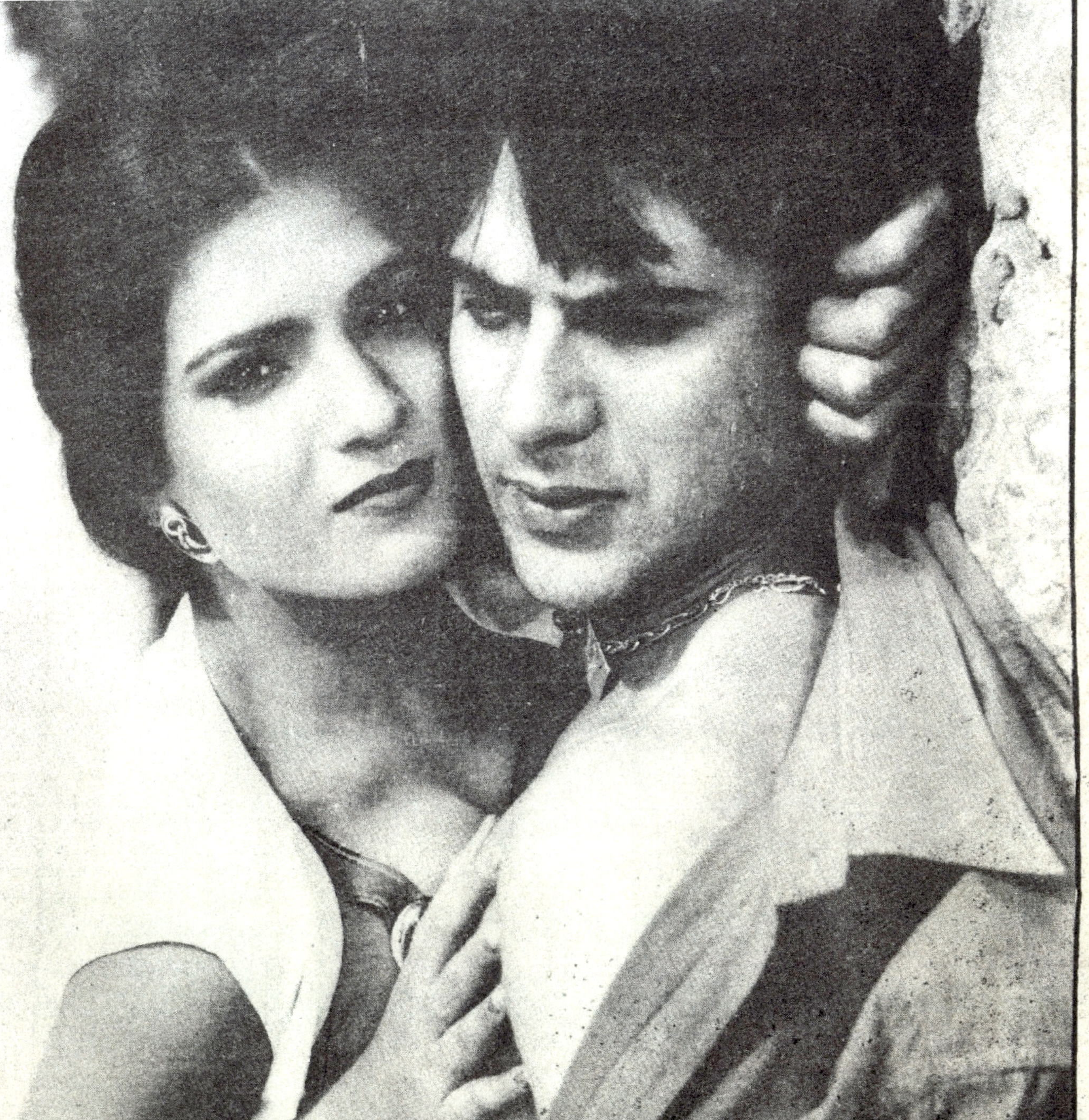

میرا نام ریشم

تم میری محبت کا اندازہ نہیں لگا سکتے میں تمہیں دل کی گہرائی
سے پسند کرتی ہوں ایک تم ہو کہ صرف
صائمہ کو ہی پسند کرتے ہو ۔

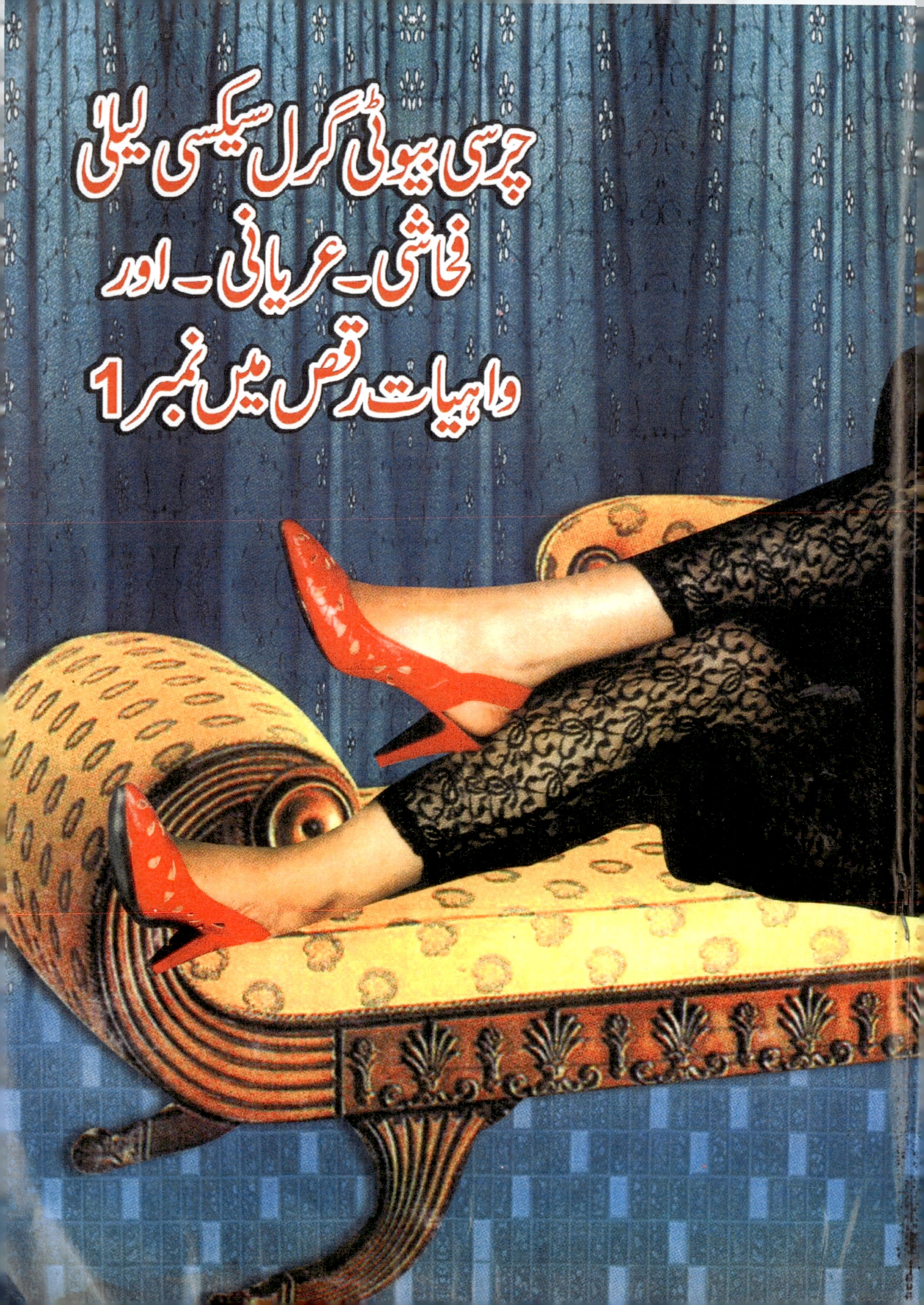
چرسی بیوٹی گرل سیکسی لیلیٰ
فحاشی ۔ عریانی ۔ اور
واہیات رقص میں نمبر 1

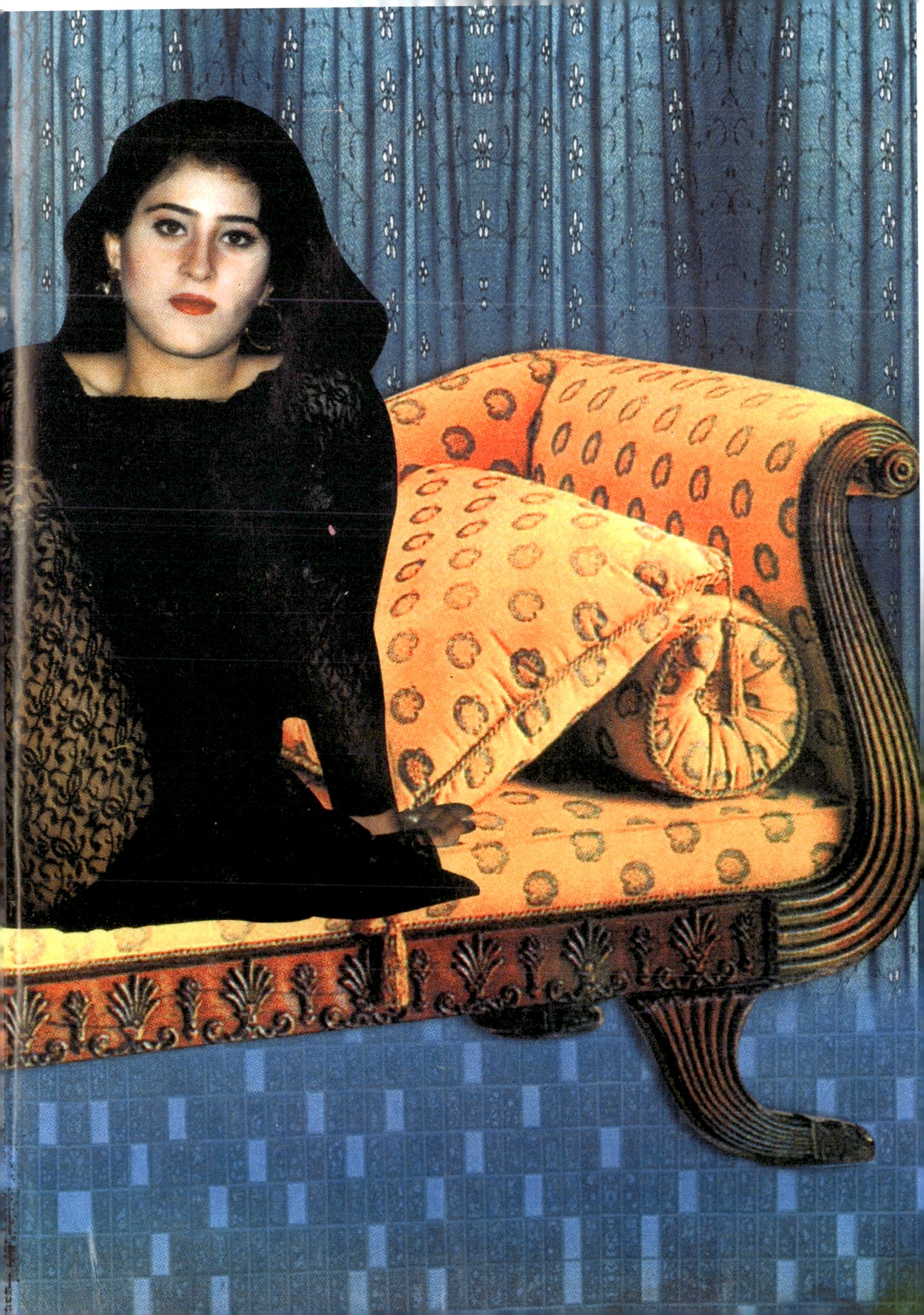

سائرہ خان فلمی دُنیا کی ایک ناکام اداکارہ

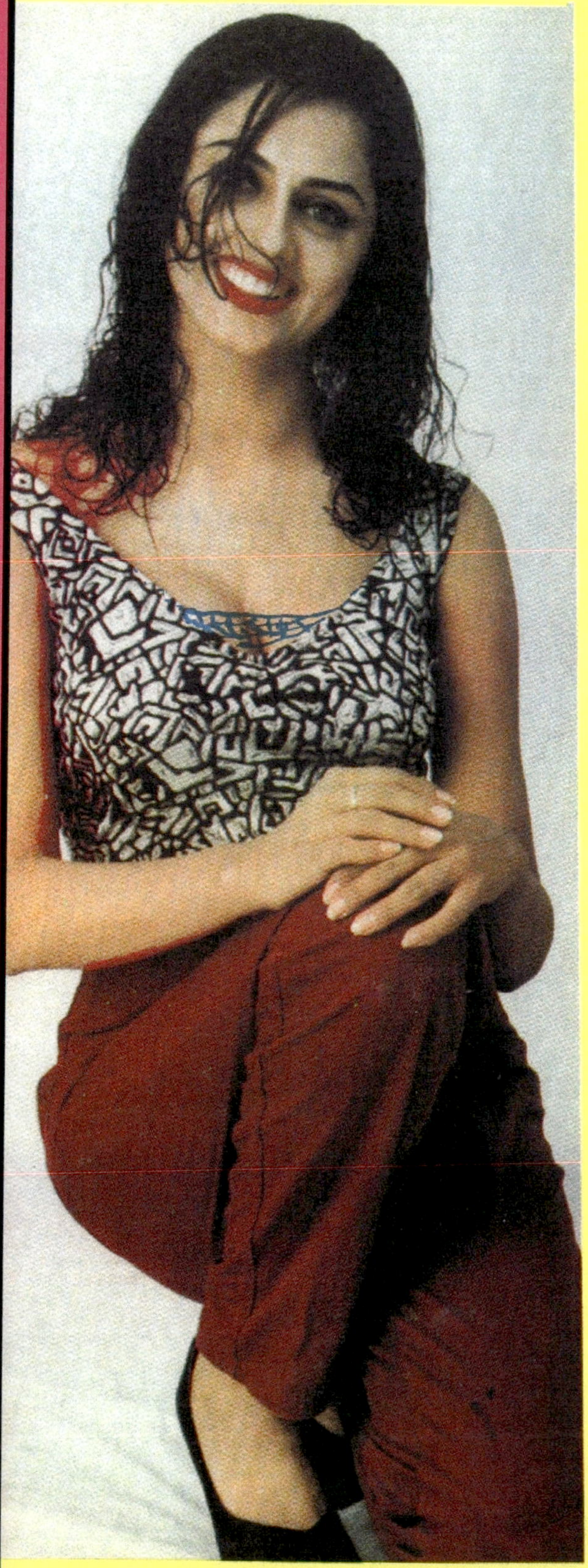

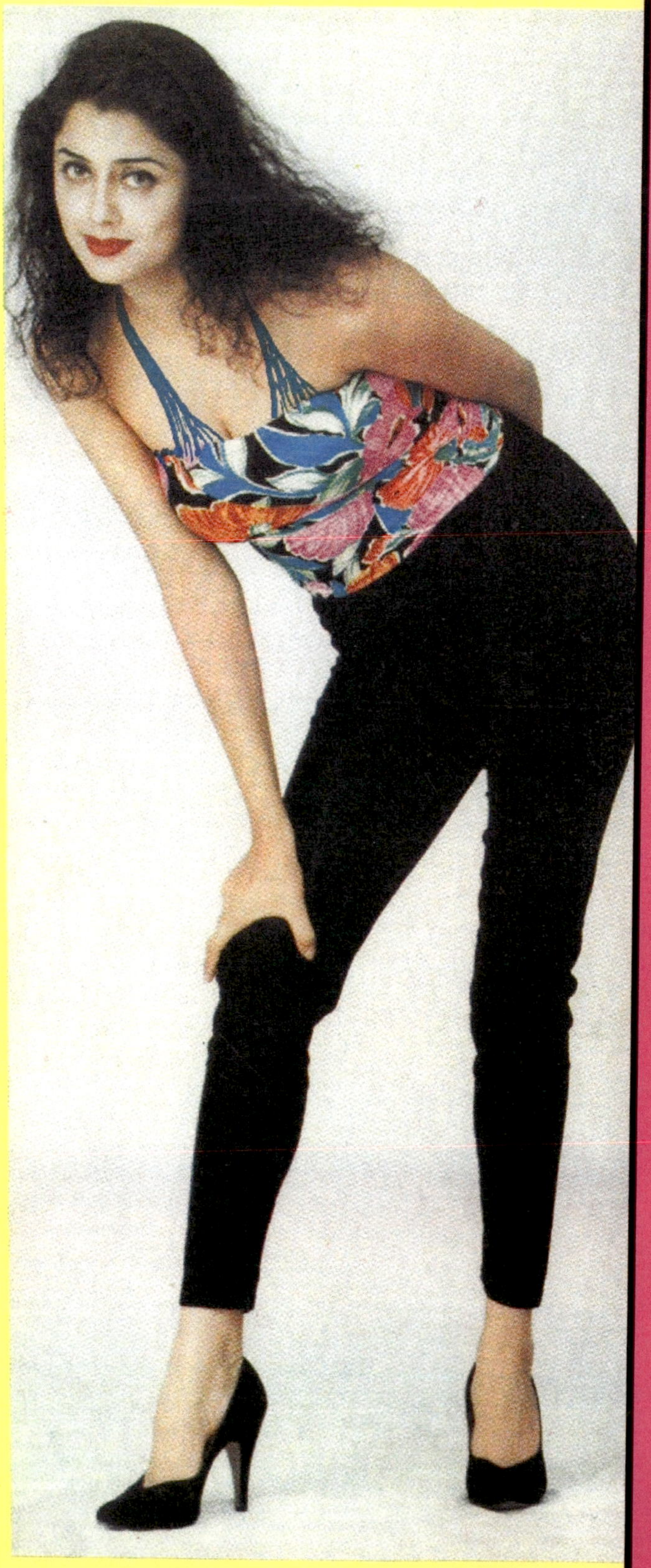

سائرہ خان فلموں میں ہیروئن بننے کا جس کا خواب پُورا نہ ہوسکا

پکچر پوسٹ

ایڈیٹرز کلب

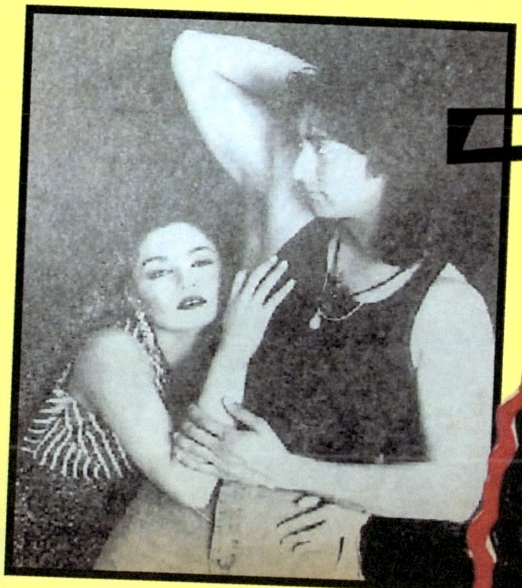

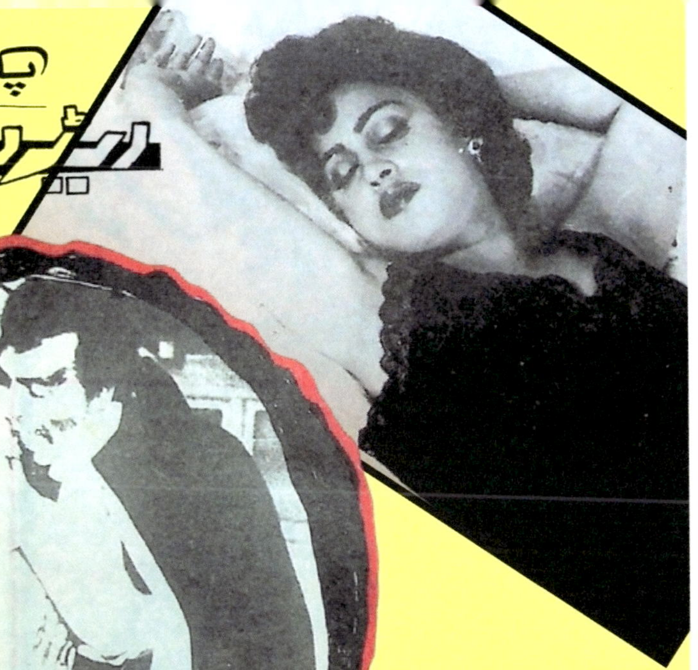

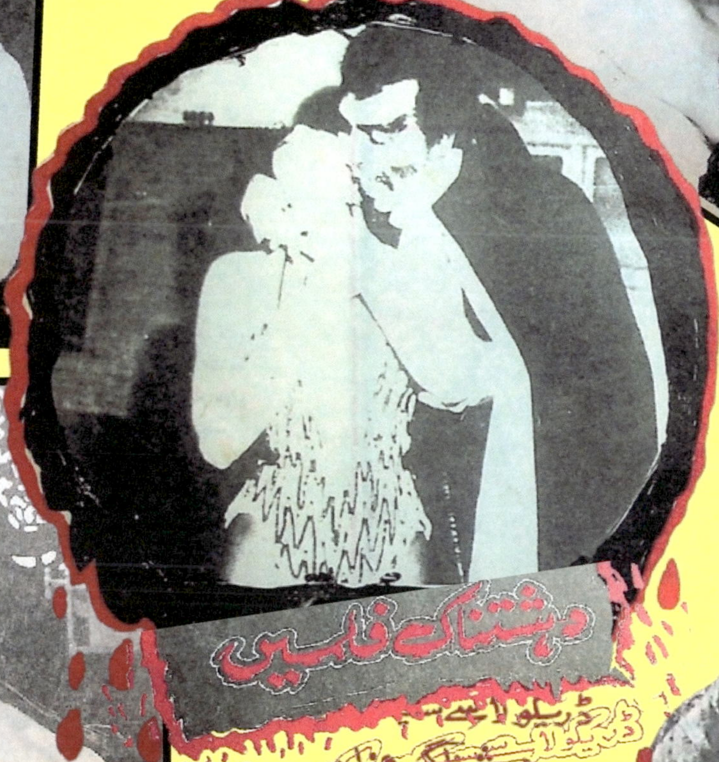

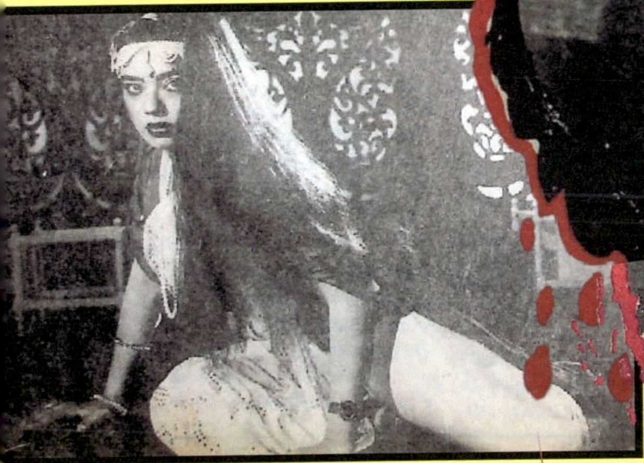

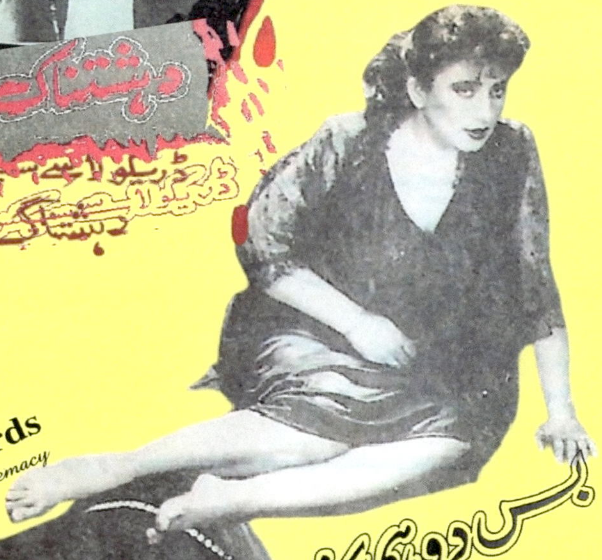

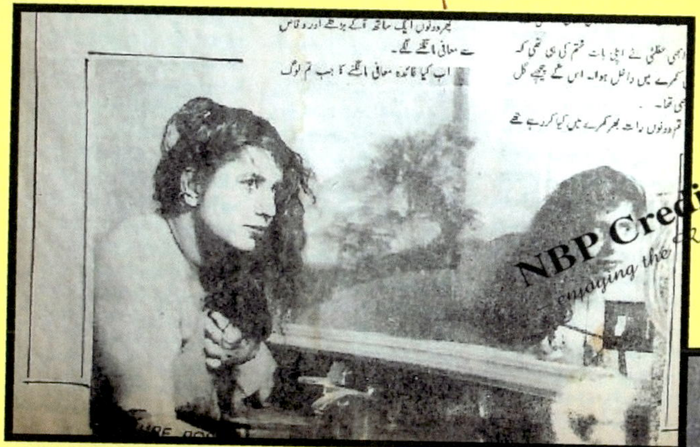

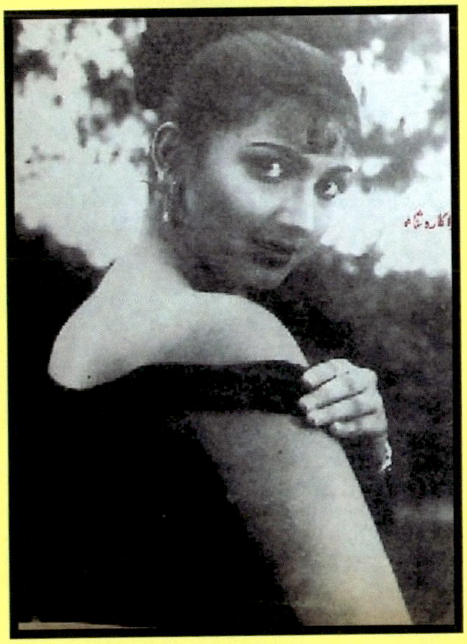

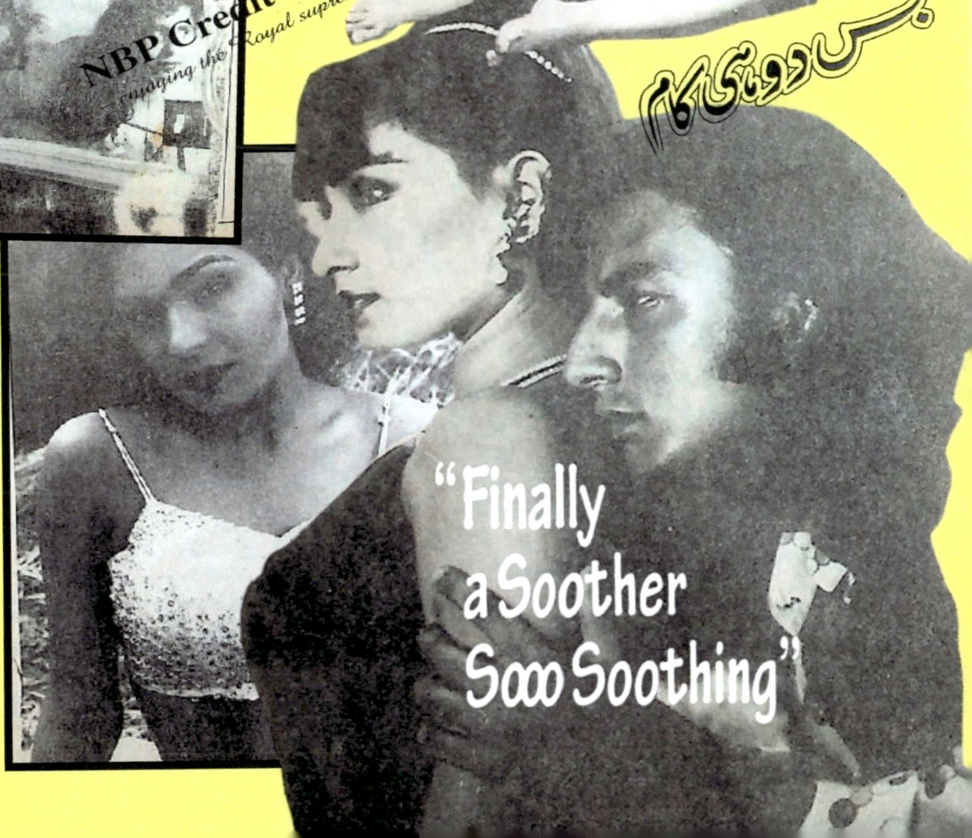

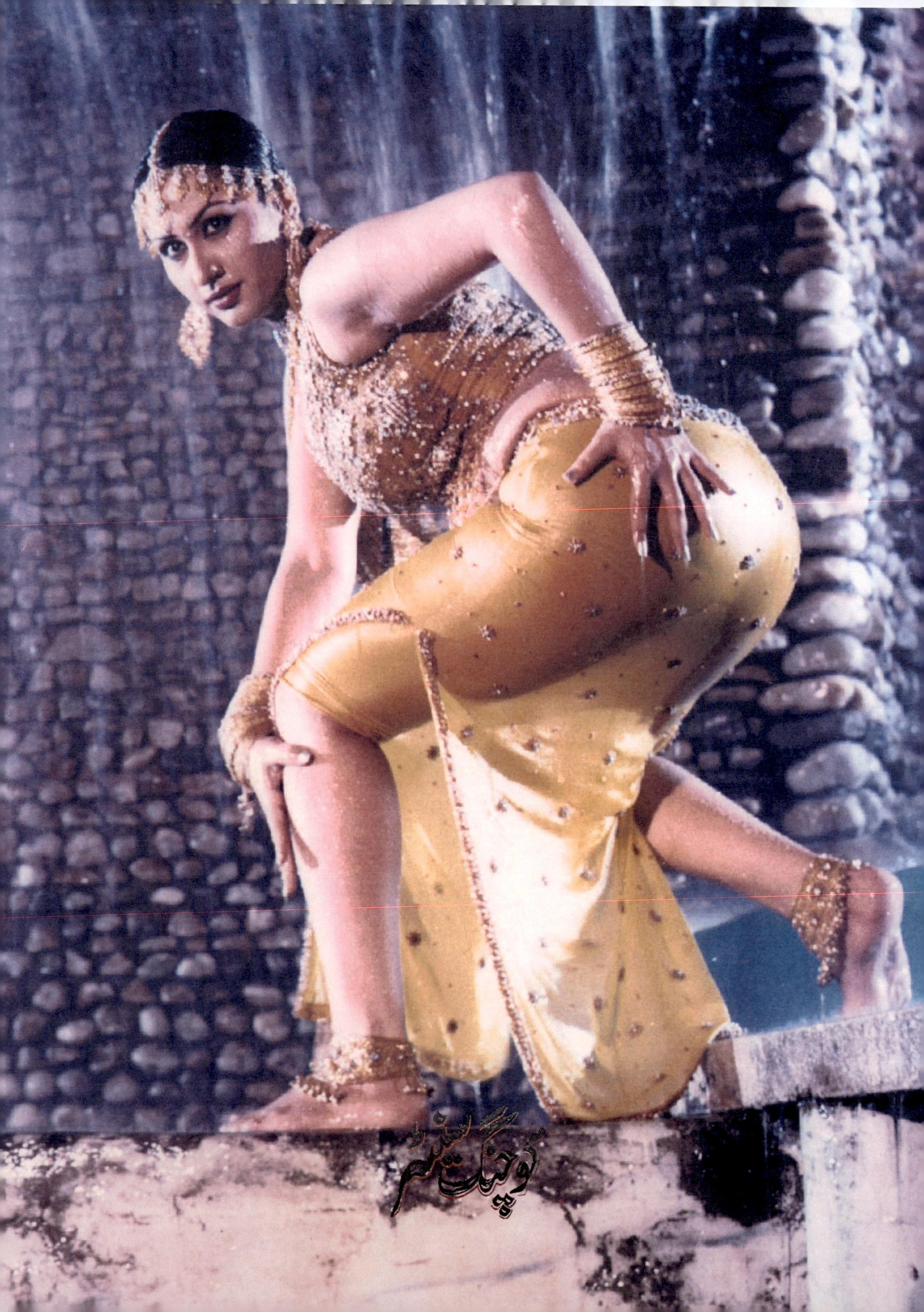
کوچنگ سنٹر

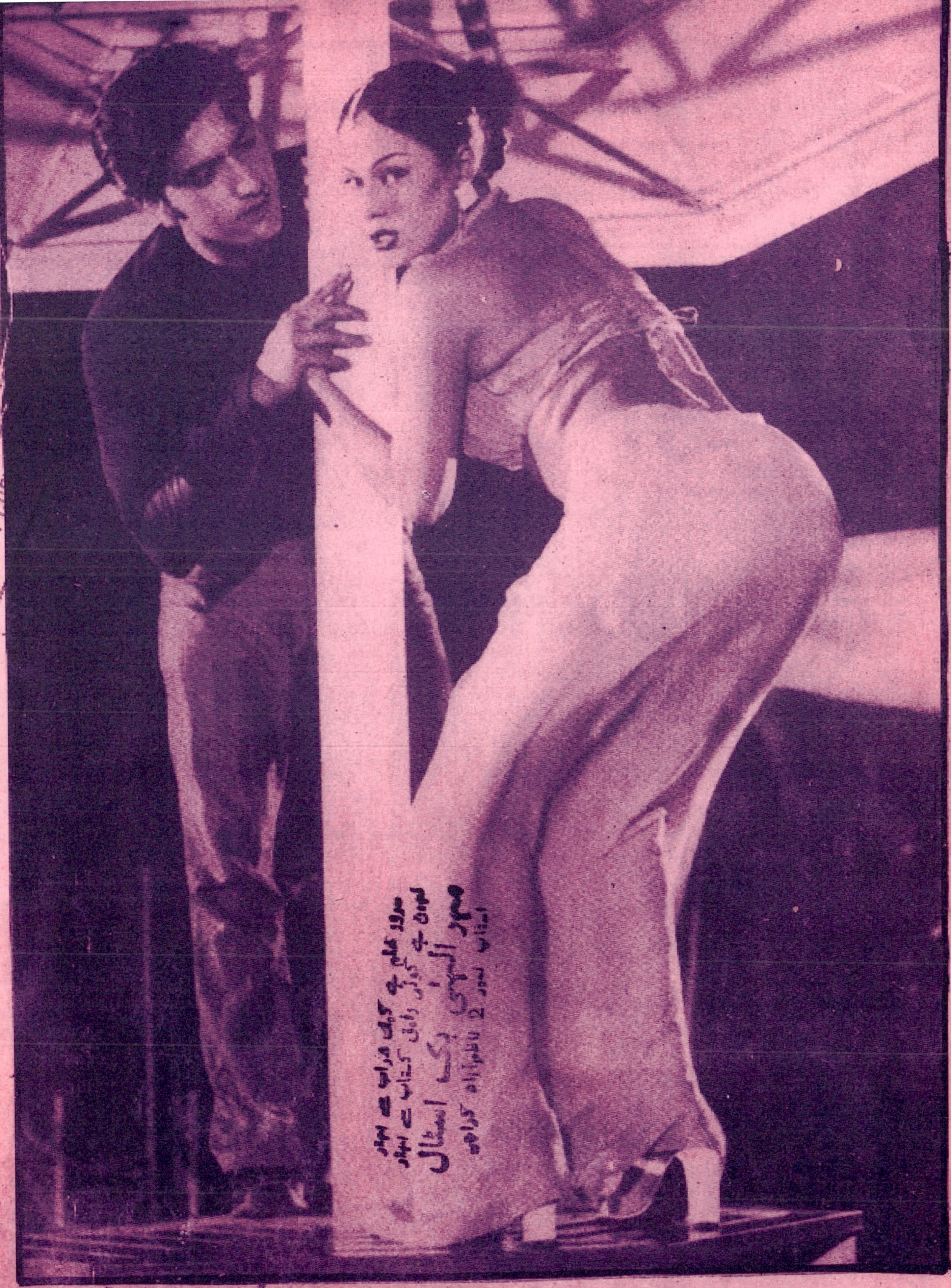

سیکسی گرل وینا ملک اور نیا ہیرو عمران خان - نئی فلم امن کے دشمن میں

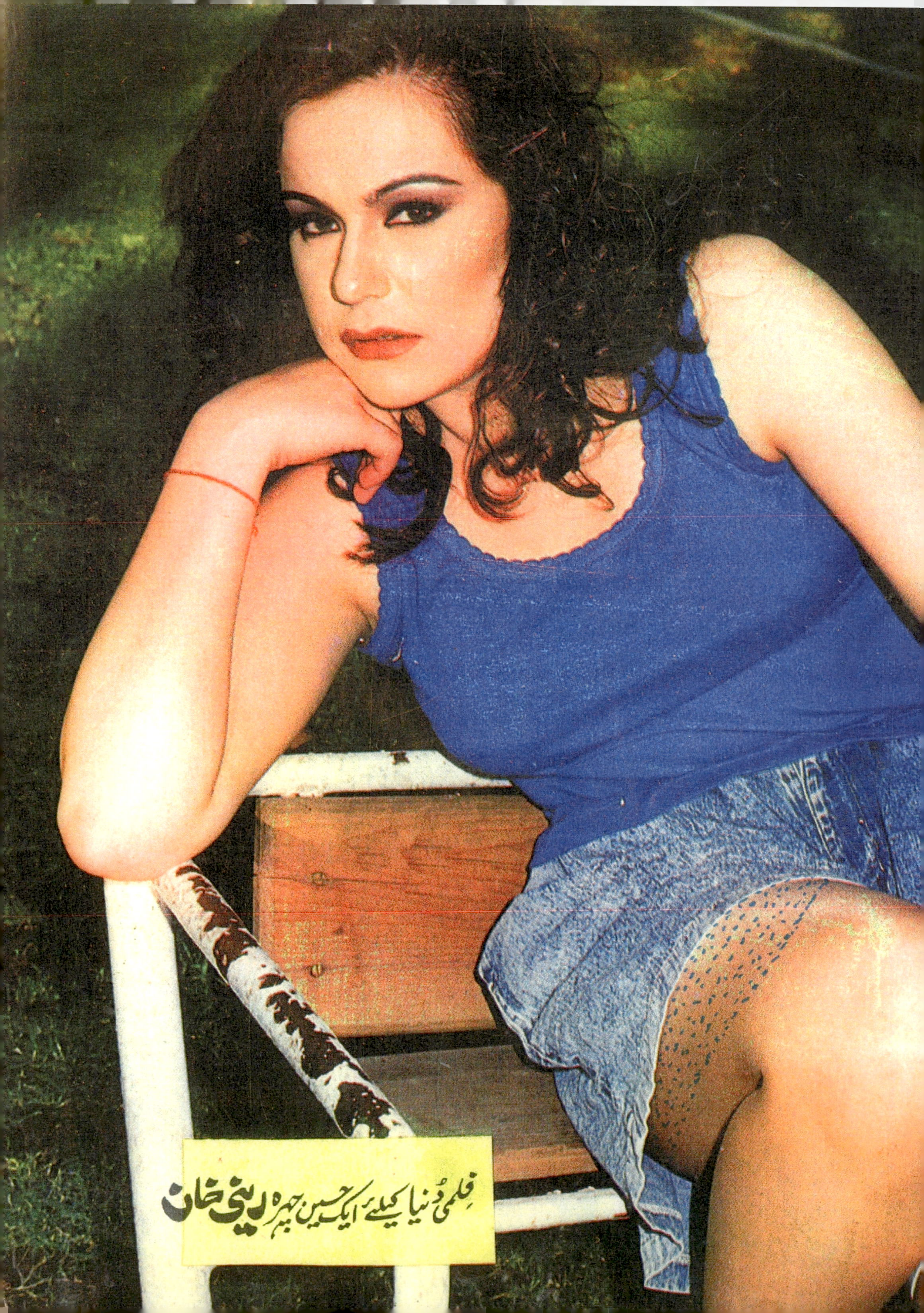
فِلمی دُنیا کیلئے ایک حسین چہرہ ریشی خان

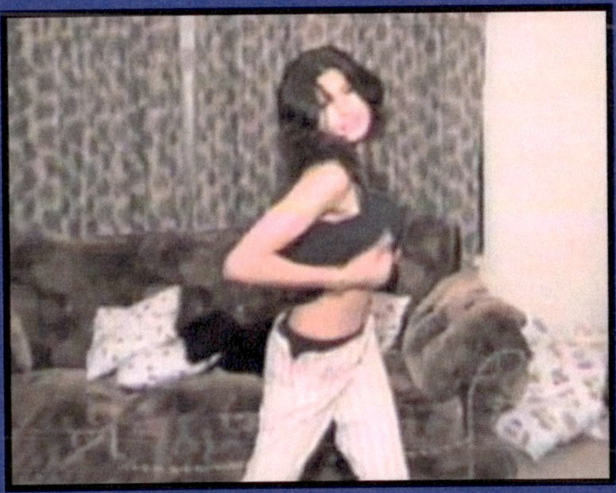
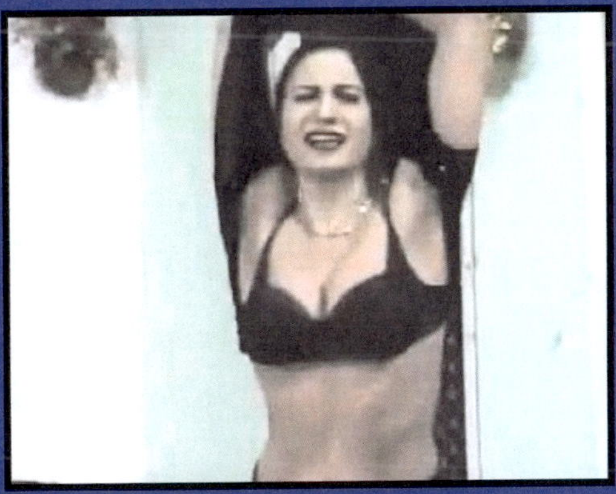
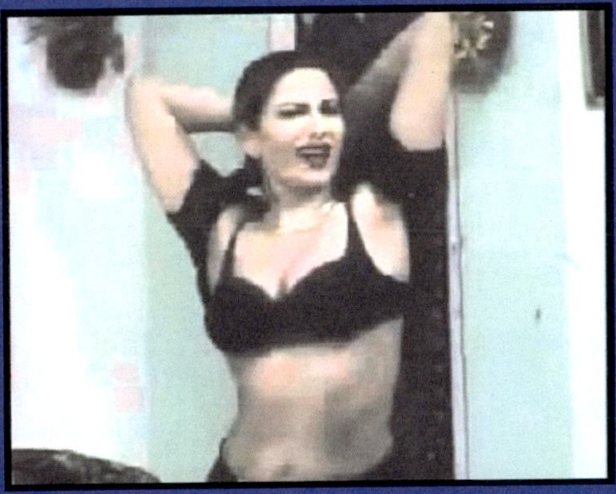
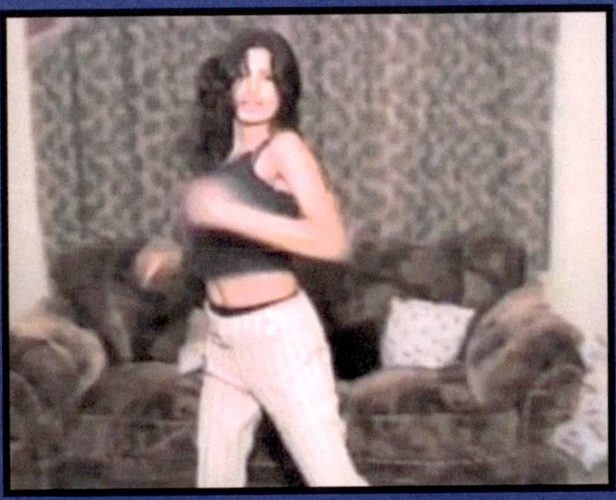
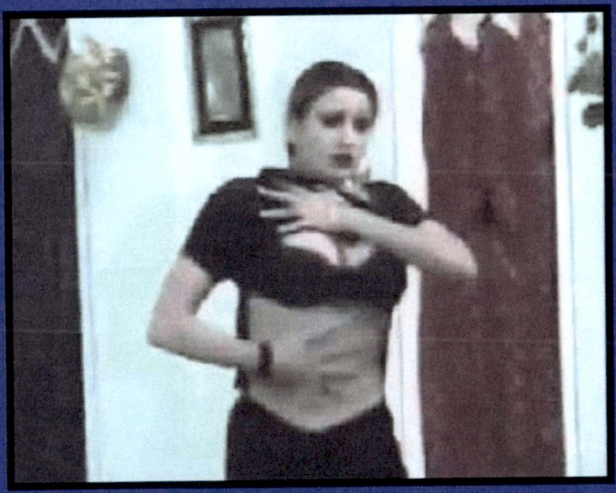
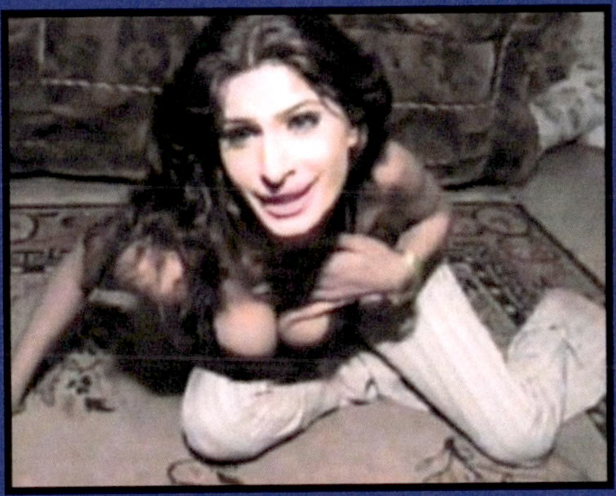

ملک کے معروف ڈاکٹر صاحبان (Sex Specialist)

کو مریضوں کا فری چیک اپ کرتے ہیں رابطہ فون نمبر 551473-551474

فری مشورہ کے لئے جوابی خط درج ذیل پتہ پر لکھیں

جنرل ہومیوپیتھک سٹور اینڈ ہسپتال

مری روڈ وارث خان راولپنڈی

فون 551473-551474

اوقات کلینک

صبح 10 بجے تا 1 بجے

سہ پہر 5 بجے تا 7

چائنا انٹرنیشنل PK کی ادویات کا مختصر تعارف

ادویات بذریعہ VPP بھی منگوائی جا سکتی ہیں

...اور میں ہر اتوار کو ہومیو ڈاکٹر ایم طارق

...فری چیک اپ کے لئے تشریف لاتے ہیں

RSTF ہومیو کلینک چوک سکندر پورہ پشاور فون 219401

رش سے بچنے کے لئے پہلے ٹائم لے لیں

An Xtra Xtraordinary Xpression of Life.

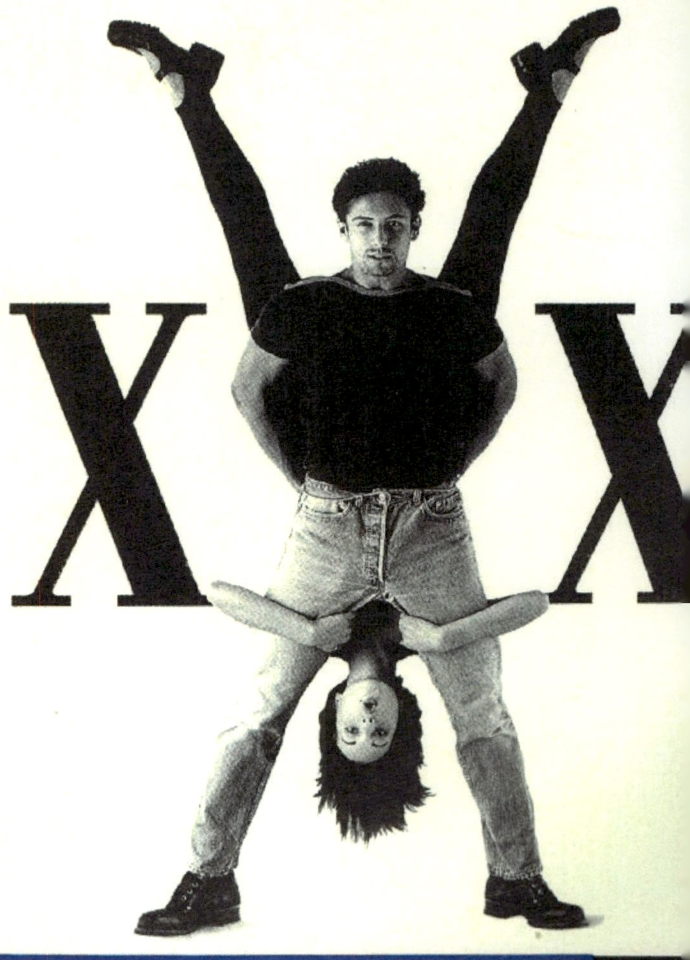

چائناوی جی لوشن

صرف مردوں کے لئے

چائناوی جی لوشن (طلاء) اس دوا کا شمار ایسی بے مثال ادویات میں ہوتا ہے جو ہر قسم کی لاغری کو رفع کرتی ہے۔ عضو کو سخت قوی اور پر جوش بناتی ہے نامکمل ایستادگی اور انتشار کو مکمل کرتی ہے عضو کے خم اور ٹیڑھے پن کو ختم کرتی ہے۔ کثرت جماع مشت زنی بچپن کی غلط کاریاں اور جنسی زیادتیوں کے باعث نوجوان اپنی مردانہ قوت کھو بیٹھتے ہیں جس کے باعث آلات تناسل کمزوری لاغری اور کجی کا شکار ہو جاتا ہے اور خاص طور پر آلہ تناسل میں سکڑاؤ اور ٹیڑھا پن آ جاتا ہے اور بعض صورتوں میں چھوٹا رہ جاتا ہے ایسے لوگوں کیلئے یہ ایک نعمت ہے جنھوں نے مشت زنی سے یا دیگر برائیوں میں مبتلا ہو کر اپنے عضو مخصوص کو رف کر دیا ہے منی کا اخراج خواہش بہت زیادہ مگر قوت کار بالکل نہ ہو یا کم ہو ایسی تمام علامات کو مکمل طور پر ختم کرنے کیلئے چائناوی جی لوشن (طلاء) اپنی مثال آپ ہے دنیائے ہومیوپیتھی میں مردانہ طاقت پیدا کرنے کیلئے اس سے بڑھ کر اور کوئی دوا نہیں اس دوا کے چند روزہ استعمال سے کھوکھلا انسان بھی مکمل مرد بن جاتا ہے اس کے علاوہ یہ فارمولا عضو خاص کی دیگر تمام بیماریوں کو دور کرنے کیلئے مکمل صلاحیت کا حامل ہے زیادہ عمر کے لوگوں کیلئے انتہائی بے مثال دوا

سٹر یبوٹرز جنرل ہومیو سٹور سکندر آباد وارث خان مری روڈ راولپنڈی فون 551473-551474

رحیم اینڈ سنز بوہڑ بازار راولپنڈی فون 543355	انصاف ہومیو سٹور گوالمنڈی لاہور فون 7120660	میر ہومیو سٹور اور ہیڈ برج گوجرانوالہ 266706	گڈلک ہومیو سٹور ریلوے روڈ سیالکوٹ فون 588965	ملتان ہومیو سٹور کچہری بازار ملتان فون 513805	ظہیر ہومیو سٹور نزد لاسین ہوٹل اٹک فون 610246	RSTF ہومیوپیتھک سٹور سکندر پورہ پشاور فون 219401
ملت دواخانہ گھنٹہ گھر چوک پشاور	SA ہومیو سٹور گوالمنڈی لاہور فون 7232331	پنجاب ہومیو سٹور چنیوٹ بازار فیصل آباد فون 626494	مشرق ہومیو سٹور گرین وڈ اسٹریٹ سیالکوٹ فون 595451	خواجہ سٹور ایمپریس مارکیٹ صدر کراچی فون 512257	فیملی ہومیوپیتھک سٹور شمر پلازہ چاندنی چوک راولپنڈی فون 455211	شاہین ہومیو سٹور سپر مارکیٹ اسلام آباد فون 812841

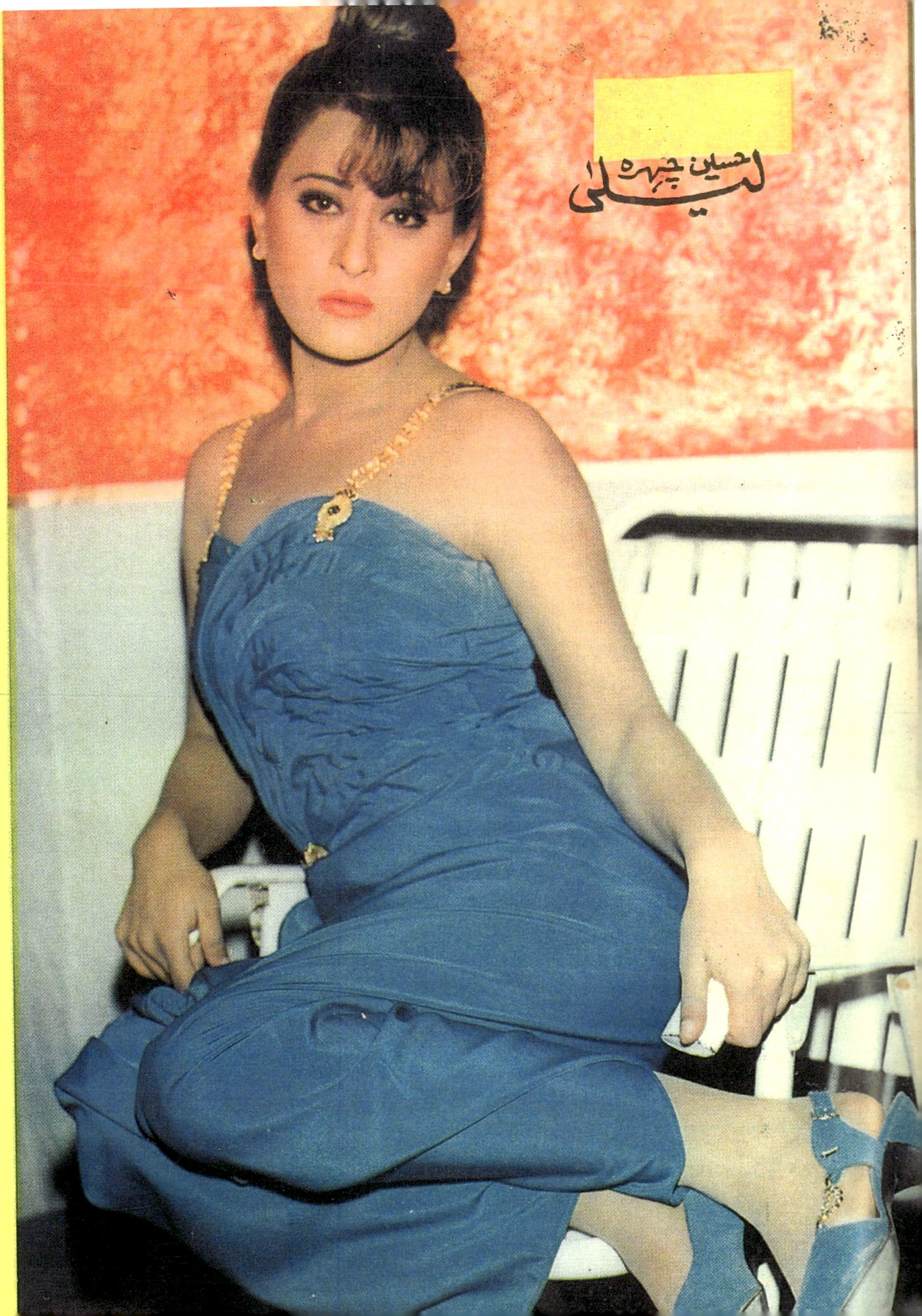
حسین چہرہ
لیلیٰ

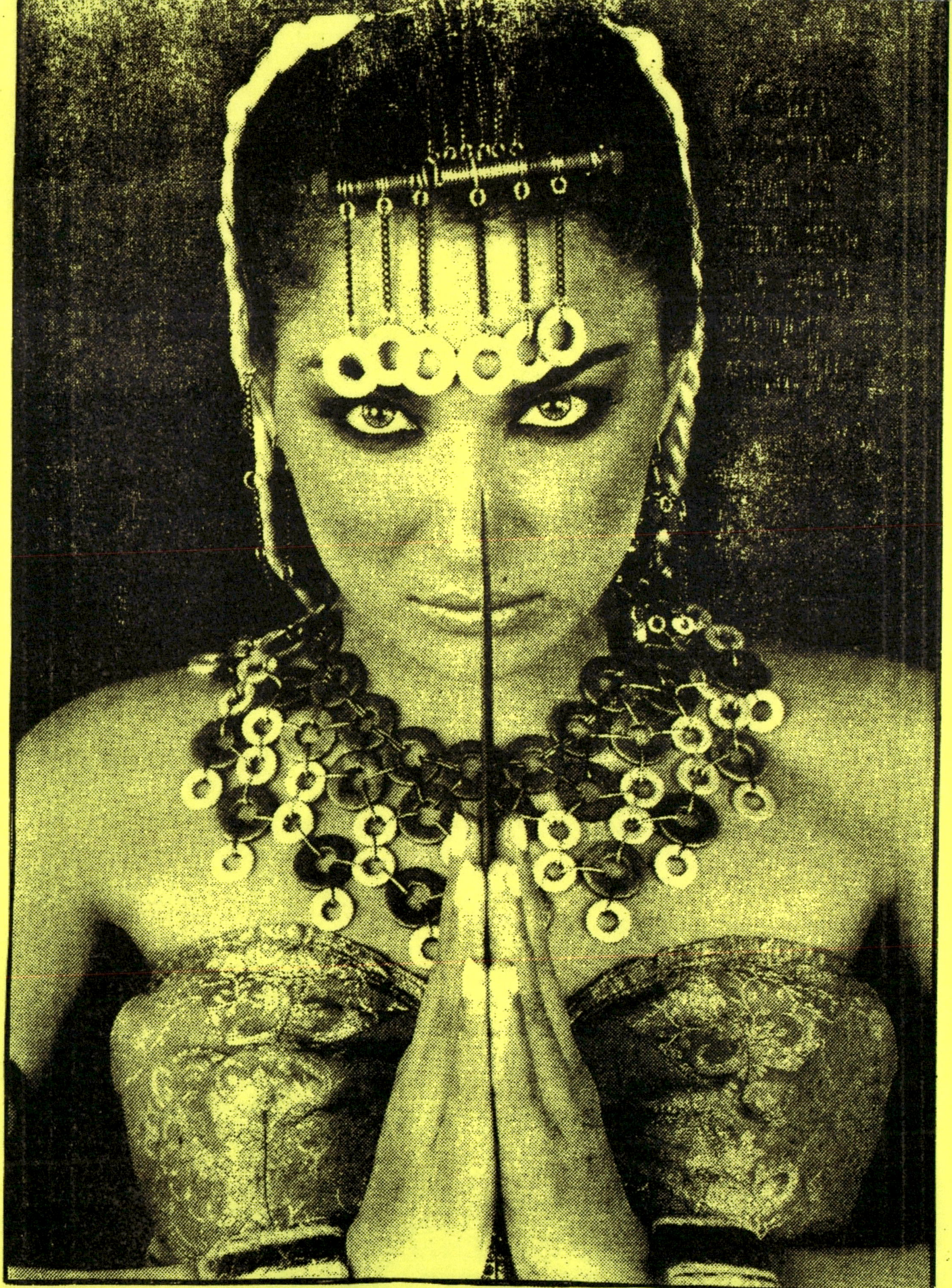

میرا ۔ جو نجی محفلوں میں شراب میں مدہوش ہو کر اخلاق باختہ عُریاں مُجرے کرتی ہے

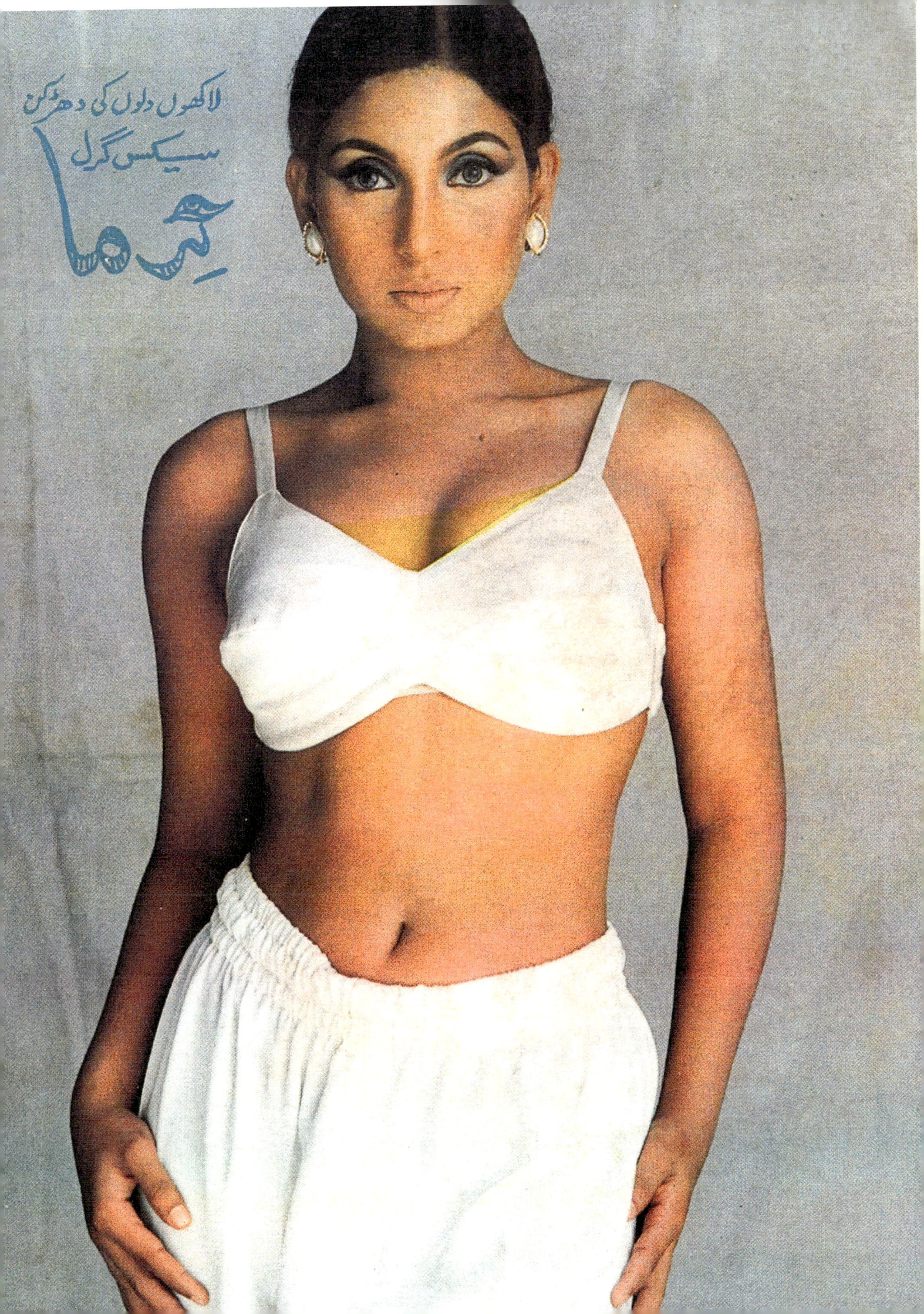
لاکھوں دلوں کی دھڑکن
سیکس گرل

جو داعش کا یار ہے
وہ پاکستان کا غدار ہے۔

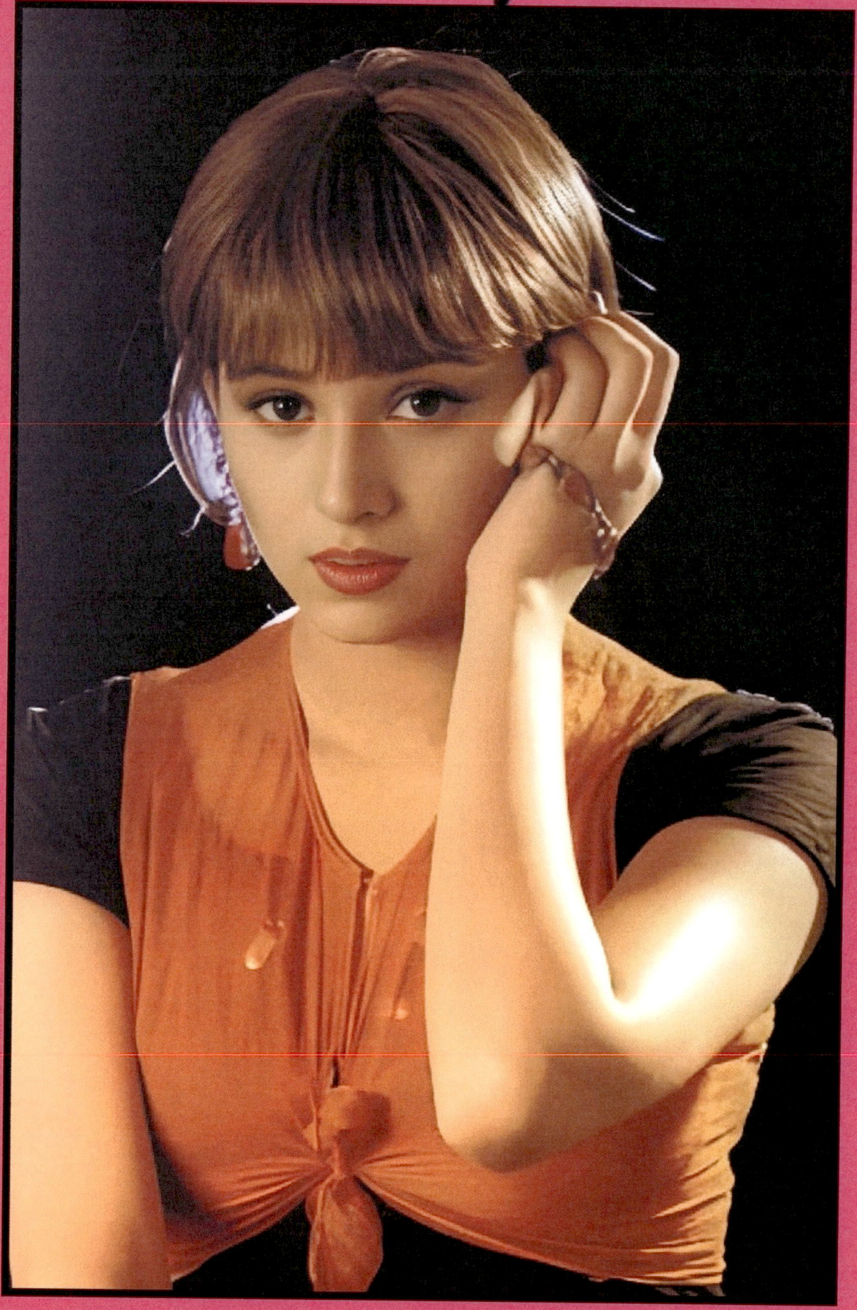

وکھری ٹائپ کی لیلیٰ کے پُرکشش انداز

میک اپ : ماڈ بیوٹی پارلر

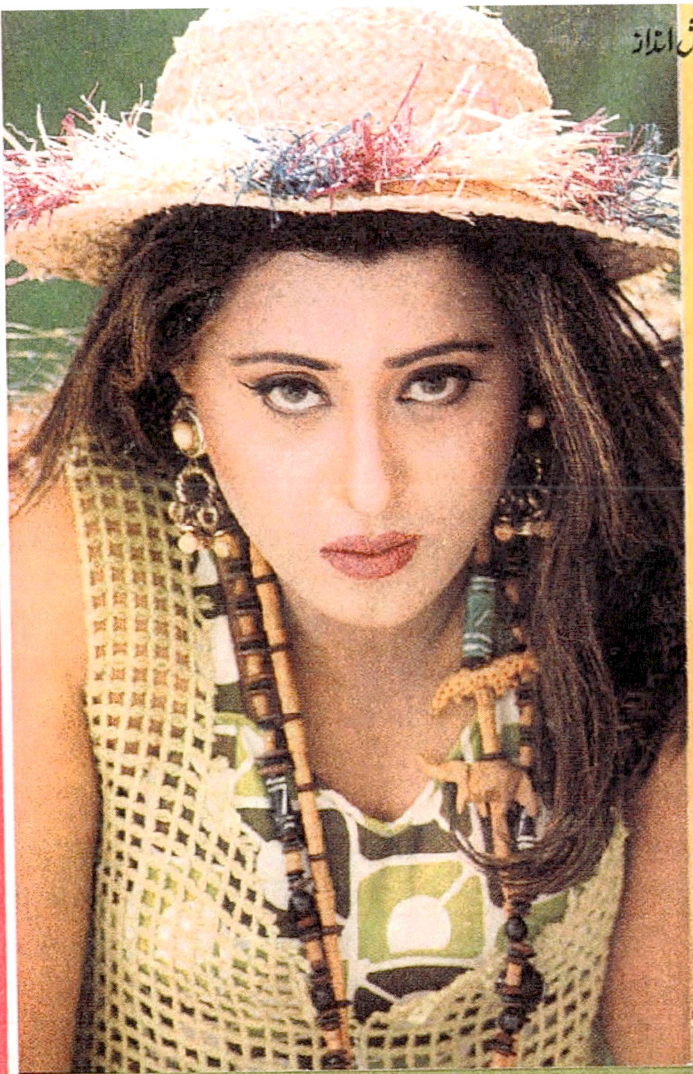

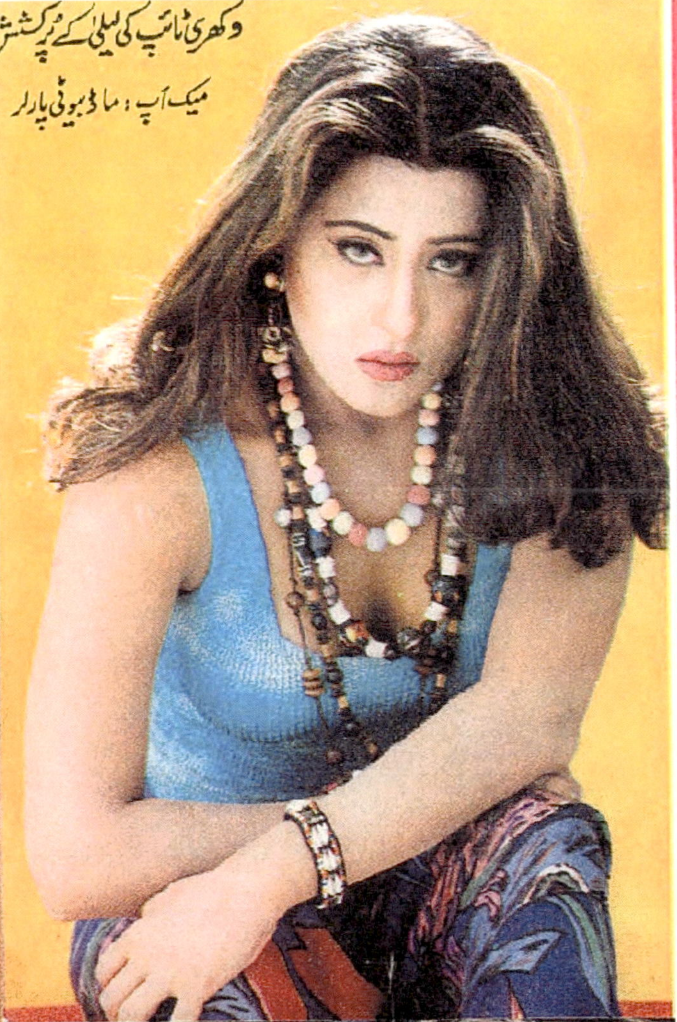

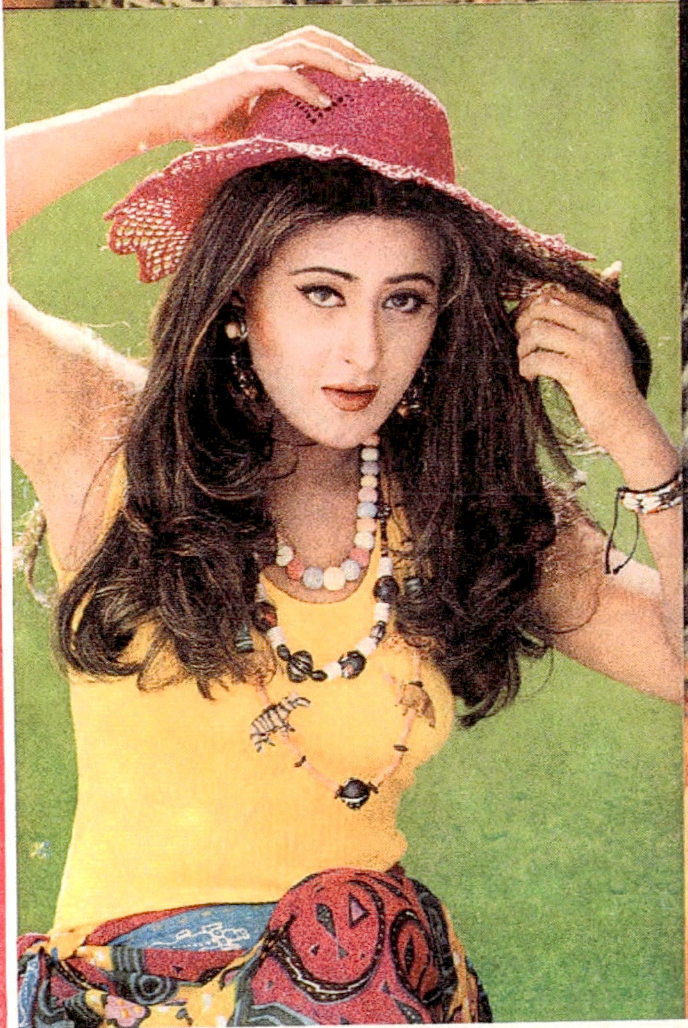

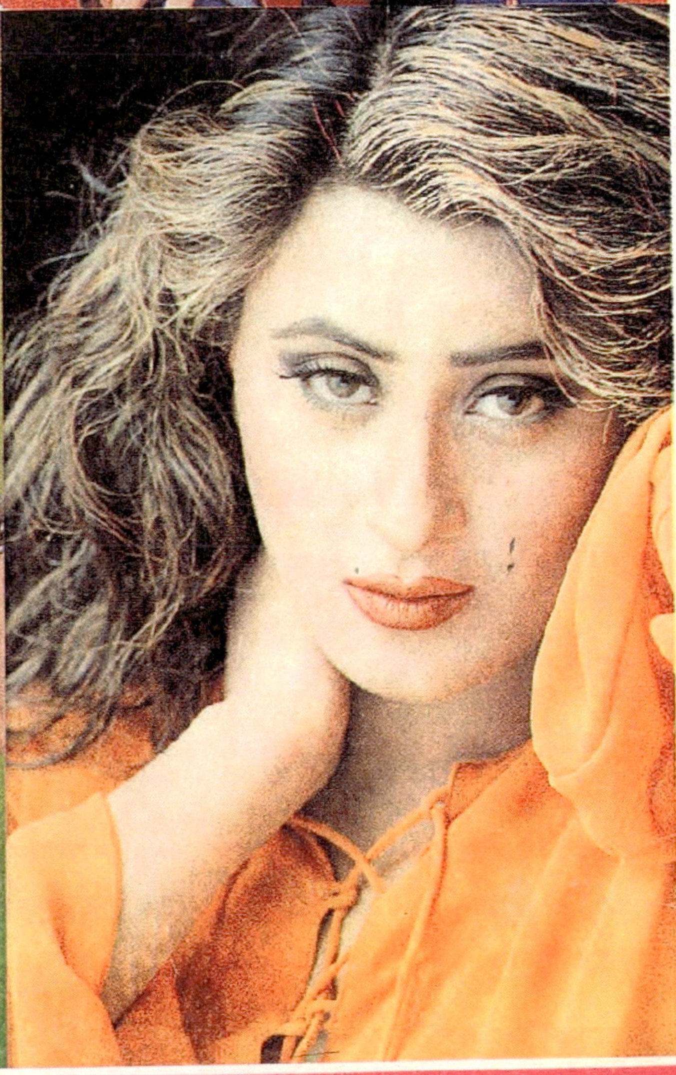

بے دھڑک ۔ بے جھجھک

ریشم کے ریشمی جلوے

اے۔ آر۔ گل

اب سے کچھ سال پہلے ہدایتکار سید نور نے
ب محفل میں اداکارہ ریشم کا تعارف کرواتے
ئے کہا تھا کہ "تم دیکھنا یہ لڑکی بہت آگے جائے
اس میں بڑا ٹیلنٹ ہے اگر اس نے اپنے
لنٹ کا درست استعمال کرلیا تو بڑی بڑی
وئنوں کو لالے پڑ جائیں گے۔" اور آج سید
کی یہ بات حرف بحرف صحیح ثابت ہوگئی ہے اور
شم نے اپنی تمام ترجسمانی اور ذہنی صلاحیتوں کا
تعمال کرتے ہوئے نمبرون ہونے کی دعوے دار
یا کو نہ صرف قومی فلم ایوارڈز کے موقع پر مات
بلکہ عام حلقوں سے لے کر خواص تک میں
رف اور صرف ریشم "ان" ہوگئی ہے اور

ریشم کی مقبولیت کا یہ عالم ہے کہ ہر اچھا خریدار نوٹ اٹھائے ریشم کی طرف بھاگا چلا آرہا ہے۔ دوسری جانب ریشم بھی ایک کے بعد ایک "مول"

مکا رہی ہے "تول" چکا رہی ہے اداکاری، ریاکاری اور جفاکاری غرضیکہ ہر مقام پر ریشم "کاری" سے کاری وار لگارہی ہے اور بزنس کے اصول کے مطابق ایسے وار "سہہ" بھی رہی ہے۔

چھوٹی چھوٹی چیزوں کے ساتھ اس نے اپنی زندگی کو چھوٹی سی جان کر بڑی تیز رفتاری کے ساتھ کیش کرانے کا عمل جاری رکھا ہوا ہے فلم ہو ۔۔۔ ہو یا پھر ایڈز (اشتہارات) ہر جگہ ریشم اپنی ر۔۔۔ زلفوں کے ساتھ سایہ فگن ہے بظاہر کچھ نظر

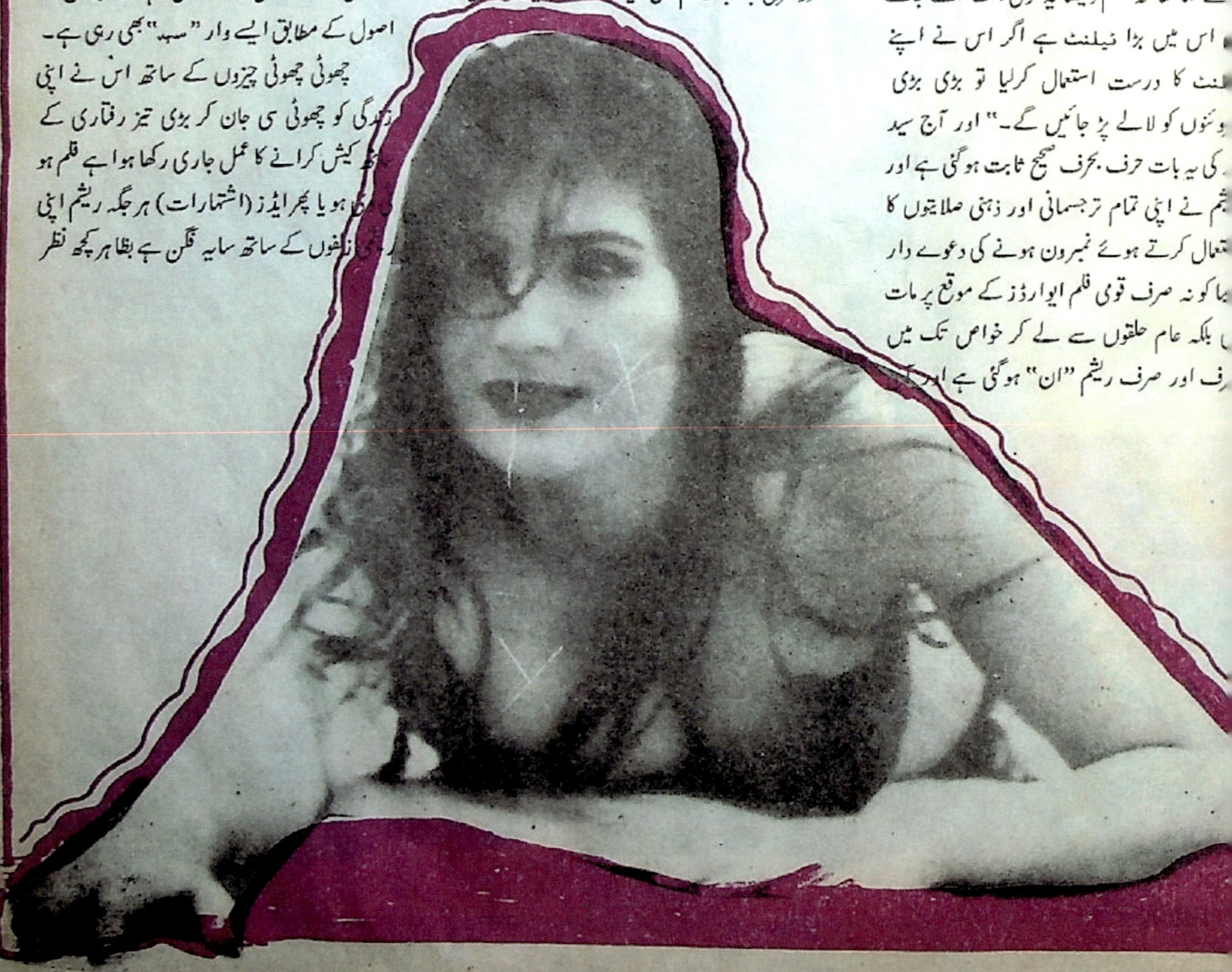

انسانی فطرت کو بے نقاب کرنے والی آپ بیتیاں جگ بیتیاں

کچھ قارئین کی شکایت تھی کہ ان ناولوں میں کچھ پرانی کہانیاں

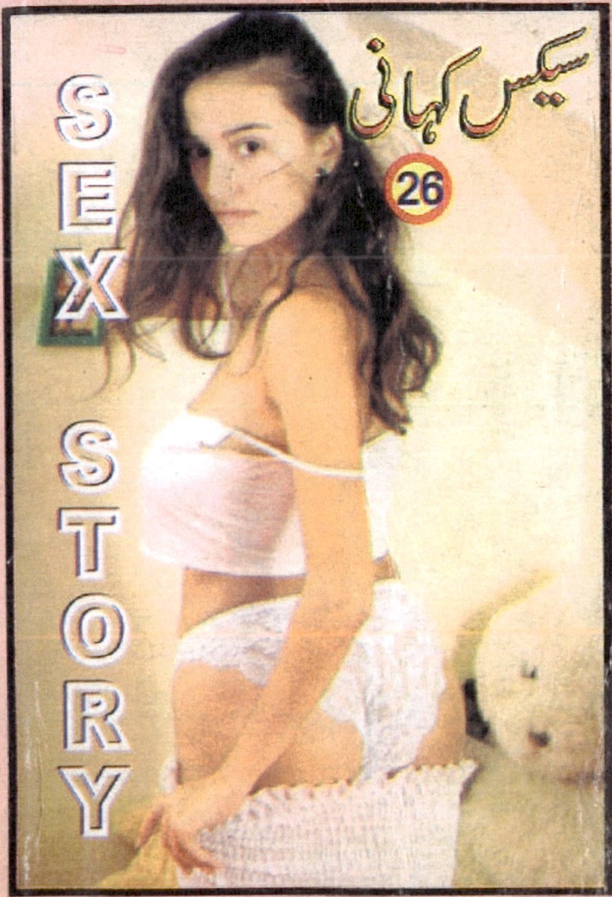

شامل کردی جاتی ہیں جن کو پڑھ کر اذیت بھی محسوس ہوتی ہے اور غصہ بھی آتا ہے اس بار کوشش کی گئی ہے کہ اس میں کوئی بھی کہانی آپ کی طبیعت پر گراں نہ گزرے اس مرتبہ اس میں تمام کہانیاں تازہ بہ تازہ ہیں امید ہے کہ آپکی شکایت دور ہو جائے گی کچھ لوگوں نے ان کہانیوں پر تنقید کی ہے۔ لیکن شاید شکایت کرنے والے اخبارات کا مطالعہ نہیں کرتے خود ہی اپنی شکل آئینہ میں دیکھ کر شرمندہ ہو جاتے ہیں ہم تو گو آئینہ گر ہیں جو کچھ دیکھتے ہیں اس کا عکس آپ کو دیکھاتے ہیں آئے دن اخبارات، رسائل اور سیٹلائٹ پر ہم جو کچھ دیکھتے ہیں پڑھتے ہیں پھر الزام ایک قلم کار کے سچ پر لگایا جاتا ہے امید ہے کارئین اسی طرح اپنے مشوروں سے نوازے گئے

ادارہ

ناولٹی پبلشرز۔ 36۔ خان پلازہ۔ صدر۔ کراچی

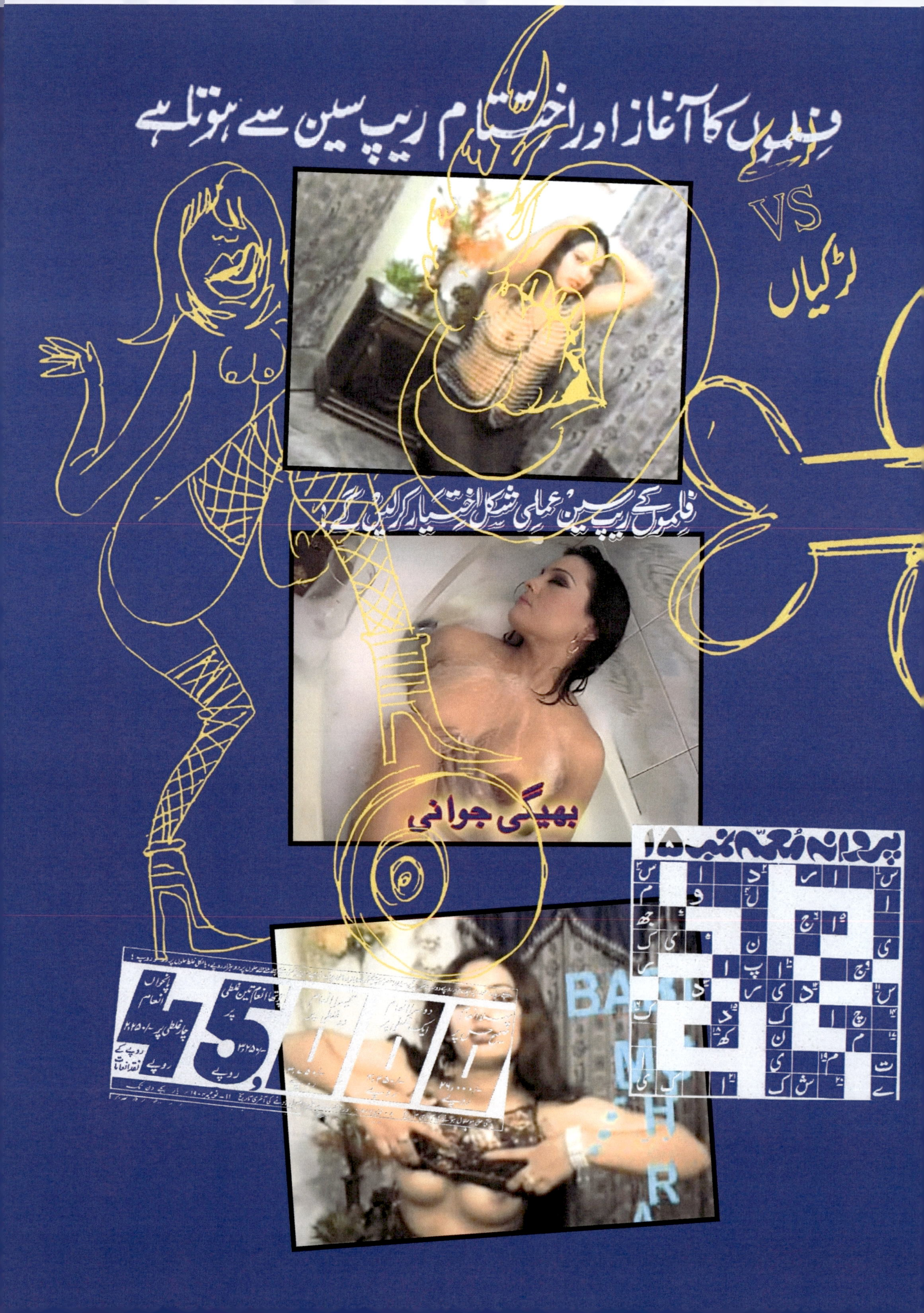

فلموں کا آغاز اور اختتام ریپ سین سے ہوتا ہے
فلموں کے
VS
لڑکیاں
فلموں کے ریپ سین عملی شکل اختیار کر لیں گے
بھیگی جوانی
پروانہ معمہ نمبر ۱۵

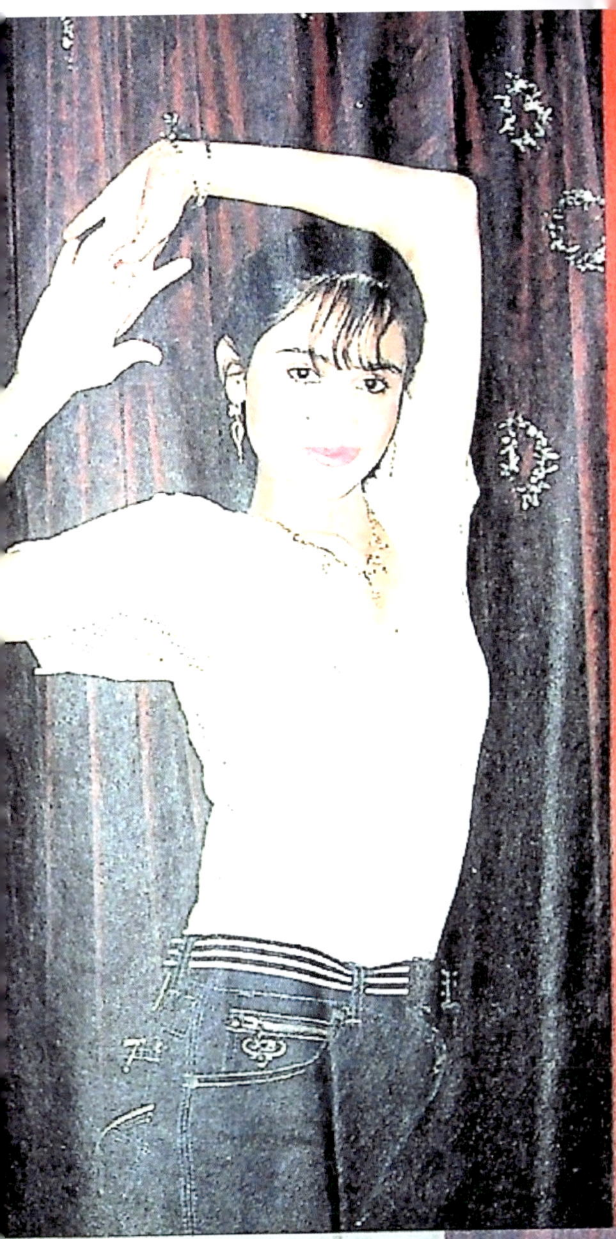
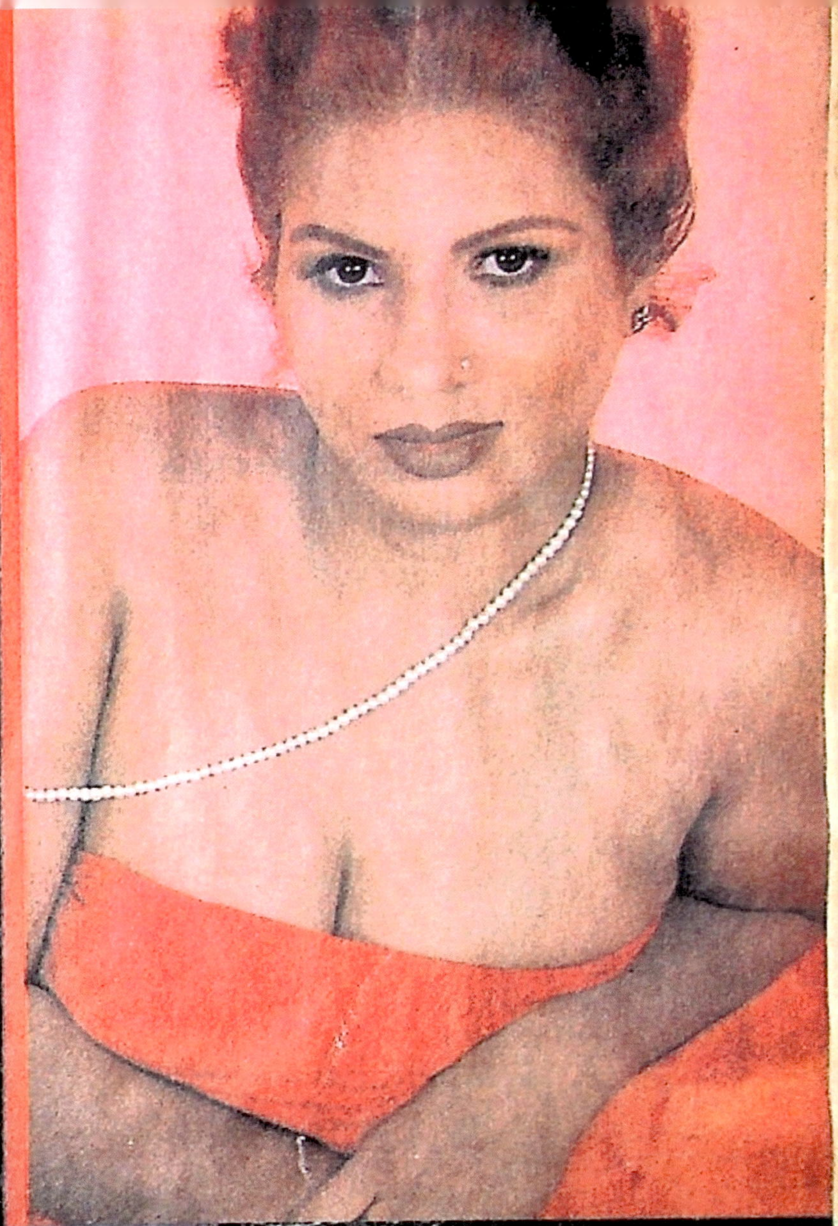
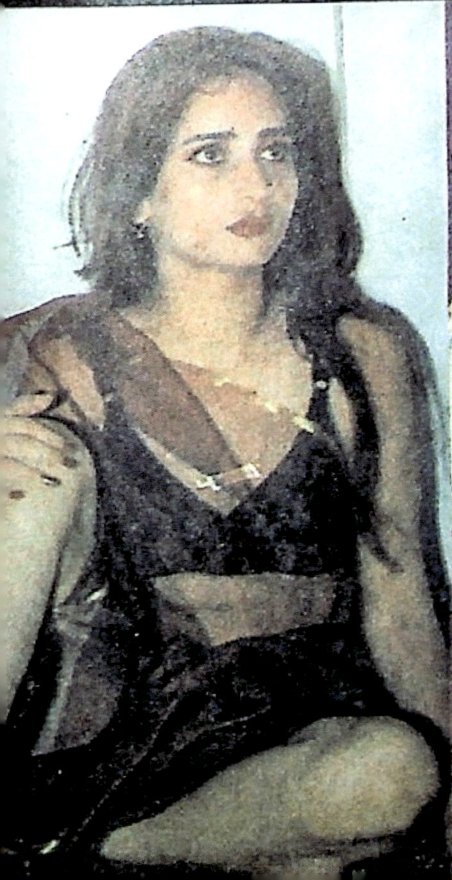
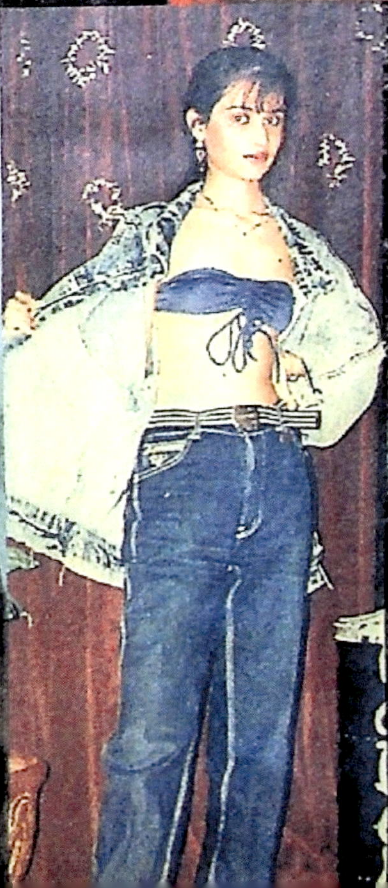
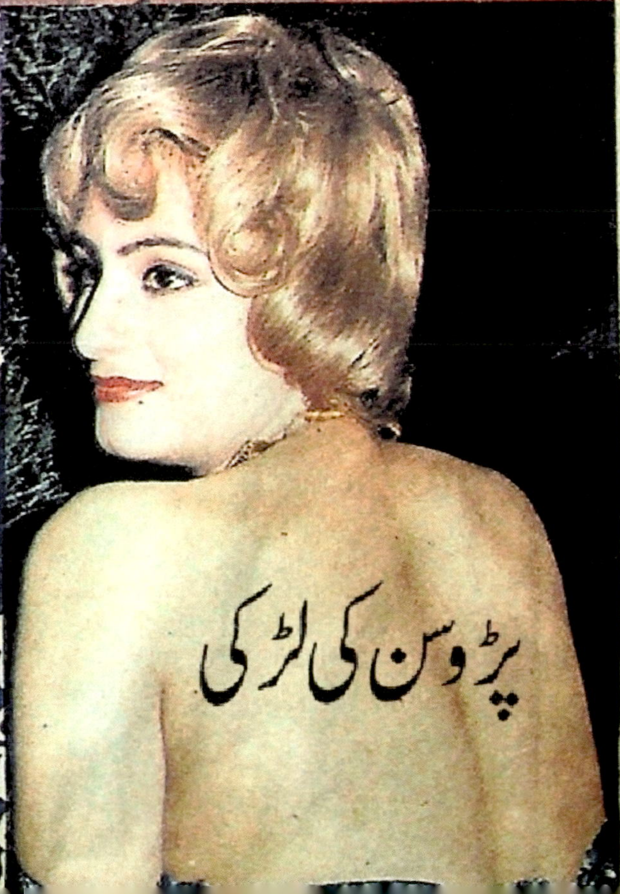
پڑوسن کی لڑکی

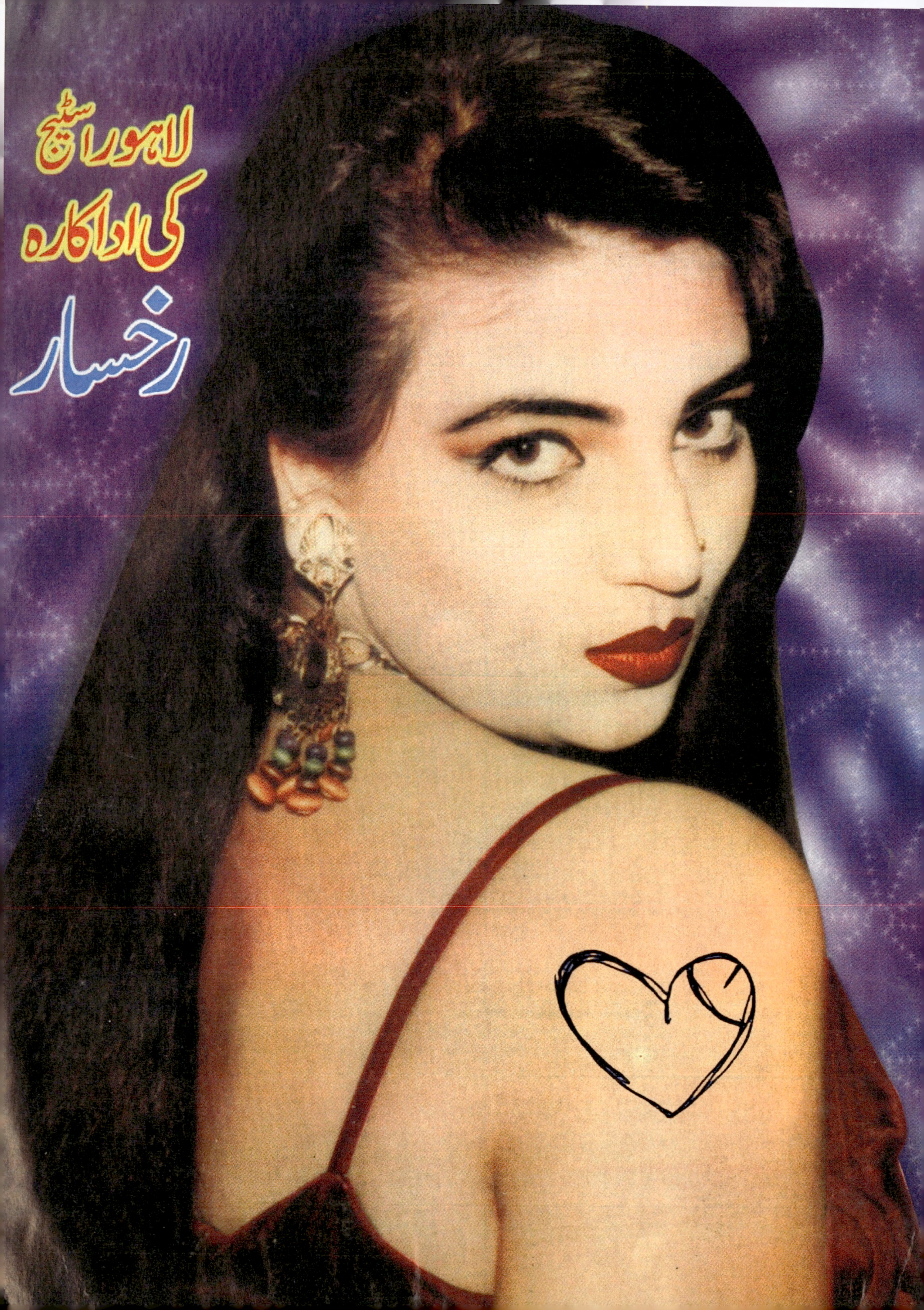
لاہور سٹیج
کی اداکارہ
رخسار

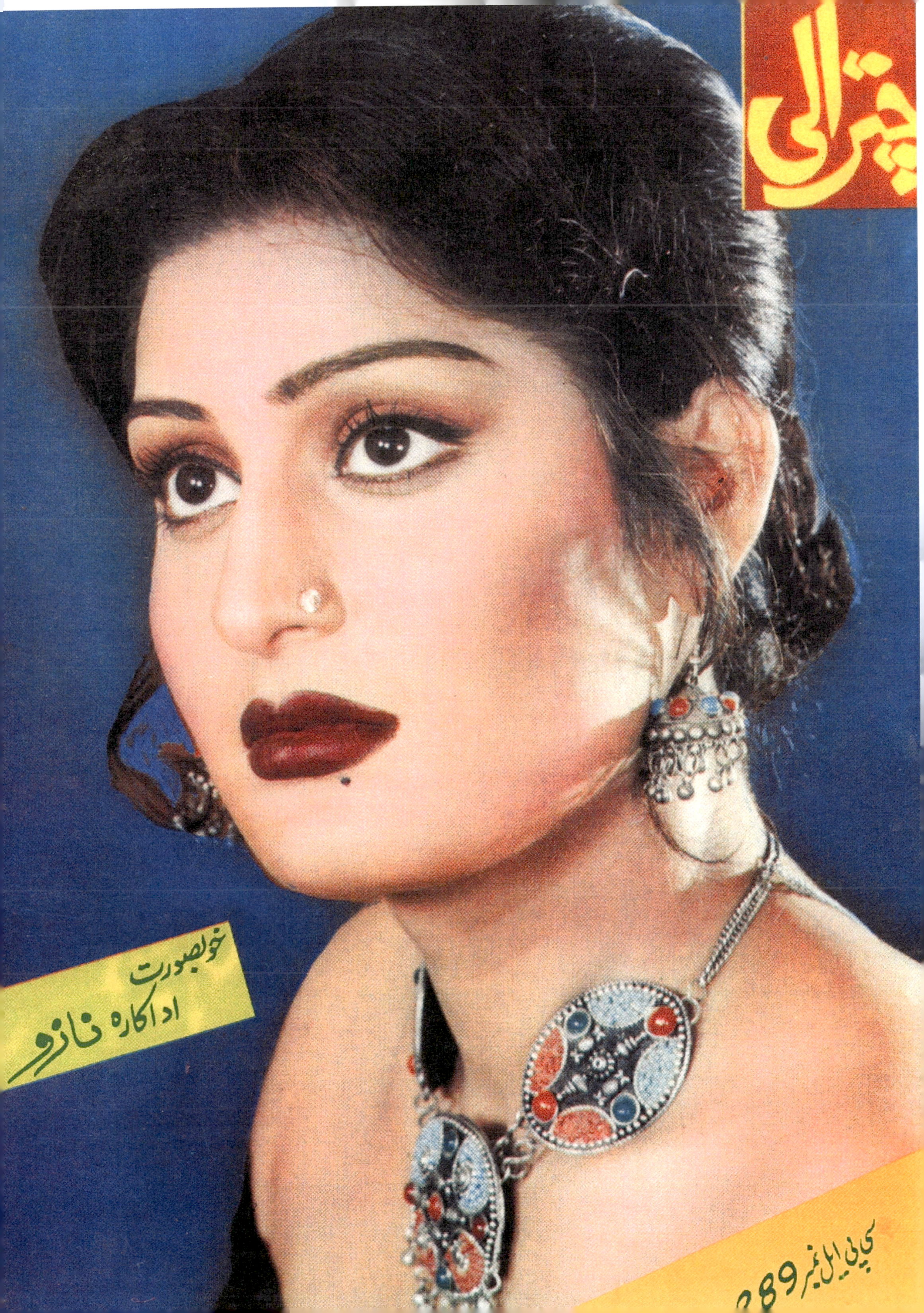
چترالی
خوبصورت
اداکارہ نازو
سی پی ایل نمبر 289

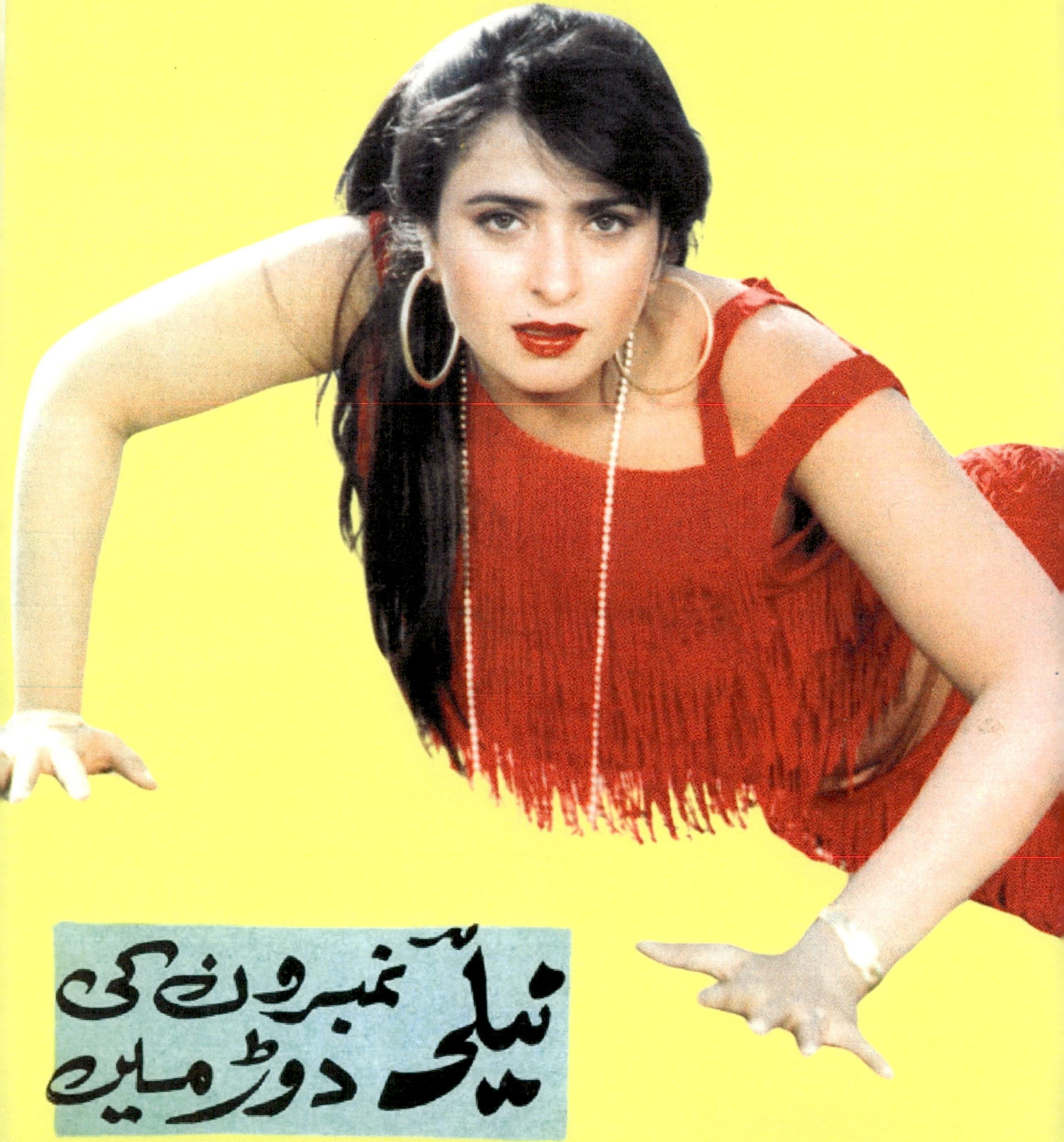

نیلی نمبر ون کی دوڑ میں

نیلی

ایک باصلاحیّت اور خوبصورت اداکارہ، رق

جنسی بلّے جاوید شیخ کے عشق نے جس کا ستیاناس کر دیا

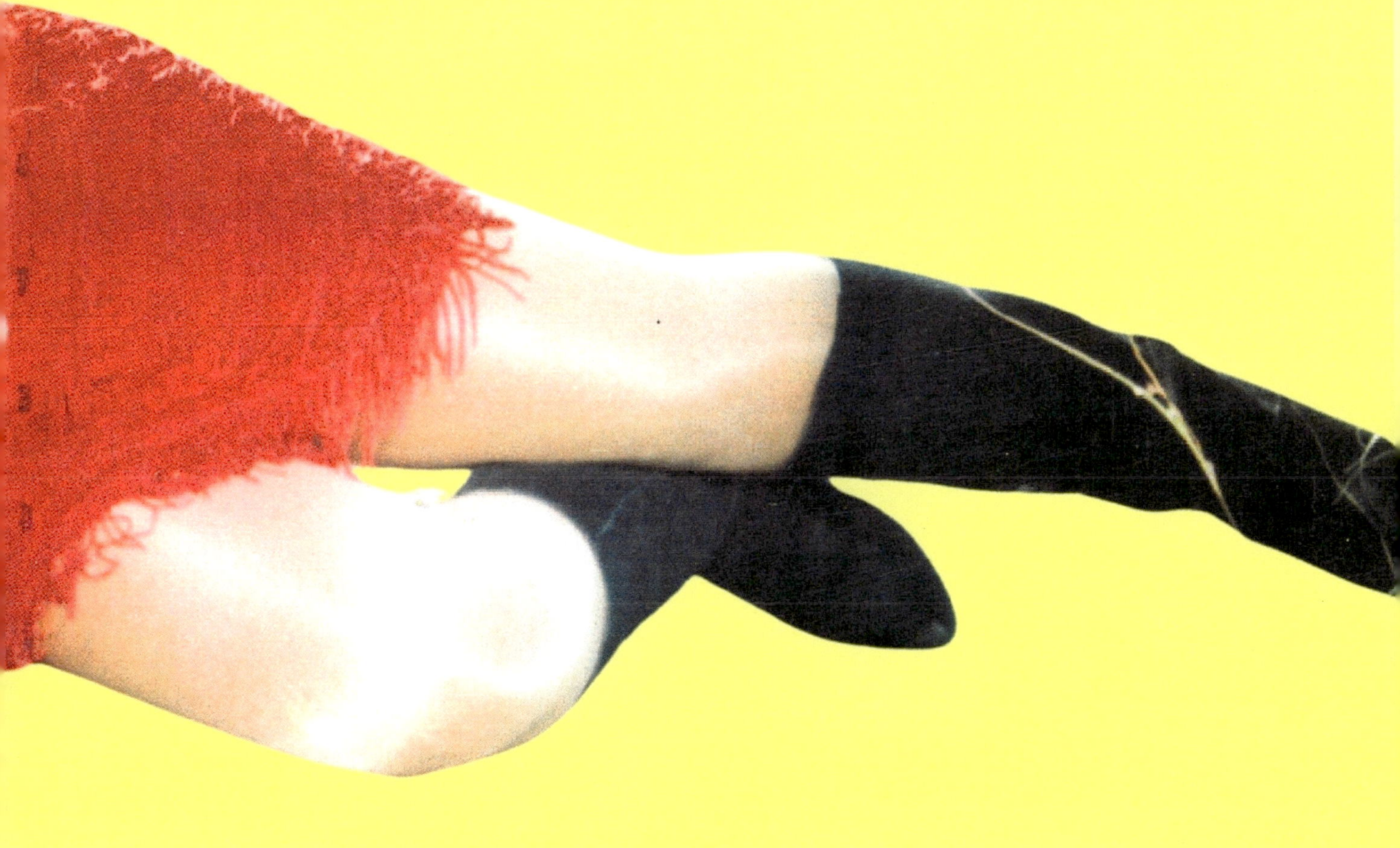

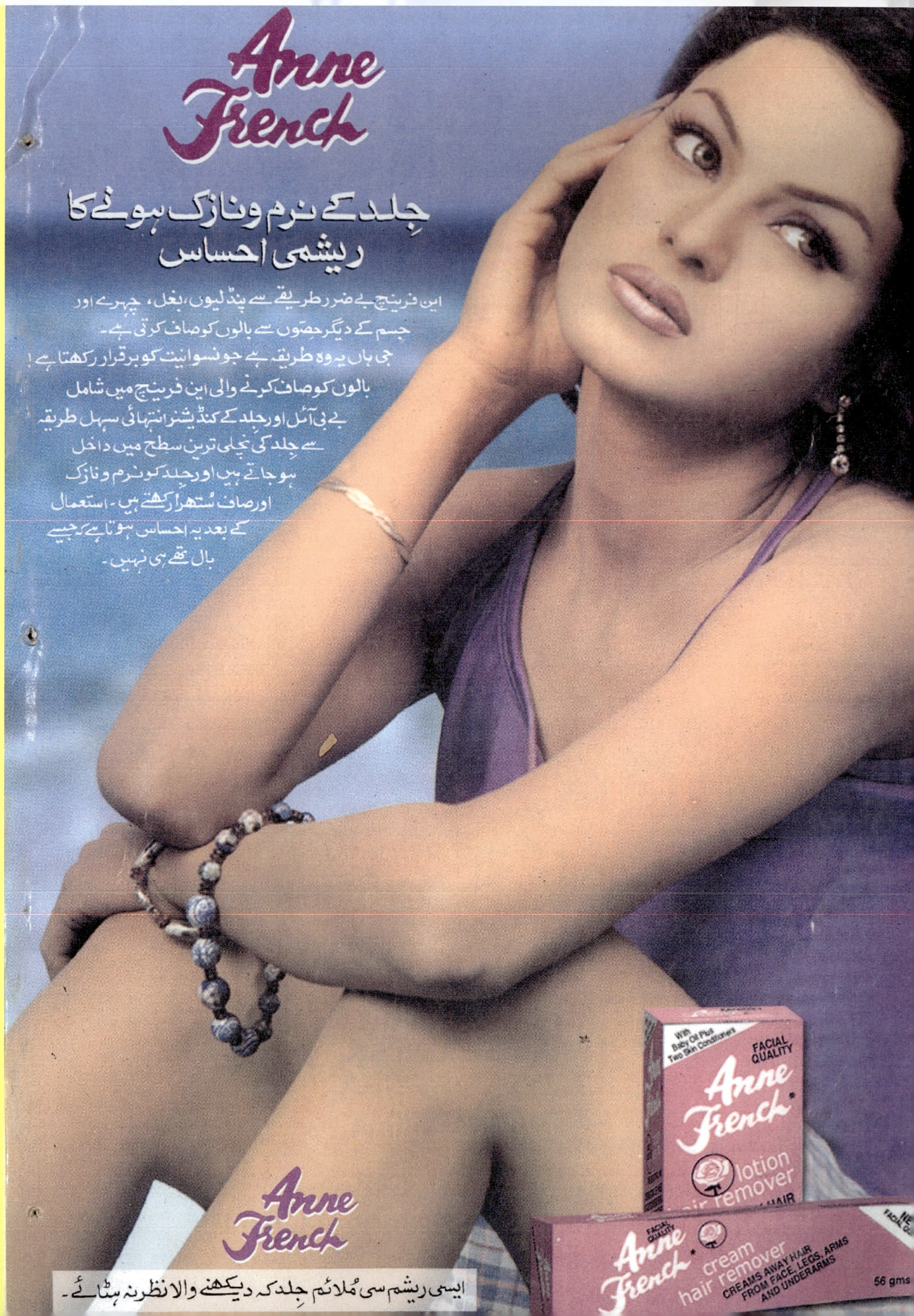

Anne French
جِلد کے نرم و نازک ہونے کا
ریشمی احساس
این فرینچ بے ضرر طریقے سے پنڈلیوں، بغل، چہرے اور
جسم کے دیگر حصّوں سے بالوں کو صاف کرتی ہے۔
جی ہاں یہ وہ طریقہ ہے جو نسوانیت کو برقرار رکھتا ہے!
بالوں کو صاف کرنے والی این فرینچ میں شامل
بے بی آئل اور جِلد کے کنڈیشنر انتہائی سہل طریقہ
سے جِلد کی نچلی ترین سطح میں داخل
ہوجاتے ہیں اور جِلد کو نرم و نازک
اور صاف سُتھرا رکھتے ہیں۔ استعمال
کے بعد یہ احساس ہوتا ہے کہ جیسے
بال تھے ہی نہیں۔
With Baby Oil Plus Two Skin Conditioners
FACIAL QUALITY
Anne French
lotion hair remover
FACIAL QUALITY
Anne French
cream hair remover
CREAMS AWAY HAIR FROM FACE, LEGS, ARMS AND UNDERARMS
56 gms
Anne French
ایسی ریشم سی مُلائم جِلد کہ دیکھنے والا نظر نہ ہٹائے۔

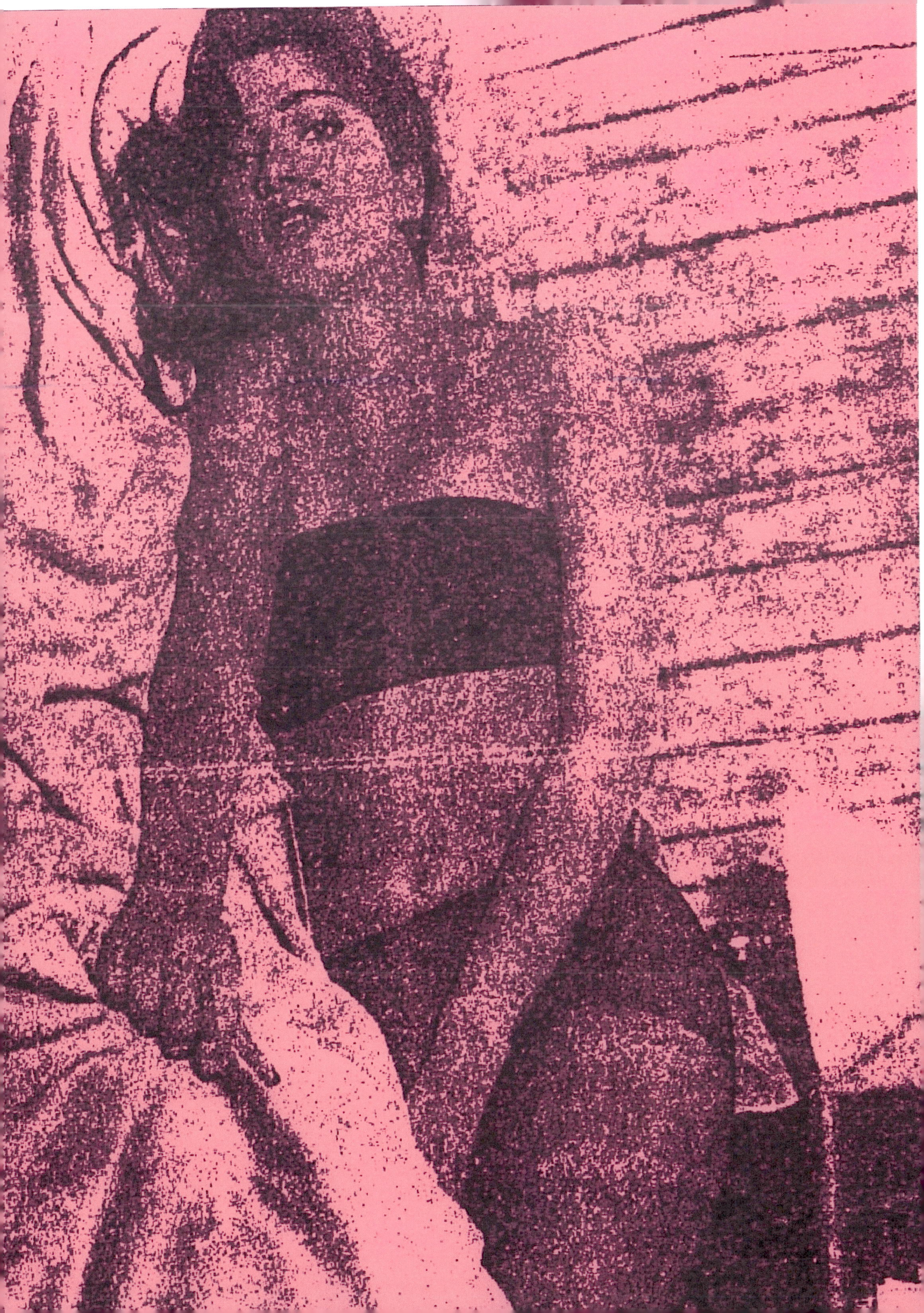

بارش میں بھیگی فلمی جوانیاں

نسیم امتیاز۔ کراچی

فلمی بارش---
فلمیں بالی وڈ کی ہوں یا لولی وڈ کی برسات کا موسم عرف "فلمی بارش" ان کا لازمی حصہ بن کر رہ گیا ہے

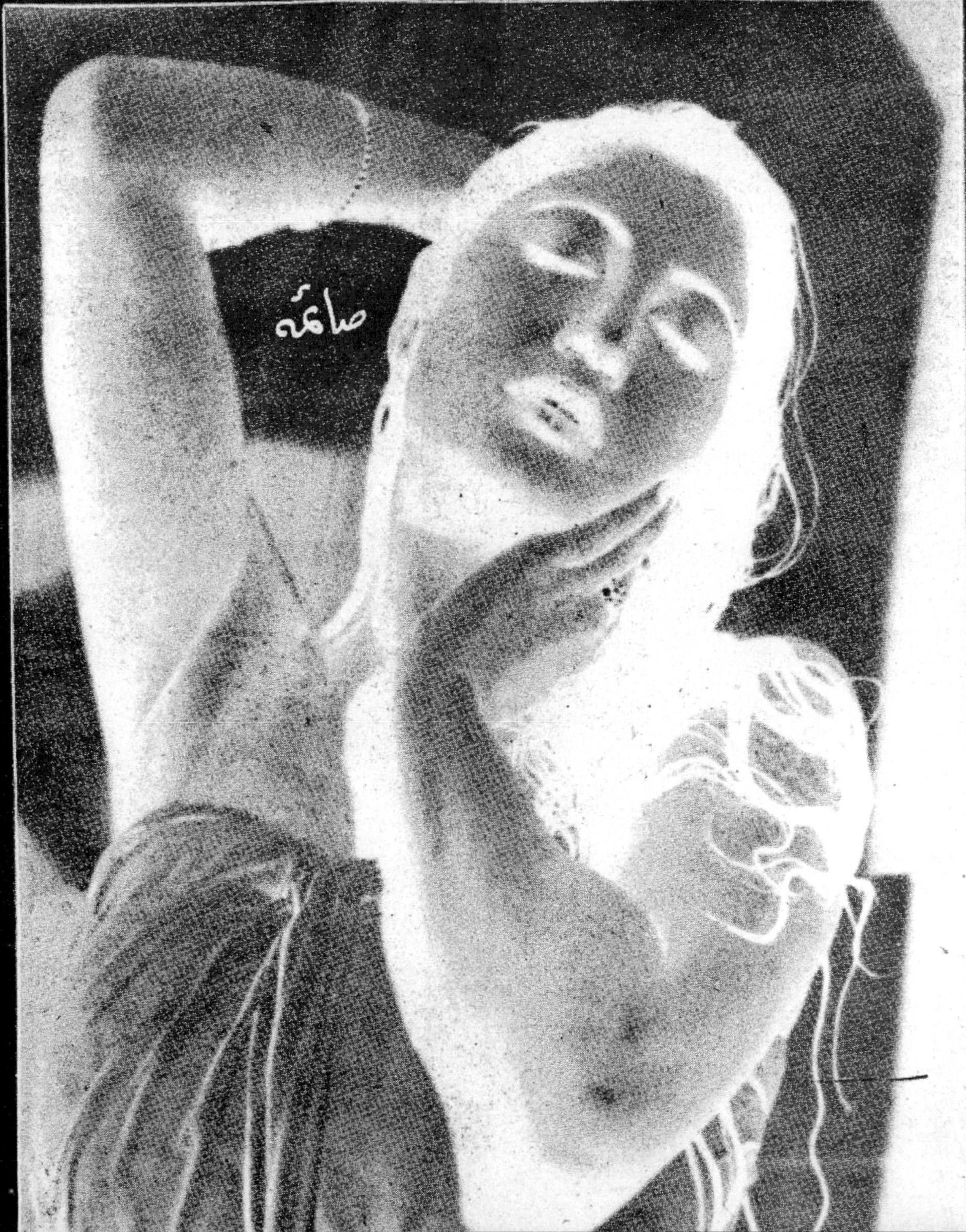

لولی وڈ کی فلمیں

ج کپور مرحوم
نے اپنی فلم
م تیری گنگا میلی
ں جس طرح ہیروئن
ندا کنی کو آبشار
ں بھگو کر پیش
کیا تھا وہ
ھنا نا ممکن ہے

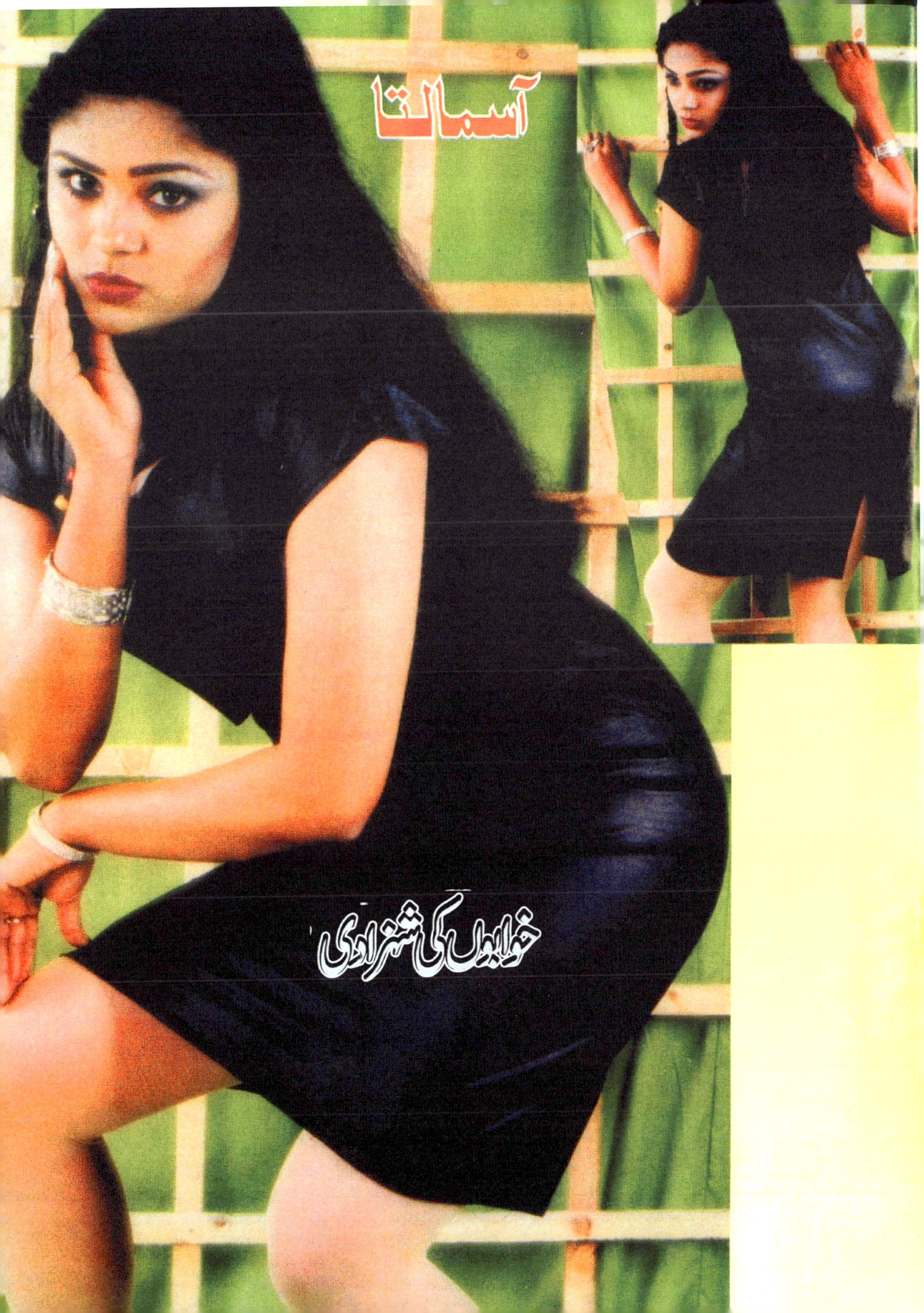
آسمالتا
خوابوں کی شہزادی

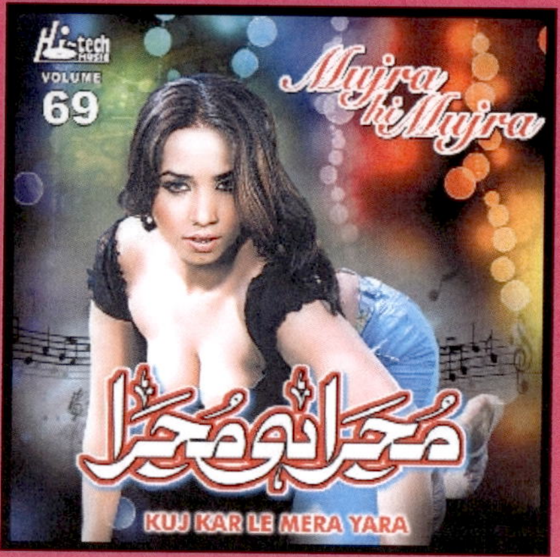

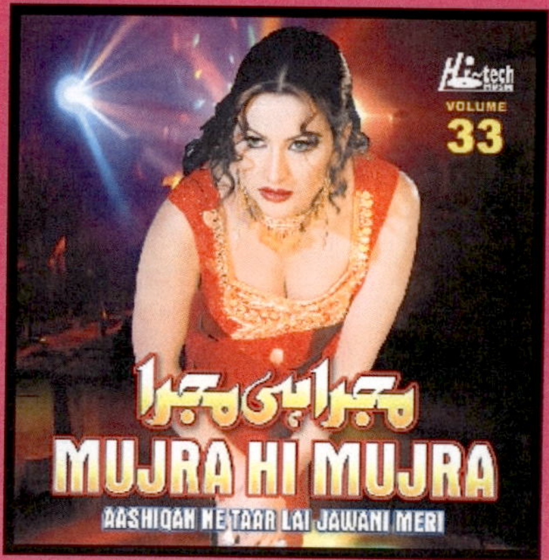

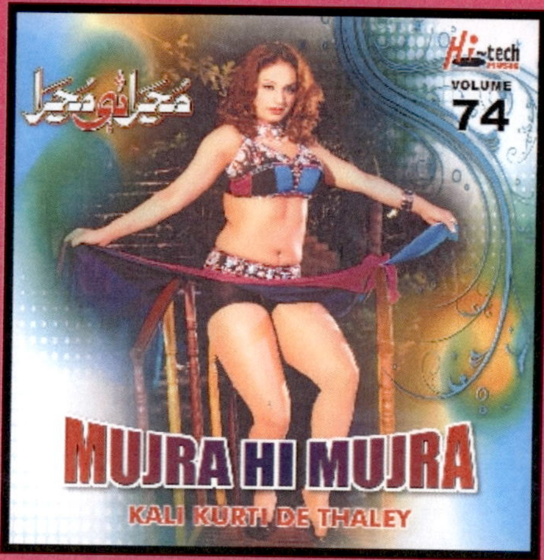

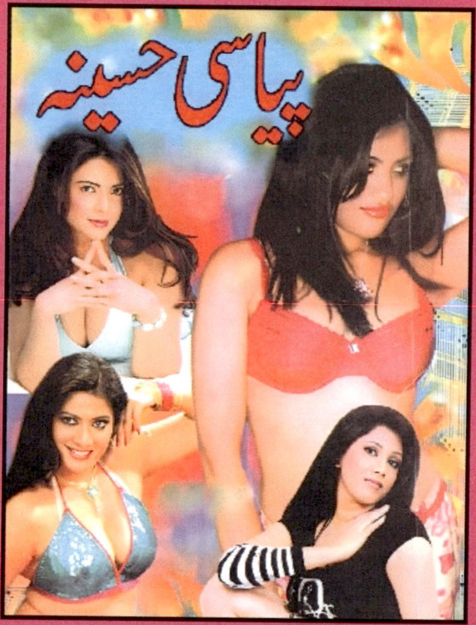

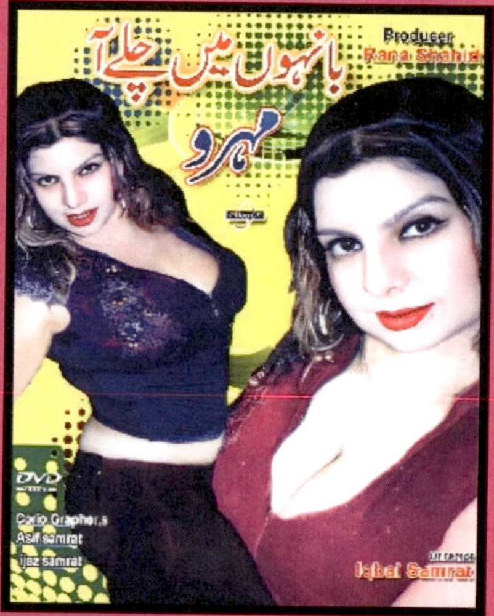

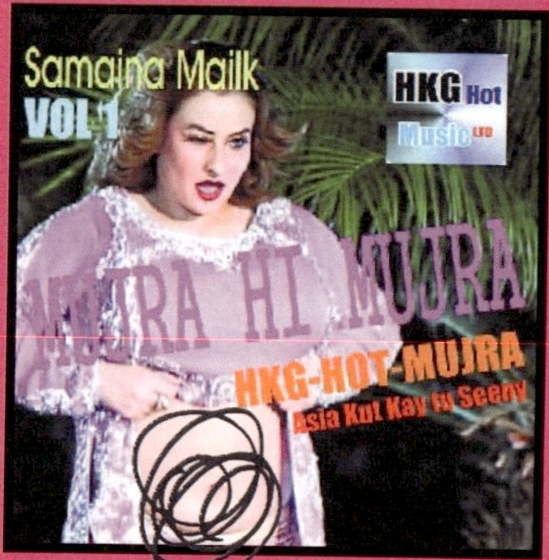

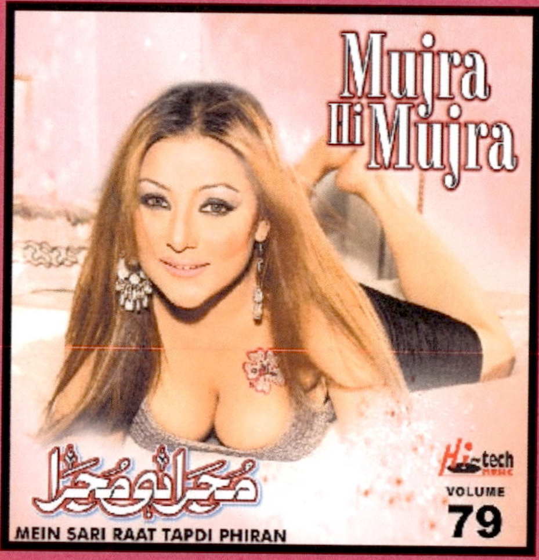

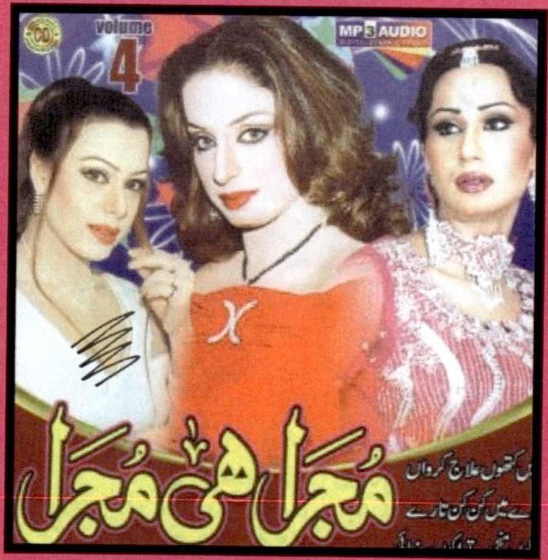

پٹھوں کی کمزوری مردانہ کمزوری ختم کرے

شوگر کی وجہ سے مردانہ کمزوری ختم

جراثیم پیدا کرے

شادی شدہ وغیر شادی شدہ کیلئے تحفہ خاص

ترش اشیاء ار کولڈ ڈرنک سے پرہیز کریں

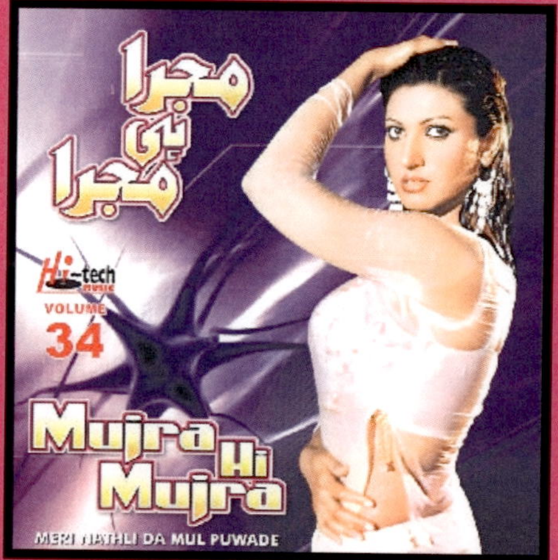

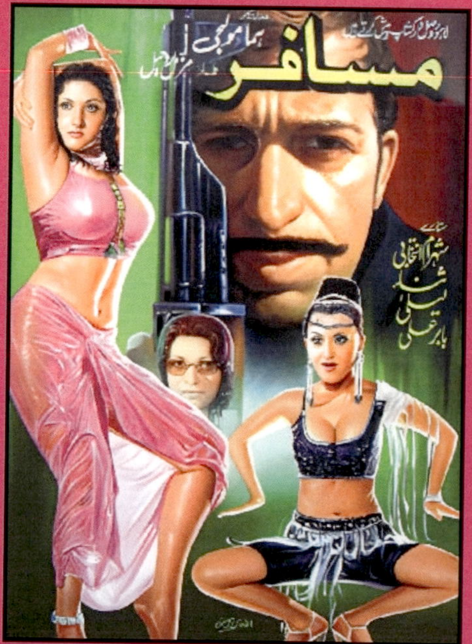

بواسیر
کا جڑ سے خاتمہ
بغیر آپریشن

پیشاب کی جگہ پر ... کے نام لکھنے والے
کافر ہیں
دل

قیمت=/125 روپے

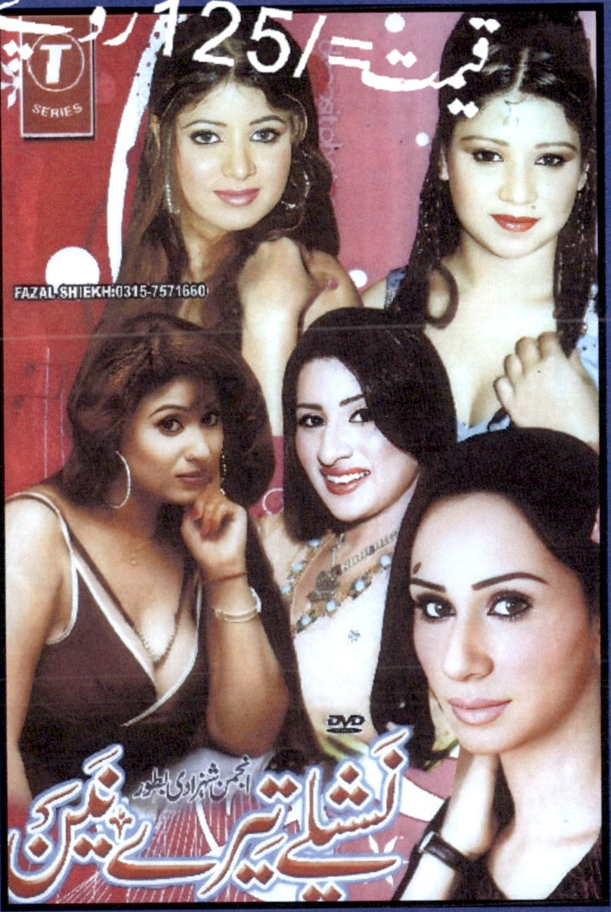

سیکسی فگر

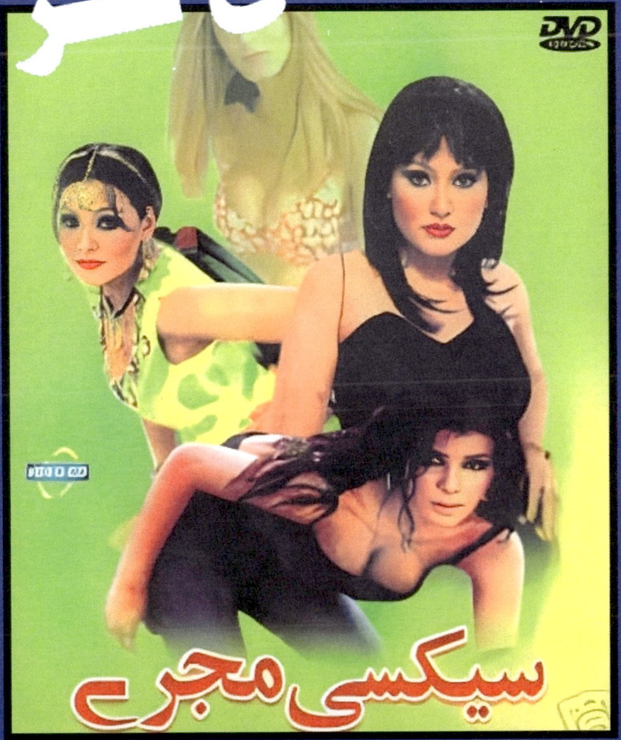

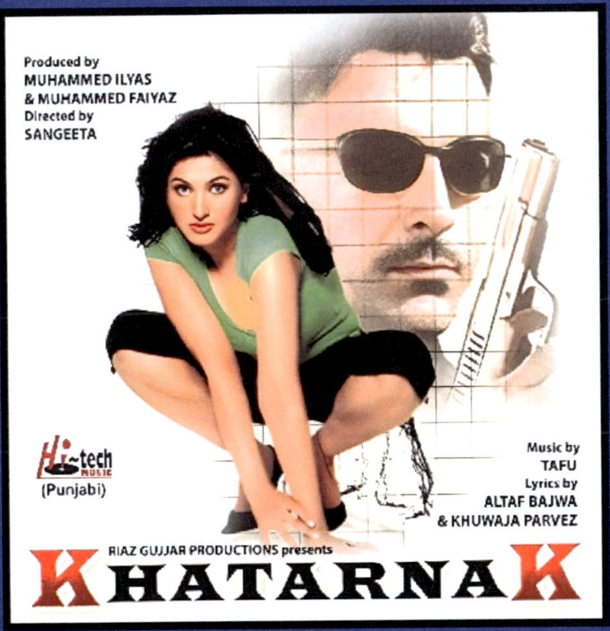

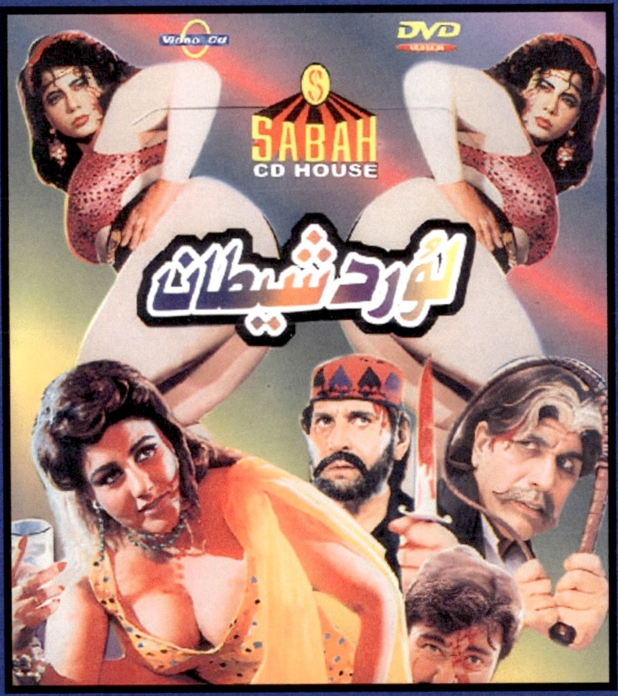

ذہنی عیاشی

لسانی رشتے

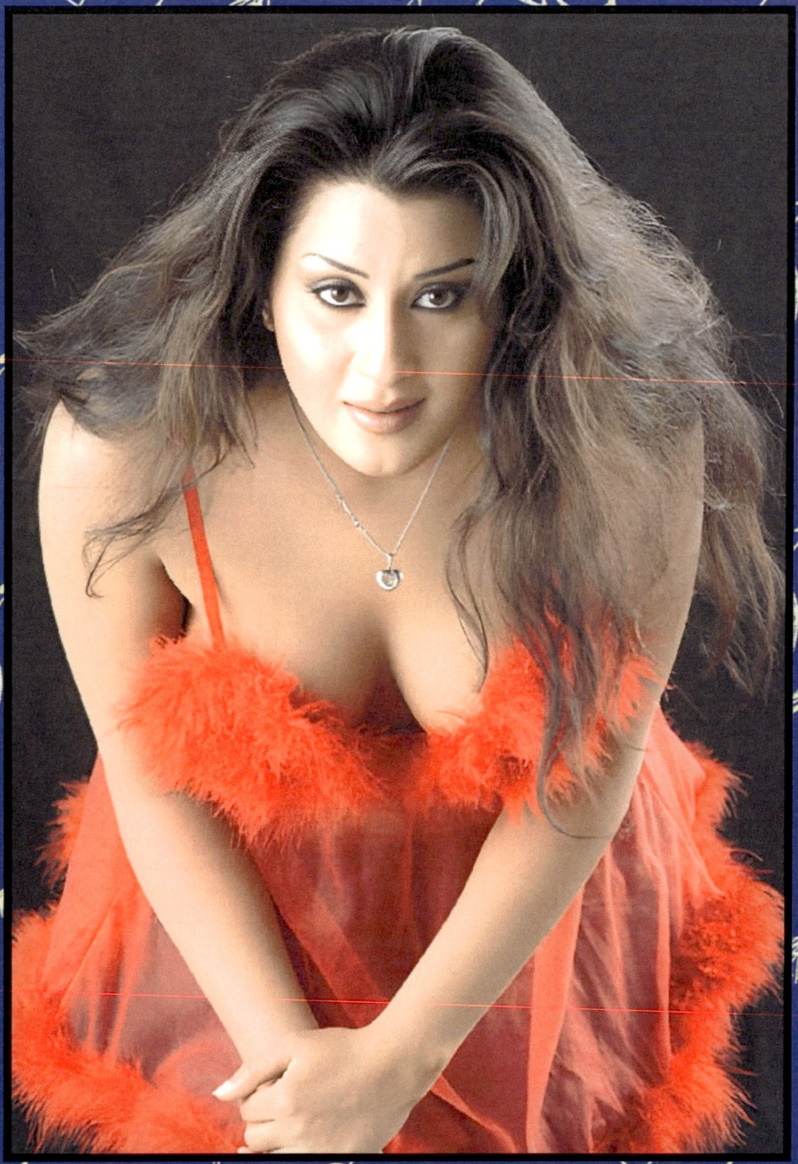

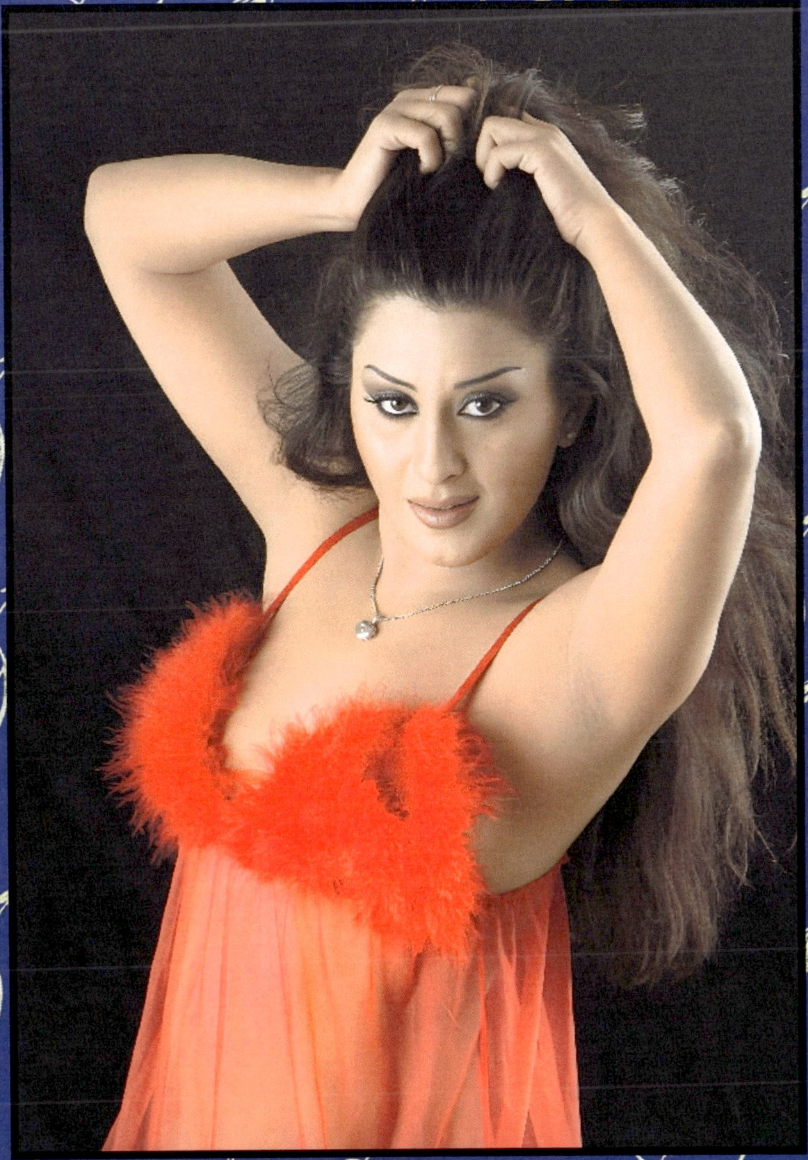

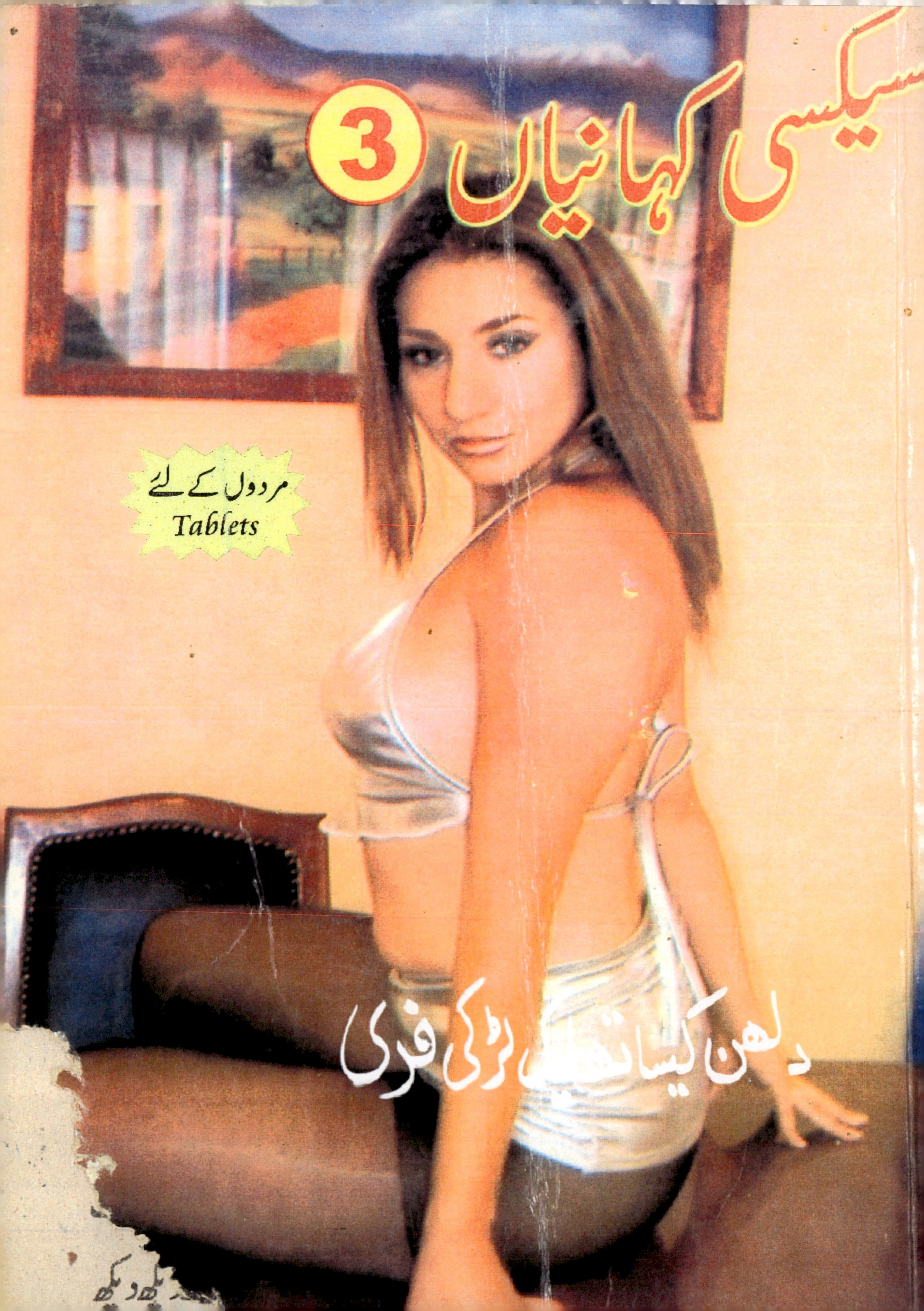
سیکسی کہانیاں
3
مردوں کے لیے
Tablets
دلھن کیسا
لڑکی فری

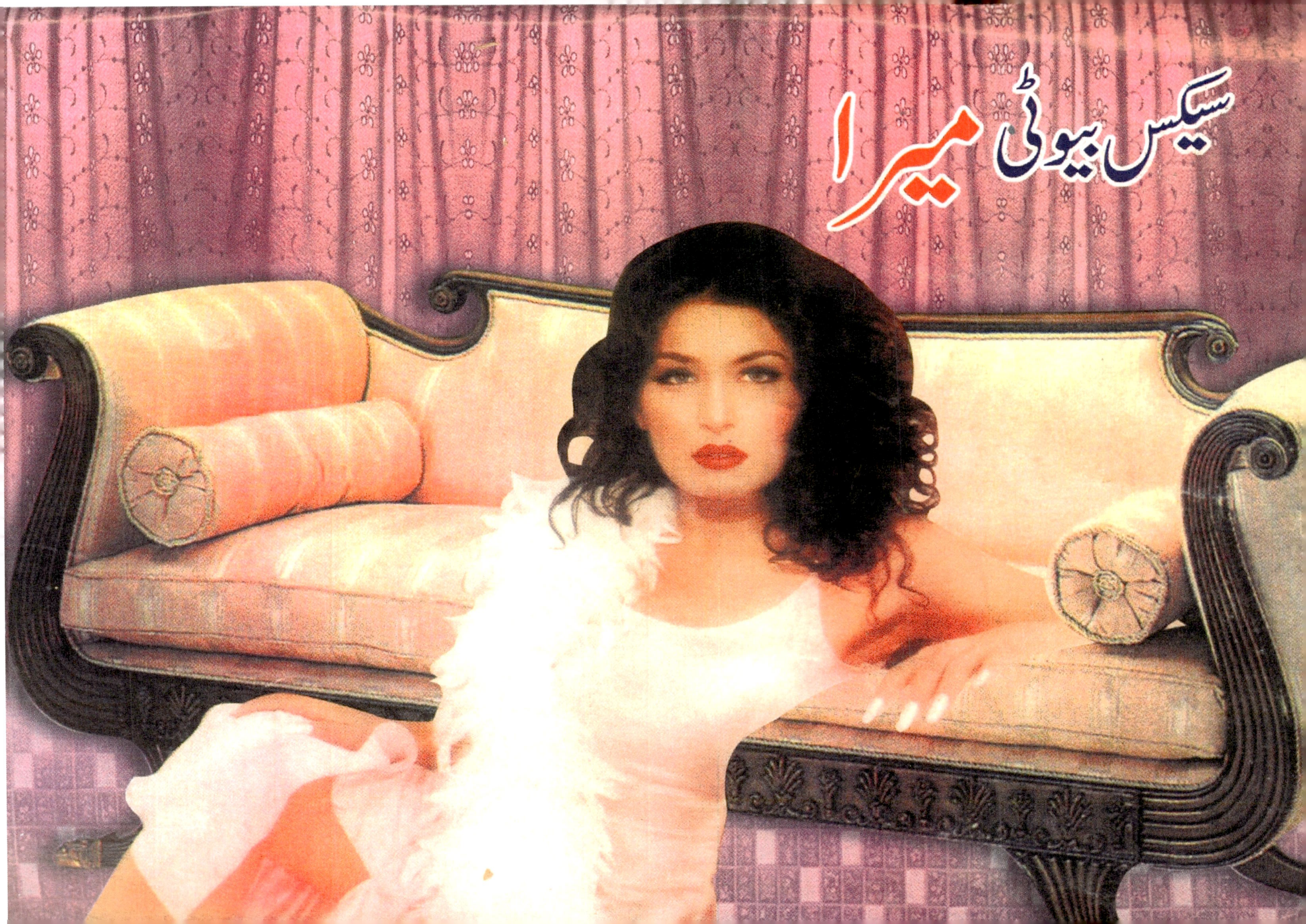
سیکس بیوٹی میرا

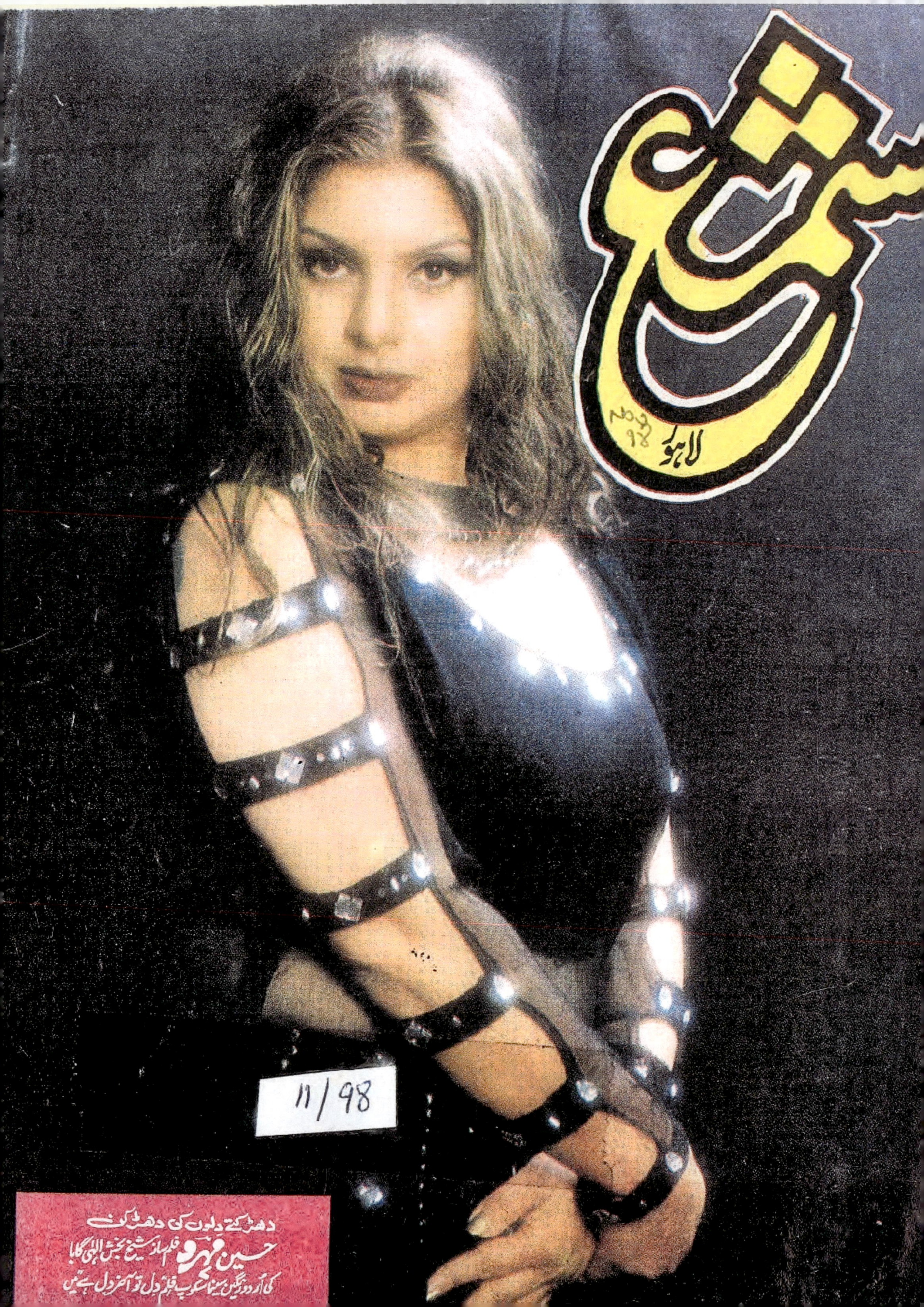
شمع
لاہور
دھڑکتے دلوں کی دھڑکن
حسین مہرو فلمساز شیخ بخش الٰہی گابا
کی اردو رنگین سینما سکوپ فلم "دل تو آخر دل ہے" میں
11/98

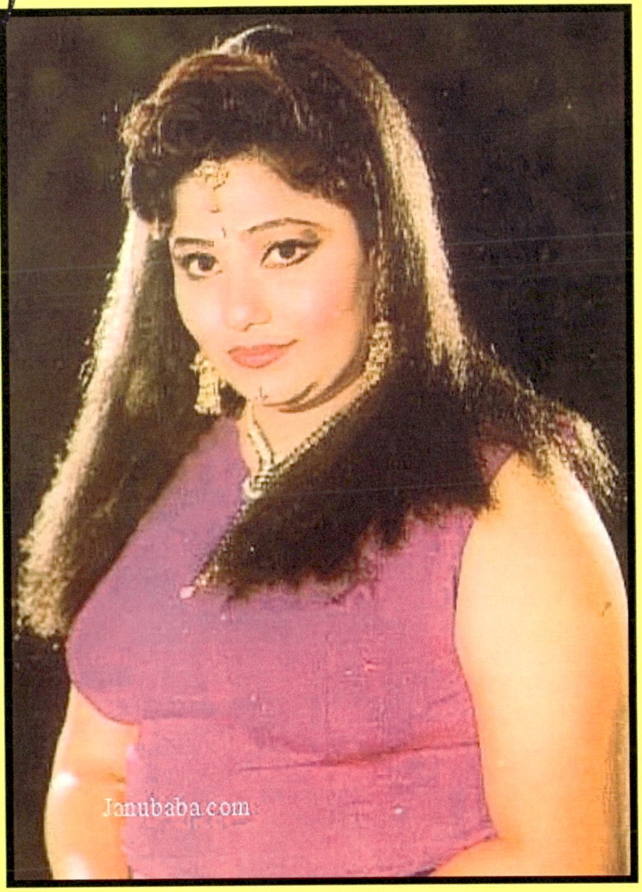
Janubaba.com

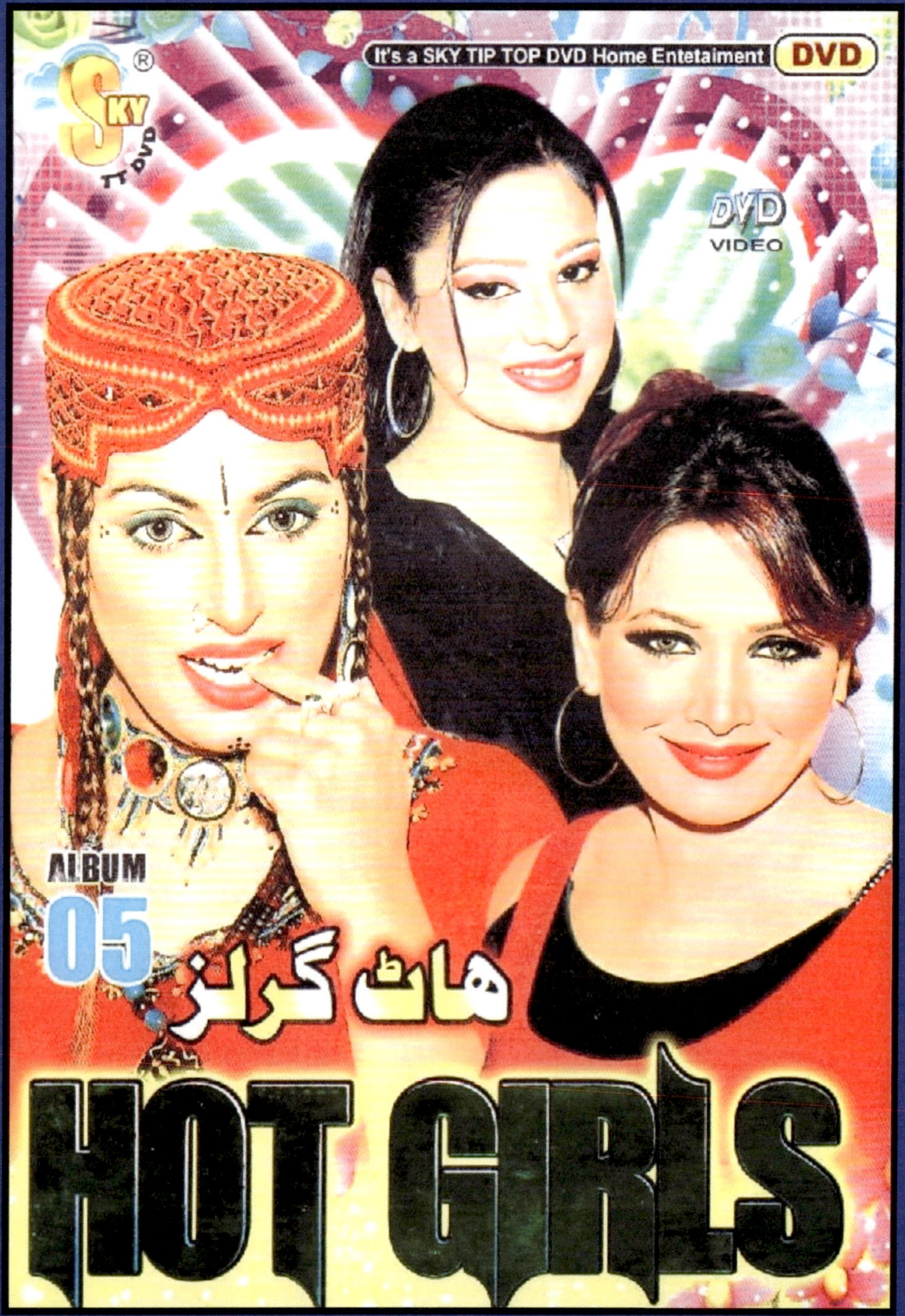
It's a SKY TIP TOP DVD Home Entetaiment
DVD
SKY
DVD VIDEO
ALBUM
05
هاٹ گرلز
HOT GIRLS

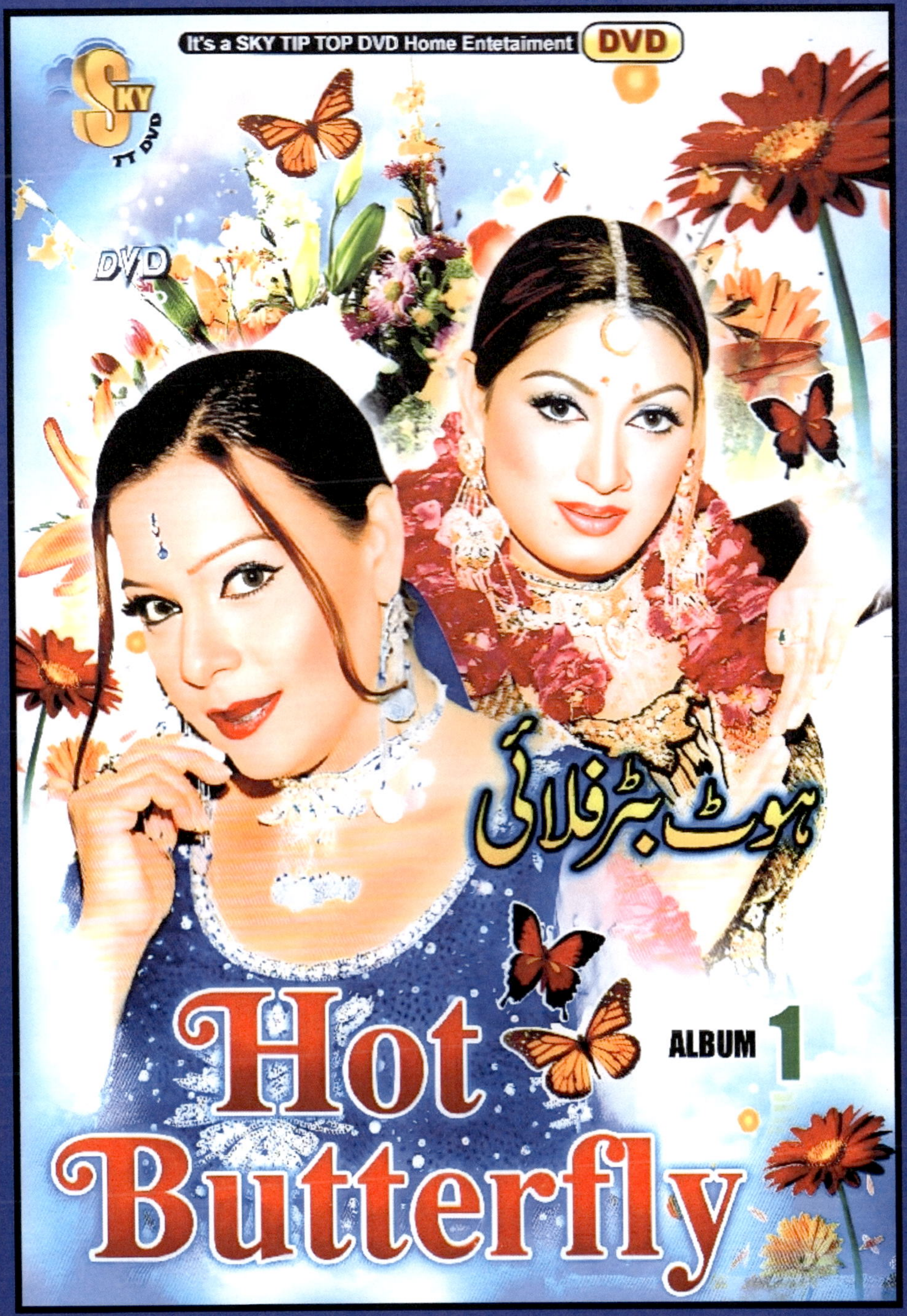
It's a SKY TIP TOP DVD Home Entetaiment
DVD
SKY
TT DVD
DVD
ہوٹ بٹرفلائی
ALBUM 1
Hot
Butterfly

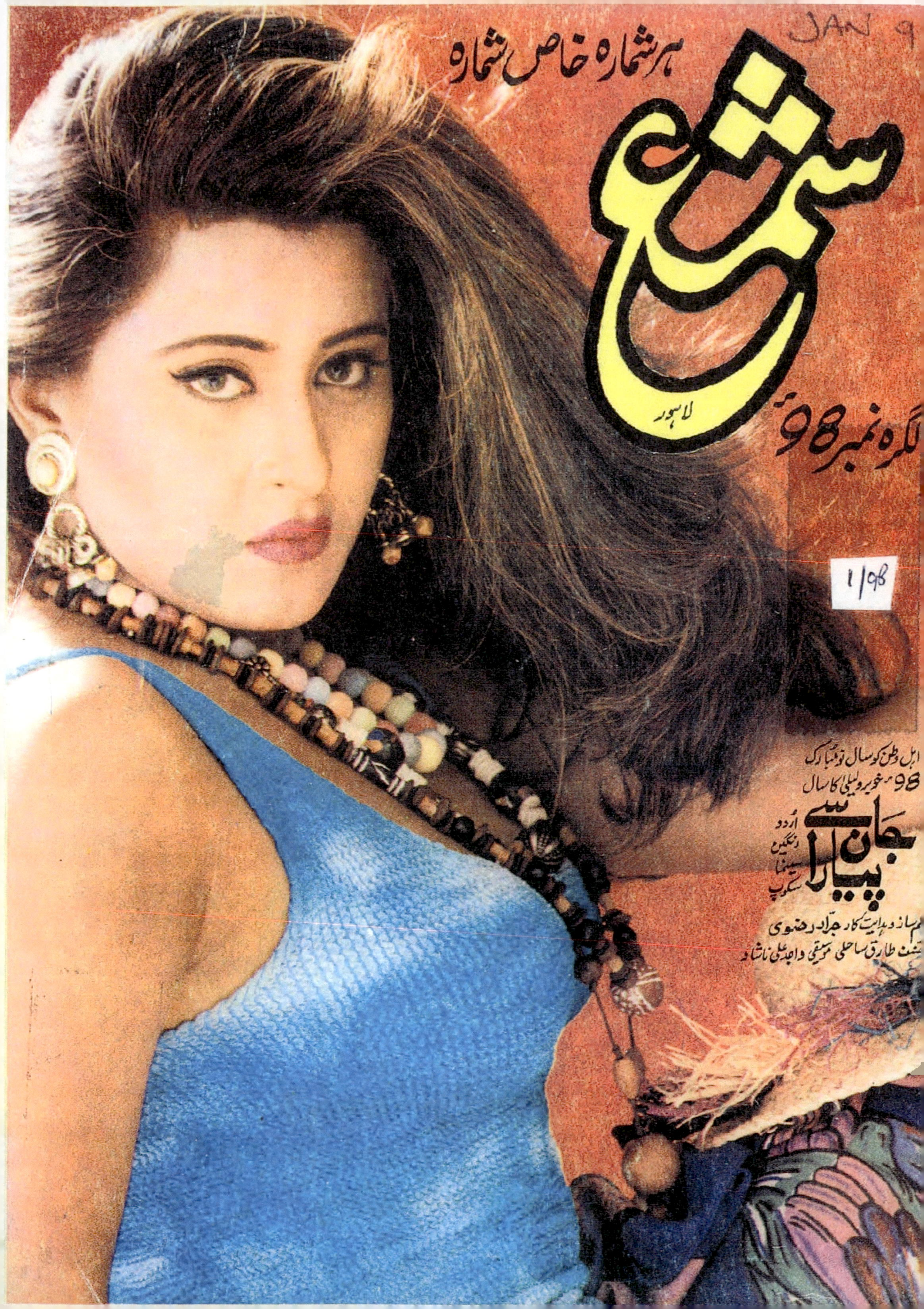
JAN 9
ہر شمارہ خاص شمارہ
شمع
لاہور
لگرہ نمبر 98ء
1/98
اہل وطن کو سال نو مبارک
98ء خوبرو لیلیٰ کا سال
جان سے پیارا
اردو رنگین سینما سکوپ
م ساز و ہدایت کار جراد رضوی
شت طارق ساحلی موسیقی واجد علی ناشاد

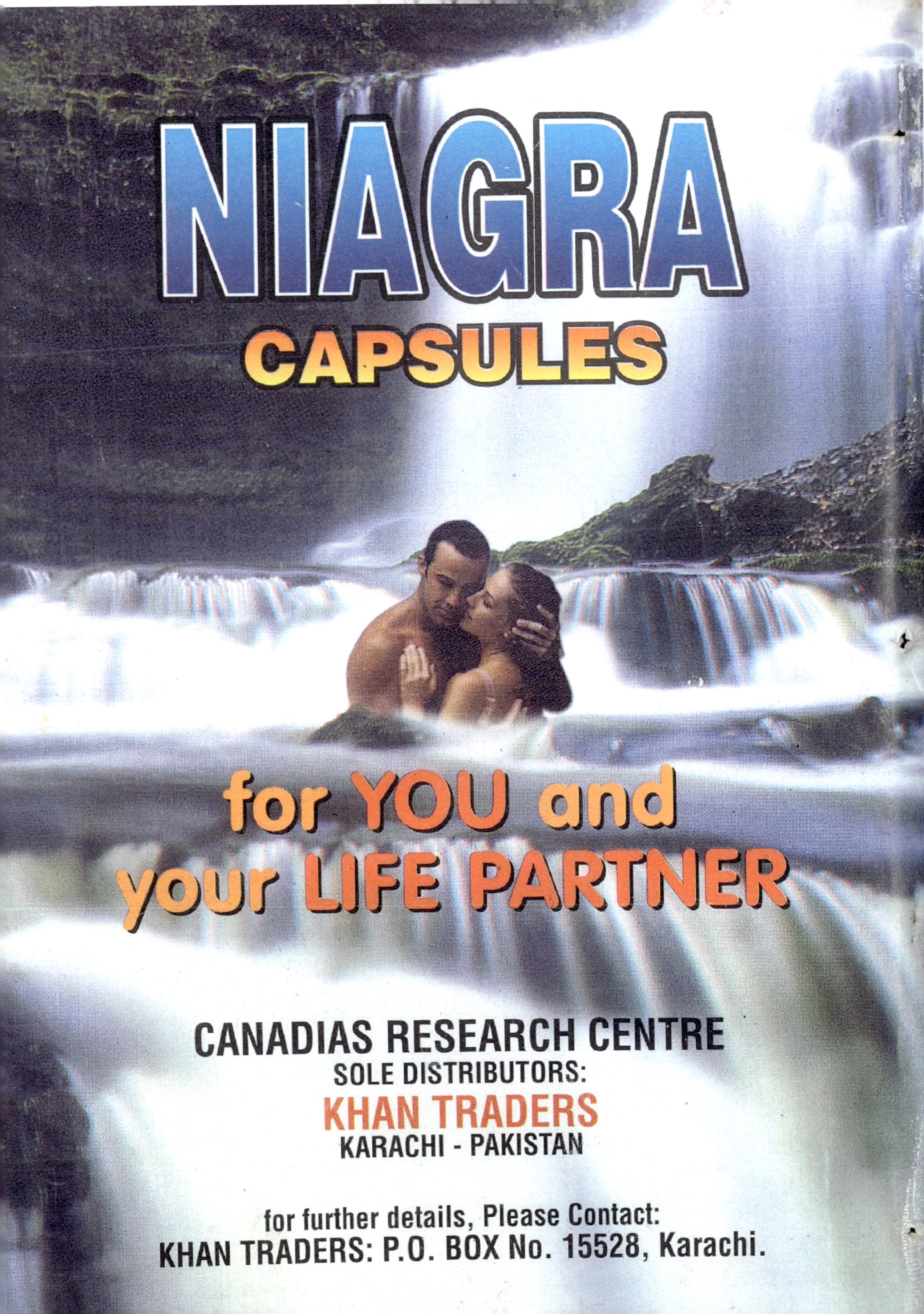
NIAGRA
CAPSULES
for YOU and
your LIFE PARTNER
CANADIAS RESEARCH CENTRE
SOLE DISTRIBUTORS:
KHAN TRADERS
KARACHI - PAKISTAN
for further details, Please Contact:
KHAN TRADERS: P.O. BOX No. 15528, Karachi.

سیکس اور سیکس

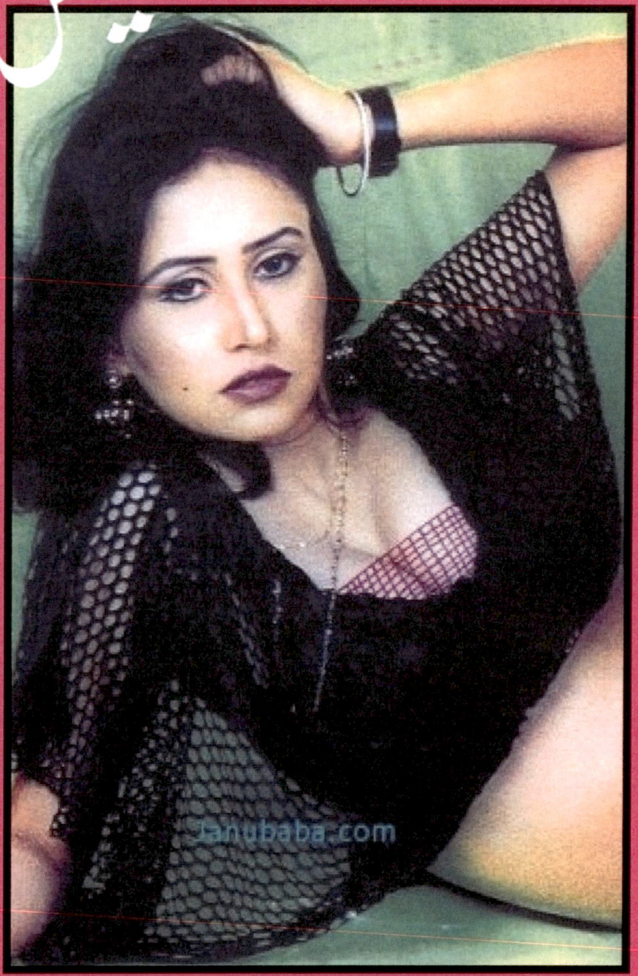

جھگیوں میں رہنے والی لڑکیاں چکلوں کی زینت کیسے بنتی ہیں؟

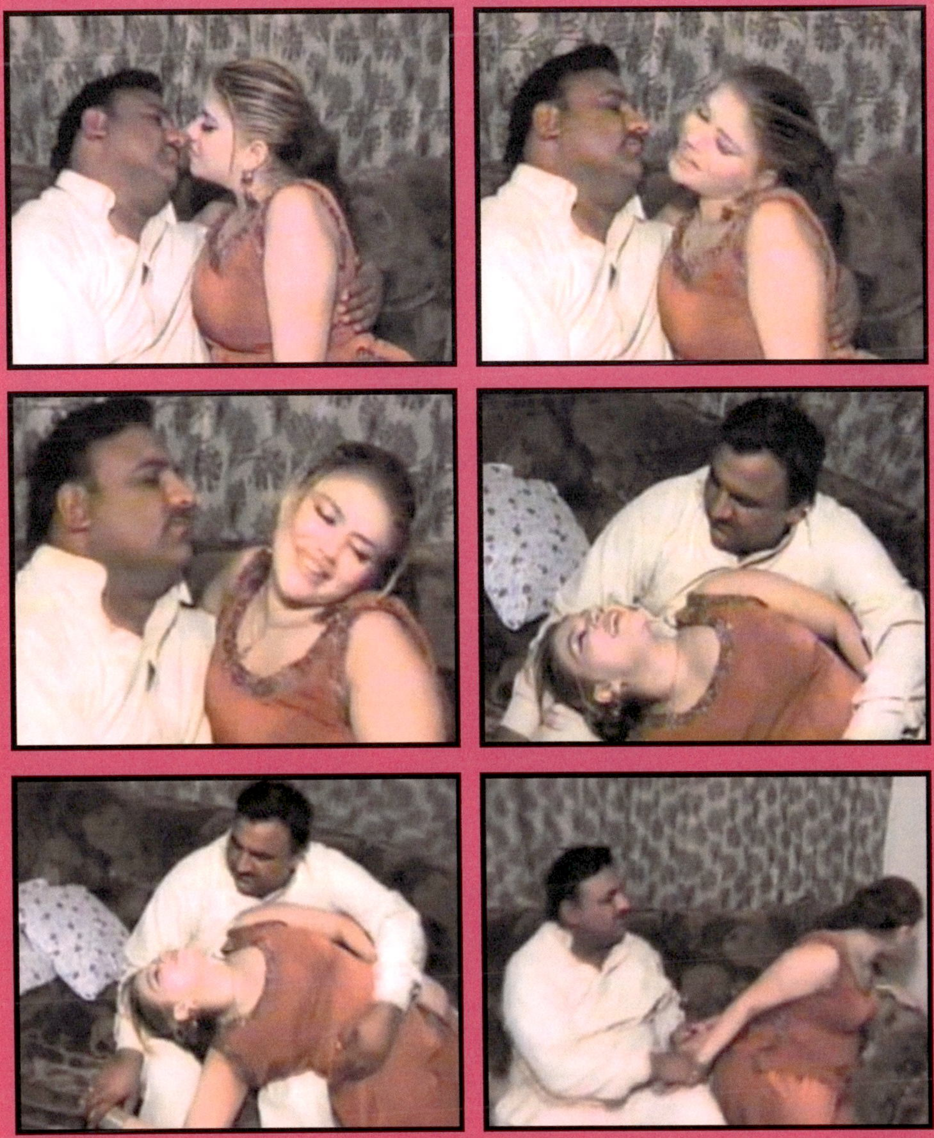

جھگیوں میں رہنے والی لڑکیاں چکلوں کی زینت کیسے بنتی ہیں؟

CRL N0389

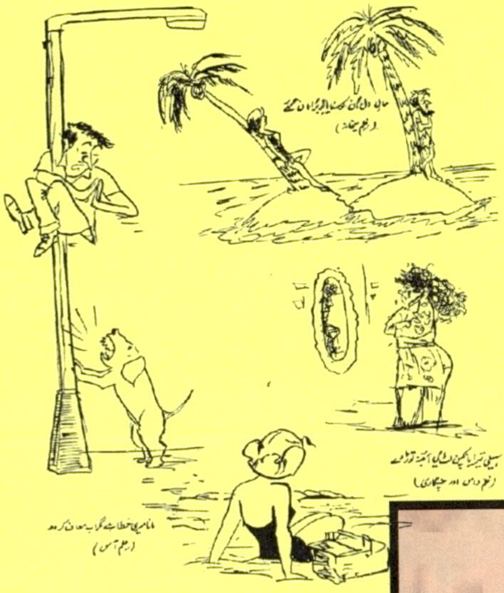

The most enchanting

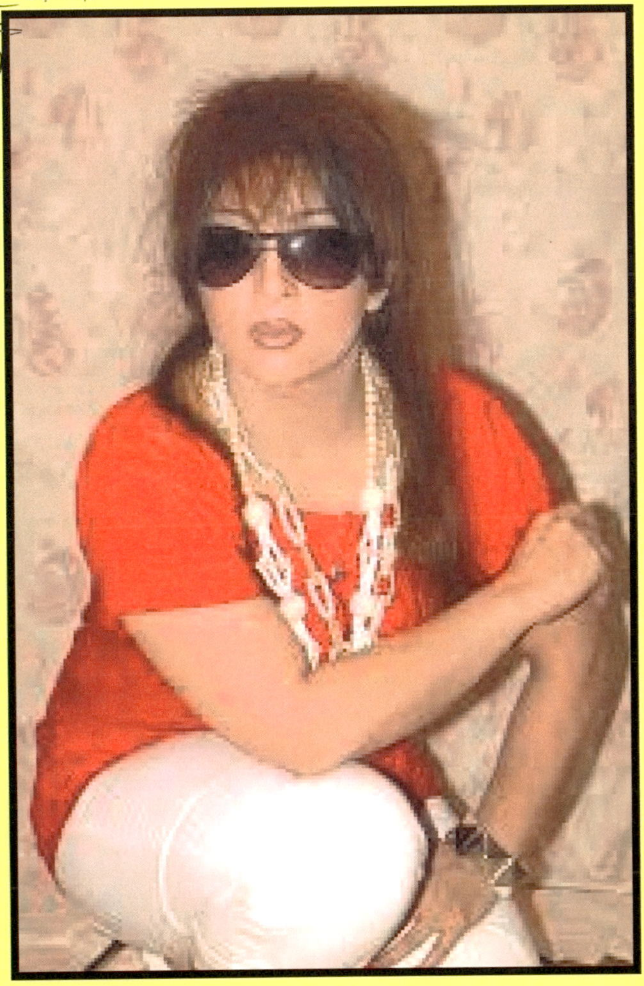

Charming

شہزادہ

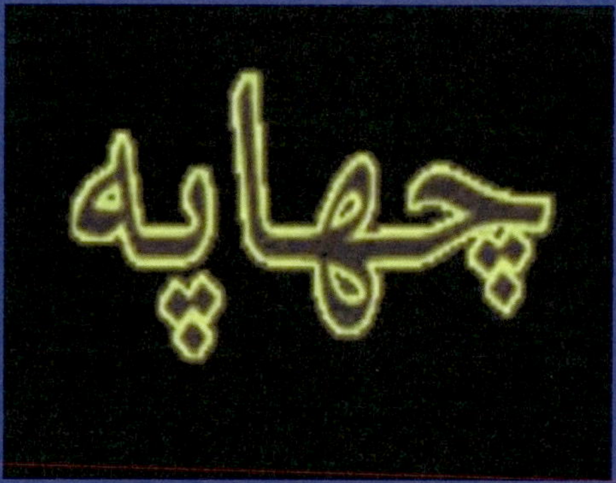
چھاپہ

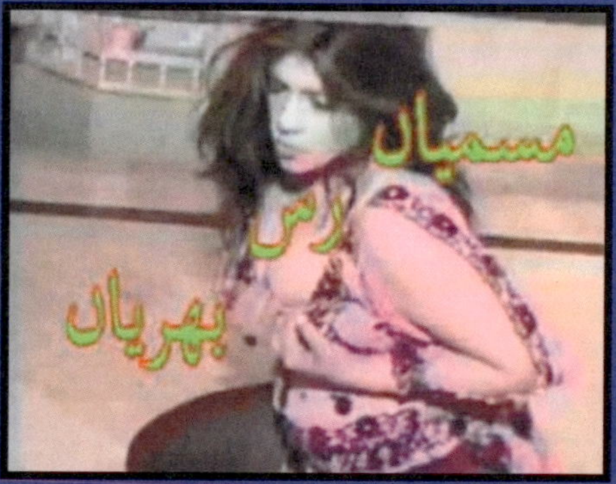
مسمیاں
رس
بھریاں

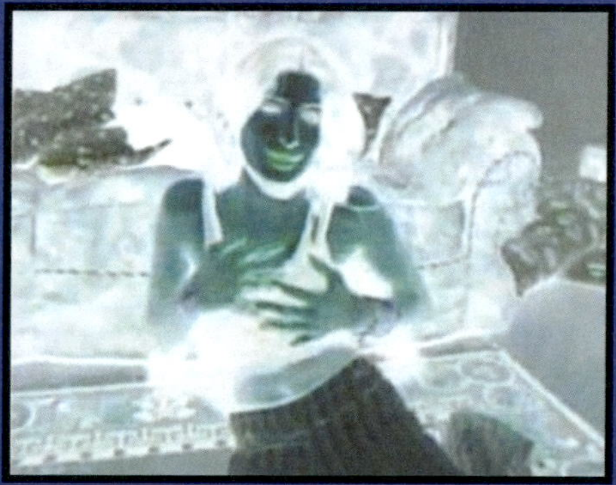

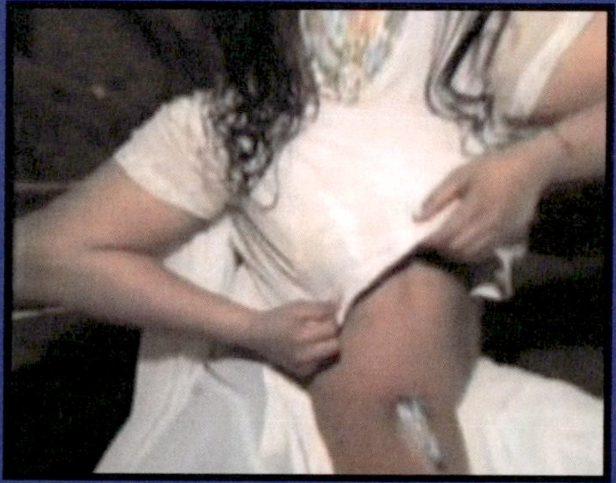

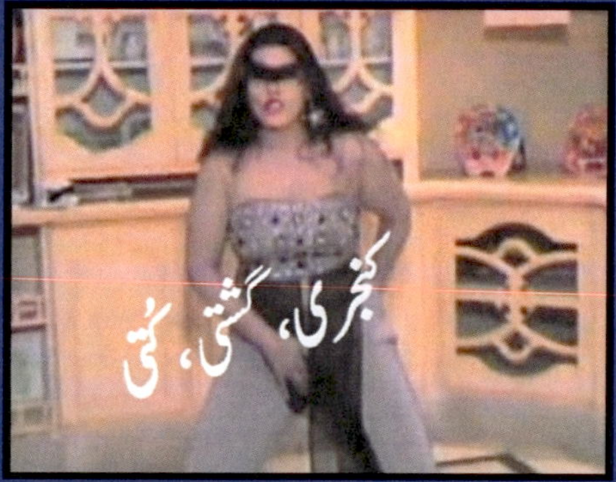
کنجری، گشتی، کُتی

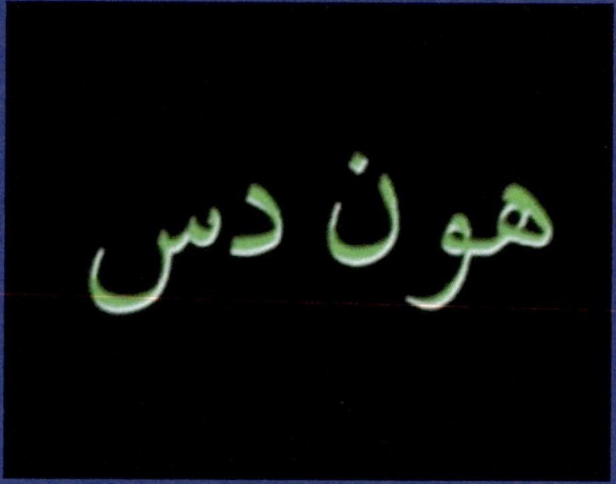
ہون دس

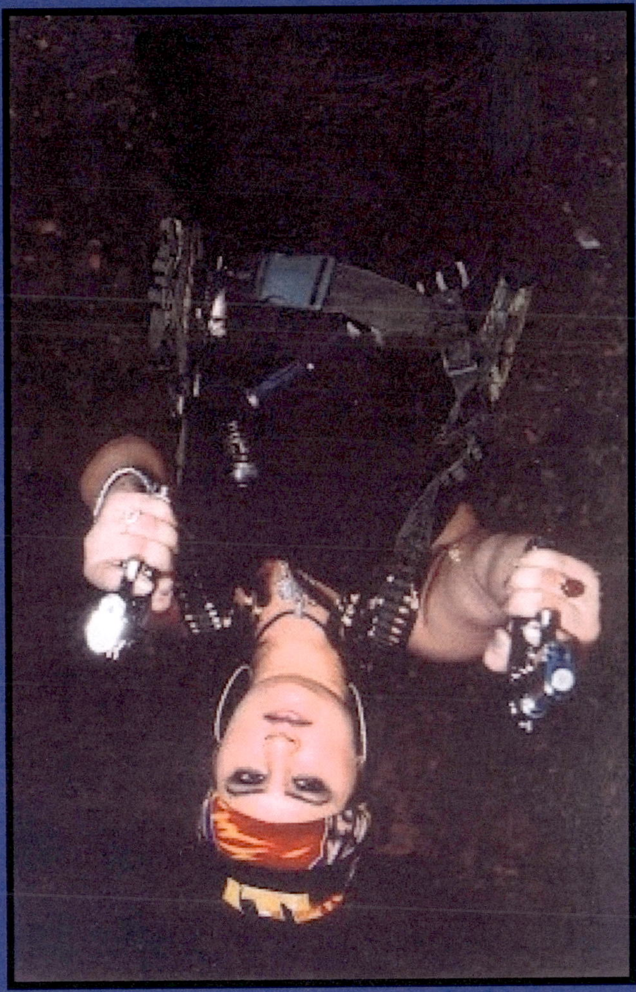